Über den Verfasser

Prof. H. H. Lamb ist Gründer des ersten Instituts für historische Klimaforschung an der Universität of East Anglia, Norwich, und war von 1972 bis 1978 Direktor der Climatic Research Unit. Heute lebt und arbeitet der Emeritus in Holt, East Anglia. Einige seiner zahlreichen Veröffentlichungen gelten als Standardwerke der historischen Klimaforschung, u. a. «The Changing Climate» (1966) und «Climate: Present, Past and Future» (2 Bände, 1972/1977).

H. H. Lamb

Klima und Kulturgeschichte

Der Einfluß des Wetters
auf den Gang der Geschichte

Aus dem Englischen
von Elke Linnepe und
Elke Smolan-Härle

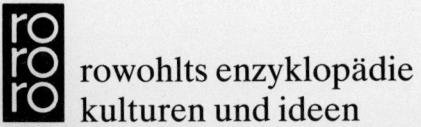

rowohlts enzyklopädie
kulturen und ideen

kulturen und ideen
herausgegeben von Wolfgang Müller
in

rowohlts enzyklopädie
herausgegeben von Burghard König

Moira, meiner Frau,
für ihre Liebe und Unterstützung

Für diese leicht gekürzte deutsche Ausgabe wurde das
dem englischen Original zugrundeliegende Datenmaterial
(Stand 1982) *nicht* aktualisiert.
Die Übersetzung wurde von Dr. Dieter Hamblock und
Dr. Dieter Wessels wissenschaftlich begleitet.

Veröffentlicht im Rowohlt Taschenbuch Verlag GmbH,
Reinbek bei Hamburg, Oktober 1989 (leicht gekürzte Fassung)
Copyright © 1989 by Rowohlt Taschenbuch Verlag GmbH,
Reinbek bei Hamburg
Die Originalausgabe erschien 1982 unter dem Titel
«Climate, History and the Modern World» bei
Methuen & Co., London
Copyright © 1982 by H. H. Lamb
Redaktion Barbara Wenner
Umschlaggestaltung Jens Kreitmeyer
Satz aus Times (Linotron 202)
Gesamtherstellung Clausen & Bosse, Leck
Printed in Germany
3480-ISBN 3 499 55478 X

Inhalt

Vorwort

Wir leben in einer Welt, die immer häufiger klimatischen Erschütterungen ausgesetzt ist. Einige Jahrzehnte schien es, als habe der technische Fortschritt der Menschheit eine weitgehende Immunität gegenüber Mißernten und Hungersnöten beschert, von denen die Generationen unserer Vorväter heimgesucht wurden. Bevölkerungsdruck und andere Erscheinungen der modernen Welt haben die Lage verändert. Darüber hinaus war das Klima ungefähr seit 1960 weniger freundlich als in der ersten Hälfte dieses Jahrhunderts. Mit Besorgnis betrachtet man die Zerstörung des gewohnten Klimaregimes durch den Menschen und jede Unterbrechung der wetterabhängigen Nahrungsmittelproduktion. Diese Sorge hat in den letzten Jahren weitgehend die frühere Diskussion abgelöst, bei der es um die Möglichkeiten ging, das Weltklima gezielt zu verändern, um die Gesamtanbaufläche zu vergrößern. Renommierte Wissenschaftler, allesamt anerkannte Spezialisten auf ihrem Gebiet, brachten ihre ernsthaften Bedenken zum Ausdruck und warnten vor entsetzlichen Gefahren: vor der Möglichkeit, daß wir heute vor dem Beginn einer neuen Eiszeit stehen, die sehr rasch über uns hereinbrechen könnte. Andere Befürchtungen gingen dahin, daß die Nebenwirkungen menschlichen Handelns und deren wachsendes Ausmaß das weltweite Klima in relativ kurzer Zeit aus dem Gleichgewicht bringen könnten. Dadurch würde möglicherweise einige Jahrhunderte lang ein Klima hervorgerufen, das warm genug wäre, um die grönländischen und antarktischen Eismassen zum Schmelzen zu bringen; der Meeresspiegel würde steigen, und die meisten Großstädte auf der Erde würden überflutet werden.

Dieses Buch untersucht, was wir über das Klima und seine Auswirkungen auf das Leben der Menschen heute sowie in historischer und prähistorischer Zeit wissen und wie wir das Problem der Klimaschwankungen und -veränderungen besser verstehen können. Klimavorhersagen im engeren Sinne des Wortes sind wohl erst in einiger Zeit möglich, obwohl von vielen Seiten behauptet wird, solche Vorhersagen seien schon jetzt denkbar. Allerdings verfügen wir heute bereits über umfangreiche Kenntnisse der Gesetzmäßigkeiten, die das Klimaverhalten regeln. Gegenüber früheren Generationen sind wir viel besser gerüstet, um die Vergangenheit zu verstehen und unsere gegenwärtige Lage zu beurteilen, so daß die Zukunftssicherung viel überlegter angegangen werden kann als zu Zeiten unserer Vorfahren.

In den letzten 15 bis 25 Jahren wurden in vielen Teilen der Welt mehr extreme Wettersituationen unterschiedlichster Art verzeichnet als während eines langen Zeitraumes zuvor. Die vielerorts entstandenen schweren Schäden haben Entscheidungen in Politik, Wirtschaft und bei der Bodennutzung beeinflußt. Energieprobleme spielen ebenfalls eine Rolle.

In dieser und anderer Hinsicht sind das Klima und unsere Einsichten in klimatische Zusammenhänge unweigerlich mit den Problemen der modernen Welt verknüpft. Der Verfasser hofft, daß dieses Buch als ein Leitfaden des gegenwärtigen Kenntnisstandes und der potentiellen wissenschaftlichen Möglichkeiten auf diesem Gebiet dient. Es möge ebenso denjenigen einige hilfreiche Einsichten vermitteln, die *heute* schwerwiegende Entscheidungen in den praktischen Fragen der Landwirtschaft und der Industrie, der Regierung und des internationalen Handels und – nicht zu vergessen – der Gesundheit und des Wohlergehens der Menschen treffen müssen.

H. H. Lamb
September 1981

1 Einleitung

In fast allen Teilen der Welt haben Generationen von Menschen das Klima als ein unzuverlässiges, sich veränderndes und schwankendes Phänomen angesehen, das ihnen manchmal unvorhergesehene Chancen bot, sich aber zu anderen Zeiten durch Hungersnöte, »Überflutung, Dürre oder Krankheit – ganz zu schweigen von Frost, Schnee und eisigen Winden – katastrophal auf sie auswirkte. Als klimatische Daten noch nicht aufgezeichnet und festgehalten wurden, war es kaum möglich, langfristige Klimaentwicklungen in irgendeiner Weise klar zu erkennen. In alten Schriften, auch in solchen guter Beobachter wie z. B. John Evelyn und Samuel Pepys, finden wir überaus zahlreiche Hinweise wie «der strengste Winter seit Menschengedenken in England», «der Schnee war so hoch, daß auch die Ältesten sich nicht an ein ähnliches Ausmaß erinnern konnten», usw. Gelegentlich wurden auch längerfristige Veränderungen wahrgenommen. So bemerkte man während des 17. Jahrhunderts das Vordringen der Gletscher über Gehöfte und landwirtschaftlich genutzte Flächen in den Alpen, auf Island und in Norwegen. Zweifellos registrierten die heutigen oder ehemaligen Nomadenvölker derartige Vorgänge zeitweilig auf jedem Kontinent, nämlich dann, wenn ihre Weiden austrockneten. Zumindest einige Menschen müssen die Klimaveränderungen deutlich erkannt haben, wenn, wie im späten Mittelalter, in verschiedenen Ländern der Anbau der herkömmlichen Feldfrüchte sowie Anbauflächen aufgegeben und Abgaben massiv gesenkt werden mußten. Wird das Klima allerdings wärmer bzw. für das menschliche Wirken angenehmer, so nimmt man das eher als selbstverständlich hin; und möglicherweise bleibt die Veränderung lange Zeit unbemerkt. Ein selten festzustellendes Bewußtsein für einen Wechsel dieser Art finden wir in einem Werk der römischen Antike über den Gartenbau: *De Re Rustica* (Buch I) von Columella. Dort wird eine Feststellung «des glaubwürdigen Schreibers Saserna» aus dem letzten vorchristlichen Jahrhundert zitiert, derzufolge «die Gegenden [in Italien, d. V.], die zuvor aufgrund der regelmäßig strengen Witterung den dort angepflanzten Weinstöcken oder Olivenbäumen keinen zuverlässigen Schutz bieten konnten, jetzt, da die frühere Kälte abgeklungen ist, (...) Oliven- und Weinernten in Hülle und Fülle hervorbringen». Wesentlich später können wir ein langsam aufkeimendes, noch recht vages Bewußtsein für eine Klimaveränderung feststellen: Im mittelalterlichen England wurden nach einer Reihe katastrophaler Erntejahre Weinberge aufgegeben, die zum Teil jahrhundertelang genutzt worden waren.

Dennoch ging man bis ca. 1960 im allgemeinen davon aus, daß das Klima als konstant angesehen werden konnte. Diese Ansicht galt wissenschaftlich als fundiert. Die ersten Langzeitabfolgen mit regelmäßigen meteorologischen Instrumentenbeobachtungen aus europäischen und nordamerikanischen Städten ergaben, daß das Klima im späten 19. Jahrhundert den Verhältnissen Ende des 18. Jahrhunderts, als die Beobachtungen aufgenommen wurden, sehr ähnlich war. Zahlreiche Einsatzformen der Klimatologie bei der Vorausplanung basieren immer noch – sei dies nun gut oder schlecht – auf dieser Annahme eines konstanten Klimas. Würde das Klima durch Wetterstatistiken definiert, die sich über einen ausreichend langen Zeitraum erstrecken, so würde die These, daß das Klima wirklich konstant ist, allgemein Zustimmung finden. Wie lang müßte eine solche Periode jedoch sein? Wenn wir die Verhältnisse der letzten Million Jahre zur Grundlage nehmen, müßten die wiederholten Wechsel von eiszeitlichen zu zwischeneiszeitlichen Bedingungen als ein Teil des normalen Klimas angesehen werden. Dennoch würden die Umschwünge ausreichen, um die Wirtschaft völlig lahmzulegen. Die praktische Alternative zur obengenannten Annahme wäre eine Definition, die auf individuelle Bedürfnisse und auf nationale wie internationale Angelegenheiten gleichermaßen zutrifft. Sicherlich müßte dabei die Tatsache berücksichtigt werden, daß das Klima sich verändert haben wird, wenn die Verhältnisse während eines Menschenlebens beträchtlich von den vorherrschenden Gegebenheiten eines früheren oder späteren Zeitraums ähnlicher Dauer abweichen.

Gegenwärtig werden die Veränderungen des Klimas und der Umwelt mit erhöhter Aufmerksamkeit beobachtet. Vielfach ist dies begründet in der Furcht vor den zunehmend deutlich werdenden Nebeneffekten der menschlichen Eingriffe in die Natur, die das Klimaregime ebenso stören, wie sie unsere Umwelt auch in anderen Bereichen sichtbar verändern. Andere interessieren sich für die Möglichkeit, die wachsende Leistungsfähigkeit der Technologie gezielt zur Veränderung des Klimas einzusetzen, so etwa um die Gesamtanbaufläche der Erde zu vergrößern oder – bedauerlicherweise – um die Klimamuster im Hinblick auf Möglichkeiten strategischer Kriegsführung zu verändern. Auf jeden Fall sind sich heute viele Menschen darüber im klaren, daß im Laufe des 20. Jahrhunderts bedeutende Klimaänderungen stattgefunden haben: Bis ungefähr 1950 kam es zunächst nahezu weltweit zu einer Erwärmung, die dann in eine Abkühlung überging. In jüngster Zeit hatten die wesentlich häufiger auftretenden extremen Wetterlagen unterschiedlichster Art in fast allen Teilen der Welt verheerende Auswirkungen auf die Landwirtschaft und erschwerten in vielen Bereichen die Zukunftsplanung.

Daher wird die alte Annahme, daß das Klima konstant sei, heute weithin als unbefriedigend angesehen. Nachdem man die Entwicklung und Veränderung des Klimas viele Jahrzehnte lang wenig oder gar nicht hinterfragt hat, drängt man heute die führenden Institute der Meteorologie und Klimatologie zu Aussagen über das Klima der Zukunft. Die Lage ist insofern doppelt schwierig, als die von «Experten» vorgetragenen Prognosen die Verwirrung oftmals nur steigern. Teilweise standen die Ansichten der Theoretiker im Widerspruch zur Auffassung jener Forscher, die in ihren Untersuchungen schwerpunktmäßig die Rekonstruktion des tatsächlichen (natürlichen) Klimaverhaltens in der Vergangenheit behandelt hatten.

Jacquetta Hawkes und Sir Leonard Woolley vermitteln uns im ersten Band ihres von der UNESCO herausgegebenen Buches *History of Mankind* (London 1963) einen guten Einblick in die Anschauungen, die unter interessierten und informierten Laien bis vor kurzem weit verbreitet waren. Im Anschluß an die Darstellung der drastischen Veränderungen während der Glazial- und Interglazialzeiten und des frühen Postglazials kommen sie zu der Aussage, daß «vor ca. 5000 v. Chr., als sich in Asien bereits die ersten landwirtschaftlichen Gemeinschaften bildeten, das Klima, die Ausbreitung der Vegetation und alle damit zusammenhängenden Umstände mehr oder weniger in ihrer heutigen Form ausgeprägt waren. Als dann schließlich die Zivilisation im eigentlichen Sinne einsetzte, waren nicht nur der *Homo sapiens* und seine landwirtschaftliche Lebensgrundlage fest vorgegeben, auch das natürliche Lebensumfeld, der Hintergrund, vor dem sich die gesamte nachfolgende Geschichte abspielen sollte, hatte bereits die Gestalt, die wir von unseren Vorfahren übernommen haben.»

Heute erkennen die meisten Archäologen, daß die interessante Geschichte des Klimas und unserer Umwelt weit darüber hinausgeht. Denn tatsächlich ändert sich das Klima im Laufe eines Menschenlebens und in den vom Menschen geschaffenen Strukturen stets mehr oder minder stark. Die klimatisch bedingte Form der Landschaft, die Verteilung der Vegetation und die Tierarten, Vögel und Insekten, die in bestimmten Landschaftsräumen leben, wandeln sich gleichfalls – oft eher langsam, zuweilen auch schneller. Insgesamt gesehen, vollziehen sich diese Veränderungen allerdings behutsamer als die dafür verantwortlichen Wetter- und Klimaumschwünge; sie lösen Katastrophen, Entvölkerungen ebenso wie Erholungsphasen und Verbesserungen aus. Das vorliegende Buch geht selbstverständlich von der Annahme aus, daß das Klima der Vergangenheit durch das Studium des Quellenmaterials nachvollziehbar ist. Dargestellt werden sowohl die ständig wechselnden Verhältnisse in den

Lebensräumen auf der Erde als auch die Abfolge der länger anhaltenden Klimaveränderungen. Wir werden sehen, wie beständig diese Veränderungen auftreten und welche Auswirkungen sich für die Pflanzen- und Tierwelt und für den Menschen immer wieder ergeben. Kapitel 15 geht ausführlicher auf diese Auswirkungen ein.

Es stimmt, daß – wie Jacquetta Hawkes und Leonard Woolley schreiben – über viele Jahrtausende die uns bekannten Vegetationszonen irgendwo auf diesem Planeten vorhanden und erkennbar waren: «Den Dschungel gibt es für die Pygmäen, das Grasland für die Nomaden und Ackerbauern und die Eisschollen für die Eskimos.» Doch hat die Verschiebung der Randgebiete dieser Zonen in der Vergangenheit und der Gegenwart stets Probleme hervorgerufen. Auf der Suche nach Belegen für die Auswirkungen des Klimas im Verlauf der Geschichte ist es sinnvoll, den Blick hauptsächlich auf die Randzonen in der Nähe der polwärtigen und ariden Grenzen menschlicher Siedlung und Aktivität zu richten, da dort die Störungsanfälligkeit erwartungsgemäß am größten ist. In Gebieten wie den Ebenen West- und Südeuropas besteht eher die Möglichkeit, daß die Auswirkungen klimatischer Veränderungen von den Existenzkämpfen zwischen den dort lebenden Gemeinschaften und den Bewohnern noch härter betroffener Regionen weitgehend verwischt werden.

Menschen verstehen Geschichte oft (einige Historiker haben darüber geschrieben) im Prinzip als eine Erzählung über die Taten großer Männer und Frauen. Es ist eine weitverbreitete Ansicht, daß diese Helden und Heldinnen die Bewegungen, an deren Spitze sie standen, und die sich aus ihnen ergebenden Krisen und Auseinandersetzungen die gesellschaftlichen Strukturen in der Folgezeit bestimmten. Selbstverständlich kam es von Zeit zu Zeit zu wirtschaftlichen Krisen, die einigen Einfluß auf den weiteren Verlauf der Ereignisse ausübten. Die Wirtschaft und auch die mit der Wirtschaft verbundene Entwicklung der Landschaft galten als Resultate großer Entscheidungen und Schlachten. Oder aber – entsprechend der marxistischen Geschichtsauffassung – man sah alles als eine Frage der technologischen Entwicklung an. D. h., es ging um die technischen Mittel, die dem Menschen in den verschiedenen Epochen zur Eroberung und Ausbeutung seiner Umwelt zur Verfügung standen. Diese verschiedenen Sichtweisen gründen auf der Annahme, daß das Klima, die Möglichkeiten, die es eröffnet, und die Beschränkungen, die es dem Menschen und der Umwelt auferlegt, tatsächlich konstant sind.

Mancher Leser mag den Eindruck gewinnen, daß die hier vertretene Geschichtsauslegung ein Wiederaufleben des Klimadeterminismus bedeutet. Der Klimadeterminismus ist eine stark vereinfachende Ansicht, die schon vor geraumer Zeit verworfen wurde. Ein derartiges Kategoriendenken wirkt eher beschränkend auf die gedankliche Freiheit. Zweifelsohne kam es vor, daß sich eine Wüste, ein Sumpf, eine Eiskappe bzw. ein Gletscher oder selbst das Meer über eine besiedelte und ackerbaulich genutzte Fläche vorschob. Bei diesen extremen Ereignissen steht außer Frage, daß eine Klimaveränderung oder die aufgestauten Folgen einer Klimatendenz aus früheren Jahren das menschliche Handeln bestimmt haben.

Selbstverständlich sind die Situationen zumeist weitaus komplexer und lassen den Menschen Wahlmöglichkeiten. Eine Geschichtsschreibung, die den Klimaverlauf nicht berücksichtigt, hätte allerdings zur Folge, daß die Gegebenheiten mehr als erforderlich verschleiert würden und es mithin zu abwegigen Deutungsversuchen käme.

Der Weg zu einem besseren Verständnis der Zusammenhänge ist nicht unproblematisch. An klimatischen Faktoren interessierte Historiker fanden in der Vergangenheit aufgrund der Ungenauigkeit, die bei den ersten Rekonstruktionsversuchen von Klimaabfolgen vor Beginn der instrumentellen Wetterbeobachtung wohl unvermeidbar waren, wenig Unterstützung. Doch konnten in den letzten 30 Jahren beachtliche qualitative und quantitative Fortschritte beim wissenschaftlichen Nachweis vergangener Klimate ebenso wie bei der methodischen Auswertung dieser Daten verzeichnet werden. Allmählich gewinnen wir ein verläßlicheres Bild über das Klima, dessen Hauptmerkmale bereits durch unabhängige Daten und Methoden bestätigt sind.

Ein Vergleich dieser Belege mit dem Verlauf der Menschheitsgeschichte und der noch längeren Aufzeichnungskette der Archäologie zeigt eine verblüffende Häufung von parallel auftretenden Katastrophen. Somit erhebt sich erneut die Frage: Welche Rolle spielten Klimastörungen für die Menschheitsgeschichte im Einzelfall? Hier verallgemeinern zu wollen ist problematisch, wenn nicht gar gefährlich. Zur Verbesserung unseres Verständnisses sind noch viele Detailuntersuchungen anzustellen. Doch scheint es in diesem Stadium hilfreich zu sein, das Klima als Katalysator oder zumindest als Auslöser von Veränderungen zu begreifen. Oft stellt sich heraus, daß bedeutende Niedergänge von Gesellschaften und Zivilisationen von Klimaveränderungen ausgelöst wurden, vergleichbar etwa mit der kürzlich entdeckten Auslösefunktion, die Schwankungen in den Gezeitenkräften bei Erdbeben und Vulkanausbrüchen haben.

Verwirrung und Verunsicherung herrschen auch unter Historikern und Wissenschaftlern anderer Disziplinen bei der Frage, inwieweit Klima- und Umweltveränderungen, von denen sich einige auf die Geschichte auswirkten, durch menschliche Einwirkung hervorgerufen worden sein können. Viele, auch gut informierte, Zeitgenossen in allen Teilen der Welt (unter ihnen auch Meteorologen) neigen heute eindeutig zu der Ansicht, daß – *gesetzt den Fall*, das Klima ist nicht so konstant, wie wir bislang dachten – dieser Umstand auf die Auswirkungen des menschlichen Handelns zurückgeführt werden muß. Die Wirkung menschlichen Handelns auf andere Teilbereiche der Umwelt ist nur zu offensichtlich; sie reicht zumindest bis auf die ersten Waldrodungen zum Zwecke des seßhaften Ackerbaus vor Jahrtausenden zurück. Bei dem heute rasch wachsenden Ausmaß und der zunehmenden Leistungsfähigkeit unserer Technologie haben wir allen Grund, unser Augenmerk auf die neuen – beabsichtigten oder sich zufällig ergebenden – Möglichkeiten der Klimabeeinflussung zu richten.

Die Menschheits- und auch die Klimageschichte werden oft als zyklisch angesehen, und zwar in einer Weise, als ob wir alle in einen Schicksalskreis unwiderruflich eingebunden seien, der auf keine erkennbaren Ursachen zurückgeführt werden kann. In diesem Buch unternehmen wir den Versuch, die Funktionsweise der Natur und die Bedeutung der menschlichen Eingriffe in die stetigen Entwicklungen und Schwankungen des Klimas besser zu begreifen. Wir werden sehen, wie klimatische Phänomene das menschliche Tun beeinflussen.

Heute steht außer Frage, daß zur Identifikation zyklisch wiederkehrender Klimaereignisse einzig die Beschäftigung mit solchen Entwicklungen in der Atmosphäre, den Ozeanen und im irdischen bzw. außerirdischen Umfeld erfolgversprechend ist, die die Aufeinanderfolge dieser Phänomene markieren und manchmal hervorrufen. Auf diese Weise gelingt es uns vielleicht, die physikalischen Prozesse, die von einer zur nächsten Phase führen, und die Umstände, die das zeitliche Auftreten steuern oder verändern, zu verstehen. Letztendlich vermögen wir so vielleicht auch die Ursprünge der gesamten Abfolge aufzudecken. Ein Beispiel dafür ist die in Kapitel 4 beschriebene Sequenz, die typischerweise auf einen großen Vulkanausbruch folgt und zur Bildung eines anhaltenden Staubschleiers in der Stratosphäre führt. Gleichfalls steht fest, daß es im Rahmen menschlicher Aktivitäten verschiedene Zyklen gibt, deren Ursachen ebenfalls verstanden werden müssen. Einige von ihnen stehen mit zyklischen Phänomenen des Klimas und der Umwelt in Verbindung, andere ganz sicher nicht. Des weiteren kennzeichnen der jahreszeitliche Rhythmus und die Saat- und Erntemonate eines Jahres Zeiten, in denen es um die Gesundheit und die Energie des Menschen in der Regel am besten bestellt ist. Sie weisen Zeiten aus, in denen Belastungen durch Entbehrung, Unterernährung und Hungertod am wahrscheinlichsten sind, Zeiten, in denen das Reisen am einfachsten ist, sowie solche, die für militärische Unternehmungen am günstigsten sind. Wenn wir mit einem größeren Zeitmaßstab arbeiten, der einige Jahre umfaßt, stellen wir Zyklen mit hohem Vertrauen in die Wirtschaft fest und erkennen den Konjunkturzyklus und in ähnlicher Weise den Ausschlag des politischen Pendels, der selbst in totalitären Staaten nicht völlig verdeckt zu sein scheint. Bei längeren Perioden, die sich von einer Generation zur nächsten oder über mehrere Jahrhunderte erstrecken, erkennen wir Umschwünge von einem strikten oder diktatorischen Regime zur Demokratie, auf die wiederum eine Diktatur folgt. Moralische und soziale sowie familiäre Bindungen unterliegen ebenfalls Schwankungen von einer Generation zur nächsten. Das Streben nach Unabhängigkeit führt dazu, daß eine Generation von der Lebensweise der unmittelbaren Vorfahren abweicht und oftmals dabei erneut Verhaltensmuster früherer Generationen aufgreift. Zu erwähnen wären schließlich Thesen wie die von Arnold Toynbee, der glaubt, daß allein der Alterungsprozeß (oder «der Verschleiß») menschlicher Institutionen ausreicht, um im Verlaufe der Zeit zum Verfall von Zivilisationen zu führen. Bei all diesen Fällen kann, wie bei den Klimazyklen, jedoch ein äußeres Ereignis den Zyklus verkürzen und eine neue Abfolge von Ereignissen einleiten. Demnach stellen Klima- und Menschheitsgeschichte keineswegs gänzlich voneinander unabhängige Systeme dar; vielmehr stehen sie teilweise in Wechselwirkung zueinander. Es wäre sicherlich lohnenswert, den Ursachen und Wirkungen dieser Verknüpfungen nachzugehen und Regelmechanismen aufzuspüren.

Der spätmittelalterliche Niedergang in Europa nach der Klimagunst des Hochmittelalters, die mit dem Höhepunkt der kulturellen Entwicklung im 12. und 13. Jahrhundert zusammenfiel, zeigt indirekt eine der für die Geschichte der Menschheit weniger erfreulichen Lehren auf. Aus der Aufgabe von Ackerflächen aufgrund von Mißernten, aus dem Verlassen von Bauernhöfen und Dörfern und aus der Einzäunung von Feldern für die Schafhaltung im Norden Europas und in höheren Lagen (und auch, wie wir jetzt wissen, im Mittleren Westen der Vereinigten Staaten) resultierten große Leiden und soziale Schwierigkeiten, auch Aufstände und Unruhen. Die Verantwortung schrieb man denjenigen zu, die (aus welchen Beweggründen auch immer) das Land einer neuen und gewinnbringenderen Nutzung zuführen wollten. Erwarten wir zuviel, wenn wir hoffen, daß wir durch ein besseres Verständnis des Klimaverhaltens, verbunden mit wohlüberlegten Vorkehrungen und größerem Verständnis für die betroffenen Menschen, mit derartigen Spannungen in der Zukunft besser fertig werden? Ist es wirklich immer angebracht, nach dem Schuldigen zu fragen, wenn etwas schiefgeht?

Ein Fortschritt an Verständnis, den wir für unser eigenes Jahrhundert als kennzeichnend ansehen möchten, wurde von einem BBC-Sprecher in einer religiösen Sendung («Gedanken zum Tage», 21. Juli 1978) festgehalten: «Wer ist verantwortlich für die Massenarbeitslosigkeit? (...) Wer ist verantwortlich für die weltweite Rezession? (...) Die Antwort muß lauten *wir*.» Derartige Äußerungen reichen aus, um ein moralisches Verantwortungsgefühl füreinander in der Weltgemeinschaft zu wecken. In der Wirklichkeit aber gilt es, etwa die durch die extremen Wettersituationen in den siebziger Jahren des 20. Jahrhunderts ausgelösten katastrophalen Mißernten, beispielsweise 1972 (und 1975), und ihre Auswirkung auf die Getreidevorräte aller Länder auch ökonomisch zu berücksichtigen.

Dieses Buch führt in die Entwicklung des Klimas, in die Geschichte seiner Wechselhaftigkeit ein und macht den Leser mit den Auswirkungen auf die Menschheit vertraut. Die Menschheitsgeschichte spielt sich nicht in einem Vakuum ab, sondern vor dem Hintergrund einer Umwelt, die ständig Veränderungen unterschiedlicher Art unterworfen ist. Neben den durch den Menschen hervorgerufenen Veränderungen gibt es einen ewigen Existenzkampf zwischen den Arten der Pflanzen- und Tierwelt. Die Entwicklung der Flora und der Fauna wie die des Bodens und der physischen Landschaft selbst wird ununterbrochen von den Launen des Klimas beeinflußt. Einige Veränderungen vollziehen sich langsam und allmählich, andere hingegen sind einschneidend und abrupt. Wir werden für all diese Phänomene Beispiele anführen.

Die nächsten drei Kapitel beschäftigen sich mit den physikalischen Grundlagen des Klimas und der Klimaveränderungen. Dabei wird umfangreiches Bildmaterial einbezogen, um ein angemessenes Bild über das Klimaverhalten und über den wechselnden Hintergrund menschlichen Lebens zu vermitteln. In den weiteren Teilen dieses Buches werden die Geschichte und die Entwicklung des Klimas in der Vergangenheit und in unserer Zeit dargestellt. Soweit Auswirkungen der klimatischen Wechselfälle nachweisbar sind, werden außerdem Verbindungen zu menschlichen Eingriffen und zu anderen Veränderungen der Umwelt hergestellt.

Wir werden sehen, daß sich die Menschheit – im Gegensatz zu den noch vor einigen Generationen üblichen Denkmustern – durch Wissenschaft und technische Revolution keineswegs von den Auswirkungen der Klimaveränderungen und -schwankungen befreit hat. Es hat vielmehr den Anschein, als ob wir diesen Auswirkungen (die großen Hungersnöte der Vergangenheit eingeschlossen) nach einigen Jahrzehnten, in denen eine gewisse Widerstandsfähigkeit erreicht wurde, eher wieder stärker ausgesetzt sind. Aufgrund der Bevölkerungsexplosion und der Schwierigkeiten, eine ausreichende Nahrungsmittelproduktion sicherzustellen, sind wir verstärkt mit Risiken konfrontiert, die mit Klimaänderungen einhergehen. Die Lage wird durch die überall auf der Welt erhobene Forderung nach einem ständig steigenden Lebensstandard erschwert. Die systematische Ausbeutung von Ressourcen bis zum absoluten Ausschöpfungsgrad – besonders in der Landwirtschaft – vergrößert diese Risiken noch.

Es wird berichtet (z. B. von Professor R. W. Kates von der Clark University in Worcester auf der Weltklimakonferenz in Genf 1979), daß von den geschätzten Gesamtkosten von jährlich 40 Milliarden US-Dollar, die weltweit aus den Bedrohungen der Natur entstehen, drei Viertel auf klimabedingte Katastrophen zurückzuführen sind (z. B. 40 Prozent auf Überflutungen, 20 Prozent auf tropische Tiefdruckgebiete/Wirbelstürme/Taifune, 15 Prozent auf Dürre). Wie nie zuvor versetzt uns der nationale und internationale Aufbau unserer Zivilisation mit ihrer fortgeschrittenen Technologie in die Lage, Hilfe und Versorgungsgüter zur Linderung einer akuten, von Naturereignissen ausgelösten Notlage rasch in die betroffenen Gebiete zu schaffen. Man mag jedoch daran zweifeln, ob diese komplexe weltweite Gemeinschaft mit all den ineinandergreifenden Mechanismen, dem sorgfältig austarierten Gleichgewicht besser als ihre Vorgänger in der Lage ist, die Auswirkungen langfristiger Klimaveränderungen aufzufangen. Fraglich scheint dies insbesondere dann, wenn klimatische Veränderungen plötzlich auftreten und bedeutende geographische Verschiebungen der Anbauzonen und der für die Erzeugung unterschiedlicher Lebensmittel geeigneten Gebiete zur Folge haben bzw. von großen Wanderungsbewegungen der Menschen begleitet werden.

Daher ist es wichtig, das Verständnis für die Geschwindigkeit, mit der sich Klimaveränderungen vollziehen, zu erweitern, insbesondere für die schnell ablaufenden und einschneidenden Ereignisse in der Klimageschichte. Ferner gilt es, die frühen Anzeichen zu erkennen, die diese Veränderungen möglicherweise ankündigen. Zudem muß untersucht werden, wie flexibel die Organisation der menschlichen Gesellschaft beschaffen sein muß, um auf solche Phänomene angemessen reagieren zu können.

2 Das Problem «Klima»

Definition

Unter dem Begriff Klima verstehen wir die Gesamtheit der Wettererscheinungen an irgendeinem Ort der Erde während einer festgelegten Zeitspanne. Nach internationalem Verständnis beträgt der Zeitraum, auf den sich Klimastatistiken beziehen, heute normalerweise 30 Jahre. Wir werden jedoch sehen, daß es Gründe gibt, für verschiedene Zwecke unterschiedliche Zeitspannen zu bevorzugen – insbesondere etwas längere Perioden, z. B. 50 oder 100 Jahre – und (so wie es unsere Großväter taten) vorzugsweise in Jahrzehnten vorzugehen, die dem linguistischen Gebrauch auf der Grundlage unseres Zahlensystems entsprechen, z. B. 1940 bis 1949 (...) 1970 bis 1979 usw.

In der Vergangenheit wurde das Klima manchmal fälschlicherweise lediglich als «durchschnittliches Wettergeschehen» definiert. Doch Statistiken zur genauen Beschreibung eines Klimas umfassen nicht nur durchschnittliche, sondern auch extreme Situationen sowie die Häufigkeit eines jeden Auftretens, die interessant sein können. Das altgriechische Wort Κλιμα bezog sich ursprünglich auf eine durch zwei Breitengrade festgelegte Zone der Erde, die mit der Neigung der Sonne in Verbindung gebracht wurde. Daher wurde das griechische Wort mit den in dieser Zone vorherrschenden Wärme- und Wetterverhältnissen assoziiert.

In letzter Zeit nahm man das Klima viel zu stark als gegeben hin. Seit dem späten 19. Jahrhundert ging man üblicherweise von der Annahme aus, daß das Klima – ungeachtet der Deutlichkeit, mit der Schwankungen von einem Jahr zum nächsten auftreten konnten – praktisch als konstant anzusehen sei. Man betrachtete die auftretenden Schwankungen zwischen den Jahren bestenfalls als zufällig. Für möglich gehalten wurde schon, daß einige verborgene Zyklen dabei eine Rolle spielen könnten und für die Vorhersage vielleicht von begrenztem Nutzen seien, z. B. für die Angabe des wahrscheinlich schönsten Sommers einer Dekade in Europa oder für die Voraussage der Jahre mit einem hohen oder niedrigen Wasserstand des großen Victoriasees in Ostafrika. Jedoch versagten solche Vorhersagen häufig. Man wußte, daß in der weit zurückliegenden «geologischen» Vergangenheit Eiszeiten aufgetreten waren, doch schien sich das Klima in römischer Zeit nicht wesentlich von dem der Gegenwart zu unterscheiden. Und so nahm man an, daß dies ebenso für alle dazwischenliegenden Jahrhunderte gelten müsse.

Wie wir später noch sehen werden, vollzog sich in diesen Jahrhunderten in Europa und anderswo tatsächlich eine Folge von Veränderungen: Auf eine lange Periode offensichtlich angenehmer Wärme im Hochmittelalter folgte besonders vor, während und nach dem 17. Jahrhundert weltweit eine Entwicklung zu einem kälteren Klima, wahrscheinlich kam es in diesem Zeitraum zur größten Eisausdehnung seit der letzten großen Glazialzeit. Eine solche Abfolge konnte bei den primitiven Wirtschaftsformen des Menschen in jenen Zeiten sicherlich kaum ohne Auswirkungen auf die Menschheitsgeschichte bleiben.

Frühe Schriften über Klima und Geschichte

Zufällig waren viele Schriftsteller zur Zeit dieser Kleinen Eiszeit sowie einige zeitgenössische Wissenschaftler sehr interessiert an dem, was unter dem Begriff «Klimatheorie der Temperamente» bekannt wurde. Dabei handelt es sich um eine Theorie, die mindestens bis auf Hippokrates und ins klassische Griechenland zurückgeht. Aristoteles hat den «natürlichen Charakter» des Menschen in Verbindung mit den kalten, warmen und mittleren Zonen der Erde beschrieben und fand so einen Ausgangspunkt für seine Theorie der Überlegenheit der Hellenen. Die Griechen seiner Zeit waren nach Aristoteles dazu befähigt, die Welt zu beherrschen, wenn sie nur untereinander einig wären. Diese gefährliche Theorie wurde von verschiedenen Staaten rasch aufgegriffen, und zwar in einer Form, die dem Ego des jeweiligen Volkes am meisten schmeichelte. Das trug zu den zunehmend chauvinistischen Tendenzen im 17. Jahrhundert bei. Diese Anschauung kehrt in einigen Formen des fanatischen Nationalismus des 20. Jahrhunderts wieder. Das Theaterpublikum der Shakespearezeit liebte Darstellungen fremdartiger Gegenden mit überzogenen Stereotypen der Bewohner dieser Länder. Dieser Geschmack ist zweifellos auf das Zeitalter der Entdeckungen zurückzuführen. Die Predigten der englischen Protestanten im 17. Jahrhundert enthielten zahlreiche Aussagen über die unmoralischen Völker im katholischen Süden Europas, die im Norden lebenden Nationen wurden als «schwerfällig und ungeschlacht» angesehen. Daher bestand einige Besorgnis über Englands tatsächliche Breitengradlage! Ein englischer Schriftsteller schrieb – in aller Harmlosigkeit – den vielgepriesenen Sinn für Humor in seinem Land dem Klima und «unserer einfachen Ernährung» zu. Ein anderer rechtfertigte die Unmoral des Theaters in der Restaurationszeit mit der Notwendigkeit, die verstiegene und trübsinnige Geisteshaltung zu vertreiben, der die Menschen «durch das britische Klima besonders anheimfielen».

Selbstverständlich beschäftigten sich die Wissenschaftler mit dieser Theorie, doch jedes Körnchen Wahrheit, das sich in ihr verbergen mochte, interessierte sie lediglich als ein weiterer Schritt auf dem Weg zum Verständnis der großen Menschheitsprobleme. Einige Probleme traten deutlich zutage: Wie sollte man den «barbarischen» Zustand im zeitgenössischen Griechenland oder den Verfall Italiens seit den Tagen der klassischen Ordnung und Macht verstehen? Wie konnte die freie demokratische Lebensart der frühen germanischen Völker in Dänemark, Deutschland und im England des 17. Jahrhunderts verlorengehen? Die statische Weltauffassung, die diesen Fragestellungen zugrunde liegt, mutet eigenartig an, allerdings kann es sich dabei um eine zur Ordnung des «neuen» Wissens notwendige Phase gehandelt haben. Offenbar kam niemandem der Gedanke, daß sich das Klima und, wenn man so will, die «Rassenzusammensetzung» und das «biologische Erbe» der Nationen im Verlauf von Jahrhunderten ändern könnten. Vielleicht ist es aber dennoch möglich, daß sich die führenden Köpfe und vielleicht einige Wissenschaftler in London, Paris, Florenz und besonders in Zürich und Kopenhagen der Vorstöße der Alpengletscher bewußt waren, die damals Dörfer bedrohten und sich über das Weideland bei Chamonix und Grindelwald hinwegschoben, während sich das gleiche auch auf den Ackerflächen in Norwegen abspielte, und das Eis auf den Meeren um Island zunahm. Sicherlich wußte Andrew Fletcher aus Saltoun in der Grafschaft Midlothian sehr genau über die entsetzlichen, von Mißernten, Hunger und Tod geprägten Jahre Bescheid, unter denen die Pfarrbezirke im schottischen Hochland litten. Er legte im Jahre 1698 dem schottischen Parlament seinen Zweiten Diskurs vor und kritisierte die bessergestellte, nicht notleidende Bevölkerung in den östlichen Tiefländern wegen ihrer mangelnden Anteilnahme.

Im Jahre 1492 schrieb der damalige Papst über seine Sorge um die Notlage der in Grönland lebenden Menschen, die dort aus dem weitreichenden Zufrieren der Meere um Grönland entstand. Wie allgemein bekannt ist, starb die alte Wikingerbevölkerung auf der von Europa abgeschnittenen Insel letztendlich aus bzw. verschwand. Im Jahre 1784, zu einer Zeit also, als das Meereis um Island wieder dichter wurde und dort ein großer Vulkanausbruch stattgefunden hatte, erörterte die dänische Regierung die Frage, ob die isländische Bevölkerung evakuiert und in Europa erneut angesiedelt werden sollte – ein bemerkenswerter Vorschlag, wenn man die damals zur Verfügung stehenden Mittel bedenkt. Jedenfalls wurde kein Versuch zur Durchführung dieser Maßnahme unternommen, und schließlich erwies sich das Vorhaben trotz der akuten Notlage und der Verluste an Menschenleben als unnötig.

Die Annahme einer Klimakonstanz

Die bis vor kurzem weithin vertretene Ansicht, daß das Klima konstant sei, war vielleicht nicht mehr als eine verfrühte Schlußfolgerung aus den ersten Langzeitwetteraufzeichnungen, die man in den wichtigen Städten der Welt mit gängigen meteorologischen Instrumenten gemacht hatte. Bis ungefähr zum Ende des 19. Jahrhunderts erfaßten viele dieser Aufzeichnungen einen Zeitraum von 100 Jahren. Der Zufall wollte es, daß die vorherrschenden Temperaturen in Europa und im Osten von Nordamerika zwischen 1875 und 1895 Werte erreichten, die denen aus dem vorausgegangenen Jahrhundert ähnelten. Dazwischen lagen einige kältere Jahrzehnte mit größeren Gletschervorstößen; ein solcher Gletscherhöchststand war zwischen ca. 1820 und 1850 in den Alpen zu verzeichnen. Darauf folgte eine wärmere Periode, die in der Tat den Beginn eines bis etwa 1960 oder noch darüber hinaus anhaltenden allgemeinen und weltweiten Gletscherrückzugs markierte.

Die Annahme einer Klimakonstanz war anfänglich das einhellige Urteil eingehender wissenschaftlicher Beobachtungen, obwohl eine 100 Jahre umfassende Aufzeichnung für eine solche Aussage nicht ausreichte und zudem den zwischenzeitlich erworbenen Kenntnissen und der Erfahrung früherer Generationen widersprach. Tatsächlich führte die Besorgnis über «die plötzlichen Schwankungen im jahreszeitlichen Ablauf», denen das Klima offenbar «mehr und mehr zu unterliegen schien», und über die möglichen Auswirkungen auf landwirtschaftliche Produktion und menschliche Gesundheit dazu, daß ab 1775 überall in Großbritannien die ersten meteorologischen Beobachtungsstationen aufgebaut wurden.

Die Annahme einer Klimakonstanz war bei den praktischen Verfahren hilfreich, bei denen Klimastatistiken zur Planung eingesetzt wurden. Das bedeutete, daß die Durchschnittswerte und die allgemeinen Schwankungsbreiten der Temperatur, des Niederschlags, des Sonnenscheins usw., die durch meteorologische Beobachtungen über eine «ausreichende» Anzahl von Jahren (etwa 20 oder 30 Jahre) ermittelt wurden, als eine fundierte Richtlinie für die Zukunft angesehen wurden. Damit erübrigte sich die Frage, *welche Jahre* durch die Beobachtungen abgedeckt wurden. Es wurden sogar wertvolle statistische Techniken zur Ermittlung von Schätzungen für endgültige Temperaturextreme entwickelt. Ebenso konnte nun das erneute mittlere Auftreten von Intervallen (bekannt als «Wiederholungsperioden») seltener Ereignisse unter Verwendung der Häufigkeitsverteilung statistisch berechnet werden. (Die Häufigkeitsverteilung ergibt sich aus allen beobachteten Werten eines beliebigen Klimaelementes während eines beliebigen zur Verfügung stehenden Erhe-

bungszeitraumes.) So konnte den Bauingenieuren Zahlenmaterial über
die stärksten Windböen, die größte Überschwemmung, den strengsten
Frost, die höchsten Temperaturen, die einmal in 50 oder sogar einmal in
500 Jahren zu erwarten waren, zur Verfügung gestellt werden. Doch wurden diese Aussagen auf der Grundlage von Beobachtungen über lediglich
30 Jahre bzw. über einen ähnlich langen Zeitraum getroffen. Das einzige
dabei relevante Kriterium war offenbar, daß die für die Aufzeichnung
verwendeten Instrumente, ihre Ausrichtung und die Aufzeichnung der
beobachteten Werte den Normen des wissenschaftlichen Zeitalters entsprachen. Somit wurde die Klimatologie im Grunde zur Buchhaltung der
Meteorologie – nicht mehr und nicht weniger.

1935 wurde auf der Konferenz der Internationalen Organisation für
Meteorologie (einem Vorläufer der heutigen Weltmeteorologischen Organisation) ein Schritt in Richtung auf eine Normierung unternommen. Die
Empfehlung wurde ausgesprochen, die Beobachtungen aus den Jahren
von 1901 bis 1930 für alle klimatischen Anwendungsbereiche als sogenannte «klimatische Normalperiode» zu verwenden. Die Wahl des Wortes
«normal» erwies sich als unglücklich, hat aber in der klimatologischen
Praxis Bestand gehabt. Der Begriff vermittelt den Eindruck, daß die Natur
eine solche Norm kenne und die Verhältnisse stets zu dem Regime der
ausgewählten Periode zurückkehren müßten. Heute gilt die Zeit von 1901
bis 1930 als eine überaus anormale Periode, obwohl sie von den folgenden
30 Jahren (1931 bis 1960) übertroffen wurde, die ihrerseits den ersten Zeitabschnitt als «neue Normalperiode» ablösten. Global gesehen, waren dies
wahrscheinlich die wärmsten und in vielen Gebieten die feuchtesten Perioden von einer derartigen Länge seit Jahrhunderten.

Die auf dieser Grundlage gewonnenen Hinweise auf ein wahrschein-
liches Klimaverhalten, insbesondere auf das Auftreten von Extremsitua-
tionen und seltenen Ereignissen, haben sich seit ca. 1950 teilweise als sehr
irreführend erwiesen. Zweifellos ist es unklug, die Wiederholungsperioden vermeintlich seltener Ereignisse für einen wesentlich längeren Zeitraum als die Dauer der untersuchten Beobachtungsreihe anzugeben. Wir
sind infolgedessen gezwungen, unsere Kenntnisse über den Rahmen hinaus auszudehnen, für den durch Instrumentenbeobachtungen gewonnene
Aufzeichnungen vergangener Klimaverhältnisse verfügbar sind. Dazu ist
es notwendig, auf die unterschiedlichsten Arten älterer Belege und auf
«Proxy»-Daten zurückzugreifen, die wir in den nächsten Kapiteln behandeln werden.

Die Annahme eines konstanten Klimas «aus praktischen Gründen»
scheint aus einer verständlichen Ursache länger als erforderlich Bestand
gehabt zu haben. Von ungefähr dem Beginn dieses Jahrhunderts an bis

1940 vollzog sich tatsächlich eine nachhaltige Klimaveränderung. Allerdings verlief sie in eine Richtung, die das Leben und die Tätigkeiten vieler Menschen fast überall auf der Welt erleichterte. Die durchschnittlichen Temperaturen stiegen, ohne zu viele heiße Extremwerte zu erreichen. Am deutlichsten machte sich dieser Temperaturanstieg in der Arktis bemerkbar, wo das Meereis abnahm. Europa verzeichnete mehrere Dekaden, in denen so gut wie keine strengen Winter auftraten; die Temperaturschwankungen zwischen den aufeinanderfolgenden Jahren gingen zurück. Die Niederschläge in den trockenen Gebieten im Innern der großen Kontinente nahmen zu, mit Ausnahme des amerikanischen Kontinents, wo die Auswirkung des «Regenschattens» der Rocky Mountains und der Anden deutlicher ausgeprägt war, während gleichzeitig westliche Winde in mittleren Breiten immer stärker vorherrschten. In Indien und Westafrika traten die Monsune regelmäßiger auf. Planungen auf der Grundlage von Klimastatistiken aus den vorangegangenen Jahrzehnten ermöglichen heute für verschiedene Belange in der Tat größere Sicherheitsspannen als bis etwa 1950.

Perspektiven der Forschung

Es überrascht nicht, daß die Erforschung des längerfristigen Klimaverhaltens vernachlässigt wurde, solange alles zufriedenstellend verlief. Ein maßgeblicher Impuls ging 1930[1] von dem schwedischen Meteorologen Tor Bergeron aus. Er trug entscheidend dazu bei, die Klimatologie zu einer lebendigen Wissenschaft der Klimaentwicklungen zu machen. Es dauerte jedoch drei Jahrzehnte, bis sich seine Ansichten durchsetzten.

Seit etwa 1950 haben sich die klimatischen Tendenzen verändert. Eine weltweite Abkühlung, die zunächst geringfügig, doch auf der Nordhemisphäre in den sechziger Jahren sehr ausgeprägt war, verkehrte den früheren Aufwärtstrend der Temperaturen ins Gegenteil. Offensichtlich führten fünf oder sechs milde Winter in Europa und drei oder vier im östlichen Teil von Nordamerika nach 1970, ebenso wie zwei sehr warme Sommer (1975 und 1976) in denselben Regionen dazu, daß man die Entwicklung zurückhaltender beurteilte. Es entstand der Eindruck, daß die Flut an Veröffentlichungen über Klimaveränderungen in den sechziger Jahren das Thema überstrapaziert hatte. Dies war vor den Wintern in den späten siebziger Jahren des 20. Jahrhunderts mit Rekordkälten in Teilen Nordamerikas und Europas. Aber die Planer sahen die politischen Risiken, die mit der Brennstoffversorgung zusammenhingen, als eine größere wirtschaftliche Bedrohung an. In den siebziger Jahren traten in verschiedenen

Ländern äußerst ungewöhnliche, extreme Jahreszeiten, Hungersnöte und Ernteeinbußen auf, die durchaus mit den politischen Schwierigkeiten der unmittelbar darauffolgenden Jahre verbunden sind. In besonders auffälliger Weise trifft dies auf die vielen Dürrejahre in der Sahelzone und anderswo im Bereich von 10 bis 20° n. Br. und auf die Revolution in Äthiopien im Jahr 1973 zu, die schließlich zu den internationalen Konflikten am Horn von Afrika führte. Es ist sogar behauptet worden, daß der weltweite Getreidemangel 1972 im Anschluß an die Dürren und Mißernten den ersten großen Ölpreisanstieg im Jahr 1973 erst ausgelöst hat, da die an Ölvorkommen reichen Wüstenländer ihre Zahlungsfähigkeit für den Ankauf von Lebensmitteln absichern wollten. Auf jeden Fall verdoppelte sich der Weizenpreis auf dem Weltmarkt innerhalb eines Jahres, und der Ölpreis stieg um das Vierfache.

Dies ist nur ein Beispiel dafür, wie das Klima und seine Wechselhaftigkeit mit den Kernproblemen der heutigen Welt verknüpft sind. Natürlich werden die Vorräte, besonders die Nahrungsmittelproduktion und die Wasserversorgung, durch das starke Bevölkerungswachstum und auch durch das Bedürfnis nach einem ständig steigenden Lebensstandard übermäßig stark in Anspruch genommen. Schon jetzt übersteigt der Bedarf in manchen Jahren die Mengen, die die Natur (mit Hilfe menschlicher Technik) zur Verfügung stellen kann. Diese Erfahrungen haben eine Nachfrage nach Klimaprognosen zu einem Zeitpunkt ausgelöst, an dem die wissenschaftlichen Erkenntnisse diesen Anforderungen noch nicht in zufriedenstellender Weise gerecht werden können.

Bis in die sechziger Jahre des 20. Jahrhunderts konnten Ernteverluste durch Verbesserungen in der Agrartechnologie, besonders durch die weltweite Einführung von Erntemaschinen, verringert werden. Dabei erwies sich die mehrere Jahrzehnte anhaltende günstige Klimaphase als hilfreich. Gleichzeitig führten der vermehrte Einsatz von Düngemitteln und Pestiziden sowie die Entwicklung neuen Saatguts zu gewaltigen Ertragssteigerungen. Seither war der Bedarf in den meisten Jahren jedoch größer als die Produktion, so daß die Weltgetreidevorräte, in täglichen Liefermengen gerechnet, 1975 auf weniger als ein Viertel der Menge des Jahres 1961 zurückgegangen waren. Zwischen 1960 und 1979 zwangen Dürreperioden bei den Ernten in der Sowjetunion und manchmal auch in China sowie das Ausbleiben des Monsuns in Indien diese Länder, zumindest fünf Jahre lang große Getreidemengen im Westen, im wesentlichen aus nordamerikanischen Überschüssen, einzukaufen. 1972 fielen Ernteeinbußen in allen diesen Gebieten mit einer länger andauernden Dürre und Hungersnot in der Sahelzone in Afrika zusammen.

Das weltweite Bevölkerungswachstum und die Erwartung eines höheren Lebensstandards vergrößern zweifellos unsere Anfälligkeit gegenüber Klimafluktuationen. Diese erhöhte Anfälligkeit kann ebenfalls eine Folge der Rationalisierung in der Landwirtschaft und im Welthandel sein, zumal in riesigen Gebieten lediglich ein oder zwei Feldfrüchte angebaut werden, die dort vermutlich am besten gedeihen. Das wiederum hängt im wesentlichen von der Beständigkeit des vorhergesagten Klimas ab. Wenn die Witterungsbedingungen in einem bestimmten Jahr über den erwarteten Rahmen hinausgehen, kann dies schwerwiegende Konsequenzen haben. Monokulturen waren in der Vergangenheit der Grund für zahlreiche große Hungerkatastrophen; zudem wies das Klima in den letzten Jahren überall in der Welt nochmals eine größere Schwankungsbreite auf.

Abgesehen von diesen Problemen haben Vorausberechnungen des Bevölkerungswachstums und des Energiebedarfs dazu geführt, daß in allen Medien über den einschneidenden weltweiten Temperaturanstieg berichtet wurde, der eine Verschiebung der Anbaugürtel verursacht. Dies wird als unausweichliche Auswirkung des zusätzlichen Kohlendioxids angesehen, das der Atmosphäre durch unsere Nutzung fossiler Brennstoffe (Kohle, Öl usw.) zugeführt wird. Hieran sind auch andere Substanzen beteiligt, wie die Stickoxide aus unseren Kunstdüngern und die überschüssige Wärme, die bei diesen und anderen Prozessen (z. B. bei der Nutzung von Kernenergie) freigesetzt wird. Schätzungen über die bis zum Jahr 2100 zu erwartende Erwärmung reichen von 2 °C bis 11 °C, wobei die weitergehenden Annahmen davon ausgehen, daß der Wasserspiegel der Weltmeere rasch ansteigen wird, sobald die Inlandeiskappen auf Grönland und auf der Antarktis anfangen abzuschmelzen. Diese Ansicht stützt sich anscheinend auf gesicherte wissenschaftliche Erkenntnisse, die wir ernst nehmen müssen, obwohl Zweifel und Skepsis angebracht sind.

Vor diesem Hintergrund erwähnte der damalige Außenminister der Vereinigten Staaten, Dr. Henry Kissinger, in einer Rede vor der Generalversammlung der Vereinten Nationen am 15. April 1974 die Bedrohung durch Klimaveränderungen. Er drängte die entsprechenden internationalen wissenschaftlichen Organisationen, «dieses Problem vordringlich zu erforschen». Die Weltmeteorologische Organisation ist seit einigen Jahren dabei, ein Globalprogramm zur Erforschung der Atmosphäre (GARP) zu erstellen, in dessen Rahmen das Klimaproblem als ein Teilaspekt untersucht werden soll. Die Vereinigten Staaten haben mit der Verabschiedung des nationalen Klimaprogramms durch den Kongreß im Jahre 1978 eine führende Rolle übernommen. Die USA drängten darauf, den 20 Jahre umfassenden Zeitraum von 1980 bis zum Jahr 2000 zu den internationalen Klimadekaden zu erklären, um eine weitgehende internationale Zusammenarbeit beim Sammeln und Analysieren aller verfügbaren Klimadaten und bei der Erforschung des Problems sicherzustellen. In anderen Ländern hat man sich bislang zu sehr auf die Ausarbeitung theoretischer Modelle konzentriert, die lediglich auf den Beobachtungen der letzten Jahre basieren, für die weltweit Datenmaterial vorliegt. Es ist ebenfalls notwendig, alle zur Erfassung einer weit längeren Periode verfügbaren Beobachtungsdaten zu sammeln. Diese muß lang genug sein, um eine statistisch verwertbare Anzahl von Wiederholungen aller natürlichen Prozesse bei Klimaveränderungen und Fluktuationen untersuchen zu können, die für unsere zukünftigen Planungszeiträume vielleicht wichtig sind.

Die Rekonstruktion vergangener Klimaangaben gehört zu den sehr breit angelegten, interdisziplinären Forschungsprojekten. Ebenso wie Wetter und Klima fast jeden Aspekt unseres Lebens und unserer Umwelt berühren, tauchen Nachweise über ihren vergangenen Verlauf an zahlreichen, gänzlich verschiedenen Stellen auf. Die meisten wissenschaftlichen Disziplinen, angefangen von Untersuchungen über Schriftstücke und Inschriften aus dem klassischen Altertum und der vorklassischen Zeit bis hin zu Experimenten mit Isotopen der Elemente, die von der Kernphysik identifiziert wurden, können dazu einen Beitrag leisten. Im Vergleich mit der Arbeit in den großen meteorologischen Rechenzentren, in denen die Theoretiker Modellsimulationen zur Erforschung des Verhaltens von Atmosphäre und Ozeanen benutzen, erfordern viele der zuvor erwähnten Untersuchungen nur einen geringen Kostenaufwand. In Wirklichkeit braucht man beide Arten der Forschung; und zwischen diesen beiden Richtungen sind eine ständige Zusammenarbeit sowie ein fortwährender Austausch notwendig. Im allgemeinen werden jedoch für die theoretische Arbeit zwanzig- bis fünfzigmal soviel Forschungsmittel zur Verfügung gestellt wie für die Entwicklung und Analyse des tatsächlichen Klimaablaufs der Vergangenheit. Wie überall in der Wissenschaft muß man die zu erklärenden Phänomene zuerst beobachten, bevor ein theoretisches Verständnis möglich ist.

Die Einsicht dafür wächst zunehmend; in einer Hinsicht haben die auf dem Gebiet der Klimatheorie arbeitenden Labors offensichtlich am meisten beizutragen: bei der Klärung der Frage, wie sich das Klimaverhalten in Zukunft durch vom Menschen ausgelöste Faktoren – Schadstoffausstoß und Wärmeabgabe –, die in dieser Form niemals in der Natur aufgetreten sind, vermutlich verändern wird. Trotzdem werden die theoretischen Ergebnisse nur dann verläßlich sein, wenn a) die zugrunde gelegten Mengen realistisch sind, und man b) die Eignung der Modelle zur Wirklichkeitssimulation durch Anwendung auf nachweislich aufgetretene Klimaregime getestet hat.

Es ist nicht verkehrt, den Unbesonnenen einige Fallen aufzuzeigen, die die Beschäftigung mit diesem Thema mit sich bringt. Wir alle, die professionellen Wissenschaftler, die Ratsuchenden und auch die Laien, sind von den praktischen Erfahrungen und den Denkweisen des Zeitalters, in dem wir leben, stark geprägt. Folglich gehen diejenigen, die sich mit dem Klimaproblem und seiner momentanen Entwicklung beschäftigen, im allgemeinen von folgenden Prämissen aus:

1. Um einwandfreie Fakten zu erhalten, müssen die wesentlichen Beobachtungsdaten aus einem sorgfältig ermittelten Netz von Meßstellen mit qualitativ hochwertigen Instrumenten stammen. Die Eichung der Instrumente muß in zufriedenstellender Weise überprüft werden und ihre Aufstellung entsprechend anerkannten Normen erfolgen.

2. Man kann davon ausgehen, daß die Labors mit den leistungsfähigsten Computern und den fortgeschrittensten mathematischen Modellen die besten Antworten auf die Prognosefragen liefern werden.

3. Die «langsamen, lang andauernden Prozesse klimatischer Veränderungen» können sicherlich außer acht gelassen werden.

4. Umschwünge im vorherrschenden Klimaregime, wie wir sie heute beobachten, oder Veränderungen bei Zeitskalen, die für die Vorausplanung von Bedeutung sind, müssen sicherlich menschlichen Tätigkeiten zugeschrieben werden.

Die ersten beiden Annahmen gehen natürlich auf spezifische Erfahrungen des wissenschaftlichen Zeitalters zurück, die sich in vielerlei Hinsicht als wertvoll erwiesen haben. Wir werden jedoch sehen, daß alle vier Punkte vorschnelle Schlüsse darstellen, die eine weitere Überprüfung erfordern, wenn wir mit dem Klimaproblem zurechtkommen wollen. Wir werden sie einzeln durchgehen:

1. Im 17. Jahrhundert[2] wurden die wichtigsten meteorologischen Instrumente, das Barometer, das Thermometer und der Niederschlagsmesser, erfunden. So entstand allmählich ein Netz von Beobachtungsstationen, die mit diesen Geräten ausgerüstet waren. Bis ca. 1950 veränderte sich das Klima nahezu ausschließlich mit Tendenz zu einer weiteren Erwärmung. Einige klimatische Prozesse und Entwicklungen dauern demnach lange an. Die entgegengesetzte Veränderung, die zu kälteren Bedingungen und zum Vorrücken der Gletscher zu Beginn der Instrumentenperiode geführt hatte, stellt ein anderes Beispiel dar. Wenn wir diese Veränderung und andere, in den Postglazialen aufgetretene Regime verstehen wollen, müssen wir nach Möglichkeiten zur Rekonstruktion der Bedingungen suchen, die vor der Verbreitung meteorologischer Instrumente herrschten. Dies ist vor allem auch deshalb notwendig, weil der Klimatrend, der in weiten Teilen der Welt von ca. 1950 zumindest bis in

die späten siebziger Jahre des 20. Jahrhunderts beobachtet wurde, eine Abkühlungstendenz aufwies.

2. Computermodelle, die Klimaentwicklungen simulieren, können ebenfalls aus einer Vielzahl von Gründen unzulänglich sein, auch wenn ihnen ein solider mathematischer Ansatz zugrunde liegt. Um die notwendigen Beobachtungsdaten weltweit möglichst vollständig erfassen zu können, erstreckt sich der Zeitraum, in dem das Verhalten der Atmosphäre und der Ozeane durch Modellsimulationen untersucht wurde, seit 1950 zwangsläufig über eine recht kurze Spanne. Manchmal umfaßt dieser Zeitraum lediglich einige der letzten Jahre, in denen besonders vereinbarte internationale Beobachtungsbemühungen, z. B. im Rahmen des Globalen Programms zur Erforschung der Atmosphäre (GARP), unternommen wurden. Es ist durchaus möglich, daß Einzelheiten übersehen wurden, die für die Klimawechsel über Perioden von mehreren Jahrzehnten oder über noch längere Zeiträume wichtig sind und die man im voraus nicht genau kennt. Es muß überprüft werden, inwieweit Klimate aus früheren Zeiten durch Modelle erklärt werden können. Ferner enthalten viele der komplizierten Wechselbeziehungen in der Atmosphäre sowie zwischen Atmosphäre und Ozean, die simuliert werden müssen, so viele Unbekannte, daß sich auch die anderen Variablen verändern, sobald man irgendeine Größe abwandelt. Dies kann zu im Grunde willkürlichen Ergebnissen führen; insbesondere dann, wenn z. B. Ereignisse in der Atmosphäre, die Veränderungen im Meer hervorrufen, Rückwirkungen des Meeres auf die Lufthülle oder etwa Veränderungen in der Wolkenbildung und deren Konsequenzen für den maritimen Wärmehaushalt nicht berücksichtigt werden.

Bei dem gegenwärtigen Stand der Wissenschaft sind statistische Schätzungen über die Häufigkeit und Wahrscheinlichkeit verschiedener Vorkommnisse, die sich eng an beobachtete Angaben aus der Vergangenheit halten, als Grundlage für Planungen vermutlich im allgemeinen akzeptabler als die speziellen Vorhersagen des Theoretikers. Aber welchen der vergangenen Beobachtungszeiträume legen wir zugrunde? In England traten innerhalb der vier Jahrzehnte von der Jahrhundertwende bis in die dreißiger Jahre des 20. Jahrhunderts zweimal lange Frostperioden auf, die kalt genug waren, um die Flüsse zufrieren zu lassen. Im 19. Jahrhundert kam dies zwei- oder viermal innerhalb einer Dekade vor, und seit 1940 finden derartige Witterungsereignisse wieder ein- oder zweimal innerhalb von zehn Jahren statt. (Die Abfolge von milden Jahrzehnten zu Beginn dieses Jahrhunderts ermöglichte es, in Großbritannien Wasserleitungen und Abwasserrohre in – oder vielmehr – an den Außenwänden der Häuser zu installieren; das Frostrisiko blieb dabei unberücksichtigt. Bei der Elektrifizierung der britischen Eisenbahn, mit der ebenfalls in diesen Jahrzehnten begonnen wurde, wählte man das Stromschienensystem, das, so weiß man heute, bei Frostwitterung häufig ausfällt.) Zeitgleiche Veränderungen beeinflußten die Häufigkeit von Schneefällen, die ausreichten, um zahlreiche Straßen zu blockieren und die Arbeit auf den Feldern zum Stillstand zu bringen. Wir werden hier und in anderen Teilen der Welt im Zusammenhang mit Dürreperioden und Überschwemmungen auf ähnliche Umschwünge stoßen. Derartige Erfahrungen haben Planung und Gestaltung in den jeweiligen Zeiträumen beeinflußt. So kann eine scheinbar objektive statistische Arbeitsweise eine Vielzahl von Ergebnissen liefern, die eigentlich insofern willkürlich sind, als sie von der Wahl des Beobachtungszeitraums abhängen. Folglich ergibt sich hier erneut die Notwendigkeit zu eingehenderen wissenschaftlichen Unternehmungen. Wir müssen versuchen, für die von uns benutzte Statistik eine Bezugsperiode auszuwählen, die der physikalischen Klimaentwicklung von der heutigen zur zukünftigen, von uns mit Plandaten zu versehenden Phase sehr ähnlich ist. Dabei braucht der mit Beobachtungsdaten arbeitende Forscher die Hilfe des Theoretikers, um die Entwicklungen in der atmosphärischen Zirkulation und bei dem von ihm beobachteten Klima zu verstehen und um sicherzugehen, daß er ähnliche Sequenzen richtig erkennt. Beobachtung und Theorie müssen sich Hand in Hand weiterentwickeln.

3. Wie wir gesehen haben, können die Prozesse klimatischer Veränderungen lang sein – einige sind es sicherlich –, aber sie schließen auch einige sprunghafte, *abrupte* Wechsel ein. So stieg der Wasserstand des Victoriasees, der aus den äquatorialen Regenfällen in seinem Auffanggebiet über Ostafrika gespeist wird, im Jahr 1961 innerhalb von drei Monaten um mehr als 1 m. Dies lag über der Meßskala während der vorherigen 60 Jahre seit Anbringung der Pegel. Bis in die späten siebziger Jahre des 20. Jahrhunderts hatte der See seinen ursprünglichen Wasserstand noch nicht wieder erreicht. (Abb. 1).

Zur gleichen Zeit stiegen auch die Wasserstände anderer großer Seen im östlichen Äquatorialafrika an. Maß weiß jetzt, daß die Seen in den siebziger Jahren des 19. Jahrhunderts einen höheren Pegelstand aufwiesen, der jedoch am Ende des Jahrhunderts rasch zurückging. (Das niedrige Niveau dieser äquatorialen Seen in der frühen Phase dieses Jahrhunderts fiel ungefähr mit der Periode zusammen, in der die Bildung vorherrschend westlicher Winde in den mittleren Breiten über lange Zeiträume anhielt, und scheint deshalb mit einer globalen Veränderung in der Windzirkulation und dem Wasserdampftransport in Beziehung zu stehen.) Eine wichtige Frage betrifft mithin die Geschwindigkeit, mit der sich klimatische Veränderungen vollziehen.

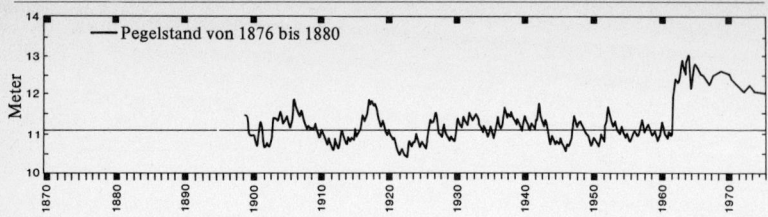

1: Wasserstandsschwankungen des Victoriasees im östlichen Äquatorialafrika. Pegelstand von 1876 bis 1880 nach Berichten der ersten europäischen Beobachter in diesem Gebiet. Pegelmessungen in Jinja seit 1899 (Monatsmittel bis 1961, danach Jahresmittel).

4. Noch ist die Auffassung, daß sämtliche heute oder in der näheren Zukunft beobachtbaren Klimaveränderungen dem Menschen zuzuschreiben sind, nicht abschließend belegt und für die Bereiche außerhalb von Städten und Industriegebieten wahrscheinlich auch nicht zutreffend. Wir werden weiter unten mehr zu diesen Fragen sagen können. Trotzdem ist eine selbstgefällige Haltung angesichts der Vielzahl und der Bandbreite menschlicher «Verstöße» gegen die Umwelt völlig unangebracht. Statt dessen sind vorbeugende Berechnungen und äußerste Wachsamkeit gefragt.

Bevor wir uns weiteren Erkenntnissen aus Aufzeichnungen vergangener Klimate oder dem Verständnis des heutigen Klimas zuwenden können, ist es notwendig, die Prinzipien der Klimaentwicklung und die Muster der täglichen Wetterentstehung zu skizzieren. Glücklicherweise lassen sich bei der Erforschung der Funktionsweise der großräumigen Wind- und Meereszirkulation einige erfreulich einfache Aspekte herausarbeiten. Zumindest steht eindeutig fest, daß wir das Klimasystem als eine einzige globale Einheit begreifen müssen.

Anmerkungen:
1 T. Bergeron: Richtlinien einer dynamischen Klimatologie, in: Meteorologische Zeitschrift, 47, 1930, S. 246–262.
2 Die Windfahne ist wesentlich älter. Es ist ebenfalls bekannt, daß es im Fernen Osten und einigen Belegen zufolge auch in Teilen der antiken römischen Welt in noch früherer Zeit Regenmesser gegeben hat; doch sind die Aufzeichnungen verlorengegangen.

Die Entstehung
des Klimas

3 Wie funktioniert das Klima?

Klimafaktoren: Grundlagen

Wetter und Klima sind Folgen von Erwärmung und Abkühlung der Erdoberfläche sowie der Zirkulation der Luft und der Meere. Dieses Kapitel befaßt sich hauptsächlich mit der atmosphärischen Zirkulation und den Meeresströmungen in ihrer Funktion als klimasteuernde Kräfte.

Das Klima eines jeden Ortes wird von folgenden Elementen bzw. Faktoren bestimmt:

1. Strahlungsbilanz – die Bilanz zwischen eingestrahlter Sonnenenergie und Erdabstrahlung. Die Energiezu- oder -abnahme hängt vornehmlich vom Breitengrad, aber auch von der Exposition (Nord- oder Südhanglage) und der Durchlässigkeit der Atmosphäre ab. Sonnige Südhänge in nördlichen Ländern weisen das Strahlungsklima niederer Breiten auf; bei den Nordhängen verhält es sich umgekehrt. Die Dauer der täglichen Sonneneinstrahlung bei beiden wird jedoch durch ihre tatsächliche Breitenlage bestimmt.

   Bewölkung, Nebel, Dunst und Wasserdampf sowie Luftverunreinigungen beeinträchtigen die Durchlässigkeit der Atmosphäre und filtrieren die Sonneneinstrahlung und die langwellige Erdabstrahlung.

2. Wärme und Feuchtigkeit, die durch Winde heran- und weggeführt werden.

3. Wärme und Feuchtigkeit, die im Meer und in anderen Wassermassen gespeichert, bewegt und aus ihnen freigesetzt werden. Meeresströmungen und die Veränderungen in ihrem Verlauf spielen dabei eine bedeutende Rolle.

4. Topographische Eigenschaften eines Ortes und seiner Umgebung, besonders der Wassergehalt im Boden und an der Oberfläche, Vegetation, Windreibung an Wäldern und Gebäuden, Windreibung sowie Düsen- und Eckwirkung des Windes durch Hügel, Gebirge und Meeresküsten, die alle durch lokale Unterschiede zwischen Erwärmung und Abkühlung zur Bildung von örtlich begrenzten Windsystemen führen können. Wichtige, manchmal entscheidende Faktoren sind Farbe und Reflexionsvermögen der Oberfläche. Sie entscheiden darüber, wieviel der eingestrahlten Wärme absorbiert wird. So bestimmt z. B. der Trockenheitsgrad der Oberfläche – eine auffallende Eigenschaft urbaner Gebiete mit großen Asphaltflächen und künstlich entwässerten Böden –, um wieviel die Temperatur pro absorbierter Strahlungsenergieeinheit ansteigt.

Diese Faktoren bzw. Elemente unterliegen zumeist sowohl kurzfristigen Schwankungen als auch langfristigen Veränderungen. Einige der Schwankungen sind regelmäßig und haben einen Tages- oder Jahreszyklus. Andere weisen wenige oder anscheinend gar keine Regelmäßigkeiten auf.

Wärmehaushalt

Am Äquator steht im Verlauf eines Jahres 2,4mal soviel solare Strahlungsenergie zur Verfügung wie an den Polen, wobei dieses Verhältnis im Laufe eines Jahres Schwankungen unterliegt. Zur Zeit der Sommersonnenwende trifft während des 24 Stunden andauernden Tageslichts 1,4mal soviel Sonneneinstrahlung auf den Pol wie auf den Äquator, so daß die Strahlungsabsorption am Pol nur wegen des hohen Anteils, der durch ewiges Eis und ständigen Schnee sowie durch Wolken reflektiert wird, geringer ist als am Äquator.

Zu diesem Zeitpunkt erstreckt sich der Gürtel mit der maximalen Strahlungsabsorption über Kalifornien und die Mitte der Vereinigten Staaten, er verläuft dann am Nordrand der Sahara entlang und weiter über den Iran. Während der Sommermonate auf der Südhalbkugel liegt der entsprechende Gürtel über der nördlichen Hälfte Chiles und Argentiniens und zieht sich weiter am Kap der Guten Hoffnung vorbei bis zur australischen Wüste. Zur Zeit der Wintersonnenwende dehnt sich der Bereich der Polarnacht ohne jegliche Sonneneinstrahlung bis auf ungefähr 66,5° n. bzw. s. Br. aus. Da die am Äquator verfügbare Energie während eines Jahres um weniger als 10 Prozent schwankt, haben größere Veränderungen in polnahen Breiten zur Folge, daß der Gradient, d. h.

der (Temperatur-)Unterschied, zwischen niederen Breiten und Gegenden am Polarkreis oder jenseits davon in der Wintermitte am größten ist. Während dieser Jahreszeit wird der tatsächliche Temperaturgradient durch sich ausbreitende Schnee- und Eisdecken noch vergrößert. Dies bewirkt wiederum, daß auf der nördlichen Hemisphäre gegen Ende Januar bzw. Anfang Februar nördlich des 45. Breitengrades nur geringe Strahlungsmengen absorbiert werden. Wenn man die langwellige Erdabstrahlung berücksichtigt, tritt in der Wintermitte ungefähr vom 20. Brei-

2: Satellitenbild der globalen Wolkenverteilung am 22. April 1978. Frontale Wolkenbänder über dem Nord- und Südatlantik kennzeichnen die Zufuhr von Feuchtigkeit und Warmluft für Tiefdrucktätigkeit in der Nähe von Südgrönland bzw. über der Antarktis, während zahlreiche kleine Flecken Kumuluswolken in Kaltluft aufzeigen, die in niedere Breiten strömt. Außer über dem Kongobecken ist das äquatoriale Wolkenband ziemlich schwach entwickelt.

3: Satellitenbilder der Wolkenverteilung auf der gesamten Nord- und Südhalbkugel vom 27. und 28. Juli 1976. Frontale Wolkengürtel, die die Zufuhr feuchtwar-
mer Luft für Tiefdrucktätigkeit über hohen Breiten anzeigen, sind in den meisten
Bereichen der beiden Hemisphären sichtbar. Die Zugrichtung dieser Aktivität

tengrad an polwärts überall ein realer Strahlungsverlust auf. Diese Situation ist auf der Nord- wie auf der Südhalbkugel ungefähr gleich.

Alle Zahlen im vorherigen Abschnitt verändern sich geringfügig im
Verlauf von langsamen zyklischen Veränderungen der Erdbahn und der
Ekliptikschiefe, die sich in Zeiträumen von mehreren Tausenden und
Zehntausenden von Jahren vollziehen. Es liegen Hinweise vor, daß diese
Veränderungen mit dem Auftreten von Glazialzeiten und wärmeren In-
terglazialen – wie dem derzeitigen – zusammenhängen. Der Zeitraum von
der letzten Schneeschmelze bis zum erneuten Auftreten von Eis und
Schnee, durch die wiederum große Mengen der eingestrahlten Energie

über dem mittleren Nordatlantik ist in diesem Fall gen Norden gerichtet: Europa lag im Zentrum einer großen Dürre und Hitzewelle, die Temperaturen erreichten in England an beiden Tagen 32 bis 34 °C.

reflektiert und somit zunichte gemacht werden, hat Rückwirkungen auf die Dauer von Sommer und Herbst.

Für die globale Umverteilung von Wärme – somit auch von Feuchtigkeit, die der Wind der Erdoberfläche entzieht – und insbesondere für ihre Verlagerung in höhere Breiten ist hauptsächlich die atmosphärische Zirkulation verantwortlich. Die wesentlich langsamere Zirkulation der Meere, besonders die Strömungen an der Meeresoberfläche, bewirkt den übrigen Wärmetransport. Der Verlauf wird wesentlich durch das Zusammenwirken der verschiedenen Winde bestimmt, die das Oberflächenwasser in Bewegung setzen. Deshalb müssen wir, wenn wir Klimaveränderungen und Verschiebungen im Regenregime und in der Sturmhäufigkeit sowie Temperaturveränderungen verstehen wollen, zunächst die Windzirkulation, ihr Ausmaß und die unterschiedlichen Kreisläufe näher untersuchen.

Den Meeresströmungen sollte im Hinblick auf langfristige Veränderungen viel mehr Bedeutung beigemessen werden, weil die in den großen Wassermassen gespeicherte Wärmemenge aufgrund der großen spezifischen Wärme des Wassers größer ist als die der Luft. Die Windrichtungen müssen jedoch langfristig Auswirkungen auf den Verlauf der Meeresströmungen haben. (Abb. 2) Temperaturunterschiede auf der Landoberfläche sind im Hinblick auf die Wärmespeicherung dagegen weniger wichtig. Auch sind die spezifische Wärme und die Wärmeleitfähigkeit von Felsen und anderen Bodenmaterialien viel geringer als die von Wasserflächen, außer wenn sie Feuchtigkeit enthalten. Deshalb kommt es auf trockenen Landoberflächen zu raschen Temperaturveränderungen als Reaktion auf Wetterwechsel und Veränderungen in den oberen Luftschichten. Die gespeicherte Wärmemenge ist gering.

Die atmosphärische Zirkulation

Die Satellitenaufnahmen in diesem Kapitel zeigen, daß die atmosphärische Zirkulation als ein riesiges Konvektionssystem angesehen werden kann, in dem die Luftmassen ständig Wärme und Feuchtigkeit – meistens in schräg verlaufenden Bahnen – zu den Polen transportieren. Entlang der Meridiane zwischen den frontalen Hauptwolkenbändern, die das herausragende Merkmal der Bilder (Abb. 3a und b) sind, wird die kältere Luft aus höheren Breiten bei wolkenarmem Himmel oder begleitet von tieferliegenden, häufig aufgelockerten Kumuluswolken (Haufenwolken) zum Äquator befördert.

Die Luft wird durch die unterschiedliche Erwärmung der verschiedenen Gebiete auf der Erde in Bewegung gesetzt. Wie dies vonstatten geht und wie die globale Zirkulation in Gang gesetzt wird, ist in groben Zügen leicht zu verstehen. Wie die meisten anderen Stoffe dehnt sich Luft bei Erwärmung aus (es sei denn, sie befindet sich in einem begrenzten Raum und unter zusätzlichem Druck, um ein Ausdehnen zu verhindern). Folglich dehnen sich die unteren Luftschichten über den warmen Gebieten der Erde aus, wodurch die oberen Luftschichten aufsteigen. In der Sprache der Mechanik ausgedrückt: Die Sonnenenergie *wirkt* insofern auf die Atmosphäre ein, als sie den Schwerpunkt der Lufthülle in den Gebieten mit dem größten Wärmegehalt anhebt. Dabei wird potentielle Energie zugeführt. Im Gegensatz dazu ziehen sich über den kalten Gebieten die unteren Luftschichten zusammen, und die oberen senken sich etwas ab. Dies bedeutet, daß über den komplizierteren Abläufen in Bodennähe auf jeder Höhenstufe in der Atmosphäre ein Druckgefälle besteht. Dabei befinden sich die Luftschichten mit dem höheren Druck – aufgrund des größeren Umfangs der darüber befindlichen Lufthülle – über den wärmeren Teilen der Erde und die Luft mit dem niedrigeren Druck über den kälteren Regionen. Dadurch ergeben sich die einfachen Druckverteilungsmuster für die Nord- und die Südhalbkugel in Abb. 4. Der Druckgradient versetzt die Luft in Bewegung, wobei die potentielle Energie in kinetische Energie, d. h. Bewegungsenergie, umgewandelt wird. Da die Erde unter den sich bewegenden Luftmassen rotiert, verläuft diese Bewegung nicht entlang des Druckgradienten, sondern fast parallel zu den Isobaren (Linien gleichen Luftdrucks). Deshalb geben z. B. die hier dargestellten Luftdruckkarten in der Tat die in den angegebenen Höhen vorherrschenden Luftströmungen an.

Das auf den Karten dargestellte Zirkulationsmuster ist sehr einfach: Es besteht aus einer einzigen großen zirkumpolaren Luftströmung, die jede Erdhalbkugel, vornehmlich in den mittleren Breiten umkreist. Dies ist die *Westwinddrift*, deren Strömungsschema in den verschiedensten Höhen, von zwei Kilometern bis zu 15 und 20 Kilometern, jederzeit ungefähr gleich bleibt. Trotz der sich mit zunehmender Höhe verringernden Luftdichte reicht diese Schicht soweit herab, daß sie den größten Teil der Luftmassen umfaßt. Demzufolge sind diese Höhenwestwinde im Grunde die Hauptluftströmung in der Atmosphäre, weil sie die meiste Kraft haben. Dieser Luftstrom verläuft nirgendwo genau kreisförmig um den Pol, sondern zeigt mehr oder weniger auffällige, wellenähnliche Mäander im Strömungsverlauf, die sogenannten Hochdruckkeile und Tiefdrucktröge.

Wettersysteme

Dort, wo die Luftströmungen innerhalb der Westwindzone ungleichmäßig verlaufen, weil die Luft in Bereiche mit einem stärkeren (oder schwächeren) Druckgradienten strömt und der Luftstrom beschleunigt (bzw. verlangsamt) wird oder weil die Luft in Bereiche fließt, in denen ihr Strömungsverlauf stärker (oder weniger stark) wellenartig geformt wird, in diesen genannten Bereichen paßt sich der Wind den Linien gleichen Luftdrucks nicht so gut an. Deshalb finden in diesen Gebieten Bewegungen statt, die den Luftdruck über den bodennahen Luftschichten *verändern*, indem sie größere Luftmassen über einem Gebiet anhäufen und aus

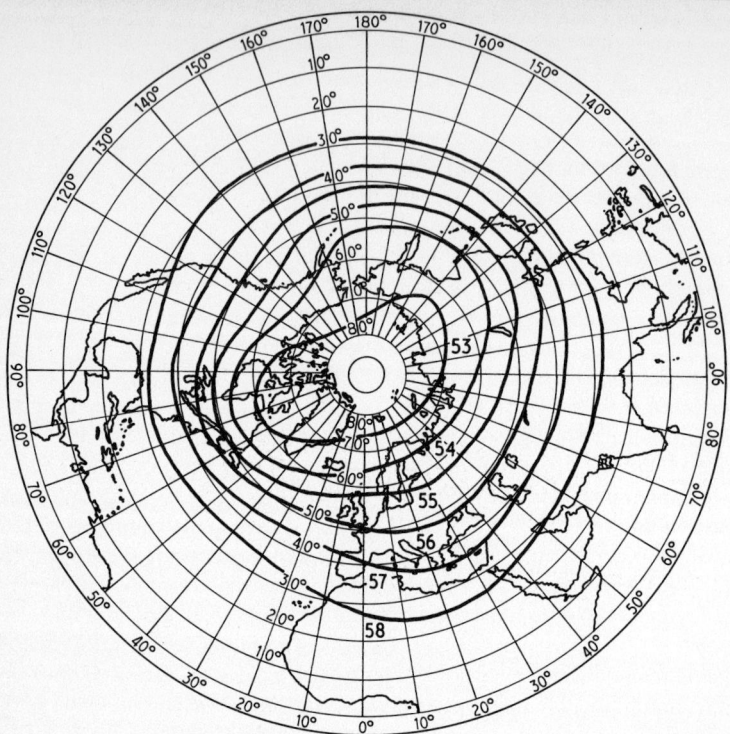

4a + b: Höhe, in welcher der Luftdruck 500 hPa beträgt, die Hälfte des Wertes in Meereshöhe. Durchschnittliche Höhen jeweils 100 m. Umrisse und Gradienten der hier abgebildeten 500-hPa-Fläche haben dieselbe Bedeutung wie Stichproben der Isobaren und Druckgradienten in 5 bis 6 km Höhe. Bei ausgewogenen Bedingungen weht der Wind gegen den Uhrzeigersinn entlang der Linien des nördlichen

anderen Gebieten ableiten. Auf diese Weise bilden sich die Hoch- und Tiefdrucksysteme, bzw. *Antizyklonen* und *Zyklonen* (oder *Depressionen*), die vertrauten Merkmale der täglichen Bodenwetterkarten. Sie verstärken sich oder schwächen sich ab und lösen sich allmählich auf. Die Stellen, an denen sich die Systeme bilden und auflösen, die unser Wetter bestimmen, werden durch den Verlauf der Westwinddrift gesteuert. Die Zugbahnen der Hoch- und Tiefdrucksysteme werden für die Dauer ihrer Lebenszeit von den kräftigen oberen Luftströmungen festgelegt.

Von den Bereichen, in denen sich bodennahe Tiefdrucksysteme mit

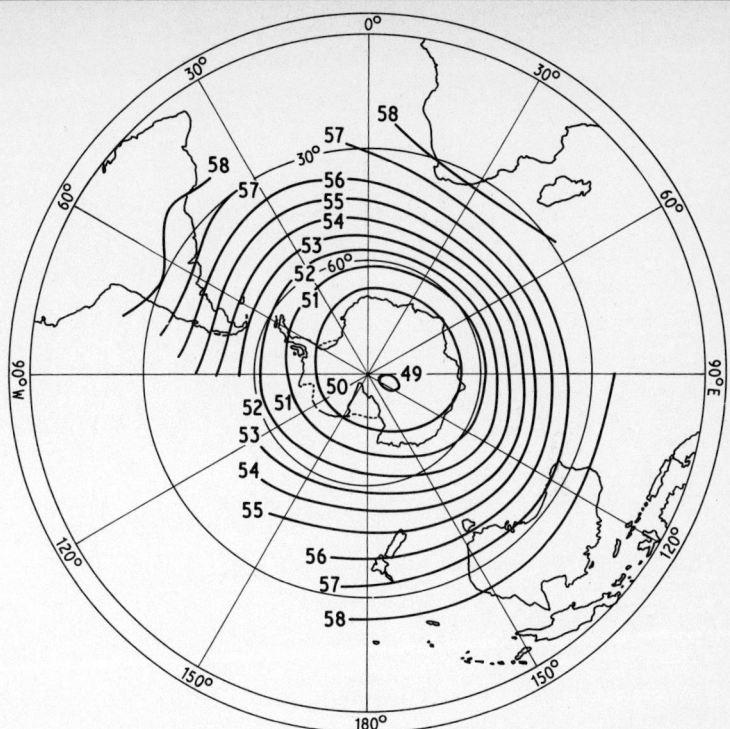

polaren Tiedruckgebiets und im Uhrzeigersinn um die südliche Tiefdruckregion. Die Karten zeigen das über beiden Hemisphären vorherrschende Strömungsmuster der Höhenwestwinde, das über den mittleren Breiten, in der Westwinddrift, am stärksten ausgeprägt ist.

den zugehörigen Wolkenfeldern und Regen (oder Schnee) bilden, kommt den Ostseiten der Höhentröge die größte Bedeutung zu. Der Zusammenhang zwischen der Lage dieser bodennahen Wettersysteme samt der sie begleitenden Bewölkung, den Niederschlägen und dem vorherrschenden Strömungsverlauf der Westwinddrift ist für die Dauer eines Erhebungszeitraums in Abb. 5 illustriert. An der warmen Seite der oberen Hauptwindströmung halten sich meistens bodennahe Hochs bzw. Antizyklonen auf, während bodennaher niedriger Luftdruck und Tiefdrucksysteme überwiegend an der kalten Seite des Westwindgürtels vorherrschen. An

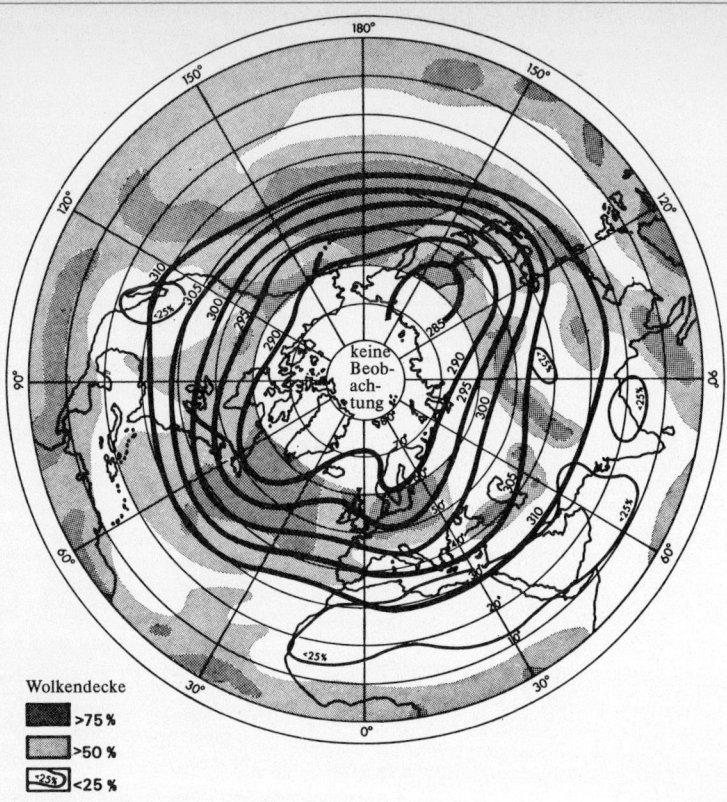

Wolkendecke

■ >75 %

□ >50 %

<25%> <25 %

5a: Satellitenbild der durchschnittlichen Wolkendecke über der Nordhalbkugel und der mittleren Anordnung des Westwindbands (hier angegeben in der Durchschnittshöhe der 700-hPa-Fläche nach jeweils 10 m), gemessen in einer Höhe von ca. 3 km während der Frühjahrsmonate März bis Mai 1962. Durch den stationären Kältetrog in der Westwinddrift über Nordeuropa war dies auf den Britischen Inseln und in den angrenzenden Ländern das bisher kälteste Frühjahr in diesem Jahrhundert. Man beachte jedoch besonders die Verbindung zwischen den Hauptwolkenzentren und den auf der Karte eingezeichneten Kältetrögen sowie die Neigung der Wolken, sich mit der Strömungsrichtung mit den oberen Westwinden auszubreiten. (Dies war, geschichtlich gesehen, die erste Jahreszeit, für die Satellitenaufnahmen mit der Wolkenverteilung vorliegen, allerdings konnten die Satelliten das Polargebiet noch nicht erfassen.)

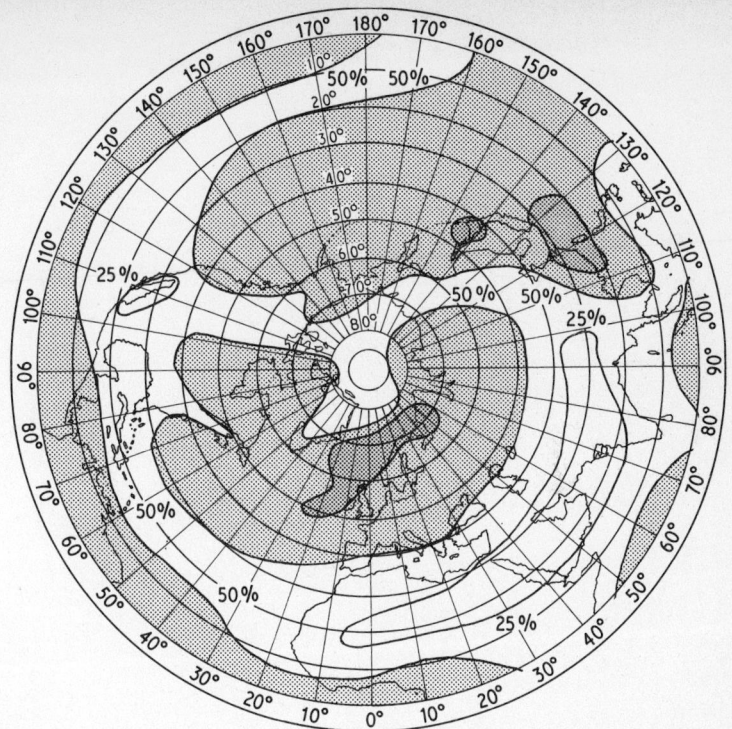

5b: Langzeitmittel der Wolkenverteilung im Frühjahr (März bis Mai), die dem durchschnittlichen Muster in der Westwinddrift entsprechen, ähnlich denen in Abb. 4a.

einigen Stellen, wenn der Luftstrom beispielsweise beim Eintritt in einen starken Jetstream beschleunigt wird, treten die bodennahen Tief- und Hochdruckgebiete genau an der jeweils anderen Seite im Strömungsverlauf der Höhenwestwinde auf. Hier entwickeln sich die Zyklonen an der warmen Seite des Jetstreams, wohingegen sich Antizyklonen an der polwärtigen Seite bilden können.

Luftdruckkarten, die die durchschnittlichen Langzeitwerte in Meereshöhe angeben (vgl. Abb. 6), weisen in subtropischen Breiten an der Warmseite des stärksten Höhen-Druckgradienten und im Bereich der kräftigsten Winde innerhalb der Westwindströmung einen Hochdruck-

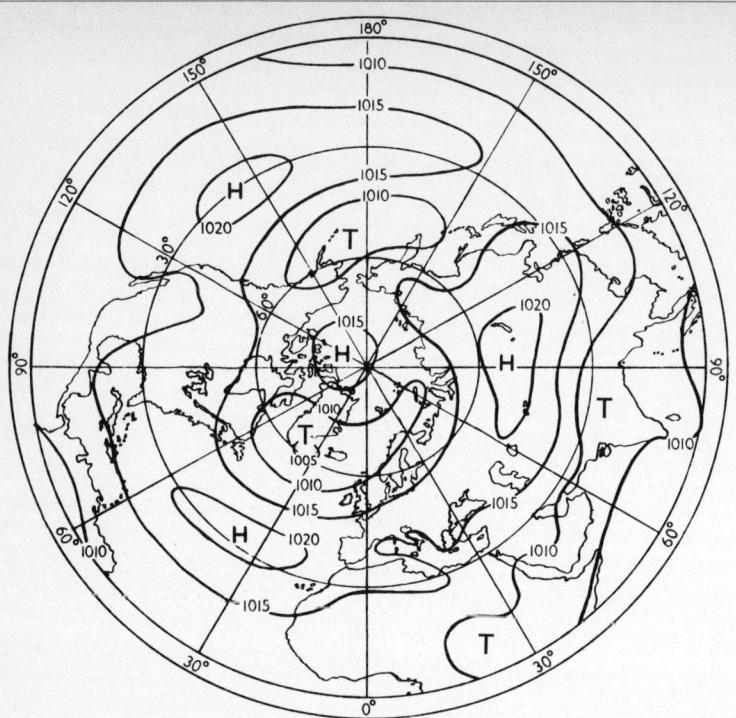

6: Durchschnittlicher Luftdruck in hPa in Meereshöhe von 1951 bis 1954.
Nord- und Südhalbkugel.

gürtel auf. Tiefdruckgebiete erscheinen auf synoptischen Langzeitkarten
in einem Gürtel an der polwärtigen Seite der stärksten oberen Windzone.
Die Winde strömen auf der Nordhalbkugel im Uhrzeigersinn um ein
Hochdruckzentrum (und in Bodennähe etwas außerhalb davon) und gegen den Uhrzeigersinn um ein Tiefdruckzentrum. Auf der Südhalbkugel
kehrt sich die Strömungsrichtung der Luftmassen jeweils in die Gegen-
richtung. Diese Karten mit durchschnittlichen Druckangaben lassen auf
vorherrschende Bodenwinde in unterschiedlichen Breiten schließen.
Dies wird auf dem vereinfachten Schaubild in Abb. 7 dargestellt.
    Auch der Umfang der größten bodennahen Wettersysteme – die größ-
ten Tiefdrucksysteme weisen 2000 bis 3000 Kilometer im Durchmesser,
Antizyklonen entlang ihrer längsten Achse bis zu 4000 Kilometer auf –
läßt erkennen, daß Bodenwinde verschiedenster Herkunft aus südlichen

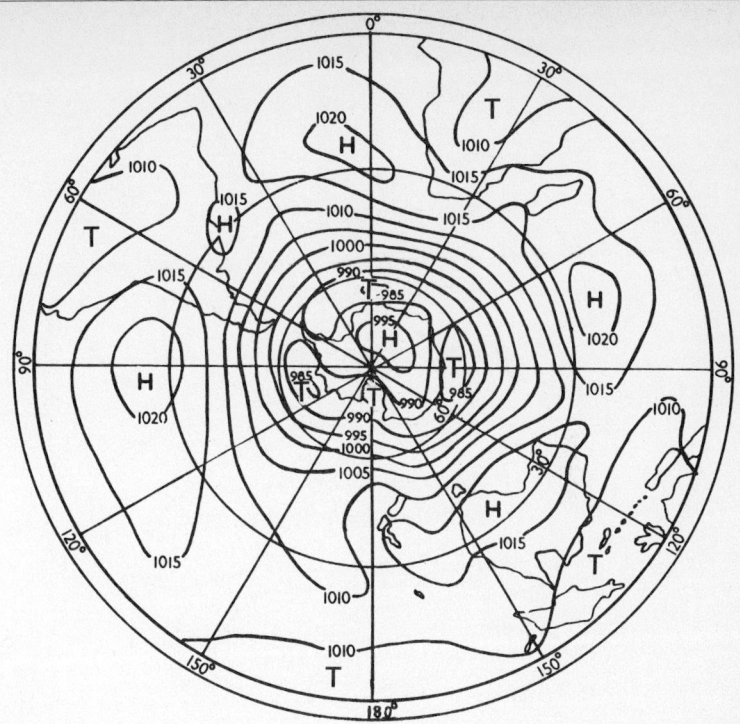

wie nördlichen Gebieten in einigen Teilen des bodennahen Strömungs-
musters aufeinandertreffen. Dies ist oben, S. 49, in Abb. 8 zu sehen. Die
Konvergenz kalter und warmer Luftmassen läßt eine *Front* entstehen, an
der die Warmluft unter Wolkenbildung zum Aufsteigen gezwungen wird.
Die unterbrochenen Linien in der Abbildung zeigen das Verhältnis der
Depression bzw. Zyklone zu den Höhenwinden (oder – genaugenommen –
zum Verlauf der Isobaren in der westlichen Höhenströmung).

Die Verteilung der zugehörigen Wolken und die Wetterentwicklung
werden in Abb. 9 dargestellt, in der drei Entwicklungsstadien von Zyklonen veranschaulicht werden. Kräftige Tief- und Hochdrucksysteme, die
sich in den unteren Luftschichten entwickeln, führen warme Luftmassen
polwärts und kalte in tropische Zonen. Dies stört zunächst einmal die
Temperaturverteilung und führt dadurch zwangsläufig zu einer entspre-

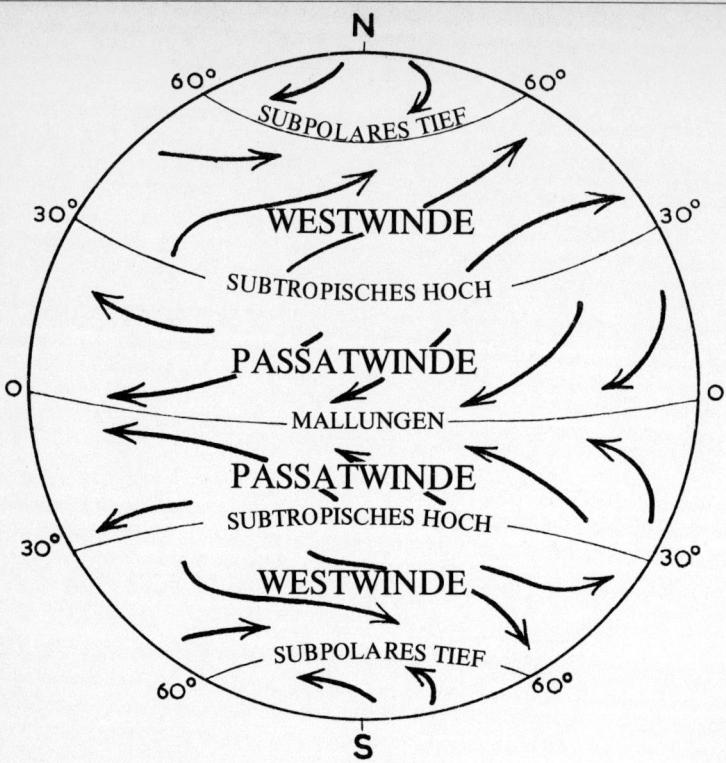

7: Vorherrschende Bodenwinde in verschiedenen Breiten
(vereinfachte Darstellung).

chenden Veränderung im Strömungsmuster der Höhenwinde. Die in
Abb. 8 dargestellte Wetterlage hat bereits zur Entstehung eines Trogs und
eines Hochdruckrückens in der Westwindzone geführt. Diese dynamischen Systeme wandern so lange an der Stirnseite des Tiefs mit, bis die
Störung in der Höhenluftströmung so groß wird, daß die Kalt- oder die
Warmluft fast das ganze System umströmt. Dabei entsteht bis in große
Höhen eine geschlossene oder fast geschlossene zyklonale Zirkulation.
Die Strömung, die das System weiterverlagert, ist nicht mehr vorhanden;
das Tief wird stationär. Es kann sich abschwächen und allmählich auflösen, wenn sich die Temperatur der darin befindlichen Luftmassen an die
der Breiten angepaßt hat, über denen sie dann lagern. Das Tief kann auch
durch die Zufuhr kalter und warmer Luftmassen aus anderen Tiefdrucksystemen an der Auflösung gehindert werden.

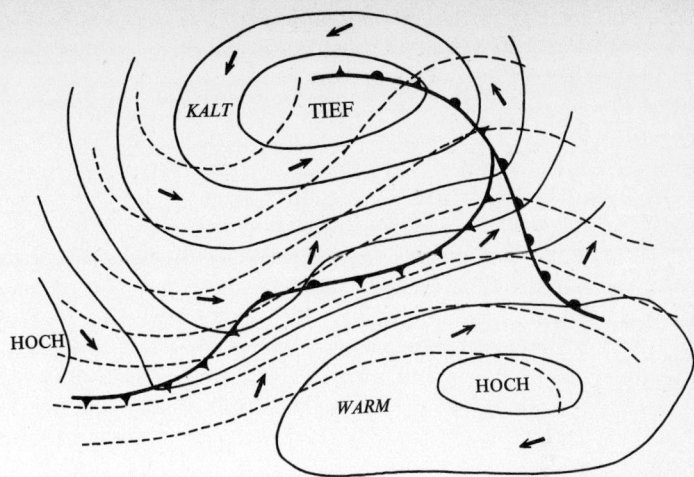

8: Typisches, ostwärts ziehendes Tiefdrucksystem mit zugehörigen Fronten und Verbindung zur Strömung in einem Teil des Westwindgürtels (unterbrochene Linien). Die Pfeile geben die Bodenwinde für jeden Teil des Musters an. (Darstellung für die Nordhemisphäre, umgekehrte Strömungsrichtung für die Südhemisphäre.)

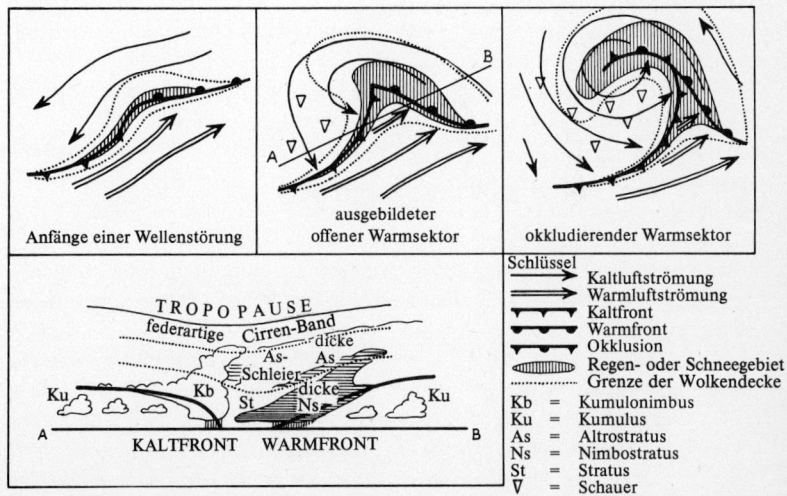

9: Drei Existenzstadien einer typischen Zyklone mit den zugehörigen Fronten und einem Längsschnitt duch die Wolkenentwicklung entlang der Linie AB, die die Warmluftstruktur über den Fronten zeigt (dargestellt für die Nordhalbkugel).

Diese bodennahen Wettersysteme, die soeben beschriebene Entwicklung von Tiefdruckgebieten und Fronten sowie die Entstehung von Antizyklonen, können als kurzlebige und oft ziemlich bewegliche Luftwirbel angesehen werden, die während ihrer Lebenszeit die großräumige Einfachheit des westlichen Höhenstroms komplizierter werden lassen. Sowohl die erdumspannende mittlere Luftströmung als auch die Tiefdruckwirbel spielen im polwärtigen Wärmetransport durch die planetarische Zirkulation eine Rolle. Da im Bereich der Höhenwestwinde immer «Wellen» oder Mäander vorhanden sind, fließt die Luft an einigen Stellen in höhere Breiten und somit in kältere Gebiete. Dabei gibt sie Wärme an die Umwelt und – in Form von Strahlung – auch an den Weltraum ab. Dort, wo die Luft nach ihrer Abkühlung äquatorwärts strömt, nimmt sie aus der sie umgebenden Luft Wärme auf und kühlt diese ab. Alle sich entwickelnden und verlagernden bodennahen Zirkulationen tragen zum Wärmetransport in die von ihnen überquerten Gebiete bei.

Transport von Feuchtigkeit und Luftverschmutzung

Außer Wärme wird von der atmosphärischen Zirkulation auch Feuchtigkeit (und jede Art von Luftverschmutzung), die durch die Winde aufgenommen wird, so lange befördert, bis sich durch Kondensation Tröpfchen, Eiskristalle oder Schneeflocken bilden. Diese fallen dann – bedingt durch ihre eigene Fallgeschwindigkeit (sowie die der Schmutzpartikel) – auf die Erde. (In einigen Fällen wird die Luftverschmutzung durch Sprühregen, Regen oder Schnee aus der Luft herausgewaschen.)

Eine interessante Beobachtung von zwei französischen Wissenschaftlern, wonach die auf die antarktische Eiskappe niedergegangenen kleinen Mengen an Spurenmetall zwischen 1925 und 1940 größer waren als in den vorhergehenden und folgenden Jahren, weist auf ein ziemlich wichtiges Phänomen hin. Man weiß, daß in diesem Zeitraum die durch die oberen Westwinde gebildete Höhenströmung über beiden Hemisphären im allgemeinen besonders kräftig und gleichmäßig ausgeprägt war. Anscheinend müssen sich die Winde, die die verschmutzte Luft bis zur antarktischen Eiskappe transportierten, in Tiefdruckwirbeln gebildet haben. Diese vergrößerten sich deshalb und beförderten zu der Zeit mehr Wärme und Feuchtigkeit polwärts als in anderen Perioden, in denen das mittlere Zirkulationsmuster am pol- und am äquatorwärtigen Rand der Westwindzone eigentlich häufigere Schleifen mit größeren Amplituden aufwies. Dafür spricht auch die Tatsache, daß zu der Zeit, als die mittlere obere Zirkulation bemerkenswert häufig ein ausgeglichenes, aber besonders kräftiges, zonales, östlich verlaufendes Zirkulationsmuster mit nur schwach ausgebildeten Wellen oder Schleifen verzeichnete, um den Südpol und in Nordgrönland maximale Schneemengen abgelagert wurden.

Schwankungen in der atmosphärischen Zirkulation

Die Westwindströmung schwankt zwischen einer gleichmäßigen, durch Westwinde geprägten «zonalen» Form mit wenigen Mäanderschleifen und einem «meridionalen» Verlauf, der sich von der anderen Variante

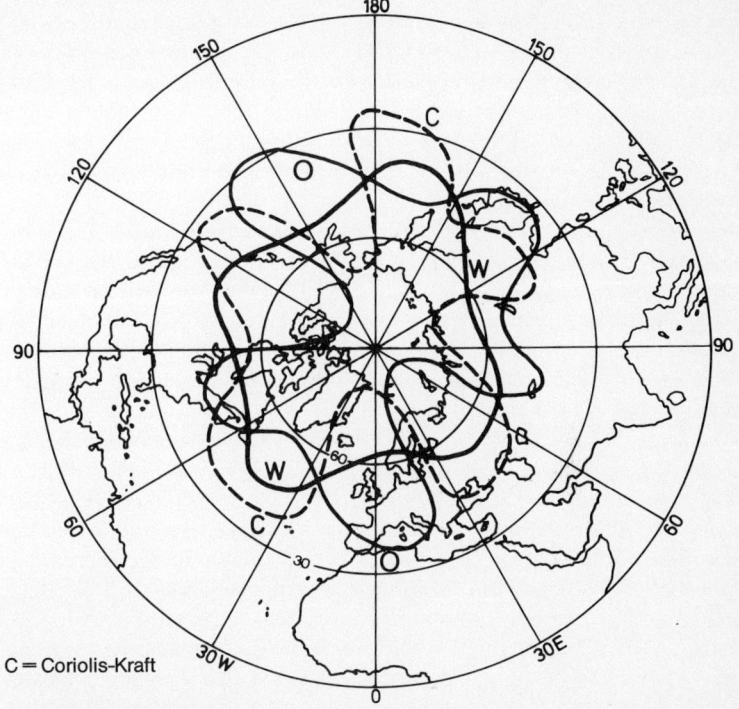

10: Schwankungsformen im Westwindband, dargestellt durch eine schematische Verlaufslinie im Bereich der stärksten Winde, die die Hemisphäre umkreisen. Die Strömungsmuster mit den großen Mäandern rufen oft sich langsam verlagernde oder stationäre Wetterlagen («Blockierungslagen» oder «meridionale Lagen») mit einer mehr oder weniger stabilen Ausdehnung des polaren oder subtropischen Regimes in mittleren Breiten hervor.

durch großbögige Wellen und Schlingen unterscheidet (Abb. 10). Manchmal wachsen die Amplituden der Schleifen so stark, daß die Hauptluftströmung von den mittleren, äquatornahen Breiten bis in Polnähe und wieder zurück wandert. Oder ihr Verlauf wird verschoben, bis sich ein oder zwei nahe beieinander liegende Mäanderschleifen bilden: Solche Bögen erzeugen in mittleren Breiten (oder auch in den Subtropen) eine abgeschnürte Zyklone und in höheren Breiten, wo der Luftdruck normalerweise niedrig ist, eine abgeschnürte Antizyklone. Derartige Luftdruckgebilde sind im allgemeinen ortsfest bzw. verlagern sich nur langsam, so daß Wind und Druckverteilung in Bodennähe ebenfalls stationär werden und sich nur ganz allmählich verändern. In einigen Teilen der Karte lenkt der in höheren Breiten vorherrschende hohe Luftdruck die normalen Bodenwinde in den mittleren Breiten zu Ostwinden um. Aufgrund der ortsfesten oder fast ortsfesten Wetterlage können diese Wetterbedingungen lange anhalten. Da die normalerweise in den mittleren Breiten vorherrschenden westlichen Höhenwinde fehlen, entstehen dann «Blockierungslagen»: Die Westwinde und die übliche Verlagerung der dynamischen Tiefdruckgebiete mit den zugehörigen Fronten und Regengürteln sind blockiert.

Blockierungslagen verursachen anormale Wetterverhältnisse und Temperaturen. Es können in einer Gegend Trockenperioden und in einer anderen Überschwemmungen auftreten, weil Wolken und Regen an den Gebieten, die sie sonst überqueren, vorbeigeleitet werden. Wenn die ungewöhnliche Luftströmung lange genug anhält, um die Meere zu erwärmen oder abzukühlen, um Landoberflächen und Vegetation entweder gründlich mit Wasser zu versorgen oder auszutrocknen, kommt es in bestimmten Gebieten zu Wärme- und Kälteextremen, ergiebigen Niederschlägen oder Trockenheit. Während der langanhaltenden Trockenperiode in Europa von Juni bis Juli 1976 wurden beispielsweise Teile der Oberfläche des Kontinents so stark ausgetrocknet, daß die Winde an mehreren aufeinanderfolgenden Tagen in England für Temperaturen zwischen 32 und 35 °C sorgten. Im Juli 1972 führte eine ähnliche Wetterlage in Finnland in der Nähe des Polarkreises zu Temperaturen um 33 °C. Ebenso ließen langanhaltende nordöstliche Winde im Februar 1979 im östlichen Teil der Nordsee nahe der dänischen Küste Eisschollen entstehen. Fischerboote sanken, wahrscheinlich weil sich in ihrer Takelage durch kalte Gischt Eis gebildet hatte.

Wenn im Verlauf der großen Mäander in der oberen Luftströmung Störungen des Haupttemperaturgradienten – und somit auch des Westwindgürtels – auftreten, wird die Ausgewogenheit der bodennahen Wettersysteme durcheinandergebracht. Wolkenverteilung, Feuchtigkeitstransport und das Auftreten von schlechtem Wetter (Regen oder Schnee) ändern sich entsprechend. Beispiele dafür finden sich im nächsten Kapitel.

Witterungsschwankungen und ihre weltweiten Wechselbeziehungen

In Zusammenhang mit Schwankungen in der Größe der Mäanderschleifen treten auch jahreszeitlich bedingte Veränderungen in der Hauptluftströmung bei Wetterumschwüngen und Klimaumbrüchen auf. Sind die Höhenwestwinde sehr stark ausgeprägt und weist der Westwindgürtel nur geringfügige Wellen auf, so vergrößern sich Länge und Abstand der Wellen zueinander. Die Distanz zwischen den Wellen nimmt ebenfalls dann zu, wenn das Hauptwindsystem ohne eine Veränderung seiner Stärke in höhere Breiten verlagert wird. Veränderungen in den Entfernungen zwischen den Tiefdrucktrögen und Hochdruckrücken, die in der Westwinddrift entstehen, verlagern den Ausdehnungsbereich des kalten polaren und des subtropischen Klimas auf der nördlichen oder südlichen Halbkugel. Dadurch treten zyklonale Störungen an anderen Orten auf; die Häufigkeit und die Zugbahn der zugehörigen Regenfronten sowie die Richtung der oft stürmischen Bodenwinde ändern sich ebenfalls. Folglich können sich in verschiedenen Gegenden derselben Breitzone große Unterschiede hinsichtlich der Temperaturen und Niederschlagsmengen in einer bestimmten Jahreszeit oder klimatischen Epoche ergeben. Die Wetterlage richtet sich nach den von den Trögen und Hochdruckkeilen «bevorzugten» Wellenlängen und den sich daraus ergebenden Längengradlagen in den oberen Luftströmungen.

Wegen der im Grunde einfachen Struktur des Strömungsbildes der Höhen-Westwinde und ihres unmittelbaren Einflusses auf die bodennahen Wettersysteme ist es möglich, mit Hilfe der über beide Hemisphären verstreuten fragmentarischen Hinweise längst vergangene Wetterabläufe zu rekonstruieren. Aufgrund von fossilen Funden, die für jede vergangene Epoche Angaben über die grobe Temperaturverteilung an der Meeresoberfläche und auf dem Land zulassen, können wir auf die in früheren Zeiten vorherrschenden Merkmale der Westwinddrift und somit auch die der allgemeinen Luftzirkulation und der Oberflächenströmungen der Meere schließen.

Die Wechselwirkungen zwischen nördlicher und südlicher Hemisphäre müssen auch im Hinblick auf die großräumige Zirkulation der Luftmassen und auf andere Aspekte des Klimaregimes untersucht werden. Aus den Abb. 4a und b sowie 6a und b geht deutlich hervor, daß gegenwärtig die mittlere Zirkulation über der Südhalbkugel mit ihrem vereisten Kontinent in den höheren Breiten stärker ist als über der Nordhalbkugel. Andererseits bringt die Zirkulation auf der nördlichen Hemisphäre – im Gegensatz zur südlichen – durchaus nicht selten meridionale Zirkulationsmuster hervor. Diese bewirken manchmal eine Verlagerung der Innertropischen Konvergenzzone (ITC), d. h. des meteorologischen Äquators, über einen wenige Längengrade umfassenden Bereich weit nach Süden vom geographischen Äquator nach Brasilien, ins südliche Afrika und nach Australien hinein. Die ITC wird dabei in das über den aufgeheizten Kontinenten entstehende Konvektionssystem einbezogen. Folglich reichen die Auswirkungen jeder Zirkulation von einer Hemisphäre in die andere hinein.

Bei langfristigen Veränderungen des Klimaregimes lassen sich einige merkwürdige Sachverhalte erkennen, die bislang weder die ihnen zukommende Beachtung gefunden haben noch allgemein bekannt und vollständig erklärt sind. So wirkte sich das letzte Glazial wie auch das gegenwärtige Interglazial auf die gesamte Erde aus. Doch variieren die Zeitpunkte, an denen sich die Klimaübergänge vollzogen, zwischen der Nord- und der Südhalbkugel erheblich. Während der letzten 1000 Jahre haben die sogenannte *Kleine Eiszeit* und die nachfolgende Erwärmung im 20. Jahrhundert offensichtlich das Klima des gesamten Planeten beeinflußt. Als das Eis auf den nordpolaren Randmeeren am weitesten nach Süden vorgedrungen war, hatten sich anscheinend alle Klimazonen, einschließlich der Breiten mit häufiger Sturmtätigkeit im Südpazifik und am Rand der Antarktis, nach Süden verlagert. Dadurch schmolz offenbar ein großer Teil des antarktischen Meereises, so daß Kapitän Cook in den siebziger Jahren des 18. Jahrhunderts und Weddell im Jahr 1823 mit ihren Schiffen weiter nach Süden vordringen konnten, als dies in unserem Jahrhundert möglich war. Die Ausdehnung des eisfreien Meeres nach Süden führte wahrscheinlich nicht nur über dem Ozean zu einem milderen Klima, sondern auch im Innern der Antarktis. Dies ist um so erstaunlicher, als sonst überall nördlich von 40° Süd zu der Zeit ein bemerkenswert kaltes Klima herrschte. Dieses Bild wird durch die Tatsache vervollständigt, daß damals in den weiter nördlich gelegenen Gebieten Chiles die winterlichen Regenfälle ausblieben. Eine C-14-Datierung von aufgegebenen Pinguinkolonien an der antarktischen Küste im südlichsten Teil des Ross-Meeres bei 77,5° s. Br. läßt für die Jahre 1250 bis 1450 und 1670 bis 1840 n. Chr. ein mildes Klima vermuten. Diese Perioden umfassen die Maxima der Kleinen Eiszeit auf der Nordhemisphäre.

Konvektion und thermische Höhenstufe

Den meisten Lesern sind lokal begrenzte Konvektionssysteme vertraut, in denen die Aufwärtsbewegung der Luft durch sich auftürmende Kumulus- und Kumulonimbuswolken sowie durch aufsteigenden Rauch und aufgewirbelten Staub sichtbar wird. Diese Systeme entstehen überall dort, wo mit zunehmender Höhe ein extrem starker Temperaturabfall stattfindet, wenn sich z. B. Landoberflächen im Sommer stark aufheizen oder im Winter arktische Kaltluft rasch über wesentlich wärmere Meere hinwegzieht. Im äußersten Fall kommt es zu einem heftigen Auf- und Abstrudeln der Luftmassen (die Luftbewegungen sind manchmal so heftig, daß ein durch sie hindurchfliegendes Flugzeug beschädigt wird). Es folgen Unwetter mit Blitz und Donner, schweren Regenfällen, Hagel und Sturmböen.

Wichtigste Voraussetzung für das Auftreten eines vertikalen Luftaustausches ist, daß die aufsteigende Luft wärmer ist und demzufolge eine geringere Dichte hat als die sie unmittelbar umgebende Luft. Dies gilt für feuchte Luft, die unter Wolkenbildung aufsteigt, und zwar so lange, wie die Temperatur mit zunehmender Höhe um mehr als 0,65 bis 0,7 °C / 100 m abnimmt. Dies entspricht der allgemeinen Temperaturabnahme mit steigender Höhe oder der «Fallrate», die in Stationen am Fuß und auf dem Gipfel des in der Nähe der schottischen Atlantikküste gelegenen Ben Nevis (1343 m) beobachtet wurde und die ungefähr 0,64 °C / 100 m beträgt. Die zwischen den Alpengipfeln und den tiefliegenden Gebieten in der Schweiz und Österreich ermittelten Durchschnittswerte liegen aufgrund der kalten Witterung, die häufig in der Winterhälfte des Jahres in den Tälern vorherrscht, niedriger, bei 0,54 °C / 100 m. Manchmal sind die Temperaturinversionen im Winter derartig stark, daß es auf den Alpengipfeln wärmer ist als in den Tälern. Bedingt durch Nebel und tiefliegende Wolken über den Tallagen und der europäischen Ebene scheint die Sonne auf den Gipfeln im Winter öfter und länger. Es können jedoch auch mit zunehmender Höhe Temperaturgradienten von 1 °C / 100 m auftreten, wenn im Winter über warmen Meeren rasche arktische Kaltluftausbrüche erfolgen und wenn sich im Sommer Luft- über aufgeheizten Landmassen erwärmen.

Tornados

Die heftigsten Luftbewegungen treten bei Tornados auf, in deren Zentren die bodennahe Luftzufuhr, die für die schnell aufsteigende Luftsäule benötigt wird, durch die spiralförmige, zyklonale Wirbelbewegung der Bo-

11: Entstehung und Auflösung eines Wirbelsturms. Die Reihenfolge der Abbildungen zeigt die nach unten gerichtete Bildung der rotierenden, trichterförmigen Wolke in Edmonson, Texas, am 27. Mai 1978.

denwinde zugeführt wird. Nur wenige Meter außerhalb des Zentrums finden sich am Boden Windgeschwindigkeiten von 50 m/s (100 Knoten). In dem nur ca. einen Meter breiten Luftring innerhalb des Zyklons, der sich am schnellsten dreht, liegen die Windgeschwindigkeiten sogar noch höher. Da im «Auge» des Zyklons eine horizontale Windstille und ein- oder zweihundert Meter davon entfernt Geschwindigkeiten von nur einem Fünftel des Maximus vorherrschen, läßt ein Querschnitt durch einen Wirbel auf gewaltige Rotationskräfte schließen: Nicht selten werden durch das Drehmoment ausgewachsene Bäume ausgerissen und solide Metall-gegenstände verbogen. Der Luftdruckabfall im Zentrum des Tornados kann eine Wassersäule um zwei bis drei Meter anheben und Gebäude und Fenster zum Bersten bringen. Manchmal werden tonnenschwere Gegenstände, z. B. beladene Eisenbahnwaggons, emporgeschleudert. Die Kondensation von Feuchtigkeit durch den geringen Luftdruck in dem kreisenden Wirbelkern läßt unterhalb der Wolkengrenze eine rotierende, trichterförmige Wolke entstehen, die dem Tornado sein bekanntes, bedrohliches Aussehen verleiht (Abb. 11). Tornados bilden sich in feuchter Luft, die sich in der Höhe stark abkühlt; die Heftigkeit dieser Wirbelstürme hängt von der freigesetzten Kondensationswärme ab, denn ohne den Kondensationsvorgang reduziert sich die Temperatur aufsteigender Luft rascher (um ungefähr 1 °C/100 m). Die Windscherung, die durch die Nähe einer Kaltfront zu einer heraufziehenden, völlig andersartigen Luftströmung zustande kommt, ist offenbar eine weitere wichtige Vorbedingung, um die Rotation in Gang zu setzen. Diese Windscherung und somit auch die Rotation können jedoch auch durch unterschiedliche Reibung, z. B. an einer Hügelkette, zustande kommen, sofern die Luftschichten ausreichende Labilität aufweisen. Starke Tornados entstehen häufig in der Ebene östlich der Rocky Mountains, weil hier feuchtwarme Luft aus dem Golf von Mexiko auf pazifische und arktische Kaltluftfronten aus Kanada stößt. Sie treten offenbar im Frühjahr mit besonderer Heftigkeit auf, vorzugsweise im Anschluß an kalte Winter, wenn die Gegensätze zwischen den Luftmassen am schärfsten sind.

Tropische Stürme: Taifune

Bisher haben wir eine andere Art von Konvektionssystemen, nämlich die tropischen Störungen, die sich manchmal zu tropischen Zyklonen, Taifunen und Hurrikanen steigern können, in unserer Beschreibung von atmosphärischen Strömungen noch nicht berücksichtigt. Zusammen mit den Tornados gelten sie gemeinhin als die Windsysteme mit der größten Zerstörungskraft. Die größte Heftigkeit – und eine enorme zerstörerische Wirkung – entfalten jedoch gemischte Systeme, wie z. B. Tornados in einem großen Sturmgebiet oder ein mit einem Trog in der Westwindzone verbundener Hurrikan, der in mittlere oder höhere Breiten gesteuert wird – man sagt, seine Zugbahn «krümmt» sich zurück (vgl. Abb. 12) –, wo er durch die Aufnahme von Polarluft an Energie gewinnt. Tropische Stürme bilden sich über den Meeren mit der höchsten Wassertemperatur, wobei 27 °C und mehr offenbar eine Mindestvoraussetzung sind.

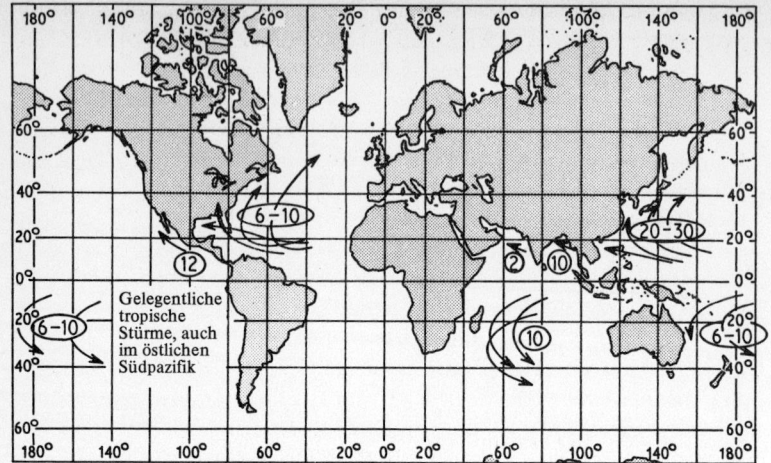

12: Weltkarte über die Entstehungsgebiete tropischer Wirbelstürme,
mit Beispielen für Rückzugsbahnen. Daten aus den letzten 30 bis 100 Jahren.

Verformungen in der Höhenluftströmung, die den Verlauf der ITC weiter nach Norden bzw. Süden vom Äquator entfernen als normal, sind anscheinend auch an ihrem Entstehungsprozeß beteiligt. Durch die Verformungen wird die anfängliche Rotation eingeleitet. In der Folge können sich allgemeine Bodenwinde mit Geschwindigkeiten bis zu 50 m/s (ungefähr 100 Knoten) oder mehr entwickeln; diese Stürme verlieren aber an Heftigkeit, sobald sie größere Landflächen überqueren. Tropische Zyklonen treten beispielsweise besonders häufig im Spätsommer der Jahre auf, in denen sich der Westwindgürtel in höhere Breiten verlagert hat: Dies hat eine Abschwächung der allgemeinen Zirkulation über den niederen Breiten zur Folge, so daß sich dort Wärme ansammelt. Tropische Wirbelstürme bewirken eine teilweise Freisetzung dieser Energie, die dadurch in mittlere und höhere Breiten transportiert wird und aus bodennahen Luftschichten zu den Wolkengipfeln aufsteigt. Sie gelangt somit in Bereiche, in denen die überschüssige Energie in Form von Strahlung an den Weltraum abgegeben werden kann. Wenn aber die Westwindströmung stark ausgeprägt ist und etwas näher als normal am Äquator liegt, entwickeln sich die unverkennbaren tropischen Zyklonen nicht so häufig. Dann übernehmen offenbar die außertropischen Tief- und Hochdruckgebiete, d. h. die mit den Höhenwestwinden verbundenen Luftwirbel, einen Teil der Wärmeableitung aus den niederen Breiten. In Jahren, in denen die Westwinddrift große Mäanderschleifen aufwies und häufig durch Blockierungslagen unterbrochen wurde, kam es auffällig seltener zur Bildung tropischer Wirbelstürme. Vermutlich sorgt die durchschnittliche Windzirkulation der mittleren Breiten mit ihren großen, entlang der Meridiane verlaufenden Luftströmungen selbst für einen ausreichenden polwärtigen Wärmetransport, wodurch sich die Gefahr von tropischen Stürmen verringert und sich die Lage in den Tropen und Subtropen «entspannt».

Jahreszeitliche Veränderungen

Die regelmäßigen jahreszeitlichen Veränderungen der Solarkonstante und zweifelsohne auch der atmosphärischen Zirkulation sind größer als die Wechsel der Klimaepochen – mit Ausnahme der Übergänge zwischen den wärmsten und den kältesten Phasen der Glazial- und Interglazialzeiten. Deshalb können wir aus den jahreszeitlichen Veränderungen Informationen über Hauptklima-Umbrüche ableiten. Aber auch dort gibt es Unterschiede.

Im Lauf eines Jahres wandert der Zenitstand der Sonne zwischen 23,5° s. Br. und 23,5° n. Br. hin und her. Die Dauer eines Tages von Sonnenaufgang bis Sonnenuntergang verändert sich in den äquatorialen Gebieten kaum, schwankt aber an den Wendekreisen zwischen 10 Stunden 45 Minuten und 13 Stunden 30 Minuten, in Höhe des 50. Breitengrades zwischen 8 Stunden und 16 Stunden 30 Minuten, an den Polarkreisen und jenseits davon zwischen null und 24 Stunden. Diese Veränderungen werden im Verlauf eines Jahres von Umstellungen in der atmosphärischen Zirkulation begleitet, die als nördliche und südliche Verschiebungen der Hauptwindzonen betrachtet werden können. Diese gehen mit wechselnden Windstärken und mit Veränderungen der Lage, der Größe und des Abstandes zwischen den Mäanderschleifen in den Höhenwestwinden sowie mit sämtlichen damit verbundenen Wechseln unserer bodennahen Wettersysteme einher. Keine dieser Veränderungen vollzieht sich so regelmäßig wie die Verschiebungen des Zenitstandes der Sonne. Zudem beträgt die regelmäßige jahreszeitliche Verlagerung der Windzonen in nördliche bzw. südliche Richtung nur ungefähr 8 bis 10°. Da einige kurzfristigere, unregelmäßige Nord- bzw. Südbewegungen über beträchtlich größere Distanzen verlaufen, vollzieht sich der jahreszeitliche Ablauf von Erwärmung, Abkühlung und Sturmhäufigkeit selten ungestört in eine Richtung. Andere saisonal bedingte Veränderungen, wie das Ausmaß der von Eis und Schnee bedeckten Flächen, von überfluteten Marschen und von Wüstenregionen sowie der Wechsel in der Farbe und der Üppigkeit der Vegetation, beeinflussen den Strahlungshaushalt und die Entwicklung unterschiedlicher Abfolgen bei den jährlichen Wind- und Wettersystemen.

Landoberflächen, insbesondere wenn sie trocken sind, erwärmen sich wesentlich schneller als Wasserflächen. Bei Wasser bedarf es einer größeren Wärmezufuhr als bei fast allen anderen Stoffen, um die Temperatur um ein Grad zu erhöhen. Außerdem besteht auch im Wasser die Möglichkeit der Konvektion, und die Winde garantieren – zumindest während der Wintermonate und in höheren Breiten – eine gute Durchmischung der obersten Wasserschichten der Meere. Deshalb sind die jährlichen und täglichen Temperaturschwankungen über den Kontinenten viel größer als die über den Meeren oder in Küstennähe. Während der Sommermonate werden die höchsten Temperaturen auf den Kontinenten im Durchschnitt drei bis vier Wochen nach dem längsten Tag erreicht, und nach der Wintersonnenwende verschieben sich die niedrigsten Temperaturen um denselben Zeitraum, obwohl in beiden Fällen große Schwankungen von einem Jahr zum anderen möglich sind. Im Gegensatz dazu erreicht das Meer auf der Nordhemisphäre erst im August seine maximale Wassertemperatur und seine Minimaltemperatur in der Regel im Februar, wobei auf der Südhalbkugel ähnliche zeitliche Verzögerungen auftreten. Diese Tendenzen spiegeln sich in den Durchschnittstemperaturen wider, die in den Beispieldiagrammen von insularen und kontinentalen Klimaten in verschiedenen Breiten in Abb. 13 gezeigt werden. Die Temperaturkurve einer antarktischen Wetterstation ist ebenfalls dargestellt, sie liefert ein Beispiel für den sehr flachen winterlichen Temperaturverlauf, der für höhere Breiten, insbesondere für den äußersten Süden, typisch ist.

Die Meere bleiben im Herbst relativ lange warm und im Frühjahr ziemlich lange kalt. Man kann davon ausgehen, daß die meisten Ozeane während der Wechsel zu kälteren Klimaten zunächst relativ warm bleiben und daß sich das Meerwasser bei Klimaumbrüchen in die entgegengesetzte Richtung langsamer erwärmt als die Landmassen. Jedoch gibt es Ausnahmen, wenn beispielsweise das Vordringen einer kalten oder warmen Meeresströmung sich unmittelbar auf die Klimawende auswirkt oder wenn sich die Meereisdecke entscheidend vergrößert oder verkleinert. Zu diesen Zeiten und in diesen Gebieten dient das Meer nicht mehr als Thermostat oder als Stabilisator des Klimaregimes.

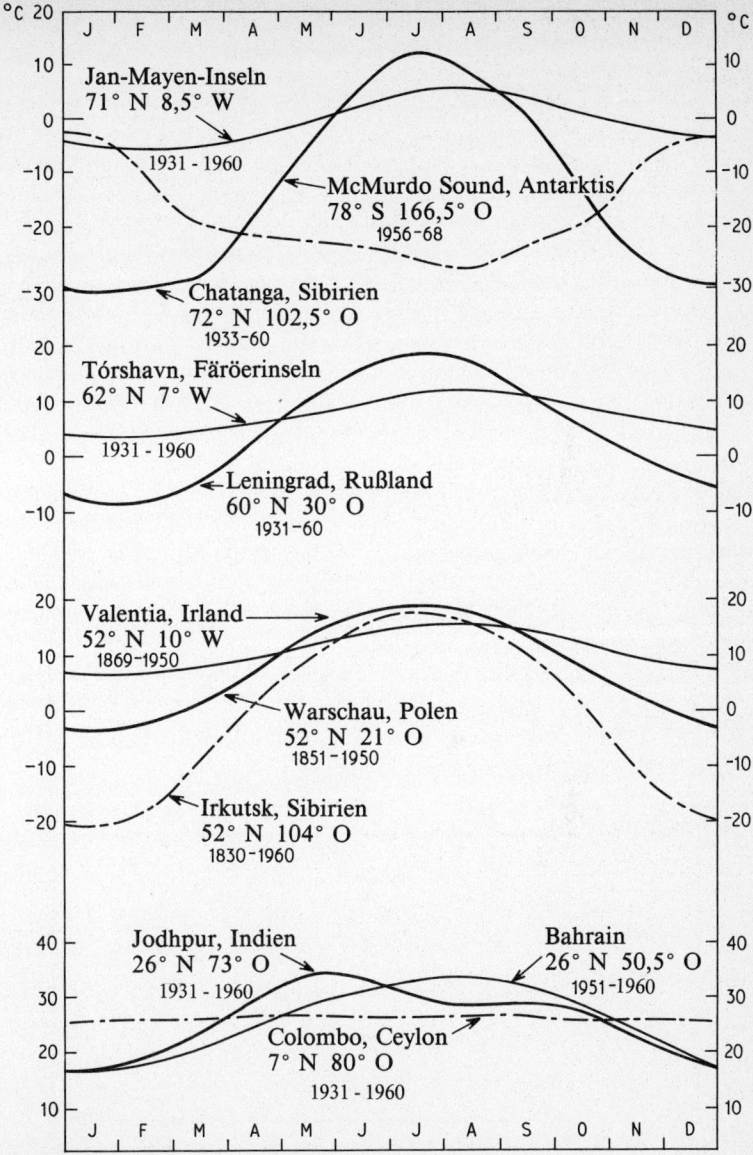

13: Durchschnittliche jahreszeitliche Temperaturveränderungen an insularen und kontinentalen Stationen. Leicht geglättete monatliche Werte.

Weltweite Niederschlagsmengen: Verteilung, jährliche Schwankungen, monsunale Effekte

Die gegenwärtige Niederschlagsverteilung in den verschiedenen Breiten ist aus Abb. 14 abzulesen. Der größte Anteil entfällt dabei auf die Zenitalregenfälle, die durch das Aufsteigen riesiger Luftmassen und durch mächtige Wolkentürme im Bereich der sogenannten Innertropischen Konvergenzzone (ITC) von nördlichem und südlichem Windsystem zustande kommen. Wegen der großen evaporierenden Wassermengen, die die Luft über den wärmsten Ozeanen der Welt aufnimmt (und auch über anderen Wassermassen sowie durch Feuchtigkeit auf der Erdoberfläche), ist ihr Feuchtigkeitsgehalt in dieser Zone am größten. Die zweitgrößten Niederschlagsmaxima treten bei Regen- und Schneefällen auf, die durch Tiefdrucktätigkeit über den mittleren Breiten ausgelöst werden. Die jährlichen Mittelwerte sind über den Ozeanen, an Meeresküsten, insbesondere an den Luvseiten der Küstengebirge, am größten.

Diese Niederschlagsgürtel verlagern sich zusammen mit den Windzirkulationen, durch die sie gebildet werden, in nördliche und südliche Richtung. Im Jahresdurchschnitt befindet sich die globale mittlere Breitenlage der ITC, der meteorologische Äquator, zur Zeit bei 6° Nord. Dies liegt daran, daß die Luft über dem vereisten antarktischen Kontinent im Durchschnitt um 11 bis 12 °C kälter ist als über der Arktis (an der Erdoberfläche beträgt der Unterschied sogar 20 bis 30 °C) und daß der über der Südhemisphäre stärkere Temperaturgradient einen kräftigeren

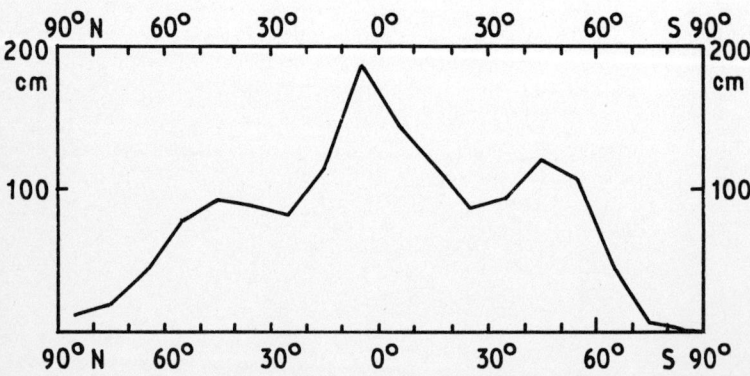

14: Jährliche Niederschlagsmittel für jede Breitenzone (Beobachtungen von 1900 bis 1950).

Westwindgürtel hervorbringt. Demzufolge herrschen in den meisten südlichen Breiten etwas tiefere Temperaturen als in den nördlichen Gebieten, sämtliche Klimazonen sind folglich leicht nach Norden verschoben. Das gilt besonders für den Indischen Ozean, in dessen Bereich sich der antarktische Kontinent am weitesten nach Norden ausdehnt. Die sommerliche Aufheizung des großen asiatischen Kontinents und die hohen Gebirgswände des Himalaja und in der tibetischen Hochebene blockieren den Zustrom nördlicher Winde und verschieben dadurch im Sommer das äquatoriale Niederschlagssystem um 30° über den indischen Subkontinent nach Norden. In den unteren Luftschichten zwischen ITC und Äquator entwickelt sich ein Gürtel aus westlichen und südwestlichen Winden. Auf diese Weise kommen die wesentlichen Merkmale des indischen Südwestmonsuns zustande. Das sibirische Hochdruckgebiet und die zugehörigen riesigen Kaltluftmassen treiben die Nordwestwinde im Winter nach Süden über das Gebirge bis nach Indien und verursachen somit eine jahreszeitliche Umkehr der Wetterlage. In kälteren Klimaepochen kann der Sommermonsun kurzfristig von Winden aus nördlicher Richtung unterbrochen werden. Während der Eiszeiten befand sich der meteorologische Äquator mit Sicherheit weiter südlich und damit näher am geographischen Äquator als heute, wodurch der Einflußbereich des Monsuns schmaler wurde.

Verschiedene Untersuchungen über den indischen Monsun von Sir Gilbert Walker zu Beginn dieses Jahrhunderts bis zu der vor wenigen Jahrzehnten abgeschlossenen Studie von Dr. D. Ramaswamy u. a. zeigen durchgängig, daß die jährliche Ausprägung des Monsuns durch den weiter nördlich liegenden Westwindgürtel beeinflußt wird. Die saisonale Verlagerung der Westwinde in höhere Breiten wird ihrerseits durch die winterlichen Schneemengen und die relativ spät einsetzende Schneeschmelze auf dem Himalaja und in der tibetischen Hochebene im Frühjahr bestimmt. Die jährlichen monsunalen Effekte ergeben sich auch aus Schwankungen in der weltweiten Verteilung von Luftdruck und Windzirkulation, insbesondere über den niederen Breiten beider Halbkugeln. Bedingt durch eine Art von langsamer Oszillation, herrscht in manchen Jahren über Indonesien und über dem Indischen Ozean niedrigerer und über der Osterinsel und dem südöstlichen Teil des Pazifiks höherer Luftdruck als normal. In anderen Jahren kehren sich die Druckverhältnisse um. Die Amplituden dieser sogenannten «Südlichen Oszillation» setzen sich ständig fort: Ein Zyklus dauert in der Regel zwei bis zweieinhalb, manchmal aber auch fünf bis sieben Jahre. Diese Luftdruckschwankungen beeinflussen die Meerestemperaturen im äquatorialen Bereich des Pazifiks und in einem gewissen Rahmen auch die Wassertemperaturen anderer Ozeane in der äquatorialen Zone. Die Berücksichtigung dieser Erkenntnisse hat Fortschritte in der jährlichen Vorhersage der indischen Monsune vor Beginn der Regenzeit ermöglicht. Wenn die nördliche Westwindströmung ein ausgeprägtes Tiefdruckgebiet in der Nähe des indischen Subkontinents bildet, dann – so haben Forschungen gezeigt – verlagern die im östlichen Teil des Tiefs vorherrschenden Winde das Monsunsystem rasch nach Norden in dieses Gebiet. Die nördlichen Winde im westlichen Teil der Zyklonen und die bodennahen Nordwinde in der Nähe der Trogachse können den Monsun ebenfalls verzögern oder Unterbrechungen hervorrufen, auch wenn er sich bereits gebildet hat. Folglich kann die Monsunwetterlage über Indien – und vermutlich in ähnlicher Weise über Ostasien – nachhaltig durch die genaue geographische Länge beeinflußt werden, auf der sich im Bereich der Westwinde ein Tiefdruckgebiet bildet.

In den letzten beiden Jahrzehnten hat sich gezeigt, daß eine Verbindung zwischen dem Verhalten des Monsuns über Westafrika und dem der Westwinde in den mittleren Breiten über diesem Sektor auf der Nordhemisphäre besteht. Wenn blockierende Antizyklonen oder nördliche Winde über West- und Nordeuropa (besonders im Winter und im Frühjahr) einen Zweig der oberen Westwinde und große Teile der Zyklonenaktivität nach Süden in den mediterranen Raum ablenken, dringt der Monsun nicht so weit nach Norden vor wie sonst oder erreicht das westafrikanische Gebiet und andere Regionen südlich der Sahara erst später. In solchen Jahren besteht für die Zone, die quer über den afrikanischen Kontinent von Senegal und Sahel nach Äthiopien verläuft, die Gefahr einer Dürrekatastrophe. Wie der südasiatische resultiert auch der afrikanische Monsun aus der jahreszeitlich bedingten Verlagerung der Konvergenz zwischen den bodennahen Windsystemen beider Hemisphären und den damit einhergehenden Zenitalregenfällen. Zur Zeit verläuft die jahreszeitliche Nordgrenze für diese Regenfälle in Afrika oft südlich des 21. nördlichen Breitengrades und erreicht selten den 20. Breitengrad.

In Abb. 15 sind einige exemplarische Niederschlagsangaben von Stationen dargestellt, die jeweils für ein bestimmtes Klimaregime charakteristisch sind. Das Beispiel Westislands mit einem Niederschlagsmaximum im Winter und einem Minimum im Sommer zeigt ein für mittlere und höhere Breiten typisches maritimes bzw. insulares Klima. Diese saisonale Niederschlagsverteilung ergibt sich durch die verstärkte Zyklonenaktivität im Winter, wenn die Temperaturunterschiede generell am größten sind. Das Diagramm für Island veranschaulicht ein weiteres interessantes Phänomen, nämlich einen abrupten Anstieg der Niederschlagsmenge von August bis September. Der Grund hierfür liegt in der plötzlich wechseln-

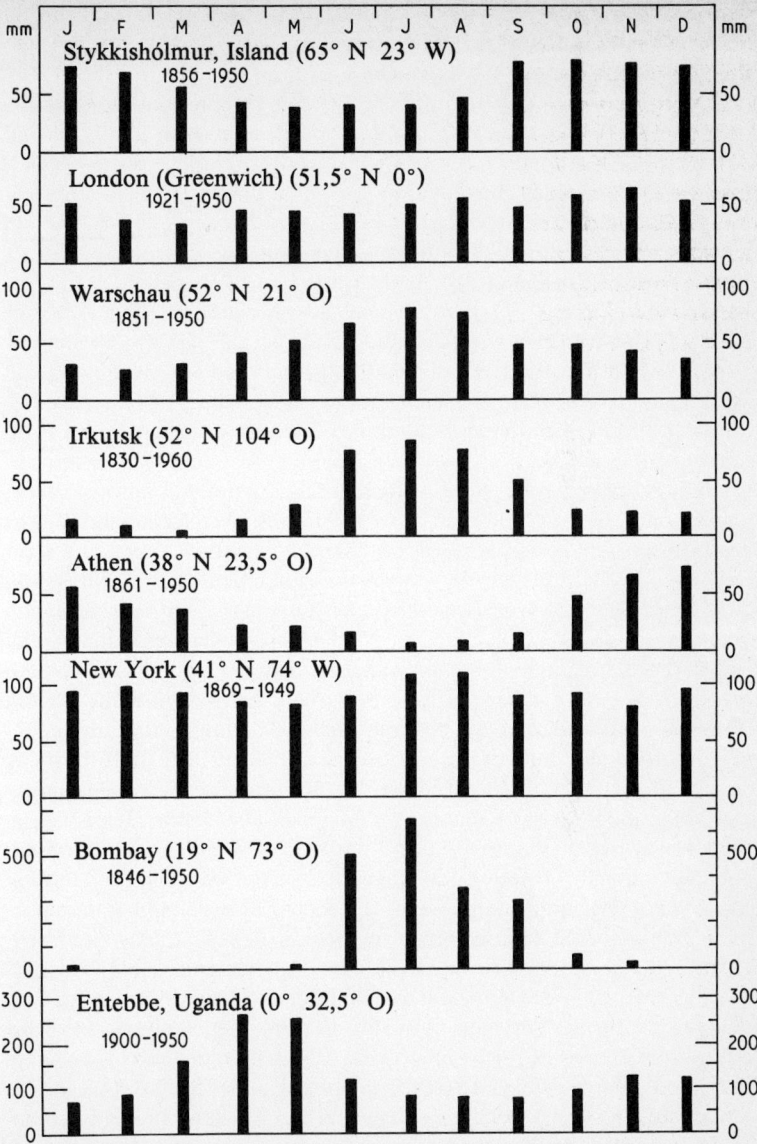

15: Beispiele für den jahreszeitlichen Durchschnitt bei der monatlichen Regenverteilung (oder dem Äquivalent, das aus den Niederschlagssummen von Regen und Schnee abgeleitet wurde) an Stationen in verschiedenen Breiten.

den Zugrichtung der nordatlantischen Tiefdrucksysteme, die aus der im Sommer üblichen Bahn im Bereich von 60 bis 63° n. Br. ostwärts in Richtung Arktis ausscheren. Dieser Wechsel wird vermutlich durch die Vertiefung des Trogs in der Westwinddrift über Quebec und Labrador verursacht, wo die kühlere Jahreszeit eher einsetzt. Stationen im Osten und Südosten der Britischen Inseln weisen sowohl winterliche als auch sommerliche Niederschlagsmaxima auf. Zwischen diesen Höchstwerten besteht keine scharfe Abgrenzung, daher können Niederschlagsmaxima in jedem beliebigen Monat eines Jahres verzeichnet werden. Im September ist ein leichter Rückgang der Niederschläge zu beobachten, der in der zweiten und dritten Septemberwoche ausgeprägter ist und dem zur gleichen Zeit für Island festgestellten Niederschlagsanstieg entspricht. Ähnlich wie in Großbritannien gehen in Mittel- und Osteuropa (z. B. in Warschau) die Niederschlagsmengen zwischen August und September drastisch zurück. Kontinentale Stationen in mittleren und höheren Breiten zeigen sommerliche Niederschlagsmaxima, was zum einen an den jahreszeitlich bedingten Wärmegewittern und zum anderen an der extrem kalten Winterluft liegt, deren geringer Feuchtigkeitsgehalt für derart große Niederschlagsmengen (Eis und Schnee) nicht ausreicht. Die sommerlichen Niederschlagswerte steigen mit zunehmender Entfernung von Europa zur Mitte der großen sibirischen Landmasse mit extrem kalten Wintern. Diese Konzentration der Niederschläge auf den Sommer läßt sich durchgängig bis nach Peking verfolgen. Die auf einer ähnlichen geographischen Breite gelegene Stadt New York hat jedoch nicht nur ein sommerliches, sondern auch ein winterliches Maximum, das mit der regen Tiefdruckaktivität vor der nordamerikanischen Küste in Verbindung steht. Die Angaben für Athen zeigen das für subtropische Breiten charakteristische mediterrane Klimaregime, das sich über beide Hemisphären ungefähr zwischen 30 und 40° n. Br. und s. Br. entlang der Wüstenrandgebiete erstreckt. Die stärksten Regenfälle treten während der kälteren Monate auf, besonders dann, wenn sehr kalte Luftmassen über dem warmen Meer einbrechen. Die Sommermonate, in denen sich der Tiefdruckgürtel in höhere Breiten verlagert, sind im allgemeinen niederschlagsfrei. Die Meßwerte von Bombay zeigen den indischen Südwestmonsun, der mit der jahreszeitlichen Verlagerung des äquatorialen Regengürtels auf 25° bis 30° Nord in diesem Bereich einhergeht. Als letztes bietet die in Ostafrika auf dem Äquator gelegene Stadt Entebbe (Uganda) ein Beispiel für ein innertropisches Regime mit zwei Regenzeiten pro Jahr, die dadurch zustande kommen, daß die Konvergenzzone von nördlichem und südlichem Windsystem nach Norden und Süden über diese Station hinwegzieht.

Ein Vergleich der Gesamtniederschlagsmenge von Stationen an den

Luv- und Leeseiten von großen Gebirgsketten veranschaulicht einen wichtigen Grundsatz der Niederschlagsverteilung. Danach lagen die durchschnittlichen Niederschlagsmengen (von 1860 bis in die vierziger Jahre des 20. Jahrhunderts) in Hokitika an der Westküste der Südinsel Neuseelands bei 2907 mm und in Christchurch an der Ostküste bei 639 mm im Jahr. Beide Stationen liegen in der Westwindzone auf 43° s. Br. Als im März 1938 jeden Tag Westwindlage vorherrschte, fielen in Kinlochquoich an der Westküste Schottlands 1270 mm Niederschlag, während in Braemar an der geschützten Ostseite der Berge nur 5 mm Niederschlag niedergingen. In Monaten mit konstanter Ostwindlage kehrt sich die Niederschlagsverteilung jedoch um.

4 Klimaschwankungen und -veränderungen

Verlagerung der vorherrschenden Winde

Das letzte Kapitel behandelte verschiedene Veränderungen in der atmosphärischen Zirkulation. Der über beiden Hemisphären vorhandene Westwindgürtel und auch die dazugehörigen Hochdruckgürtel und Tiefdruckrinnen sind konstante Erscheinungen. Stark vereinfacht könnte man Klimaschwankungen als «Ausdehnung» der Westwindzone in kälteren Epochen ansehen, wenn sich die Polarfront erweitert und zusammen mit den Westwinden in niedere Breiten verlagert. In warmen Perioden, so ließe sich weiter beschreiben, stellen Klimaschwankungen ein «Zusammenziehen» der Westwinddrift dar, wenn sich die polaren Eiskalotten ebenfalls verkleinern. Dies trifft insofern zu, als solche Ausdehnungen und Kontraktionen im jahreszeitlichen Verlauf und bei langfristigen Veränderungen tatsächlich zu beobachten sind. Wir müssen jedoch auch andere veränderliche Faktoren berücksichtigen.

Auch die Wellenausprägung und -muster innerhalb der Westwindzone schwanken. Dabei ändern sich auch die Wellenlänge (oder die Abstände zwischen den Schleifen auf der jeweiligen Hemisphäre) und die Wellenamplituden. Die Lage der Tröge und Hochdruckrücken, die die Wellen oder Mäander bilden, variiert demzufolge ebenfalls. Lage, Ausrichtung und Ausprägung der Wolkengürtel und der Wetterstörungen sowie der

Ausdehnungsbereich des polaren und subtropischen Regimes wandeln sich entsprechend. Dies wirkt sich nachhaltig auf die Entwicklung und Ausdehnung der sehr kalten und ziemlich windstillen bodennahen Luftschicht über polarem Eis und Schnee aus. Zweifelsohne muß man im Zusammenhang mit diesen weltweiten Klimawechseln fragen, wie groß die insgesamt aufgenommene Energiemenge, zuzüglich der Wärmemenge, ist, die von den Ozeanen freigesetzt wird und zur Erwärmung der Erdoberfläche und der Atmosphäre sowie zur Ingangsetzung der Luftströmungen dient. Große Bedeutung kommt der in niederen Breiten verfügbaren Energie zu, weil dort der Erdumfang sehr weit und die Absorption am größten ist. Die Temperaturschwankungen sind jedoch in den höchsten Breiten deutlich stärker, da sich hier die Ausdehnung von schnee- und eisbedeckten Flächen aufgrund von Abweichungen im Wärmetransport verändert. Schnee und Eis bewirken somit drastische Temperaturstürze. Folglich zeigen sich die jährlichen und längerfristigen Wandlungen des Klimaregimes am deutlichsten bei den Temperaturgängen über den Polargebieten. Variationen des gesamten Temperaturgradienten zwischen hohen und niederen Breiten führen zu anderen Indikatoren in Form von Veränderungen in der Stärke und im Muster der Zirkulation über den mittleren Breiten. Derartige Veränderungen vollziehen sich innerhalb von großen Zeiträumen.

In einigen Gebieten reagiert das Klima besonders sensibel auf den Wechsel der vorherrschenden Winde. An Luvküsten und an den Luvseiten von Hügeln und Gebirgen bilden sich öfter Wolken mit ergiebigeren Regen- und Schneefällen. Es fallen an den Luvseiten auch größere Gesamtniederschlagsmengen als an den geschützten Leeseiten. Wenn sich bei Windrichtungswechseln dieselben Orte auf der Leeseite befinden, ergeben sich ähnlich gegensätzliche Wetterwirkungen für denselben Ort bzw. dasselbe Gebiet. Gute Beispiele dafür gibt es in Schottland, wo die dem Wind ausgesetzte Atlantikküste und die Hänge der Hochlande ausgedehnte Heide- und Torfmoore aufweisen. Dies wird durch durchschnittliche jährliche Regenfälle von ungefähr 2000 mm (in den Hochlagen örtlich von bis zu 4000 mm und darüber) bedingt. In der Nordosthälfte des Landes fallen im Bereich der Orte Nairn und Elgin auf 57,5° n. Br., die durch Berge von den vorherrschenden Südwestwinden geschützt werden, durchschnittlich ungefähr 600 mm Niederschlag im Jahr. In der Wintermitte liegen die Temperaturen manchmal bei +14 °C oder +15 °C. Das allgemein milde Klima ermöglicht hier einen ertragreichen Ackerbau; der Reichtum der Gegend läßt sich auch an großartigen alten Gebäuden, wie der Domruine in Elgin, ablesen. Wenn der Wind jedoch von Norden her einfällt, können selbst im Juni noch Schneefälle auftreten; die Niederungen liegen dann zeitweise unter einer Schneedecke. Ein ähnliches, jedoch extremeres Beispiel bietet Trondheim (63° Nord) mit den ausgedehnten Anbaugebieten in den gewöhnlich geschützten Gebieten im Innern des Trondheimsfjords. Wenn in der Vergangenheit die Winde aus Südwest seltener wurden und der Nordwind häufiger blies, verkleinerte sich die landwirtschaftliche Nutzfläche in diesem Gebiet; ehemalige Siedlungen wurden aufgegeben und vom Wald zurückerobert.

Andere, für Veränderungen in der Häufigkeit der Windrichtungen noch anfälligere Lagen gibt es überall am Rand der Arktis. So lag in Archangelsk an der Küste des Weißen Meeres zwischen 1851 und 1950 das Temperaturmittel für den Monat Juli – wie in Mittelengland – bei 15,8 °C. Die durchschnittliche Temperatur stieg dort im Juli 1938 auf 21,3 °C (vgl. Marseille mit einem Langzeitmittel von 22,5 °C) und fiel im Juli 1926 jedoch auf 11,8 °C.

Der Erfolg der Landwirtschaft am Rande der großen Wüsten in den Tropen und Subtropen hängt in ähnlicher Weise von der Regenmenge ab.

Die Aufzeichnung in Abb. 16 stellt die Häufigkeit von Westwindlagen in England über einen extrem langen Zeitraum dar. Diese Kurve enthält Hinweise auf ein sich wiederholendes Muster, das mit anderen, einen zweihundertjährigen Zyklus andeutenden Nachweisen in Beziehung stehen könnte. Diese Angaben könnten für Klimavorhersagen für die nächsten hundert Jahre von Nutzen sein, es sei denn, der Verlauf der Kurve ändert sich erstmalig durch schwerwiegende menschliche Eingriffe in die Natur.

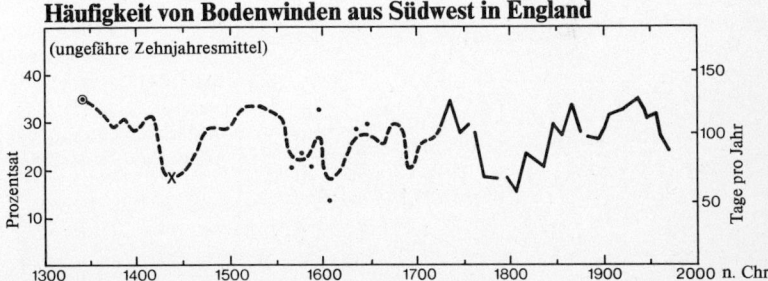

16: Häufigkeit von Bodenwinden aus Südwest in England zwischen 1340 und 1978. Aufgrund von täglichen Beobachtungen im Gebiet von London von 1669 bis 1978 (Zehnjahresmittel). Der frühere Teil dieser Kurve wurde mit Hilfe indirekter Belege erstellt, darunter verschiedene Witterungstagebücher, z. B. aus Lincolnshire (1340 bis 1344) und aus Dänemark (1582 bis 1597).

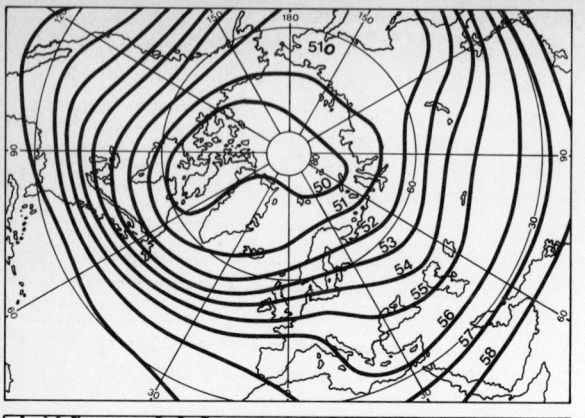

17a: Durchschnittliche Strömungsmuster in der Westwinddrift (Höhenangaben in jeweils 100 m ab der 500-hPa-Fläche) im Januar 1975. (Die Höhenwestwinde folgen im allgemeinen dem Verlauf dieser Linien.)

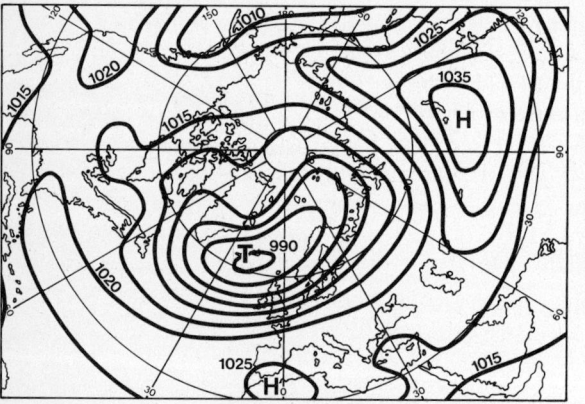

17b: Der entsprechende durchschnittliche Luftdruck in hPa in Meereshöhe im Januar 1975. (Die bodennahen Winde strömen wieder gegen den Uhrzeigersinn um die Tiefdruckgebiete, aber mit einer gewissen Zugrichtung nach innen an der Seite niedrigen Luftdrucks.)

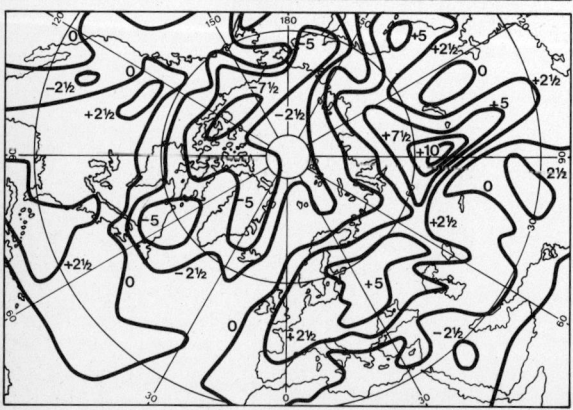

17c: Abweichungen der Durchschnittstemperaturen (in Grad C) in Bodennähe im Januar 1975 vom Mittelwert für den Zeitraum von 1931 bis 1960.

18a: Durchschnittliche Höhe der 500-hPa-Fläche im Januar 1979.

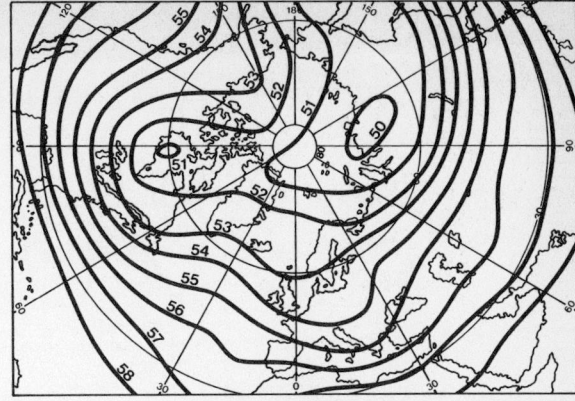

18b: Durchschnittlicher Luftdruck in Meereshöhe im Januar 1979.

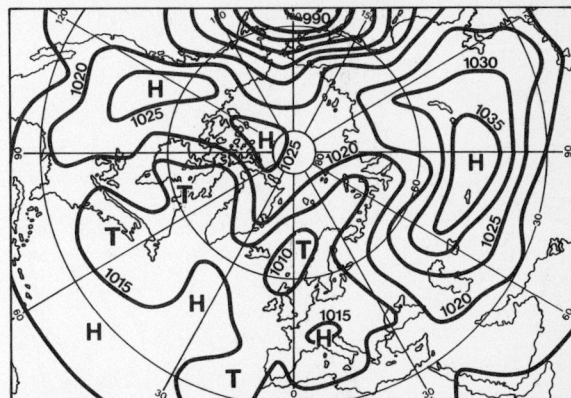

18c: Abweichungen der Durchschnittstemperaturen (in Grad C) in Bodennähe im Januar 1979 vom Mittelwert für den Zeitraum von 1931 bis 1960.

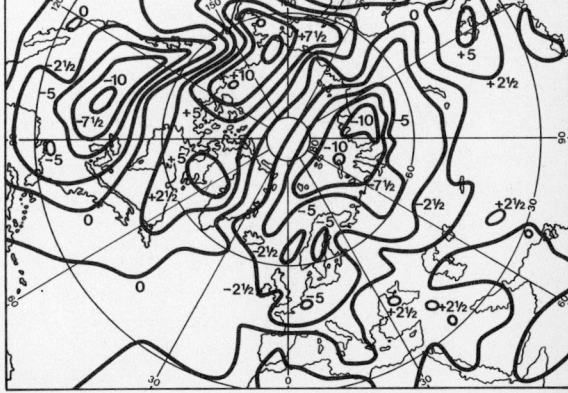

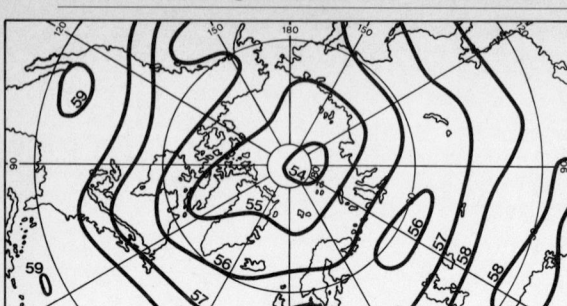

19a: Durchschnittliche Höhe der 500-hPa-Fläche im Juli 1976.

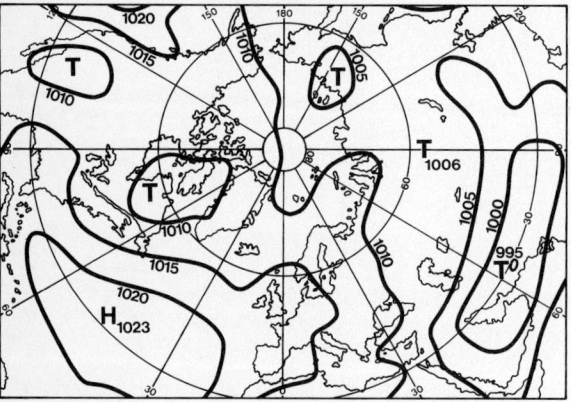

19b: Durchschnittlicher Luftdruck in Meereshöhe im Juli 1976.

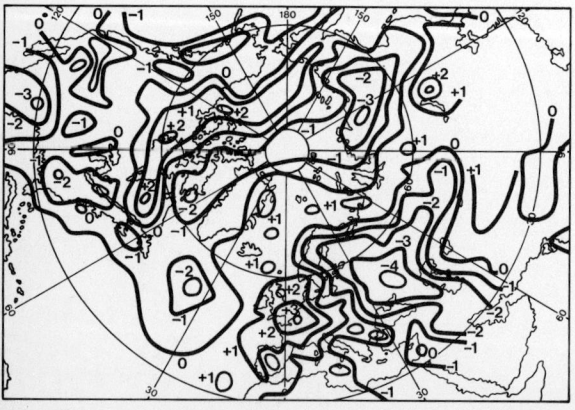

19c: Abweichungen der Durchschnittstemperaturen (in Grad C) in Bodennähe im Juli 1976 vom Mittelwert für den Zeitraum von 1931 bis 1960.

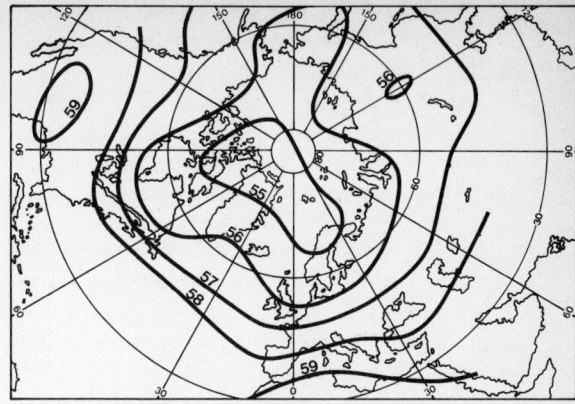

20a: Durchschnittliche Höhe der 500-hPa-Fläche im Juli 1965.

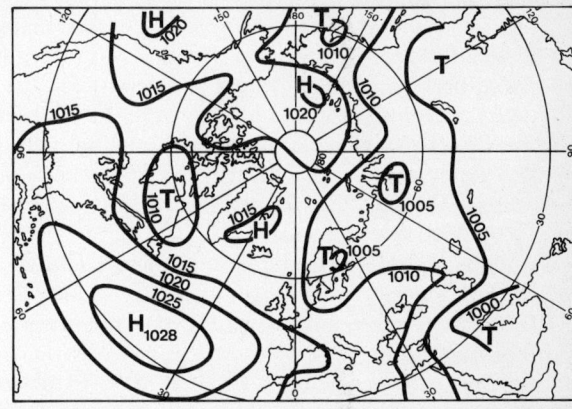

20b: Durchschnittlicher Luftdruck in Meereshöhe im Juli 1965.

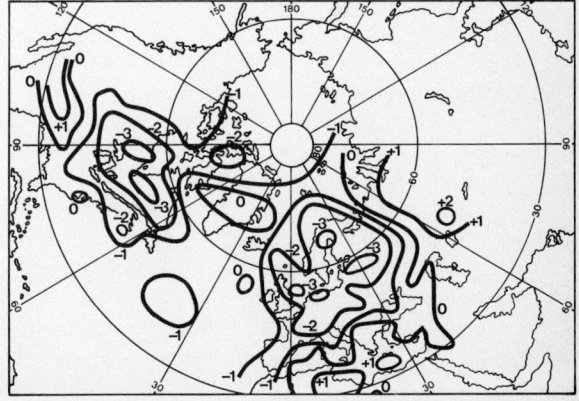

20c: Abweichungen der Durchschnittstemperaturen (in Grad C) in Bodennähe im Juli 1965 vom Mittelwert für den Zeitraum von 1931 bis 1960.

Abb. 5 im letzten Kapitel demonstrierte, wie sich die Verteilung von
Wolken und von Wetterstörungen über der Nordhemisphäre zusammen
mit den Umstellungen in der Westwindzone verändert. Abb. 5b zeigte
eine durchschnittliche Wetterlage für den gegenwärtigen Zeitraum mit
einer Wolkendecke, die sich hauptsächlich auf zwei Breitenbereiche konzentriert. Sie bildet den äquatorialen Regengürtel und das breite Wolkenband über den mittleren Breiten, das mit der ständigen Zyklonaktivität
am Rande der Arktis verbunden ist, jedoch durch die Leewirkung der
Rocky Mountains und der asiatischen Gebirge unterbrochen wird. Die
Abbildungen 17 bis 20 veranschaulichen die Auswirkungen von Blockierungen und Störungen in der oberen Luftströmung auf bodennahen Luftdruck und Strömungsmuster und somit auch auf die im Sommer und Winter vorherrschenden Temperaturen. In den Abbildungen 17a bis c sehen
wir zunächst ein Beispiel für einen Wintermonat mit wenigen Blockierungen, aber mit kräftigen, die nördliche Hemisphäre gleichmäßig umströ-
menden Höhen-Westwinden. Dadurch wird mehr milde Meeresluft über
beide große Kontinente direkt in die mittleren Breiten geführt als sonst.
Nur in der ruhigen Zone innerarktischer Gebiete und in den Regionen, in
die die kalte bodennahe arktische Luft eindringt, sinken die Temperaturen unter das normale Niveau. Ein bodennahes Windsystem, das Luftmassen aus dem Kern der nördlichen Kontinente ableitet, sorgt in Teilen
der ausgedehnten tropischen Gebiete im Innern der Kontinente ebenfalls
für niedrigere Temperaturen. Im Gegensatz dazu zeigt Abb. 18 über dem
Pazifik, dem Atlantik, über Nord- und Südamerika und Europa winterliche Wetterlagen mit einem sehr stark verzerrten Strömungsverlauf, der
der sogenannten Blockierungslage der Westwinde ähnlich ist. Dies hat
deutlich stärkere, zumeist negative Auswirkungen auf die Temperatur.
Die Wärme über Nordalaska wird durch die milde Polarluft bedingt, die
über die Gebirge strömt. Die hohen Temperaturen über dem Nordosten
Kanadas beruhen auf dem besonders starken Luftmassenzustrom vom
Atlantik und von der Davisstraße.

Abb. 19 veranschaulicht das weit nach Norden über den Nordost-Atlantik und die arktischen Küsten Europas verlagerte, ungleichmäßige
Strömungsschema der Westwinde, das in Teilen Europas 1976 den wärmsten Sommer seit Beginn der Instrumentenbeobachtungen zur Folge
hatte. Im Bereich des russischen Kältetrogs in den Höhen-Westwinden,
wo die Bodenwinde vornehmlich aus nördlicher Richtung kamen, lagen
die Temperaturen dagegen im Durchschnitt um 3 bis 4 °C niedriger als
normal. Dieser unvergeßliche Sommer scheint für die ganze Nordhalbkugel im Grunde ein ziemlich kalter Sommer gewesen zu sein. Abb. 20 stellt
einen Sommermonat im Jahr 1965 dar, in dem eine in drei Bereichen ver-

zerrte Westwinddrift mit ortsfesten Kältetrögen weiten Teilen Europas und dem östlichen Kanada einen sehr kalten Sommer bescherte. Gerade in diesem Jahr kam der langanhaltende Rückzug vieler Alpengletscher zum Stillstand, und bodennahe Nordwinde, die über das europäische Nordmeer bliesen, führten bei Island erneut zur Bildung von arktischem Meereis.

Veränderungen im Meer

Beim polwärtigen Wärmetransport spielen Meeresströmungen ebenfalls eine Rolle. Neueren Messungen zufolge sorgen sie in den Tropen für den Hauptanteil am globalen Wärmetransport, der bei 20° n. Br. 74 Prozent, bei 50° n. Br. ungefähr 30 Prozent der gesamten Wärmemenge beträgt. Für den ganzen Bereich zwischen Äquator und 70° n. Br. beläuft sich der maritime Wärmetransport auf durchschnittlich 40 Prozent. Diese Zahlen variieren jedoch zwangsläufig, wenn verschiedene Zeiträume miteinander verglichen werden. Die Veränderungen an der Meeresoberfläche, mit denen wir uns hier vorwiegend befassen, sind an den Rändern der einzelnen Meeresströme am größten. Das gleiche gilt für Grenzbereiche der Eisbildung in den Polarmeeren und Gebiete in tropischen oder subtropischen Meeren mit kalten Auftriebsströmungen. Abb. 21 zeigt die Verschiebung der Grenze zwischen dem Wasser, das seinen Ursprung im Golfstrom und dem polaren Oberflächenwasser im Nordatlantik hat. Die größten Temperaturveränderungen finden dort statt, wo die polaren Wassermassen am weitesten vordringen oder wo Eis vormals wärmeres Oberflächenwasser ersetzt hat (bzw. umgekehrt). So war ein großer Bereich zwischen dem Golf von Biskaya und dem mittleren Atlantik während des Höhepunktes der Eiszeit vor rund 20 000 Jahren um 10 °C bis 12 °C kälter als heute. Das Gebiet zwischen Island und den Faröerinseln (auf 61° Nord) war zwischen ca. 1675 und 1705 n. Chr. offenbar 5 °C kälter als im heutigen Temperaturmittel. Dort, wo sich die Strömungsränder derartig verschieben, übt das Meer nicht mehr den erwarteten ausgleichenden Einfluß auf Klimaschwankungen aus. Die südliche Grenze der arktischen Wassermassen östlich von Island, die für den Zeitraum von 1675 bis 1705 n. Chr. in Abb. 21 dargestellt ist, wurde in den letzten Jahren manchmal über kürzere, wenige Wochen andauernde Perioden erreicht. So sind diese Wassermengen im April 1968 und erneut 1969 bis in die Nähe der Faröer vorgedrungen. Dies war auch mehrfach während einer noch kürzeren Zeitspanne in der ersten Hälfte des Jahres 1979 zu beobachten; in den vier oder fünf Jahrzehnten zuvor haben vergleichbare Verschiebun-

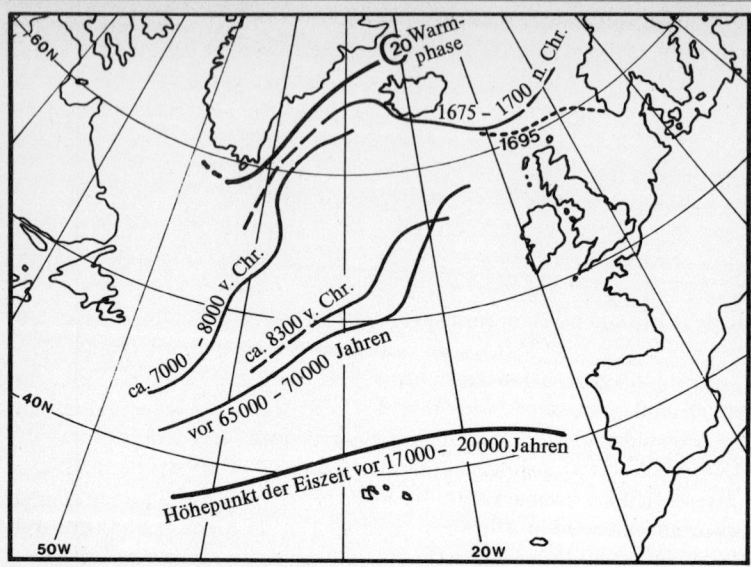

21: Lage der Grenzen zwischen dem Wasser des Golfstroms und dem des Ostgrönlandstroms an der Meeresoberfläche in den wärmsten Jahren des 20. Jahrhunderts
und in der Vergangenheit.

gen anscheinend nicht stattgefunden. Verlagerungen der Strömungsgren-
zen und Veränderungen in der Stärke der verschiedenen Oberflächenströmungen – wobei letztere eindeutig mit Abweichungen in der planetarischen Zirkulation in Beziehung stehen – werden häufig registriert. Folglich
neigt die Oberflächentemperatur der Meere in solchen Gebieten dazu, für
wenige Wochen bzw. einige Monate um 2 bis 4 °C von den Normalwerten
nach oben oder unten abzuweichen. So verlief im Nordwestatlantik während des größten Teils des Jahres 1968 die nördliche Grenze des Golfstroms
weiter südlich, als dies normalerweise der Fall ist.

Weitere Grundlagen

Vulkanstaub in der Atmosphäre

Die Hintergründe für die beobachteten Veränderungen bei Winden und
Meeresströmungen hängen vermutlich weitgehend vom weltweiten Tem-

peraturniveau und von der Stärke sowie dem Verlauf der wichtigen Temperaturgradienten ab. Diese Deutung bildet die Basis für unser Verständnis der jahreszeitlichen Veränderungen in der Windzirkulation und wird – zumindest in groben Zügen – durch mathematische Beschreibungsmodelle der atmosphärischen Zirkulation bestätigt. Die Richtigkeit dieses Ansatzes wird auch durch Entwicklungen nach explosionsartigen Vulkanausbrüchen gestützt, die in der Stratosphäre einen über Jahre wahrnehmbaren Schleier aus submikroskopischen Teilchen hinterlassen. Die Staubschleier halten einen Teil der solaren Strahlung ab, verhindern jedoch nicht die langwelligere Abstrahlung von der Erde in den Weltraum. Man muß zwischen Vulkaneruptionen in niederen und in höheren Breiten auf beiden Hemisphären unterscheiden. Die Winde in der Stratosphäre sorgen dafür, daß der Staub bald (d. h. nach ein paar Wochen) die Erde in der Breitenzone des Vulkans umkreist. Aufgrund der langsamen polwärtigen Drift der Luft in der Stratosphäre dehnt sich der Staubschleier, der durch Eruptionen innerhalb des 20. Breitengrades nördlich und südlich des Äquators hervorgerufen wurde und von einer beträchtlichen Dichte ist, mit großer Wahrscheinlichkeit innerhalb weniger Monate über die ganze Erde aus. Bei Ausbrüchen in mittleren und höheren Breiten wird normalerweise nur die Hemisphäre betroffen, auf der die Eruption stattgefunden hat. Der Staub scheint sich zuerst in den niederen Breiten aufzulösen, wo die untere Schicht der Stratosphäre am mächtigsten ist. Ungefähr nach einem Jahr konzentriert sich der Staubschleier über den höheren Breiten. Die Auswirkungen halten sich über den Polgebieten am längsten; dort verstärkt sich bei niedrigen Temperaturen die Meereisbildung.

Durch die weltweite Verteilung von Eruptionsmaterial aus mächtigen Ausbrüchen in Äquatornähe schwächt sich die Windzirkulation zunächst ab, um nach etwa zwei Jahren noch kräftiger als zuvor zu werden, da der Staubschleier dann de facto nur die höheren Breiten bedeckt und sich dadurch die Wärmeunterschiede zwischen hohen und niederen Breiten vergrößern. Es dauert in der Regel drei oder vier, gelegentlich allerdings auch sieben Jahre, bis der ursprüngliche Zustand wieder erreicht ist. Bei Eruptionen in hohen Breiten tritt im allgemeinen nur die Phase verstärkter Windzirkulation auf. Außerdem neigt das Haupttiefdruckgebiet über dem Nordatlantik in Sommern nach großen Eruptionen dazu, sich etwas nach Süden zu verlagern. Dies könnte viele, vielleicht die meisten der extrem kalten und nassen Sommer in Westeuropa und im Osten Nordamerikas in den letzten 300 Jahre erklären. Das gleiche gilt wahrscheinlich für den Nordpazifik. Im nördlichen Japan ereigneten sich die vier größten Hungerkatastrophen und Mißernten seit 1599 in Jahren, in denen sich über der Nordhemisphäre ausgedehnte Vulkanschleier befanden.

Die Auswirkungen astronomischer Zyklen auf den Wärmehaushalt

Eine weitere, eindeutig erkennbare Ursache für längerfristige Klimaveränderungen liegt in den Schwankungen der auf verschiedene Breiten
einfallenden Sonneneinstrahlung und in den saisonalen Varianten begründet, die mit regelmäßigen zyklischen Veränderungen der Erdbahnparameter (Abb. 22) einhergehen. Dabei handelt es sich um Änderungen der
Exzentrizität der Erdumlaufbahn, der jahreszeitlichen Stellung der Erde
auf ihrer elliptischen Bahn und der Neigung der Erdachse gegenüber der
Ebene der Umlaufbahn, die die Breitenlage der Wende- und der Polar-

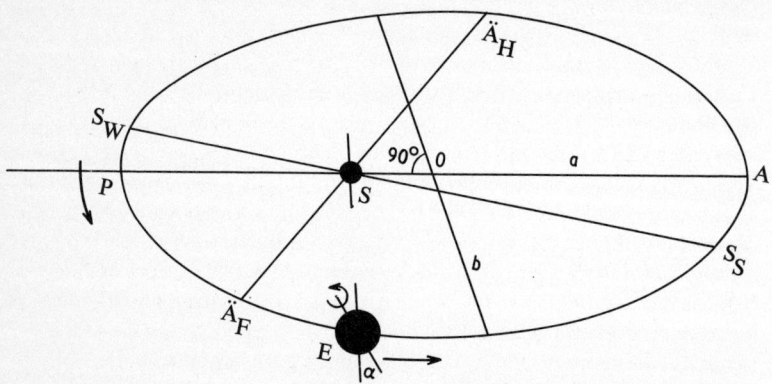

22: Die Erdumlaufbahn und die Elemente, die langfristigen zyklischen Schwankungen unterliegen. In der Skizze wird die Umlaufbahn aus einem schiefen Winkel
außerhalb ihrer Ebene gesehen: Folglich erscheint der Winkel zwischen der großen
und der kleinen Achse der Ellipse, a und b, der Perspektive wegen nicht rechtwinklig. Die Sonne S befindet sich im Zentrum der Ellipse, und das Verhältnis von ihrer
Entfernung vom Zentrum der Ellipse OS zum Punkt SP gibt die Exzentrizität
e = OS/SP an. Durch die Sonne S und die Erde E verlaufen kurze Linien, die auf
der Ebene der Umlaufbahn (der «Ekliptik») senkrecht stehen. Der Winkel α zwischen dieser vertikalen Linie und der Erdachse wird Schiefe der Ekliptik genannt.
Die derzeitige jahreszeitliche Lage der Erde auf ihrer Umlaufbahn zum Zeitpunkt
der Wintersonnenwende, S_W, und der Sommersonnenwende, S_S, der Beginn des
Äquinoktiums im Frühjahr, $\ddot{A}_F$, und im Herbst, $\ddot{A}_H$, sind in die Skizze eingezeichnet. Die beiden anderen markierten Punkte geben den sonnennächsten Punkt,
Perihel (P), bzw. den sonnenfernsten Punkt, Aphel (A), auf der Erdumlaufbahn
an. Die jahreszeitlichen Punkte (durch zwei Linien, die immer rechtwinklig zueinander stehen, verbunden) verschieben sich auf der Umlaufbahn, so daß sich die
Jahreszeiten mit der größten und der geringsten Sonnennähe langsam verlagern.
Die Punkte brauchen ca. 20000 Jahre, um die Bahn einmal vollständig zu umkreisen. Die Wintersonnenwende S_W entfernt sich zur Zeit langsam vom Punkt P.

kreise um wenige Grade verschieben. Diese zyklischen Veränderungen, die sich über Zeitspannen von jeweils ungefähr 100000, 20000 und 40000 Jahren erstrecken, beeinflussen den Abstand unseres Planeten von der Sonne ebenso wie die Stärke (und in geringem Maße auch den Einfallwinkel) der Sonnenstrahlen während der verschiedenen Jahreszeiten. Sie sind vollständig berechenbar und erklären offenbar die mehrfachen Wechsel zwischen Eis- und warmen Interglazialzeiten. Dies gilt für die gegenwärtige wie auch für die vergangenen und die Interstadiale genannten Zwischenphasen. Während 90 Prozent der letzten 1 Million Jahre war, so läßt sich konstatieren, das Klima wesentlich kälter als heute und somit mehr oder minder glazial; Kontinente und Polarmeere waren mit ausgedehnten Eisflächen bedeckt. Die Interstadiale kennzeichneten die Höhepunkte von weniger ausgeprägten Erwärmungsphasen, in denen das Klima jedoch kälter als heute war und sich in der Vegetation eine Zwischenform entwickelte. Sowohl die Beschaffenheit als auch der Zeitpunkt der Hauptklima-Umbrüche stimmen anscheinend sehr genau mit den Schwankungen in der verfügbaren Strahlung überein, die auf der Basis dieser Erdbahnparameter berechnet wurden. Dies zeigen zum einen Sedimentanalysen von Tiefseebohrkernen, die die letzten 1 bis 2 Millionen Jahre, folglich das gesamte Quartär, umfassen. Zum anderen läßt sich dies aus der Vegetationsgeschichte herleiten, die mit Hilfe von Pollenanalysen unveränderter Ablagerungen auf den Kontinenten (in einem Fall fortlaufend für die letzten 140000 Jahre) bestimmt werden kann.

Auf der Grundlage dieser Veränderungen sind die Stärke der Sonnenstrahlen und die in jedem Breitenbereich in jedem Monat und zu jeder Jahreszeit verfügbare Gesamtstrahlungsmenge für einen Zeitraum von einer Million Jahren zurück- und weit im voraus berechnet worden. Dabei blieben eventuell entstehende Wolkendecken unberücksichtigt. Zum erstenmal wurden derartig vollständige Berechnungen um 1930 von dem jugoslawischen Wissenschaftler Milankovitsch durchgeführt. Dieser Ansatz wird daher häufig als Milankovitsch-Theorie über die Eiszeiten bezeichnet, obwohl die theoretische Lösung des Problems der Eiszeiten bereits im Jahr 1864 von James Croll vorgestellt wurde. Genauere Berechnungen sind in den letzten Jahren, vornehmlich von Vernekar in den USA und von André Berger aus Louvain-la-Neuve (1979) durchgeführt worden. Fest steht nun, daß Temperaturveränderungen, die sich aufgrund der berechneten Veränderungen im Strahlungshaushalt ergeben, nicht ausreichen, um eine Eiszeit einzuleiten oder ausklingen zu lassen. Es bedarf zusätzlich der verstärkten Reflexion der Sonnenstrahlung auf einer vergrößerten Eis- oder Schneefläche. Die Zeiträume der intensivsten sommerlichen Erwärmung in den Breiten, auf denen sich vor ungefähr

10000 Jahren die ehemaligen nordamerikanischen und -europäischen Eisschilde befanden, fallen mit dem raschen Abschmelzen von Schnee und Eis zusammen. Die höchste Gesamttemperatur wurde auf der Erde ca. 5000 bis 6000 Jahre später erreicht. Diese Verschiebung ergibt sich durch die Zeitspanne, die für das Abschmelzen der Eismengen und für die Erwärmung der Meere bis in größere Tiefen erforderlich war.

Aus den Langzeitaufzeichnungen vergangener Klimate gehen keine anderen derartig regelmäßigen Zyklen hervor. Es finden sich Berichte über den Tagesgang, den Jahresgang, die oben beschriebenen zyklischen Entwicklungen der Erdbahnparameter (die von den Gravitationskräften unseres Sonnensystems hervorgerufen werden) und auch über den Ablauf von Ereignissen, die – in Intervallen – durch große Vulkanausbrüche und die dabei entstehenden Staubschleier ausgelöst werden. Obwohl letztere wie zufällige, in unregelmäßigen Abständen auftretende Ereignisse erscheinen, gilt es inzwischen als erwiesen, daß Eruptionen meistens dann auftreten, wenn Sonne und Mond ihre maximale Gezeitenkraft entfalten. Manche Beobachtungen legen eine regelmäßige Wiederkehr großer Vulkanausbrüche im Abstand von 200 Jahren nahe, was ebenfalls mit den Gravitationskräften in Zusammenhang stehen kann.

Andere Zyklen

Außer diesen einigermaßen gut erklärbaren Veränderungen weisen jedoch Spektralanalysen von Klimaangaben auf viele andere periodische oder quasi periodische Erscheinungen hin, die zwar weniger regelmäßig sind, von denen einige dennoch von gewisser Bedeutung sein könnten. Sobald sie besser erforscht sind, können sie von begrenztem Nutzen bei der Klimavorhersage sein. So wurden z. B. in den Sommern der ungeraden Jahre zwischen 1880 und 1961 in Nord-, Mittel- und Westeuropa bedeutend bessere (d. h. höhere) Werte gemessen als in geraden Jahren. In London betrug die Gesamtdifferenz des Temperaturmittels 0,5 °C. Diese Zahl entsprach vermutlich dem zwei Wochen umfassenden Unterschied in der Vegetationsperiode. (In verschiedenen früheren Epochen ergaben sich für die geraden Jahreszahlen bessere Meßdaten.) Andere Zeitspannen umfassen Zyklen mit Perioden von 5,5 Jahren (einem halben Sonnenfleckenzyklus?), von 10 bis 12 Jahren, 22 bis 33 Jahren, von ungefähr 50 Jahren, 100 Jahren, 180 bis 250 Jahren (vielleicht annähernd 200 Jahren) und von 1000 bis 2000 Jahren. Bisher sind die physikalischen Auslöser für keinen dieser Zyklen definitiv ermittelt worden, obwohl weitgehende Übereinstimmung darüber herrscht, daß einige – vielleicht alle – periodisch wiederkehrende Phänomene durch (vermutlich geringfügige) Schwankungen in der Sonnenenergieabgabe hervorgerufen werden. Sie können zum Teil mit Veränderungen der Gezeitenkräfte in Zusammenhang stehen, die sich direkt auf die Meere und die Atmosphäre auswirken.

Zyklen der Sonnenaktivität

Es gibt in der Tat Anzeichen dafür, daß die Sonnenaktivität in bestimmten Zeitspannen von 100 bis 10000 Jahren schwanken kann, wie R. Tavakol[1] von der Climatic Research Unit, Norwich, kürzlich feststellte. Dies wird z. B. auch durch Fehler belegt, die in C-14-Datierungen von Gegenständen aus bereits festgelegten Zeitepochen auftraten. Zunächst wird bei dieser modernen Technik zur Datierung archäologischer und in der Natur vorkommender Gegenstände (wie Torf und Binnenseesedimente), die sich innerhalb der letzten 50000 Jahre abgelagert haben, angenommen, daß der Anteil von radioaktivem Kohlenstoff an der Kohlendioxidmenge in der Atmosphäre konstant ist. Denn dieses Element wird aus den Stickstoffatomen der oberen Atmosphäre durch ständige Bombardierung mit kosmischen Strahlen aus dem interplanetarischen Raum gebildet. Fehler bei den C-14-Daten wurden jedoch in der Vergangenheit verschiedentlich, beispielsweise durch C-14-Datierungen von Baumringen, sichtbar. Diese Fehler gehen teilweise auf regelmäßige langperiodische Veränderungen im Magnetfeld der Erde zurück. Sie werden aber auch durch Schwankungen von anderer Periodenlänge im solaren Ausstoß von Teilchen («Korpuskeln») ausgelöst, die mit mächtigen Ausdehnungen des solaren Magnetfeldes in Bezug stehen. Beide Formen der Sonnenaktivität lenken einen Teil dieser kosmischen Strahlenpartikel aus anderen Bereichen der Galaxis von der Erde ab. Deshalb geht manchmal die Bildung von radioaktiven Kohlenstoffatomen in der Atmosphäre zurück. J. A. Eddy hat dargelegt, daß die zwei großen Minima der Sonnenaktivität, das Spörer-Minimum in der Zeit von 1400 bis 1510 n. Chr. und das Maunder-Minimum von 1645 bis 1715 n. Chr., als fast keine Sonnenflecken und, falls überhaupt, nur wenige Polarlichter beobachtet wurden, mit den beiden längsten Zeiträumen globaler klimatischer Belastungen in der sogenannten Kleinen Eiszeit zusammenfielen. Umfassende Aufzeichnungen über Schwankungen bei radioaktivem Kohlenstoff und die ungenauere Aufzeichnung von Phänomenen, die in einem direkten Bezug zum Sonnenfleckenzyklus stehen, weisen auf eine Veränderlichkeit der Sonne innerhalb der angenommenen Zeiträume hin. Das Beweismaterial ist jedoch nicht schlüssig. Die Auswirkungen verschiedener Arten solarer Schwankungen auf die Strömungsmuster der Erdatmosphäre – und damit auch auf das Klima – müssen noch eingehender untersucht werden.

Wärmeverteilung und Rekonstruktion vergangener Klimate

Im letzten Kapitel haben wir die enge Beziehung zwischen dem Temperaturmuster, das in jeder Jahreszeit und in jeder klimatischen Epoche durch die globale Wärmeverteilung und -intensität erzeugt wird, und der Form und Ausprägung der Westwindzone aufgezeigt. Hieraus lassen sich mit Hilfe fossiler Zeugen der vorherrschenden Temperaturwerte die dominierenden Merkmale der planetarischen Windzirkulation, einschließlich der Zugrichtungen von Stürmen und der bewölkten Gebiete, der steten Bodenwinde und der ruhigeren Hochdruckgebiete in vergangenen Epochen ableiten. Aus solchen Rekonstruktionen ist ein Grundtyp des Klimaregimes ablesbar, der mit der bekannten Temperaturverteilung übereinstimmt. In vielen Fällen kann das Muster zumindest teilweise überprüft werden: Man kann fragen, wie gut die verfügbaren fossilen Daten oder Beweismaterialien in Form von historischen Manuskripten, die die in verschiedenen Gebieten vorherrschenden Winde und Wetterlagen beschreiben, zur Karte passen. Diese Klimamuster erklären allerdings noch nicht die auslösenden Momente des Klimawechsels von einem Regime zum nächsten. Durch verschiedene wissenschaftliche Arbeiten ist der große Klimaumbruch, der sich in Europa von der hochmittelalterlichen Warmzeit zur (sich zwischen 1800 und 1850 wiederholenden) Kaltzeit im späten 16. und 17. Jahrhundert vollzog, inzwischen gut belegt. Demnach konzentrierten sich die großen Gletschervorstöße und die Ausdehnungen des polaren Meereises auf nur drei bis sechs klar getrennte Zeitperioden von ca. 10 bis 20 Jahren. Ein oder zwei, wahrscheinlich aber nicht alle diese Vorstöße hingen mit weltweiten Schüben in der Vulkantätigkeit zusammen. Es scheint sicher, daß während dieser Jahrzehnte enorme Anomalien in der Zirkulation aufgetreten sind, die mit häufigen Blockierungslagen einhergingen. Sowohl Jahresringsequenzen bei Bäumen als auch tatsächliche Temperaturmessungen gegen Ende des 17. und 18. Jahrhunderts beweisen eine verstärkte Veränderung von einem Jahr zum anderen in den Jahrzehnten, in denen das Eis am schnellsten vorrückte. Dies wird offenbar auch durch häufige Blockierungen der «normalen» Westwinde in den mittleren Breiten bestätigt.

Rasche Klimawechsel

Verschiedene Klimatologen, insbesondere Bryson, Flohn und Manley, heben die rasche Abfolge einiger wichtiger Klimawechsel der Vergangenheit hervor. So kam es offenbar im Nordatlantik und auf den angrenzenden Landmassen, in Europa und im Mittelmeerraum in den späten Phasen des letzten Interglazials zu drei bedeutenden Abkühlungen. Die Temperaturen sanken etwa auf die Hälfte der Differenz zwischen den gegenwärtigen, interglazialen und den eiszeitlichen Höchstwerten ab. Diese Abkühlungen, die ungefähr 115000, 90000 und 70000 Jahre zurückdatiert werden, vollzogen sich in einer Zeitspanne von ca. 1000, möglicherweise auch nur 100 Jahren. Die ersten beiden dauerten anscheinend nur 2000 bis 5000 Jahre, danach stiegen die Temperaturen rasch wieder an. Die später gemessenen Werte waren nur geringfügig niedriger als diejenigen in den 10000 Jahren während der wärmsten Phase des Interglazials. Die dritte Abkühlungsphase leitete einen 50000 Jahre andauernden Zeitraum mit kälteren Klimaten ein, der auch die Hauptphasen des letzten Eiszeitalters einschloß. Die schnelle Abfolge von Abkühlungen und Erwärmungen zeigt, daß sich während der nicht vollständigen eiszeitauslösenden Abläufe keine großen Eisansammlungen bildeten. Ähnlich abrupt vollzog sich der Beginn des letzten Eiszeitalters vor ungefähr 10800 Jahren: Zu der Zeit fielen die im Sommer vorherrschenden Temperaturen in England, wo es so warm wie heute (oder etwas wärmer) war, vermutlich innerhalb von ungefähr 50 Jahren um 4 bis 5 °C ab, und im Lake District traten erneut Vergletscherungen geringen Ausmaßes auf. Das kältere Klima hielt ungefähr 600 Jahre an. Der massive Temperaturrückgang kann mit der Nähe Englands zu den damals noch vorhandenen Eisflächen in Skandinavien und dem erheblich kleineren Eisschild in Schottland erklärt werden.

Es existieren genau datierbare Belege der Verlagerungen von Vegetationsgrenzen im Postglazial, insbesondere in Nordamerika, wo die Nordwanderung nicht durch Gebirge blockiert wurde. Sie verdeutlichen, daß die Erwärmungen nach einem Anstieg der Meerestemperatur ebenfalls sehr rasch vonstatten gingen. Dies wird besonders dann augenfällig, wenn man berücksichtigt, daß die Vegetation erst nach geraumer Zeit auf die Temperaturveränderungen reagiert. Es bedarf mindestens eines Zeitraumes von etwa 100 Jahren, bis ein Kiefernwald durch einen Wald mit vorwiegendem Eichenbestand ersetzt werden kann, obwohl dieser Prozeß durch Baumkrankheiten größeren Ausmaßes, durch das Absterben des alten Waldes und eine anschließende Vernichtung durch Feuer beschleunigt werden kann. Dennoch verliefen diese Veränderungen offensichtlich so zügig, daß der Zeitabstand geringer war als die Fehlerspanne der C-14-Datierungen für organische Stoffe vor und nach solchen Veränderungen.

Die Veränderungen der Windzirkulation scheinen bei vielen der erwähnten Hauptklima-Umbrüche mehr oder weniger unmittelbar zu erfolgen. Innerhalb weniger Jahre passen sich die Temperaturen an der Oberfläche des Polareises an ein windstilleres Regime oder auch an ein Klima mit stärkeren Winden und Meeresströmungen an, die mehr Wärme aus anderen Breiten heranführen. In diesem Jahrhundert sind solche Wechsel in beide Richtungen beobachtet worden. Verlagerungen der Windzonen verursachen zugleich Verschiebungen der Hauptwolkengürtel. Dadurch sowie durch den geänderten Strömungsverlauf der Winde und des Wärmetransports im Meer passen sich die Temperaturen in anderen Breiten ebenfalls an das neue Regime an.

Folglich bleiben die plötzlichen Veränderungen im Windsystem erklärungsbedürftig, die Blockierungsmuster von mehr als zehn- und bis zu 50- oder 70jähriger Dauer mit weiträumigen Mäandern im Strömungsverlauf des Westwindbandes verursachen. Sie bringen in mittleren Breiten ortsfeste bodennahe Antizyklonen und Zyklonen hervor, die ihrerseits wiederum beständige oder wiederholt auftretende bodennahe Nord- oder Südwinde, Flauten und manchmal auch Ostwinde auslösen, die dann in verschiedenen Gebieten in den mittleren Breiten vorherrschen. In der Konsequenz lassen die dynamischen Westlagen und der ununterbrochene Austausch wärmerer und kälterer Luftmassen in diesen Breiten nach. Die Eigenarten einer ortsfesten Blockierungslage können auf den Kontinenten zu einer anormalen Ausweitung der Schneedecke führen oder den Schnee im Meer «verschwenden», wo er die Oberflächenmerkmale und deren Reaktion auf die Sonneneinstrahlung nicht verändert. Die Mechanismen, die das langfristige Auftreten von bestimmten Wetterlagen an bestimmten Orten steuern, müssen insbesondere auch im Hinblick auf die Frage erforscht werden, warum sich die meisten blockierenden Hochs über Grönland und Skandinavien befinden. Im Sommer können derartige Wetterlagen das Abschmelzen des Vorjahresschnees in weiten Regionen nördlich des 45. bis 60. Breitengrades beschleunigen oder verhindern. Eine anhaltende Wolkendecke, eine beständige, anormale Auftriebsströmung oder stete Verdunstung an der Meeresoberfläche in niederen Breiten kann ähnliche Auswirkungen auf die globale Erwärmung haben. Wenn diese Entwicklung zu einem kritischen Zeitpunkt im langsamen Auf- oder Abwärtstrend des Energiehaushaltes auftritt, sorgen Perioden mit beständigen Blockierungsmustern in der Windzirkulation für einen Umschlag eines wärmeren in ein kälteres Weltklima.

Seit einigen Jahren wird von Lorenz eine Richtung in der Meteorologie vertreten, derzufolge solche Veränderungen in der Windzirkulation auf keinerlei äußere Faktoren zurückgehen. Vielmehr sollen verschiedene Wind- und Klimaregime ohne irgendwelche Veränderungen externer Faktoren einander abwechseln, so daß das Muster jederzeit von einem Regime zum anderen «umspringen» kann. Dem weiteren Verständnis klimatischer Abläufe und ihrer Vorhersagbarkeit begegnet diese Position äußerst pessimistisch. Eine solche Haltung ist insbesondere in den Fällen völlig unnötig, wo externe Ursachen für Klimaveränderungen, etwa die Auswirkungen von Veränderungen in der Erdumlaufbahn und Folgeerscheinungen großer Vulkanausbrüche, aufgezeigt werden können.[2] Es gibt Anzeichen dafür, daß die Häufigkeitsschwankung, mit der stationäre Phänomene in der planetarischen Zirkulation auftreten, mit verschiedenen Variablen in der Erdrotation, mit dem Einfluß der Sonne auf die Gezeitenkräfte und somit auch mit der Konstellation der anderen Planeten zusammenhängen kann. Diese Erscheinungen sind bisher noch nicht berücksichtigt worden. Die Pionierarbeit von Bryson in den Vereinigten Staaten und von Maksimov in der Sowjetunion verweist auf die langsame Verlagerung der Erdachse über Entfernungen von höchstens ein paar hundert Metern. Diese Verlagerung scheint aus dem Einfluß von Sonne und Mond und aus der sogar noch geringfügigeren «Chandler-Schwankung» zu resultieren. Letztere ist noch immer ungeklärt, aber man ist sich darin einig, daß sie das Massenträgheitsmoment von Erde und Atmosphäre bewirkt. Darüber hinausgehend beschreibt Mörth in unveröffentlichten Arbeiten die Konsequenzen aus der Konstellation der anderen Planeten im Sonnensystem für das Massenträgheitsmoment. Er setzt sich auch mit den Schwankungen im irdischen Magnetfeld und ihren Folgen für elektrisch geladene Teilchen in der Atmosphäre auseinander. Diese Thesen sind allesamt noch umstritten, doch sollten Anstrengungen unternommen werden, sie zu beweisen oder zu widerlegen, da die meisten relevanten Variablen – zumindest teilweise – vorhersagbar sind.

Anmerkungen

1 Climate Monitor, 8, 3/1979.

2 Ausgehend von der These, daß keine Korrelation zwischen Trends bei einzelnen Monaten, Jahreszeiten oder für ein ganzes Jahr zu erwarten ist, wenn zufällige Variationen im System eine Veränderung des jährlichen Temperaturmittels hervorrufen, erforschte Dr. C. D. Schönwiese aus München (Meteorologische Rundschau, 32, 1979, S. 73–81 und Meteorological Magazine, 109, 1980, S. 101–113) in einer neueren statistischen Untersuchung die längste Temperaturaufzeichnung, die 320 Jahre umfassende Temperaturreihe aus Mittelengland. Das Ergebnis zeigte deutliche Zusammenhänge, die im Fall des Langzeittrends alle Monate eines Jahres umfaßten. Dies erweckt den Anschein, als ob die allgemeine Erwärmung des Klimas seit dem 17. Jahrhundert (vor allem während der ersten, stark ausgeprägten Phase von 1690 bis ca. 1730) äußeren Faktoren zugeschrieben werden könnte, die das ganze Klimasystem beeinflußt haben. Eine ähnliche Schlußfolgerung trifft offenbar für den Nachweis zyklischer Elemente bei Daten mit einer Periodenlänge von ungefähr 100 und von 2,2 Jahren zu.

5 Rekonstruktion vergangener Klimate

Instrumentelle Witterungsaufzeichnungen

Die Geschichte vergangener Klimate läßt sich in Teilen natürlich durch Messungen mit meteorologischen Instrumenten erschließen. Leider gilt dies nur für die vergleichsweise kurze, wenngleich interessante Zeit, in der Klimadaten systematisch aufgezeichnet wurden. Eine oder zwei Wetterstationen betreiben dies seit 300 Jahren, doch für weite Teile der Welt sind Instrumentenaufzeichnungen nur für die letzten Jahrzehnte verfügbar. Zudem ist ein großer Arbeitsaufwand erforderlich, um sicherzustellen, daß die mit Hilfe der alten Instrumente ermittelten Werte mit den modernen, an genormten Meßstellen erbrachten Messungen objektiv vergleichbar sind. Diesem Erfordernis ist man bislang nur äußerst selten gründlich nachgekommen.

In der ersten Hälfte des 17. Jahrhunderts wurden in Italien von Torricelli das Barometer und von Galilei das Thermometer erfunden. Windfahnen und Regenmesser sind zwar älter, doch stammen die ersten erhaltenen Niederschlagsmessungen aus dem späten 17. Jahrhundert. Obwohl es schon um 1700 zuverlässige Instrumente gab, wurden die Probleme der korrekten Aufstellung von Thermometern und Regenmessern, die allein repräsentative Meßergebnisse gewährleistet, erst viel später gelöst. Weit weniger schwierig war der Umgang mit dem Barometer; es wurde bereits wenige Jahre nach seiner Erfindung in Frankreich von Blaise Pascal und in England von Robert Boyle für wichtige wissenschaftliche Messungen benutzt. Allerdings brachte man Thermometer viele Jahrzehnte lang meist in ungeheizten, nach Norden gelegenen Räumen an (oder an einem berühmten Observatorium bis vor kurzem außen an der Nordseite eines Gebäudes). Der Alterungsprozeß des Glases erschwerte die Eichung. Fahrenheits eigentliches Verdienst bestand in der Ausstattung des Thermometers mit hochwertigem Glas. Die ersten Regenmesser wurden in Europa manchmal auf Hausdächern aufgestellt, wo sich die aufgefangene Niederschlagsmenge durch Herausspritzen und durch Verdunstung verringert. So konnte Richard Towneley, der 1676 in England den ersten Regenmesser herstellte, ein Rohr in sein Haus legen und die Regenmengen bequem in seinem Schlafzimmer messen.

Bei frühen instrumentellen Messungen wurden sehr unterschiedliche Einheiten und Skalierungen verwendet. Sir Isaac Newton benutzte bereits im 17. Jahrhundert eine Thermometerskala, auf der 0° als Gefrierpunkt von Wasser festgelegt war, doch orientierte er sich nicht an der normalen menschlichen Körpertemperatur, die er mit 12° auswies. Durch Vergleiche und Eichtests, über die van Swinden 1792 und Libri 1830 berichten, wissen wir vieles über frühe Thermometer und ihre Maßeinteilung. Van Swinden führt nicht weniger als 77 verschiedene Skalen auf. Jeder, der versucht, sich frühe instrumentelle Angaben für die Erstellung langer Temperatur- und Niederschlagsreihen sowie Luftdruck- und Windkarten zunutze zu machen, sieht die Schwierigkeiten beim Durcharbeiten solchen Materials. Wenn er mit Angaben in Zoll, Fuß und Meilen zurechtgekommen ist, die in jedem Teil Europas – manchmal sogar regional – unterschiedlich waren, wird er schnell von den Vorzügen eines einheitlichen metrischen Systems überzeugt sein.

Wir verdanken unser Wissen über die Klimageschichte vor allem Wissenschaftlern, die – wie Birkeland in Norwegen, Labrijn in Holland, Manley in England sowie Landsberg und Mitarbeiter in den USA – durch genaue Untersuchungen der instrumentellen Messungen, einschließlich gelegentlicher Standortwechsel, lange Reihen mit verläßlichen Werten erarbeitet haben. Dazu müssen überlappende Aufzeichnungen von nahe beieinanderliegenden Meßstellen minuziös verglichen werden. Die längste dieser Meßreihen erstellte Professor Gordon Manley. Gemessen wurden monatliche Temperaturmittel von 1659 bis in die siebziger Jahre des 20. Jahrhunderts an einem Standort in der mittelenglischen Ebene. Vergleiche mit anderen Stationen in Europa und mit Berichten über Witterungsabläufe und Windrichtungen legen nahe, daß die Werte dieser Reihe ab 1720 auf 0,2 °C und für die Zeit davor bis auf 1 °C genau sind. Niederschlagsreihen verursachen wegen der realen Unterschiede zwischen den an nahe beieinanderliegenden Orten gemessenen Mengen weitaus größere Schwierigkeiten. Dies hängt mit den Auswirkungen von selbst geringfügigen topographischen Unterschieden (auch mit Gebäuden und Bäumen) und mit den jährlichen Schwankungen zusammen, die sich durch die Zufallsverteilung von Schauern und Gewittern ergeben. G. J. Symons legte eine lückenlose Aufstellung der durchschnittlichen monatlichen Niederschlagsmengen in England und Wales für die Zeit seit 1727 vor. Diese Untersuchung kann indes wegen der Größe und der unterschiedlichen Beschaffenheit des Geländes sowie wegen der mangelnden Repräsentativität der Meßstellen beanstandet werden. Inzwischen hat J. M. Craddock sehr gründlich erforschte Reihen mit monatlichen Werten für jedes Jahr ab 1726 erstellt, die für das viel kleinere und einheitlichere Gebiet der East Midlands repräsentativ sind. Die von Labrijn für Holland aufgestellte Meßreihe deckt ungefähr denselben Zeitraum ab, und für London gibt es eine mit dem Jahr 1697 einsetzende Reihe.

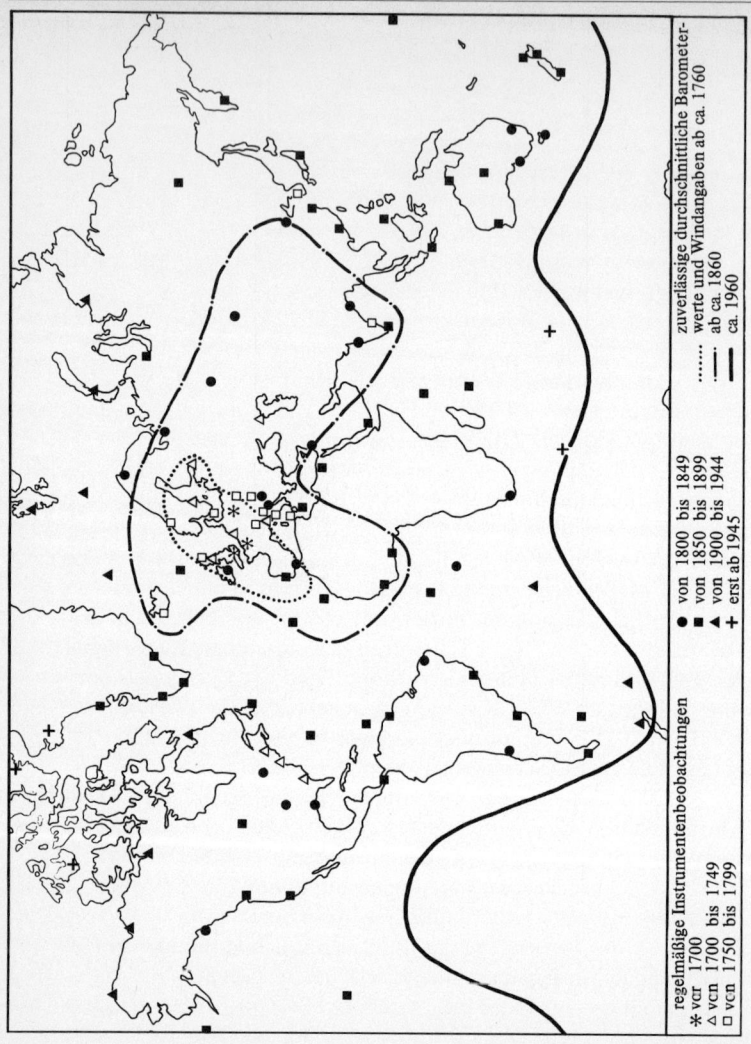

23: Entwicklung des weltweiten Beobachtungsnetzes mit metereologischen Instrumenten. Die Entwicklung wird durch die Daten des Beobachtungsbeginns von nur ein oder zwei Stationen in jeder Hauptregion veranschaulicht. Die Linien grenzen das Gebiet ab, für das mit annehmbarer Genauigkeit Karten mit monatlichen und jährlichen Luftdruckmitteln und Windangaben erstellt werden können. Eine vollständige Reihe von täglichen Karten könnte für das europäische Gebiet, das von der am weitesten innen liegenden Linie eingeschlossen ist, erstellt werden.

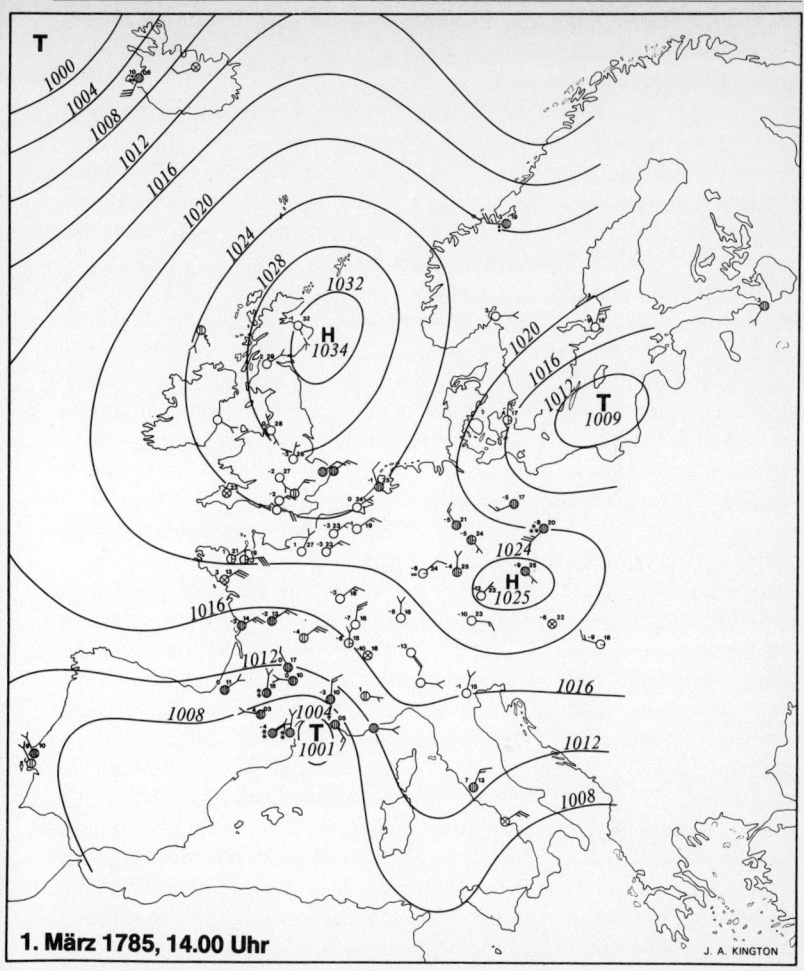

1. März 1785, 14.00 Uhr

J. A. KINGTON

24: Synoptische Wetterkarte am frühen Nachmittag des 1. März 1785, rekonstruiert aufgrund von Archivmaterial über Wetterbeobachtungen. Die auf die Karte übertragenen Daten zeigen die Lufttemperatur in Grad C, den Luftdruck in hPa, Windrichtung und -stärke sowie die Wolkenbedeckung an jeder Station. Man beachte das Gebiet, das die Beobachtungen erfassen. Der März des Jahres 1785 sollte sich als der kälteste März in Großbritannien und im kontinenentalen Europa für den gesamten Zeitraum von 200 bis 300 Jahren herausstellen, für den aufgezeichnete Beobachtungen vorliegen. Interessant ist ebenfalls die Wärme auf Island, wo der Südwind eine Temperatur von 10 °C hervorbrachte. Dies ist ein höherer Wert als die Temperatur, die zu der Zeit in Rom und in Südfrankreich vorherrschte.

Da diese Arbeiten mühsam und zeitaufwendig sind, war es nicht leicht, interessierte und qualifizierte Mitarbeiter zu finden und die nötigen Gelder für die Durchführung des Projektes zu beschaffen, doch der Aufwand hat sich gelohnt. Noch kurz vor seinem Tod im Jahre 1980 machte Manley mit Nachdruck deutlich, daß man bei der Benutzung der in frühen Jahren gemachten Beobachtungen zur Erlangung verläßlicher Temperatur- und Niederschlagswerte jedes Detail, das über die Instrumente, ihren Aufstellungsort, die Technik des Beobachters und den Erfassungszeitraum Aufschluß gibt, sehr sorgfältig prüfen müsse. Denn die Größenordnung der monatlich ausgewiesenen Klimaänderungen sei notwendigerweise gering und betrage «über einen Zeitraum von mehreren Jahrzehnten hinweg im allgemeinen Zehntelgrade». Für mehrere europäische Länder liegen nun Temperatur- und Niederschlagsreihen vor, die Landwirte, Wasserbauingenieure und andere in bezug auf die Dauer der Wachstumsperiode, die Gefahr von Dürrezeiten, den Energiebedarf usw. auswerten können. Diese Reihen bieten auch für den Wissenschaftler eine solide Basis, um die Qualität der beobachteten Klimaentwicklung zu analysieren. Wir sind in der privilegierten Lage, auf die über viele Jahre hinweg geduldig durchgeführte Arbeit der früheren Forscher zurückgreifen zu können.

Vielseitige Wissenschaftspioniere unter den Forschern konnten sich allerdings selten viele Jahre allein auf dieses eine Gebiet konzentrieren. Gelehrte Geistliche, Ärzte, Vertreter des Landadels und andere zeigten oftmals ein nicht nachlassendes Interesse an diesem Aspekt der sich verändernden Umwelt, obwohl nur langsame erkenntnistheoretische Fortschritte zu verzeichnen waren. Einige Pioniere waren jedoch findig genug, um wertvolle Einblicke in die Zusammenhänge zu gewinnen. So verzeichnete Thomas Barker aus Lyndon in der Grafschaft Rutland (England), dessen tägliche Wetterbeobachtung die Jahre 1733 bis 1798 umfaßt, zwischen 1740 und 1775 einen generellen Anstieg der Niederschläge und insbesondere einen bemerkenswerten Wechsel in dem durch Ostwinde begleiteten Wettergeschehen. In den vierziger Jahren des 18. Jahrhunderts war das Wetter im allgemeinen kalt und trocken und hatte zum verspäteten Einsetzen der Frühjahrsflora geführt. «Doch die Ostwinde haben in den vergangenen zehn Jahren oft Regen gebracht; viele der schlimmsten Überschwemmungen im Sommer wurden durch Regenfälle aus dieser Richtung verursacht.» Auch Sabine regt im Jahr 1846 die Erforschung der Ursache für «die gelegentlich in England auftretenden, bemerkenswert milden Winter» an und schreibt, daß im Winter 1845/1846 wie auch 1821/1822 und im November 1776 «sich das warme Wasser des Golfstroms über die (damals) üblichen Grenzen hinaus (...) bis an die Küsten Europas ausdehnte».

Daß wir heute die klimatischen Entwicklungen besser analysieren können, verdanken wir vor allem neueren Erkenntnissen über Muster in der planetarischen Zirkulation. Diese Erkenntnisse wurden seit den vierziger Jahren des 20. Jahrhunderts durch tägliche Untersuchungen der oberen Luftschichten mit Hilfe von Radiosonden, die an Ballons befestigt werden, sowie durch die seit 1960 erstellten Satellitenbilder über die weltweite Wolkenverteilung gewonnen.

Abb. 23 zeigt dieses wachsende Netz instrumenteller Wetterbeobachtungsstationen und die relativ genauen Analysen der atmosphärischen Zirkulation. Erst seit Beginn des Satellitenzeitalters im Jahre 1960 sind wir in der Lage, die gesamte Erde einschließlich des südlichen Polarmeeres und der Antarktis durch Beobachtungen vollständig zu erfassen. Glücklicherweise gibt es aus dem Gebiet, über das bereits seit 1750 Daten vorliegen, Stichproben über die Westwindzirkulation im Hauptgürtel der mittleren Breiten auf der Nordhemisphäre.

Die Wetterkarte eines Märztages im Jahr 1785 (Abb. 24) vermittelt einen Eindruck über den verfügbaren Erfassungsbereich. Auf der Grundlage von täglichen Wetter- und Windbeobachtungen an verschiedenen Punkten kann eine oberflächliche Analyse der Windzirkulation über diesem Gebiet versuchsweise in Form von synoptischen Karten für einen Monat oder eine Jahreszeit erstellt werden. Dabei läßt sich der Strömungsverlauf der Winde bis ins ausgehende 17. Jahrhundert (vielleicht sogar bis in die späten sechziger Jahre) zurückverfolgen. Die Mehrzahl dieser Angaben entnehmen wir Logbüchern von Kriegsschiffen, die in verschiedenen Häfen stationiert waren bzw. bestimmte Küstenabschnitte überwachten. Hinzu kommen Messungen, die mit den ersten Barometern durchgeführt wurden.

Die Temperaturreihe für Mittelengland (Abb. 25) stellt für den Zeitraum von 1659 bis heute ein erstes stichprobenartiges Ergebnis der Bemühungen um eine Vereinheitlichung der verfügbaren Wetterdaten dar. Für das Jahrhundert seit 1870 besteht für die Reihe der fünfjährigen Temperaturmittel in England eine überaus aufschlußreiche Korrelation mit den für die nördliche Hemisphäre und die gesamte Erde geschätzten Durchschnittswerten. Diese Übereinstimmung hängt zweifellos mit Englands besonderer mittlerer Breitenlage zusammen, in der über den Ozean herangeführte Winde vorherrschen. Die Korrelation mag zwar nicht für die letzte Eiszeit gelten, als Winde und Meeresströmungen anders verliefen und die Temperaturen in Mittelengland wesentlich tiefer lagen als im Weltdurchschnitt. Aber sie besagt vermutlich, daß die Temperaturen in Mittelengland die Tendenz des *globalen* Klimaregimes für die letzten drei Jahrhunderte relativ genau anzeigen. Die geglätteten Kurven in

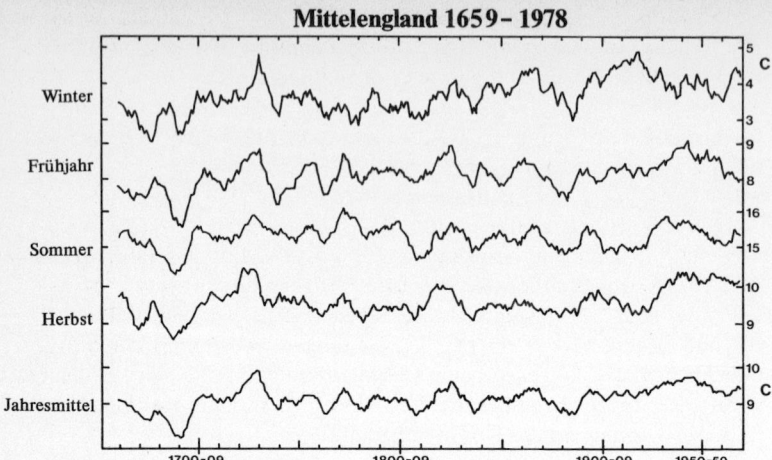

Mittelengland 1659–1978

25: Vorherrschende Temperaturen an typischen tiefergelegenen Standorten in Mittelengland, gemittelt für jede Jahreszeit und für das ganze Jahr von 1659–1668 bis 1969–1978 in Zehnjahresmitteln.

Abb. 25 deuten einen Idealzustand an, der sich neben den vertrauten jährlichen Unterschieden herausbildet (die bei der Erstellung von Zehnjahresmitteln ausgeschaltet werden). In Zeitspannen von ca. 20 Jahren (genaugenommen von 23 Jahren) gibt es relativ deutliche Anzeichen einer Oszillationstendenz. Vom ausgehenden 17. Jahrhundert bis heute fand eine offensichtliche «Klimaverbesserung» bzw. Erwärmung statt. Diese Entwicklung wirkte sich auf alle Jahreszeiten aus und war ausreichend, um die durchschnittliche Wachstumsperiode von den neunziger Jahren des 17. Jahrhunderts bis zum anscheinenden Höhepunkt, den die Jahresmittel in den vierziger Jahren dieses Jahrhunderts ansiedeln, um einen Monat zu verlängern.

Fast alle Aufzeichnungen seit Beginn der instrumentellen Messungen weisen auf einen langfristigen Trend in eine Richtung, nämlich auf eine Erwärmung, hin. Aus dieser Tatsache erwächst die Notwendigkeit, nach Anhaltspunkten zu suchen, um die Aufzeichnungen auf frühere Zeiten ausdehnen zu können. Zahlreiche Belege lassen erkennen, daß das kältere Klima im 17. Jahrhundert mehr oder weniger einem weltweiten Trend entsprach. Auch gegenläufige klimatische Tendenzen in der Vergangenheit sind vielfach dokumentiert. Tatsächlich gibt es in vielen Teilen der Welt Hinweise darauf, daß die Abkühlungsphase im späten Mittelalter und die sie begleitenden Veränderungen der Niederschlagsmengen und der Zugrichtungen der Stürme usw. gravierende Auswirkungen auf die Menschheitsgeschichte hatten.

Bei der Rekonstruktion vergangener Klimate kann man auf folgende Dokumente zurückgreifen:
1. Aufzeichnungen mit Hilfe von meteorologischen Instrumenten;
2. durch Zeitgenossen erstellte Witterungstagebücher und Wetterbeschreibungen, insbesondere über vorherrschende Merkmale von Jahreszeiten einzelner Jahre, Berichte über Überschwemmungen, Dürreperioden, strenge Frosteinbrüche und große Schneefälle usw.;
3. zahlreiche Arten physikalischer und biologischer Daten, die als «fossile» Zeugen vergangener Witterungsverhältnisse dienen. Derartiges Material wird generell als «Proxy-Daten» für vergangene Witterungen und Klimate bezeichnet.

Andere Aufzeichnungen vergangener Klimate

Tagebücher, Annalen, Chroniken

Trotz der Bedeutung zeitgenössischer Wetterberichte, insbesondere von offenbar eigens zu diesem Zweck angelegten Witterungstagebüchern, Aufzeichnungen in landwirtschaftlichen Betrieben, Bemerkungen über witterungsbedingte Schwierigkeiten in Rechnungsbüchern sowie in Berichten über Baumaßnahmen und Reparaturen usw., sind anscheinend bis vor ganz kurzer Zeit kaum oder keine Versuche unternommen worden, diese Schriftstücke einer meteorologischen Analyse zu unterziehen. Zweifellos liegt der Hauptgrund für diese Vernachlässigung in dem enormen Umfang der Aufgabe. Schließlich könnte eine Unmenge an Material für Europa, den Fernen Osten und einige andere Regionen zusammengetragen werden. Die Unterlagen sind jedoch in vielen Archiven und Schriften verstreut, und Probleme ergeben sich beim Entziffern alter Handschriften und älterer Sprachformen, bei der Überprüfung der Glaubwürdigkeit des Berichterstatters, der Interpretation von Zeitangaben usw. (Abb. 26 zeigt einen Teil einer «Buchhaltungsrolle» des Anwesens von Knightsbridge, London, aus dem 14. Jahrhundert, in der eine große Trockenperiode im Sommer 1342 erwähnt wird.) Zeitangaben werden vielfach als das soundsovielte Jahr in der Regentschaft dieses oder jenes Herrschers ausgewiesen, dessen Gebiete bereits seit langem größeren Ländern im heutigen Europa angegliedert sind. Zahlreiche Unterschiede bei der Datierung des Jahresanfangs und beim Zeitpunkt der Ein-

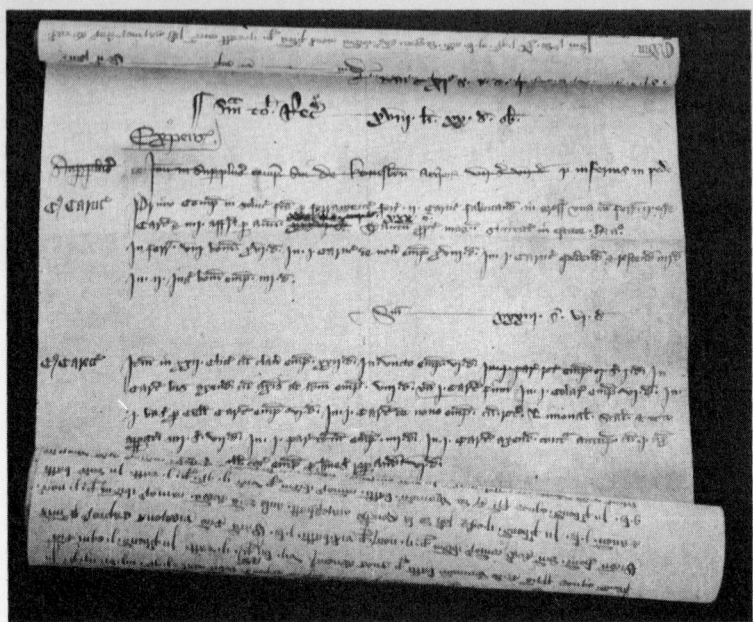

26: Buchhaltungsrolle aus dem mittelalterlichen Anwesen von Knightsbridge –
heute ein Teil Londons –, die angibt, daß wegen der «großen Trockenheit» im
Sommer 1342 zusätzliches Geld in Höhe von 30 Schilling für Eisen für Pflüge und
Pferdehufe benötigt wurde.

führung des modernen (Gregorianischen) Kalenders in den verschiedenen Ländern führen zu Irrtümern bei der zeitlichen Zuordnung von
Ereignissen zu einem bestimmten Jahr. Zudem verschoben sich genaue
Daten in den von Historikern aus den Originalquellen erstellten Sekun-
därtexten oft um mehrere Tage. Trotzdem ist das vorhandene Material so
reichhaltig, daß jede außergewöhnliche Jahreszeit in Europa seit ungefähr 1100 n. Chr. entweder bereits bekannt ist oder sich genau nachweisen
ließe. Dies ist insbesondere deshalb möglich, weil moderne Techniken
wesentlich mehr Möglichkeiten zur Überprüfung verschiedener Arten
von Proxy-Daten bieten. Es bedarf lediglich geeigneter organisatorischer
Vorbereitungen, um weitere zeitgenössische Berichte aufzufinden. Viele
große Archive sind zu diesem Zweck bisher kaum genutzt worden. Informationen über das Wetter sind beim Druck und bei der Veröffentlichung
von historischen Manuskripten in der Regel aus Platzgründen ausgelas-

sen worden, so daß man das Originalmanuskript heranziehen müßte. Es existieren sehr alte, bislang noch nicht ausgewertete Berichte über ungewöhnliche Jahreszeiten und einschneidende Klimaereignisse – Steininschriften aus dem alten Babylon, dem Nahen Osten und Jahrhunderte umfassende Berichte aus China und Indien. Es bietet sich an, diese mit den entsprechenden fossilen Zeugen zu vergleichen.

Die Zahl historischer Quellen mit Wetterberichten und Verweisen auf «parameteorologische» Ereignisse, wie z. B. große Überschwemmungen, ausgetrocknete Böden, Schiffbruch und Küstenschäden, ist groß. Dazu gehören mittelalterliche Klosterchroniken (z. B. von Beda von Durham und von Matthew Paris aus St. Albans), die Rechnungsbücher großer Güter und ihrer Höfe, Rechtsurkunden und Regierungsdokumente, die z. B. über Mißernten, Hunger und Viehdiebstahl, über Epidemien usw. berichten, ferner Unterlagen von Hafenkontoren, Aufzeichnungen über Brückenreparaturen und vieles mehr. Aufschlußreich sind vor allem Rechnungsbücher. Denn in solche Dokumente, in denen das Wetter nur als Erklärung für Kosten und Verluste erwähnt wird, hätten unwahre Berichte nur dann Eingang finden können, wenn es keine Möglichkeit zur Überprüfung durch Zeitgenossen gegeben hätte, denen die wirklichen saisonalen Abläufe ja noch bekannt waren. Man fand heraus, daß Anwesen, die einer berühmten englischen Abtei gehörten, im 14. Jahrhundert eine derartige Bilanzfälschung vorgenommen haben.

Meteorologen und historisch Interessierte haben Sammlungen mit derartigen Berichten aus verschiedenen Teilen Europas, aus Island, dem östlichen Nordamerika, Chile, China und Japan veröffentlicht. Mehrere dieser Sammlungen erschienen vom 16. Jahrhundert an in England und Mitteleuropa. Zu den berühmten Beispielen aus späterer Zeit gehören Thomas Shorts *A General Chronological History of the Air, Weather, Seasons, Meteors, in Sundry Places and Different Times etc.* (London 1749), eine umfangreiche Sammlung des französischen Meteorologen F. Arago, die 1858 von der Akademie der Wissenschaften veröffentlicht wurde, ferner R. Hennigs *Katalog bemerkenswerter Witterungsereignisse von den ältesten Zeiten bis zum Jahre 1800* (Berlin 1904) und *Les hivers dans l'Europe occidentale* (Leyden 1928) von C. Easton. Die jüngsten Beiträge in dieser Art sind das mehrbändige Werk von C. Weickinn, *Quellentexte zur Witterungsgeschichte Europas von der Zeitwende bis zum Jahre 1850* (Berlin 1958–1963), und M. K. E. Gottschalks besonders gründliche Aufstellung von Nordseesturmfluten und Flußüberschwemmungen in den Niederlanden von der Frühzeit bis zum Jahre 1700 (Assen 1971–1975, 3 Bände).

Alle diese Sammlungen enthalten Fehler, wobei die letztgenannten vielleicht eine Ausnahme darstellen. Bei der Benutzung muß man deshalb besondere Sorgfalt walten lassen, um z. B. Mehrfacheinträge ein und derselben Flut- oder Frostperiode zu entdecken, die auf Übertragungsfehler der Herausgeber oder auf Fehler im Quellenmaterial selbst zurückgehen. So versuchte C. E. Britton (*A Meteorological Chronology to AD 1450*, London 1937) bei der Überprüfung von zahlreichen Berichten über extrem kalte winterliche Witterungsverhältnisse in verschiedenen Gebieten der Britischen Inseln zwischen 1430 und 1440 herauszufinden, *welche* Winter gemeint waren. Er hat offenbar niemals ernsthaft die Möglichkeit in Betracht gezogen, daß die Frostperioden wirklich so häufig aufgetreten sein könnten und die Zeitangaben richtig sind. Die graphische Zusammenstellung dieser Berichte mit den Daten des europäischen Kontinents scheint das vermehrte Auftreten wochenlang anhaltender Frostperioden in sieben oder vielleicht auch acht Wintern jenes Jahrzehnts zu bestätigen. Dieses Phänomen trat – soweit man gegenwärtig weiß – nur in den neunziger Jahren des 17. Jahrhunderts noch einmal auf. Methodisch besteht der einzig gangbare Ausweg darin, die in den Sammlungen zitierten Berichte mit den Originalquellen zu vergleichen. Aber es gibt derart umfangreiche Datenmengen für Europa, daß eine graphische Darstellung der Berichte viele falsche Daten zutage fördert. Obwohl eine kritische Überprüfung notwendig ist, haben die Datensammler nicht nur anwendbare Möglichkeiten zur Erstellung von lückenlosen Wetterkarten in Europa bis hin zum Mittelalter (und auch vom frühen 17. Jahrhundert an für den Osten Nordamerikas) aufgezeigt. Sie haben auch die Grundlage geschaffen, auf der einigermaßen zuverlässige Schätzungen der vorherrschenden Temperaturen und Niederschlagsmengen für aufeinanderfolgende Perioden von jeweils 50 Jahren vorgenommen werden können.

Numerische Indizes, die für jedes Jahrzehnt die relative Anzahl der Berichte über milde bzw. kalte Wintermonate und nasse bzw. trockene Sommermonate (am besten als Verhältniswert) angeben, wurden rechnerischer stellt. Die Zehnjahreswerte der Indizes für Sommer und Winter wurden mit den winterlichen und sommerlichen Temperatur- und Niederschlagsmessungen in England verglichen. Diese Gegenüberstellung berücksichtigte aber nur die Dekaden nach 1700, für die Instrumentenbeobachtungen vorliegen. Ausgehend von dem so gewonnenen statistischen Verhältnis der Werte zueinander konnten Temperaturwerte und Niederschlagsmengen für jedes Jahrzehnt bis ins frühe Mittelalter geschätzt werden. Da die zugrunde gelegten Berichte jedoch nicht unbedingt vollständig und genau sind, sollte man sich nicht auf Zahlen für einzelne Jahrzehnte verlassen, obschon die Dekaden mit extremen Werten vermutlich korrekt ausgewiesen sind. Die auf Einheiten von 50 Jahren bezogenen

Ergebnisse sind als eine erste zuverlässige Annäherung an die Temperatur- und Niederschlagsreihen in England seit 1100 n. Chr. anzusehen.

Die ermittelten Abläufe sind in den Abbildungen 27 und 28 dargestellt. Hinzugefügt wurden die geschätzten 100-Jahres-Mittel des 11. Jahrhunderts und 200-Jahres-Mittel für die Zeit von 800 bis 1000 n. Chr. (letztere wurden allerdings auf der Basis spärlicherer Berichte ermittelt). Die in dieser Form erstellten Diagramme sollen die Unsicherheitsmarge der einzelnen Werte aufzeigen.[1] Eine mehrere Jahrhunderte andauernde wärmere Klimaperiode im Hochmittelalter und ein gleich langer kälterer Klimaabschnitt mit Höhepunkt im 17. Jahrhundert fallen sofort auf. Die schnelle Klimaverschlechterung vom 14. zum 15. Jahrhundert und erneut im späten 16. Jahrhundert hat sich als besonders auffälliges Phänomen bestätigt. Weder die Verschlechterung zwischen 1300 und 1600 noch die Verbesserung von ca. 1700 an bis heute stellen sich als gleichmäßige und ohne Unterbrechung ablaufende Prozesse dar. Sogar die 50-Jahres-Mittel lassen deutlich zwischen 1500 und 1550 einen Zeitabschnitt mit besseren klimatischen Bedingungen und um 1800 eine Rückkehr zu einer kälteren Phase erkennen. Die Veränderungen in den Niederschlagsmengen weisen auf einen langen Zeitraum hin, in dem die Gesamtmengen ungefähr 10 Prozent unter den heutigen Werten lagen. Als Erklärung könnten die kälteren Meere und die dadurch bedingte geringere Verdunstung während der kälteren Klimaphase dienen. Für die mittelalterliche Warmphase ergibt sich ein um bis zu 7 Prozent höheres jährliches Niederschlagsmittel, doch waren die sommerlichen Regenfälle im allgemeinen geringer. Dies bedeutet wahrscheinlich, daß die warmen Sommer in der Regel durch den Hochdruckgürtel beeinflußt wurden, was auch heutzutage für die gelegentlich warmen Sommer in England gilt. Ferner tritt eine interessante Oszillation auf: Zumeist waren die Sommer während der zweiten Jahrhunderthälfte nasser als während der ersten.

Andere Methoden zur Umwandlung von Beschreibungen in Zahlenwerte ergaben lange Datenreihen für außereuropäische Gebiete. So hat die «Inhaltsanalyse», mit deren Hilfe Catchpole und Moodie an der University of Manitoba die sprachlichen Begriffe in den Journalen der Hudson Bay Company untersuchten, lückenlose Datenserien über die Eisbildung und das Freiwerden der Flüsse ergeben.[2] Diese Rechnungsbücher wurden von Mitarbeitern der Gesellschaft ab dem 18. Jahrhundert an den Pelzumschlagstellen in der Nähe der Flußmündungen im Süden und Südwesten der Hudson Bay und wenig später auch an anderen Flüssen in Nordalberta, Saskatchewan und Manitoba geführt. Der Trend der Angaben weist im Fünfjahresmittel eine weitgehende Übereinstimmung mit der Temperaturentwicklung in Europa auf, einschließlich der warmen

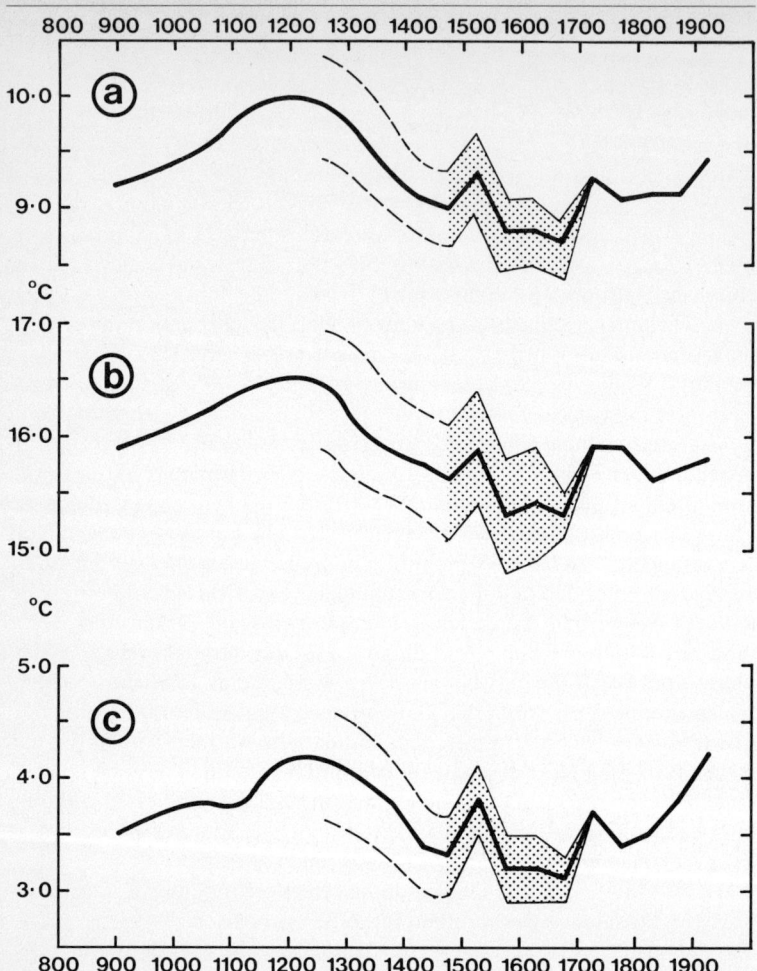

27: Geschätzter Verlauf der vorherrschenden Temperaturen in Mittelengland seit 800 n. Chr. Wahrscheinliche 50-Jahres-Mittel: a) ganzjährig, b) für die Hochsommermonate Juli und August, c) für die Wintermonate Dezember, Januar und Februar. Das gepunktete Gebiet gibt den vermutlichen Unsicherheitsbereich der abgeleiteten Werte an.

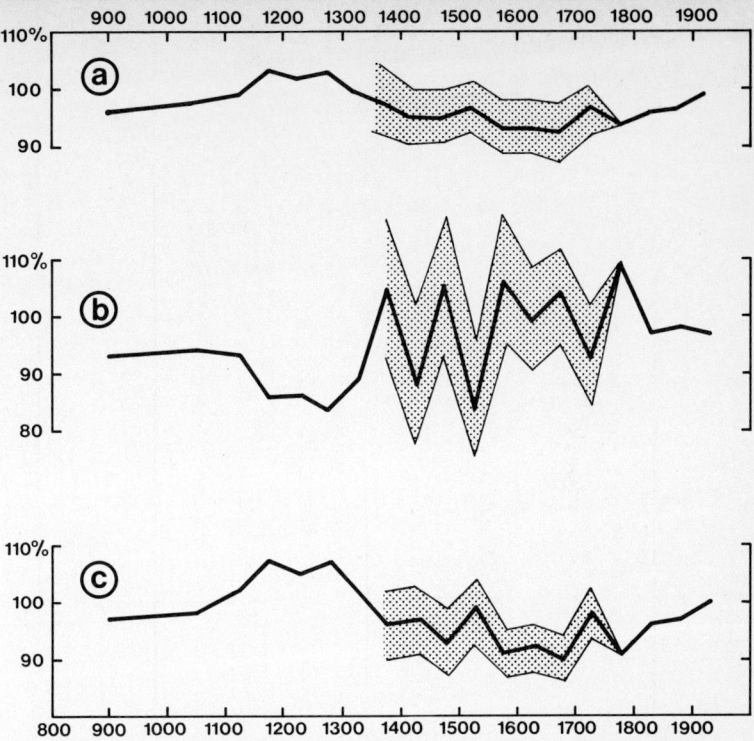

28: Geschätzte Niederschlagsschwankungen in England und Wales seit 800 n. Chr. Prozentangaben der Werte für das 20. Jahrhundert: wahrscheinliche 50-Jahres-Mittel: a) ganzjährig, b) für die Hochsommermonate Juli und August, c) für den Rest des Jahres, einschließlich der Zeit von September bis Juni. Das gepunktete Gebiet gibt den vermutlichen Unsicherheitsbereich der abgeleiteten Werte an.

Phase in den dreißiger Jahren des 18. Jahrhunderts und dem Höhepunkt der Kaltphase um 1880. Anders als in Europa scheinen jedoch die Winter zwischen 1810 und 1819 überwiegend mild gewesen zu sein. Auf ähnliche Weise ist es H. Arakawa gelungen, aus japanischen Dokumenten von 1440 an lückenlose Datenreihen über das Zufrieren des kleinen Suwasees in Mitteljapan zu erstellen. Die japanische Serie zeigt im Gegensatz zu der zentralkanadischen geringere Übereinstimmungen mit der europäischen Reihe, obwohl die 50-Jahres-Mittel in signifikanter Weise mit den europäischen (d. h. den Temperaturwerten in Mittelengland) korrelieren.

Um festzustellen, in welchem Maß Angaben aus überall in der Welt

vorhandenen Aufzeichnungen über einzelne Jahre als glaubwürdig gelten können, muß jede Angabe anhand von Quellen überprüft und vorzugsweise durch eine gewisse Kenntnis des Charakters und der Beweggründe des Beobachters bestätigt werden. Oder man muß die Einzelheiten mit Angaben aus anderen unabhängigen Berichten über dieselbe Jahreszeit auf einer für meteorologische Analysen geeigneten Karte eintragen und vergleichen. Einige Arten von fossilen Daten erlauben eine weitergehende Überprüfung. So stehen Handschriften zur Verfügung, die im Grunde als Witterungstagebücher betrachtet werden können und die zum Teil genaue tägliche Witterungsangaben, häufig sogar Windrichtungsangaben, enthalten. Qualität und Vollständigkeit einiger Quellen (z. B. die Aufzeichnungen von Pfarrer Merle für Driby, Lincolnshire, aber auch die auf seinen Reisen nach Oxford erstellten Notizen [1337–1344] und das Tagebuch des dänischen Astronomen Tycho Brahe [1582–1587]) bestätigen die Ernsthaftigkeit der Beobachter, so daß Irrtümer, Übertreibungen oder Verfälschungen höchst unwahrscheinlich sind. Von der Mitte des 16. Jahrhunderts an liegen aus unterschiedlichen Teilen West- oder Mitteleuropas nahezu lückenlose tägliche Wetterberichte vor. In verschiedenen Archiven existieren seit ungefähr 1670 zahlreiche Tagesberichte aus Logbüchern von Schiffen aus verschiedenen Häfen und auf hoher See (Abb. 29). Dies ist eine Fundgrube für die Klimaforschung, die genutzt werden muß, um die kälteste Phase unseres Klimas in den letzten Jahrhunderten, die neunziger Jahre des 17. Jahrhunderts, begreifen zu können.

Getreidepreise

Eine andere Art von kontinuierlichen Datenreihen liefern die Preise für Weizen und auch für andere Feldfrüchte. Von den Anfängen bis zu den Fortschritten in der Landwirtschaft im 18. Jahrhundert (in einigen Ländern bis nach 1800) hingen die Preisschwankungen für Korn bzw. Brot eng mit den jeweiligen letzten Ernteerträgen zusammen. Daraus läßt sich ableiten, daß Getreidepreise die jährlichen Witterungsbedingungen recht gut widerspiegeln, wenn die Ernte nicht durch Kriege, Unruhen oder andere Faktoren (z. B. Verluste an Arbeitskräften durch Epidemien) beeinträchtigt wurde. In den zwanziger Jahren dieses Jahrhunderts dokumentierte und analysierte W. H. Beveridge die englischen Weizenpreise (in

29: Zwei Seiten aus einem frühen Logbuch: das des britischen Kriegsschiffes HMS Association vom 2. bis zum 27. Januar 1702/1703 (alte Zeitrechnung), d. h. vom 13. Januar bis zum 7. Februar 1703 nach neuer Zeitrechnung; das Schiff lag in Gillingham, Kent.

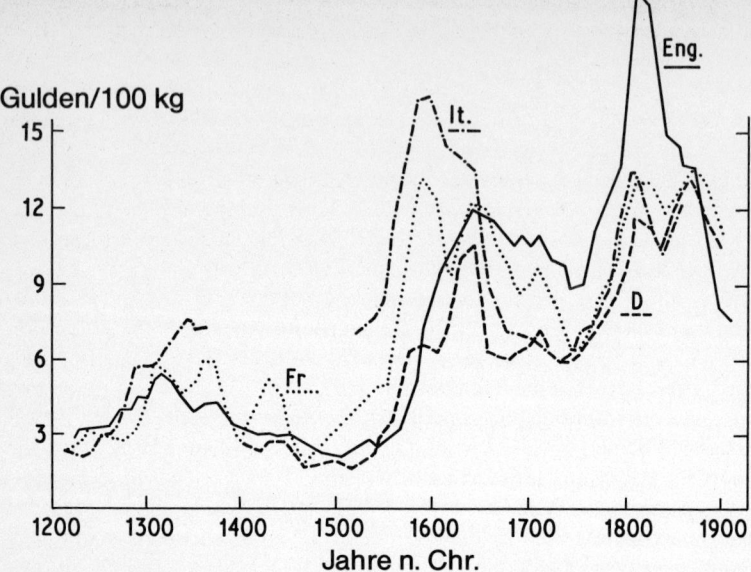

30a: Weizenpreise (in 25-Jahres-Mitteln) in Westengland (Exeter), Frankreich, Italien und den Niederlanden (Kurve D im Diagramm) von ca. 1200 n. Chr. bis ins 19. Jahrhundert.

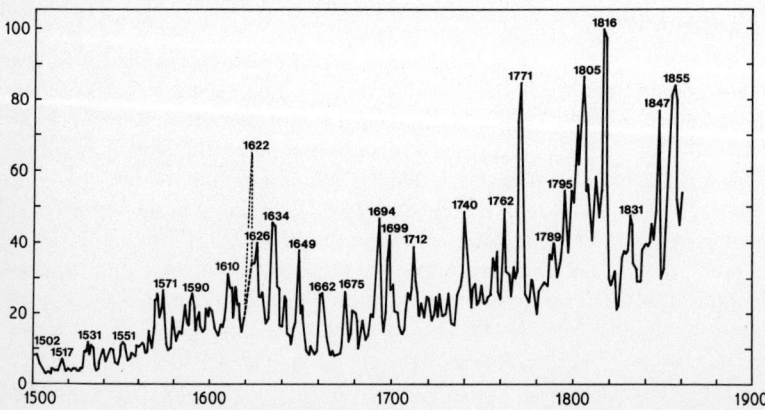

30b: Jährliche Roggenpreisangaben in Deutschland von 1500 bis in die fünfziger Jahre des 19. Jahrhunderts, vorläufige Schätzungen der Jahresmittel, die von H. Flohn in einem Index ausgedrückt wurden.

Exeter) von 1316 bis 1820 n. Chr. Er fand Anhaltspunkte für bestimmte Periodizitäten bzw. zyklische Entwicklungen, von denen beispielsweise eine mit ungefähr 5,1jähriger Wiederkehr statistisch von Bedeutung ist. Die meisten anderen (die im Abstand von zwölf, 20 und 55 Jahren wiederkehren) decken sich weitgehend mit den Periodenlängen, die seither in langen Reihen von Klimadaten ermittelt wurden. Sogar in der geglätteten Darstellung der Weizenpreisstatistiken in Abb. 30a können die wesentlichen Preissteigerungen um 1300 n. Chr. und zwischen 1550 und 1650 wahrscheinlich größtenteils dem Klima zugeschrieben werden. Der Preisanstieg um 1800 geht vermutlich sowohl auf klimatische Schwierigkeiten als auch auf die napoleonischen Kriege zurück. In den Jahresstatistiken der deutschen Roggenpreise (Abb. 30b) liegen fast alle Spitzen in Jahren mit besonders ungünstigen Witterungsbedingungen, die Tiefstpreise entsprechen den guten Erntejahren: Dies gilt sogar für den Zeitabschnitt während und nach der napoleonischen Epoche. Das auffällige Jahr 1816, als die Sonne durch einen dichten Vulkanstaubschleier von der mächtigen Eruption des Tambora in Indonesien im Vorjahr getrübt wurde, ist in Europa und Nordamerika als «Jahr ohne Sommer» bekannt. Auch bei den Getreidepreisen sind wir letztendlich auf Proxy-Daten angewiesen.

Jahresschichtungen in verschiedenen «fossilen» Spuren

Eine vollständige Behandlung der Vielzahl unterschiedlicher indirekter Daten, aus denen Erkenntnisse über vergangene Klimate gewonnen werden können, würde den Rahmen dieses Buches sprengen. Da sich Wetter und Klima auf fast jeden Bereich unserer Umwelt auswirken, sind die Beweisketten vergangener Abläufe außerordentlich zahlreich. Der an einem vollständigen Überblick interessierte Leser sei hiermit auf andere Arbeiten verwiesen, wie die Abhandlung des Verfassers *Climate, Present, Past and Future – Volume 2: Climatic History and the Future* (London 1977) oder auf M. Schwarzbach, *Das Klima der Vorzeit* (Stuttgart 1961). Tabelle 1 am Ende dieses Kapitels gibt einen knappen Überblick über die Hauptkategorien von Klimazeugen, einschließlich instrumenteller Messungen, historischer Manuskripte, fossiler Daten physischer und biologischer Natur.

Manche noch vorhandenen Spuren vergangener Klimate können sehr unterschiedlich ausgelegt und z. B. sogar als Störung des Ökosystems durch den prähistorischen Menschen interpretiert werden. Aber viele Merkmale, wie Altmoränen als Zeugen längst abgeschmolzener bzw. verschwundener Gletscher und ehemalige Küstenlinien, lassen nur eine

Deutung zu. Gleichwohl verbleiben aber auch in diesen Fällen noch komplexe Zusammenhänge, die der Entschlüsselung harren: Wurde die frühere Ausdehnung der Gletscher vornehmlich durch niedrigere Temperaturen oder durch verstärkten Schneefall in den Höhenlagen verursacht? Wurde der Wasserspiegel der Meere und Binnenseen in dem Gebiet, in dem alte Küstenlinien gefunden wurden, durch Verformungen in der Erdkruste, d. h. durch Landhebungen oder -senkungen, hervorgerufen? Probleme ergaben sich bei der Deutung von Schwankungen bei den Baumringen: Was geht an dem jeweiligen Standort auf Temperaturveränderungen zurück, was beruht auf Veränderungen der Feuchtigkeitszufuhr? Stets ist mit mathematischen und statistischen Methoden der Frage nachzugehen, wie weit wir uns bei den zur Verfügung stehenden Beweismaterialien im Rahmen bestimmter Fehlergrenzen an genaue Zahlenwerte für vergangene Temperaturen, Niederschlagsmengen usw. annähern können. Wenn man jedoch alle unabhängig voneinander bestehenden Belege zusammennimmt, gibt es hinsichtlich der nachgewiesenen Hauptmerkmale der Klimageschichte keinerlei Zweifel mehr.

Besondere Bedeutung kommt den Anhaltspunkten zu, die – wenngleich indirekt – die Witterung einzelner Jahre betreffen, wie Baumringe, Jahresschichtungen in Eiskappen und Gletschern, Warven in Binnenseesedimenten sowie Datierungsmethoden jedweder Art. Verstärktes Interesse sollte ebenfalls den Zeugen jährlich stattfindender Abläufe unmittelbar vor den und während der Zeiten rascher Klimawechsel gelten, doch bisher ist hier wenig geforscht worden. Auch sind solche Zeugen von besonderer Wichtigkeit, durch die wir bereits sehr viel über die lange Klimageschichte erfahren haben; dazu zählen vor allem die Pollenanalyse, meeresbiologische Untersuchungen maritimer Sedimente und Untersuchungen mit Hilfe der Sauerstoff-Isotopen-Methode.

Die ältesten vorhandenen Angaben betreffen die lückenlos erfaßten jährlichen Nilüberschwemmungen in Unterägypten, die vor allem von der Menge der sommerlichen Monsunregenfälle in Äthiopien abhängen. Aus Kairo liegen alljährliche Messungen aus der Zeit Mohammeds vor, und einige in Stein gemeißelte Angaben gehen bis in die Zeit der ersten Pharaonendynastie um 3100 v. Chr. zurück. Probleme ergaben sich jedoch insbesondere durch die langanhaltende Versandung des Flußbetts, die de facto das Ausgangsniveau veränderte. Es gibt jedoch ausreichendes Datenmaterial, um zu zeigen, daß ungefähr um 2800 v. Chr. die Fluthöhe langfristig auf ein merklich tieferes Niveau als zuvor abfiel. Die Hochwasserstände waren offenbar zwischen dem 7. nachchristlichen Jahrhundert und 1400 wie auch erneut um 1500 eine Zeitlang allgemein niedriger als im 17. und 18. Jahrhundert. Vom 19. Jahrhundert an fielen

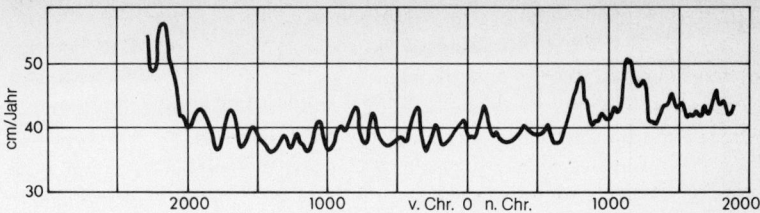

31: Dicke der jährlichen Schlammschichten (Warven) auf dem Grund des Sakisees auf der Krim, welche die Niederschlagsschwankungen in diesem Gebiet seit 2300 v. Chr. angeben.

sie wieder auf den Stand, den sie heute aufweisen. Ab 622 n. Chr. vermerken die jährlichen Messungen ebenfalls den jahreszeitlich tiefsten Wasserstand des Nils, welcher auf die Wasserführung des Weißen Nils zurückzuführen ist, der seinerseits durch äquatoriale Regenfälle über Ostafrika gespeist wird. Im 8. nachchristlichen Jahrhundert sowie um die Wende vom 16. zum 17. Jahrhundert wurde offenbar ein absoluter Tiefstand erreicht. Besonders hohe Pegelstände wurden dagegen im 11. Jahrhundert und um die Wende vom 11. zum 12. Jahrhundert für den Weißen Nil gemessen und dann wieder ungefähr von 1450 bis 1500 und von ca. 1840 bis 1890.

Eine weitere ausgezeichnete Reihe liefern Messungen der jährlichen Schlammschichtdicke auf dem Grund des kleinen Sakisees auf der Krim (bei 45° Nord, 33,5° Ost) von ungefähr 2300 v. Chr. an. Von diesen Ablagerungen nimmt man an, daß sie mehr oder weniger direkt die Schwankungen der (hauptsächlich sommerlichen) Regenfälle in diesem Gebiet wiedergeben. Abb. 31 stellt eine geglättete Fassung dieser Angaben dar. Ein Merkmal dieser Aufzeichnung sind offenbar die ca. 200 Jahre andauernden unregelmäßigen Schwankungen, aber noch überraschender sind die Indizien für eine feuchte Periode, die mit den vor 2000 v. Chr. und im frühen Mittelalter vorherrschenden wärmeren und günstigeren Klimaabschnitten in West- und Nordwesteuropa (und offenbar auch im größten Teil der nördlichen Hemisphäre) einherging. Man geht davon aus, daß die Fluktuationen der Niederschlags- und Abflußmengen auf der Krim und in großen Teilen Südosteuropas im allgemeinen im umgekehrten Verhältnis zu den Schwankungen in den meisten Gebieten Nord-, West- und Mitteleuropas stehen. Einige Charakteristika in den Angaben einzelner Jahre auf der Krim erscheinen ebenfalls wichtig. Es gibt Anzeichen für einen 50jährigen und eventuell auch einen 20- bis 23jährigen Zyklus. Von beiden Zyklen weiß man, daß sie im Zusammenhang mit blockierenden

Hochdruckgebieten im nordostatlantisch-nordeuropäischen Bereich auftraten. Eine solche Entwicklung wirkt sich mit Sicherheit auf die Niederschlagsmengen über Rußland aus. Außergewöhnliche Abweichungen
scheinen jedoch auf der Krim auch in einzelnen Jahren während langfristiger Hauptklimawechsel aufgetreten zu sein. Unmittelbar vor dem starken Abfall in der Kurve liegen zwei Jahre (2177 und 2150 v. Chr.), in
denen sich Schlammschichten bildeten, die fünf- bis zehnmal dicker waren als die typische Schichtdicke des ausklingenden niederschlagsreichen
Regimes. Vielleicht wurde der weitere Rückgang nach 2000 v. Chr. durch
zwei Zeitabschnitte von acht bis elf aufeinanderfolgenden Jahren im
19. Jahrhundert v. Chr. mit ungewöhnlich geringen Schlammablagerun-
gen gekennzeichnet. Vergleichbar extreme Abweichungen in beide Richtungen – das einzige weitere Auftreten einer dicken Schicht im Jahr 805
n. Chr., ähnlich der des Jahres 2150 v. Chr., und eine Folge sehr dünner
Schichten in den achtziger Jahren des 13. nachchristlichen Jahrhunderts –
charakterisieren Anfang und Ende der feuchten Klimaperiode im Mittelalter.

Aus den Sedimenten noch vorhandener und ehemaliger Seen, die sich
während des postglazialen Abschmelzprozesses am Rand der ehemaligen
nordamerikanischen und skandinavischen Eisschilde gebildet hatten, lassen sich sogar noch längere Reihen zur Untersuchung von Jahresschichtungen bzw. Warven erstellen. Reihen aus Wisconsin und Nordschweden
erstrecken sich über 9000 bis 10 000 Jahre. Die von De Geer vor vielen
Jahren erarbeitete schwedische Serie deckt den gesamten, ca. 15 000
Jahre umfassenden Zeitraum des Eisrückzugs und des Postglazials ab. Es
handelt sich hierbei um eine gemischte Reihe aus kürzeren, sich überlap-
penden Serien, die wiederum aus nicht sehr lange existierenden Seen hergeleitet wurden. Diese Reihe gilt als unsicher und hat zu Kontroversen
Anlaß gegeben.

Die Jahresschichtungen in den großen, noch vorhandenen Eiskalotten
auf der Antarktis und in Grönland bieten ebenfalls Forschungsmate-
rial. Bedingt durch Temperaturveränderungen und durch Wind haben
saisonale Wechsel in der Schneedichte und -konsistenz zu einer klar erkennbaren Schichtung geführt. Wenn man berücksichtigt, daß sie durch
darüberliegende jüngere Eisschichten zusammengedrückt wurde, gibt
die Stärke einer jeden Schicht – vereinfacht formuliert – die jährlich abge-
lagerte Schneemenge an. Dabei ist die langsame Bewegung des Eises zu
beachten, durch die sich ältere Schichten – natürlich aus einer etwas höheren Lage – (außer in der Nähe des Firnfeldes) infolge des plastischen Eis-
flusses ein Stück vom ehemaligen Standort entfernen. Messungen des
Anteils, den das schwere Sauerstoff-Isotop mit einer Atommasse von 18

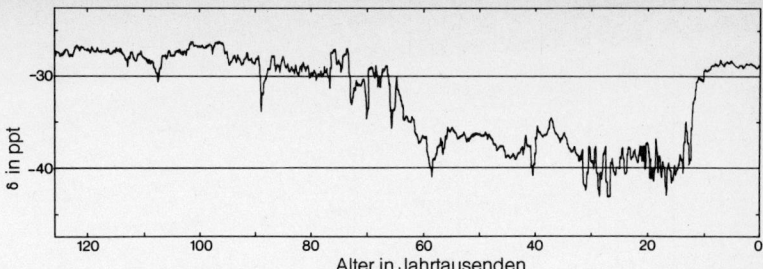

32: Schwankungen im Verhältnis der Sauerstoff-Isotope in der Eisschicht im äußersten Nordwesten Grönlands (77° N, 56° W) während der letzten 125 000 Jahre, ausgedrückt als Abweichungen vom durchschnittlichen Verhältnis von Sauerstoff-18 zu Sauerstoff-16. Diese Kurve kann als fossile Aufzeichnung der vorherrschenden Temperatur betrachtet werden. Je niedriger die Temperatur, desto tiefer verläuft die Kurve.

anstatt der normalen 16 Neutronen im H_2O des Eises ausmacht, erlauben es, die Schneetemperatur des jeweiligen Zeitpunkts zu bestimmen, zu dem sich der Schnee durch Kondensation von Wasserdampf in der Atmosphäre bildete. Dabei ist es gleichgültig, wie lange dieser Zeitpunkt zurückliegt. Mit Hilfe von 0–18-Messungen kann man deshalb jahreszeitliche Temperaturveränderungen erkennen, die so die Identifikation von Jahresschichtungen in den aus dem Eis entnommenen Bohrkernen erleichtern. Dies ist bereits für fossile Daten aus den letzten 1500 Jahren durchgeführt worden. Auf diese Weise lassen sich auch langanhaltende Temperaturveränderungen im Verlauf von Klimawechseln ermitteln sowie Schätzungen über Umfang und Häufigkeit klimatischer Umschwünge anstellen. Die Grönland betreffenden Angaben in Abb. 32 zeigen die gesamte Entwicklung während des letzten Glazials, der postglazialen Phase und des letzten Interglazials an; die Datierung erfolgte meistens mit Hilfe anderer Methoden. Eine genaue Analyse des letzten Jahrtausends dieser an einer Station weit im Nordwesten Grönlands festgestellten Daten vermittelt viele Einzelheiten über Temperaturveränderungen und Schneefälle in diesem Gebiet. Aber man kann nicht davon ausgehen, daß der Verlauf der Temperaturkurve mit der irgendeines Ortes in Europa identisch ist. Die mittelalterliche Warmphase erreichte ihren Höhepunkt und ihr Ende deutlich früher als in Europa. Wie Abb. 33 zeigt, wirkte sich die Kleine Eiszeit mit Phasenverschiebungen auch auf Nordgrönland aus. Tatsächlich scheint die Klimageschichte, die mit Hilfe verschiedener Techniken für die mittleren Längengrade in Zentralkanada ermittelt wor-

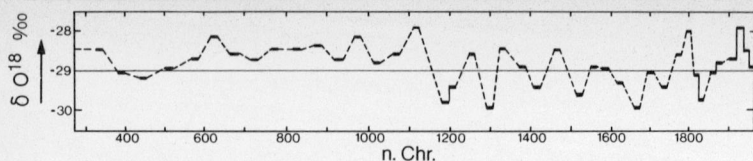

33: Schwankungen der Sauerstoff-Isotope am selben Standort ab 300 n. Chr., dargestellt als Äquivalent einer Temperaturkurve.

den ist, eher der in West- und Nordeuropa als der auf Grönland zu gleichen. Aus meteorologischer Sicht kam dieses Ergebnis nicht völlig unerwartet, es steht zweifellos mit den großen Mäanderwellen im Westwindband in Beziehung.

Die Bedeutung von radioaktivem Kohlenstoff für die Datierung von Klimazeugen

Bei Materialien, die älter sind als die Erfassungszeiträume der bestimmbaren Jahresschichtungen in Eisschilden und Binnenseesedimenten und als die längsten jährlichen Baumringsequenzen oder als vom Menschen angefertigte Aufzeichnungen, können radiometrische Methoden zur Datierung verwendet werden. Für Material, das in Sedimenten eingeschlossen ist, kann das Alter durch Annahme einer weitgehend konstanten Sedimentationsrate geschätzt werden. Die Radiokarbondatierung ist die wichtigste radiometrische Methode für die Zeitabschnitte, die für die Menschheitsgeschichte und die Archäologie von Bedeutung sind. Dieses Verfahren basiert auf genauen Messungen der Radioaktivität, die durch kleinste Mengen des instabilen Kohlenstoff-Isotops hervorgerufen wird. Dieses radioaktive C-14-Isotop tritt in kohlenstoffhaltigen organischen Stoffen auf und unterscheidet sich durch die Massenzahl 14 von normalem Kohlenstoff (Massenzahl 12). Es entsteht in der Atmosphäre durch konstante Einwirkung kosmischer Strahlen auf Stickstoffatome, mit denen sie zusammenprallen. Kohlenstoff-14 wird in Form von Kohlendioxid von lebenden Pflanzen bei der Photosynthese aus der Luft assimiliert. Ungefähr 1 Prozent des in lebendem Holz vorhandenen Kohlenstoffs besteht aus diesem instabilen radioaktiven Isotop. Seine Atome zerfallen; in jedem vorhandenen Gramm Kohlenstoff finden pro Minute im Durchschnitt ca. 15 Zerfallsprozesse statt. Nach dem Absterben der Vegetation, d. h., wenn die Kohlendioxidaufnahme aus der Atmosphäre aufgehört hat, wird der Vorrat an Radioaktivität in der toten Vegetation nicht mehr erneuert. Die Radioaktivität kommt infolgedessen zum Stillstand. Wissenschaftlich ausgedrückt: Die Halbwertszeit von radioaktivem Kohlenstoff (C-14) beträgt 5730 Jahre. Das bedeutet, daß die Radioaktivität alle 5730 Jahre um die Hälfte zurückgeht. Demzufolge verringert sich in der Praxis der Anteil an Radioaktivität. Die Strahlung wird letztlich schwer meßbar, und die Fehler, die durch irgendeine Verunreinigung verursacht werden, vergrößern sich, je älter das zu datierende Material ist. Die faktische Grenze für Radiokarbondatierungen liegt bei ca. 50000 Jahren. Auf die geschätzten Fehlerspannen, die sich durch versuchsbedingte Schwierigkeiten ergeben, wird stets verwiesen. Eine zusätzliche Fehlerquelle tritt allerdings bei der C-14-Datierung von Gegenständen bekannten Alters auf. Sie wird der Tatsache zugeschrieben, daß die Menge an radioaktivem Kohlenstoff in der Atmosphäre im Laufe der Zeit offenbar nicht immer genau konstant gewesen ist. Diese Schwankungen bedingen für das mittlere Postglazial Fehler von 500 bis 1000 Jahren. Für eine so späte Periode wie etwa 1400 bis 1800 n. Chr. belaufen sich die Abweichungen immer noch auf mehr als 100 Jahre. Diese Fehler können jedoch in den meisten Fällen durch Anwendung einer Eichkurve korrigiert werden, die die mit Hilfe der C-14-Methode ermittelten Altersbestimmungen mit dem tatsächlichen Alter in Beziehung setzt. Die Daten über das tatsächliche Alter basieren auf Holzproben von Borstenkiefern, deren Jahresringe ausgezählt wurden.

In späteren Kapiteln wird noch auf die Untersuchungen vergangener Gletscherschwankungen einzugehen sein. Hier mag die Feststellung genügen, daß wir imstande sind, den Verlauf der wichtigsten Schwankungen während des Abschmelzprozesses der ehemaligen Eisschilde vor 8000 oder 10000 Jahren nachzuvollziehen. Jüngere Moränen, die sich wahrscheinlich während des wärmsten postglazialen Zeitabschnitts bildeten, sind größtenteils durch Gletschervorstöße nach der Zeit der minimalen Ausdehnung völlig abgetragen worden. Diese Phase, die in einigen Gebieten fast 6000 Jahre zurückliegt, wird im allgemeinen jedoch auf ungefähr 2000 v. Chr. datiert.

Pollenanalyse und Vegetationsgeschichte

Bis 1950 hat die Pollenanalyse die meisten Erkenntnisse über die postglaziale Klimageschichte geliefert. Der norwegische Botaniker Axel Blytt entdeckte bereits 1876 den groben Verlauf der postglazialen Vegetationsgeschichte und stellte sie zusammen mit der Abfolge der daraus abzuleitenden Klimaregime in seiner Veröffentlichung *Essay on the Immigration of the Norwegian Flora* (Christiana) dar. Als das Eis abschmolz, bildete sich zunächst eine Tundravegetation heraus, die sich von den periglazialen Gebieten her ausbreitete. Danach drang die Birke in die Tundra vor, später entstanden Birken- und Kiefernwälder. Diese wurden dann wiederum in allen Gebieten – also nicht nur dort, wo diese Waldart auch heute noch zu finden ist – durch Mischwälder mit breitblättrigen Bäumen ersetzt. Von dieser Waldart ist bekannt, daß sie, auch in der heutigen Eichenwaldzone, ungefähr 500 v. Chr. vorwiegend durch wärmebedürftige Ulmen und Linden geprägt war. Jede Waldart kam vermutlich in demselben Klimatyp vor, in dem wir sie auch heute noch vorfinden. In Europa hat sich allerdings die Ausbreitung aller Baum- und Waldarten in den vorher zu kalten Arealen offenbar um Jahrtausende verzögert. Es dauerte weitere Jahrzehnte, wenn nicht Jahrhunderte, bis sich die verschiedenen Waldarten in den jeweils geeigneten Gebieten durchgesetzt hatten. Die schnelle Anpassung der Insektenvölker an die veränderten Klimabedingungen belegen diese Verzögerungen. Nachweise über in diesen Stadien vorkommende Käferarten sind besonders gut erhalten. In den weiten nordamerikanischen Ebenen östlich der Rocky Mountains hat sich die Vegetation anscheinend rascher ausgebreitet. Offensichtlich verzögerte sich in Europa das Vordringen der aufeinanderfolgenden Waldarten, weil die Rückzugsgebiete der Bäume während der Eiszeit südlich der großen Gebirgsbarrieren lagen. Die Deutung der pollenanalytischen Ergebnisse verkompliziert sich ferner durch den späteren Rückgang der Vegetationsarten von der weitesten Verbreitung, die einzelne Arten im Norden und in den Höhenlagen im mittleren Postglazial erreicht hatten. Eine Bodenverarmung setzte ein, und an zahlreichen, ständig feuchten Stellen entstanden anstelle von Wäldern Torfmoore. Diese Entwicklung läßt sich auf die Gesamtwirkung der vorherigen, länger andauernden Periode zurückführen, in der ein feuchtes Klimaregime vorherrschte. Dies bedeutet jedoch nicht unbedingt, daß sich das Klima dann verändert, wenn sich der Wald in Moor verwandelt. Denn auch menschliche Eingriffe, wie Rodungen in einem bereits belasteten Wald oder die Nutzung der gerodeten Gebiete als Weideflächen, können zu dieser Veränderung der Landschaft beigetragen haben. In Südwestengland und im westlichen Wales fallen Rodungen und landwirtschaftliche Nutzung durch neolithische Bauern mit der frühesten Torfschichtenbildung zusammen. Diese anthropogenen Eingriffe lassen sich durch Holzkohleschichten und Gräserpollen nachweisen, wie z. B. den auf Ackerbau hindeutenden Wegerich. Von diesem Zeitpunkt an, d. h. während der letzten 5000 Jahre, erschwert die Bodennutzung durch den Menschen in diesem Teil Europas zunehmend die klimatologischen Schlußfolgerungen, die mit Hilfe von Vegetationsanalysen möglich sind.

Die Brauchbarkeit von Pollenanalysen zur Herleitung von Klimadaten wird auch dadurch eingeschränkt, daß es selten möglich ist, eine präzise zeitliche Auflösung mit einem Unsicherheitsfaktor von weniger als 100 Jahren zu erreichen. Dies gelingt lediglich bei Pollenvorkommen in Warvenablagerungen und einigen Torfablagerungen bzw. Binnenseesedimenten, die sich vermutlich sehr rasch bildeten. Dennoch kann man mit dieser Methode sehr lange Datenreihen erstellen. Zwei europäische Pollenanalysen, eine aus dem Elsaß und eine andere aus Makedonien, ergaben Serien, die vor mehr als 125 000 Jahren einsetzen. Sie zeigen den gesamten Verlauf des letzten Interglazials von den frühen Anfängen an auf und setzen sich über das letzte Eiszeitalter und das Postglazial hindurch fort. Die Übereinstimmung der Hauptmerkmale der europäischen Klimaabfolge mit der grönländischen Isotopenkurve, auch der frühen Einbrüche, die das Ende des Interglazials und den Beginn des Eiszeitalters ankündigten, ist sehr zufriedenstellend. Professor R. G. West und seine Mitarbeiter in Cambridge haben die Vegetationsgeschichte Ostenglands über mehrere frühere Interglazialzeiten hinweg einer ähnlichen Analyse unterzogen. Durch ihre Arbeit wurde es möglich, gemeinsame Merkmale in der Klimaentwicklung und – im Groben – auch in ihrem zeitlichen Ablauf präzise nachzuweisen.

J. Iversen vom Danish Geological Survey zeigte 1944 in einer grundlegenden Arbeit ein Modell auf, mit dem man aus Nachweisen über die Pflanzenverbreitung einige spezifische Hinweise auf die vorherrschenden Temperaturen ableiten kann.[3] Er stellte die Langzeittemperaturmittel der wärmsten und kältesten Monate des Jahres (die in ein Koordinatenkreuz auf Millimeterpapier eingetragen wurden) für alle Orte graphisch dar, an denen eine Pflanze im heutigen Klima Dänemarks vorkommt. (Das Fehlen einer Pflanze machte er durch eine andere Farbe kenntlich.) Auf diese Weise konnte Iversen für die Stechpalme (*Ilex aquifolium*), den Efeu (*Hedera helix*) und die Mistel (*Viscum album*) zeigen, daß der Verbreitung durch bestimmte Temperaturwerte enge Grenzen gesetzt waren.

Postglaziale Belege und Käfer als Klimazeugen

Die geglätteten Kurven in Abb. 34, die die Entwicklung der in England seit dem Höhepunkt der letzten Eiszeit vor rund 20 000 Jahren vorherrschenden Temperaturen grob wiedergeben, illustrieren, inwieweit die Vegetationsgeschichte mit Hilfe der Pollenanalyse rekonstruiert werden kann. Diese Kurven gelten als einigermaßen zuverlässige Näherungswerte für die fünfhundert- bzw. tausendjährigen Temperaturmittel im Hochsommer und während der Wintermonate. Die Weiterführung der

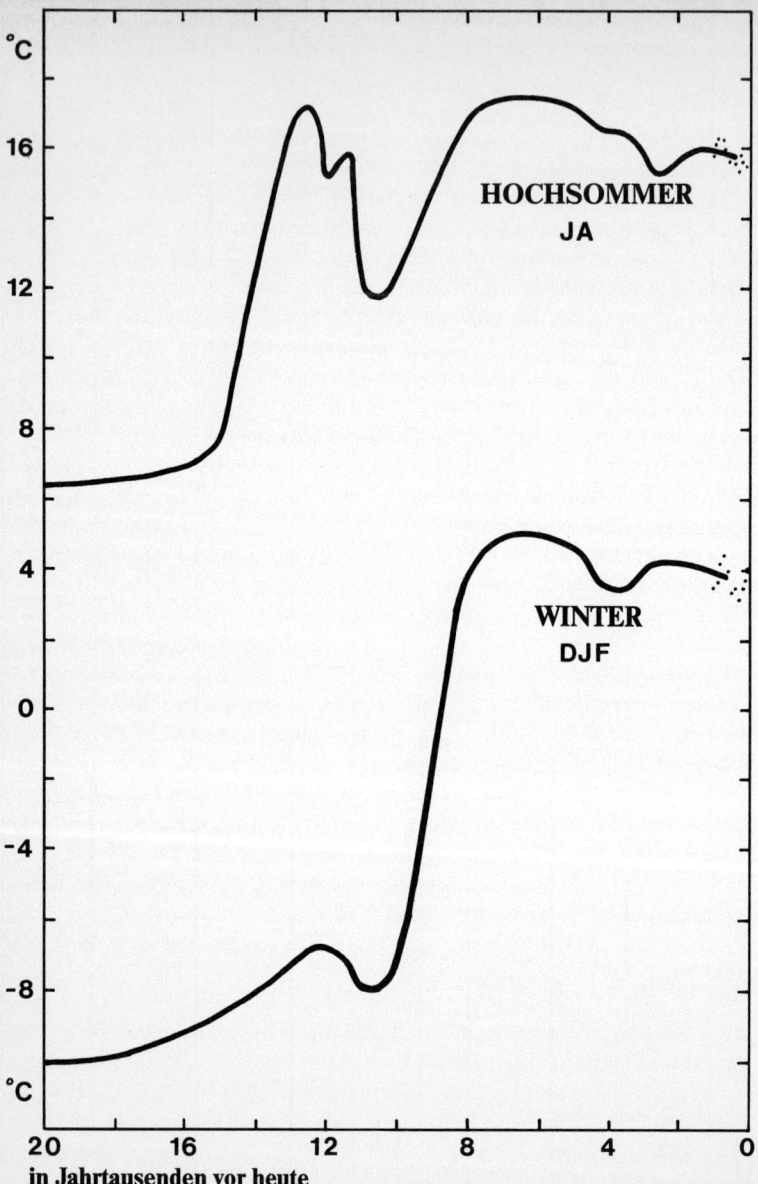

Kurven in Form von Punkten an der rechten Seite gibt das Ausmaß der Abweichung an, durch die sich die letzten zwölf Jahrhunderte offenbar voneinander unterscheiden. Ähnliche Schwankungen sind vermutlich auch in früheren Jahrtausenden aufgetreten; Nachweise aus den letzten drei Jahrtausenden bestätigen diese Hypothese. Zur Festlegung von Zeitpunkt und Ausmaß der deutlichsten Klimawechsel am Ende des letzten Eiszeitalters hat man Hinweise verwendet, die aus den sich rasch verändernden Käferarten abgeleitet wurden. G. R. Coope aus Birmingham hat anhand eindrucksvoller Studien den Wert guterhaltener Überreste des artenreichen Käfervorkommens sowie die rasche Reaktion dieser Arten auf Klimaveränderungen herausgestellt. In der Tat heben die Kurven in Abb. 34 den schnellen Wechsel zu postglazialen Temperaturen hervor, insbesondere den frühen Anstieg der Sommertemperaturen und die abrupte, einige Jahrhunderte andauernde Rückkehr zu einem eiszeitlichen Klima im 11. vorchristlichen Jahrtausend. Der wärmste postglaziale Abschnitt erscheint vor 8000 bis 4000 Jahren als breiter Kurvensattel, auf den ein wellenförmiger Abfall zu unserem derzeitigen Klima folgt. Die Veränderungen, die wir innerhalb des letzten Jahrtausends bzw. noch darüber hinaus feststellen können, umfassen einige starke, kurzfristigere Schwankungen.

Archäologie

Archäologische Untersuchungen über die Entwicklung des Menschen und der größeren Säugetiere sind im Hinblick auf vergangene Klimate im großen und ganzen weniger aufschlußreich als Angaben über Insekten, Pollen und im Meer lebende Mikroorganismen, die ihrer unmittelbaren Umgebung ausgeliefert sind. Mobilität und Anpassungsfähigkeit ermöglichen es dem Menschen und den größeren Tieren, großräumig umherzuziehen, im Notfall unbekannte Nahrung auszuprobieren und zumindest zeitweilig in eine Umgebung einzudringen, die sich langfristig als lebensfeindlich erweisen könnte. In Ausnahmefällen kann von der Archäologie auf vergangene Klimate geschlossen werden, wie z. B. bei Reiserouten, die durch Wüsten und Sümpfe oder infolge von Schnee und Eis unpassierbares Gebiet verliefen. Erwähnenswert ist die Entdeckung von 2000

34: Angenommener Verlauf der vorherrschenden Temperaturen in Mittelengland während der letzten 20000 Jahre (in 500- bis 1000-Jahres-Mitteln). Die Daten wurden zumeist mit Hilfe der Pollenanalyse abgeleitet. JA = Juli und August; DFJ = Dezember, Januar und Februar. Die Punkte zeigen die Sommer- und Wintertemperaturen, die für die letzten zwölf Jahrhunderte aus Abb. 26 abgeleitet wurden.

Jahre alten Menschen, deren vollständig erhaltene Körper in dänischen Torfmooren gefunden wurden (vergleichbare Funde wurden im Torf auf den Hebriden und beim Abschmelzen des grönländischen Eises freigelegt). In einigen Fällen sind die Körper so gut erhalten, daß uns eine Analyse des Mageninhaltes Aufschluß über die verzehrten Nahrungsmittel gibt. Bei den dänischen Funden hat man diese Ergebnisse mit Analysen von Pollenmaterial aus der unmittelbaren Umgebung verglichen, um – für die Eisenzeit – einen zusätzlichen Nachweis über die regionale Feldbestellung und über das Auftreten von Gräsern zu erhalten, die zusammen mit den Vorformen von Gerste und Leinsamen gegessen wurden. Uns ist ebenfalls ein alkoholhaltiges dänisches Getränk bekannt, das vor 2000 Jahren aus Gerste, Preiselbeeren und Moormyrthe hergestellt wurde; dies geht aus Analysen von Überresten in Steingutgefäßen aus dieser Zeit hervor.[4]

Baumringe

Die Möglichkeiten, die die Auswertung der jährlichen Wachstumsringe von Bäumen zur Gewinnung detaillierter Klimaangaben bietet, sind außerhalb von Nordamerika bisher kaum genutzt worden. Ringbreiten in Bäumen an der oberen und an der polwärtigen Baumgrenze sind klimatologisch einigermaßen klar zu deuten. (In diesen Lagen sind warme Jahre gute Wachstumsjahre, in kalten Sommern ist das Wachstum gering.) Dasselbe gilt – wenngleich in anscheinend geringerem Maß – für die Bäume, die an der warm-ariden Grenze ihres Verbreitungsgebiets wachsen und bei denen der Regenmangel die schmalen Ringe erklärt. In der mittleren Zone des Verbreitungsraumes der Baumarten ist die Auswertung wesentlich komplizierter. Dennoch können sich an den Standorten nützliche Deutungsmöglichkeiten ergeben, an denen ein Baum nachweislich auf trockenem Boden gewachsen ist und der Feuchtigkeitsmangel für die Ringbreite von Bedeutung gewesen sein könnte. An einer ständig feuchten Stelle kann man davon ausgehen, daß Temperaturschwankungen die einzig entscheidende Variable sind. H. C. Fritts hat im Laboratory of Tree Ring Research an der University of Arizona in Tucson ziemlich detailliert untersucht, welcher Zusammenhang zwischen der Ringbreite und dem Wetter während der vorherigen 15 Monate besteht. Sein Kollege V. C. La Marche hat für die sehr alten Borstenkiefern in den Höhenlagen der White Mountains an der Grenze zwischen Kalifornien und Nevada eine chronologische Abfolge der Ringbreiten erstellt. Diese Angaben gehen bis in das Jahr 3431 v. Chr. zurück, und ihre Datierung hat sich bei wiederholten Überprüfungen als fundiert erwiesen. Diese lange Reihe an der oberen Baumgrenze gibt im wesentlichen die Sommertemperatur an. Interessanterweise zeigen die 100-Jahres-Mittel von 800 n. Chr. bis ins 20. Jahrhundert eine signifikante Ähnlichkeit mit den für Mittelengland abgeleiteten Temperaturwerten. Sie stellen deshalb eine weitgehend unabhängige Bestätigung der Temperaturentwicklung in England dar (vgl. Abb. 27).

Die Methode der Altersbestimmung mit Hilfe des Jahresringmusters bei Bäumen, die «Dendroklimatologie», wird vermutlich im Bereich der Klimaforschung verstärkt Anwendung finden. Guterhaltene, im irischen und ostenglischen Torf sowie in mitteldeutschem Flußkies gefundene Baumstümpfe sind eine vielversprechende Quelle für die Erstellung einer letztlich lückenlosen Chronologie, die sich mindestens über die letzten 4000 Jahre und vermutlich noch weiter zurück erstreckt. Die außerordentliche Größe der Eichen, die während der wärmsten Phase des Postglazials in den ostenglischen Fens wuchsen, hat bereits vor vielen Jahren das Interesse von H. Godwin geweckt.

Schätzungen über die in jener Zeit vorherrschenden Temperaturen lassen sich vielleicht aus Beobachtungen herleiten, die über die weitere Verschiebung der Baumgrenze in größere Höhen in den europäischen Gebirgen (und anderswo) sowie die Nordverlagerung der Vegetationsgrenze verschiedener Baumarten Aufschluß geben. Die Kurven, die den postglazialen Verlauf der oberen Baumgrenze in verschiedenen Teilen der Welt darstellen, verlaufen während der letzten 10 000 Jahre mit den Temperaturkurven in Abb. 34 weitgehend parallel.

Auf der Grundlage der detaillierteren Beobachtungsergebnisse, die für die letzten 1000 Jahre vorliegen, hat Dr. J. Fletcher vom Research Laboratory for Archaeology and the History of Art in Oxford die Jahresringsequenzen bei englischen und deutschen Eichen verglichen. Er verwendete für die ersteren eine Chronologie, die anhand von englischen Eichentruhen aus der Westminster-Abtei erstellt wurde. Es gelang ihm, für einige Jahrhunderte des Mittelalters vor 1250 n. Chr. eine 70- bis 75prozentige Übereinstimmung zwischen Sequenzen mit breiteren und schmaleren Jahresringen bei englischen und deutschen Bäumen nachzuweisen. Nach 1400 geht diese Übereinstimmung jedoch auf lediglich 50 bis 55 Prozent zurück. Vermutlich waren die Westwinde über beiden Ländern während des früheren Zeitabschnitts häufiger als in der späteren Phase. Dies ist nicht völlig überraschend, denn die spätere Periode fällt in die Phase der Kleinen Eiszeit mit einem kälteren Klima, von der man weiß, daß öfter Nord- und Ostwinde auftraten.

Messungen der Isotopenverhältnisse und Untersuchungen mit Hilfe von Röntgenstrahlen zur Feststellung der Holzdichte und der Zellgröße eröffnen neue, weitergehende Möglichkeiten auf dem Gebiet der Baumringforschung. Die Anteile der stabilen Sauerstoff-Isotope und ebenso die der stabilen Kohlenstoff-, Wasserstoff- und Stickstoff-Isotope in der Holzsubstanz ermöglichen Schätzungen über die jeweiligen Temperaturwerte zum Zeitpunkt der Holzbildung. Die Untersuchung der Zellstruktur, wie sie wegweisend von F. Schweingruber und seinen Kollegen an der Eidgenössischen Anstalt für das Forstliche Versuchswesen in Birmensdorf bei Zürich angewandt wird, zeigt vielversprechende Ansätze. Auf die großen Zellen im Frühholz folgt eine dunkle Schicht mit dichten, kleineren Zellen im Spätholz; manchmal lassen sich selbst innerhalb einer Jahreszeit Schwankungen feststellen. Ferner haben sich bei Dichtemessungen über große europäische Gebiete hinweg bessere Übereinstimmungen ergeben als bei Ringbreitenmessungen.

Ablagerungen auf dem Meeresboden

Es gibt eine weitere wertvolle Informationsquelle über vergangene Klimate. Pollenzählungen in unterschiedlichen Schichten – und damit auch zu unterschiedlichen Zeiten – aus Bohrkernen, die aus Torf und Binnenseesedimenten (und ehemaligen, heute vom Meer überfluteten Festlandsgebieten) entnommen wurden, können sehr lange Aufzeichnungen über Vegetation und Klimageschichte liefern, aber ihre zeitliche Auflösung ist von beschränktem Aussagewert. Ebenso hat die zahlenmäßige Erfassung von Vertretern verschiedener meeresbiologischer (Mikro-)Organismen aus Ablagerungen im Meeresboden äußerst lange Datenreihen ergeben, aus denen die Temperaturentwicklung an der Meeresoberfläche abgeleitet werden kann. Derartige Schlußfolgerungen können durch Sauerstoff-Isotopenmessungen des Kalziumkarbonats ($CaCO_3$) in den betreffenden Skelettüberresten überprüft werden. Die meisten maritimen Ablagerungen, die ggf. auch aus äolisch herangeführtem, anorganischem Mineralienstaub bestehen, bilden sich extrem langsam. Typisch ist offenbar ein Wachstum von 1–4 cm/1000 Jahre, verglichen mit 1–4 cm/100 Jahre für Torf in westeuropäischen Torfmooren. Daraus folgt, daß die Ablagerungen, die aus unveränderten Teilen des Meeresbodens entnommen wurden, äußerst lange Datenreihen ergeben können. Die bisher längste, mit Materialien aus dem äquatorialen Bereich des Pazifiks erstellte Reihe, die N. J. Shackleton aus Cambridge auswertete, reicht über 2 Millionen Jahre zurück und zeigt auf, daß während der letzten 1 Million Jahre oder über einen noch längeren Zeitraum nach jeweils ungefähr 100000 Jahren Eiszeiten aufgetreten sind. Wieder sind Vergleiche mit dem Verlauf der klimatischen Entwicklung während jeder Interglazialzeit sowie deren zeitliche Bestätigung möglich. Eine derart langsame Sedimentationsgeschwindigkeit hat jedoch zur Folge, daß man Schwankungen mit einer Dauer von weniger als einigen tausend Jahren nicht erkennen kann. In jedem Fall werden die Ergebnisse durch winzige Tiere verfälscht, die das Sediment als Lebensraum nutzen und sich darin eingraben. Dadurch sorgen sie für eine ständige Vermischung der obersten Schlammschicht, die sich im Verlauf der letzten 2000 Jahre gebildet hat. Dies grenzt die zeitliche Bestimmung der Daten aus Meeressedimenten ein, d. h., solche Daten tragen nur wenige Einzelheiten zu der jüngeren Vergangenheit bei, die zur Menschheitsgeschichte zählt. Gleichwohl sind diese Daten für unser Wissen über langfristige und großräumige Klimaveränderungen zwischen den Eiszeiten und den Interglazialen und zur Überprüfung von anderen Klimazeugen von großer Wichtigkeit.

Die Ozeanographie sollte sich deshalb mit den Gebieten befassen, in denen sich die Sedimente mindestens zehnmal schneller als im weltweiten Durchschnitt bilden und unverändert bleiben. Ferner sollte sie sich den Zeiträumen widmen, die durch Aufzeichnungen aus der Geschichte des Fisch- und Walfangs abgedeckt werden können.

Anmerkungen

1 Die allgemeine Zuverlässigkeit der hier ermittelten Temperaturschwankungen wird offenbar durch einen Vergleich mit den Ergebnissen anderer Forscher bestätigt, die andere historische Datenreihen benutzten. Ein Korrelationskoeffizient von + 0,77 ergab sich durch einen Vergleich der Basisindexwerte der sommerlichen Niederschläge in England, die hier für die 15 Dekaden von 1200 bis 1350 n. Chr. verwendet wurden. Dabei wurde J. Z. Titows Klassifizierung des Sommer- und Herbstwetters (von Juni bis Oktober) anhand von Rechnungsbüchern aus dem Bistum Winchester in Südengland benutzt. Die aufeinanderfolgenden 50-JahresMittel für Strengwinter in England von 1100 bis 1600 n. Chr. ergaben bei einem Vergleich mit den Schätzungen für die Winter in Südostbelgien und Nordostfrankreich, die P. Alexandre aus Lüttich aus Aufzeichnungen erarbeitet hat, einen Korrelationskoeffizienten von + 0,74. Beide Zahlen scheinen statistisch aussagekräftig zu sein. (Siehe J. Z. Titow: Evidence of Weather in the Account Rolls of the Bishopric of Winchester 1200–1350, in: Economic History Review, 12, 1960 [2. Reihe], Nr. 3, S. 360–407 und ders.: Le climat à travers les rôles de compabilité de l'évêche de Winchester (1350–1450), in: Annales: Economies, Sociétés, Civilisations, 2, 1970.)

2 D. W. Moodie und A. J. W. Catchpole: Environmental Data from Historical Documents by Content Analysis: Freeze-up and Break-up of Estuaries on Hudson Bay 1714–1871, in: Manitoba Geographical Studies, 5, 1975.

3 Vgl. J. Iversen: *Viscum, Hedera* and *Ilex* as Climate Indicators, in: Geologiska Föreningens Förhandlingar, 66, 1944, S. 463–483.

4 Die hier verwendeten Angaben sind weitgehend P. V. Globs Buch: Mosefolket: jernalderens mennesker bevaret i 2000 år, Kopenhagen 1965, entnommen, das auf deutsch 1966 unter dem Titel *Die Schläfer im Moor* in München erschienen ist.

Tabelle 1   Daten zur Rekonstruktion vergangener Klimate

Datentyp	Relevante Klimaelemente	Zeitliche Auflösung der Meßwerterfassung
Ablesungen mit herkömmlichen meteorologischen Instrumenten: Barometer, Thermometer, Regenmesser	bodennaher Luftdruck, Temperatur, Regenfälle, Windströmung usw. (Angaben zur Luftfeuchtigkeit beginnen erst später)	nahezu unmittelbar
instrumentelle Messungen in den oberen Luftschichten	Temperatur der oberen Luftschichten, Luftfeuchtigkeit, Druckwerte, Winde	nahezu unmittelbar
instrumentelle Messungen auf Schiffen	Meerestemperaturen (Aufzeichnungen über Salzgehalt und Meeresströmungen beginnen erst später)	nahezu unmittelbar
beschreibende Witterungsaufzeichnungen, Witterungstagebücher	Wind, Wetter, Regen- und Schneehäufigkeit usw.	täglich
Logbücher von Schiffen (hauptsächlich für Häfen und für überwachte schmale Küstenabschnitte brauchbar)	Wind, Wetter, Regen- und Schneehäufigkeit usw.	ein- oder mehrmals am Tag
Annalen, Chroniken, geprüfte Rechnungsbücher, staatliche und örtliche Dokumente, Berichte von Hof- und Gutsverwaltungen, Berichte über Feldzüge usw.	Wetter, insbesondere Witterungsextreme und lang anhaltende Wetterlagen, Trockenperioden, Überschwemmungen, Fröste, Schnee, Hitze- und Kälteextreme, Ernteerträge usw.	monatlich oder jahreszeitlich, manchmal auf den Tag genau

Verzögerungen in der Meßwerterfassung	Beginn der Aufzeichnungen	Erfaßte Gebiete
unbedeutend	in Europa zum Teil zwischen den fünfziger und siebziger Jahren des 17. Jahrhunderts	Erst seit 1956 auf Großteile der Antarktis ausgedehnt: südpolare Meere bislang größtenteils unerforscht, bis auf Satellitenaufzeichnungen
Minuten	in Teilen Europas und in Nordamerika in den dreißiger Jahren des 20. Jahrhunderts, fragmentarische Aufzeichnungen aus wesentlich früheren Epochen, z.B. 1781–1792 am St.-Gotthard-Paß und 1883–1885 an einigen Gipfelstationen in Europa	nördliche Hemisphäre: seit 1949, südliche Hemisphäre: seit 1957
Minuten	ab den fünfziger Jahren des 19. Jahrhunderts, ab 1780 ausreichende fragmentarische Aufzeichnungen, um einige 40- bis 50-Jahres-Mittel abzuleiten	während der ersten 50–80 Jahre hauptsächlich im Atlantik
–	früheste Beispiele aus Ostengland (1337–1344), aus Zürich (1546–1576), aus dem Øresund (Tycho Brahe, 1582–1597)	Teile Europas, vereinzelt Daten von frühen Expeditionen im östlichen Nordamerika und aus anderen Gebieten
–	zwischen 1670 und 1700, vereinzelt bei weitaus früheren Reisen	Angaben über europäische Gewässer und einige lange Reisen, z.B. nach Indien und in die Fernen Osten
–	um ca. 1100 n. Chr., gelegentlich weitaus frühere Berichte, z.B. ab 400 v. Chr. aus Italien, ab 55 v. Chr. aus Großbritannien und ab ca. 500 n. Chr. aus Mitteleuropa	europäische Aufzeichnungen über «außergewöhnliche» Witterungsperioden könnten für die Zeit nach 1100 n. Chr. vervollständigt werden

Datentyp	Relevante Klimaelemente	Zeitliche Auflösung der Meßwerterfassung
Hochwassermarken von Flüssen	Regenfälle und Verdunstung (sowie Bodenfeuchtigkeit)	monatlich bzw. jährlich, manchmal auf den Tag genau
Wasserstände von Binnenseen	Regenfälle und Verdunstung (sowie Feuchtigkeitsgehalt des Bodens und der tiefer gelegenen Bodenschichten)	in Abständen von wenigen Jahren
Baumringe	Temperatur, Regenfälle	Messung der Ringbreiten: jährlich, Messung der Zellstruktur: alle 1–5 Wochen
Warven (Jahresschichtungen bei Sedimenten in Binnenseen sowie in Flußmündungen und auf dem Meeresboden)	Strömungsgeschwindigkeit, Regenfälle	jährlich (Eliminierung von Datierungsfehlern und Unsicherheitsfaktoren erheblich schwieriger als bei Baumringen)
Jahresschichtungen in Eisschilden	Schneefälle	ein Jahr
Gletscher (Berichte über Vorstöße und Rückzüge, Daten über alte Moränen usw.)	Temperatur, Dauer der jährlichen Schmelzperiode, Sonnenschein und Bewölkung, Schneefälle	bestimmt durch die zeitliche Auflösung der eingesetzten Datierungsmethoden – z. B. bei der Radiokarbondatierung oder (besser) beim Feststellen von Baumringsequenzen in Bäumen, die durch den Gletschervorstoß abstarben

Verzögerungen in der Meßwerterfassung	*Beginn der Aufzeichnungen*	*Erfaßte Gebiete*
zwischen ein paar Stunden und einem halben Jahr schwankend (Nil)	622 n. Chr., weitaus frühere fragmentarische Aufzeichnungen ab 3100 v. Chr.	früheste Aufzeichnungen: Nil
bis zu 15 Jahren?	um ca. 1650 n. Chr.	früheste Aufzeichnungen von sibirischen Seen; andere (einschließlich weitaus frühere Nachweise) durch Datierung ehemaliger Uferlinien
Ringbreiten abhängig vom vorhergehenden Wetter (bis 15 Monate), Zellstrukturen: wenige Tage?	4000–6000 v. Chr. im Südwesten der Vereinigten Staaten	fortlaufende Aufzeichnungen in Mitteleuropa ab 200–500 v. Chr., in Lappland ab 1180 n. Chr. Letztlich kann für Teile Nordamerikas und Europas, vielleicht auch für Stationen innerhalb der gemäßigten Zone auf der südlichen Hemisphäre, eine 10000-jährige Reihe erstellt werden.
Tage und Wochen	ab ca. 8000 v. Chr. ab 2200 v. Chr.	Schweden, nördliche USA, auch Japan Krim (erheblich mehr Seen mit Warvenreihen sind eventuell noch zu erschließen; bislang kaum Bohrungen)
–	ab ca. 1000 n. Chr., 1760 n. Chr.	Nordgrönland, Südpol
ungefähr 10–20 Jahre typisch, je nach Relief (z. B. Hangneigung)	weitester Vorstoß im letzten Eiszeitalter, in der Regel vor 17000–22000 Jahren	die meisten Gebirgsregionen der Welt und tiefere Lagen vom 40.–45. Breitengrad an polwärts

Datentyp	Relevante Klimaelemente	Zeitliche Auflösung der Meßwerterfassung
Messungen von stabilen Isotopen, besonders von Sauerstoff-18 a) in Eisschilden	a) Temperatur, Schneefälle	a) bestenfalls wenige Tage oder Wochen, hilfreich zur Erkennung von Jahresschichtungen
b) in Baumringen	b) Temperatur, Regenfälle (Deutung immer noch umstritten)	b) bestenfalls für einen Zeitraum von 30 Jahren (wegen Verschmieren durch Saft)
c) in organischem Kohlenstoff in CaCO$_3$-haltigen Sedimenten, z. B. auf dem Meeresboden	c) Temperaturwerte (z. B. ursprünglich aus dem Meer stammende) H$_2$O-Mengen im Gletschereis	c) je nach lokaler Sedimentationsgeschwindigkeit um ca. 100–2500 Jahre schwankend
Pollenanalysen	Merkmale für Temperaturen und Regenmengen in bezug auf Vegetationsgrenzen	ca. 100 Jahre (an wenigen Stellen mit einer raschen Sedimentationsrate oder schneller Torfbildung ist eine zeitliche Auflösung von 20–25 Jahren möglich)
Insektenarten	Merkmale für Temperaturen und Regenmengen in bezug auf Verbreitungsgrenzen von Insektenarten	ca. 100 Jahre
Kleinstlebewesen im Meer (Wurzelfüßer, Strahlentierchen usw.) und kalkhaltige Algen	Oberflächen- und Tiefentemperaturen (dem Lebensraum der Arten entsprechend)	je nach lokaler Sedimentationsrate am Meeresboden zwischen 100 und 2500 Jahren schwankend

Verzögerungen in der Meßwerterfassung	Beginn der Aufzeichnungen	Erfaßte Gebiete
a) –	a) vor 5000–10000 Jahren (für eine gröbere zeitliche Auflösung unbegrenzt)	a) hauptsächlich Grönland und Antarktis
b) –	b) 200 n. Chr. 1350 n. Chr.	b) Kalifornien Mitteleuropa (bisher wenig Forschungsarbeit, viele weitere, ältere Reihen sind noch zu erstellen)
c) –	c) Alter unbegrenzt	c) Proben aus sämtlichen Meeren in allen Breitenlagen
rasche Reaktion auf ungünstige Bedingungen, Verzögerungen von bis zu 5000 Jahren beim erneuten Pflanzenbewuchs in Europa nach dem Eiszeitalter	an ein oder zwei Stationen kontinuierliche Aufzeichnungen von vor 125000 Jahren an, fragmentarische Aufzeichnungen aus weitaus früherer Zeit	sämtliche Kontinente und einige Ablagerungen auf dem Meeresboden
in einigen Fällen unbedeutend, vermutlich niemals mehr als einige Jahrzehnte oder höchstens Jahrhunderte	vor mindestens 300000 Jahren vielleicht noch viel früher	bisher begrenzt, die meisten Forschungsarbeiten in England
–	vor 500000–1 Million Jahre	Proben aus allen Meeren und aus allen Breitenlagen

Klima und Geschichte

6 Das Klima zu Beginn
der Menschheitsgeschichte

In den letzten drei Kapiteln wurde in groben Zügen gezeigt, welche Kenntnisse wir zur Zeit über die Klimaentwicklungen in der Vergangenheit besitzen und welche weiteren Forschungsergebnisse wir erwarten können. Das folgende Kapitel betrachtet die Bedeutung von Klimaveränderungen für die Entwicklungsgeschichte des Menschen.

Eiszeitalter und frühe Besiedlung des amerikanischen Kontinents und Australiens

Die frühesten Ansätze des Menschen, seine Geschichte selbst aufzuzeichnen, übermitteln uns Skizzen und Malereien auf Höhlenwänden, wie sie uns die Bewohner Zentralfrankreichs und Nordspaniens vor 40 000 und 15 000 Jahren während der letzten Vergletscherung hinterlassen haben (Abb. 35). Es ist die Zeit der Wisente und anderer Wildrinder, der Mammuts, Nashörner, Pferde und Hirsche, die in einer baumlosen Landschaft mit Pfeilen und Speeren gejagt wurden. Selbstverständlich lagen diese Gebiete immer im nicht vergletscherten Vorfeld der riesigen Inlandeismassen. Die in den Felswänden der noch bewohnbaren Täler der Dordogne, der Pyrenäen und des Kantabrischen Gebirges lebenden Höhlenbewohner hatten sich an eine im Vergleich zu heute andersgeartete Landschaft und Tierwelt angepaßt und wußten sich diese zunutze zu machen.

Ähnliche, durchgängig in Rot ausgeführte Höhlenmalereien, die in der Kapowahöhle im südlichen Ural gefunden wurden, zeigen sieben Mam-

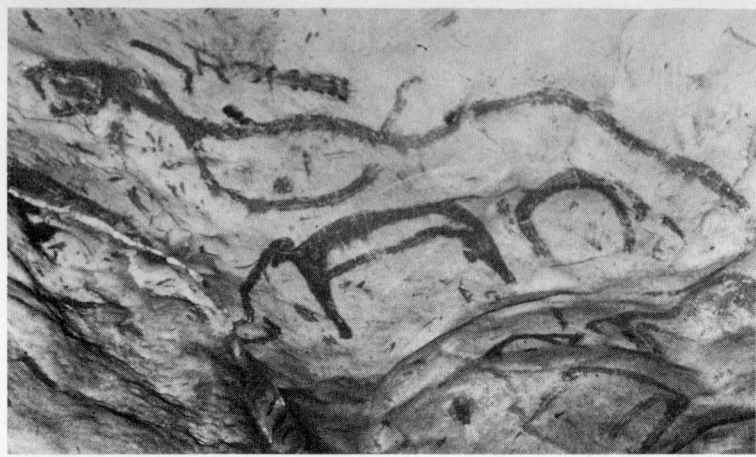

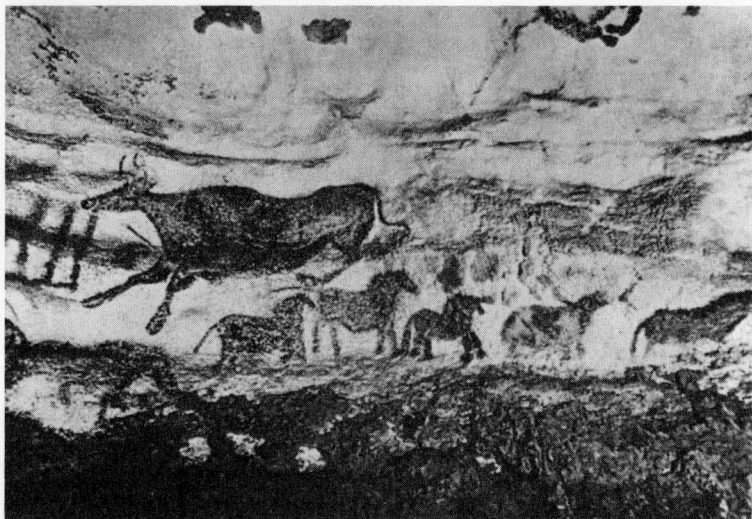

35 a + b: Höhlenmalereien der eiszeitlichen Bewohner Frankreichs vor 15 000 und mehr Jahren, die ihnen bekannte und von ihnen gejagte Tiere darstellen.

a) Darstellung eines Mammuts und weitere Linien in einer Höhlendecke in Südfrankreich bei La Baume Latrone in der Nähe von Nîmes.

b) Darstellung eines Ochsen und einer Reihe von kleinen Pferden in dem französischen Höhlenkomplex bei Lascaux in der Dordogne, Frankreich.

muts und zwei Nashörner sowie einige Wildpferde. Im Nordosten des europäischen Rußland entdeckte man auf dem 65. Breitengrad an der Petschora bei Wysowsk ein großes Lager der Mammutjäger. 98 Prozent der dort gefundenen Knochenabfälle stammen von Mammuts. Darüber hinaus stieß man auf die Reste einer mit den Knochen dieser Tiere errichteten Behausung. Ein weiterer Fund in der Nähe von Wladimir vermittelt einen Eindruck von der Kleidung, die die Menschen des vor 30 000 Jahren verbreiteten europäischen Cromagnontypus getragen haben. Die Kleidungsstücke waren mit Elfenbeinperlen verziert, deren Anordnung noch die Form eines pulloverartigen Hemdes mit rundem Halsausschnitt und Hosen mit Stiefeln wie auch eine Kopfbedeckung erkennen läßt.

Archäologische Funde in Nordamerika deuten auf Frühmenschen hin, die während der letzten Eiszeit nördlich der Inlandeisdecke[1] in den eisfreien Gebieten Alaskas lebten und somit die Möglichkeit hatten, über die trockene Ebene, die zu der Zeit Alaska mit Sibirien verband, hin und her zu ziehen. Diese Landverbindung war entstanden, als der Meeresspiegel weltweit um ungefähr 100 m gesunken war, da das den Meeren entzogene Wasser vorrückende Gletscher und Inlandvereisungen speiste. Die mongoliden Gesichtszüge der amerikanischen Indianer lassen darauf schließen, daß ihre Vorfahren aus Asien kamen und aller Wahrscheinlichkeit nach die Landbrücke im Bereich der heutigen Beringstraße benutzten. Die Verteilung der frühesten datierten archäologischen Zeugnisse menschlichen Lebens auf dem nordamerikanischen Kontinent deuten auf das Erscheinen des prähistorischen Menschen während der Eiszeit hin.

Höchstwahrscheinlich verlief zwischen dem «Kordilleren»-Inlandeis der Rocky Mountains und der gewaltigen, um den Bereich der heutigen Hudson Bay gelegenen «Laurentidischen» Inlandeismasse ein eisfreier Korridor durch Alberta, der Wanderungsbewegungen nach Süden ermöglichte.[2] Dieser Korridor bestand über mehrere Jahrtausende hinweg in verhältnismäßig milden Phasen um die Mitte der Eiszeit. Er bildete sich erneut vor ungefähr zwölftausend Jahren gegen Ende des Pleistozäns während der Rückzugsphase des Inlandeises. Die Datierung von Funden, die mit menschlicher Tätigkeit in Verbindung gebracht werden, weist darauf hin, daß diese Passage während beider Zeitabschnitte benutzt wurde.

Mit C-14-Datierungen kann die Existenz der ersten Menschen in Australien ebenfalls auf das Eiszeitalter vor ungefähr 40 000 Jahren festgelegt werden. Damals entstanden infolge des abgesunkenen Meeresspiegels riesige Landbrücken, die Australien fast mit Asien verbanden. Es verblieben einige offene Meerengen, die die Urmenschen irgendwie überquerten.

Die frühen menschlichen Jäger- und Sammlerverbände lebten wohl

oft, aber nicht immer und überall, in weitverstreuten Gruppen, deren
Bewegungsfreiheit durch Eis, Meer und hohe Berge begrenzt wurde, die
aber auch die Möglichkeiten, die ihnen das Eiszeitalter bot, ausschöpf-
ten.

Bislang wurde die wesentlich größere Ausdehnung zahlreicher Seen
und Binnenmeere in den gemäßigten und niederen Breiten während der
Eiszeit kaum beachtet. Diese bildeten sich infolge des verlagerten Haupt-
regengürtels und der verminderten Verdunstung, die sich aus der im Vergleich zu heute niedrigen Temperatur und stärkeren Bewölkung ergab.
Das Kaspische Meer dehnte sich weit über seine heutigen Ufer nach
Nordwesten und Norden bis in das mittlere und östliche europäische Rußland aus und bedeckte mehr als das Doppelte seiner heutigen Fläche. Im
frühen Postglazial drangen Wassermassen des Nordpolarmeeres von Norden her in große Gebiete Nordwestsibiriens ein, die durch die Eislast tiefergedrückt worden waren. Der Tschadsee, gegenwärtig nur noch ein Re-
likt am Südrand der Sahara, erweiterte sich zu einem großen Binnenmeer
von der Fläche des heutigen Kaspischen Meeres. In Nordamerika entstand westlich der Hauptwasserscheide, der Kontinentalscheide, eine
Vielzahl von Seen. Der größte, der Bonnevillesee, entwickelte sich zu
einem weiteren Binnenmeer. Ausgehend vom heutigen Großen Salzsee
in Utah dehnte er sich auf eine Fläche von über 50 000 km^2 (entsprechend
der Fläche des heutigen Aralsees in Zentralasien) aus und erreichte eine
Tiefe von mehr als 300 m. Weitere Seen in demselben Großraum waren
der Lahontansee mit einer Fläche von über 25 000 km^2 in Nordwest-
nevada und der Searles- und der Saltonsee in Südostkalifornien. Diese
wasserreiche Landschaft in der westlichen Bergregion der heutigen Vereinigten Staaten blieb bis in das frühe Postglazial hinein erhalten, d. h.
solange der sich zurückziehende Laurentidische Eisschild noch einen
Großteil Kanadas bedeckte. In Australien gab es ebenfalls in Gegenden
Seen, wo heute keine mehr zu finden sind.

Das Ende des Eiszeitalters

Am Ende des Pleistozän wurde die Landschaft nicht nur durch das Abschmelzen der riesigen Eismassen und durch das allmähliche Verschwinden vieler Seen stark verändert. Daran beteiligt waren auch das durch die
Schmelzwasserzufuhr bedingte Ansteigen des Meeresspiegels und der
langwierige Prozeß der allmählich auftauchenden Festlandsbereiche, die
durch das Gewicht der Eismassen tiefergedrückt worden waren. Um den
nördlichsten Teil der Ostsee, an der Spitze des Bottnischen Meerbusens,

wo sich die ehemalige nordeuropäische Inlandvereisung konzentrierte, hebt sich das Land immer noch um ca. einen Meter in 100 Jahren. Der Gesamtanstieg in diesem Teil Skandinaviens wird seit dem Rückzug des Eises auf insgesamt 270 bis 300 m geschätzt. Darüber hinaus drang der Wald in weite Teile der ehemaligen Tundralandschaft bzw. der Grasebenen vor.

Für die damals lebenden Menschen und Tiere, die ihre Lebensgewohnheiten an die Bedingungen der Eiszeit angepaßt hatten, bedeuteten diese Vorgänge einschneidende Veränderungen. In den unterschiedlichsten Regionen, etwa um das Mittelmeer herum, an der Nordsee und der Großen Australischen Bucht lebten die frühen Menschen offenbar in Meeresnähe, weil die Flußmündungen vermutlich für den Fischfang besonders geeignet waren und verdunstendes Meerwasser zur Salzgewinnung diente. Mit dem Salz wurden Fische und auf dem Land erlegte Beute haltbar gemacht. Wahrscheinlich lagen die Siedlungsschwerpunkte der Eiszeitmenschen vor allem in den heute vom Meer überfluteten Gebieten. Man nimmt daher an, daß das Ende der Glazialzeit und der nachfolgende, anhaltende Meeresspiegelanstieg die Gesamtzahl der Bevölkerung stark vermindert hat. Dieses in der Geschichte seltene Ereignis gab wohl Anlaß zu vielen Legenden über eine urzeitliche Sintflut.

Der weltweite Temperaturanstieg war natürlich das deutlichste Kennzeichen des frühen Postglazials. Im Vergleich zu heute scheint das Klima in den meisten Gebieten der Erde zwischen etwa 5000 (oder sogar noch früher) und 3000 v. Chr. allgemein um 1 bis 3 °C wärmer gewesen zu sein. In den polnahen Gebieten Nordamerikas, wo sich die Reste des ehemaligen Inlandeises am längsten hielten, und auch in Grönland wurde der wärmste Abschnitt erst ungefähr 2000 v. Chr. erreicht. Die Schmelzwasser der Festlandeismassen führten zum Anstieg des Meeresspiegels.

Der Meeresspiegelanstieg und seine Folgen

In Abb. 36 wird das Ansteigen des Meeresspiegels im Postglazial dargestellt, eine Entwicklung, die vor 15 000 v. Chr.[3], unmittelbar nach dem Rückgang der Inlandvereisung, einsetzte. Dazu gibt es verschiedene Theorien; das Diagramm zeigt den Bereich, für den die Schätzungen in einem akzeptablen Rahmen liegen. Bisher gibt es nur wenige ähnlich detaillierte Kurven. Selbstverständlich müssen die Einzelheiten als weniger gesichert gelten als die Gesamttendenz. Man ist sich jedoch weitgehend darin einig, daß die Phasen schneller Veränderung ungefähr zwischen 8000 und 5000 v. Chr. liegen. Übereinstimmung herrscht auch darüber,

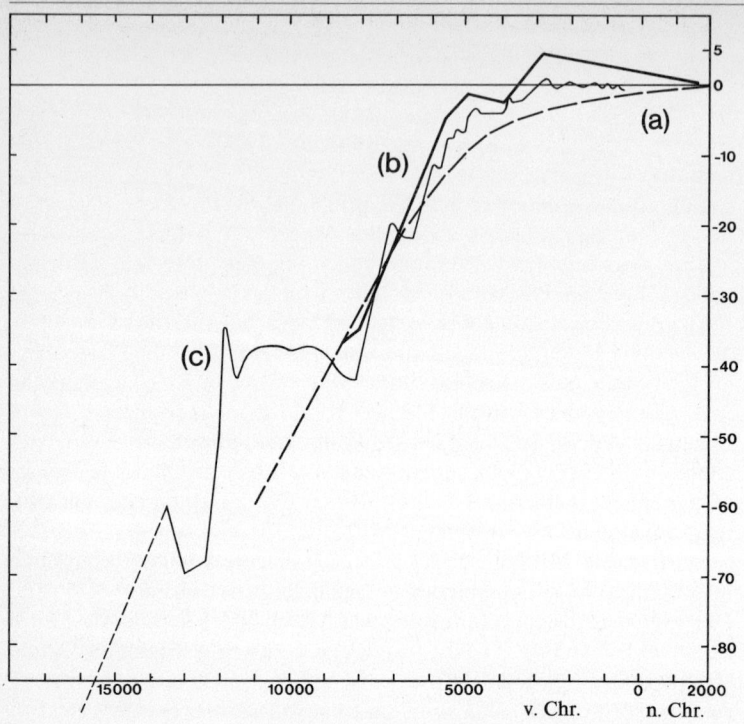

36: Anstieg des weltweiten Meeresspiegels beim Abschmelzen der ehemaligen
Eismassen und während des Postglazials. Drei Rekonstruktionen: a) eine sehr
glatte, nach dem mathematischen Verfahren der «besten Anpassung» erstellte
Kurve, die alle Einzelheiten ausklammert; b) eine weitgehend anerkannte Rekonstruktion der Hauptphasen, die aus zahlreichen datierten Küstenlinien um die Ostsee errechnet wurden, und zwar nach Abzug der stetigen Landhebung in diesem
Gebiet, die nach dem Abschmelzen der ehemaligen Eislast eintrat; und c) eine
dank Mörner sorgfältig errechnete, detailliertere Kurve, die sich auf Übereinstimmungen mit Rekonstruktionen für verschiedene Regionen stützt.

daß der Anstieg des Wasserspiegels weltweit ungefähr um 2000 v. Chr. bei
einem Stand, der wahrscheinlich ein oder zwei Meter über dem heutigen
Niveau lag, de facto abgeschlossen war. Diese Entwicklung umfaßte ein
oder zwei ausgeprägte Stadien: das rasche Abschmelzen des skandinavischen Inlandeises ungefähr nach 8200 v. Chr. (das anhielt, bis die noch
verbliebenen Überreste um 6000 v. Chr. nicht mehr viel größer waren als
die heutige Vereisung in Norwegen) und die Meerestransgressionen in die

Hudson Bay um 6000 v. Chr. (auf die das schnelle Zurückweichen der großen Nordamerikanischen Inlandvereisung folgte). Die letzten Relikte dieser Vergletscherung waren mit Ausnahme der Baffininsel und anderer kanadischer Inseln in der Arktis bis ungefähr 3000 v. Chr. verschwunden. Zeitweilig übertraf die Geschwindigkeit des Meeresanstieges die der Landhebung. Dies gilt für den Ostseeraum und auch für die Regionen (z. B. Schottland und die Hudson Bay), wo sich das Gewicht des Eises konzentriert hatte. In diesen Gebieten dominierte die Landhebung in den letzten 5000 Jahren.

Abb. 37 zeigt die Verteilung von Land und Meer im Nordseebecken um 8000 v. Chr. Während der folgenden Jahrhunderte wich die Küstenlinie schnell zurück. Dabei entstand ein kompliziertes Gefüge von Kanälen und Inseln. Die Straße von Dover begann sich wahrscheinlich schon 7600 v. Chr. zu öffnen, und um 5000 v. Chr. hatte die Küstenkonfiguration dieser Gegend bereits Ähnlichkeit mit ihrer heutigen Gestalt. Die durch den Meeresspiegelanstieg hervorgerufene Abtrennung der Britischen Inseln vom Kontinent nahm zwangsläufig denjenigen Pflanzen und Tieren die Möglichkeit, sich auf den Britischen Inseln auszubreiten, die nach den Eiszeiten noch nicht wieder zurückgekehrt waren und die Straße von Dover (z. B. durch Samen tragende Vögel) nicht überwinden konnten. Hierin liegt der Grund für den im Vergleich zum europäischen Festland begrenzteren Artenreichtum auf den Britischen Inseln. Noch geringer ist die Artenvielfalt in Irland und auf einem Großteil der kleineren Inseln, die bereits früher von der britischen Hauptinsel abgeschnitten worden waren.

In eben diesem Zeitabschnitt wurden die Ostsee und ihre Abflüsse mehrmals umgestaltet. Auch in anderen Teilen der Welt, die von den ehemaligen Inlandvergletscherungen weit entfernt lagen, wichen in tiefliegenden Gebieten die Küstenlinien vor der heranrückenden Flut schnell zurück.

Natürlich hat selbst der überaus rasche nacheiszeitliche Anstieg des Meeresspiegels mit einem Durchschnittswert von einem bis fünf Metern pro Jahrhundert nirgendwo dazu geführt, daß Menschen ertranken. Doch ist diese Feststellung mißverständlich. Die an den tiefgelegenen Nordseeküsten während der letzten tausend Jahre aufgetretenen Katastrophen machen deutlich, daß sich das Zurückweichen der Küsten nicht als ein allmählicher Prozeß vollzieht, sondern in plötzlichen Meeresvorstößen z. B. bei Sturmfluten.

Wanderungen des frühen Menschen

Im 8. vorchristlichen Jahrtausend hat sich im Bereich der Tiefländer des heutigen Nordseeraumes nachweislich die Maglemosekultur von Dänemark bis zum Star-Carr-Lager in Yorkshire ausgebreitet. Bei den ihr zugehörigen Bevölkerungsgruppen handelte es sich um Jäger, die in Lichtungen im frühen Birkenwald lebten und von Booten aus in der Nähe ihres Lagers Fischfang betrieben. Bereits einige tausend Jahre zuvor, als der Eisrand noch in Dänemark lag, gelangten Rentierjäger auf ihren Streifzügen bis auf die Höhe Hamburgs. Andere, die in Zelten aus Tierhäuten lebten, schlugen ihr Lager in der Tundra in der Nähe der heutigen Stadt Kopenhagen auf. Untersuchungen des Archäologischen Museums in Stavanger und Arbeiten anderer, weiter nördlich in Südnorwegen tätiger Gruppen haben für etwa tausend Jahre nach dem Eisrückgang auf der 1000 m hohen Ebene Rentierjäger nachgewiesen. Die Ergebnisse von ca. 70 mit der Radiokarbonmethode vorgenommenen Datierungen an Standorten auf der Hardangervidda lassen auf die Existenz von Jägern

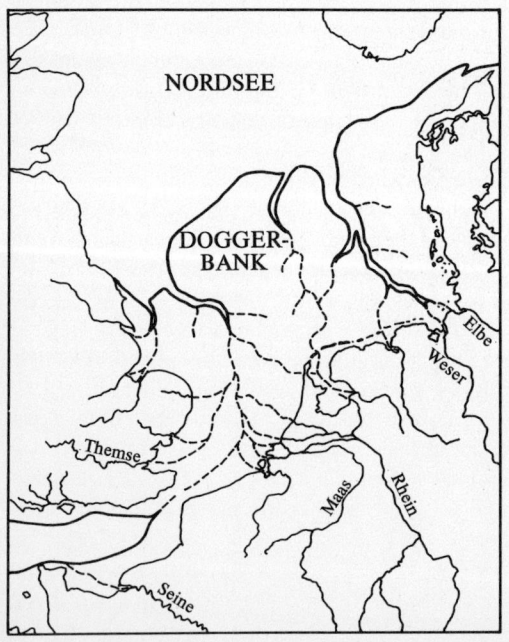

NORDSEE

DOGGER-
BANK

Elbe

Weser

Themse

Maas

Rhein

Seine

37: Das Nordseebecken um 8000 v. Chr.: Vermutetes Aussehen des damals existierenden Nordseelandes.

zwischen 7000 und 6500 v. Chr. schließen. Schon um 5000 v. Chr. wurde das Wild systematisch durch Fallenstellen erlegt, und zwar dort, wo die bevorzugten Wanderrouten des Wildes durch Engstellen zwischen Felshängen hindurchführten oder zwischen den zahlreichen Wasserflächen verliefen. Dies trifft nicht nur auf die Hardangervidda zu, sondern auch auf die Ryfylkehöhen westlich des Setesdalflusses im Süden und auf den Oppdalberg im östlichen Mittelnorwegen. In dieser frühen Phase scheinen sich die menschlichen Aktivitäten eher auf die Plateaus und an den oberen Waldrändern konzentriert zu haben. In den tiefen, geschützten Tälern waren im Kiefern- und Birkenwald nur noch wenige leicht passierbare Durchgänge verblieben.

Mit einiger Sicherheit können für das frühe Postglazial, als der nördliche Teil Nordamerikas noch unter einer beträchtlichen Eismasse lag, hingegen Europa und der nordatlantische Raum bereits fast bis zum heu-

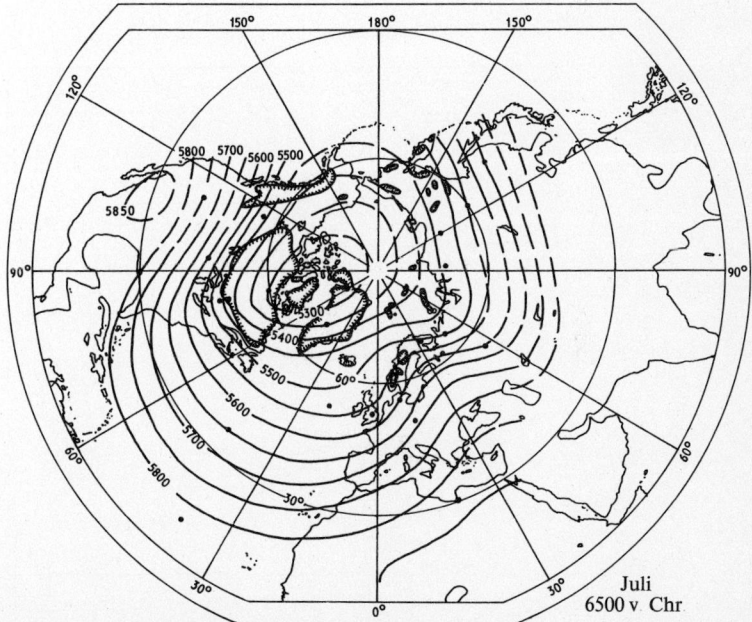

38a: Rekonstruiertes Muster des Westwindgürtels ungefähr 6500 v. Chr., das aus den stark verzerrten, vorherrschenden Temperaturmustern entwickelt wurde: abgeleitete mittlere Höhe der 500 mb Isobare im Juli. Die Karte zeigt gleichfalls die historische Verteilung von Land und Eismassen.

tigen Ausmaß eisfrei waren, die charakteristischen Merkmale der atmosphärischen Zirkulation nachvollzogen werden. Der stark verzerrte Charakter dieser Wärmeverteilung muß die Sturmtätigkeit über dem Atlantik weit nach Nordosten und Norden auf beide Seiten Grönlands und zum Nordpolarmeer abgelenkt haben, wodurch Europa bis auf die weit nördlich gelegenen Gebiete in einem ziemlich trockenen Klima mit häufigen Hochdrucklagen verblieb. Die Abbildungen 38a und b zeigen einen Rekonstruktionsversuch der durchschnittlichen Luftdruckverteilung und der Winde für das 7. vorchristliche Jahrtausend (Juli 6500 v. Chr.). Für diesen Zeitraum besteht in bezug auf die Rekonstruktion der allgemeinen Windzirkulation weitgehend Übereinstimmung. Das dargestellte Regime geht von warmen Sommern bei weiterhin kalten Wintern aus. Die Verteilung wird durch den nachgewiesenen frühen Wärmeeinbruch in Island und durch die Winde, die Pollen aus der viel weiter südlich gelegenen bewaldeten Zone der heutigen Vereinigten Staaten nach Westgrönland brachten, offenbar bestätigt. Anders ausgedrückt: Über dem westlichen

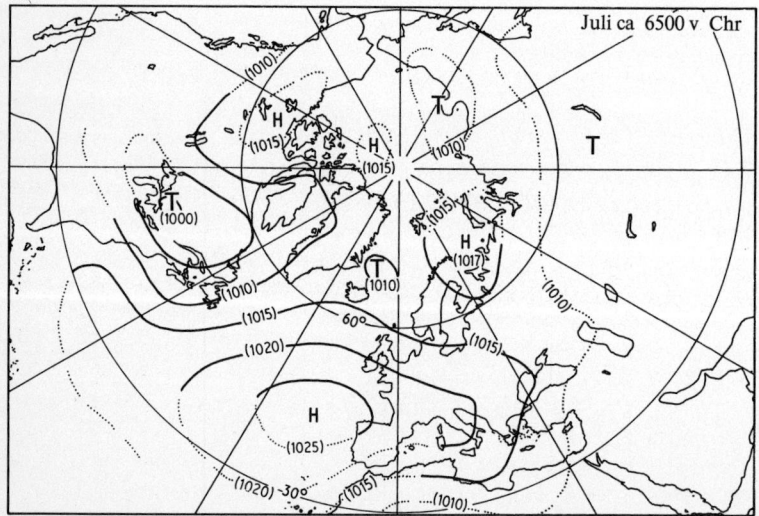

38b: Die wahrscheinliche Verteilung des mittleren Luftdrucks bei NN und vorherrschende bodennahe Winde im Juli um 6500 v. Chr. gemäß a). Auf diesen Karten fallen die noch über Nordamerika bestehenden Eiskappen, die über dem westlichen Atlantik in Richtung Grönland und Island ziehenden südlichen Winde und die über dem Großteil Europas vorherrschenden Hochdrucklagen (Schönwetterlagen) besonders auf.

und nördlichen Atlantik herrschten Winde aus südlicher und südwestlicher Richtung vor.

Im östlichen Mittelmeerraum gibt es ebenfalls unverkennbare Hinweise auf eine Binnenwanderung während des starken postglazialen Mee-
resspiegelanstiegs. Um 10 000 v. Chr. war die Küstenebene von Syrien
und Palästina noch um vieles breiter als heute. Sie verengte sich allerdings
schon zusehends, und dieser Prozeß hielt bis auf eine kurze Stagnation im
9. vorchristlichen Jahrtausend an. M. R. Bloch vom Arid Zone Research
Institute in der israelischen Negevwüste [4] hat darauf hingewiesen, daß das
Entstehen der ersten «Stadt» der Welt, Jericho, um ungefähr 9000 v. Chr.
zeitlich fast mit dem schnellen, weltweiten Anstieg des Meeresspiegels
und der Überflutung der Küstenebenen zusammenfällt. Darüber hinaus
ist das Entstehen dieser Stadt eng mit dem nachweisbaren Abbau der
reichen Salzvorkommen des im Binnenland gelegenen Toten Meeres verknüpft, das nach seinem glazialen Höchststand zu dieser Zeit mehr und
mehr austrocknete. Das Salz wurde anscheinend beim Ledergerben und
bei der Konservierung von Lebensmitteln sowie beim Herstellen von
Brot verwendet.

Die Anfänge von Landwirtschaft und Viehhaltung

Etwas weiter nördlich im Nahen Osten deuten archäologische Funde aus
der Shanidarhöhle und Pollenanalysen aus den Seen im Zagrosgebirge im
Grenzgebiet der Türkei, Syriens, des Irak und des Iran darauf hin, daß
der Mensch etwa zu derselben Zeit begann, Tiere zu halten und Getreide
als Nahrungsmittel anzubauen. Bis 10 000 v. Chr. lebten die Bewohner
dieser Gegend in Höhlen und jagten Wild, meist Schafe und Ziegen.
Dann gewann das Schaf im Vergleich zu den anderen Tieren für die Ernährung an Bedeutung; der hohe Anteil der Lammknochen legt die Vermutung nahe, daß mit der Viehhaltung begonnen wurde. Um 9000 v. Chr.
hatten sich die Gletscher im Zagrosgebirge [5] auf die höchsten Erhebungen
zurückgezogen, die Vegetationsgrenzen reichten in den Bergen immer
höher. In der Steppe am Fuße der Berge wuchs Wildgerste, und auf den
Plateaus im Innern und zwischen den Bergen war wildes Einkorn anzutreffen. Doch kann nicht mit Gewißheit gesagt werden, ob die Ausbreitung des wilden Emmer über Palästina hinausreichte. Professor Herbert
E. Wright von der University of Minnesota kommt in seiner Bewertung
dieser Funde und aufgrund der nachweisbaren Verbreitung von Obsidian-
werkzeugen, die aus osttürkischen Gegenden jenseits des Gebirges stammen, zu dem Schluß, daß saisonale Wanderungsbewegungen und wohl

auch das Sammeln einiger Getreidearten und möglicherweise auch von für den menschlichen Verzehr geeigneten Pflanzen schon für das 10. vorchristliche Jahrtausend als gesichert gelten können. Für dieses Stadium weist die große Zahl der in der Shanidarhöhle gefundenen Mahlwerkzeuge auf die Verwendung von «Getreidegräsern» hin, doch es fehlt ein eindeutiger Beweis für den Anbau. Im nächsten Stadium traten jedoch Weizen und Gerste in der mesopotamischen Steppe nahe der Berge auf, wo weder das Klima noch die Geländebeschaffenheit für die Wildformen dieser Getreidearten geeignet waren, zweifelsohne wurden sie nunmehr systematisch angebaut. Die Menschen lebten mit ihren Ziegen, Schafen, Schweinen und Hunden in festen Behausungen an Dauersiedlungsplätzen, den ersten agrarwirtschaftlich ausgerichteten Dörfern.

Wright faßt diese Beobachtungen zusammen: «Aus all dem geht hervor, daß dem prähistorischen Hochlandbewohner des Zagrosgebirges nicht allein das Einkorn unter den Getreidearten bekannt war; in der Folgezeit kamen Emmer und Gerste hinzu. (...) Wenn wir zudem annehmen, daß jagdbares Wild vor 11 000 Jahren in den Bergen in weitaus größerer Zahl vorhanden war als in den Ebenen (...) und daß der Mensch als Jäger ebenfalls hauptsächlich in den Bergen lebte, da ihm dort Wild als Nahrungsmittel und Höhlen für seine Unterkunft zur Verfügung standen (...), dann lag mit dem Wechsel zu einem wärmeren Klima und dem Auftreten von wildwachsenden Getreidearten eine Kombination von Umständen vor, die sich für die Herdenhaltung wie auch für den Anbau von Emmer und Gerste als optimal erwies. Gleichzeitig verlagerten sich die Wohnstätten aus den Höhlen in den Bergen zu offenen Siedlungsplätzen in den Gebirgsausläufern, wo der Boden für den Ackerbau weitaus geeigneter war.

Obwohl ich die Evolution der Kultur, die allmähliche Verfeinerung von Werkzeugen und Techniken zur Umweltbeherrschung, im Vergleich zum Klimadeterminismus bei der Entstehung früher Kulturen immer als die stärkere Kraft angesehen habe, kann das chronologische Zusammentreffen wichtiger Veränderungen in der Umwelt und in der Kultur dieses Gebiets während der Anfangsphase der neolithischen Revolution (...) nicht übersehen werden.»[6]

Die Verlagerung der Vegetationszonen und der Fauna

Selbstverständlich verschoben sich ab dem 9. Jahrtausend v. Chr. die Vegetationszonen nicht nur im Zagrosgebirge und in der mesopotamischen Ebene. In Europa drang der Wald allmählich in die von Wisenten und anderen Tieren durchstreiften Ebenen vor, bis er schließlich das Landschaftsbild beherrschte. Anfänglich bildeten Birkendickichte den Ober-flächenbewuchs, gefolgt von ausgedehnten Birken- und Kiefernwäldern. Später kam die Hasel hinzu, dann dominierten Eiche, Ulme und Linde, dazu Erlen an feuchteren Standorten. Zu diesen verschiedenen Arten des Waldbestandes kamen Insekten und Vögel und die zu dem jeweiligen Habitat passenden Tiere. Nach und nach erweiterten die Vögel und die größeren Tiere – wie auch die Fische in den Meeren – ihren Lebensraum und legten ihre jahreszeitlich bedingten Wanderrouten fest, deren Ausgangs- und Zielgebiete teilweise von den heutigen abwichen. Mensch und Tier mußten sich an eine Welt anpassen, die sich ebenfalls veränderte. Wahrscheinlich sind zahlreiche Arten ausgestorben – z. B. das Pferd und das Mammut in Nordamerika und in Eurasien –, einfach weil die Menschen sich immer besser an die ungewohnten Umstände anpassen konnten. Der Exitus jener Mammuts, die gut erhalten im Dauerfrostboden gefunden wurden, ist nach Ansicht des Verfassers am ehesten dadurch zu erklären, daß es sich bei ihnen um die letzten Überlebenden ihrer Art handelte. Die Mammuts «flohen» wahrscheinlich während der letzten warmen Sommer der Nacheiszeit vor 4000 oder 5000 Jahren vor den Menschen in das sumpfige, halbgefrorene Ödland der Tundra. Später ist der Permafrost, d. h. der dauernd gefrorene Untergrund, erneut vorgerückt und hat die Kadaver konserviert. Einige werden jedoch hin und wieder freigegeben und treiben auf der Lena oder auf anderen Flüssen im Nordosten Sibiriens stromabwärts, wenn der Sommer außergewöhnlich warm ist. Ein solcher Fall ist von einem Lenaschiffer im Jahre 1846 eindrucksvoll beschrieben worden. Gegen Ende des letzten Jahrhunderts wurde auch in der Nähe der Lenamündung an der Küste des Nordpolarmeeres ein weiteres Mammut im Verwesungsstadium gefunden.

Klimatische und kulturelle Veränderungen in prähistorischer Zeit

Die Diskussion über die allgemeine Frage, inwieweit die Auswirkungen des Klimas zu kulturellen Veränderungen in der Menschheitsgeschichte und in ihrer extremsten Form zum Klimadeterminismus geführt haben, ist in den zurückliegenden Jahren von einigen Autoren, vornehmlich durch die Veröffentlichungen von Wendland und Bryson im Jahre 1974[7] in der Zeitschrift *Quaternary Research*, einen interessanten Schritt weitergekommen. Die Ergebnisse der Klimaforschung belegen die Abfolge von mehr oder weniger stabilen Regimen, die durch verhältnismäßig schnelle Übergänge getrennt waren. Daher wird im allgemeinen die C-14-Methode angewandt, um Daten für *Umweltveränderungen* zu erhalten, zwischen denen ein innerer Zusammenhang besteht (Veränderungen bei der Pollenkonfiguration, die Veränderungen in der Vegetationszusammensetzung entsprechen, Meerestransgressionen, glaziale Höchststände usw.). Aus diesem Grunde haben Wendland und Bryson statistisch die zeitliche Verteilung einer großen Grundgesamtheit von C-14-Daten für markante Veränderungen während des Postglazials untersucht, die in der Zeitschrift *Radiocarbon* (offizielles Organ für derartige Berichte) veröffentlicht wurden. Über 800 dieser Datierungstests wurden an organischen Materialien aus aller Welt ausgewertet. Anschließend wurde ihre zeitliche Verteilung mit Ergebnissen von ungefähr 3700 C-14-Tests verglichen, die der zeitlichen Identifizierung von Epochen *kulturellen Wandels* in verschiedenen Teilen der Welt dienten. Die Analyse ergab fünf postglaziale Hauptabschnitte für Umweltveränderungen und fünf Hauptabschnitte für Kulturveränderungen. Die Daten der kulturellen Veränderung lagen stets nahe bei den Daten der Umweltveränderung, und zwar erfolgte eine Kulturveränderung jeweils mit einer scheinbaren Zeitverschiebung von 50 oder 100 Jahren. (Aufgrund der Fehlerspanne bei Datierungstests müssen wir von einer «scheinbaren Zeitverschiebung» sprechen, obwohl die Spanne durch Einbeziehung der Mittelwertbildung einer großen Datenanzahl vermindert wird.) In Deutschland haben Geyh und Jäkel eine ähnliche Analyse durchgeführt, wobei sie sich auf die heutige Wüstenregion der Sahara konzentriert haben. Karlstrom u. a. haben mit Hilfe der Methode der Jahresringdatierung herausgefunden, daß wiederholte Belastungen des Lebensumfeldes aufgrund von Umweltveränderungen anscheinend die lange Geschichte der Kultur- und Bevölkerungsveränderungen bei den amerikanischen Indianern auf dem Coloradoplateau während der letzten 2500 Jahre geprägt haben.

Die wärmste postglaziale Periode in Nordafrika, Europa und in Nordamerika

Wenden wir uns nun weiter südlich gelegenen Gebieten zu, z. B. der Sahara. Hier finden wir wiederum Darstellungen der Fauna und der menschlichen Lebensweise in Felszeichnungen und Malereien, die von einer im Vergleich zu heute sehr verschiedenen Umwelt zeugen. Mit der C-14-Datierung, die an miteinander korrespondierenden Kulturgegenständen in den angrenzenden Gebieten bis hin zum Niltal durchgeführt wurde, kann das ungefähre Alter der Bilder festgelegt werden. Die früheste von Jägern in der Sahara hinterlassene Tierzeichnung geht mindestens

39 a + b: Ausschnitte von Höhlenmalereien aus der Zeit um 3500 v. Chr. aus Aounrhet in der Sahara. Dargestellt wird a) eine Nilpferdjagd mit Kanus, was im Vergleich zu heute auf ein deutlich feuchteres Klima in der Region hinweist, und b) Rinderhaltung.

bis auf das 5. oder 6. Jahrtausend v. Chr. zurück (korrigierte C-14-Daten).
Dargestellt werden Elefanten, Nashörner, Büffel, Nilpferde, Antilopen,
Giraffen und Damwild. Beispiele der in dieser Region heute unbekann-
ten Arten finden sich selbst noch in der Zentralregion der Sahara. Die
Malereien entstanden später und setzten sich bis in die Zeit der frühen
ägyptischen Dynastien fort.

Besonders bemerkenswert sind die Felsdarstellungen in der Sahara, die
eine Umwelt mit Wasservorkommen abbilden und sogar eine Art Boot
oder Kanu in die Darstellung einbeziehen (Abb. 39). Diese zahlreichen
künstlerischen Zeugnisse lassen zweifelsfrei den Schluß zu, daß es in der
Sahara ausreichend feuchte Bereiche zur Lebenserhaltung gab. Tiere und
Menschen konnten umherziehen und das heute als größte Wüste der Welt
geltende Gebiet problemlos durchqueren. Diese Folgerung wird durch
einen weiteren Nachweis gestützt: Der Tschadsee war während der Eiszeit ein ausgedehntes Binnenmeer und wies, abgesehen von einer erheblichen Schwankung beim Übergang in die postglaziale Phase, bis ca. 3000
v. Chr. einen im Vergleich zu heute um 30 bis 40 m höheren Wasserspiegel
auf. Der alte Riesen-Tschadsee hat seine Spuren nicht nur in Form fossiler Uferlinien hinterlassen, auch weit verteilte Fischfossilien zeugen von
seinem ehemaligen Ausmaß.

K. W. Butzer gelangt bei der Untersuchung der reichhaltigen Materialien aus der Zeit der frühen ägyptischen Dynastien zu dem Schluß, daß
Elefanten und Giraffen in den Jahrhunderten vor 2900 v. Chr. bereits selten wurden und Giraffen und Nashörner um 2600 v. Chr. aus Ägypten
völlig verschwunden waren. Bei den Elefanten, die zu Zeiten Hannibals
noch in Algerien zu finden waren, handelte es sich wohl um durch die
Sahara vom zentralafrikanischen Hauptverbreitungsgebiet abgeschnitte-
ne Herden. Elefanten kamen auch in der Nähe der afrikanischen Atlantikküste und in den Wäldern am Fuß des Atlas vor. Die letzten Exemplare
scheinen jedoch im 3. Jahrhundert n. Chr. ausgestorben zu sein.

Die fortschreitende Austrocknung der Wüstenregion zwischen ca. 3500
und 2800 v. Chr. und der gleichzeitige Rückgang der alljährlichen Nilüberschwemmungen gehen anscheinend auf eine klimatische Entwicklung zurück, die eine Hemisphäre, möglicherweise die ganze Welt betraf.
Zur gleichen Zeit veränderte sich die Artenzusammensetzung der Wälder
in Europa und in einem über Nordamerika von Minnesota bis Neuengland
verlaufenden Gürtel. So nahmen besonders deutlich wärmelieben-
den Ulmen und Linden in der Zone der breitblättrigen Baumarten ab.
Die Alpengletscher rückten merklich vor; dieser Vorstoß ist als Piora-
Oszillation bekannt. Es handelte sich anscheinend um die erste bemerkenswerte Gletscherbewegung nach der einige Jahrtausende anhaltenden

wärmsten postglazialen Phase. Manche Wissenschaftler schließen daraus, daß der Aufstieg Ägyptens und die systematische Kultivierung des Niltals, die durch die Ausnutzung der jährlichen Überschwemmung zu Bewässerungszwecken möglich geworden war, eine notwendige Reaktion auf die beträchtliche Verringerung des damals bewohnbaren Areals in Nordafrika darstellten. Diese Entwicklung wurde auch durch die Kenntnis von Agrartechniken begünstigt, die sich vermutlich im Nahen Osten bereits ausgebreitet hatten.

Anmerkungen

1 In der Polaratmosphäre scheint zuwenig Feuchtigkeit für die Bildung des Inlandeises über Nordalaska enthalten gewesen zu sein. Derzeit besteht über Nordgrönland eine ähnliche Situation.

2 Weitere Informationen bei R. F. Flint: Glacial and Quaternary Geology, New York 1971, S. 785; D. M. Hopkins (Hg.): The Bering Land Bridge, Stanford 1967, S. 495 ff.; H. H. Lamb: Climate: Present, Past and Future – Volume 2: Climatic History and the Future, London 1977, S. 835 ff.; P. Woldstedt: Die Beringstraße und die Einwanderung des Menschen von Asien nach Amerika, in: Das Eiszeitalter, 3, Stuttgart [2]1965, S. 220–224.

3 Als Erleichterung für den Leser sind die Zeitangaben in diesem Buch in Kalenderdaten umgewandelt worden, selbst dann, wenn sie auf der C-14-Methode oder auf anderen approximativen Datierungsmethoden basieren. Bei Ungewißheitsspannen werden diese im Text angegeben.

4 M. R. Bloch: Zur Entwicklung der vom Salz abhängigen Technologien: Auswirkung von postglazialen Veränderungen der Ozeanküsten, in: Saeculum, 21, Heft 1, München 1970, S. 1–33. Vgl. ebenso: M. R. Bloch: Salt in Human History, in: Interdisciplinary Science Reviews, 1, Nr. 4, 1976.

5 Die Schneegrenze im Taurus- und Zagrosgebirge von der südlichen Türkei bis zur Grenze von Iran und Irak scheint während der letzten Eiszeit um 1200 bis 1800 m tiefer als heute gelegen zu haben. Eine derartige Differenz läßt sich nicht allein durch den Abfall der Temperatur, der sich in dieser Gegend wahrscheinlich auf mehr als 4 oder 5 °C belief, erklären. Der Unterschied kann nur durch die Eis- und Schneeansammlung aufgrund höherer Niederschlagsmengen als zu unserer Zeit erklärt werden. Dies ist an und für sich schon ein interessanter Beweis dafür, daß die Gegend nahe der Hauptzone mit Zyklonentätigkeit südlich der europäischen Eismassen lag. In den Alpen hingegen lag die obere Baumgrenze weit tiefer unterhalb der Schneegrenze. (Diese Angaben stammen aus H. E. Wright: The Late Pleistocene Climate of Europe: A Review, in: Geological Survey of America Bulletin, 72, Rochester, N. Y. 1961, S. 933–984; und H. Firbas: The Late Glacial Vegetation of Central Europe, in: New Phytologist, 49, Oxford und Edinburgh 1950, S. 163–173.)

6 H. E. Wright: Natural Environment of Early Food Production North of Mesopotamia, in: Science, 161, Washington DC 1968, S. 334–339.

7 W. M. Wendland, R. A. Bryson: Dating Climatic Episodes of the Holocene, in: Quaternary Research, 4, 1974, S. 9–24.

7 Frühe Kulturen

Die wärmsten Abschnitte im Postglazial: das Entstehen der asiatischen Wüsten und der Kulturen in Flußtälern

Auf die Zivilisationen, die sich im 3. Jahrtausend v. Chr. in den Tiefebenen des Tigris und des Euphrats, im Industal und in China entwickelten, könnte dasselbe zutreffen wie auf die Zivilisationen im Niltal Ägyptens. Die jungen Gemeinwesen stellten insofern eine notwendige Entwicklung dar, als sie die Ernährung einer stärker konzentrierten Bevölkerung in einer Zeit sicherstellten, zu der sich weite Gebiete in Arabien, Afghanistan und Radschasthan wie auch in Gobi und in Sinkiang mehr und mehr zu Wüstenregionen entwickelten. Mit dem zunehmenden Mangel an Weideflächen und Wild wurden die Vorteile der Bodenkultivierung in Tälern mit mehr oder weniger regelmäßiger, natürlicher Bewässerung für die Betroffenen immer deutlicher. Offenbar war die althergebrachte Lebensweise nicht mehr aufrechtzuerhalten.[1] Der japanische Meteorologe und Geograph Hideo Suzuki hat die interessante These aufgestellt, daß erst die Versklavung der aus den umliegenden, sich ausbreitenden Wüstenregionen verdrängten Hirten und Bauern die Voraussetzung für eine intensive ackerbauliche Nutzung und für die eindrucksvollen Bauten schuf, die das alte Ägypten und die anderen Zivilisationen in den Flußniederungen berühmt gemacht haben. Doch auch, nachdem der Mensch gelernt hatte, seine Umwelt zu landwirtschaftlichen Zwecken zu beherrschen, mußte er dennoch mit den von der Natur vorgegebenen Bedingungen zurechtkommen.

Der vorherrschende Temperaturverlauf während des Postglazials[2] wird durch die Verschiebung der oberen Baumgrenze für unterschiedliche Bergregionen belegt (Abb. 40). Dieser Ablauf ist anhand von Untersuchungen an Baumresten (Stümpfe, Samen usw.) ermittelt worden, die vermutlich nicht weit von ihrem Wuchsort aufgefunden wurden. Die Baumgrenze wird im wesentlichen von den vorherrschenden Sommertemperaturen bestimmt. Solche Kurven verlaufen parallel zu den Graphen, die sich bei der Festlegung der polwärtigen Grenzen in einzelnen Vegetationszonen während unterschiedlicher Zeitabschnitte durch Pollenanalyse und durch Hinweise auf Gletscherschwankungen ergeben. Die Kurven für die Baumgrenze dokumentieren aller Wahrscheinlichkeit nach die tatsächlichen Temperaturschwankungen mit einer Verzögerung von nicht mehr als 50 bis 100 Jahren. D. h., der Unsicherheitsfaktor ist geringer als bei der C-14-Datierung. Im Gegensatz dazu weist die Ent-

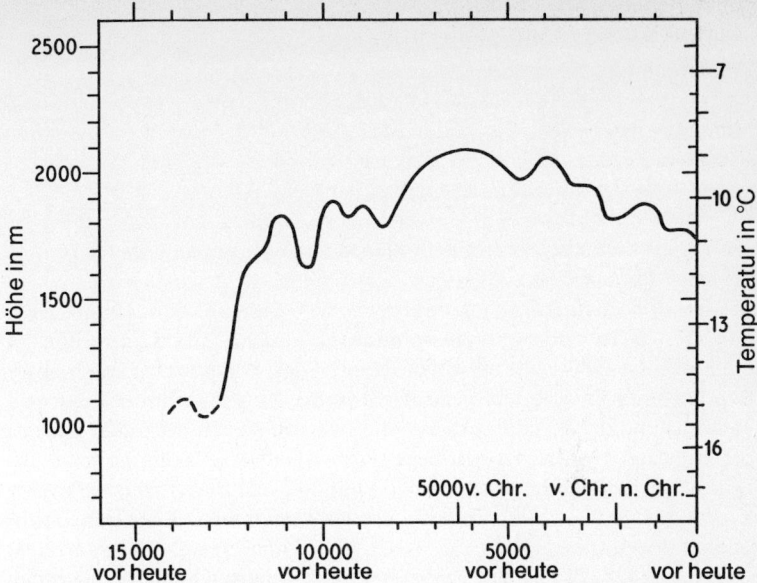

40: Durchschnittliche Höhe der oberen Baumgrenze in Gebirgen gemäßigter Breite seit der letzten Eiszeit.

wicklung des Meeresspiegels (Abb. 36) notwendigerweise eine wesentlich größere Zeitverzögerung auf, da man davon ausgehen kann, daß (vorausgesetzt, die anderen Größen bleiben unverändert) der höchste Meeresspiegel für das Ende des wärmsten Klimaregimes, nämlich nach dem größten Gletscherschwund, anzusetzen ist.

Interessanterweise wurde der erste Kanal zwischen dem Mittelmeer und dem Roten Meer bei Suez gebaut. Dieser vom Nildelta bis in die Gegend der heutigen Stadt Suez verlaufende Süßwasserkanal wurde im 12. Jahrhundert v. Chr. unter dem Pharao Sesostris I gegraben, zu einer Zeit also, als das Niveau der Weltmeere vermutlich gerade am höchsten war. Möglicherweise trug dieser Umstand dazu bei, daß das Projekt durchführbar erschien, denn die zu überwindende Strecke war zu jenem Zeitpunkt am kürzesten. Der Meeresspiegel muß während mehrerer nachfolgender Jahrhunderte im großen und ganzen konstant geblieben sein, wobei jedoch für den Zeitraum nach ca. 1600 v. Chr. von stärkeren Schwankungen auszugehen ist. Ein zweiter Suezkanal, vielleicht auch nur eine Wiederherstellung des ersten, entstand in der Zeit Ramses II

(1304–1237 v. Chr.). Die Regierungszeit dieses Pharaos scheint in eine der letzten relativ ausgedehnten, mehr oder weniger durchgängigen Wärmeperioden während des wärmsten postglazialen Abschnitts zu fallen. Dementsprechend muß der Meeresspiegel wiederum fast auf sein Maximum anzusetzen sein. Es ist durchaus denkbar, daß sich die im zweiten Buch Mose beschriebene Flucht der Israeliten aus Ägypten um ca. 1230 v. Chr. mit dem kurzzeitig schwankenden Wasserstand des Roten Meeres (wie auch mit Sturm- bzw. Flutwellen) über dem flachen, sandigen Untergrund erklären läßt; damals hatte der Meeresspiegel ein höheres Niveau als heute.

Eine Rekonstruktion der während der postglazialen Hauptklimaperiode jeweils vorherrschenden atmosphärischen Zirkulation führt zu Erkenntnissen über die mögliche Breitenlage der nordatlantisch-nordeuropäischen Sturmzone (die konzentrierten Zugbahnen von Tiefdruckzentren) und der Hochdruckzone, die sich von den Azoren über Europa bis hin nach Nordafrika erstreckt (Abb. 41). Diese Zone hohen Luftdrucks verläuft mehr oder weniger parallel mit den vorherrschenden Temperaturen. Die deutlich nach Norden verschobene Lage des subtropischen Hochdruckgürtels, die weder früher noch später wieder erreicht wurde, gilt für die Zeit vor ca. 9000 und 3000 Jahren und entspricht den Monsunregenfällen, die viel weiter nördlich als heute über der Sahararegion niedergingen. In der Mitte jener Zeitperiode befand sich dieser Gürtel in seiner nördlichsten Position, d. h. im Bereich des 40. nördlichen Breitengrades. Während des wärmsten Abschnitts der Nacheiszeit (und möglicherweise jeweils im jahreszeitlichen Verlauf) reichte in den Sommermonaten die gelegentlich auftretende, stark schwankende Tiefdrucktätigkeit aus dem Süden wahrscheinlich über das heutige Wüstengebiet hinaus bis in den Mittelmeerraum. Bei derartigen Verhältnissen ist es nicht verwunderlich, daß die Tiere und Menschen in der Sahara hinreichend Vegetation und Wasserstellen an der Oberfläche vorfanden, um ungehindert umherstreifen zu können. Damit wird verständlich, daß der Tschadsee zwischen ca. 7000 und 3000 v. Chr. weitaus größer war als in der heutigen Zeit. Die geschätzte durchschnittliche Niederschlagsmenge pro Jahr in dem extrem ariden Kerngebiet der Wüste zwischen Kufra und Tibesti, wo es gegenwärtig kaum Regen gibt, betrug vor 6000 v. Chr. 200 bis 400 mm und um 3000 v. Chr. 50 bis 150 mm. Im näher zum Sahararand gelegenen Gebiet des Tschadsees erreichten die Regenfälle das Zwei- bis Fünffache dieser Mengen. Darüber hinaus war die Verdunstung durch die damals wesentlich dichtere Wolkendecke erheblich geringer. Flüsse, die das ganze Jahr über Wasser führten, entwässerten das Bergland des Tibesti.

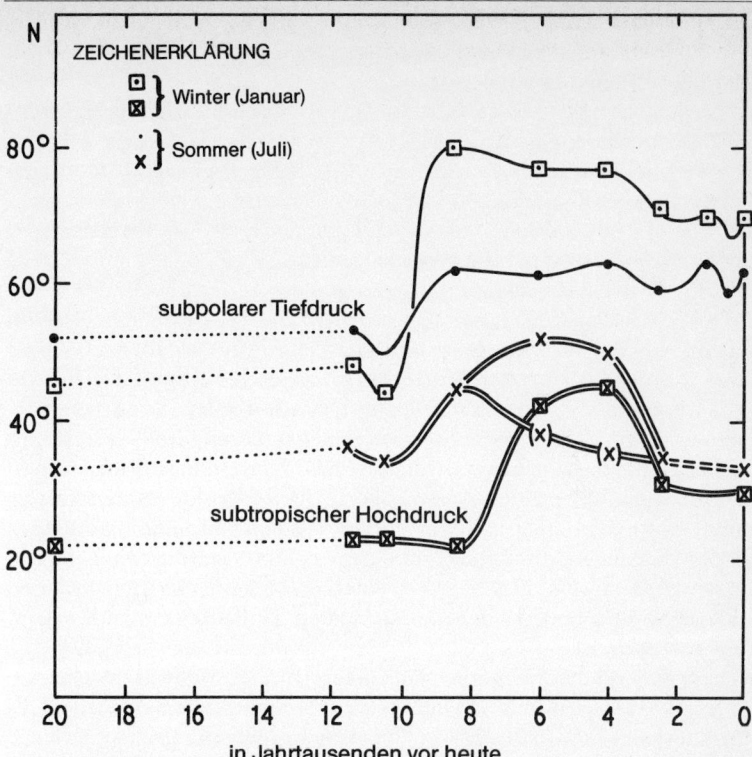

41: Geschätzte durchschnittliche Breiten des niedrigsten und höchsten Luftdrukkes (bei NN) im europäischen Bereich der nördlichen Hemisphäre seit der zweiten Hälfte der letzten Glazialzeit.

Wie bei anderen ostafrikanischen Seen, so lag der Wasserstand des Rudolfsees, der einen Überlauf zum Nil hatte, ebenfalls um einige Dezimeter über dem heutigen Niveau. In neueren Forschungsarbeiten wird die Sahara für den Zeitraum vor 3000 v. Chr. als eine Trockensavanne mit ganzjährig Wasser führenden, von Bäumen gesäumten Flußläufen beschrieben. Dieses feuchte Regime wurde nachweislich durch eine etwas weniger als tausend Jahre andauernde merkliche Versteppung etwa kurz vor 5000 v. Chr. unterbrochen. Interessanterweise scheint diese Klimastörung zeitlich mit dem Eindringen des Meeres in die Hudson Bay und dem nachfolgenden, raschen Rückzug der nordamerikanischen Inlandeismassen zusammenzufallen: Wahrscheinlich haben diese Ereignisse die Wärmeverteilung und die Windzirkulation auf der nördlichen Erdhalbkugel für eine gewisse Zeit gestört. Daß dieser kurze, trockenere Einschub für die vorliegende Darstellung durchaus relevant ist, läßt sich aus archäologischen Funden in Palästina ersehen. Denn dort waren die menschlichen Siedlungen, deren Ausbreitung bis in die heute trockensten Regionen hineinreichte, offenkundig von zwei Hochwassermarken betroffen, nämlich um 6000 und um 4000 oder 3000 v. Chr., und zwar vor und nach der in der Sahara erkennbaren trockeneren Periode.

Im Vergleich zu heute herrschte während des wärmsten Abschnittes im Postglazial auf anderen Landflächen derselben Breitenzone offenbar ein feuchteres Regime. In Radschasthan (Nordwestindien) und China scheint es keine Unterbrechungen gegeben zu haben, wie sie für das 6. Jahrtausend v. Chr. in Nordafrika festgestellt wurden. Wir können davon ausgehen, daß in einem gewissen Stadium dieser durch «extrem entwickelte» Monsune gekennzeichneten Phase Umstände auftraten, die zu weiteren Sintflutlegenden Anlaß gaben. Überlieferungen sprechen eindeutig von Fluten aufgrund von starken Regenfällen, hierzu zählt auch die in der Bibel in Verbindung mit Noah erwähnte Sintflut. Archäologen haben Überschwemmungen in Ur, Kisch und Ninive zwischen 4000 und möglicherweise noch zu dem relativ späten Zeitpunkt um 2400 v. Chr. nachgewiesen.

Ein gravierenderer Umbruch im Klimaregime fand jedoch zwischen ca. 3500 und 3000 v. Chr. statt. In diesem Zeitabschnitt schwankten jedenfalls die klimatischen Verhältnisse in einem weit größeren Ausmaß als lange Zeit zuvor. Die Alpengletscher rückten vor, und der Wald verlagerte sich geringfügig von den Höhen talwärts. Hierbei handelte es sich um die sogenannte Piora-Oszillation, benannt nach dem Val Piora, wo sich die ersten Spuren dieser Schwankung fanden. Durch Pollenanalyse wurde nachgewiesen, daß es sich um eine Kaltphase handelte. In dem sich über ganz Europa und Teile Nordamerikas erstreckenden gemäßigten Waldklima ging der Ulmen- und Lindenbestand zurück (Baumarten also, die ein milderes Klima bevorzugen) und erreichte danach nie wieder die frühere Größenordnung. Ungewiß bleibt, inwieweit das Eingreifen des Menschen und das weidende Vieh hierbei eine Rolle gespielt haben, doch ist der starke Rückgang des Waldes allein durch diese Faktoren kaum zu erklären. Für eine gewisse Zeit verringerte sich auch der Eichenbestand in Nordeuropa, und die extrem nördlichen Vorkommen der Hasel verschwanden endgültig.

Diese kältere Phase scheint sich über einen ziemlich kurzen Zeitraum, d. h. über höchstens vierhundert Jahre, erstreckt zu haben. Relikte dieser

Kaltphase bzw. Spuren einer sich synchron verändernden Vegetation, lassen sich indes bis nach Alaska und bis zur oberen Baumgrenze in den kolumbianischen Anden und in den Bergen Kenias verfolgen. Offensichtlich waren Teile des weltweiten Klimagefüges gestört. Darüber hinaus markierte dieser kältere Abschnitt das Ende der stabilsten postglazialen Warmphase, d. h eines Regimes, das mit den ausgeprägten Westwinden in mittleren und subarktischen Breiten in Verbindung gebracht worden ist. Aus diesem Grund wird dieses Regime in der älteren europäischen Literatur als «Atlantikum» bezeichnet. Als Folge der vornehmlich milden Winter und warmen Sommer sowie des weit nach Norden in höhere Breiten verlagerten Sturmgürtels lagen die mittleren Gesamttemperaturen in Europa im Vergleich zur neueren Zeit anscheinend um 2 °C höher. Tatsächlich stiegen die Temperaturen in den meisten Bereichen der Erde fast in dem gleichen Maße.

Die sich nach Norden verschiebenden Grenzen der Pflanzen- und Waldtypen und die Verlagerung der Wachstumsgrenzen in Regionen, die in vielen Teilen der Welt über ihre gegenwärtigen Höhengrenzen hinausging, belegen diese Annahme. Die zu jedem Vegetationstyp gehörenden Insekten- und Tierarten dehnten ihr Verbreitungsgebiet ebenfalls aus. Im heutigen Dänemark und in East Anglia trat während der wärmsten Phase im Postglazial in Europa eine Teichschildkröte (*Emys orbicularis*) auf, deren heutige Ausbreitung in Frankreich und in Deutschland durch die erforderliche mittlere Mindesttemperatur im Juli von 18,5 bis 20 °C begrenzt ist. Bekannt ist, daß eine dalmatische Pelikanart (*Pelecanus crispus*) auf ihrer Wanderung nach Norden bis nach Dänemark gelangte.[3]

Im sogenannten «Subboreal», das sich über die nachfolgenden zwei bis drei Jahrtausende bis weit in das letzte vorchristliche Jahrtausend erstreckte, traten in einigen Zeitabschnitten ebenso hohe Temperaturen auf wie nach der Eiszeit. Zahlreiche Belege über einige späte Gletschervorstöße, über den Vegetationsverlauf, die Moorbildung sowie über die Sedimentierung in Seen, wie beispielsweise in dem auf Abb. 31 gezeigten Krimsee, machen deutlich, daß das Klima weitaus instabiler war als vorher. Die jährlichen und längerfristigen Veränderungen lassen sich besonders deutlich an der Niederschlagsmenge ablesen. Dies kann auch an den Baumringen in Mitteleuropa und an der partiellen Vermoorung der gemäßigten Zone auf der nördlichen Hemisphäre nachvollzogen werden. Die Schwankungen der Flußwasserstände in Ägypten, Nordindien und China scheinen sich in dieses Bild einzufügen. In anderen Breitenlagen hingegen, beispielsweise auf der Krim, hat sich nach 3000 v. Chr. allmählich ein im Vergleich zur Zeit davor insgesamt niedrigeres Fluß- und Binnenseeniveau entwickelt.

Die Entstehung der Kulturen der Neusteinzeit und die rasche Ausbreitung der Landwirtschaft über Mittel- und Nordeuropa stehen in einem gewissen zeitlichen Zusammenhang mit dem Klimaumschwung am Ende des beständigen «Atlantikums». Dieses bemerkenswerte zeitliche Zusammentreffen legt die Vermutung nahe, daß die hergebrachte Lebensweise durch klimatische Ereignisse gestört wurde. Für die Bevölkerung war dies eine Herausforderung und gleichzeitig ein Anreiz, bewußt Landwirtschaft zu treiben und neue Werkzeuge herzustellen. Unklar sind bislang die Umstände, die den Menschen in seinem Handeln beeinflußten; wahrscheinlich waren Weideflächen teilweise nicht mehr nutzbar, und die Menschen konnten sich nicht mehr wie gewohnt auf die Nutzung wildwachsender Früchte und Körner verlassen.

Selbst nach 3000 v. Chr. hielt das im Vergleich zu heute feuchtere Klima in den Gebieten mit hoher Zivilisation über einen längeren Zeitraum an. Es kann nicht mit Bestimmtheit gesagt werden, inwieweit der höhere Wasserstand und die zu jener Zeit noch zahlreichen ausgedehnten Oasen hierzu beigetragen haben. Diese Oasen stellten ein im Schwinden begriffenes Überbleibsel aus dem früheren Klimaregime in den sich weiter ausbreitenden Wüsten dar. Die Anfänge der Bewässerung können für Mesopotamien bereits für die Zeit vor 5000 v. Chr. nachgewiesen werden. Im Wüstengebiet des heutigen Saudi-Arabien sind noch frühere Siedlungen festgestellt worden. Bis ca. 2000 v. Chr. überschritt die Kultivierung in Mesopotamien die heutige Anbaugrenze noch um ca. 50 km nach Norden hin. Die Bevölkerung stieg in einem solchen Ausmaß, daß sie heute dort nicht mehr versorgt werden könnte.

Die Induskulturen

Die Blütezeit der nordwestindischen Städte Harappa und Mohendscho Daro im Industal lag zwischen ca. 2500 und 1700 v. Chr. In dem Gebiet, das heute als die Tharwüste von Radschasthan bekannt ist und in dem damals Nashörner und Wasserbüffel lebten, wurden Weizen, Gerste, Melonen, Datteln und möglicherweise auch Baumwolle angebaut. Der normale Jahresniederschlag wird für die damalige Zeit auf eine Höhe zwischen 400 und 800 mm geschätzt. Gelegentliche Unterbrechungen in der kulturellen Entwicklung sind Überschwemmungsphasen zugeschrieben worden. Die sich herausbildende Induskultur kann mit Klimaschwankungen in Verbindung gebracht werden, die zwischen ca. 3500 oder 3000 und 800 v. Chr. und durchgängig später im «Subboreal» festgestellt wurden. Diese traten im Jahrhundertrhythmus auf, hielten teilweise aber auch länger an. Hier handelte es sich wahrscheinlich um wieder stärker nach Norden abgedrängte sommerliche Monsunregenfälle und um eine Verlagerung der Regen- und Schneefälle aus der gemäßigten Zone weiter nach Norden bis in die arktischen Gebiete. In Zentralasien hatte diese Umkehrung eine Dürre zur Folge. Der Aufstieg der Stadt Harappa bis ca. 2500 v. Chr. korrespondiert zeitlich mit dem Aussetzen von Siedlungsnachweisen in weiten Teilen Zentralasiens (Turkmenistan) bis in den Ostiran und den Südwesten Afghanistans. Auch gibt es vermutlich Verbindungen zum Abbruch der Handelsbeziehungen zwischen den südlich an Zentralasien anschließenden Gebieten und Zentralasien selbst.

Die Induskultur erstreckte sich auf ihrem Höhepunkt über ein größeres Gebiet als die Zivilisationen des Niltales und Mesopotamiens zusammen. Als der endgültige Niedergang dieser Kultur einsetzte, verlief er zunächst zwar allmählich, beeinträchtigte aber nach ca. 1900 v. Chr. die entstandenen städtischen Lebensformen. In einem späteren Stadium beschleunigte sich der Verfall, was durchaus auf die stärker um sich greifende Dürre zurückgeführt werden kann. Bevor die nachfolgenden Bewohner dieses Gebiets, die Arier, auftraten, scheint es einen mehrere Jahrhunderte andauernden Einschnitt gegeben zu haben. Im Gegensatz zu den Bewohnern Harappas legten die Arier ihre Siedlungen offenbar nur in Flußnähe an. Die Städte und Dörfer dieses Volkes verschwanden gleichfalls, und seit jener Zeit sind viele Flüsse versiegt. Sehr wahrscheinlich bestanden zu der Zeit, als Alexander der Große zwischen 330 und 323 v. Chr. seine Armeen durch Südwestasien zum Indus führte, noch mehr Wasserstellen als heute; aber sie waren nur Relikte aus älteren Klimaepochen dieser Region. Bei der Vegetation – das Heer Alexanders überquerte den Indus in Booten, die aus dem Holz der Bäume am Flußufer gebaut worden waren – handelte es sich ebenfalls um Restvorkommen. Ptolemäus (Claudios Ptolemaios), ein Gelehrter aus dem 2. nachchristlichen Jahrhundert, weist auf fünf arabische Flüsse hin und erwähnt die ehemals florierenden Handelsrouten, die zu seinen Lebzeiten unpassierbar waren. Römische Brücken führten über die heute trockenen Wadis.

Europäische und nordeuropäische Kulturen

Gegen Ende der wärmsten postglazialen Phase vollzogen sich weitreichende Bevölkerungsvorstöße nach Westen, die selbst bis in die entfernten Gebiete Nordeuropas reichten. Die Jungsteinzeit wurde von der Bronzezeit abgelöst. Das allgemein warme Klimaregime, das offensichtlich frei von Sturmwetterlagen war, begünstigte die rasche Entwicklung eines Kultur- und Handelsaustausches über Land- und Seewege.

42: Ein Steinkreis (Ring von Brodgar) auf den Orkneyinseln, bei dem ersichtlich ist, daß er zur Mondbeobachtung angelegt wurde.

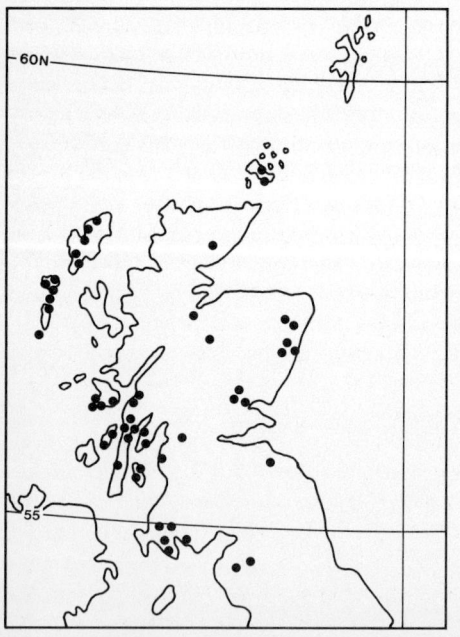

43:   Verteilung der Steinkreise im Norden von Großbritannien, die zwischen ca. 2000 und 1500 v. Chr. entstanden sind. Dr. A. Thom hat nachgewiesen, daß sie als astronomische Observatorien (vorwiegend zur Sonnenbeobachtung) gebaut wurden. Viele dieser Standorte liegen in den heute wolkenreichsten Gebieten der Britischen Inseln, wo die Sonne nur 22 bis 30 Prozent der Zeit sichtbar ist.

Die Ausdehnung der Permafrostgebiete war im Norden und im Landesinnern geringer als heute. Das legt den Schluß nahe, daß es dort weniger glaziale Sümpfe gab, die den Abfluß der sommerlichen Schmelzwässer blockierten. Die Ausbreitung der Bäume in den polaren Randgebieten wird heute von der sommerlichen Auftauperiode bestimmt. Im Sommer gingen die Gletscher und Schneereste in den Alpen ebenfalls weiter zurück, wodurch die Pässe und Goldschürfstellen in höheren Lagen zugänglich wurden. Die Waldbedeckung im Norden, die auf den Britischen Inseln bis an die ungeschützte Atlantikküste Cornwalls und der nordwestschottischen Hochlande, sogar bis auf die Orkneyinseln (hier war die Artenvielfalt der Bäume allerdings sehr eingeschränkt) reichte, ist ebenfalls ein Indiz für eine Periode ohne Sturmwetterlagen und stürmische See. Selbst auf Island gediehen Bäume in einigen Tälern, in denen heute nur Eis zu finden ist.

Megalithische Kultanlagen und Bauten lassen sich vom Mittelmeerraum bis in die Bretagne, nach Cornwall und Wales, sogar bis auf die Äußeren Hebriden und die Orkneyinseln verfolgen. Diese Verbreitung weist zweifellos auf enge Seefahrtsbeziehungen in diesem geographischen Bereich hin, obgleich die herausragendste Kultanlage im Landesinneren bei Stonehenge auf der Kreidekalkplatte Südenglands zu finden ist. Da viele kultische Steinkreise offenbar als Beobachtungsstationen für Gestirne – insbesondere auf den Hebriden und den Orkneyinseln – angelegt wurden (Abb. 42 und 43), muß die Wolkendecke geringer als heute gewesen sein. Diese Annahme stimmt mit der Rekonstruktion der Hauptwindzirkulation während der warmen Klimaregime und der Nordverlagerung der Hochdruckgebiete völlig überein (vgl. Abb. 41). Neueren Entdeckungen zufolge ist ein Teil der Megalithgräber und -kreise bei Carrowmore in Irland als der bislang früheste Fund (zwischen ca. 4500 und 3700 v. Chr., korrigierte C-14-Daten) aus dieser Kulturepoche anzusehen. In bezug auf die Frage nach dem damaligen Klima ändert diese Entdeckung jedoch nichts. Unabhängig von der astronomischen Funktion der megalithischen Steinkreise lassen Berechnungen der damals vorherrschenden Klimate darauf schließen, daß im Vergleich zu heute Hochdrucklagen und weniger Bewölkung überwogen.

Die obengenannten Seefahrtverbindungen müssen größtenteils dem Warenaustausch gedient haben. Es steht fest, daß während der letzten beiden vorchristlichen Jahrtausende Zinn aus Cornwall als Handelsgut zur Bronzeherstellung nach Süden bis in den Mittelmeerraum gelangte und im Austausch fertig bearbeitete Metallgegenstände nach Norden gebracht wurden. Die Bronzezeit griff wahrscheinlich erstmals mit der «Becherkultur» über die Nordsee auf die Britischen Inseln über. Aber bereits

um 2000 v. Chr. hatte sich die Megalithkultur mit dem baltischen Bern-
stein in entgegengesetzter Richtung von Schottland und den Orkneyinseln nach Dänemark und Südschweden (Skåne) ausgebreitet. Norwegen war zu jener Zeit ein ausgesprochen armes Land und blieb von diesen
Entwicklungen ausgenommen. Aber auch dort lagen offensichtlich günstige Bedingungen für die Entwicklung des Seeverkehrs vor. Davon zeugen die zahlreichen Felszeichnungen (Abb. 44) sowohl von zum Teil von
bis zu 50 Mann geruderten Booten als auch von Tieren. Rentiere sind
dabei besonders häufig vertreten, auch Pferde und Kühe sowie Schlitten
und Menschen auf Skiern sind zu erkennen (Abb. 45). Es wäre jedoch
falsch, sich vorzustellen, daß die skandinavischen Berge während der
Winter in den wärmsten postglazialen Abschnitten schneefrei waren.
Ähnliche Zeichnungen sind übrigens auch in der Nähe des Onegasees und
des Weißen Meeres in Rußland gefunden worden.

Um die relative Wärme jener Zeitepoche festzulegen, können nicht
nur die Baumreste als Markierungen für die Baumgrenze herangezogen
werden; auch die Ausdehnung der Bronzekultur in den südwestenglischen Bergländern (Dartmoor) ist aussagekräftig. Bäume lassen sich bis
in eine Höhe von 450 m über NN nachweisen. Heute liegt die absolute
Grenze im gleichen Gebiet bei 300 m. Während des 3. vorchristlichen
Jahrtausends bewohnten – und sei es auch nur saisonal – die Vertreter der

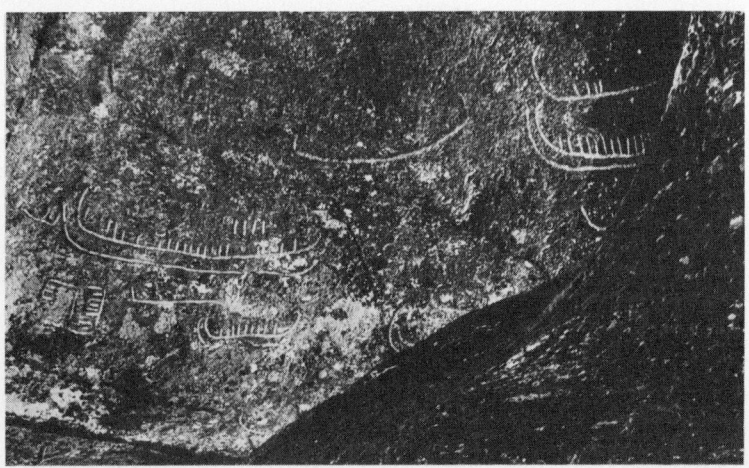

44: In den Fels eingeritzte Boote aus der Bronzezeit in Norwegen in Revheim
in der Nähe von Stavanger.

45a + b: Skiläufer aus der Vorzeit: Felsbilder in Norwegen und in der Nähe des Weißen Meeres, die der Bronzezeit bzw. der Spätsteinzeit zugeschrieben werden.

spätneolithischen und frühen Bronzekulturen die 600 bis 800 m hohen Hochflächen der nördlichen Pennines. Im darauffolgenden Jahrtausend sind diese Siedlungen mit einsetzender Vermoorung anscheinend wieder aufgegeben worden. Abgesehen von einer vorübergehenden Wiederbesiedlung der Höhenlagen zwischen den Sümpfen, in den Tälern und Torfmooren auf den Gipfelflächen der Pennines zwischen 1000 und 500 v. Chr. blieben die hochgelegenen Bergbereiche unbesiedelt. Während der ausgehenden Steinzeit und in der Bronzezeit wurden auch in den walisischen Bergen verschiedene Standorte besiedelt. Hier, wie auch in den Pennines, ging der natürliche Waldbewuchs zurück, und die grasenden Viehherden beschädigten den noch verbliebenen Bestand auf den Hochflächen derart, daß die Ausbreitung der Deckenmoore und somit das Ende der Besiedlung nicht mehr aufzuhalten waren.

Anmerkungen

1 Ein Bericht über diese Erfahrungen findet sich im ersten Buch der Bibel (1. Buch Mose 11–13, 19, 26, 41 und 46), dem sicher eine lange Tradition mündlicher Überlieferung zugrunde liegt. Hier wird von den wiederholten Wanderungen der Vorfahren der Israeliten in den großflächig austrocknenden Landschaften zwischen Mesopotamien und Ägypten berichtet, die aus heutiger Sicht auf den Zeitraum zwischen ca. 2100 und 1700 v. Chr. datiert werden. Die Darstellung, die – wie es in so frühen Schriften üblich ist – durch die Namen der Führer des Volkes personifiziert wird, beginnt mit Abrahams Auszug aus Ur in Chaldäa. Das Volk wanderte mit seinen Herden, für die es in den verschiedenen Landstri-

chen, in denen es seine Wanderschaft unterbrach, nicht ausreichend Nahrung gab, umher und wurde mehrfach versklavt oder verkauft. Obwohl in der Darstellung von verschiedenen, zeitlich begrenzten Dürreperioden die Rede ist, wird der Eindruck erweckt, daß es immer wieder erforderlich wurde, die einmal im Besitz genommenen Flächen wieder aufzugeben, d. h., die Region trocknete generell aus. Die Geschichte von Lot und seiner Frau, die in eine Salzsäule verwandelt wurde, und der in Kapitel vier desselben Buches aufgezeichnete Bericht über die Rivalität zwischen Kain, dem Ackerbauer, und Abel, dem Hirten, sind weitere Begebenheiten aus der Bibel, die die Austrocknung der Region belegen.

2 In der Geologie wird das Postglazial als «Holozän» oder «Flandrisches Interglazial» bezeichnet.

3 K. Aaris-Sørensen: Atlantic Fish, Reptile and Bird Remains from the Mesolithic Settlement at Vedbæk, North Zealand, in: Videnskabelige Meddelelser, 142, Kopenhagen 1980, S. 139–149ff.

8 Zeiten des Umbruchs und Niedergangs im Altertum

Wendepunkt in der postglazialen Klimaentwicklung

Ausgehend von dem bisher untersuchten Faktenmaterial – z. B. Pollenanalysen, früheren Wasserständen in Binnenseen etc. – können wir für die Entwicklung des australischen Feuchtigkeitshaushalts ganz allgemein folgern, daß in der Zeitspanne von ca. 4000 bis 2000 oder bis 2500 v. Chr. eine Wende eintrat. Von dieser Zeit an war es im ganzen australischen Raum vielerorts feuchter, und zwar durchgängig feuchter als heute. Die Niederschlagsmenge hatte sich sowohl in tropischen wie in gemäßigten Bereichen erhöht. Seit jener Zeit ist eine Tendenz zu geringfügig niedrigeren Temperaturen und weniger Niederschlag festzustellen, die von ziemlich starken Fluktuationen überlagert wird. Eine solche Wende ist auch bei Wüsten in unserer Zeit erkennbar. Wiederum markiert derselbe grobe zeitliche Rahmen den Wendepunkt in der Entwicklung der vorherrschenden Temperaturen. Dieser Wandel kann durch entsprechende Untersuchungen auch in Nord- und Mitteleuropa und in Amerika (Yellowstone National Park) sowie in Japan und in den Bergen Neuguineas, aber auch in Neuseeland und in den Anden festgestellt werden. Der Verlauf der nördlichen Waldgrenze und die Berggletscher in gemäßigten und niederen Breiten bestätigen diesen Umschwung. Nur in Teilen Nordkanadas und Nordgrönlands, in denen die Restvorkommen des noch im mittleren Postglazial abschmelzenden Eises am größten waren, verzögerte sich das Klimaoptimum beträchtlich. In einigen Gebieten wurde es erst 2000 v. Chr. bzw. noch später erreicht. Demnach ist der Nachweis für ein erdumspannendes Ereignis erbracht, nämlich für das gegenwärtige Interglazial. Das Feuchtigkeitsmaximum in tropischen und subtropischen Breiten und das Temperaturmaximum, das durch die Vegetation in mittleren und nördlichen Breiten sowie auf Bergen in allen Breitenlagen angezeigt wird, müssen als Aspekte der wärmsten postglazialen Phase verstanden werden.

Nun wird klar, warum die alten Kulturen im Industal nicht für immer bestehenbleiben konnten und warum die anderen Kulturen in Asien und Nordafrika sich an die neuen Umstände anpassen und ihre Lebensräume aufgeben mußten, als die Feuchtigkeitsmenge geringer und die Anbau- und Vegetationsgebiete kleiner wurden. Was jedoch vollzog sich im einzelnen? Und wann? Wo und wie beschleunigte der Mensch durch sein Tun die Wüstenbildung? Können wir die einzelnen Ereignisse zu einem Ganzen zusammenfügen?

In verschiedenen Völkern existierten unterschiedlich alte Legenden von einem *Goldenen Zeitalter*. Diese Vorstellung taucht in der Literatur der griechischen und römischen Antike und auch anderswo auf. Oft bezeichnet sie einen idealisierten Zustand der Gesellschaft, aber gelegentlich bezieht sie sich auch auf verschwundene Landschaften. Das bekannteste Beispiel hierfür ist die biblische Geschichte vom Garten Eden. Es ist nicht von der Hand zu weisen, daß in einigen dieser Mythen verschwommene volkstümliche Erinnerungen an Vorgänge enthalten sind, die in diesem Buch behandelt werden. Selbstverständlich verliefen Blüte, Niedergang und Zusammenbruch der einzelnen Zivilisationen generell nicht synchron. Von 3000 v. Chr. bis in die folgenden Jahrhunderte hinein ging jedoch offenbar die Besiedlung der nordafrikanischen und arabischen Wüstengebiete großräumig zurück. Um 1200 v. Chr. gab es in den Steppen und Wüsten Vorderasiens und Nordafrikas eine weitere sehr ausgedehnte Störungsphase. Wenn wir nun davon ausgehen, daß diese Ereignisse durch Klimaschwankungen verursacht worden sind, so sind die Abläufe der Veränderungen und ihre Auswirkungen keinesfalls weniger deutlich ausgeprägt als bei der klimatischen Verschlechterung im ausgehenden Mittelalter, die viel umfassender belegt ist. Wir gehen darauf in einem späteren Kapitel noch ein.

Belege für die Klimaverschlechterung

Für den in diesem Kapitel behandelten Zeitraum können wir uns auf besonders umfassende Belege aus der Dendrochronologie stützen. Die Jahresringdatierung (vgl. Abb. 46) wurde bei der Borstenkiefer, die an der oberen Baumgrenze auf den kalifornischen White Mountains wächst, für den Zeitraum ab 3431 v. Chr. vorgenommen. Der Abstand der Jahresringe in dieser Höhe richtet sich hauptsächlich nach der Dauer und der Höhe der Sommertemperaturen. Die Details der Kurve in Abb. 46 sind auf die Klimaentwicklung in Europa und in anderen Teilen der Alten Welt zwar nur beschränkt übertragbar, aber die Hundertjahresmittel für die Zeit nach 1100 n. Chr., für die relativ zuverlässige, abgeleitete Temperaturwerte für England vorliegen, scheinen mit den Temperaturen in Europa bemerkenswert zu korrelieren. Die uns bekannten Unterschiede zwischen den kalifornischen und den europäischen Aufzeichnungen sehen wie folgt aus:

1. In Europa scheinen sich die Temperaturen einmal oder vielleicht mehrfach für ungefähr 100 Jahre wieder dem wärmsten postglazialen Stand zwischen ca. 1100 und 800 v. Chr. angenähert zu haben.
2. Die Klimagunst, die zu römischen Zeiten in Europa zu verzeichnen war, hat sich offenbar bis in das 4. nachchristliche Jahrhundert, für das die größte Klimastabilität und das Klimaoptimum angenommen werden, fortgesetzt. Die Jahresringe der kalifornischen Bäume zeigen hingegen bereits 100 bis 150 Jahre früher einen Kälterückfall an.
3. Im Mittelalter hielt die wärmere Phase in Europa, zumindest jedoch in den nördlichen und westlichen Teilen, wiederum ca. ein Jahrhundert länger an und erreichte wahrscheinlich im 13. Jahrhundert n. Chr. ihren Höhepunkt. Dieses warme Klima scheint in Europa ebenfalls früher, d. h. im 10. Jahrhundert n. Chr., begonnen zu haben.

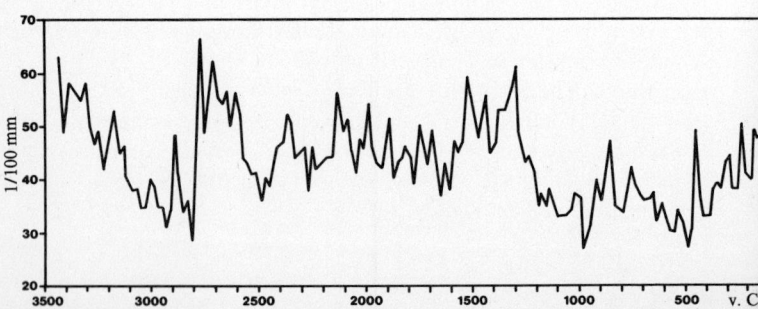

4. Das auf die mittelalterlichen Wärmeschübe folgende kalte Klima führte in Europa wie in Kalifornien im 15. Jahrhundert n. Chr. zu besonders niedrigen Temperaturen, die ungefähr um die neunziger Jahre des 16. und 17. Jahrhunderts jeweils einen Tiefpunkt erreichten.

In Abb. 47 wird die generalisierte Verschiebung der oberen Baumgrenze in Europa mit der in Kalifornien verglichen. Es wird deutlich, daß die durch die kalifornischen Jahresringe angezeigten Temperaturhöchstwerte und die europäischen Temperaturen des Mittelalters und der Neuzeit (Abb. 27) nicht lange genug anhielten, um die Waldgrenzen in den Gebirgen und zu den nördlichen Küsten hin wieder auf ihre maximale Ausdehnung im Postglazial zu verlagern. Die Wiederbewaldung war vielerorts nicht mehr möglich, weil in der Zwischenzeit Bodenverarmung und Torfbildung eingesetzt hatten.

Fast weltweit dominierten die durchschnittlichen, in den Höhenlagen unmittelbar über der 1000-Meter-Grenze konstantesten Fallraten für den senkrechten Temperaturgradienten zwischen 0,6 und 0,7 °C/100 m. Anhand dieser Charakteristika können wir die langfristigen Temperaturveränderungen bewerten, die in der Verschiebung der oberen Baumgrenze talwärts ihren Niederschlag finden. Die aus Abb. 46 ersichtlichen Veränderungen zeigen, daß zwischen 500 und 200 v. Chr. das langfristige Temperaturmittel in Europa um ca. 1 °C und im Südwesten Nordamerikas um ca. 0,5 °C niedriger lag als in der wärmsten postglazialen Phase. Im Vergleich zu geschätzten Werten für einige unvermittelter auftretende Klimaumschwünge während der letzten beiden vorchristlichen Jahrtausende (und ebenfalls im späten Mittelalter) sind diese Beträge gering. Aus Abb. 46 geht klar hervor, daß das Wachstum der Jahresringe bei den kalifornischen Bäumen sehr markante, kurzfristige Veränderungen aufweist. Dabei werden sowohl Klimaverbesserungen als auch Klimaverschlechterungen angezeigt. Die Durchschnittstemperatur wurde für nur wenige

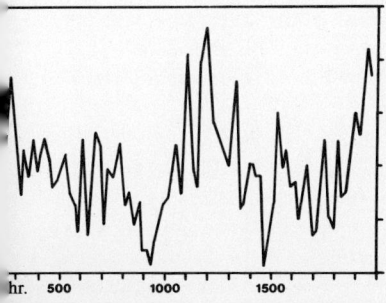

46: Ringbreiten (Durchschnittswerte pro 20 Jahre) seit 3431 v. Chr. bei den Wachstumsringen der Borstenkiefern in der Nähe der oberen Baumgrenze in den White Mountains in Kalifornien. Die Schwankungen in dieser Höhe können als Hinweise auf Veränderungen der sommerlichen Wärme und/oder auf die Dauer des Sommers verstanden werden.

hr.   500   1000   1500

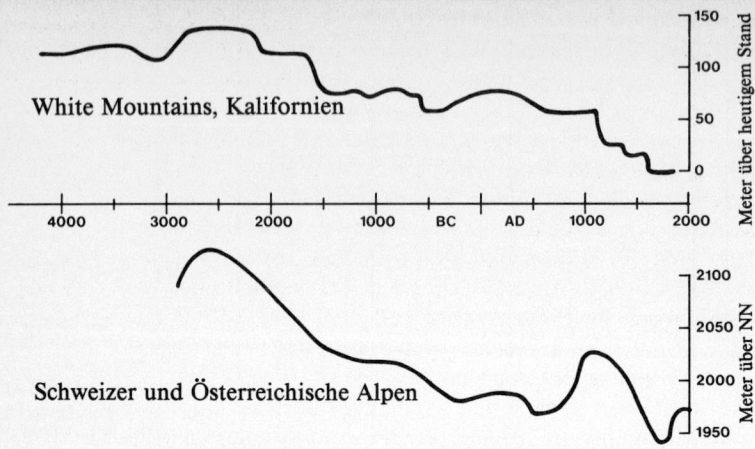

47: Veränderungen in der Höhe der oberen Baumgrenze in den kalifornischen White Mountains und in den Schweizer und österreichischen Alpen.

Jahre, möglicherweise aber auch über Jahrhunderte beeinflußt; dies läßt sich aus Hinweisen auf ehemalige Gletschervorstöße und -rückzüge in Europa und Nordamerika ableiten. Die Auswirkungen dieser Gletscherbewegungen waren gravierender als die durch die obere Baumgrenze dokumentierten Langzeitschwankungen. Diese sehr plötzlich einsetzenden Umbrüche standen sicherlich mit den Phasen erhöhter Vulkantätigkeit und mit der vermehrten Bildung von vulkanischen Ascheschleiern in der oberen Atmosphäre in Verbindung. Die in Jahrhundertabständen dargestellten Veränderungen (vgl. Abb. 46) liegen, gemessen am Abstand der Jahresringe, mehr als doppelt so weit auseinander wie die durchschnittlichen Abstände bei Vergleichen zwischen Jahrtausenden. Diese außerordentlich große Differenz ist wahrscheinlich den Veränderungen der vorherrschenden Temperatur von gut 1 °C in Kalifornien und von gut 2 °C in Europa zuzuschreiben. In Nordkanada und wahrscheinlich auch in anderen nördlichen Breiten waren die Veränderungen wohl noch markanter.

Dem nachgewiesen starken Temperaturrückgang in Kalifornien, der sich zwischen 3300 v. Chr. bzw. früher und 2800 v. Chr. (Abb. 46) vollzog, entsprechen in Europa vermutlich die Gletschervorstöße der Piora-Oszillation. Es handelt sich hierbei zwar auch um ein einschneidendes Ereignis, doch ist bisher nicht endgültig geklärt, ob die Piora-Oszillation sich über einen ebenso langen Zeitraum erstreckte. Es ist nicht vorstellbar, daß Europa, Asien oder Nordamerika keine der Phasen mit markanten Temperaturrückgängen erlebten, die für die andere Seite derselben Hemisphäre belegt sind. Die über die jeweiligen Gebiete verfügbaren Kenntnisse bestätigen diese Vermutung. Dennoch bleibt festzuhalten: Die Hauptentwicklungen verliefen trotz beträchtlicher Überlappungen auf den beiden Seiten der Nordhalbkugel nicht synchron. Vermutlich entstand bei diesen sehr frühen Entwicklungen – die Geologen belegen die Zeit mit dem vielsagenden Begriff Neoglazial – eine ausgedehnte, dicke Packeisfläche, deren «Zentrum» in einer Hälfte des Polarmeeres lag. Auf der gegenüberliegenden Seite des arktischen Beckens hielten die Meeresströmungen eine ausreichend starke Warmwasserzufuhr aufrecht, so daß dieser Bereich größtenteils eisfrei blieb.

In Neumexiko und Arizona, dem heutigen Südwesten der Vereinigten Staaten, dehnte sich die frühe Landwirtschaft in der warmen Periode zwischen ca. 4500 und 4000 v. Chr. nach Norden aus. Diese Entwicklung wurde vermutlich durch die regelmäßig nach Norden vordringenden Sommerregenfälle begünstigt. Bislang fehlen Nachweise für den Fortbestand des Ackerbaus in den nachfolgenden zweitausend Jahren. So bereitete wohl ein trockeneres Klimaregime, das dort zur Zeit der früheren Kaltphase vor 3000 v. Chr. einsetzte, der Landwirtschaft in dieser Region ein Ende. Die in Kalifornien um 2800 v. Chr. anscheinend sehr ausgeprägte Klimaverbesserung hielt nicht lange genug an, um die zweifelsohne geringe Bevölkerung zu Wanderungen zu motivieren.

Weiter nördlich weitete die Prärie ihr Areal mehrere Jahrtausende lang auf Kosten des Waldes nach Nordosten aus und erreichte wahrscheinlich zwischen 6000 und 5000 v. Chr. die größte Ausdehnung, als sie bis in die Nähe des Mississippi und des Südufers des Michigansees vorstieß. Diese Entwicklung[1] stand vermutlich mit den maximal ausgeprägten Westwinden und dem enormen, durch die Rocky Mountains bedingten Regenschatten in Verbindung. Nordamerika befand sich noch im Zeitalter des frühen Postglazial. Ein Großteil der alten Eiskalotte war in Kanada noch vorhanden, und es ist davon auszugehen, daß der durch die Erwärmung im Süden gebildete Temperaturgradient starke Winde ausgelöst hat. Seit 5000 v. Chr. zog sich die natürliche Grenze der Prärie allmählich nach Westen zurück. Besonders ausgeprägt verlief diese Bewegung, wenn sich der Westwindgürtel abschwächte oder weiter nach Norden verlagerte. Denn so konnte erneut ein feuchteres Klima in die weiten Ebenen des Mittleren Westens eindringen. Später wird deutlich werden, wie relevant diese Schwankungen der Windzirkulation und des Klimas für die Geschichte und die Bevölkerung dieser Region waren und bis heute sind.

Während des 3. vorchristlichen Jahrtausends ist bei der europäischen Waldzusammensetzung eine allmähliche Erholung von den gravierenden Folgen festzustellen, die mit dem Rückgang des Ulmenbestandes verbunden waren. Gleichwohl wurden die ursprünglichen Bestandsgrößen der Ulmen und Linden nicht mehr erreicht. Die Jahresringe der europäischen Eichen bezeugen für diese Periode ebenfalls eine Wechselhaftigkeit, die sowohl zwischen einzelnen Jahren als auch zwischen Jahrzehnten beträchtlich größer war als in jüngster Zeit. Wahrscheinlich waren die Schwankungen auch während des ausgeglichenen Klimas vor 3500 v. Chr. im «Atlantikum» wesentlich weniger ausgeprägt. Diese Wechselhaftigkeit hat sich wohl während der späten Bronzezeit erneut abgeschwächt. Nach den Ergebnissen der berühmten schwedischen Warven-Chronologie, einer Datiermethode auf der Grundlage von Ablagerungen in ehemaligen Binnenseen, vollzog sich um 2300 v. Chr. in schwedischen Torfmooren ein deutlicher Umschwung zu höherer Feuchtigkeit, der den Vertorfungsprozeß beschleunigte. Diesen Ereignissen im Norden kann durchaus der Wechsel zu einem trockeneren Regime in Südosteuropa gegenübergestellt werden. Dieses Regime wird in Abb. 31 für den Zeitraum zwischen 2200 und 2100 v. Chr. nachgewiesen. Ein derartiger Unterschied zwischen der Niederschlagsneigung im Norden bzw. im Nordwesten des Kontinents und der im Südosten ist normal und wurde durch die vorherrschende Ausdehnung der Hochdruckgebiete sowie durch die Breite der Tiefdruckgürtel bedingt. Aus altägyptischen Aufzeichnungen, die in Steinplatten bzw. «Stelen» eingemeißelt sind, ist uns bekannt, daß zwischen 2180 und 2130 v. Chr. und erneut zwischen ca. 2000 und 1950 v. Chr. sowie nochmals ca. zweihundert Jahre später große Hungersnöte herrschten. Den Quellen zufolge sind diese Notsituationen stets mit der Dominanz von südlichen Wüstenwinden und einem niedrigen Wasserstand des Nils, d. h. dem Ausbleiben der jährlichen Überschwemmung, einhergegangen. In diesen Zeitabschnitten im 22. und 18. Jahrhundert v. Chr. drangen Völker aus dem Osten in Ägypten ein und brachten die Alten und Mittleren Reiche zu Fall. Die Frage, ob die Eindringlinge zu jener Zeit wiederum selbst durch Dürreperioden aus ihrer Heimat vertrieben worden waren, ist dabei berechtigt. Hieran zeigt sich, daß die durch die Sedimente im Krimsee belegten periodischen Schwankungen auch an anderen Orten deutlich zutage traten. Zu den betroffenen Regionen zählten auch weiter südlich in Afrika gelegene Gebiete, obwohl dort die trockeneren und feuchteren Abschnitte wahrscheinlich mit zeitlichen Verschiebungen auftraten.

Bei einigen der im letzten Kapitel für das Industal dargestellten Störungen handelte es sich wahrscheinlich um Abläufe, die mit den oben beschriebenen Schwankungen verknüpft waren und die ihrerseits wiederum

48: Schwankungen beim Vorkommen von Kiefernpollen und Bäumen, die mehr Wärme benötigen, im Postglazial 3120 m über NN in einem Morastgebiet in Kaschmir bei 34° N, 75° O. Der vertikale Maßstab gibt die Tiefe des Moors an und kann als Zeitmaßstab interpretiert werden. Die letzte Ablagerung ist am oberen Ende zu finden. Man nimmt an, daß das 80-cm-Niveau aus der Zeit vor ca. 2500 Jahren stammt.

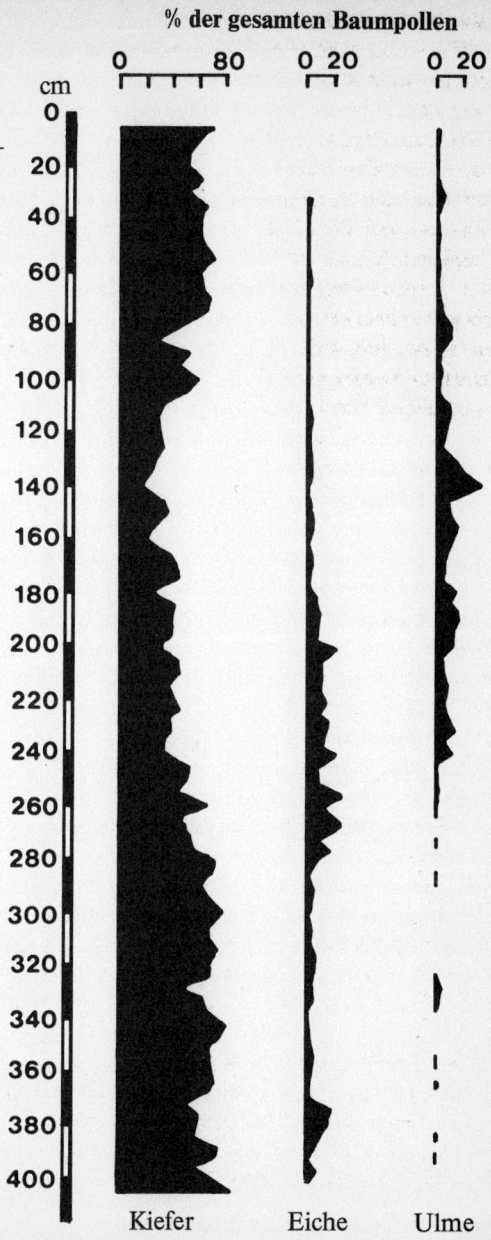

% der gesamten Baumpollen

Kiefer   Eiche   Ulme

mit den Zugbahnen regenbringender Tiefdrucktätigkeit in Afrika und im Nahen Osten in Verbindung standen. Leider fehlen genaue Daten.

Ein Pollendiagramm aus Kaschmir (Abb. 48), wo die Wälder durch menschliche Eingriffe offenbar noch nicht verändert waren, weist auf einen rückläufigen Bestand wärmebedürftiger Bäume und die in dieser Zeit wieder stärkere Ausbreitung von Kiefern hin. Genaues Datenmaterial steht allerdings nicht zur Verfügung. Demnach entspricht die Gesamttemperatur in der Breitenlage Kaschmirs tendenziell der Temperaturentwicklung im Norden.

Gletschervorstöße in Alaska und in den Alpen und auch die wiederbelebten Gletscheraktivitäten in den amerikanischen Rocky Mountains, in Colorado, in Skandinavien und auf Neuseeland zwischen ca. 1500 und 1300 v. Chr. sind möglicherweise die ersten deutlichen Erscheinungen des «Neoglazials».[2] Die meisten heutigen Gletscher in den amerikanischen Rocky Mountains südlich der kanadischen Grenze haben sich, so nimmt man an, seit 1500 v. Chr. gebildet. In Zentral- und Südamerika ist eine starke Abkühlung ebenfalls für ca. 1500 v. Chr. belegt.

Untersuchungen des Meeresbodens haben ergeben, daß der Golfstrom während des gesamten warmen Postglazials bis ca. 1500 v. Chr. beständig an der Küste bis auf die Höhe des nordostamerikanischen Bundesstaats Maine entlangzog. Später drehte er weiter südlich von der amerikanischen Küste in den Atlantik (nordatlantische Drift) ab und hat seither seinen nördlichen Verlauf nicht wieder aufgenommen.

Zu ungefähr derselben Zeit signalisieren in Europa erneute Wachstumsphasen der Torfmoore und Niveauschwankungen der Seen im Alpenraum, die sich auf die Ausdehnung des Siedlungsraums auswirkten, Veränderungen. Die zahlreichen Moore in Irland und in anderen Teilen Nordwesteuropas weisen Schwankungen zu verschiedenen Zeiten auf. Zum Teil resultierten diese Fluktuationen lediglich aus kleinräumigen Störungen der Entwässerung. D. h., Wachstumszyklen der im Moor beheimateten Pflanzen und ein Nachsacken des Sumpfes führten dazu, daß sich der Wassergehalt von Zeit zu Zeit über der angrenzenden Landschaftsoberfläche aufstaute. Die Phasen erneuten Wachstums der Torfoberfläche nach Trockenperioden sind in Irland massiv um 1500 und 800 v. Chr. sowie um 500 n. Chr. aufgetreten. In Schweden kommen diese Phasen erneuten Wachstums bzw. «die Rekurrenzoberflächen» um ca. 1200 und 600 v. Chr. sowie 400 und 1200 n. Chr. vor.

Die europäischen Seeufersiedlungen und der Bergbau in Gebirgslagen

In der wärmsten postglazialen Phase wurden zwischen ca. 4000 und 2400 v. Chr. bzw. danach in Mitteleuropa die einzigartigen Pfahldörfer an Seeufern errichtet, z. B. im Burgäschisee und in Thayngen in der Schweiz sowie im Federsee im Alpenvorland. Diese Standorte wurden später offenbar nach verheerenden Flutkatastrophen verlassen. C. E. P. Brooks schrieb, daß einige dieser Überflutungen mit der «großen Wanderung der Völker der Bronzezeit aus der ungarischen Ebene» in Verbindung stehen könnten, «die wahrscheinlich kurz nach 1300 v. Chr. erfolgte und in deren Verlauf die Phrygier nach Asien (Kleinasien, d. V.) gelangten».[3] Ungefähr zur gleichen Zeit verließen die Hethiter die Anatolische Hochebene, und Völker, die zweifellos zu den Vorfahren der Etrusker und der ersten Römer zählten, drangen von Norden her in Italien ein. Die Seen hatten einen niedrigen Wasserstand, und die Torfmoore in Europa waren während einer wärmeren Zwischenphase um ungefähr 1000 v. Chr. ausgetrocknet. Später wurden neue Seeufersiedlungen angelegt, und die Landwirtschaft wurde selbst oberhalb der alpinen Baumgrenze wieder aufgenommen. Doch scheiterte dieser Neubeginn an dem feuchten, kälteren Klima, das für die Zeit nach 800 v. Chr. kennzeichnend war. Kurz vor oder um 500 v. Chr. stieg das Niveau des Bodensees rasch um ca. 10 m an, und die Seeufersiedlungen wurden durch eine neuerliche Naturkatastrophe vernichtet. In der Alpenregion erreichte die Bevölkerungszahl anscheinend einen Tiefstand, der Lebensraum der Menschen beschränkte sich auf die warmen Täler.

Wie H. Gams bereits 1937 in seiner *Geschichte der Alpenwälder*[4] bemerkte, verschlechterte sich das Klima gegen Ende der Hallstattkultur katastrophal. Für die durch Salzbergwerke und Handel reich gewordene Bevölkerung der Region um Salzburg nahm diese Entwicklung zwischen 800 und 700 v. Chr. anscheinend verheerende Ausmaße an. Etwa gleichzeitig überfluteten die Seen die angrenzenden Siedlungen; auch die Gletscher rückten vor und setzten dem ehemals prosperierenden Bergbau im Hochgebirge, z. B. dem Goldbergbau in den Hohen Tauern, ein Ende. Diese Gletscheraktivitäten unterbrachen den Verkehr über die Alpenpässe. Die obere Baumgrenze ging merklich zurück, auch veränderte sich die Zusammensetzung des Baumbestandes. Eichen und andere breitblättrige Bäume wichen zugunsten von Tannen und Kiefern. Wie wir heute wissen, verbreitete sich nach 1200 v. Chr. die aus dem Südosten eindringende Fichte besonders stark.

Die skandinavischen Länder

Die Gletscher rückten auch im Norden und Süden Norwegens vor, zwischen 800 und 700 v. Chr. erreichten sie eine maximale Ausdehnung. In dieser Periode drang auch die von Osten herkommende Fichte nach Skandinavien vor. Diese Baumart war in Südfinnland weit verbreitet und gelangte über Mittelschweden nach Hedmark in Ostnorwegen. Es wird allgemein angenommen, daß zu dieser Zeit auch die Legende von *Ragnarök* entstand. Diese Volkssage, die vom Untergang der nordischen Götter handelt, erzählt zugleich vom Ende der überlieferten nordischen Lebensformen. Mit dem großen schwedischen Meteorologen Tor Bergeron können wir davon ausgehen, daß Snorri Sturluson diese Ereignisse zu einem viel späteren Zeitpunkt (in der um ca. 1220 n. Chr. verfaßten *Edda*) schriftlich fixiert hat. Es handelt sich um den schrecklichen *Fimbulvinter*: «Der Schnee treibt aus allen Himmelsrichtungen mit einem beißenden Wind heran; drei solcher Winter folgen aufeinander, und dazwischen gibt es keinen Sommer.» Möglicherweise fallen die in der Edda erwähnten Ereignisse zeitlich mit der markanten Klimaverschlechterung im vorangegangenen Jahrtausend, für die wir andernorts Belege haben, zusammen. Wenn dies zutrifft und Snorris Gedicht in diesem Punkt wörtlich zu nehmen ist, so liegt die Vermutung nahe, daß eine heftige Eruption des Santorin in der Ägäis einen außerordentlich dichten Vulkanstaubschleier im Norden um ca. 1450 v. Chr. zur Folge hatte. Durch diesen Ausbruch wurden das minoische Kreta und die zugehörigen Inseln in der Ägäis verschüttet. Die Menge des in die Atmosphäre geschleuderten Eruptivmaterials, das überwiegend aus submikroskopischen Teilchen bestand, war im Vergleich mit dem Ausbruch des Krakatau im Jahre 1883 n. Chr., der größten Eruption im letzten Jahrhundert, schätzungsweise fünfmal so groß oder sogar größer. Wie bei anderen vergleichbaren Ausbrüchen in der Neuzeit verringerte sich anscheinend die globale Temperatur für ein oder zwei Jahre um ca. 0,5 °C. Die Auswirkung war in höheren Breiten wohl wesentlich drastischer, und eine erheblich größere Eruption hätte zweifellos noch weitreichendere Folgen gehabt. Snorris Darstellung endet mit einer riesigen Feuersbrunst, bei der es sich möglicherweise um schreckliche Waldbrände handelte, die die verdorrten Überreste der eher Wärme bevorzugenden Bäume in ihren früheren nördlichen Verbreitungsgebieten vernichteten.

Diese Annahme steht in enger Beziehung zu den Schlüssen, die insbesondere Dr. Harvey Nichols aus Boulder, Colorado, aus der Pollenanalyse zieht. Er untersucht die Geschichte des Waldes im Norden Kanadas, der sich anscheinend im gesamten kanadischen Bereich um 1500 v. Chr.

schnell und endgültig um 200 bis 400 km von der ab 4000 v. Chr. erreichten Nordgrenze zurückzog. Mit diesem Zurückweichen gingen riesige Waldbrände einher, die vermutlich durch Blitzschlag in Totholz ausgelöst wurden. Es dauerte nur ungefähr ein Jahrhundert, bis sich die gesamte Zone in eine Tundralandschaft verwandelt hatte. Abschließend kann festgestellt werden, daß diese Umgestaltung der Landschaft und die weitere Abkühlungsphase um 500 v. Chr. die vorherrschenden Sommertemperaturen in dieser kontinentalen Polarregion insgesamt um bis zu 3 oder 4 °C verminderten.

Der östliche Mittelmeerraum und Vorderasien

Das Stadium, das bei diesen weltweiten Veränderungen um 1200 v. Chr. erreicht wurde, fiel in den Landschaften des östlichen Mittelmeerraumes und im Nahen Osten mit allgemeinen Unruhen zusammen. Bereits um ca. 1500 v. Chr. waren arische Völkerschaften scharenweise aus dem Iran eingedrungen und wurden in Nordwestindien ansässig. Die minoische Kultur auf Kreta wurde durch die einige Jahrhunderte zuvor aufgetretene enorme Eruption des Santorin auf der Ägäisinsel Thira verschüttet bzw. beträchtlich in Mitleidenschaft gezogen. Im allgemeinen werden diese Ereignisse auf die Zeit zwischen 1470 und 1450 v. Chr. datiert. Die minoische Kultur wurde de facto durch das Reich von Mykene, dessen Zentrum im Süden des griechischen Festlands lag, ersetzt. Um 1200 v. Chr. brach auch diese Kultur zusammen, und etwa hundert Jahre später konnten dorische Stämme von Norden her in das fast unbesiedelte Griechenland vorstoßen. Bis 850 v. Chr. blieb Griechenland offenbar weiterhin dünn besiedelt. Um 1200 v. Chr. hatten die Hethiter anscheinend auf ähnliche Weise ihr ehemaliges Stammland auf der Anatolischen Hochebene in der heutigen Türkei weitgehend verlassen. Ägypten sah sich durch die aus dem Nordosten eindringenden Völker, durch hethitische und syrische Raubüberfälle wie auch durch libysche Zuwanderer bedroht. Alle diese Wanderungsbewegungen sind vermutlich durch Dürreperioden in den jeweiligen Ursprungsregionen ausgelöst worden, eine These, die der amerikanische Archäologe Rhys Carpenter in den sechziger Jahren dieses Jahrhunderts überzeugend vertreten hat. Seine Auffassung ist seither durch Forschungsarbeiten zur Meteorologie und zum Paläoklima eindeutig bestätigt worden. Herodot berichtet, daß die Bewohner der Insel Kreta nach dem Trojanischen Krieg durch Hungersnöte und Pestepidemien mehr oder weniger ausgerottet wurden; das sind Umstände, die mit Sicherheit auf eine Dürre schließen lassen.

Bei einem Vergleich zwischen der Spätphase des alten Babylon von 1800 bis 1650 v. Chr. und dem späteren Babylonien der Zeit zwischen 600 und 400 v. Chr. hat J. Neumann von der Hebrew University of Jerusalem nachweisen können, daß sich die Gersteernte im Mittel um mehr als einen Monat verzögerte, d. h., sie verschob sich von Ende März auf Anfang Mai.

Einige Zeit nach 2000 v. Chr. begannen sich Techniken des Ackerbaus und der Viehzucht sowie die Verwendung von Metallen von Süden her in die Waldzone des europäischen Rußland auszudehnen. Die neolithische Kultur blieb jedoch am Oberlauf des Dnjepr und entlang der Wolga bestehen und dauerte im äußersten Norden bis in das erste nachchristliche Jahrtausend fort. Im Wolgagebiet kam es hingegen zwischen 1500 und 1200 v. Chr. und entlang der Flüsse Jenissei und Ob in Westsibirien zwischen 1200 und 700 v. Chr. zu kulturellen Veränderungen.

Niedere und hohe Breitenlagen im Vergleich

Offenbar herrschte auch in den äquatornahen Breiten zumindest in Afrika und Vorderasien um die Mitte des letzten vorchristlichen Jahrtausends ein kälteres Klima. Unter den Belegen für diese Klimaverhältnisse findet sich eine Reihe von Hinweisen im Alten Testament, wie z. B. die ungefähr auf das Jahr 600 v. Chr. zu datierende Bemerkung des Propheten Jeremia (Kapitel 18): «Darum spricht der HERR: Bleibt doch der Schnee länger auf den Steinen im Felde, wenn's vom Libanon herab schneit, und das Regenwasser verläuft sich nicht so schnell wie mein Volk meiner vergißt.»[5] Der Kontext legt nahe, daß derartige Vorgänge für undenkbar gehalten wurden. Weiterhin war man unsicher, ob diese Phase auch in Mittelamerika mit niedrigen Temperaturen einherging. Archäologische Arbeiten über die kulturelle Entwicklung im Mexikanischen Tal weisen drei voneinander abgrenzbare Perioden aus, in denen die Besiedlung vor dem Eintreffen der europäischen Kolonisatoren Höhepunkte erreichte: Zwischen 500 und 100 v. Chr., für einen kürzeren Zeitraum um 800 n. Chr. und danach drei oder vier Jahrhunderte lang zur Zeit der Aztekenreiche, insbesondere im 16. Jahrhundert bis etwa 1520. Diese genannten Zeitabschnitte stimmen mit den Hauptphasen überein, in denen in Europa und im größten Teil Nordamerikas, insbesondere östlich der Rocky Mountains und in den polaren Gebieten der kanadischen Nordwestterritorien, ein kühleres Klima herrschte. Das Klima in Mexiko war vermutlich vor allem dann feuchter, wenn die sommerlichen Regenfälle sich nicht so weit nach Norden verlagerten. Die höhere Feuchtigkeit in diesen Zeiten ist auch dadurch nachzuweisen, daß sich die Siedlungen mehr und mehr von den Ebenen entlang der Seeufer in die Regionen der Gebirgsausläufer verlagern konnten, wo der Boden flachgründig und das heutige Klima für landwirtschaftliche Nutzungsmöglichkeiten viel zu trocken ist. Die erste derartige rasche Bevölkerungszunahme vollzog sich zwischen 600 und 300 v. Chr.; der Gesamtanstieg der Bevölkerung wird auf das Fünf- bis Neunfache des Ausgangswertes geschätzt.

Die Analyse der Klimaveränderungen in den Jahrhunderten, die wir in diesem Kapitel behandelt haben, verdeutlicht, daß diese Klimawechsel mit dem Ende der wärmsten Phase im Postglazial in Verbindung stehen. Dabei waren menschliche Eingriffe sicher nur von geringer Bedeutung. Die Temperaturen fielen mehrmals unvermittelt ab und erholten sich teilweise auch wieder ziemlich rasch, wobei der Anstieg jedoch nur kurz anhielt oder sich nicht voll entfaltete. Die Temperaturmittel der Jahrhunderte mit den jeweils höchsten bzw. niedrigsten Werten zwischen 3500 und 500 v. Chr. mögen sich in Mitteleuropa durchaus um 2 °C oder mehr unterschieden haben. Ausgehend von den kanadischen und skandinavischen Belegen war die Spannbreite in den hohen Breiten wie auch während der Winter in China größer. Ein leichter Temperaturrückgang ist ebenfalls für Babylonien (Mesopotamien) und Nordindien nachgewiesen. In subtropischen und äquatornahen Lagen ist jedoch eine zunehmende Dürre der Hauptfaktor für die erhebliche Beeinträchtigung der dortigen Zivilisationen. Ist es angesichts der zahlreichen und einschneidenden Umbrüche im menschlichen Lebensraum verwunderlich, daß diese Veränderungen sich auf die frühen Gemeinschaften auswirkten oder daß in späteren klassischen Epochen von einem *Goldenen Zeitalter* die Rede war?

Selbstverständlich variierte die Intensität, mit der sich die einzelnen Phasen der klimatischen Entwicklung in den verschiedenen Teilen der Welt auswirkten. Insgesamt sanken die Temperaturen in Nordamerika im 2. Jahrtausend v. Chr. ab ca. 1500 v. Chr. offenbar am stärksten. Dies gilt möglicherweise nicht für den hohen Norden, wo die wärmste Phase erst vor wenigen Jahrhunderten eingesetzt hatte. In Europa und im überwiegenden Teil der nördlichen Hemisphäre war ein Temperatursturz um 1200 v. Chr. anscheinend von größerer Bedeutung. Die markanteste Klimaveränderung und die kältesten Wetterlagen traten hier in der Mitte des nächsten Jahrtausends auf.

Parallel zur späten Erschließung der nordöstlichen kanadischen Polargebiete und Nordgrönlands wird der erste Beleg über das Auftreten der Eskimos auf ca. 2500 v. Chr. datiert. Verschiedene Völker hatten dieses Gebiet Jahrtausende zuvor durchquert und in Alaska gesiedelt. Kultu-

relle Veränderungen erfolgten in Zeitabschnitten, die relativ genau mit
der für andere Regionen gültigen klimatischen Chronologie übereinstim-
men. Von 1500 bis 1100 v. Chr. nahmen die menschlichen Aktivitäten in
Nordgrönland ab, und die frühen Völker, deren Spuren auch entlang der
Hudson Bay und an der Küste Labradors zu finden sind, wanderten nach
Süden. Nach einer leichten Klimaverbesserung zwischen 1100 und 700
v. Chr. wurden die Siedlungen in Nordgrönland erneut aufgegeben, und
die allgemeine Südwanderung wiederholte sich.

Details aus Nordwesteuropa

Ein abschließender Blick auf die Hoch- und Tiefpunkte der angesproche-
nen Phasen in Nordwesteuropa fördert einige klimahistorisch wichtige
Einzelheiten zutage.

Bis 2000 v. Chr. hatte sich der Wald schon von den ungeschützten Küsten Nordwestschottlands und von den höchsten Standorten in Schottland
und Nordengland zurückgezogen. Weiter südlich, in Irland, Wales und
Cornwall, erstreckte er sich noch bis an die Atlantikküste und war bis zur
Bronzezeit in höheren Lagen als heute zu finden. In Südengland wirkten
sich menschliche Aktivitäten besonders massiv aus: Schon im Neolithi-
kum, etwa seit dem 3. Jahrhundert v. Chr., begann die Zerstörung der
natürlichen Vegetation, insbesondere im Bereich der Kreidebergländer.
Eiche und Hasel, die als Brennholz verwendet wurden, wuchsen vor allem in den untersten Lagen der Hügel und an Hängen. Die bereits in ein
Grasland umgewandelten Hochebenen des Kreide-Platten- und Schicht-
stufenlands dienten als Lebensraum für die neolithischen Bauern, die hier
Ackerbau und Schafzucht betrieben. Im 2. vorchristlichen Jahrtausend
wurden diese Siedlungsräume aufgegeben und nur noch als Weideflächen, Begräbnisstätten und als bequeme Verkehrswege genutzt: Man
kann daraus schließen, daß sich die Quellgebiete in den trockeneren Phasen der Bronzezeit weiter talabwärts verlagert hatten und die Wasserversorgung in den höheren Lagen problematisch geworden war. Als letzte
hochwachsende Baumart breitete sich die Buche in Großbritannien auf
den offenen Flächen der Kreidehügelländer aus, die von ihren Bewohnern gerodet und dann verlassen worden waren.

Darauf folgte ca. zwischen 800 und 400 v. Chr. eine Phase, die im Westen durch eine extrem hohe Feuchtigkeit gekennzeichnet war. Die Fein-
datierung durch wiederholte Radiokarbontests im großen Moor bei Tre-
garon in Westwales zeigt ein Wachstum der Torfschicht von fast einem
Meter für diese vier Jahrhunderte. Diese Zunahme war genauso stark wie

das Wachstum in den folgenden zwei Jahrtausenden. In Ostengland deuten die verfügbaren Anhaltspunkte zumindest für den ersten Abschnitt dieser Phase eher auf ein trockenes Klima hin. Ab ca. 1000 v. Chr. dehnte sich der Ackerbau bis in das Tiefland von Holderness an der Ostküste von Yorkshire aus, obwohl dieser Landschaftsbereich letztendlich wieder zu feucht wurde. Aus der Lage eines auf ca. 750 v. Chr. datierten Wracks, das bei Brigg in Lincolnshire gefunden wurde, können wir ableiten, daß die nach Osten entwässernden Flüsse vermutlich noch im 8. Jahrhundert und sogar vielleicht später eine geringe Fließgeschwindigkeit hatten. Diese Beobachtungen lassen für die betroffenen Jahrhunderte auf Westwinde schließen, die sonst nicht in diesem Umfang vorherrschten. Zu dieser Zeit rückten die Gletscher in den Alpen und in Norwegen wahrscheinlich rascher vor als in den anderen kälteren Einschüben nach dem postglazialen Wärmeoptimum. Die Eismassen dehnten sich so weit über ihren Minimalstand aus, daß die hinterlassenen Moränen sich fast bis in die Endlagen erstreckten, die durch Vorstöße in den kältesten Phasen vorangegangener Jahrhunderte erreicht wurden. An einigen Orten überschritt der Vorstoß diese Marke sogar.

Die meteorologische Rekonstruktion der wahrscheinlichen Merkmale der Windzirkulation unter Zuhilfenahme der Kenntnisse über die Wärmeverteilung auf der Nordhalbkugel deutet darauf hin, daß die Abkühlung der Arktis die Tiefdrucktätigkeit südwärts nach Nordeuropa abgedrängt hatte. Dadurch entwickelten sich über dem Atlantik von Kanada und Grönland bis nach Großbritannien und Mitteleuropa im Winter wahrscheinlich kräftige, kalte Westwinde. Im Sommer herrschten dann über den Britischen Inseln und über Europa bis in den Mittelmeerraum zyklonale Nordwestwinde vor. In früheren Veröffentlichungen wird der Eindruck vermittelt, daß der Meeresspiegel an der englischen Ostküste ungefähr um 500 v. Chr. sehr hoch war. Doch diese Vorstellung ist kaum haltbar, denn zu jener Zeit kühlte sich in den meisten Teilen der Welt das Klima stark ab, und die Gletscher dehnten sich aus. Diese Annahme kann eher durch die Hinterlassenschaft außergewöhnlich hoher Wasserstände und durch von Nordseestürmen ausgelöste Überflutungen zustande gekommen sein. Beide Phänomene traten auf, als die Winde hinter extrem starken Tiefdruckgebieten nach Nordwesten und Norden abdrehten.

Die Dünenaktivität entlang der nordwesteuropäischen Küsten von Südwales bis Dänemark zeigt, daß in jenem Zeitabschnitt mehrere Sturmwetterlagen besonderer Heftigkeit auftraten. Bestimmte Landzungen an der schottischen Ostküste am Firth of Forth scheinen sich in Wetterlagen mit Nordwinden als Sanddünen oder -bänke gebildet zu haben. Sie werden auf ca. 500 v. Chr. datiert. Dazu hat wahrscheinlich ein geringfügiges Absinken des Meeresspiegels infolge der Gletscherbildung durch die Freilegung größerer Sandflächen in den Flußmündungen und entlang der Küsten beigetragen. Ehemalige, auf ca. 500 v. Chr. datierte und heute größtenteils versunkene Hafenanlagen bei Neapel und im Adriatischen Meer deuten auf einen mittleren Meeresspiegel, der ungefähr einen Meter unter dem heutigen lag. Allerdings sind aufgrund der tektonisch sehr instabilen Verhältnisse im mediterranen Raum derartige Aussagen wenig zuverlässig. Dennoch lassen die uns zur Verfügung stehenden Erkenntnisse über klimatische Veränderungen und ihre Dauer den Schluß zu, daß der Wasserspiegel zwischen 2000 und 500 v. Chr. vermutlich um 2 m oder sogar mehr absank. Es sieht ganz so aus, als ob zur Zeit des Römischen Reiches der Meeresspiegel global zu einem stetigen Anstieg tendierte und um 400 n. Chr. schließlich eine Höhe erreichte, die mit der heutigen Marke vergleichbar ist bzw. etwas darüber lag.

Die niederländische Küste verlief zwischen 3000 und 2000 v. Chr. offenbar ca. 50 km weiter östlich als heute, was dem angenommenen Höchststand der Weltmeere zu jener Zeit vollauf entspricht. Die Küstenlinie verlagerte sich nach Westen, und die Nordsee zog sich zurück, wodurch im 2. Jahrtausend v. Chr. die Bildung neuer Strandwälle an der Küste einsetzte. Die Hauptverlagerung erfolgte jedoch zwischen ca. 600 und 150 v. Chr. in einer Abfolge von Flugsandbewegungen. Dies ergab die C-14-Datierung der Einschlüsse in Sandschichten. Durch Untersuchungen in einem jütländischen Torfmoor in Dänemark konnten ebenfalls Schichten von Flugsandintrusionen zwischen ca. 600 v. Chr. und der Zeitenwende nachgewiesen werden.

Landschaftsstudien im südenglischen Binnenland deuten ebenfalls darauf hin, daß das kalte, im Westen feuchte Klimaregime anhielt. Nach 900 v. Chr. wurden über die Niederungen in der Grafschaft Somerset hölzerne Stege verlegt, offenbar in der Absicht, die bestehenden Verkehrswege in der zusehends sumpfiger werdenden Gegend offen zu halten. Gegen 350 v. Chr. wurden dann allerdings Boote benutzt. Im darauffolgenden Jahrhundert, um 250 v. Chr., entstanden bei Glastonbury und Meare Seeufersiedlungen in Pfahlbauweise; möglicherweise machten sich die Bewohner die Vorteile einer solchen Lage für den Verteidigungsfall zunutze.

Um 500 n. Chr. wurde das Klima auch in den östlichen Teilen Englands wesentlich feuchter als zuvor; damit herrschte überall in England, Wales und Irland ein derartig verändertes Regime vor. Daraus geht eindeutig hervor, daß die Winde nicht mehr vornehmlich aus westlicher Richtung kamen. Auch die Tiefdruckgebiete zogen des öfteren südlich an den Britischen Inseln vorbei oder über sie hinweg und dehnten sich, anders als in den vorausgegangenen Jahrhunderten, weiter nach Süden und Osten aus.

Die Klimaverhältnisse glichen mithin eher dem im 15. nachchristlichen Jahrhundert in Europa herrschenden Regime, auf das noch näher einzugehen ist. Es erwies sich als Vorzug der alten Höhenwege (wie z. B. der Cotswold Höhenweg von Bristol nach Lincoln, der Icknield Weg von Stonehenge nach Norfolk, die Strecke von Winchester nach Canterbury, später bekannt als Pilgrims' Way), daß sie nicht nur den dichten Wald, sondern auch die oftmals sumpfigen Tieflandbereiche umgingen.

Die Entstehung der großen Religionen

Zum Schluß dieses Kapitels sollten wir uns mit dem interessanten Phänomen befassen, daß einige große Religionen und Philosophien, die sich mit dem Ursprung des Lebens und der Welt befassen, im letzten Jahrtausend des hier behandelten Zeitraumes entstanden sind. Selbstverständlich haben klimatische Ereignisse die Gedanken der Religionsgründer oder Philosophen wohl kaum direkt beeinflußt, wahrscheinlich hat man klimatische Veränderungen nicht einmal bewußt wahrgenommen. Jeder Mensch wird, gleichgültig, wo er lebt, gewiß Jahre erleben, in denen sich das Wettergeschehen vom allgemeinen Regime der Epoche unterscheidet. Es kann sogar vorkommen, daß er sein ganzes Leben in einer Region verbringt, deren Wettergeschehen untypisch ist. Am Aufstieg der Stadt Harappa haben wir beobachten können, wie verschieden die Erfahrungen sind, die die Menschen im nördlichen Zentralasien und die Bewohner Nordwestindiens zur gleichen Zeit machten. In der Regel liegt *klimatischen* ebenso wie *kulturellen Veränderungen* ein klar abgrenzbares *geographisches Muster* zugrunde. Herrscht generell ein bestimmter, vielleicht sogar globaler Klimatrend vor, so sind dennoch stets einige Regionen davon nicht betroffen, dort werden entsprechend andere Erfahrungen gemacht. Mit Sicherheit können erhöhte Witterungsschwankungen in Monsungebieten und am Rand des ariden Gürtels die Verbreitung einer neuen Religion durch enthusiastische Missionare oder bewaffnete Verfechter fördern. Zu diesen Schwankungen zählen Perioden mit sehr intensiven Klimaanomalien, wie beispielsweise eine Dürre, die sich fast über eine ganze Breitenlage erstreckt. Ein Aufkommen neuer Religionen wird vor allem dann begünstigt, wenn traditionelle Lebensweisen, gefestigte Sitten und Gebräuche zusammenbrechen. In der mediterranen Welt ist ein derartiger durch eine Dürre bedingter Zusammenbruch ungefähr für den Zeitraum nachgewiesen, als sich der Islam im 1. nachchristlichen Jahrtausend ausbreitete.

Die chinesische Klimageschichte des letzten vorchristlichen Jahrtausends unterscheidet sich wohl grundlegend von den Abläufen in Europa. Etwa zwischen 1200 und 800 sowie erneut zwischen 600 und 200 v. Chr. herrschten in China sehr extreme klimatische Verhältnisse, die gewiß mit den großen Völkerwanderungen in Zusammenhang gebracht werden können. Diese Wanderbewegungen und die daraus resultierende Unruhe haben wahrscheinlich alle europäischen und asiatischen Völker direkt oder indirekt erfaßt. Sowohl Buddha (563–483 v. Chr.) als auch Konfuzius (551–479 v. Chr.) boten Erklärungen für die existentielle Leiderfahrung des Menschen an. Konfuzius lehrte, daß alle Menschen Brüder seien und sich gegenseitig stützen sollten. Buddha empfahl die Meditation als Weg ins Nirwana mit dem Ziel, letztendlich mit den Existenzbedingungen in Einklang zu kommen und eine gelassene Haltung gegenüber Schmerz und Leiden zu erreichen. Die babylonische Gefangenschaft der Juden fällt etwa in die Zeit zwischen 600 und 536 v. Chr. und war von einem geistigen Erneuerungsprozeß und einer Rückbesinnung auf die Gesetze begleitet, die das jüdische Gemeinschaftsleben bestimmen sollten. Diese Gesetze waren sieben Jahrhunderte zuvor, während einer früheren Wanderschaft, niedergelegt worden. Im 4. und 5. vorchristlichen Jahrhundert lebten in Griechenland die großen Philosophen, deren Lehren das Christentum und das gesamte europäische Denken beeinflußten und schließlich zur Entwicklung der modernen Wissenschaft und der demokratischen Auseinandersetzung geführt haben.

Anmerkungen

1 Die Vegetationsgeschichte dieser Region wurde von H. E. Wright (University of Minnesota) untersucht. Die Verteilung der Vegetation über den gesamten, östlich der Rocky Mountains gelegenen Bereich der Vereinigten Staaten ist nun für das Postglazial durch Bernabo und Thompson Webb (Brown University, Providence, Rhode Island) sorgfältig für jede Art und für jede Entwicklungsstufe dokumentiert worden.

2 Eine nützliche Gesamtdarstellung der bislang gewonnenen Erkenntnisse bietet J. M. Grove: The Glacial History of the Holocene, in: Progress in Physical Geography, 3, Nr. 1, London 1979, S. 3–54ff.

3 C. E. P. Brooks: Climate Through the Ages, London [2]1949, S. 300. (Es muß angemerkt werden, daß einige der damals genannten Werte im Licht späterer Erkenntnisse und präziserer Datierungstechniken revisionsbedürftig sind.)

4 H. Gams: Aus der Geschichte der Alpenwälder, in: Zeitschrift des deutschen und österreichischen Alpenvereins, 68, Jahrbuch 1937, S. 157–170.

5 Der in der englischen Vorlage zitierte Text stützt sich auf die 1881 überarbeitete Bibelfassung und die Knoxbibel. (Die deutsche Fassung stammt aus: Die Bibel oder die ganze Heilige Schrift des Alten und des Neuen Testaments, Stuttgart 1969, d. Ü.).

9 Das römische und nachrömische Zeitalter

Die mediterrane Welt zur Zeit der Römer

Wie wir wissen, wurde Rom 753 v. Chr. gegründet. Ungefähr zur selben Zeit errichteten die Griechen Kolonien in Sizilien, Süditalien und um 600 v. Chr. in Marseille. Bis zum 2. Jahrhundert v. Chr. waren Phönizier, Karthager und Griechen den Römern auf den Gebieten der Seefahrt, des Handels und der Landwirtschaft sowie bei der Errichtung von Kolonien überlegen. Ungefähr um 600 v. Chr. umsegelten die Phönizier Afrika. Die Überlegenheit zeigt sich auch darin, daß die ersten römischen Geschichtsschreiber ihre Werke vor 200 v. Chr. in griechischer Sprache verfaßten. Die kulturelle und wirtschaftliche Entwicklung der Völker des östlichen und südlichen Mittelmeerraumes wurde möglicherweise durch das in jenen Jahrhunderten vorherrschende kältere Klima begünstigt. Dieses Klima sorgte für vermehrte Winterregenfälle, so daß sich die Fruchtbarkeit der Böden in Griechenland und in den Randgebieten Nordafrikas erhöhte. Das erlaubte den Karthagern – und später den Römern – die landwirtschaftliche Nutzung dieser Gegenden. Wahrscheinlich lag auch der Grundwasserspiegel höher als heute; die Oasen in den Wüsten, Klimarelikte feuchterer Perioden aus der Zeit vor 3000 v. Chr., waren ausgedehnter. Rhys Carpenter weist darauf hin, daß die Griechen der frühen Antike sich wärmer kleideten und ihre Häuser mit Firstdächern versahen. Das bedeutet eine Abkehr von den Flachdächern und der spärlichen Bekleidung, die zur Zeit der frühen mykenischen und minoischen Kulturen auf Kreta gebräuchlich waren. In historischen Aufzeichnungen (z. B. bei Livius) wird zumindest von einigen strengen Wintern im Rom jener Zeit berichtet, auch davon, daß der Tiber zufror und etliche Tage lang Schnee lag. Ferner erfährt man, daß dort um 300 v. Chr. Buchen wuchsen, während zu Plinius' Zeiten im 1. nachchristlichen Jahrhundert das Klima für diese Baumart wohl zu warm geworden war. Die Buche wurde von den Römern zur Zeit von Plinius als ein Baum der Bergregionen angesehen.

Um 310 bis 300 v. Chr. unternahm Pytheas eine Reise zur Erforschung der westeuropäischen Küsten, die er über die Hebriden bis nach Nordschottland ausdehnte, wo er auf mächtige, bis zu «80 Ellen hohe» Wellen traf. Nach sechs weiteren Tagen auf nördlichem Kurs gelangte er auf 66,5° n. Br. zu einer Insel mit dem Namen «Thule», die wohl mit Island identisch ist. Dafür spricht, daß Pytheas eine dort vorkommende fremdartige Materie als «schwebende Erde und Luft», vermutlich Bimsstein, beschrieb. Eine weitere Tagesetappe von Thule entfernt war die See bereits vereist. Ungeklärt bleibt der Teil seines Berichtes, in dem erwähnt wird, daß die Insel von Menschen bewohnt war. Nach Pytheas ernährten sie sich von wildwachsenden Beeren, Honig und von wildwachsendem Glanzgras (*phalaris canariensis*), das wegen der häufigen Regenfälle in Scheunen gedroschen wurde. Um welchen Volksstamm kann es sich handeln? Kann es sein, daß frühe Seefahrer unter günstigeren klimatischen Bedingungen aus Europa gekommen waren? Oder waren die Bewohner Islands Eskimos, die irgendwann im letzten Jahrtausend v. Chr. vielleicht sogar schon bis zu den Orkneyinseln vorgedrungen waren. Diesen Schluß könnte die Anlage eines kleinen, teilweise unterirdischen Steinhauses bei Skara Brae, dessen Form an einen Iglu erinnert, nahelegen.

Einem Bericht von Strabo zufolge gab es zwischen 120 und 114 v. Chr. einen starken Sturm in der Nordsee bzw. mehrere Stürme mit gleichzeitigen Flutwellen, die die Küstenlinie des heutigen Dänemark und Deutschland zurückdrängten. Diese sogenannte Kimbrische Flut löste eine Südwanderung der Kelten und Teutonen aus, die in den betroffenen Gebieten gelebt hatten. In dieser Phase stark abfallender Temperaturen in der Arktis, die sich zumindest für Kanada, Grönland und Skandinavien nachweisen läßt, in der auch die Gebirgsgletscher in allen erforschten Gebieten vorrückten, fanden über einen Zeitraum von über 1000 Jahren Völkerwanderungen von Nord- und Mitteleuropa gen Süden statt. Danach werden für einige Jahrhunderte kaum größere Klimastörungen oder Bevölkerungsverlagerungen in solch einer Größenordnung erwähnt.

Julius Caesar zögerte aufgrund anhaltender West- bis Nordwestwinde im Sommer 54 v. Chr. lange, bis er seine Expedition über den Kanal nach England durchführte. Ähnliche Bedingungen hatten im Sommer 55 v. Chr. geherrscht, und auch Wilhelm der Eroberer wurde 1066 n. Chr. auf die gleiche Weise aufgehalten, bis Anfang Oktober endlich ein günstiger Wind aufkam.

Zu Plinius' Zeiten und im Jahrhundert zuvor wurde von römischen Schriftstellern, die sich über den Gartenbau äußerten, hervorgehoben, daß damals Wein und Oliven weiter nördlich in Italien angebaut werden konnten, als es in vorangehenden Jahrhunderten üblich gewesen war. Dies stimmt mit generellen Hinweisen überein, die man von Fossilien und Proxy-Daten ablesen kann. Diesen Daten zufolge gab es im Europa der römischen Antike bis ungefähr 400 n. Chr. eine fortdauernde Erwärmungstendenz mit zunehmender Trockenheit. Eine allmähliche, globale Erwärmung bis ungefähr 400 n. Chr. würde mit dem im letzten Kapitel erwähnten Anstieg des Meeresspiegels korrelieren (vgl. S. 170). Die erwähnten Hintergründe für den Höhepunkt römischer Herrschaft können zu der in der Neuzeit weit verbreiteten Annahme geführt haben, daß die ständig wechselnden Witterungsverhältnisse niemals mehr als ein geringfügiger, den Verlauf der Geschichte keinesfalls beeinflussender Störfaktor gewesen sind.

Ungeachtet der bekannten politischen Unruhen, mit denen das Römische Reich zu kämpfen hatte, wurde Christus, anders als Buddha und Konfuzius, offenbar in einer eher milden Klimaperiode geboren. Offensichtlich herrschten beachtliche Ähnlichkeiten mit unserem heutigen Klima, abgesehen von dem ständig feuchteren Klima in Nordafrika und im Nahen Osten. Daneben schufen sowohl die Feuchtigkeit der Alluvialböden als auch die Vegetation aus früheren Perioden Grundlagen für eine langwährende Bewirtschaftung der agrarischen Nutzflächen in Afrika, der «Kornkammer» des Römischen Reiches. Dort entstanden blühende Siedlungen, die seither wieder von der Syrischen und Jordanischen Wüste zurückerobert worden sind.

Ptolemäus (Claudios Ptolemaios) aus Alexandria legte ungefähr 120 n. Chr. ein Witterungstagebuch an, dem wir einige bemerkenswerte Unterschiede zum heutigen Klima entnehmen können. Im heutigen Ägypten traten damals in jedem Monat, außer im August, Niederschläge auf, Gewitter in allen Sommermonaten, aber auch zu anderen Jahreszeiten; die heißen Tage wurden im Juli und August verzeichnet. Heute senken die steten, auflandigen Winde aus Nord und Nordost die Temperatur dieser Monate.

Ein weiterer Hinweis auf ein milderes Klima zur römischen Zeit kann darin gesehen werden, daß zwischen 101 und 106 n. Chr. eine Brücke mit zahlreichen Steinpfeilern über die Donau am Eisernen Tor, und zwar zwischen dem heutigen Jugoslawien und dem Transsylvanischen Hochland in Rumänien gebaut wurde. Die Brücke (Abb. 49) war von Apollodoros von Damaskus für Kaiser Trajan entworfen worden, damit römische Armeen und Verwaltungsbeamte die Donau nach Dakien überqueren konnten. Sie überdauerte ungefähr 170 Jahre. In späteren Jahrhunderten wäre ein solches Bauwerk mit Sicherheit durch den Eisgang strenger Winter zum Einsturz gebracht worden. Die Daker sollen die Brücke nach dem Ende der römischen Herrschaft zerstört haben.

Die weitere Ausbreitung des Weinanbaus nach Norden ist gegen Ende des 1. nachchristlichen Jahrhunderts in einem Edikt des Kaisers Domitian festgehalten worden. Es verbot die Anlage von Weinbergen in den nördlichen und westlichen Provinzen des Reiches jenseits der Alpen. Dieses Edikt wurde um 280 n. Chr. von Probus aufgehoben. In der Tat waren es die Römer, die den Weinbau in Deutschland und England einführten. Für

49: Römische Brücke über die Donau am Eisernen Tor (erbaut 101 bis 106 n. Chr.). Wie aus ihrer Darstellung auf der Trajanssäule in Rom ersichtlich wird, bestand sie aus einer Holzkonstruktion auf Steinpfeilern.

die Zeit nach ungefähr 300 n. Chr. gibt es keine Nachweise mehr dafür, daß Wein nach Britannien importiert wurde. Möglicherweise konnte sich diese Provinz selbst mit Wein versorgen. Das soll nicht heißen, daß die Ausbreitung des Weinanbaus nach Norden einer bedeutenden Klimaveränderung zuzuschreiben ist. Vielmehr schloß man aus den günstigen Verhältnissen und den geringeren Schwierigkeiten der Winzer in Italien, daß Reben auch ein gutes Stück weiter nördlich gedeihen konnten.

Verbindungen zum Osten: Handel und Völkerwanderungen

Während des römischen Zeitalters benutzten Kamelkarawanen jahrhundertelang (von ungefähr 150 v. Chr. bis 300 n. Chr.) die über den asiatischen Kontinent verlaufende Große Seidenstraße für den Handel mit chinesischen Luxusgütern. Aufgrund der Wasserspiegelschwankungen des Kaspischen Meeres sowie durch Untersuchungen über periodische Flüsse und Seen und aufgrund verlassener Siedlungen in Sinkiang und Zentralasien ist bekannt, daß im 4. nachchristlichen Jahrhundert eine Trockenperiode den Verkehr entlang dieser Route zum Erliegen brachte (Abb. 50). Zwischen ungefähr 300 und 800 n. Chr. traten weitere intensive Trockenperioden auf, die um die Eckdaten besonders ausgeprägt waren; das belegen auch alte Küstenlinien der Binnenmeere und Hafenanlagen. Vor diesem Hintergrund erscheint eine von Ellsworth Huntington in seinem *The Pulse of Asia* (1907) vertretene These sehr plausibel. Die Austrocknung der von Nomaden genutzten Weideflächen Zentralasiens war, so Huntington, der Auslöser dafür, daß Barbarenstämme und nichtseßhafte Völker in einer Art Kettenreaktion westwärts nach Europa vordrangen und letztlich das Römische Reich unterwanderten.

Diese Zeit der Völkerwanderung (deutsch im Original, d. Ü.), die sich mit dem langsamen Verfall des Römischen Reiches überschneidet, ist – ebenso wie das letzte vorchristliche Jahrtausend – durch Wanderungsbewegungen in vornehmlich eine Richtung gekennzeichnet. Erfolgten die Bewegungen in vorchristlicher Zeit von Nord nach Süd, so waren sie in der römischen Epoche von Ost nach West gerichtet. Für die erste große Wanderungsbewegung scheint klar zu sein, daß sich die Lebensumstände im arktischen Raum und in Gebieten verschlechterten, in denen sich arktische Luftmassen ausbreiteten. Im zweiten Fall konzentrierten sich die Störfaktoren eindeutig nicht im Norden, sondern im Osten, im Kerngebiet des eurasischen Kontinents. Da die Winter dort immer sehr streng sind, ist die entscheidende Veränderung wohl eher in Verbindung mit (eindeutig nachweisbaren) Trockenperioden zu sehen.

Abb. 51 stellt dar, welche Aussagen aufgrund zeitgenössischer Berichte über Klimaschwankungen in Europa für einen Zeitraum von fast 2000 Jahren, vom 4. Jahrhundert v. Chr. bis 1300 n. Chr., gemacht werden können. Schwankungen in der Überflutungshäufigkeit und in den jährlichen

50: Eingekerbte Aushöhlungen in den Jiaohe-Klippen in der Turfansenke im zentralasiatischen Tienschan-Gebirge; Überreste – vermutlich eines ehemaligen buddhistischen Schreins – in einer Stadt an der Großen Seidenstraße, die ab ungefähr 200 n. Chr. durch den Handel aufblühte und in den Jahrhunderten vor 1000 n. Chr. verlassen wurde.

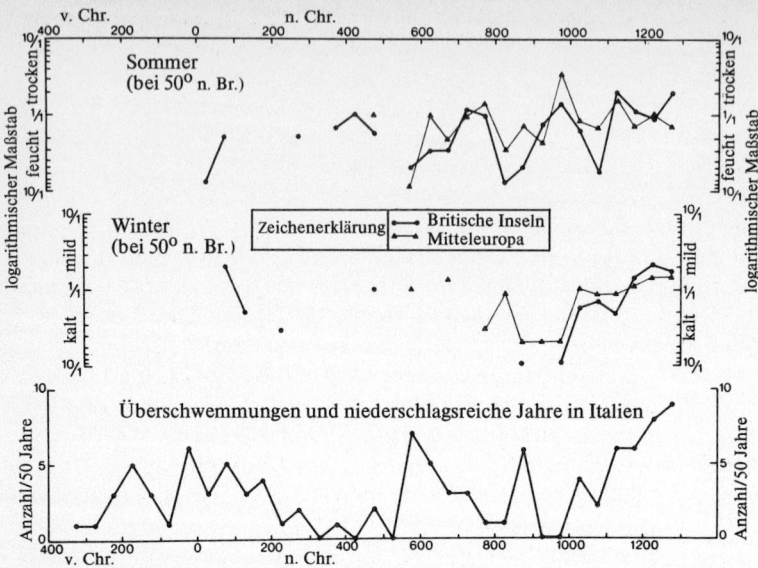

51: Abriß über Klimaaufzeichnungen in Europa für den Zeitraum von 400 v. Chr. bis zum Mittelalter. Aussagehäufigkeit über niederschlagsreiche und trockene Sommer und kalte oder milde Winter auf den Britischen Inseln und in Deutschland sowie über niederschlagsreiche Jahre in Italien in Zeitstufen von 50 Jahren. Eintragungen in bezug auf Sommer bzw. Winter; Verhältnis: Berichte über vorwiegend nasse Sommer bzw. kalte Winter/Berichte über vorwiegend trockene Sommer bzw. milde Winter.

Niederschlagsmengen in Italien scheinen mit Angaben aus anderen Gebieten im nördlichen Mittelmeerraum weitgehend übereinzustimmen. Ähnliches gilt für die Schwankungen, die wir für das Kaspische Meer und den Feuchtigkeitshaushalt in Zentralasien festgestellt haben. Und es besteht kein Zweifel daran, daß die trockeneren Perioden in den jeweiligen Gebieten zu großen Schwierigkeiten führten.

Bedeutende Krankheitsepidemien

In spätrömischer Zeit trat eine Folge von mehreren schweren Pestepidemien auf, die möglicherweise mit dem Temperaturanstieg in Verbindung gebracht werden kann. In den Jahren von 144 bis 146 n. Chr. und von 171 bis 174 n. Chr. verringerte sich die Bevölkerung in manchen Gebieten Ägyptens um ein Drittel. Im Jahre 166 n. Chr. erreichte eine aus Makedonien eingeschleppte Pestepidemie Rom und breitete sich über weite Teile des Reiches aus. Zwischen 251 und 268 n. Chr. herrschten in Italien und Afrika noch schlimmere Epidemien, denen nach zeitgenössischen Berichten in Rom zeitweilig bis 5000 Menschen pro Tag zum Opfer fielen. Am schlimmsten wütete die Beulenpest im Jahre 542 n. Chr. zur Regierungszeit des Justinian. Allem Anschein nach hatte sie ihren Ausgangspunkt in Ägypten, im Oberen Niltal oder möglicherweise in Äthiopien und breitete sich über die gesamte römische Welt und weiter bis nach Persien und Indien aus. Wie beim «Schwarzen Tod» im Mittelalter war die Zahl der Opfer beim ersten Auftreten erschreckend hoch; weniger katastrophale und örtlich begrenzte Ausbrüche folgten. Zwischen 542 und 565 n. Chr. soll die Hälfte der Bevölkerung des Byzantinischen Reiches und Europas an der Beulenpest gestorben sein, d. h., es gab insgesamt etwa 100 Millionen Tote. Vielleicht handelt es sich bei der Pest, die in den Jahren 664 und 682 n. Chr. Irland heimsuchte, um ein zeitlich verzögertes Wiederauftreten derselben, anderswo praktisch ausgestorbenen Epidemie. Falls das Klima überhaupt eine Rolle gespielt hat, beruht die Bedeutung der Trockenperioden für die anfängliche Ausbreitung der Pest zweifelsohne auf den unter solchen Bedingungen schwierigen hygienischen Verhältnissen. Es scheint, als ob die Pest im Mittelalter verstärkt in warmen und feuchten städtischen Bereichen sowie entlang der Reiserouten an bevölkerungsreichen Orten mit vielen Kontaktmöglichkeiten auftrat. Dasselbe gilt wahrscheinlich für das Auftreten der Pest zur Zeit des Kaisers Justinian.

Meeresspiegelschwankungen und Veränderungen der Küstenlinien in Nordeuropa

Der langsame Anstieg des Meeresspiegels um insgesamt maximal 1 m, der sich anscheinend in den wärmeren Jahrhunderten des römischen Zeitalters vollzog, führte nicht nur zu einer Überflutung früherer Hafenanlagen an den Mittelmeerküsten, sondern um 400 n. Chr. auch zu einem erheblichen. Einbruch des Meeres über den Wash in die Fens von East Anglia. Entlang der kontinentalen Nordseeküste wurden von Flandern bis Jütland Mündungsgebiete und Meeresarme für kleine Schiffe befahrbar (Abb. 52). Dieser Umstand kam den aus ihren kontinentalen Heimatgebieten nach England einfallenden Völkern der Angeln und Sachsen bei der Überquerung der Nordsee zugute. Die Meerestransgression über die

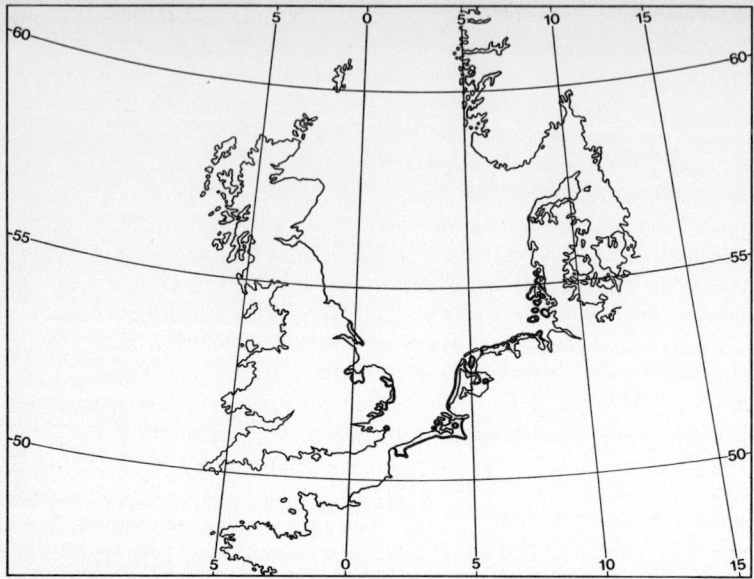

52: Kartenskizze zur Verdeutlichung erheblicher Unterschiede zwischen dem Verlauf der Nordseeküsten um 400 und 1000 bis 1100 n. Chr. (fett eingezeichnet). Wenn wir nach klimatischen Ursachen oder Auslösern für historische Ereignisse im ersten nachchristlichen Jahrtausend suchen, wird deutlich, daß die Überflutung von Küstengebieten nur relativ kleine, örtlich begrenzte Bereiche betraf, wohingegen sich die Trockenperioden, die im sich von Kasachstan oder der Ukraine aus in östliche Richtung erstreckenden asiatischen Kerngebiet vorherrschten, auf ein riesiges, dünnbesiedeltes Gebiets auswirkten. Der durch diese Trockenperioden verursachte Verlust der Weideflächen in Asien hat möglicherweise als Kettenreaktion die Wanderung slawischer Stämme über die europäische Ebene nach Westen nach sich gezogen. Diese Stämme erweiterten ihren Siedlungsraum bis fast zur dänischen Grenze.

ehemaligen flämischen und niederländischen Küstenlinien von ungefähr 250 bis 275 n. Chr. führte zu einer Entvölkerung der kontinentalen Küstenniederungen.[1] Salinen aus der Zeit vor der normannischen Eroberung, die an der Küste der englischen Fens in der Grafschaft Lincolnshire und außerhalb der später angelegten Deiche liegen, können als Indiz für einen damals leicht abgesenkten Meeresspiegel gelten. Bei diesen Salinen handelt es sich um Salzpfannen oder «Salzäcker», die von den Gezeiten überspült wurden und aus denen salzhaltiger Sand gewonnen wurde. Der Meeresspiegel muß sich gegenüber dem in spätrömischer und in mittelalterlicher Zeit hohen Niveau abgesenkt haben. Dies wird durch weitere Belege für den Zeitraum zwischen dem 7. und 10. Jahrhundert n. Chr. untermauert. Viele später zu datierende Salzpfannen sind in diesem Gebiet, auch auf den Sandbänken, nachgewiesen. Sie ragen heute bis zu drei Meter über NN hinaus.

Untersuchungen in den Niederlanden haben ergeben, daß sich dort die Verhältnisse nach der durch Flugsandbewegungen und Wanderdünen gekennzeichneten Phase um 100 v. Chr. stabilisierten. Im Verlauf von elfhundert Jahren bewaldeten sich schließlich die Dünen. Der Wasserspiegel muß höher als zuvor gewesen sein, und Stürme dürften nur noch selten aufgekommen sein. Während der noch zu beschreibenden kälteren Klimaperiode in der zweiten Hälfte des 1. nachchristlichen Jahrtausends gab es nur unbedeutende und örtlich begrenzte Fälle von Flugsandeinwirkung. Die Waldbestände an den Küsten wurden im Mittelalter gerodet; es scheint sicher, daß hierdurch die reaktivierte Dünentätigkeit der nachfolgenden Perioden und somit eine weitere Ausdehnung der Dünen nach Osten begünstigt wurden. Langjährige intensive Forschungen von Sylvia Hallam über die Siedlungsgeschichte in den küstennahen Gebieten des Wash in Ostengland belegen, daß der Meeresspiegel nach einem mehrere Jahrhunderte währenden Anstieg im letzten vorchristlichen Jahrhundert seinen Höchststand erreichte. Danach kam es bis ungefähr 200 n. Chr. verschiedentlich zu Regressionsphasen, auf die zwischen 300 und 400 n. Chr. eine Periode mit einem sehr hohen Wasserspiegel und ein Vordringen des Meeres folgten. Im 7. und 8. Jahrhundert und möglicherweise auch später war der Meeresspiegel wieder beträchtlich niedriger, aber im späten 13. bis zum 15. Jahrhundert scheint der Meeresspiegel abermals angestiegen zu sein. Der Verfasser geht davon aus, daß der Eindruck eines hohen Meeresspiegels bis ins 15. Jahrhundert in Wirklichkeit zu einem großen Teil auf Sturmfluten, d. h. auf wiederholte Überflutungen durch häufigere Sturmwetterlagen, zurückzuführen ist.

Klimaabfolgen in Europa während des 1. Jahrtausends n. Chr.

Kehren wir zurück zu unserer Betrachtung der Klimaabfolgen im 1. nachchristlichen Jahrtausend in Mitteleuropa und in weiter nördlich gelegenen Gebieten. Abb. 51 berücksichtigt eine Fülle unterschiedlichster Belege über trockene und feuchte Sommer sowie milde und kühle Winter. Dennoch ist die Anzahl der Daten insgesamt zu gering, um verläßliche Verhältniswerte erstellen zu können; für manche Zeiträume konnten überhaupt keine Schätzungen angestellt werden. Aus dem weitgehend

parallelen Verlauf der Kurven für die Britischen Inseln und für Mitteleuropa läßt sich jedoch eine bedingt zuverlässige Aussage ableiten. Auch
hier stützt man sich im wesentlichen auf Pollenuntersuchungen und Gletscherbewegungen etc. Bis 400 n. Chr. tendierte das Klima zunehmend zu
wärmeren und trockeneren Sommern. Zwar gab es einige strenge Winter;
die Kälte war jedoch ohne nachhaltige Auswirkungen. Im Diagramm sind
für den weiteren Verlauf des Jahrtausends, insbesondere für das 6. Jahrhundert und für Phasen um 750 und 900 n. Chr., einige Perioden mit
einem allgemein eher kälteren und wechselhaften Klima erkennbar. Sie
gingen im 6. und 9. Jahrhundert zumindest in den nördlichen Regionen
des Mittelmeerraumes und auch in Nord-, West- und Mitteleuropa mit
einer erhöhten Feuchtigkeit einher. Die meisten Stürme und Flutkatastrophen entlang der damaligen Nordseeküste, über die uns heute Berichte vorliegen, werden ebenfalls auf diese Jahrhunderte datiert. Im
oder um das Jahr 520 n. Chr. soll durch einen Deichbruch die gesamte
Grafschaft Cantref y Gwaelod der an der walisischen Westküste gelegenen Cardigan Bay überflutet worden sein. Das in weiten Teilen verlassene
Acker- und Siedlungsland in Jæren, einer relativ tiefgelegenen Küstenregion in Südwestnorwegen[2], könnte als ein weiterer Hinweis auf ein zu
jener Zeit kühleres und wechselhafteres Klima angesehen werden. Für
die erwähnten Jahrhunderte liegen Berichte über einige außergewöhnliche Winter vor, wie z. B. über den des Jahres 763/764. Dies ist der erste
Winter, für den aus vielen Teilen Europas Aufzeichnungen existieren. Er
brachte enorme Schneefälle und führte im südlichen Europa zu hohen
Verlusten bei den Oliven- und Feigenbäumen: Im Bereich der Dardanel-
len war das Meer vereist. In einem weiteren, sehr strengen Winter (859/
860) war das Eis am Rande des Adriatischen Meers bei Venedig dick genug, um beladene Fuhrwerke zu tragen. Im Winter des Jahres 1010/
1011 kam es schließlich nicht nur am Bosporus, sondern auch am Nil zu
Eisbildung.

Bislang ging man davon aus, daß diese extremen Winter, etwa die aufeinanderfolgenden Jahre mit verheerenden Niederschlagsmengen in den
achtziger Jahren des 6. Jahrhunderts in Europa, als singuläre Erscheinungen anzusehen seien und das Klima sich während des hier untersuchten
1. nachchristlichen Jahrtausends nicht nennenswert abkühlte. Neuere
Forschungen in den Alpen, vornehmlich von Röthlisberger und Schnee-
beli vom Geographischen Institut der Universität Zürich[3] und in Norwegen und Nordschweden von Wibjörn Karlén, lassen den Schluß zu, daß
diese Auffassung revisionsbedürftig ist. Radiokarbondatierungen der alten Moränen, die ehemalige Gletscherendlagen auf dem Talboden des
Val de Bagnes im Südwesten der Schweiz markieren, zeigen: Die Reich-

weite der über beide Hänge vorrückenden Gletscher erstreckte sich etwa zwischen 600 und 700 n. Chr. sowie noch einmal um 850 bis zu den Endlagen, die in der Kleinen Eiszeit zwischen 1550 und 1850 erreicht wurden.[4] Diese Gletscher machten eine alte römische Straße, die aus Italien kommend durch dieses Tal verlief, völlig unpassierbar. Darüber hinaus deuten Jahresringuntersuchungen von bei Zermatt nahe der oberen Baumgrenze wachsenden Lärchen (Abb. 53) auf eine Klimaverbesserung, die sich offenbar nur allmählich durchsetzte und lediglich zum Ende des 3. nachchristlichen Jahrhunderts geringe jährliche Schwankungen aufwies. Auf diese Erwärmung folgten zwischen ca. 400 und 415 ziemlich ausgeprägte Schwankungen, an die sich eine einschneidende Kaltphase anschloß. Falls diese Datierung also zuverlässig ist, so war die römische Verwaltung in der Phase des Zusammenbruchs des Reiches im Westen nicht nur mit der zunehmenden Bedrohung durch Barbareneinfälle konfrontiert.

Für denselben Zeitraum sind in anderen Teilen der Alpen Gletschervorstöße und talwärts wandernde Baumgrenzen festgestellt worden. In Nordnorwegen erreichten die Gletscher zwischen 450 und 850 n. Chr. ebenfalls ausgeprägte Maxima. In einigen Untersuchungen[5] werden für diesen Zeitraum sowohl für die Baffininsel wie für Alaska Hinweise auf Gletscherhöchststände nachgewiesen. Wir haben bereits die Anzeichen der Sturmwetterlagen im 6. und 9. Jahrhundert für die nordwesteuropäischen Meere und Küsten erwähnt. Zwischen 400 und 440 n. Chr. traten wiederum vermehrt Stürme auf, die wahrscheinlich mit einem Viertel aller aus diesem Jahrtausend bekannten Fluten in Verbindung zu bringen sind. Sie führten in Südengland zu Küstenveränderungen, und an der holländischen Küste forderten sie sogar Menschenleben.

Vom Standpunkt der meteorologischen Forschung aus ist es bemerkenswert, daß dieses für Teile des 1. Jahrtausends in den mittleren Brei-

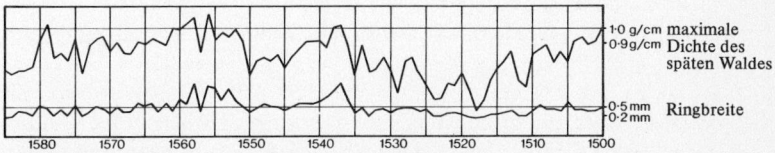

53: Mittlere Ringbreite und Dichte des spätsommerlichen Lärchenwaldes in der Schweiz in der Nähe der oberen Baumgrenze bei Zermatt. (Diese Messungen sind zuallererst Indikatoren für die Sommertemperaturen.) Die Datierung ist nicht absolut, sondern mittels Radiokarbontest vorgenommen; und vor 1950 n. Chr. erfolgt die Zählung in Jahresschritten (d. h., 1550 auf dem Maßstab entspricht 400 n. Chr.). Die Wende zu kälteren Jahren nach ca. 400 ist deutlich sichtbar.

ten festgestellte kalte Klimaregime vornehmlich in den Subtropen und ebenfalls in hohen Breitenlagen anscheinend etwas anders verlief als die Klimaentwicklung im 2. nachchristlichen Jahrtausend. Die Isotopenaufzeichnung aus Nordwestgrönland in Abb. 33 verdeutlicht dies. Das kältere Regime des 5. nachchristlichen Jahrhunderts erschien dort als eine wenig dominante, wenn auch etwas länger anhaltende Entwicklung. Es folgt bereits im 7. nachchristlichen Jahrhundert ein relativ warmer Abschnitt, der sich über längere Zeit fortsetzte und im 12. nachchristlichen Jahrhundert seinen Höhepunkt erreichte. Jedoch können die regional günstigen Klimaverhältnisse in einer Zeit, zu der fast überall sonst in den nördlichen Breiten eine Kaltphase vorherrschte, den wiederholt auftretenden Hochdruckgebieten bei und über Nordgrönland zugeschrieben werden, die immer wieder südliche Winde über Westgrönland und über die Bereiche um die Davisstraße hinwegführten. Des weiteren scheinen sich die beiden kalten Regime von 400 bis 900 und von 1400 bis 1900 n. Chr. von dem Klima in der Mitte des letzten vorchristlichen Jahrtausends teilweise zu unterscheiden. Letzteres zeichnete sich in Westeuropa durch sehr dauerhafte Feuchtigkeit (und vermutlich durch Westwinde) aus. Zweifellos entwickelten sich jedoch – zumindest in den mittleren Breiten der nördlichen Hemisphäre – während der mittleren Jahrhunderte der letzten drei Jahrtausende kältere Klimate. In der Tat ist auch eine gewisse Parallelität der Entwicklungen um 3500 und um 1500 v. Chr. erkennbar; in beiden Fällen verschlechterte sich das Klima, und die Gletscher rückten in den mittleren Breiten vor: Es mag sogar der Fall sein, daß sich in diesem Teil der Welt vergleichbare Tendenzen jeweils in der Jahrtausendmitte bemerkbar machten.[6]

In East Anglia findet sich bei West Stow in der Nähe von Bury St. Edmunds (Grafschaft Suffolk) ein interessantes Beispiel für die Auswirkung, die die Klimaentwicklung gegen Ende des Römischen Reiches im Westen auf die Lokalgeschichte hatte. In einem flachen Tal wurde um ca. 400 n. Chr. während der letzten Jahre der römischen Herrschaft – offenbar mit offizieller Genehmigung – am Rand eines heute sumpfigen Gebietes ein angelsächsisches Dorf angelegt. Vermutlich war dieses Gebiet damals, als ein oder zwei Jahrhunderte lang in dieser Breitenlage und im südlichen Europa ein offenbar trockeneres Klima vorherrschte, weniger sumpfig. Jedenfalls wurden Weizen, Gerste, Hafer, Roggen und Flachs angebaut. Im 7. Jahrhundert verließen die Bewohner jedoch ihr Dorf. Möglicherweise wurden nach dem Abzug der Römer bessere Siedlungsflächen zugänglich. Der Zeitpunkt, zu dem das Dorf verlassen wurde, legt allerdings den Schluß nahe, daß dieser Standort nach den niederschlagsreichen Jahren im 6. Jahrhundert und in der Folgezeit (insbesondere in den achtziger Jahren des 6. Jahrhunderts und im frühen 7. Jahrhundert) zu sumpfig geworden war. Archäologische Untersuchungen deuten auf eine Ausbreitung des Sumpflandes.

Ungefähr zu dieser Zeit legten die Bewohner des Klosters bei Glastonbury in Somerset die örtlichen Sümpfe trocken: Die Mönche galten zu jener Zeit als die führenden Experten auf dem Gebiet der Entwässerung. Es gibt Hinweise darauf, daß sich die angelsächsische Bevölkerung im damaligen England primär mit der Trockenlegung von sumpfigen Flußtälern befaßte, und man den Mönchen andernorts feuchtes Land zur Entwässerung überließ.

Klimaabfolgen in mediterranen und südlicheren Gebieten

Weiter südlich, d. h. in den Mittelmeerländern, in Nordafrika und weiter östlich bis nach Asien, bestimmten Dürreperioden weitestgehend den Charakter des 1. nachchristlichen Jahrtausends. Die Trockenzeiten hatten anscheinend zwei Höhepunkte, nämlich von ungefähr 300 bis 400 und um 800 n. Chr. Der Wasserspiegel des Kaspischen Meeres fiel zu diesen Zeiten auf ein Minimum. In Italien und möglicherweise auch in anderen nordmediterranen Regionen wurden die trockensten Phasen offenbar durch feuchte, kalte Witterungseinflüsse unterbrochen (vgl. Abb. 51), die um 600 n. Chr. und abermals in den späteren Jahren des 9. Jahrhunderts in Nord- und Mitteleuropa herrschten. In weiten Teilen der weiter südlich und östlich gelegenen Gebiete scheint jedoch das trockene Regime angehalten zu haben. Der Niedergang von Ephesus, Antiochia und Palmyra fällt in diese Zeit: Dort wie auch in Süditalien und Griechenland verlagerte sich die Besiedlung an die Küsten. Das führte zu einer Entvölkerung des Hinterlands. In Arabien wurden um 600 n. Chr. Gebiete aufgegeben, in denen zuvor eine Versteppung der landwirtschaftlichen Nutzfläche durch ausgeklügelte Bewässerungssysteme verhindert werden konnte. Die Trockenheit erreichte laut Rhys Carpenter im 7. nachchristlichen Jahrhundert ihren Höhepunkt. So scheint sich die schnelle Ausbreitung des mohammedanischen Glaubens zu einer Zeit vollzogen zu haben, als in den islamisierten Gebieten eine durch Dürre hervorgerufene Klimaungunst herrschte.

Das Klima war in weiten Teilen der nördlichen Hemisphäre südlich des 35° n. Br. weiterhin ebenso warm oder sogar wärmer als während der trockenen Jahrhunderte. Die jährlichen Nilüberschwemmungen als Folge der sommerlichen Monsunregenfälle über Äthiopien waren von nur geringem Ausmaß. Dagegen war die Wasserführung des Flusses im

Winter – bedingt durch die äquatornahen Regenfälle – hoch. Auch der Rudolfsee im östlichen Äquatorialafrika wies einen hohen Wasserstand auf. Das deutet möglicherweise darauf hin, daß sich die äquatorialen Regenfälle im Rahmen der jahreszeitlich bedingten Nord- und Südverschiebung damals kaum verlagerten. Diese Regenfälle brachten anscheinend Äquatorialafrika, und somit auch dem Weißen Nil, mehr Wasser als in der Dürrephase, die während der siebziger Jahre unseres Jahrhunderts die Sahelzone und Äthiopien erfaßte. Möglicherweise war die jahreszeitliche Verschiebung des Niederschlagssystems (ITC) in den oben erwähnten Zeiträumen sogar noch begrenzter als in den siebziger Jahren dieses Jahrhunderts.

Dies war in groben Zügen der Hintergrund, vor dem ein christliches Königreich, dessen kulturelle Bindungen gekappt waren, in jenen Jahrhunderten im nubischen Niltal, dem heutigen Nordsudan, fortbestand. Noch im 14. Jahrhundert wurden Kirchenbauten mit Kunstwerken im Stil der byzantinischen Tradition versehen; erst im folgenden Jahrhundert wurden diese Bauwerke vom Sand begraben.

Auf der anderen Seite des Atlantiks erlebte die Mayakultur von ca. 300 bis 800 n. Chr. ihre Blüte. Heute sind die Tempelpyramiden dieses Volkes auf der Halbinsel Yucatán, wo im südlichen Tiefland ein warmes, feuchtes, für den Menschen sehr strapaziöses Klima herrscht, von dichten, tropischen Regenwäldern überwuchert. Das Mayareich erstreckte sich in Mittelamerika vom 14. bzw. 15. bis zum 25. nördlichen Breitengrad. Fällt die Blütezeit der Mayakultur zur zufällig zeitlich so genau mit der Dürreperiode zusammen, die sich vom Mittelmeer bis nach Zentralasien erstreckte, oder war das Klima in jenen mittelamerikanischen Breitenlagen im Vergleich zu vorangegangenen und nachfolgenden Zeitabschnitten ebenfalls trockener?

Länder im Tropenwaldgürtel: Mittelamerika und Südostasien

Vor Beginn der klassischen Periode durchlief die Mayakultur zwar eine lange Aufbauphase, aber nach 800 n. Chr. vollzog sich der Niedergang rasch. Pollenuntersuchungen aus Binnenseesedimenten und aus Mooren am Rand des Hochlands von Guatemala bei ungefähr 17° n. Br. belegen, wie rasch sich der Übergang des Oberflächenbewuchses von Grasland zu Laubwald in lediglich 50 Jahren zwischen ca. 850 und 900 n. Chr. vollzog. Eine frühere, entgegengesetzte Entwicklung der Vegetation wird jedoch bereits auf ca. 900 v. Chr. datiert. Die hochorganisierte Mayakultur bildete sich in genau dem Teil Mittelamerikas, in dem sich heute die größten Schwierigkeiten bei der Zurückdrängung des Waldes ergeben. Der Grundstein dieser Kultur wurde anscheinend in dem trockeneren, besser entwässerten Hochland gelegt, doch dehnte sie sich auf das feuchte Tiefland von Guatemala aus, in dem ein System von Entwässerungskanälen angelegt wurde. Möglicherweise gelang es nicht, die auf zwei oder drei Millionen angewachsene Bevölkerung auf diesem Weg zu ernähren. Es ist auch denkbar, daß sich der Erhalt der komplexen Sozialstruktur als zu aufwendig erwies, die zum Betrieb der Be- und Entwässerungsanlagen ebenso nötig war wie für Maßnahmen gegen ein weiteres Vordringen des Dschungels. Vielleicht konnten diese Aufgaben nur in trockenen Klimaphasen bewältigt werden. Diese Deutung wird erschwert durch die Auseinandersetzungen, die die Völker dieser Region untereinander hatten und über deren Gründe wir nichts wissen.

Der Hypothese, Klimaschwankungen seien für den Aufbau und den endgültigen Niedergang der Mayakultur maßgeblich, ist in den vergangenen Jahren wenig Beachtung geschenkt worden. Die in den siebziger Jahren dieses Jahrhunderts durchgeführten Pollenanalysen legen jedoch die Vermutung nahe, daß die Mayas in der Anfangsphase ihrer Kultur eine natürliche Veränderung bemerkten, durch die sich die Waldbestände im Tiefland verringerten. Sie erkannten, daß sie durch Brandrodung Land gewinnen und den Ackerbau im Tiefland des heutigen Guatemala und nach El Salvador ausdehnen konnten. Auf der Grundlage archäologischer Funde gehen andere Theorien davon aus, daß das Klima gegen Ende des klassischen Mayazeitalters um ca. 800 im Mexikanischen Tal und auf der Halbinsel Yucatán so trocken wurde, daß Wasserversorgung und Bodenfeuchtigkeit ein kritisches Stadium erreichten. Die Dürre kann durchaus zu einem kritischen Punkt geführt haben, an dem die Aufgabe der trockensten Regionen unumgänglich wurde. Der reale Ablauf ist für die nachfolgenden Ereignisse unerheblich, da anscheinend feststeht: Yucatán und die im Süden angrenzenden Landstriche von Guatemala und Honduras erreichten bald darauf einen derart hohen Feuchtigkeitsgrad, daß sich der Wald rasch ausbreitete. Wahrscheinlich suchten die Indios nach einem Bauernaufstand, der sich gegen die zu strengen Herren richtete, in der Phase des kulturellen Niedergangs gegen Ende des 9. nachchristlichen Jahrhunderts zwar weiterhin die Kultstätten auf, lebten jedoch nunmehr in Hütten zwischen den verfallenden Gebäuden in einer sich verändernden Landschaft.

Schon vor geraumer Zeit hat C. E. P. Brooks auf die Ähnlichkeit zwischen den geschichtlichen Abläufen der Mayakultur und der Entwicklung im nächsten Jahrhundert im Khmerreich verwiesen, das in Südostasien zwischen dem Mekong und der thailändischen Grenze lag. Angkor, die bei 14° n. Br. gelegene Hauptstadt des Khmerreiches, wurde 860 n. Chr. gegründet und erlebte vier oder fünf Jahrhunderte lang eine Blütezeit, bevor der sich ausbreitende Dschungel ihre Ruinen überwucherte.[7] Solche starken Veränderungen der Vegetation weisen eindeutig auf einen Klimawechsel. Uns fehlen jedoch trotz des in den letzten Jahren gestiegenen Interesses an der Klimaforschung Einzelheiten, die wesentlich dazu beitragen könnten, die Hintergründe für den Aufstieg und Niedergang der mittelamerikanischen und südostasiatischen Kulturen aufzudecken.

Der Unterschied im zeitlichen Auftreten der trockenen – oder zumindest trockeneren – Perioden in Südmexiko und Kambodscha (Kamputschea) kann durchaus mit der um wenige Grade divergierenden Breitengradlage und vielleicht mit einem teilweise veränderten Auftreten des südostasiatischen Monsuns in Verbindung stehen. Die Entwicklung der Khmerkultur in Indochina fällt jedoch in die Phase, die im nachfolgenden Kapitel behandelt wird.

Anmerkungen

1 Ich danke Dr. M. Ryckaert und Dr. F. Verhaeghe und Professor A. Verhulst von der Universität von Gent für die Informationen über die hier erwähnte Situation in der belgisch-holländischen Küstenniederung zu der betreffenden Zeit.
2 H. Salvesen, Jori i Jemtland, Östersund 1979, S. 187ff.
3 Veröffentlicht im November 1976 in einer Sonderausgabe der Zeitschrift des Schweizer Alpenclubs «Die Alpen».
4 Weitere Vorstöße dieser Gletscher ungefähr während der letzten 4000 Jahre, einschließlich des Vorstoßes zwischen 1200 und 1300 n. Chr., waren stark ausgeprägt.
5 In einer nützlichen Zusammenfassung von Dr. Jean Grove: The Glacial History of the Holocene, in: Progress in Physical Geography, 3, Nr. 1, London 1979.
6 Der von J. M. Grove (siehe Anmerkung 5, ebd.) erstellte Überblick über die weltweiten Glazialvorstöße nennt für die letzten 6000 Jahre sechs Hauptphasen für die weltweiten Gletschervorstöße.
7 C. E. P. Brooks: Climate Through the Ages, London [2]1949.

10 Von der Wikingerzeit
bis ins hohe Mittelalter

Asymmetrische Wärmeverteilung über der Nordhemisphäre im Mittelalter

Wie im letzten Kapitel bereits angedeutet, dauerte die deutlich wärmere Klimaphase, die sich um zwischen 300 und 400 n. Chr. durchgesetzt hatte, in einigen Teilen der Welt anscheinend mehrere Jahrhunderte und in manchen Fällen ununterbrochen bis 1000 bzw. 1200 n. Chr. an. Dieses mehr oder weniger durchgängige Regime, in dem nur wenige Schwankungen auftraten, war besonders in den niederen Breiten, in der Antarktis und möglicherweise auch entlang des Nordpazifiks und in Teilen der Arktis zu finden. In Europa und in den meisten Teilen Nordamerikas sowie in den europäischen Polargebieten kam es dagegen zu einer größeren Unterbrechung. Offenbar hatte sich jedoch die Klimaverbesserung vom späten 10. bis zum 12. Jahrhundert fast weltweit – soweit uns darüber Nachweise vorliegen – erneut ausgebreitet. Sie dürfte in jenen Jahrhunderten teilweise die Werte des wärmsten postglazialen Jahrtausends erreicht haben.

China und Japan wurden von diesem warmen Regime offensichtlich nicht erfaßt. In den historischen Aufzeichnungen kann für diese Länder von ca. 650 bis 850 n. Chr. eine Warmphase festgestellt werden, die ziemlich genau in den Zeitraum fiel, in dem Europa eine Kälteunterbrechung erlebte. Die Daten, die der kürzlich verstorbene Dr. Chu Ko-chen gesammelt hat, zeigen deutlich, daß sich das Klima in China dann im 11. und 12. Jahrhundert nachhaltig verschlechterte. Es finden sich viele Hinweise auf winterliche Schnee- und Eisvorkommen und auf Schneefälle im Frühjahr, die einen Monat später als in unserem Jahrhundert auftraten. Die Pflaumenbäume verschwanden aus Nordchina, und in der Küstenprovinz bei Schanghai fielen die Mandarinenbäume – und in einigen südlichen Landesteilen die Lycheebäume – dem Frost zum Opfer. Aus langen japanischen Aufzeichnungen über den Zeitpunkt, an dem im Frühjahr die Kirschblüte in den kaiserlichen Gärten in Kyoto einsetzte, geht hervor, daß die Blüte im 9. Jahrhundert im Durchschnitt recht früh und im 12. Jahrhundert recht spät einsetzte. Im 12. Jahrhundert begann die Kirschblüte durchschnittlich 14 Tage später als dreihundert Jahre zuvor. Hinweisen zufolge war dies im nordpazifischen Raum allgemein eine kalte Klimaphase. Falls dies zutrifft, liefert die anhaltende Verlagerung des gesamten Westwindgürtels (und der durch ihn festgelegten Klimazonen) vom atlantischen hin zum pazifischen Raum, in den relativ häufig polare Luftmassen eindrangen, zwangsläufig eine Teilerklärung für das europäische und nordamerikanische Klimaoptimum im Mittelalter. Dieses warme Klima dehnte sich bis in die polaren Gewässer des Atlantiks und auf einen Großteil der angrenzenden Kontinente aus.

In diesem Kapitel werden wir uns vorwiegend mit der atlantischen Seite der Halbkugel und den Ländern, in denen die hochmittelalterliche Warmphase am stärksten ausgeprägt war, beschäftigen, weil zur Zeit die historischen Aufzeichnungen zur Klima- und Menschheitsgeschichte in diesen Gebieten leichter zugänglich sind.

Die mittelalterliche Klimaabfolge in Nordeuropa und im Nordatlantik

Die Wiederherstellung des Westreiches durch Karl den Großen fiel nicht mit einer besonders günstigen Klimaperiode zusammen; allerdings dauerte seine Herrschaft auch nicht sehr lange. Die Feldzüge, die zwischen ca. 770 und 800 zur Errichtung des Reiches führten, scheinen in einer Zeit mit einer überdurchschnittlichen Neigung zu kalten Wintern stattgefunden zu haben. Obwohl die anderen Jahreszeiten möglicherweise häufiger trocken als feucht waren, gab es neben Dürrejahren auch Jahre, in denen Überschwemmungen Schwierigkeiten verursachten. Diese Umstände lassen den Schluß zu, daß es sich um eine jener Phasen gehandelt haben mag, in denen Hochdruckgebiete zwischen 45 und 65° n. Br. häufig die Westwinde «blockierten». Aus einer solchen Situation entwickelte sich dann die Tendenz zu extremen Jahreszeiten, in denen das Klima je nach Lage des stationären Hochs vom normalen Verlauf abwich oder sogar eine gegenläufige Tendenz aufwies: Bevor wir dies als gesichert ansehen können, bedarf es jedoch weiterer Belege.

Da die Anzahl der Aufzeichnungen über den Verlauf der Jahreszeiten in Europa zunimmt, bestehen an der Klimaverbesserung (vgl. Abb. 27 und 51) während der nächsten drei oder vier Jahrhunderte keine wirklichen Zweifel. Die Erwärmung führte dazu, daß die Anbaugrenzen zu einem bestimmten Zeitpunkt Höhen erreichten wie seither nicht mehr. Die Baumgrenze rückte anscheinend ebenfalls in höhere Lagen vor. In Teilen Mitteleuropas (vgl. Abb. 47) überschritt die obere Baumgrenze sicherlich die im 17. Jahrhundert erreichte Höhe von 100 bis 200 m. Die Isotopenaufzeichnung über das grönländische Inlandeis (Abb. 33) zeigt, daß das Klima im hohen Norden bereits seit 600 n. Chr. relativ warm gewesen war, obgleich die Wärme sich auch dort weiter stabilisierte und zunahm. Die Aufzeichnung der Jahresringe bei kalifornischen Bäumen in höheren Lagen (Abb. 46) läßt zwischen 1100 und 1300 n. Chr., ähnlich wie für Europa, einen steilen Anstieg auf ein Wärmemaximum erkennen.

Die Schwankungen, die aus den über tausend Jahre umfassenden Aufzeichnungen der Jahresringe bei Eichen aus den deutschen Tiefebenen hervorgehen, sind aus klimatischer Sicht schwieriger zu interpretieren, da sowohl Temperaturen als auch Niederschläge für das Wachstum eine Rolle spielen. Belege aus verschiedenen Gegenden zeigen übereinstimmend, daß die Jahresringsequenz mit den engsten und den weitesten Abständen in den in diesem Kapitel behandelten Zeitraum fällt. Die besonders nah beieinanderliegenden Jahresringe, die im 10. Jahrhundert (und hier besonders zwischen ca. 910 und 930 und wieder in den neunziger Jahren des 10. Jahrhunderts) vorherrschen, weisen ganz sicher auf mehrere längere Dürrephasen hin. Man kann nicht davon ausgehen, daß jeder generell kühle Sommer dieses Ergebnis zeitigte. Die wenigen zeitgenössischen Aufzeichnungen weisen eher auf einige außergewöhnlich heiße Sommer hin, und der von den vorherrschenden Daten vermittelte Eindruck läßt auch darauf schließen, daß sich im 10. Jahrhundert über Großbritannien, Deutschland und Südskandinavien umfangreiche Hochdruckgebiete befanden, wodurch die Niederschläge gering, die Sommer relativ warm und die Winter relativ kalt waren. Letzteres wird anscheinend durch die zahlreichen Kufen aus Knochen bestätigt, die bei Ausgrabungen aus der anglo-skandinavischen Periode in York entdeckt wurden. Bei der Jahreschronologie der deutschen Eiche trat ca. zwischen 1052 und 1160 das andere Extrem auf. Jetzt war der durchschnittliche Abstand zwischen den Jahresringen einer Dekade 35 bis 80 Prozent größer als im 10. Jahrhundert. Wir können, wenn auch nicht auf extreme Feuchtigkeit (abgesehen von vereinzelten Jahren), so doch zumindest auf höhere Feuchtigkeit als im 10. Jahrhundert und auf allgemein warme Wachstumsperioden schließen. Diese warmen Temperaturen werden im folgenden weiter belegt.

Zweifellos hat es in der hier behandelten Phase eine allgemeine Öffnung über die europäische Welt hinaus gegeben. Inwieweit hing diese Entwicklung direkt von dem entstehenden, eher freundlichen Klimaregime ab?

Lange vor der Wikingerzeit waren europäische Seefahrer und vor allem irische Mönche gelegentlich über den Nordatlantik gesegelt. Die Mönche waren anscheinend auf der Suche nach friedlichen Gegenden, wo sie sich fern von den unruhigen Zeiten des kulturellen Niedergangs und der Barbareneinfälle im Europa des 5. und 6. Jahrhunderts niederlassen konnten. Man vermutet, daß ihnen die jedes Jahr von und nach Island und in die Polargebiete ziehenden Wildgänse die Gewißheit gaben, im Norden Land zu finden. Gewiß hat die Legende von der Reise des *Heiligen Brendan*, der zwischen ca. 520 und 550 n. Chr. weit genug in Richtung Grönland vordrang, um auf Eisberge zu stoßen, einen realen Hintergrund. Dicuil, ein irischer Mönch, versichert in seiner 825 n. Chr.[1] abgefaßten Schrift mit Nachdruck, «daß es im Ozean viele weitere Inseln gibt (...), die nach zwei Tagen und zwei Nächten auf direktem Kurs vom nördlichsten Teil der Britischen Inseln mit vollen Segeln und bei einem günstigen Wind erreicht werden können. (...) Einige dieser Inseln sind sehr klein (...) und durch enge Sunde voneinander getrennt. Auf diesen leben seit etwa 100 Jahren Einsiedler, die von unserem Scotia (d. h. Irland, d. V.) herübergesegelt sind. Aber, obwohl diese Inseln von Beginn der Welt an (...) unbewohnt waren, finden sich nun dort aufgrund der nordischen Piraten keine Einsiedler mehr, sondern sehr viele Schafe und viele unterschiedliche Wasservogelarten.»

Es wird allgemein angenommen, daß es sich bei den hier beschriebenen Inseln um die Färöergruppe handelt, die demnach bereits zwischen 700 und 725 n. Chr. von irischen Mönchen besiedelt wurde. Als die Wikinger um 800 erstmals auftauchten, verließen die Mönche die Inseln. Die erste nachgewiesene Erkundungsfahrt der Wikinger nach Island (unter Floki Vilgerdason) fand nicht vor ca. 860 statt, obwohl zwei frühere skandinavische Unternehmungen einige Jahre vorher auf ihrer Reise zufällig in diese Gegend abgetrieben worden waren. Die altnordische Besiedlung der Insel begann offenbar während der sechziger Jahre des 9. Jahrhunderts. Die Siedler stellten jedoch fest, daß irische Mönche vor ihnen dagewesen waren. Dicuil berichtet von einem Besuch, der bereits in den neunziger Jahren des 8. Jahrhunderts stattgefunden hatte. Aus der irischen Aufzeichnung geht hervor, daß das Meer eine Tagesreise nördlich von Island zugefroren war. Flokis Mannschaft beobachtete, daß einer der großen Fjorde im nordwestlichen Island (Arnarfjord) durch Eis blockiert war. Nach dieser Zeit wird Eis in den Meeren um Island in den neunziger Jahren des 12. Jahrhunderts nur noch gelegentlich erwähnt. Lauge Koch[2] hält die Berichte über das Auftreten von Eis aus den Jahren 1010 bis 1012, 1015, 1106, 1118 und 1145 für fragwürdig. Eisvorkommen traten in den erwähnten neunziger Jahren des 12. Jahrhunderts verstärkt zwischen Island und Grönland auf, und im Juli und August des Jahres 1203 wurde erneut an der Küste Islands Eis festgestellt.

Anscheinend begannen die skandinavischen Erkundungsfahrten wie auch die Raubüberfälle der Wikinger, die von den neunziger Jahren des 8. Jahrhunderts an die Küstengebiete Europas heimsuchten, als die nordischen Völker Schiffe mit Segeln manövrieren konnten. Es dauerte allerdings noch weitere Jahrhunderte, bis sie über Magnetit oder Kompaß verfügten. Eine lange Periode, in der das Meereis sich zurückbildete und in der relativ wenige Stürme auftraten, trug sicherlich in hohem Maße dazu bei, daß die Seefahrer ihre Reisen nordwärts bis in die Polargebiete, westwärts nach Grönland, nach Neufundland und anscheinend in die polaren Gewässer nördlich der kanadischen Baffininsel ausdehnen konnten. Der in Nordnorwegen beheimatete Ottar oder Othere berichtete König Alfred von England über eine Erkundungsfahrt, die ihn zwischen 870 und 880 n. Chr. über die damals vertrauten Walfanggründe hinaus offenbar bis ins Weiße Meer geführt hatte. Nach Adam von Bremen stieß Harald Hardråde, König von Norwegen und England, irgendwann zwischen 1040 und 1065 mit einigen Schiffen in «die Weiten des nördlichen Ozeans» über die Grenzen des Festlandes hinaus (Spitzbergen oder Nowaja Semlja?) bis in Breiten vor, in denen das Eis bis zu drei Meter dick war. «Vor ihren Augen breiteten sich die düsteren Grenzen einer entschwindenden Welt aus.» Im Mittelalter segelten die isländischen Schiffe auf Reisen, die schätzungsweise vier Tage dauerten, in nördliche Richtung nach Svalbard «im polaren Golf», was, an der zurückgelegten Entfernung gemessen, an der Ostküste Grönlands zwischen 70° und 72° n. Br. gelegen haben muß (und nicht im Archipel von Spitzbergen, auf den sich dieser Name heute bezieht). Diese Küste Grönlands wurde 1194 entdeckt, und bereits vor 1200 wurden dort schon Robben, Walrosse und Wale gejagt. Wenig später verhinderte das zunehmende Eis die Jagd; dieselbe Küste wurde anscheinend unter günstigeren Klimabedingungen um 1285 wiederentdeckt. Das Eis hatte jedoch bis 1342 so stark zugenommen, daß die alte Segelroute entlang des 65. Breitengrades zwischen Island und Grönland aufgegeben und ein weiter südlich verlaufender Seeweg benutzt werden mußte. Später riß die Verbindung mit Grönland völlig ab.

Die nordamerikanische Küste, von den Wikingern Vinland genannt, wurde – wie zuvor Island und Grönland (wo die erste altnordische Siedlung in den achtziger Jahren des 10. Jahrhunderts gegründet wurde) – ca. 1000 n. Chr. zufällig von Seefahrern entdeckt, die vom Kurs abgekommen waren. Bislang ist nur eine einzige Siedlung bei L'Anse aux Meadows im nördlichen Neufundland entdeckt worden, obwohl in den Sagas auch von einer weiter südlich gelegenen Niederlassung die Rede ist. Auf jeden Fall sind Amerikafahrten und Besiedlung nach ein paar Jahren offenbar wieder aufgegeben worden. Anscheinend waren nicht Wetter und Eis ausschlaggebend, sondern Schwierigkeiten mit der einheimischen Bevölkerung. Aus weiteren Berichten geht hervor, daß die Überfahrten von der altnordischen Siedlung in Westgrönland nach Markland (Labrador) viel später, d. h. im 14. Jahrhundert (eine Überfahrt fand noch 1347 statt), zur Beschaffung von Bauholz wieder aufgenommen wurden. Zu dieser Zeit hatten sich das Klima und die Eisverhältnisse verschlechtert, und die Verbindung mit Europa war weitgehend abgerissen.

Die reichen Kabeljauvorkommen, Grundlage des Fischfangs, und die Gräten dieses Fisches in den Abfallhaufen der Bewohner weisen darauf hin, daß die Gewässer vor Westgrönland während der Blütezeit der altnordischen Siedlung zumindest ebenso warm waren wie in den wärmsten Phasen unseres Jahrhunderts. Wir können mit Sicherheit davon ausgehen, daß eine weitere Wärmeanomalie in den ruhigen Gewässern im Innern der südgrönländischen Fjorde westlich von Kap Farewell auftrat. Hierbei handelt es sich um den seltenen Fall, bei dem die Grenzen menschlicher Belastbarkeit selbst Aufschluß über vergangene Temperaturen geben. Das um 1125 in Island geschriebene *Landnámabók* zählt die isländischen Siedlungen zurückliegender Jahrhunderte auf und beschreibt die altnordische Siedlung auf Grönland zwischen 985 und 1000 n. Chr. In diesem Buch ist festgehalten, daß einer der ersten grönländischen Siedler, Thorkel Farserk, ein Vetter Erichs des Roten, der die Kolonie gründete, durch den Hvalsejarfjord schwamm, weil er kein brauchbares Boot zur Hand hatte. Er holte von der Insel Hvalse ein ausgewachsenes Schaf und brachte es zur Bewirtung seines Vetters nach Hause. Die Entfernung betrug weit mehr als zwei Meilen. Nach Meinung von Dr. L. G. C. E. Pugh von den Medical Research Laboratories in Hampstead, der seine Aussage auf Studien über das Durchhaltevermögen etwa bei Kanalschwimmern stützt, wären 10 °C die niedrigste Temperatur, bei der eine kräftige, für Langstreckenschwimmen nicht speziell trainierte Person, selbst wenn sie viel Körperfett hätte, über die erwähnte Distanz schwimmen könnte. Da die durchschnittliche Temperatur in den Fjorden entlang jener Küste im August in der Gegenwart selten über 6 °C (+3 ° bis +6 °C sind die typischen Werte) liegt, muß die Wassertemperatur in dem Jahr, als Thorkel hinausschwamm und sein Schaf nach Hause brachte, anscheinend um mindestens 4 °C über diesem Grenzwert gelegen haben.

Auf dem Festland weisen andere Gegebenheiten auf einen ähnlich großen Temperaturunterschied in jener Gegend hin: Die altnordischen Gräber liegen tief unter der Erdoberfläche, wo seither Permafrost herrscht. Bei einem anderen Bericht aus der Zeit der alten Kolonie auf Grönland fällt es schwerer, die klimarelevanten Aspekte zu erkennen. Lauge Koch zitiert einen mittelalterlichen Bericht, demzufolge 1188 oder 1189, d. h. zu einer Zeit, als das kältere Klima in dem Gebiet wohl schon eingesetzt hatte und das Meereis entlang der Küste etwas weiter nach Süden in Richtung Südgrönland reichte, ein Schiff, die *Stangfolden*, auf ihrer Fahrt von Norwegen nach Island vor der Küste Ostgrönlands Schiffbruch erlitt. Nach einigen Jahren wurden um 1200 in einer Felshöhle in der Nähe jener Küste die Leichen von sieben Besatzungsmitgliedern gefunden. Unter ihnen war auch der Geistliche Ingemond, der einen Bericht in Runenschrift über das Schicksal der Schiffbrüchigen hinterlassen hatte. Von Ingemonds Bruder, der ebenfalls zu ungefähr derselben Zeit in Seenot geriet, wird berichtet, daß es ihm und zwei anderen Männern gelang, den südlichen Teil des Inlandeises zu überqueren. Er und seine Begleiter kamen dann etwas westlich von Kap Farewell, in der Nähe der altnordischen Hauptsiedlung auf Grönland, der sogenannten Ostsiedlung (tatsächlich aber die südlichste nordische Siedlung), ums Leben. Das Inlandeis galt nicht als so unwirtlich, als daß man sich in einer Notlage nicht dorthin geflüchtet hätte. Man hielt das Eis, außer während der Eisschmelze, für durchaus begehbar. Eine Überquerung in einigen Tagen bei leidlich gutem Wetter und ohne starke Winde schien möglich.

Um ca. 1250 n. Chr. wird im *Königsspiegel* (Konungs Skuggsjá) berichtet, daß «sobald der große Ozean überquert ist, derartig große Mengen Meereis auftreten, denen nichts auf der ganzen Welt gleichkommt, und sie liegen so weit vom Land entfernt, daß man bis zu dem Eis nicht weniger als vier Tage auf See unterwegs sein muß, aber dieses Eis liegt eher in nordöstlicher oder nördlicher Richtung vom Land entfernt als in südlicher, südwestlicher oder westlicher Richtung.»

In einem weiteren Textabschnitt aus demselben Werk heißt es um 1250 über Grönland, daß «Männer oft versucht haben, ins Landesinnere vorzustoßen und die höchsten Berge zu besteigen, um nach irgendeinem eisfreien, bewohnbaren Landstrich Ausschau zu halten». Aus manchen Quellen geht hervor, daß die altnordischen Bewohner Grönlands während dieser Frühphase der Klimaverschlechterung abermals bei ihrer Suche nach Materialien und Wild entlegenere Gebiete durchstreifen mußten. Sie drangen auch weiter nach Norden in den westlichen Teil Grönlands vor, erreichten die Baffin Bay und kamen mit Eskimos in Kontakt, die sich auf ihrer Südwanderung befanden.

Nachdem wir das Ausmaß der frühmittelalterlichen Warmphase in den Grenzzonen der Polarregion, die seinerzeit von den damaligen Europäern erreicht wurden, betrachtet haben, wenden wir uns nun den Belegen aus anderen Regionen zu. Die Nordgrenzen des Getreideanbaus zeigen für den Betrachtungszeitraum dieses Kapitels eine ähnliche Ausdehnung. Auf Island wurde Getreide anscheinend fast fortwährend von der ersten altnordischen Besiedlung bis zur Aufgabe der Insel im späten 16. Jahrhundert angebaut. In der Anfangsphase gab es auf Island zweifellos mehr

Zwergbirken als in irgendeiner späteren Phase; die Siedler waren zum
großen Teil selbst für deren Zerstörung verantwortlich. Es wird angenommen, daß der Anteil der Waldfläche auf Island von vielleicht einem Fünftel auf 1 Prozent im 13. Jahrhundert schrumpfte. Dr. G. S. Boulton untersuchte mit Kollegen von der University of East Anglia und aus Island den
Standort eines tausend Jahre lang bewohnten Bauernhauses bei Kvisker
im Südosten Islands. Die Untersuchungen ergaben, daß das älteste der
verschiedenen an dieser Stelle errichteten Häuser gleichzeitig das größte
und reichste war. Es läßt sich auf die Zeit vor der vulkanischen Asche-
schicht von 1090 n. Chr. datieren. Der Abfallhaufen dieses Hauses ent-
hielt Überreste unterschiedlicher und auch hochwertiger Nahrungsmittel
einschließlich (importierter) Austern. Der Wald, der die ackerbaulich genutzte Fläche umschloß, gab Birkenstümpfe von ansehnlicher, seither
nicht mehr erreichter Größe frei. Die Pollenanalyse zeigt, daß die Bauern
bei Kvisker ungefähr um 1200 n. Chr. anscheinend den Haferanbau aufgaben und den Gersteanbau um ungefähr die Hälfte reduzierten. Im
nächsten Jahrhundert wurde die Fläche zum Teil von Flußgeröll, zum Teil
von einem Gletscher bedeckt (vgl. Abb 54).

Der Höhepunkt der mittelalterlichen Warmphase in Europa

In Norwegen reichte der Anbau einer Getreideart, wahrscheinlich Gerste, von der Zeit Ottars an (um 880) bis in das 11. Jahrhundert bis hinauf
nach Malangen (69,5° n. Br.); im Trøndelag, dem Gebiet um Trondheim,
wuchs Weizen. Pollenuntersuchungen und andere Aufzeichnungen aus
der Trondheimer Gegend deuten wiederum darauf hin, daß der Anbau im
späteren Mittelalter abrupt eingestellt wurde. Professor Andreas Holmsen[3] stellt fest, daß sich in Norwegen die gerodeten Waldgebiete und die
von seßhaften Bauern bewirtschafteten Flächen, die über einen langen
Zeitraum mehr oder weniger unverändert geblieben waren, eben zwischen ca. 800 und 1000 n. Chr. ausdehnten und 100 bis 200 m weiter die
Täler hinaufreichten, ja sich sogar bis in die Hochlagen erstreckten. Der
größte Teil dieser Flächen ging jedoch nach 1300 n. Chr. wieder verloren.
    In vielen Teilen Großbritanniens dehnte sich das Ackerland bis in Hö-
henlagen aus, die lange Zeit zuvor und auch danach nicht mehr erreicht
wurden. Im südwestenglischen Dartmoor erstreckte sich das Nutzland bis
auf 400 m, in Northumberland nahe der schottischen Grenze (Abb. 55)
bis auf 320 m. 1300 n. Chr. bewirtschaftete ein in Südschottland auf 300 m
über NN gelegener Gutshof, der zur Abtei von Kelso gehörte, mehr als
100 Hektar. Darüber hinaus gehörten 1400 Schafe und 16 kleine Bauern-

54: Einer der älteren Höfe im südisländischen Svinafell, der während der frühesten Zeit der Besiedlung an einem Südhang angelegt wurde. Man kann einen großen Gletscher sehen, der jetzt das Tal in der Nähe des Bauernhofs ausfüllt.

55: Wölbacker, Ergebnis der Feldbestellung im 13. Jahrhundert. Aufnahme eines Südhangs bei 300 bis 320 m über NN in der Moorlandschaft oberhalb von Redesdale in Northumberland.

häuser, die von den Schäfern und ihren Familien bewohnt wurden, zu diesem Anwesen. Wenn man von den mittelalterlichen Grenzen des Weinbaus ausgeht und das heutige Klima an den damaligen Standorten mit den derzeitigen Weinbaugrenzen vergleicht, so erhält man ein ungefähres Maß für die Temperaturhöhe, die im Sommerhalbjahr in England und Mitteleuropa vorherrschte. Dieses Maß dient zur Überprüfung der Zahlenwerte, die mit Hilfe der in Abb. 27 dargestellten Methode abgeleitet und auf Seite 96 erklärt wurden. Die Karte in Abb. 56 gibt die Verteilung der für das Mittelalter bekannten Weinberge in England wieder. Der Vergleich zeigt, daß die durchschnittlichen Sommertemperaturen wahrscheinlich um 0,7 bis 1,0 °C über dem Mittelwert in England im 20. Jahrhundert und um 1 bis 1,4 °C über dem mitteleuropäischen Durchschnitt lagen. (Das Bemühen französischer Weinhändler jener Zeit, den englischen Weinhandel durch einen Vertrag zu unterbinden, ist ein Hinweis auf die Qualität dieses Weines im Mittelalter.) Die Möglichkeit von Nachtfrösten im Mai war anscheinend zwischen 1100 und 1300 insbesondere in England gering. (Abb. 57 ist in diesem Zusammenhang von Interesse.)

Somit fiel ein erkennbares Wärmemaximum in Europa mit der herausragenden Periode zusammen, in der die Kathedralen des Mittelalters erbaut wurden, eine Epoche, die Kenneth Clark[4] als das erste große Erwachen der europäischen Kultur bezeichnet. Die anhaltende Kraft und Vitalität, mit denen die europäischen Völker auftraten, und die unter anderem zu den umstrittenen Kreuzzügen führten, fällt auch in diese klimatisch günstige Zeit. Hugh Trevor-Roper[5] geht auf das Klima nicht ein, sieht jedoch die Zeit um 1250 n. Chr. als Wendepunkt, als «den Höhepunkt des europäischen Mittelalters (...). Bis zu diesem Zeitpunkt sehen wir – von ca. 1050 an – nur Fortschritt (...) Bevölkerungswachstum, Agrarrevolution, technologischen Fortschritt. Die Grenzen dehnten sich in alle Richtungen weiter aus. (...) Bereits in der Mitte des 13. Jahrhunderts war die territoriale Expansion zum Stillstand gekommen (...) im Jahre 1242 wurde der ostwärts gerichtete Vorstoß des Deutschritterordens (...) durch den Herrscher der russischen Slawen zum Stillstand gebracht. (...) Um 1300 waren vom östlichen Reich des Christentums nur noch einige im Schwinden begriffene Reste in Griechenland übriggeblieben.»

Die Warmphase, die ihren Höhepunkt bereits in Grönland im 12. Jahrhundert überschritten hatte, scheint sich in Europa im großen und ganzen bis 1300 oder 1310 fortgesetzt zu haben. Jedoch nahm die Häufigkeit der schweren Stürme über der Nordsee und dem Ärmelkanal deutlich zu, und an den tiefliegenden Küsten traten vermehrt Überschwemmungskata-

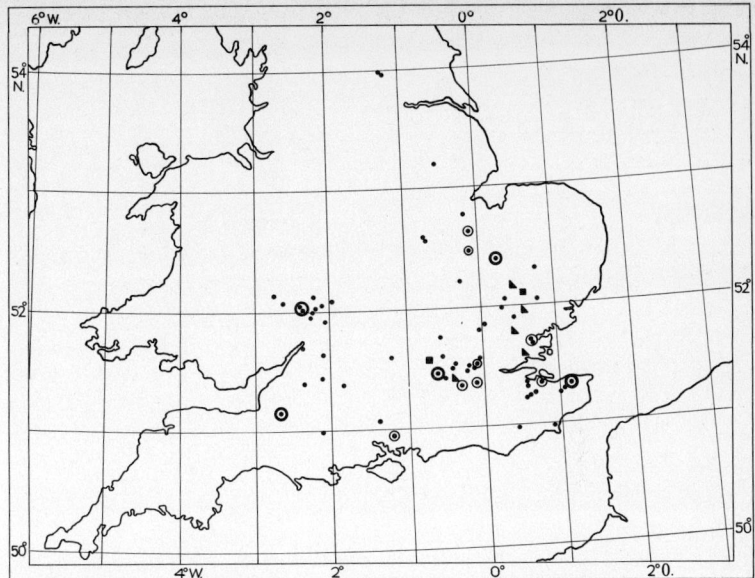

· Weinberg, normalerweise 1 – 2 Morgen bzw. Größe unbekannt
▲ Weinberg, 5 – 10 Morgen
■ Weinberg, über 10 Morgen
○ Nachweislich 30 – 100 Jahre ununterbrochen bewirtschaftet
⊙ Nachweislich mehr als 100 Jahre ununterbrochen bewirtschaftet

56: Verteilung der im Mittelalter in England bekannten Weingüter.

strophen auf. Die Klimagunst kann ihr Maximum sogar zu diesem späten
Zeitpunkt erreicht haben: Denn aus zeitgenössischen Berichten wissen
wir, daß das Ackerland in den achtziger Jahren des 13. Jahrhunderts so
weit in die Pennines und Moore von Northumberland hinaufreichte, daß
die Schafbauern sich darüber beklagten, die verbliebenen Weideflächen
seien zu klein. Ein derartiges Wärmemaximum in der letzten Phase, bevor Europa selbst von den in der Arktis sinkenden Temperaturen betroffen wurde, würde, meteorologisch gesehen, dem Übergreifen des polaren
Regimes auf die Längengradbereiche von Grönland und Island entsprechen. Diese Entwicklung des polaren Klimas verzerrte das Muster der
Westwindzirkulation, die im Bereich von Grönland und Island einen ausgeprägten Trog und über dem westlichen Europa eine ständig wiederkehrende Warmluftrinne bildete. Um die Mitte und zum Ende des 14. Jahr-

57: Mittelalterlicher Weinberg in Tewkesbury, Gloucestershire. Der Boden neigt sich sanft nach Norden zu einem Graben in der Bildmitte. Es handelt sich mit Sicherheit um einen Standort in einer frostgeschützten Senke; das legt den Schluß nahe, daß die mittelalterlichen Winzer nach der Blütezeit keine großen Probleme mit späten Frösten im Mai hatten.

hunderts scheinen ähnliche Verhältnisse von Zeit zu Zeit immer wieder aufgetreten zu sein. Diese Wetterlagen bewirkten in Europa beträchtliche Dürreperioden, die auf die erste, außerordentlich feuchte Klimaunterbrechung zu Beginn jenes Jahrhunderts folgten. (Probleme, die zu jener Zeit bei großen Bauwerken auftraten – einstürzende Türme und Wände, Mauerrisse an Bögen bei Kathedralen, Kirchen und Burgen –, waren wahrscheinlich nicht so sehr einer fehlerhaften Konstruktion zuzuschreiben als vielmehr dem wechselnden Feuchtigkeitsgehalt des Untergrunds und den dadurch bedingten Setzerscheinungen.)

Bei den Ausgrabungen in York wurde die Käferart *Heterogaster urticae* (F.) entdeckt, die dort im Mittelalter und auch in der Römerzeit vorgekommen war. Das damalige Auftreten dieser Käfer, deren typischer Lebensraum heute die Brennesseln an sonnigen Standorten in Südengland sind, deutet darauf hin, daß die vorherrschenden Temperaturen damals über den heutigen Werten lagen. Untersuchungen von Insekten belegen für das mittelalterliche York auch das verbreitete Vorkommen der Käferart *Aglenus brunneus* (Gyll.), die einen Lebensraum mit hohen Temperaturen bevorzugt, wie sie in verwesenden Gemüseabfällen entstehen. Beide Entdeckungen weisen darauf hin, daß im städtischen Bereich allein aufgrund des dicht bebauten mittelalterlichen Stadtkerns ziemlich hohe Temperaturen vorherrschten.

Im östlichen Europa wie auf Grönland und auf Island finden sich viele Hinweise auf ein kälteres, wechselhafteres Klima, das bereits im 13. nachchristlichen Jahrhundert einsetzte. Im Westen führten die zu dieser Zeit vorrückenden Gletscher in den Alpen zu Schwierigkeiten. Während einiger Phasen in der wärmsten Periode, wahrscheinlich im 10. und frühen 11. Jahrhundert, machte sich die Bevölkerung anscheinend Sorgen über eine Dürre in den Alpen: Denn von den Höhen des Aletschgletschers wurde ein Wasserversorgungskanal, die Oberriederin, in das darunterliegende Tal gelegt. Ähnliche Einrichtungen zur Wasserversorgung wurden im Saastal und in den Dolomiten gebaut, dann jedoch durch Gletschervorstöße zwischen 1200 und 1350 zerstört.

Die ehemaligen Goldgruben in den österreichischen Hohen Tauern und andere mitteleuropäische Bergwerke in höheren Lagen, die in vorchristlicher Zeit aufgegeben worden waren, wurden während der hochmittelalterlichen Warmphase wieder in Betrieb genommen, dann aber zu einem späteren Zeitpunkt erneut aufgegeben. Um 1300 bereitete das steigende Grundwasser Probleme: Aus Goslar wird im Jahr 1360 berichtet, daß das Wasser in den Bergwerken im Harz seit mehr als 50 Jahren anstieg. In Böhmen führten dieselben Probleme dazu, daß einige Gruben bereits 1321 geschlossen wurden. In den Alpen wurden einige der Grubeneingänge von den Gletschern wieder verschlossen.

Das damalige Klima im Mittelmeerraum, in Osteuropa und Asien

In den hohen Lagen scheint die mittelalterliche Warmphase im Mittelmeerraum wie auch im Bereich des Kaspischen Meeres und weiter bis nach Zentralasien ein Abschnitt gewesen zu sein, der im Gegensatz zu unserem Jahrhundert eine höhere Feuchtigkeit aufwies. Die Binnenseen hatten einen hohen Wasserspiegel, der z. B. beim Kaspischen Meer zwischen dem 9. und 14. Jahrhundert nicht weniger als 8 m höher war als heute. Im 12. Jahrhundert wurden zwei Flüsse auf Sizilien, der Erminio und der San Leonardo, als schiffbar beschrieben. Heute wäre das selbst für Boote aus jener Zeit unmöglich. Wie beim Oreto bei Palermo auf Sizilien (vgl. Abb. 58a, b) wurden Brücken gebaut, deren Spannweite für die heutigen Flüsse nicht erforderlich ist. Zwischen 1177 und 1185 wurde

58: a) Mittelalterliche Brücke (Ponte dell'Ammiraglio – Brücke des Admirals) in Palermo, Sizilien; erbaut 1113 mit einer Spannweite, die für einen breiteren Fluß als heute ausgelegt war. Der heute umgeleitete Fluß Oreto b) wurde ursprünglich bis zu dieser Brücke von Schiffen befahren.

in Südfrankreich die berühmte Brücke von Avignon, der Pont d'Avignon, am Unterlauf der Rhone an einem Standort angelegt, wo mehrere Straßen zusammenliefen und wo die ständige starke Strömung Schwierigkeiten bereitete. Den Römern war es nicht gelungen, an dieser Stelle eine Brücke zu errichten. In den folgenden Jahren stürzten häufig Teile der Brücke ein, doch wurde sie erst 1680 in halb zerstörtem Zustand endgültig aufgegeben. Die Flüsse in Griechenland und in den nordafrikanischen und arabischen Wadis führten im hohen Mittelalter ebenfalls in der Regel ganzjährig Wasser.

Wahrscheinlich kann dieses Phänomen teilweise damit erklärt werden, daß sich der über der Wüstenzone befindliche Hochdruckgürtel über seine gegenwärtige normale Lage hinaus nach Norden verlagerte, und zwar bis zu einer von den Azoren nach Deutschland oder Skandinavien reichenden Linie. Dort ist er heutzutage auch in schönen Sommern zu finden. Derartige teilweise meridionale Muster der Windzirkulation mit einer Kalttrogdeformation der Westwindzone führten in der Regel kalte bodennahe Luftmassen nach Süden in das östliche Europa und nach West- oder sogar nach Mittelasien. Von dort wurden diese Luftmassen gewöhnlich durch die Berge nach Westen und Südwesten in Richtung Mittelmeer abgeleitet. Dies ist eine östliche Lage für eine derartige Entwicklung in der Westwindzone, die größere Wellenamplituden erforderlich macht, als sie gemeinhin aufgrund der nahezu ortsfesten Störungen in der oberen Windströmung über Nordamerika vorherrschen. Diese Störungen werden durch die Rocky Mountains hervorgerufen. Derartig ausgedehnte Wellenamplituden traten wahrscheinlich zu einer Zeit in Erscheinung, als sich die Hauptwindströmung in höhere Breiten verlagerte, und besonders dann, wenn – wie im 13. Jahrhundert – die Abkühlung in der Arktis den Temperaturgradienten und die Winde verstärkte.

Unsere Kenntnis über die Schwankungen des Wasserspiegels bei Binnenseen in der Vergangenheit läßt den Schluß zu, daß die Vorstöße der aus Asien einfallenden Barbaren, die lange Zeit das Römische Reich bedrängten, mit den Dürrezeiten in Zentral- und Westasien um 300 und erneut um 800 n. Chr. in Verbindung gebracht werden können. Im Gegensatz dazu scheint der große Aufbruch der Mongolenstämme im 13. Jahrhundert in einer feuchten Klimaperiode erfolgt zu sein, als das Kaspische Meer anstieg. Das plötzliche massive Vordringen der innerasiatischen Völker, das Dschingis-Khan und seine mongolischen Horden innerhalb von 20 Jahren, zwischen 1205 und 1225, bis weit in das europäische Rußland, zum Indus und vor die Tore Pekings führte, kann durchaus von der wachsenden Bevölkerungszahl in dem ariden asiatischen Kerngebiet verursacht worden sein. Dies fiel in eine Zeit, als der Zustand der

Weideflächen überdurchschnittlich gut war. Die Plötzlichkeit dieses Aufbruchs und der unmittelbare zeitliche Zusammenhang mit der Abkühlung in hohen Breiten, von der Isotopenaufzeichnungen im nördlichen Grönland sowie die Süddrift des Polareises in Richtung Island zeugen, legen eine bestimmte Vermutung nahe. Etwa ein Einbruch extrem kalter Polarluft in das Innere Asiens könnte der auslösende Faktor für die mongolischen Vorstöße gewesen sein. Die Auswirkungen dieser kalten Luftmassen wären besonders im Sommer spürbar gewesen. Zwar handelt es sich um eine Spekulation, doch in China hatte längere Zeit ein kaltes Regime geherrscht, und einigen Wissenschaftlern zufolge breitete sich diese Anomalie allmählich nach Westen aus, bis sie Jahrhunderte später auch Europa in Form der Kleinen Eiszeit erfaßte.

Die in diesen Abschnitten berücksichtigten Regionen der Nordhemisphäre unterscheiden sich in einigen Punkten deutlich von den klimatischen Verhältnissen über Ostasien. Dort hatten sich die Klimazonen über einen langen Zeitraum hinweg, dessen Scheitelpunkt im 12. Jahrhundert lag, offenbar nach Süden verschoben. Die Drehung der Isothermen nach Südosten und die Verlagerung des Strömungsverlaufs innerhalb der Westwindzone (von einer Nordverlagerung [Rücken] über dem indischen Bereich zu einer Südverlagerung [Trog] über Ostasien), bilden ein Muster, das anscheinend die Tendenz zu hohem Luftdruck mit geringen Niederschlägen über Thailand und über dem Norden Indochinas bewirkt. Diese meteorologische Annahme legt nahe, daß das Khmerreich von Angkor in Kambodscha zeitweilig von günstigen – d. h. trockeneren – Bedingungen profitierte. Die Region wurde nach 1300 wieder vom Dschungel überwuchert.

Auswirkungen auf den Meeresspiegel und auf tiefliegende Küsten

Unsere Übersicht über die europäischen Klimaverhältnisse während der wärmeren Jahrhunderte des Mittelalters wäre ohne einen Hinweis auf die Umstände, die zu einem etwas höheren Meeresspiegel führten, nicht vollständig. Der Wasserstand ist wohl in dem Abschnitt der Warmphase, als die Gletscher abschmolzen, weltweit allmählich angestiegen, insbesondere allerdings im Bereich der südlichen Nordsee, wo sich vermutlich die Landabsenkung aufgrund der Faltung der Erdkruste in dem dortigen Becken damals fortsetzte und heute noch anhält. Abb. 52 weist auf die größeren Meereseinbrüche in Belgien hin. Brügge war ein bedeutender Hafen, und in East Anglia führte ein seichter Fjord mit mehreren Nebenarmen landeinwärts in Richtung Norwich. Die englischen Fens südlich des Wash bildeten eine ausgedehnte Wasserlandschaft mit seichten Brackwasserkanälen und flachen Inseln, die von Schilf und Unterholz umgeben waren. Die Insel Ely lag dermaßen abgeschnitten, daß die anglo-dänischen Bewohner sieben oder zehn Jahre nach der normannischen Eroberung der übrigen englischen Landesteile durchhalten konnten. Im 11. und 12. Jahrhundert schwankte die Bevölkerung der niederländischen und belgischen Küstenebene je nach Ausmaß und Häufigkeit der Überflutungen, die letztendlich zu einer allgemein nach Deutschland gerichteten Wanderbewegung führten.[6]

Klimaabfolgen in Nordamerika und einige Vergleiche

In Nordamerika liegen für den Bereich östlich der Rocky Mountains Nachweise darüber vor, daß die vorherrschenden Temperaturen von denen in Europa kaum abwichen und interessante und wichtige Veränderungen in der feuchten Klimaphase auftraten. Nur im nördlichen Labrador und der angrenzenden Ungava-Region gibt es bislang kein Anzeichen dafür, daß die Klimaabkühlung, die vor 3000 bis 3500 Jahren begann und zum Rückzug des Waldes sowie zum Vordringen der Tundra führte, im Mittelalter unterbrochen wurde. Die ausführlichen pollenanalytischen Forschungen, die unter der Leitung von Dr. Harvey Nichols vom Institute of Arctic and Alpine Research an der University of Colorado durchgeführt wurden, lassen eine gewisse Erholung des Waldes im nördlichen Quebec und in den Nordwestterritorien westlich der Hudson Bay erkennen, die im Zusammenhang mit wärmer werdenden Sommern ca. von 500 bis gegen 1000 oder 1200 bzw. 1250 n. Chr. in Verbindung stehen. Weiter südlich, im Mittleren Westen der Vereinigten Staaten, deuten archäologische Nachforschungen von Baerreis und Bryson von der University of Wisconsin darauf hin, daß die indianische Bevölkerung der Mill-Creek-Kultur vor dem Jahr 1200 im Nordwesten Iowas Mais anbaute. Heute fallen in diesem Gebiet nur unzureichende Niederschläge. Elche und Hirsche, beides Tiere, die in Wäldern beheimatet sind, wurden von den Indianern offenbar gejagt und waren vor ca. 1100 die Hauptfleischlieferanten. Im 12. Jahrhundert ging der Anteil dieser Tierknochen in den Abfallhaufen stark zurück, und die Knochen des Bisons, der offenes Gelände bevorzugt, überwogen. Die Menge dieser Tierknochen nahm nach Westen hin zu; dort sind die Klimate im «Regenschatten» der Rocky Mountains trockener. Ab ca. 700 n. Chr. wurde das Klima der ganzen Region jedoch offenbar feuchter als zuvor. Die Prärie machte einer viel stärker mit Bäumen bewachsenen Landschaft Platz; um ca. 1200 setzte abrupt die entgegengesetzte Entwicklung ein. Die Ackerbau betreibende Bevölkerung dehnte sich nach Nordwesten in die Ebenen aus und wanderte bereits im 8. Jahrhundert nordwärts nach Wisconsin und weiter entlang des Mississippi und durch andere Täler nach Minnesota. Ihre Kultur blühte bis 1200, und ihr plötzliches Verschwinden fällt nachweislich mit einer Dürre und mit Vegetationsveränderungen zusammen. Eine derartige Entwicklung läßt sich leicht mit häufig verlagerten Westwinden erklären, die den Regenschatten der Berge zu einer Zeit verstärkten und ausweiteten, als der Temperaturgradient durch die einsetzende Abkühlung der Arktis zunahm. Wir haben bereits auf entsprechende Auswirkungen auf grönländische und isländische Gewässer hingewiesen.

Die in diesem Kapitel nachvollzogene Klimageschichte hat einen Historiker[7] zu folgender Zusammenfassung veranlaßt: «Auf faszinierende Weise zeigt der Querschnitt durch die langfristigen Durchschnittstemperaturen in England eine grobe, aber deutliche Übereinstimmung mit dem des allgemeinen materiellen Wohlstands.» Er stellt weiterhin fest, daß «die mittelalterliche Ausdehnung, die Krisen des 14. und späten 16. Jahrhunderts und die Blüteperioden im 15. (bis ins frühe 16.), 18. und 19. Jahrhundert dem groben Trend des Temperaturverlaufes entsprechen». Dennoch vertritt er den Standpunkt, daß Klimaveränderungen zur Erklärung dieses Phänomens von geringem Wert sind. Die europäische Geschichte hätte, so Anderson, keinen wesentlich anderen Verlauf genommen, wenn das Klima konstant geblieben wäre. Am Beispiel der Periode, die wir im nächsten Kapitel behandeln, können wir diese Behauptung etwas näher untersuchen.

Anmerkungen

1 In seiner Abhandlung: Liber de Mensura Orbis Terrae.
2 Lauge Koch: The East Greenland Ice, in: Meddelelser om Grønland, 130, Nr. 3, Kopenhagen 1945.
3 A. Holmsen: Norges historie, Oslo und Bergen 1961.
4 Kenneth Clark: Glorie des Abendlandes. (Civilisation), Reinbek bei Hamburg 1977.
5 Hugh Trevor-Roper: Der Aufstieg des christlichen Europa, München 1971.
6 Diese Information wurde freundlicherweise von Professor A. Verhulst von der Universität von Gent zur Verfügung gestellt.
7 J. L. Anderson in einem Vortrag auf der Klima- und Geschichtskonferenz an der University of East Anglia in Norwich im Juli 1979.

11 Erneute Klimaungunst im späten Mittelalter

Die Klimaverschlechterung in der Arktis

Die Lebensbedingungen der altnordischen Grönländer verschlechterten sich zwischen 1197 und 1203 massiv: In den Gewässern, die Grönland mit Island und Europa verbinden, nahm die Eisbildung zunächst nur in vereinzelten Jahren, später jedoch konstant zu. Dieser Umstand hängt eindeutig mit der Abkühlung der Arktis (vgl. Abb. 33) zusammen.

Die Eskimos der Dorsetkultur, die um 700 v. Chr. vor allem in den östlichen Polargebieten Kanadas lebten und nach 800 oder 900 n. Chr. in die hohen Breiten zurückgekehrt waren, wanderten bereits während des 12. Jahrhunderts nach Süden. Archäologen nehmen an, daß es zu dieser Wanderbewegung deshalb kam, weil eine andere Eskimokultur, die sich im Nordwesten Grönlands in der Nähe von Thule entwickelt hatte, bei der Jagd erfolgreicher war. Wahrscheinlich ist der Kampf um die Jagdbeute durch die zunehmende Vereisung und die abnehmenden Robben- und Walroßbestände wesentlich härter geworden. Wikinger und Eskimos kamen erstmals zwischen 1200 und 1250 auf Grönland miteinander in Berührung, anfänglich trieben sie etwas Handel miteinander. Das Vesterbygd («Westsiedlung»), mit lediglich 75 Höfen die kleinere und nördlicher gelegene Anlage der beiden Wikingerzentren in Westgrönland, wurde jedoch um 1350 entweder durch eine bewaffnete Auseinandersetzung oder eine Epidemie, möglicherweise durch die Pest, vernichtet. (Als ein Schiff von der anderen Siedlung in diese Gegend kam, wurden einige wild umherstreifende Rinder und Schafe gefunden.)

Das größere Østerbygd («Ostsiedlung») – etwa 225 Höfe – bestand, wenn auch unter immer schwierigeren Verhältnissen, bis ungefähr 1500 fort. Die durchschnittliche Größe der erwachsenen Männer, die im 15. Jahrhundert auf dem Friedhof von Herjolfsnes begraben wurden, betrug nur noch 164 cm. In der Frühphase der Siedlung dagegen ist eine Durchschnittsgröße von 177 cm festgestellt worden. Wegen des vermehrt auftretenden Eises wurde schließlich um 1342 die alte Segelroute zwischen Island und Grönland entlang des 65. Breitengrades zugunsten eines weiter südlich verlaufenden Seeweges aufgegeben. Nachdem eines der Schiffe, die im königlichen Monopolhandel eingesetzt wurden, 1369 vor der norwegischen Küste Schiffbruch erlitten hatte, riß der regelmäßige Kontakt zwischen Europa und der Kolonie auf Grönland ab. Später kamen manche Schiffe, die vom Kurs auf Island abgetrieben wurden, in Grönland an. Es liegen indirekte Nachweise darüber vor, daß Grönland im 15. Jahrhundert gelegentlich von Händlern und Freibeutern vor allem aus England aufgesucht wurde. Papst Alexander VI. schrieb 1492 über die Sorgen, die er sich über die Insel als Vorposten der Christenheit machte: «Die Kirche von Garda auf Grönland liegt am Ende der Welt, und die Menschen, die dort wohnen, ernähren sich von Trockenfisch und Milch, da sie kein Brot, keinen Wein und kein Öl haben (...). Schiffe gelangen sehr selten in jenes Land, weil die Gewässer in beträchtlichem Ausmaß zufrieren. Man nimmt an, daß seit 80 Jahren dort kein Schiff eingelaufen ist – wenn dennoch gelegentlich Seereisen unternommen wurden, so konnten sie eigentlich nur im Monat August stattfinden. (...) Man sagt, daß seit ungefähr 80 Jahren dort kein Bischof oder Priester mehr residiert.»[1]

Im Permafrostboden des Friedhofs von Herjolfsnes blieben Leichen und Kleidungsstücke, zum Teil aus der Zeit um 1500, erhalten. Um 1540 fanden Schiffe aus Hamburg, die vom Kurs abgekommen und nach Grönland gelangt waren, nur noch die Leiche eines Wikingers und keine überlebenden Einwohner. Von dieser Zeit an stießen nur gelegentlich noch Walfänger oder Forscher, wie beispielsweise Hudson 1607, durch den Eisgürtel bis zu den verlassenen arktischen Küsten Grönlands vor. Erst in den zwanziger Jahren des 18. Jahrhunderts gründete der dänisch-norwegische Staat im Südwesten der Insel wieder Niederlassungen. In Ostgrönland wurden vor dem 19. Jahrhundert keine Siedlungen angelegt.

Vermutlich begannen die Erkundungsfahrten im 15. Jahrhundert, weil die Fische in den höheren Breiten des Nordostatlantiks ihre angestammten Gründe infolge der zunehmenden Ausbreitung des kalten polaren Wassers verlassen hatten. Diese Fahrten führten die Fischer von Bristol noch weiter westlich über den Atlantik, wo sie möglicherweise bereits in den siebziger und achtziger Jahren des 15. Jahrhunderts im Bereich der Neufundlandbank Fischfang betrieben.[2] Durch die Konkurrenz der Hanse in den isländischen und grönländischen Gewässern verschlimmerte sich die Situation. Zweifelsohne wurden die Entdeckungsfahrten der englischen Seefahrer im 16. Jahrhundert (Chancellor im Jahre 1553 und Ende des 16. Jahrhunderts die niederländische Expedition unter Willem Barents, die beide die Nord-Ost-Passage suchten) zu einer besonders ungünstigen Zeit durchgeführt. Das gleiche gilt für die Expeditionen von Frobisher in den siebziger Jahren des 16. Jahrhunderts, von Davis in den achtziger Jahren des 16. Jahrhunderts sowie kurz darauf von Hudson. Frobisher, Davis und Hudson waren auf der Suche nach einer Nord-West-Passage durch das Nordpolarmeer nach Indien. Unter ebensolchen Verhältnissen versuchten Hudson 1607 und später Edward Perry, den Nordpol zu erreichen. Die wiederholten Anstrengungen in dieser Zeit, eine Nord-West-Passage zu entdecken, fanden ebenfalls in einer klimatisch extrem ungünstigen Phase statt wie die Reise von Sir James Clark Ross im Jahre 1831, auf der es gelang, den magnetischen Nordpol zu erreichen.[3] Zu jener Zeit herrschte seit einigen Jahrhunderten ein strengeres, polares Klima, obwohl das arktische Packeis aufgrund der Windströmung noch einige Öffnungen aufwies. Die Walfänger hatten bei ihren Fahrten in der Nähe Nordostgrönlands einige dieser Durchgänge entdeckt. Dies führte zu der irrtümlichen Annahme, das Meer sei im zentralen Bereich der Arktis eisfrei.

Die altnordische Gemeinschaft auf Island und ihre Wirtschaft verfielen, der Niedergang setzte um 1200 n. Chr. ein und hielt vermutlich fast sechs Jahrhunderte lang an. Die Bevölkerung des Landes ging von ca. 77 500, wie Abgabenbücher von 1095 ausweisen, auf ca. 72 000 im Jahr 1311 zurück. Im Jahr 1703 war die Zahl auf fast 50 000 gesunken. Nach einer Verschärfung der klimatischen Situation (Eis, Vulkanausbrüche) in den achtziger Jahren des 18. Jahrhunderts betrug die Bevölkerungszahl nur noch etwa 38 000. Die durchschnittliche Größe der Menschen scheint ebenfalls zwischen dem 10. und 18. Jahrhundert (ähnlich wie in Grönland) von 173 cm auf 167 cm zurückgegangen zu sein. Aus den überlieferten Quellen geht eindeutig hervor, daß in diesem Zusammenhang die Jahre, in denen das arktische Meereis mehrere Monate lang nahe an die isländische Küste heranreichte (normalerweise zwischen Januar und März, gelegentlich auch zwischen Juni und August), von wesentlicher Bedeutung waren. In solchen Jahren waren das Frühjahr und der Sommer so kalt, daß die Heuernte besonders im gesamten nördlichen und östlichen Teil des Landes verschwindend gering war. Tausende von Schafen verendeten, durch das Eis wurden auch die küstennahen Schalentiervorkommen vernichtet. Allmählich wurden alle Versuche aufgegeben, Getreide anzubauen, die Gletscher rückten vor. Daneben kam es zu katastrophalen Vulkanausbrüchen, durch die ganze Teile der Insel von Vulkanasche oder Lavaströmen bedeckt wurden. Wegen des Fluor- bzw. Schwefelgehalts der Asche konnte das Weideland nicht mehr genutzt werden; und Schafe und Rinder verendeten. Der schlimmste Ausbruch war die gewaltige Eruption des Öræfajökull im Süden Islands 1362.

Das Handelsmonopol, das die dänisch-norwegische Krone zu jener Zeit für sich beanspruchte, mag zweifellos auch einige Auswirkungen gehabt haben; die sich daraus ergebenden Einschränkungen haben wahrscheinlich die Schwierigkeiten des Landes verschärft. Die Hauptursachen für den Niedergang waren jedoch offenbar Naturkatastrophen: Islands

«tausendjähriger Kampf gegen Feuer und Eis» wie Sigurdur Thorarinsson es 1956 genannt hat.[4]

Obwohl für bestimmte Zeitabschnitte Quellen fehlen, ist deutlich erkennbar, daß während dieser Jahrhunderte sowohl einige klimatisch gün-
stigere als auch ungünstigere Perioden auftraten. Im späten Mittelalter ist
der Gebrauch von Eisbärfellen als Teppich in isländischen Kirchen beispielsweise ein Hinweis auf ein zahlreiches Vorkommen dieser Tiere im
14. Jahrhundert. Daraus kann man auf Eis, das die Bären nach Island
brachte, rückschließen. Hundert Jahre später wurden die Häute seltener;
zudem waren sie vielfach alt und in einem schlechten Zustand. Im
16. Jahrhundert fand man sie wieder häufiger; dann aber belegte das
Handelsmonopol der dänischen Monarchie dieses Gut mit Beschränkungen. Diese Information scheint erhalten gebliebene direkte Berichte zu
bestätigen, denen zufolge vom späten 13. Jahrhundert bis in das 14. Jahrhundert viel Eis vorhanden war. Später soll kurzfristig eine gewisse Klimaverbesserung eingetreten sein; vom späten 16. Jahrhundert an soll das
Eis wieder stark zugenommen haben. Die von besonders umfangreichen
Eisvorkommen und kalten Klimaten gekennzeichneten Phasen setzten
offenbar zwischen 1197/1198 und 1203 unvermittelt ein. Sie erreichten
um 1300, von ca. 1580 bis 1700, besonders in den neunziger Jahren des
17. Jahrhunderts und erneut gegen Ende des 18. und späten 19. Jahrhunderts Höhepunkte.

Erste Auswirkungen auf Europa: Stürme

Häufiger und verstärkt auftretende Stürme und Überschwemmungen waren im 13. Jahrhundert erste Anzeichen für eine Klimaveränderung, die
sich bereits auf Grönland und Island auswirkte und die von den Bewohnern Europas, vor allem in den Nordseeregionen, wahrgenommen wurde.
Die Überschwemmungen am Ende dieser Phase forderten entsetzlich
viele Todesopfer und sind mit den schlimmsten Katastrophen aus jüngerer Zeit in Bangladesch und China vergleichbar. Bei mindestens vier Meeresüberflutungen an den niederländischen und deutschen Küsten wird die
Anzahl der Opfer auf ca. 100 000 oder mehr geschätzt, bei der schlimmsten Katastrophe auf 306 000. 1240 und 1362 wurden, Berichten zufolge,
60 Pfarrbezirke, aus denen mehr als die Hälfte der landwirtschaftlichen
Erträge des (damaligen) dänischen Bistums Slesvig (Schleswig) kam,
«vom Meerwasser verschlungen». Die Zuidersee (Ijsselmeer) in den Niederlanden entstand und vergrößerte sich während dieser Sturmfluten; mit
der Trockenlegung wurde erst in diesem Jahrhundert begonnen. Durch

59: Sturmwellen auf der Nordsee am 10. Oktober 1926, die bei einem Sturm aus
nördlicher Richtung mit der Stärke 10 auf der Beaufort-Skala auf die Schutzein-
richtungen der Insel Helgoland branden. Die Insel hat heute nur noch einen Bruchteil ihrer früheren Größe.

Landverluste bildeten sich an den deutschen und dänischen Nordseeküsten Inseln und Meeresarme; andere Inseln wurden durch Sturmfluten
zerstört. Die Insel Helgoland (50 km vom Festland entfernt in der Deutschen Bucht), die im Jahre 800 vermutlich mehr als 60 km breit war, hatte
um 1300 nur noch eine Breite von 25 km. Möglicherweise ist die Hälfte
des Landverlustes einem Sturm in jenem Jahr zuzuschreiben. Heute mißt
sie an der längsten Stelle nur noch ca. 1,5 km (Abb. 59). In England gingen die großen Häfen von Ravenspur oder Ravensburgh (östlich von
Hull) und Dunwich (an der Küste von Suffolk in East Anglia) durch
Sturmeinwirkung in diesem Jahrhundert nach und nach verloren. Für die
kontinentale Nordseeküste wird in Zusammenhang mit den Stürmen von
1421, 1446 und 1570 erneut von 100000 oder mehr Todesopfern bei Überschwemmungen berichtet. Während des Sturmes im Jahre 1570 wurden
große Städte überflutet, und die Zahl der Toten wurde auf 400000 geschätzt. 1634 traten an der dänischen und deutschen Küste und den vorge-
lagerten Inseln erneut umfangreiche Landverluste auf.

Abb. 60 zeigt die Verteilung der schweren Überflutungen im Nordsee-
raum über die Geschichte hinweg. In der südlichen Nordsee traten an der
niederländischen Küste die verheerenden Sturmfluten am häufigsten zu
Beginn des 15. und zum Ende des 17. Jahrhunderts auf.[5] Im späten
16. Jahrhundert gab es einige besonders ausgedehnte und schwere
Stürme, vor allem der Sturm am 1. und 2. November 1570, als die Küsten
von Frankreich bis Nordwestdeutschland in Mitleidenschaft gezogen
wurden. Bei der Interpretation des Diagramms ist davon auszugehen,
daß Aufzeichnungen aus früheren Zeiten wahrscheinlich seltener erhalten sind. Jedoch scheint folgende Schlußfolgerung begründet: Die wirklichen Maxima der Sturmfluten fielen in der gesamten Region in das 11.
und das 13. nachchristliche Jahrhundert; in der südlichen Nordsee konzentrierten sie sich, wie gesagt, auf das 15. und ausgehende 17. Jahrhundert. Manchen Quellen zufolge traten während und unmittelbar nach der
spätrömischen Zeit sowie im 20. Jahrhundert schwerere Fluten auf als
während anderer Perioden. Diese Verteilung führt zu dem Schluß, daß
Sturmfluten an den tiefliegenden Nordseeküsten dann am gravierendsten
waren: a) wenn der Meeresspiegel nach langen Perioden mit einem warmen Klima und mit Gletscherschmelze stärker angestiegen war und b)
wenn eine Abkühlung in der Arktis in den Lagen ungefähr zwischen dem
50. und 65. nördlichen Breitengrad den Temperaturgradienten verstärkt
hatte. Das hatte eine zunehmende Sturmhäufigkeit und -intensität in die-

Anzahl der nachgewiesenen schweren Sturmfluten pro Jahrhundert

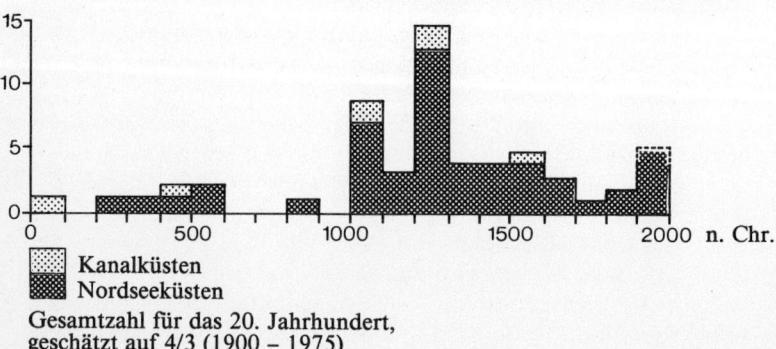

60: Verteilung von Berichten über schwere Sturmfluten pro Jahrhundert, die an
den Küsten der Nordsee und an den englischen Küsten des Ärmelkanals zu hohen
Verlusten an Menschenleben und Land führten.

61: Die Sandflächen von Forvie: 30 m hohe Sanddüne, die die mittelalterliche Stadt Forvie in Schottland (im August 1413 durch einen schweren Sturm aus südlicher Richtung vernichtet) an der Ostküste von Aberdeenshire bedeckt.

ser Zone zur Folge. Diese beiden Bedingungen waren im 13. Jahrhundert und möglicherweise erneut in den letzten Jahrzehnten unseres Jahrhunderts gegeben. Das wesentlich geringere Ausmaß und die geringeren Verluste an Menschenleben in der Gegenwart beweisen, daß die an der Nordseeküste errichteten und ständig verbesserten Deiche zu den größten Erfolgen gehören, die der Mensch im Kampf gegen Naturkatastrophen errungen hat.

Die Verschüttung einiger Küstenorte durch Flugsand (Abb. 61) stellt eine weitere Begleiterscheinung bei schweren Stürmen im Nordatlantik und in der Nordsee während des späten Mittelalters und der Folgezeit dar. Entlang der Sandküsten Nordwesteuropas trat von der Bretagne bis zu den Hebriden und Dänemark eine lange Folge solcher Katastrophen – etwa vom Beginn des 13. Jahrhunderts bis ca. 1800 – auf. So wurde beispielsweise der kleine mittelalterliche Hafen von Harlech an der walisischen Westküste um 1400 dauerhaft von großen Sanddünen vernichtet. Im 17. Jahrhundert zerstörte ein großer Sturm durch Versandung den schönen Naturhafen bei Saksun an der Nordwestseite der Färöerinseln. In Nordostschottland verschüttete ein Sturm ein heute als Culbin Sands bekanntes Gebiet von vielleicht 60 km² mit gutem Ackerland, neun Bauernhöfen sowie einem Herrenhaus. In dem sandigen Gelände in East Anglia (Breckland) und in einer ähnlichen Landschaft in den Niederlanden wurden landeinwärts gelegene Orte ebenfalls von Flugsand betroffen. Interessanterweise ereignete sich die in Abb. 61 dargestellte Begebenheit an der Ostküste Nordschottlands bei einem Sturm aus südlicher Richtung; ein Umstand, bei dem der Nordseespiegel sinkt. Darüber hinaus lag das angegebene Datum in unmittelbarer Nachbarschaft des Termins, an dem die astronomisch errechnete Flut nur 4 bis 7 cm unter den Extremwert des 19-Jahres-Zyklus fiel. Dieser wiederum unterschritt das grobe 2000-Jahres-Extrem nur geringfügig. Dieses Zusammentreffen weist auf eine Kombination von Faktoren hin, die möglicherweise zu einem derart großen Sandversatz führten hin, daß eine Küstenstadt bei einem einzigen starken Sturm zerstört werden konnte. Wahrscheinlich trat ein extremes Niedrigwasser auf, das eine ungewöhnlich große Sandfläche als Angriffspunkt für den Wind freilegte. Es besteht natürlich auch die Möglichkeit, daß vorausgegangene Stürme und Fluten vorbereitend gewirkt hatten, indem sie den Sand durch die Wellenbewegung in Richtung Strand versetzten und unebene Sandanlagerungen hinterließen. Die Perioden mit ausgedehnter Sanddünenaktivität an den Küsten Nordwesteuropas, die in das letzte vorchristliche Jahrtausend und in das späte Mittelalter fallen, waren in dieser Breitenlage von Klimaten mit verhältnismäßig kalten bzw. abnehmenden Temperaturen und mit Stürmen begleitet. Zudem gruppierten sich beide Phasen um Langzeitmaxima in der Tidenabfolge.

Europa im frühen 14. Jahrhundert: Niederschläge und fallende Temperaturen

Kurz nach 1300 spürte man in Europa die Auswirkungen einer fortschreitenden Abkühlung. Sie ist als das grundlegende Merkmal der Klimaverschlechterung anzusehen, auf die wir im nachfolgenden näher eingehen wollen. Die Geschichte des englischen und mitteleuropäischen Weinbaus und der historische Verlauf der oberen Baumgrenze von den Vogesen bis zum Erzgebirge bestätigen offenbar die generalisierte Temperaturkurve in Abb. 27, wobei jedoch der glatte Verlauf die wirklichen Klimaeinbrüche überdeckt.

Die Klimaveränderung, die das warme mittelalterliche Regime beendete, muß sehr abrupt aufgetreten sein und zunächst in Gegenden eingesetzt haben, die zwischen 1313/1314 und 1317 einen außergewöhnlichen Klimagang mit feuchten Sommern und überwiegend feuchten Frühlings- und Herbstzeiten verzeichneten. Dieses Klima setzte sich mit nur kurzen

Unterbrechungen mindestens bis in die ersten Monate des Jahres 1321 fort. Darüber hinaus vollzog sich dieser Umbruch im Anschluß an eine wirklich bemerkenswerte Periode (1284 bis 1311), in der die Sommer vornehmlich warm und trocken waren. (In der ersten Dekade des neuen Jahrhunderts legte man voller Vertrauen neue Weinberge in England an.) Besonders drastisch verlief wohl das Jahr 1315, in dem das Getreide überall in Europa nicht ausreifte. Die Auswirkungen führten in weiten Teilen des Kontinents zu schlimmen Hungersnöten und Epidemien, die unzählige Todesopfer kosteten. Selbst aus den westeuropäischen Ländern wird über Kannibalismus berichtet. Schafe und Rinder fielen der Maul- und Klauenseuche oder Epidemien zum Opfer, die in der überaus feuchten und oftmals überfluteten Landschaft um sich griffen. Im 14. Jahrhundert kam es in West- und Mitteleuropa offenbar zu starken und ziemlich lang anhaltenden Witterungsschwankungen. In den späten zwanziger und dreißiger Jahren, ebenfalls in den achtziger Jahren des 14. Jahrhunderts waren die Sommer überwiegend warm und trocken (oft viel zu trocken), und in anderen Dekaden, vornehmlich in den sechziger Jahren jenes Jahrhunderts, war es im Sommer vornehmlich feucht. In Osteuropa führten sommerliche Hitze und Dürre während des gesamten Jahrhunderts zu Problemen. Diese Wechselhaftigkeit des Klimas in Westeuropa, die sich auch auf die Winter auswirkte, setzte sich im 15. Jahrhundert fort und dehnte sich auch nach Osteuropa aus. In den dreißiger Jahren des 15. Jahrhunderts gab es in Mittel- und Westeuropa eine außergewöhnliche Folge harter Winter bzw. eine Folge langer winterlicher Kälteperioden. Dazu gehörten auch die Winter von 1431/1432 (Abb. 62) sowie von 1433/1434 bis 1437/1438. Auch die Winter der Jahre 1407/1408 und 1422/1423 waren derart streng, daß sie historische Bedeutung erlangten: Es war möglich, das Eis der Ostsee zu überqueren. Wölfe sollen über das Eis im östlichsten Teil der Nordsee (Skagerrak) von Norwegen nach Dänemark gelangt sein.

Die Graphik (Abb. 63), die auf mehreren Forschungsarbeiten basiert, illustriert die «Geschichte» der Feuchtigkeitsentwicklung im Torfmoor Bolton Fell Moss an der englisch-schottischen Grenze in der Nähe von Carlisle. Der Verlauf scheint mit den Temperatur- und Niederschlagssequenzen, auf die in diesem Buch an anderer Stelle eingegangen wird, übereinzustimmen und kann demnach als ein weiterer Beweis für die Richtigkeit der Sequenzen gelten. (Es besteht allerdings eine offensichtliche Diskrepanz bei der Feuchtigkeit, die für das 10. Jahrhundert angegeben ist. Die Feuchtigkeit im nordwestlichen Zipfel Englands könnte der von uns angenommenen Klimasituation entsprechen, die zur damaligen Zeit durch Westwinde und Hochdrucklagen gekennzeichnet war, wel-

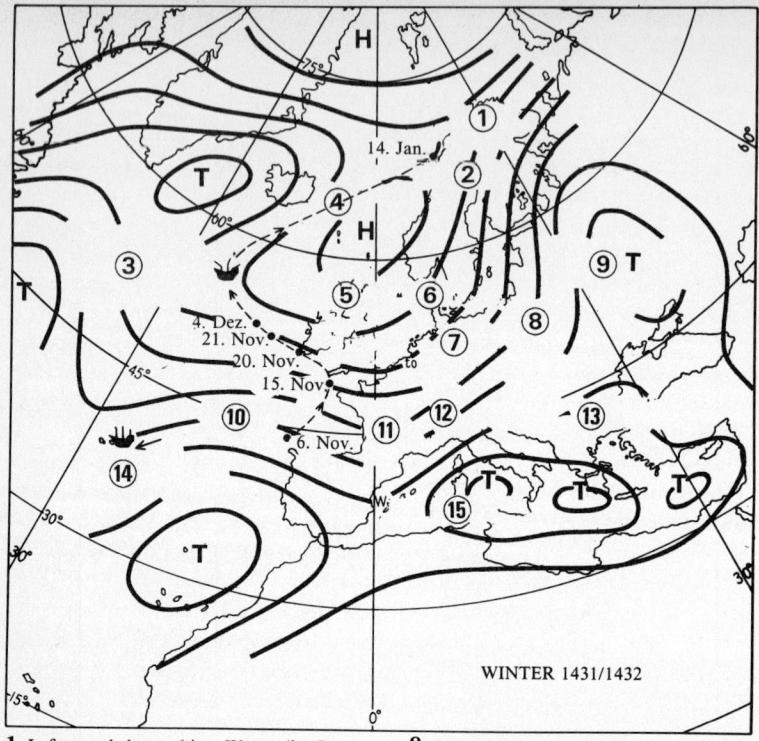

WINTER 1431/1432

1 Lofoten – kaltes, ruhiges Wetter (im Januar und Februar)

2 Bei Ankunft leichte, unbeständige Winde

3 Von Lissabon nach Brügge segelndes venezianisches Schiff: Wrack wurde nach 10tägigem Sturm (anfänglich aus NO, dann aus SW) am 26. Dezember aufgegeben

4 Überlebende auf einer vom Südweststurm getriebenen Galeere

5 England: Strenger Frost; ebenfalls einige Berichte über kalte Regenfälle im Januar und besonders im Februar

6 Dänemark: Unerträglicher Winter

7 Deutschland: Vom 20. November bis 4. März strenges Wetter, alle Flüsse zugefroren

8 Böhmen: Im Januar häufige Schneefälle, nach dem 14. Januar sehr strenge Fröste

9 Südrußland: Das Fehlen von Berichten deutet auf gewöhnlich normale bzw. wechselhafte Winter

10 Stürmischer Winter in der Biskaya, zahlreiche schwere Schiffsunglücke

11 Frankreich – anhaltender Frost läßt Weinstöcke erfrieren

12 Alpen – geringe Schneefälle

13 Im März starke Überschwemmungen im Donaugebiet aufgrund außergewöhnlicher Schneeschmelze

14 Wiederentdeckung der Azoren durch ein vom Wind abgetriebenes Schiff von Flandern mit Kurs auf Lissabon

15 Westliches Mittelmeer: Zumindest im südlichen Teil stürmischer Winter

62: Berichte über das Wetter im Winter 1431/1432 und der anscheinend damit verbundene vorherrschende Luftdruck sowie Windmuster.

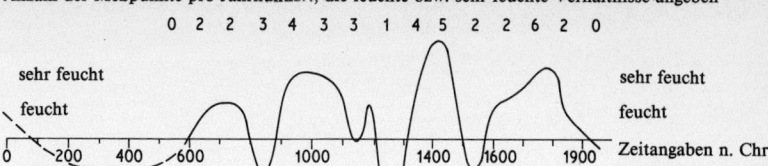

Anzahl der Meßpunkte pro Jahrhundert, die feuchte bzw. sehr feuchte Verhältnisse angeben

63: Nachweis von Langzeitschwankungen in der Oberflächenfeuchtigkeit des Bolton Fell Moss Torfmoores nordöstlich von Carlisle.

che in der Südosthälfte Englands und in Deutschland wiederum Dürrezeiten hervorriefen.) Der Graph für Bolton Fell Moss stützt mit Sicherheit Trevelyans[6] Behauptung, daß die Flüsse in England im 15. Jahrhundert im allgemeinen tiefer und breiter waren als heute (und vielleicht auch als bereits im hohen Mittelalter). Jedenfalls veränderte sich der Feuchtigkeitsgehalt des Bodens um 1300 zumindest in Nordwestengland erheblich (vgl. Abb. 71). In Hinblick auf die Häufigkeit erneuter Wachstumsphasen, die für die Torfmoore in Schweden und andere Teile Nord- und Westeuropas zu jener Zeit angegeben werden, war dieser Umschwung offenbar tatsächlich weitaus einschneidender. Im vorangehenden Kapitel haben wir auf die damit ebenfalls zusammenhängenden Schwierigkeiten in den Bergwerken im Harz und in anderen Gebirgen Mitteleuropas hingewiesen.

Zeit der Krankheit

Aufgrund der Feuchtigkeit, die phasenweise im 14. Jahrhundert und möglicherweise auch noch im 15. Jahrhundert herrschte, stieg die Krankheitsauffälligkeit von Menschen und Tieren enorm; auch das Gedeihen der Feldfrüchte war erheblich beeinträchtigt. Es steht wohl fest, daß die durchschnittliche Lebenserwartung in England vom ausgehenden 13. Jahrhundert (als sie offenbar ca. 48 Jahre betrug) bis zu dem Zeitraum von 1376 bis 1400 um ungefähr zehn Jahre sank.[7] Die Mutterkornvergiftung, auch «St. Anthony's fire» genannt, war eine der schrecklichsten Krankheiten in jener Zeit, eine Krankheit, die am deutlichsten mit dem Wetter zusammenhing. Sie rief Mehltau hervor (*Claviceps purpurea*), der die Roggenkörner bei einer feuchten Ernte schwarz werden ließ. Selbst ein minimaler Anteil dieses vergifteten und zu Brot gebackenen Korns löste die Krankheit aus. Im Verlauf der Epidemien litten ganze Dörfer an Krämpfen, Halluzinationen und an Gewebsnekrose, die zu einer tödlichen Fäulnis der Gliedmaßen führte. Während der chronischen Phase der Gewebsnekrose trat in den Extremitäten zunächst ein eiskaltes und dann ein brennendes Gefühl auf; Arme und Beine nahmen eine dunkle Farbe an, als ob sie verbrannt worden seien, dann vertrockneten sie und fielen schließlich ab. Selbst Haustiere steckten sich an und gingen an dieser Krankheit zugrunde. Schwangere Frauen erlitten Fehlgeburten.

Die Beulenpest, der «Schwarze Tod», die zwischen 1348 und 1350 in Erscheinung trat und auch in der Folgezeit immer wieder aufflammte, wird mit dem wirtschaftlichen und kulturellen Zusammenbruch der europäischen Gesellschaft des Mittelalters öfter in Verbindung gebracht als die durch Fäulnisbefall beim Korn hervorgerufene Krankheit. Schätzungen zufolge starben in den verschiedenen europäischen Regionen ein Achtel bis zwei Drittel der Bevölkerung. Über die Folgeerscheinungen in Form von nicht eingebrachten Ernten, Arbeitskräftemangel und steigenden Kosten ist oft geschrieben worden. In Städten, Häfen und entlang der vielbenutzten Handels- und Pilgerwege war die Todesrate sehr hoch. Insgesamt fiel wahrscheinlich mehr als ein Drittel der europäischen Bevölkerung der Pest zum Opfer. Interessanterweise scheint der Ursprung der Pest in China oder in Zentralasien zu liegen, wo die periodisch immer wieder auftretende Beulenpest im Jahre 1332 unmittelbar im Gefolge außergewöhnlicher Regenfälle mit Überschwemmungen ausbrach: Diese Überflutungen gehörten zu den größten jemals bekanntgewordenen Wetterkatastrophen und forderten in den weiten Flußtälern Chinas angeblich 7 Millionen Menschenleben. Sie vernichteten aber auch die menschlichen Siedlungen und ihre Abwasseranlagen sowie die Lebensräume vieler Tiere, auch die der Ratten.

Vielfältige Faktoren trugen zum Niedergang der mittelalterlichen Epoche bei. Dazu zählen nicht nur der «Schwarze Tod» und die wirtschaftlichen Schwierigkeiten oder die geistigen Herausforderungen der Zeit; vielmehr war auch das Klima von großer Bedeutung.

Verlassene Gehöfte und aufgegebene dörfliche Siedlungen

Unabhängig von Krankheiten und Epidemien zeigen Mißerfolge des in England und im Norden des europäischen Kontinents betriebenen Weinbaus, der Rückzug des Getreideanbaus von den früheren nördlichen Grenzen, die Aufgabe des gesamten Anbaus in Höhenlagen und die Entvölkerung von Dörfern und Bauernhöfen, daß die Veränderung des

Klimas eine wichtige Rolle spielte. Wenige Jahre vor Ausbruch des «Schwarzen Todes» ist im *Nonarium Inquisitiones*, einer Schätzung der landwirtschaftlichen Produktion des Jahres 1341, festgehalten: In allen Teilen Englands gab es eine Vielzahl von Dörfern mit unbewirtschaftetem Land. Vor allem ist dies wohl auf den Bevölkerungsrückgang zurückzuführen, der seit der Hungersnot zu Beginn des 14. Jahrhunderts zu verzeichnen war, aber auch auf ausgelaugte Böden, Saatgutknappheit und fehlende Ochsengespanne zum Pflügen.[8]

Dieser Wüstungsprozeß war überall in Nord- und Mitteleuropa und in höheren Lagen auch in Südeuropa zu beobachten. Allein für Deutschland sind mehrere tausend verlassene Weiler und Dörfer nachgewiesen.[9] In Deutschland und in England war dieses Phänomen im Zusammenhang mit den Hungersnöten, die in dem Jahrzehnt um 1315 auftraten, besonders ausgeprägt; es hatte aber bereits früher eingesetzt und seinen ersten Höhepunkt bereits in den 20 Jahren vor Ausbruch der Beulenpest erreicht. Nur ca. 10 Prozent der über 80 verlassenen Dörfer, deren Bevölkerungszahl anhand von Steueraufzeichnungen in zwei mittelenglischen Grafschaften abgeleitet werden kann, wurden wegen des «Schwarzen Todes» aufgegeben. Aber alle Siedlungen hatten während der Hungersnöte zwischen 1311 und den zwanziger Jahren des 14. Jahrhunderts schwere Bevölkerungsverluste erlitten. Bei den Dörfern, die um 1350 verlassen wurden, handelte es sich im allgemeinen um diejenigen, deren Einwohnerzahl in den vorausgegangenen Hungerjahren desselben Jahrhunderts am stärksten (durchschnittlich um zwei Drittel) gesunken war. Vielfach wird bezweifelt, daß hierfür das Klima ursächlich ist, da in den verschiedenen Landesteilen eine Reihe von Dörfern verlassen wurde und andere benachbarte Standorte bewohnt blieben. Doch kann diese unterschiedliche Entwicklung möglicherweise in vielen Fällen durch Bodenunterschiede und eine andersartige Exposition erklärt werden. Die über den Großteil Europas synchron verlaufenden Wüstungsperioden deuten auf eine weitverbreitete und womöglich äußere Ursache wie beispielsweise auf den Klimaverlauf. Darüber hinaus fällt die Hauptwüstungsperiode in England (ca. 1430 bis 1485) mit einer Zeit zusammen, für die häufige kalte Winter und schlechte Sommer recht gut belegt sind. Die klimatisch ungünstigsten Sommer traten besonders in den fünfziger und den späten sechziger Jahren des 15. Jahrhunderts auf. Der Umstand, daß offenbar Norwegen – abgesehen von Island und vielleicht auch Osteuropa – besonders hart betroffen war, weist sehr deutlich auf klimatische Einflüsse hin.

Klimaabfolge in Nordeuropa:
Norwegen, Dänemark, Schottland

Unsere guten Kenntnisse über das mittelalterliche Norwegen und die daran anschließende Zeit in diesem Land verdanken wir den reichhaltigen Informationen über Steuern, Berufe und Besitzverhältnisse, die in den «Kirchenbüchern» (kirkebøker) aufgezeichnet sind, sowie den bahnbrechenden Forschungsarbeiten des Osloer Professors Andreas Holmsen.[10] Sie liefern zahlreiche Hinweise auf das Zusammenwirken von Klima-, Umwelt- und Sozialgeschichte Nordeuropas und waren Anlaß zur Einrichtung eines Forschungsprojekts über verlassene Gehöfte (Ødegårdsprosjekt)[11], an dem Forscher aller skandinavischen Länder, auch aus Finnland und Island, über mehrere Jahre gemeinsam gearbeitet haben.

Die Aufgabe der Bauernhöfe begann zunächst in Nordnorwegen und setzte bereits vor 1200 ein. Diese Entwicklung ging mit einer Erweiterung des Gebietes, das von lappländischen Jägern genutzt wurde, und einer nach Süden und auf die küstennahen Fischgründe gerichteten Abwanderung der norwegischen Bevölkerung einher. Am Ende des Wikingerzeitalters müssen in Hålogaland in Nordnorwegen ungefähr eintausend Bauernhöfe bestanden haben, deren Bewohner Gerste, Hafer und Roggen anbauten. Bis in die dreißiger Jahre des 15. Jahrhunderts wurden in den ergiebigen Fischereigebieten auf den Lofoten und ihrer näheren Umgebung bis zu 95 Prozent und andernorts bis zu ca. 60 Prozent der Bauernhöfe aufgegeben. Tatsächlich nahm die Zahl der Bevölkerung, deren wirtschaftliche Lage sich gleichfalls verbesserte, an der Küste zwischen 1350 und 1500 zu. Für diesen Zeitraum wurde der vermehrte polare Kaltwasserabfluß aus dem Gebiet um Grönland offenbar durch den sich verstärkenden warmen atlantischen Zustrom ausgeglichen, der wiederum die Fischschwärme an die norwegischen Küsten brachte. (Später jedoch, im 17. Jahrhundert, scheint sich die Klimaverschlechterung auch auf den norwegischen Fischfang ausgewirkt zu haben.)

Danach wurden die Auswirkungen in Westnorwegen spürbar. Während des 13. Jahrhunderts trat ein gewisser Bevölkerungsrückgang ein, und in den dreißiger und vierziger Jahren des 14. Jahrhunderts gingen aufgrund der rückläufigen Agrarerträge und der Verluste, die durch Naturkatastrophen, z. B. durch Bergrutsch, eingetreten waren, die Steuereinnahmen zurück. Wegen der natürlichen Gegebenheiten bestanden zwischen den einzelnen Bezirken und von Bauernhof zu Bauernhof erhebliche Unterschiede. Der Niedergang war im großen und ganzen in den geschützt gelegenen inneren Bereichen der Fjorde und im Trøndelag am

64: Hoset: Norwegisches Bauerndorf östlich von Trondheim bei 63° 24′ N, 11° 10′ O, 350 m über NN: Die Lage ist für die landwirtschaftliche Nutzung derart exponiert, daß das Dorf zweimal während Klimaverschlechterungen im oder um das Jahr 1435 und in den neunziger Jahren des 17. Jahrhunderts verlassen und vom Wald zurückerobert wurde. Schon die erste Periode landwirtschaftlicher Nutzung endete zwischen 500 und 900 n. Chr. ebenfalls mit der Aufgabe des Dorfes.

deutlichsten. Dieses Gebiet war aufgrund des Weizenanbaus während des frühen Mittelalters am wohlhabendsten. Besonders interessant ist der Fall des Bauerndorfes Hoset (Abb. 64), das 350 m über NN im landwirtschaftlich unbedeutenden Hochland östlich von Trondheim nahe der schwedischen Grenze lag. Unter der Leitung der Professoren Sandnes und Hafsten und insbesondere von Dr. Helge Salvesen wurden hier fachübergreifende Untersuchungen vorgenommen. Archäologische Arbeiten und die Pollenanalyse zeigen, daß ungefähr im 4. nachchristlichen Jahrhundert ein kleiner Teil des Waldes für die landwirtschaftliche Nutzung (auch für den Getreideanbau) gerodet wurde. Vielleicht sind die Bauern durch die in dieser Gegend bestehende Möglichkeit der Eisenerzeugung angezogen worden. Seitdem wurde dieses Gebiet zwei- oder vielleicht dreimal jeweils in kälteren Klimaperioden verlassen und vom Wald zurückerobert. Dieser Umstand ist nichts Erstaunliches, denn dem Trøndelag kommt bei vorherrschenden Südwestwinden der Schutz der hohen südnorwegischen Berge zugute (darüber hinaus bringen die Süd- und

Südwestwinde durch einen ähnlichen Effekt wie die Föhnwirkung in den Alpen[12] zusätzliche Wärme). Sobald aber Winde aus Nordwesten bzw. Norden dominieren, ist dieser Bezirk den vom Polarmeer kommenden Winden direkt ausgesetzt. Möglicherweise ist das Dorf Hoset zum erstenmal ungefähr zwischen dem 6. und 9. Jahrhundert verlassen worden. Im Hochmittelalter erlebte der Getreideanbau dort jedoch einen Höhepunkt. Die beiden späteren Zeitabschnitte, in denen die Siedlung aufgegeben wurde, fielen genau in die Perioden der deutlichsten Klimaungunst im Jahre 1435 und 1698. Erst gegen 1930 wurde die Landwirtschaft wieder in vollem Umfang aufgenommen.

Die mittelalterliche Ausdehnung setzte sich besonders in den geschützten norwegischen Landesteilen, d. h. in Mittel- und Südostnorwegen (Østlandet), ohne Unterbrechung bis zum «Schwarzen Tod» fort. Es wäre mithin einfach, alle folgenden Umstände der Pestkatastrophe zuzuschreiben. Diese Krankheit selbst trat nur punktuell auf. So belief sich die Todesrate bei der Bevölkerung des Hallingdal (ein großes Tal mit einer Durchgangsstraße) auf 90 Prozent und entlang der Pilgerstraße, die durch Südschweden nach Trondheim führte, auf zwei Drittel. Blutgruppenuntersuchungen lassen den Schluß zu, daß die entlegeneren Gebiete von Telemark im mittleren Teil Südnorwegens überhaupt nicht von der Pest betroffen wurden. Es ist jedoch bemerkenswert, daß sich die norwegische Bevölkerung ungefähr zwei Jahrhunderte lang nicht wirklich erholte. Während dieser langen Zeit standen die Gehöfte in höheren Lagen leer. Teilweise konnten die überlebenden Bauern in den Tälern leerstehende Höfe mit besseren Böden übernehmen. Dennoch lagen Erträge und Steuereinnahmen bis 1387 mit Beträgen zwischen 12 Prozent (in einigen Bezirken) und knapp 70 Prozent unter den Werten der Jahre um 1300. Selbst auf den Besitzungen des Bischofs in der Nähe von Oslo wurde nur Hafer angebaut. In den sechziger Jahren des 15. Jahrhunderts erkannte man, daß diese Veränderung wohl von Dauer war. Berichten zufolge belief sich die gesamte norwegische Getreideernte noch im Jahr 1665 auf lediglich 67 bis 70 Prozent der Erträge aus der Zeit um 1300. In Westnorwegen wurde die mittelalterliche Produktionsleistung nicht vor Mitte des 18. Jahrhunderts überschritten.[13]

Offenbar war die Lage in Teilen Dänemarks, besonders an der Nordseeküste von Jütland, nicht viel besser. Hier wurden ebenfalls viele Bauernhöfe verlassen, der Getreideanbau wurde eingestellt, und die noch bewirtschafteten Gehöfte wurden von mehreren Familien bewohnt.[14] Die englischen Gäste einer königlichen Hochzeit in Dänemark berichteten 1406, daß weite Flächen durchnäßt und unbestellt waren und nirgendwo Weizen angebaut wurde. In der Tat gab es landesweit eine Abstufung, so daß die östlichen, geschützteren Lagen der Inseln Fünen und Seeland weniger betroffen waren.[15]

Zweifellos wirkten sich die Folgen des Klimas sowie die verheerende Entvölkerung durch den «Schwarzen Tod» auch auf Ackerbau und Viehzucht aus. Im späten Mittelalter war die Wachstumsperiode vermutlich überall in der Regel um möglicherweise drei und mehr Wochen kürzer. Die angesammelte Wärme war geringer; und die Häufigkeit von Mißernten – die gefürchteten *grünen Jahre*, in denen das Getreide nicht ausreifte – nahm im Norden zu. Weizen benötigt im Sommer mehr Wärme als Gerste oder Hafer und gedeiht am besten in Gebieten, in denen die jährliche Niederschlagsmenge unter 90 cm liegt. Weizen kann jedoch gut in feuchtem Zustand eingebracht und in der Scheune getrocknet werden, wohingegen die anderen Getreidearten leicht zuviel Wärme bekommen. Roggen übersteht strenge Winter besser als andere Getreidearten und bringt auf schlechten Böden vergleichsweise bessere Erträge. Demzufolge wurden während der Klimaverschlechterung vorzugsweise Gerste, Hafer und Roggen angebaut und Weizen nur in den wärmeren Teilen Europas. Der Getreideanbau wurde in vielen Gebieten, in denen keine ausreichenden Erträge mehr erzielt wurden, zugunsten der Schafzucht aufgegeben, um der steigenden Nachfrage nach Wolle gerecht zu werden.

Die lange Geschichte der Stammesfehden im schottischen Hochland und auch die unter den Hochlandbewohnern verbreitete Sitte, Rinder im Tiefland zu stehlen, können mit den klimatischen Belastungen erklärt werden. Während des «Goldenen Zeitalters» im 12. und 13. Jahrhundert waren Siedlungen bis tief in die Täler hinein errichtet worden. Bereits in den siebziger und achtziger Jahren des 11. Jahrhunderts, als König Malcolm III. und seine Gattin (die spätere heilige Margarete) in Dunfermline hofhielten, bot Schottland unzähligen Engländern Zuflucht, die vor der normannischen Herrschaft flohen. Wie in Island und in Nord- und Westnorwegen war ein Großteil des Landes einem drastischen Wetterumschwung ausgesetzt. In seinem Verlauf traten immer häufiger Nordwest- und Nordwinde auf, und die milden Südwestwinde nahmen entsprechend ab. Von ungefähr 1300 an gab es verschiedene interne Schwierigkeiten, die nicht alle mit den Übergriffen des englischen Königs und seiner Truppen zusammenhingen. Der Historiker Boece schrieb im 15. Jahrhundert, daß ganz Nordschottland im Jahre 1396 in Stammesfehden verwickelt war, die verstärkt 1411 auftraten und im 15. Jahrhundert deutlich ihren Höhepunkt erreichten. Im Jahre 1433 endete die Herrschaft der Grafen von Mar, die im zentralen Hochland regiert hatten, und die Armut verschlimmerte sich in der Region rasch. Wie in Schweden mußte in den dreißiger Jahren des 15. Jahrhunderts im schottischen Hochland zehn

Jahre lang Brot aus Baumrinde gebacken werden, da es kein Getreide gab. Während der damit verbundenen Unruhen wurde im Jahre 1436 König Jakob I. von Schottland ermordet, als er am Rande der Hochland-region bei Perth auf der Jagd war. Zu jenem Zeitpunkt wurde beschlossen, daß die Sicherheit des Königs an keiner Stelle nördlich von Edin-burgh Castle garantiert werden konnte, und so wurde Edinburgh die Hauptstadt Schottlands. Im gleichen Jahrzehnt, dessen klimatische Härte wir bereits in anderen Teilen Europas kennengelernt haben, wurden Ar-mut und Hungersnot erstmals in den Annalen von Dunfermline erwähnt. W. G. Hoskins geht davon aus, daß der Nahrungsmittelmangel in Eng-land zwischen 1437 und 1439[16] kaum weniger ausgeprägt war als in der Zeit von 1315 bis 1317.

Der natürliche Hintergrund für diese Ereignisse in der schottischen Ge-schichte wird aus der Tatsache ersichtlich, daß die obere Anbaugrenze in den Lammermuir Hills[17] südlich von Edinburgh, die in der Mitte des 13. Jahrhunderts bis auf 425 m über NN hinaufgereicht hatte, schrittweise abnahm, bis sie im Jahre 1600 um 200 m gesunken war. Von 1300 bis 1500 fiel die obere Baumgrenze in den Bergen auf dem europäischen Festland, von den Vogesen im Westen über Mittel- und Süddeutschland bis in die Tschechoslowakei um 100 bis 200 m. Zwischen 1300 und 1430 ging auch die obere Weinbaugrenze in Baden um 220 m zurück. Diese Höhenver-änderungen belegen gewissermaßen die Näherungswerte für die verän-derten Sommertemperaturen, wie sie aus Abb. 27 hervorgehen. Die Jahresringbreiten von Lärchen, die bei Berchtesgaden in den deutschen Alpen[18] an der oberen Baumgrenze wachsen, sind für uns ebenfalls ein Index für das Klima während der gesamten Periode: Zwischen 1330 und 1490 traten bei den Ringabständen ungewöhnliche Schwankungen auf. Von 1490 bis 1560 deutet alles auf eine gute Wachstumsphase, anschlie-ßend kam es zu einer Verschlechterung. Ab 1590 weisen die Wachstums-ringe im allgemeinen Durchschnitt nur die Hälfte der Breite auf, die für die Periode von 1490 bis 1560 festgestellt wurde; die Jahre von 1770 bis 1810 und von 1850 bis 1950 erscheinen wieder als relativ gute Wachs-tumsperioden.

Mittel-, Süd- und Osteuropa

Nach 1300 war die allgemeine Klimaverschlechterung mit kurzfristigen Besserungen auch weiter südlich in Europa spürbar. Dazu gehörten einige drei- bis fünfjährige bzw. noch länger anhaltende Phasen mit einem sehr feuchten Klima, das zahlreiche Überschwemmungen sowie Dürre-

zeiten und strenge oder extrem milde Winter zur Folge hatte. Die Weizen-
und Weinbaugebiete in Nordfrankreich wurden in den zehn Jahren ab
1310 von Mißernten und einer Millionen Tote fordernden Hungersnot
betroffen. Ladurie[19] hat gezeigt, daß die Daten der ab 1349 (lückenlos
aber erst ab ca. 1550) aufgezeichneten südfranzösischen Weinerträge als
Klimaindex[20] benutzt werden können. Anhand des prozentualen Anteils
der in unterschiedlichen Perioden nachweislich guten Weinernten in Süddeutschland entwickelte K. Müller[21] für die Zeit vom frühen Mittelalter
bis in die Gegenwart einen ähnlich aufschlußreichen Index. Obwohl die
frühen Nachweise lückenhaft sind, zeigt die Aufzeichnung aus Deutschland einen Rückgang der Werte von 30 bis 70 Prozent für die Zeit vor
1300. Zwischen 1400 und 1700 lagen diese Werte niemals über 53 Prozent,
teilweise betrugen sie weniger als 20 Prozent.

Während der verheerenden Hungersnöte der zwanziger und dreißiger
Jahre des 15. Jahrhunderts wird in Osteuropa von Kannibalismus berichtet. Dieses Phänomen trat auch in der ersten Dekade des 14. Jahrhunderts im Westen auf. Die wiederholten Hungersnöte lösten eine Auswanderungswelle von Rußland in Richtung Westen nach Deutschland aus.
(Eine Schätzung über das Ausmaß dieser Bevölkerungsbewegung wäre
hilfreich.) In den strengen Wintern der dreißiger Jahre des 15. Jahrhunderts gab es in den meisten Teilen Europas, von Smolensk bis nach England, Wölfe. (In England, nicht aber in Schottland und Irland, traten sie
nach dieser Zeit nicht mehr auf.)

Während der ungünstigen Klimaphase im 15. Jahrhundert kam es nicht
nur im schottischen Hochland zu Unruhen. Auch in Dänemark und in der
heutigen südschwedischen Provinz Skåne führte die sich verschärfende
Krise der Landwirtschaft zunächst zur Flucht in die Städte und bis zum
Ende des Jahrhunderts offenbar zu einer Auswanderungswelle größeren
Ausmaßes, die auch die Städte erfaßte. In den zwanziger und dreißiger
Jahren des 15. Jahrhunderts erhoben sich in Böhmen die Hussiten. Obwohl es dabei im Grunde um religiöse und politische Vorstellungen von
Demokratie und Unabhängigkeit ging, können wir davon ausgehen, daß
viele Menschen durch die Zeiten schlechten Wetters und der Mißernten
entwurzelt waren und deshalb eher bereit waren, sich am Hussitenkrieg
zu beteiligen. Vergleichbares trifft vielleicht auch auf die englischen Ro-
senkriege zwischen 1455 und 1485 zu. Trevelyan[22] meint, daß das gemeine
Volk sich wahrscheinlich wenig um die dynastischen Ursachen für diese
Kriegszüge kümmerte und vielmehr der Hunger und der herabgewirt-
schaftete Staat die aus dem Hundertjährigen Krieg aus Frankreich zu-
rückkehrenden Soldaten veranlaßten, sich erneut anwerben zu lassen.
Die kleinen, unrentablen Siedlungen in vielen, vielleicht sogar den mei-

sten Teilen Europas – beispielsweise in England, Schweden und Süddeutschland – wurden vorwiegend im 15. Jahrhundert aufgegeben. John Rous führte 1485 insgesamt 58 Siedlungsplätze in England auf, die überwiegend in der Grafschaft Warwick lagen und zu seinen Lebzeiten von den Bewohnern verlassen worden waren.[23] Die Bestrebungen, ehemaliges Ackerland anders zu nutzen, etwa zur Schafzucht (wobei die Schäfer alle nicht verfallenen oder abgerissenen Häuser als Unterkunft nutzten), erzeugten erheblichen Aufruhr. Die feindselige Haltung der Bevölkerung richtete sich gegen die Grundbesitzer, die die Umwandlung und Einzäunung des Landes betrieben. In Deutschland scheinen der aufkommende Bürgerstolz und die Pracht der Handelsstädte des 15. Jahrhunderts in gewissem Maße mit der Landflucht und dem Schutz, den die Städte vor der auf dem Land herrschenden Gesetzlosigkeit boten, in Zusammenhang zu stehen. Hier ist an die Bauernaufstände zu erinnern, die schließlich in dem großen Aufstand von 1525 gipfelten.

Die zunehmenden klimatischen Schwierigkeiten im europäischen Rußland nach 1300 sind in stärkerem Maße als im Westen dürren Sommern zuzuschreiben. Diese Klimatendenz wird durch die allgemeine Abnahme der Ringbreiten bestätigt, die bei dem Holz abzulesen ist, das im Mittelalter für die aufeinanderfolgenden Beschichtungen der Straßen der Stadt Nowgorod verwendet wurde. Offenbar traten ebenfalls vermehrt harte Winter auf. Die Klosterchroniken[24] vermitteln den Eindruck, daß dieses strenge Klima Hungersnöte und Todesfälle in einem Ausmaß zur Folge hatte, wie es in Westeuropa nur in wenigen Dekaden (z. B. 1310 bis 1320, 1430 bis 1440, 1690 bis 1700) erreicht wurde.

Obwohl uns aus Südeuropa bislang enttäuschend wenig direkte Klimazeugen aus dem 15. Jahrhundert vorliegen, deuten Getreidepreise und Weinlesedaten gleichermaßen darauf hin, daß in den dreißiger Jahren des 15. Jahrhunderts keine gravierenden Auswirkungen zu verzeichnen waren. Dasselbe gilt für die Zeit zwischen ca. 1420 und 1480, als es weiter nördlich zahlreiche extreme Jahreszeiten gab. Die vorläufige meteorologische Analyse der dreißiger Jahre des 15. Jahrhunderts deutet auf ein außergewöhnlich häufiges Vorkommen von blockierenden Hochdrucklagen über Nordeuropa hin. Die Südwinde an der Westgrenze des Hochdruckgebietes könnten sehr wohl den Umstand erklären, daß diese Periode zu denen gehörte, in denen sich das isländische Klima teilweise erholte. Sollte diese Analyse korrekt sein, dann bildeten sich über Teilen des Mittelmeerraumes im 15. Jahrhundert wahrscheinlich ungewöhnlich viele Tiefdruckgebiete. Dadurch lagen die Niederschläge über dem heutigen Durchschnitt, doch traten nur wenige Temperaturextreme auf. Es bleibt zu hoffen, daß die Urkunden in den Archiven spanischer und italienischer Kathedralen eines Tages im Hinblick auf mögliche direkte Informationen über die Klimageschichte der Mittelmeerregion systematisch aufgearbeitet werden.

Entwicklungen in Afrika und Indien

Aus den Schriften der großen arabischen Geographen geht hervor, daß es weiter im Süden, in den nordafrikanischen Wüstenregionen, über das hohe Mittelalter hinaus, d. h. vom 11. bis zum 14. Jahrhundert, feuchter war als heute. Dasselbe gilt wahrscheinlich auch für Arabien. Es liegen Beschreibungen von Reisen durch die Sahararegion [25] vor, die von den nordafrikanischen Randgebieten nach Ghana und Mali und zur Kufraoase (24 – 25° Nord, 22° Ost) im östlichen Teil der Wüste führten. Die Wüste erstreckte sich in nördlicher Richtung nicht über 27° Nord hinaus. Die Durchquerung des unbewohnten Gebietes dauerte zwei Monate. Ein Reisebericht aus dem Jahre 1352 erwähnt, daß in dieser Region sich des öfteren Wildrinder der Karawane näherten. Anscheinend hatte zu jener Zeit die Tendenz zu einem trockeneren Klima bereits eingesetzt, da ebenfalls berichtet wird, die Bewohner der Kufraregion hätten die Rinderzucht bereits eingestellt. In Gegenden, die nun zu Wüste geworden waren, hatten vorher große Herden geweidet. Vom 13. bis zum 15. Jahrhundert bestand in Mali ein Königreich, das während seiner Blütezeit zwischen 1307 und 1332 angeblich fast ganz Westafrika umfaßte. 1325 baute der Sultan von Mali in Timbuktu einen königlichen Palast und ein Minarett für die Moschee. Obgleich Timbuktu dem Reich zeitweilig verlorenging, stand es von 1353 bis 1433 unter fortwährender Herrschaft Malis. Anschließend wurde die Stadt den nomadischen Tuareg überlassen. Mit letzter Sicherheit können politische Ereignisse nicht aus Klimaveränderungen abgeleitet werden. Die für diese extreme Region beschriebenen Ereignisse lassen allerdings die Vermutung zu, daß sie ihre Ursache in der zunehmend trockener werdenden Wüstenregion haben, die immer schlechtere Lebensumstände bot. Aufgrund der pollenanalytischen Forschungsarbeiten von J. Maley (Université des Sciences et Techniques du Languedoc in Montpellier, Frankreich) wissen wir inzwischen, daß die Pollen der Pflanzen aus der Vegetationszone des Sudan-Guinea-Monsungebietes zwischen 700 und 1200 n. Chr. im Becken des Tschadsees ihr größtes Vorkommen hatten und diese und andere wasserbedürftige Pflanzen in der Zeit von 1300 bis 1500 rasch abnahmen. Die wiederholten Südwanderungen der Bevölkerung, die mit 200jährigem Abstand im 13., 15. und 17. Jahrhundert beobachtet wurden, sind ein eigenartiges Phäno-

men in der Zeit zwischen der feuchtesten Periode um 700 und 1200 n. Chr.
und der Kleinen Eiszeit, deren Auswirkungen auch in dieser Gegend
spürbar waren. Wir können aus den arabischen Büchereien, in denen sich
Hinweise zumindest auf die bedeutenderen Dürrejahre befinden sollen,
weitere und unmittelbarere Aufschlüsse für diese Regionen erhoffen.
Dies gilt auch für die laufenden Forschungen und Datierungen der ehemaligen Wasserstände des Tschadsees und anderer afrikanischer Seen.

Auf dem indischen Subkontinent ist die Klimaabfolge ähnlich. K. S.
Lal[26] hat Quellenmaterial über Hungersnöte und über die indische Bevölkerung im Mittelalter und in der nachfolgenden Zeit ausgewertet. Obgleich die Angaben über die Hungersnöte und das Auftreten des Monsuns während dieser frühen Periode noch nicht analysiert wurden, sind
die Bevölkerungsschätzungen interessant, da sie wieder eine Reihe ergeben, die (abgesehen von dem grundsätzlichen, langfristigen Anstieg) mit
unserem geschätzten Temperaturtrend in höheren Breiten ungefähr parallel verläuft. Nach Lal gehen die zuverlässigen Schätzungen der Gesamtbevölkerung des Subkontinents um 1000 n. Chr. von einem Maximum von
200 bis 300 Millionen aus. Bis ca. 1200 n. Chr. ist die Zahl bereits leicht auf
190 oder 200 Millionen zurückgegangen und dann auf 170 Millionen im
Jahr 1388 gefallen. Von ca. 1525 bis 1550 erfolgte ein steilerer Abfall auf
ein Minimum, das bei 120 Millionen lag. Um 1600 wird von einer Bevölkerung von ungefähr 130 bis 140 Millionen ausgegangen. Wenn man die
Auswirkungen von Kriegen und Massakern berücksichtigt, dann sind
Hungersnot und Krankheit wahrscheinlich die Hauptursachen für den
ausgesprochen starken Bevölkerungsrückgang im späten Mittelalter.

Klimaabfolgen in Nordamerika:
Auswirkungen auf die präkolonialen Kulturen

Forschungsarbeiten von Professor R. A. Bryson am Institute for Environmental Studies der University of Wisconsin (Madison) haben drastische
Bevölkerungsverschiebungen offengelegt. Die Art und der Zeitpunkt ihres Auftretens weisen deutlich auf meteorologische Ursachen hin. Um
1000 n. Chr. baute die indianische Bevölkerung Amerikas in der gesamten Hochebene, vom Fuße der Rocky Mountains über den Osten von
Colorado und den Westen des Staates Nebraska, Getreide an. In den mit
Eichen und Pyramidenpappeln bestandenen Flußtälern weiter östlich lagen bedeutende Siedlungen. In der heute unter dem Namen Cahokia bekannten Siedlung, die unmittelbar östlich von St. Louis im Süden von
Illinois liegt, lebten schätzungsweise 40000 Menschen. Auf der Grund-

lage von Pollenanalyscn und durch die zahlenmäßige Erfassung der unterschiedlichen Tierknochen, die in den Müllhaufen (oder Küchenabfällen) dieser Ackerbau- und Jagdgemeinschaften gefunden wurden, haben Bryson und Baerreis herausgefunden, daß dieser Siedlungsplatz nach 1200 n. Chr. einer rapiden Veränderung ausgesetzt war. In Tälern mit nahegelegenen Wasserläufen war die Veränderung geringfügig, obwohl die Eichen von den meisten ihrer ursprünglichen Standorte verschwanden. Der gesamte Baumbestand nahm zugunsten von Präriepflanzen ab; dabei dehnte sich das Niedriggras wiederum stärker aus und verdrängte die Hochgräser, die mehr Feuchtigkeit erfordern. An einer im Nordwesten von Iowa untersuchten Stelle stieg der Anteil der Gräserpollen in nur 45 oder noch weniger Jahren von einem sehr niedrigen Anteil auf ca. 70 Prozent der nicht von Bäumen stammenden Pollen. Bisons wurden zur Hauptnahrungsquelle des Menschen und ersetzten die Waldtiere, d. h. das Rotwild. Alle diese Umstände sprechen für einen drastischen Niederschlagsrückgang. Darüber hinaus deckt sich diese Vermutung mit der Hypothese einer Westwinddrift, die mehr und mehr das Wetter bestimmte und die durch das zunehmende Temperaturgefälle zwischen Nord und Süd als Folge der Abkühlung der Arktis ausgelöst wurde. Dies hatte zur Folge, daß sich der Regenschatteneffekt der Rocky Mountains nach Osten weiter als zuvor ausdehnte und somit die Trockenheit in diesem Gebiet verstärkte. Die vollständige Auflösung der Siedlungen nach ca. 1200 n. Chr. rundet das Bild ab. Zunächst wurden anscheinend kleinere Dörfer in den trockensten Gebieten verlassen, und die Bevölkerung konzentrierte sich weitgehend in den größeren Ortschaften der Flußtäler. Letztlich wurde – offenbar um 1300 – selbst die größte dieser Siedlungen, Cahokia, aufgegeben. Als im 18. Jahrhundert die ersten europäischen (französischen) Händler in dieses Gebiet kamen, fanden sie nur kleine, verstreut liegende Indianersiedlungen vor. Wie Bryson und seine Mitarbeiter gezeigt haben[27], ist es für die Niederschlagsverteilung über den Vereinigten Staaten bei ausgeprägtem Westwind auch in Sommermonaten in neuerer Zeit typisch, daß ein langer, nach Osten gerichteter «Finger» mit einem schwerwiegenden Niederschlagsmangel (mehr als 50 Prozent) entsteht und den Regenschatten der Rocky Mountains nach Osten ausdehnt. Dieses Phänomen konzentrierte sich hauptsächlich über den Dörfern der Mill-Creek-Kultur im nördlichen Mittelwesten und nahe Cahokia. In den näher zu den Rocky Mountains gelegenen Teilen der Ebenen, in denen es stets trockener war, war der Klimaumbruch im 13. Jahrhundert verheerend: Alle dort bestehenden kleinen Dörfer wurden bald verlassen.

Nach Brysons Schätzungen hielt die Periode mit extremer Trockenheit zweihundert Jahre an und fiel mit der starken Ausprägung der Westwinddrift zusammen, die sich größtenteils bis weit nach Nordeuropa ausdehnte. Dies erklärt die dortigen Warmphasen im 13. und 14. Jahrhundert ebenso wie die um 1315 außerordentlich umfangreichen zyklonalen Regenfälle in Europa, als das Westwindband weiter südlich verlief. Die Untersuchung kommt zu dem Ergebnis, daß die Niederschläge in den wesentlich südlicher gelegenen Ebenen im Nordwesten von Texas und in den angrenzenden Teilen von Oklahoma erheblich stiegen. Möglicherweise wanderte die ehemalige Bevölkerung aus den Ebenen im Norden in diese Gebiete. Archäologischen Untersuchungen zufolge nahm die Bevölkerungszahl im sogenannten «Pfannenstiel» des Staates Texas um 1200 n. Chr. rasch zu. Nach Karlstrom und seinen Kollegen von der US Geological Survey und von der University of Northern Arizona (Flagstaff) wurde die indianische Bevölkerung auf den Colorado-Plateaus und in den angrenzenden Gebieten von Nordarizona und Neu Mexiko zu Zeugen von Klimaveränderungen, die denen über den nördlichen Ebenen gleichkamen.[28] Die Wirtschaft basierte auf Mais, Squash (d. h. Pflanzen aus der Kürbisfamilie), Bohnen und auf einigen Wildpflanzen; der Speisezettel wurde durch Wild ergänzt. Ab ungefähr 550 n. Chr. hatte die Bevölkerung zugenommen und sich über die Region verteilt, bis zwischen 800 und 1150 fast der gesamte bewohnbare Teil der Hochebenen besiedelt war. Dieses Volk schuf die großartige Felsensiedlung in der Mesa Verde und baute vom 10. bis zum 13. Jahrhundert die vielgeschossigen Dörfer und Städte Pueblo Bonito und Chaco Canyon. Sie errichteten ebenfalls Kanäle zur Regulierung der Bewässerung sowie Straßen und Meldestationen. Nach 1150 wurden jedoch viele Gebiete, insbesondere in den höheren Lagen, zugunsten von Standorten entlang der größeren Flußläufe aufgegeben, und es wurden weitere Kanäle für die Feldbewässerung und die Wasserversorgung der Haushalte angelegt. Nach 1300 waren die angestammten Gebiete fast völlig entvölkert, und die Bewohner waren südwärts und südwestwärts entlang des Rio Grande und in das Gebiet der Tafelländer der Hopi im mittleren Arizona gezogen. Pollenuntersuchungen und die Auswertung von Baumringen verdeutlichen die damit einhergehenden Veränderungen der Umwelt, insbesondere in bezug auf Feuchtigkeitshaushalt und Grundwasserspiegel.

Anmerkungen

1 Zitiert nach Vilhjalmur Stefansson: Grönland, London, Toronto, Bombay und Sydney 1943, S. 240 ff.
2 Vgl. A. A. Ruddock: John Day of Bristol and the English Voyages Across the Atlantic Before 1497, in: Geographical Journal, 132, 1966, S. 225–233. Vgl.

ders.: Columbus and Iceland, in: Geographical Journal, 136, 1970, S. 177–189.

3 Vgl. L. P. Kirwan: A History of Polar Exploration, London 1962, S. 408 ff.

4 Diverse Schriftstücke Nr. 14, Reykjavik, Museum of Natural History, Department of Geology and Geography, S. 52 ff.

5 Die Arbeit von Professor M. K. E. Gottschalk aus Amsterdam: Stormvloeden en rivieroverstromingen in Nederland, Deel I (voor 1400), Deel II (1400–1600), Deel III (1600–1700), Assen 1971, 1975 und 1977, ist ein Beispiel für eine umfassende und kritische Zusammenstellung.

6 G. M. Trevelyan: History of England, London 1928, S. 723 ff.

7 Vgl. V. A. Comfort: Natur und menschliche Natur, Reinbek bei Hamburg 1970.

8 Zitiert nach M. L. Parry: Climatic Change, Agriculture and Settlement, Folkestone, Dawson and Hamden, Connecticut 1978.

9 W. Abel: Die Wüstungen des ausgehenden Mittelalters, Stuttgart ³1976.

10 A. Holmsen: Norges Historie, Oslo und Bergen 1961. Einzelheiten und Quellenangaben siehe auch A. Holmsen: Hva kan vi vite om Agrarkatastrofen i Norge i Middelalderen, Oslo, Bergen und Tromsø 1978.

11 J. Sandnes und H. Salvesen: Ødegårds tid i Norge, Oslo, Bergen und Tromsø 1978.

12 Der Südföhn, ein warmer, stürmischer Wind an der Nordseite (d. h. Leeseite) der Alpen in Mitteleuropa, erwärmt sich wie andere Winde, die über Gebirgsketten hinwegziehen, durch die beim Aufsteigen durch starke Wolkenbildung, Regen und Sprühregen in die Luft gelangende latente Kondensationswärme.

13 Kåre Lunden: Norge under Sverreætten 1177–1319, in: Norges Historie, 3, Knut Mykland (Hg.), 1976.

14 A. E. Christensen: Danmarks befolkning og bebyggelse i Middelalderen, in: Nordisk Kultur, 2, 1938, S. 1–57.

15 Sv. Gissel: Forskningsrapport for Danmark, in: Nasjonale forskningsoversikter – Det Nordiske Ødegårdsprosjekt, Publikasjon Nr. 1, 1972, S. 223 ff.

16 W. G. Hoskins in einer Radiosendung der BBC vom 24. November 1964.

17 Erforscht von M. L. Parry. Vgl. seine Veröffentlichung: Climatic Change, Agriculture and Settlement, Folkstone 1978, S. 214 ff.

18 B. Huber: Durchschnittliche Schwankungen und Periodenlänge von Jahresring-Breitenkurven als Klima-Indikatoren, in: Geologische Rundschau, 54, Nr. 1, S. 441–448.

19 E. LeRoy Ladurie: Times of Feast, Times of Famine, New York 1971, S. 426 ff.

20 Bei den Weinlesedaten des 18. Jahrhunderts ist zu berücksichtigen, daß Frankreich per Erlaß zu einer späteren Beerenlese überging, um einen Wein mit höherem Alkoholgehalt sicherzustellen.

21 K. Müller: Geschichte des badischen Weinbaus, Lahr in Baden 1953, S. 283 ff.

22 Trevelyan: (siehe Anm. 6), ebd.

23 Vgl. M. Beresford: The Lost Villages of England, London 1954, S. 445 ff.

24 I. E. Buchinsky: The Past Climate of the Russian Plain, in: Gidrometeoizdat (in russischer Sprache), Leningrad 1957. Dies ist eine wertvolle Sammlung relevanter Auszüge aus diesen Quellen.

25 K. Pejml: A Contribution to the Historical Climatology of Morocco and Mauretania, in: Studia geophysica et geodetica, 6, S. 257–259.

26 K. S. Lal: Growth of the Muslim Population in Medieval India, Forschungsberichte, Delhi 1973.

27 Die Geschichte dieser Nachforschungen wird einleuchtend dargestellt in R. A.
Bryson und T. J. Murray: Climates of Hunger, Madison 1977, S. 171 ff. Für weitere Darstellungen und eine Liste weiterführender Literatur vgl. auch R. A.
Bryson, D. A. Baerreis und W. M. Wendland: The Character of Late Glacial
and Postglacial Climatic Changes, in: Pleistocene and Recent Environments of
the Central Great Plains, Special Publication Nr. 3, Department of Geology,
University of Kansas 1970, S. 53–74.

28 R. C. Euler, G. J. Gumerman, T. N. V. Karlstrom, J. S. Dean und R. H. Hevly:
The Colorado Plateaus – Cultural Dynamics and Paleoenvironment, in:
Science, 205, 1979, S. 1089–1101.

12 Die Kleine Eiszeit – 16. und 17. Jahrhundert

Das 16. Jahrhundert

Mit dem 16. Jahrhundert beginnt eine Periode, aus der zahlreiche zeitgenössische Witterungsaufzeichnungen erhalten sind. Dies gilt insbesondere für Europa, wo die Nachweise immer genauer, in zunehmendem
Maße nachprüfbar werden und oft exakt datiert sind. Zudem werden ungefähr von diesem Jahrhundert an Dokumente auch aus anderen Teilen
der Welt verfügbar. In der zweiten Hälfte des 17. Jahrhunderts entstehen
Instrumentenbeobachtungen. Diese Aufzeichnungen, wie z. B. Belege
für Gletscher und für polares Meereis, vermitteln uns eine Vorstellung
des im Vergleich zum 20. Jahrhundert kälteren Klimas. In England zeigen
die Temperaturmessungen aus dem 17. Jahrhundert ein jährliches Mittel,
das um 0,9 °C unter dem Wert für die Zeit von 1920 bis 1960 liegt. Für den
Zeitraum von 1690 bis 1699 beträgt der Unterschied 1,5 °C.

Die Temperaturen, die wir aus den verfügbaren Materialien aus dem
16. Jahrhundert für England (Abb. 27) und andere Teile Europas ableiten, lassen darauf schließen, daß zwischen ca. 1500 und 1550 im allgemeinen eher wärmere Klimabedingungen herrschten als im vorausgegangenen Jahrhundert. Belegt wird diese Annahme z. B. durch die
kalifornischen Baumringbreiten (Abb. 46) und die Paläotemperaturen,
die durch Isotopenuntersuchungen am Kalzit einer Höhle auf Neuseeland[1] ermittelt wurden. Wir können jedoch noch nicht sagen, ob dieses
(im Hinblick auf die Windzirkulation) wärmere Regime eine Art Ge-

genstück zur vorübergehenden Klimaverbesserung während einiger Phasen im 15. Jahrhundert war, die die Isotopenmessungen im Eis Nordgrönlands (Abb. 33) vermuten lassen und die sich offenbar auch auf Island ausgewirkt hatte. Wahrscheinlich riefen die überaus häufigen Hochdrucklagen im Bereich des 45. bis 50. Breitengrades und die Westwinde über Nordeuropa die Wärme in Europa im frühen 16. Jahrhundert hervor. Im 15. Jahrhundert wie auch in der Periode von 1550 bis nach 1700 kam es dagegen zu einer Häufung der Hochdruckgebiete nördlich von 60° N und weiter südlich vermehrt zu Winden aus nordöstlicher bis südöstlicher Richtung.

Trotz der klimatisch überwiegend angenehmen Periode von 1500 bis 1550 war es in England in mindestens drei Wintern so kalt, daß die Themse in London zufror. Vor der Kanalisierung der Nebenflüsse fror dieser Fluß leichter zu; später ermöglichten es neue Brücken dem Gezeitenstrom, weit flußaufwärts vorzudringen. In den dreißiger Jahren des 16. Jahrhunderts veränderte sich das Klima im Sommer von Jahr zu Jahr derart stark, daß die Graphen für die Ringbreiten der deutschen Eichen und die in Frankreich und in der Schweiz aufgezeichneten Weinlesedaten eine regelmäßige Sägesignatur aufweisen.[2] (Diese *Sägesignatur* [deutsch im Original, d. Ü.] ist ein klassisches Beispiel für einen etwa zweijährigen oder alternierenden Zyklus, der bei vielen Klimareihen – teilweise sogar vorherrschend – anzutreffen ist.) Aufgrund dieser Beobachtungen steht zu vermuten, daß die Wärme, die in Europa von 1500 bis 1550 dominierte, nicht ganz die Höhe der Temperaturen in der ersten Hälfte des 20. Jahrhunderts erreichte, obwohl der Unterschied wahrscheinlich nicht sehr groß war. Professor Flohn stellte bei der Untersuchung der Witterungstagebücher, die aus zwei bayrischen Orten (Eichstätt und Ingolstadt) stammen und die Jahre von 1508 bis 1531 abdecken, im Vergleich zu den Wintertemperaturen von 1880 bis 1930 keinen bedeutenden Unterschied fest. Die Sommer waren jedoch im Durchschnitt etwas feuchter (7 bis 8 Prozent) und demnach kälter.

In der Mitte des 16. Jahrhunderts trat ein ungewöhnlich radikaler Klimaumschwung ein. Quellen zufolge herrschte bis weit nach 1700 das kälteste Regime seit dem Ende der letzten großen Eiszeit vor ungefähr 10 000 Jahren, wenngleich beträchtliche Schwankungen von Jahr zu Jahr und zwischen verschiedenen Jahresfolgen festzustellen waren. Dies ist der einzige Zeitraum, für den die Belege weltweit ein kälteres Regime als heute anzeigen. Dieser Zeitabschnitt kann trotz einiger Jahre bzw. Dekaden, für die wir weitere Verschlechterungen oder Verbesserungen feststellen können, durchaus als der allgemeine Höhepunkt der Kleinen Eiszeit angesehen werden. Von einem anderen Standpunkt aus wäre es durchaus denkbar, die gesamte Periode von ca. 1420 oder sogar von 1190 an bis in das Jahr 1850 oder auch 1900 als den Zeitraum anzusehen, in dem die Kleine Eiszeit stattfand.

Veränderungen in Mitteleuropa vom 15. bis zum 19. Jahrhundert

In einem Witterungstagebuch, das von 1546 bis 1576 in Zürich geführt wurde, lag die relative Schneehäufigkeit der Wintertage mit Schnee und Regen bis 1563 bei 44 Prozent und ab 1564 bei 63 Prozent. Aufgrund der Auswertung dieser Quelle und ähnlicher statistischer Untersuchungen anderer Daten folgerte Flohn, daß das winterliche Temperaturmittel in Mitteleuropa von 1560 bis 1599 ungefähr 1,3 °C unter den Werten für die Zeit von 1880 bis 1930 oder denen für die erste Hälfte des 16. Jahrhunderts lag. Tycho Brahes Beobachtungen in Dänemark (1582 bis 1597) lassen offenbar auf um 1,5 °C niedrigere Wintertemperaturen schließen als in ungefähr derselben Zeitspanne der Neuzeit. Aus den dänischen Beobachtungen, wie auch aus einer Untersuchung über die Wetterdaten, die auf Schiffen auf den Meeren zwischen den Niederlanden und Südeuropa zusammengetragen wurden, sind überwiegend östliche Winde bekannt. In Tycho Brahes Beobachtungszeitraum wehten die Winde über das Jahr gesehen vorwiegend aus Südosten, Nordwestwinde traten ebenso häufig auf wie Südwestwinde. Da Instrumentenmessungen fehlen, liegen noch keine ebenso zuverlässigen Aussagen über die Sommertemperaturen vor. Diese Lücke kann durch die weitere Erforschung der stabilen Isotopen chemischer Elemente, die in Baumringen vorkommen, geschlossen werden, sobald die Probleme der Auslegung besser bewältigt werden. Zunächst können wir feststellen, daß zwischen 1550 und 1620 in Baden der Anteil der guten Weinjahre eher noch weniger als halb so groß war wie zwischen 1480 und 1550. Die Sommertemperaturen, die für das späte 16. und 17. Jahrhundert für England ermittelt wurden, pendelten sich im Durchschnitt 0,6 bis 0,8 °C unter den Werten für 1900 bis 1950 oder für den Anfang des 16. Jahrhunderts ein (vgl. Abb. 27). Demnach war der Unterschied auf dem europäischen Kontinent eher noch etwas ausgeprägter. Mithin ist es gerechtfertigt, die steil ansteigenden Getreidepreise (vgl. Abb. 30a und b) ganz oder teilweise dem Klimawechsel zuzuschreiben.

Anhand von Abbildung 65 können wir den Verlauf der Klimawechsel in Mitteleuropa über drei Jahrhunderte recht genau nachvollziehen. Ich bin dem Schweizer Historiker Dr. Christian Pfister (Bern) zu Dank dafür verpflichtet, die Ergebnisse seiner genauen Analyse der zeitgenössischen

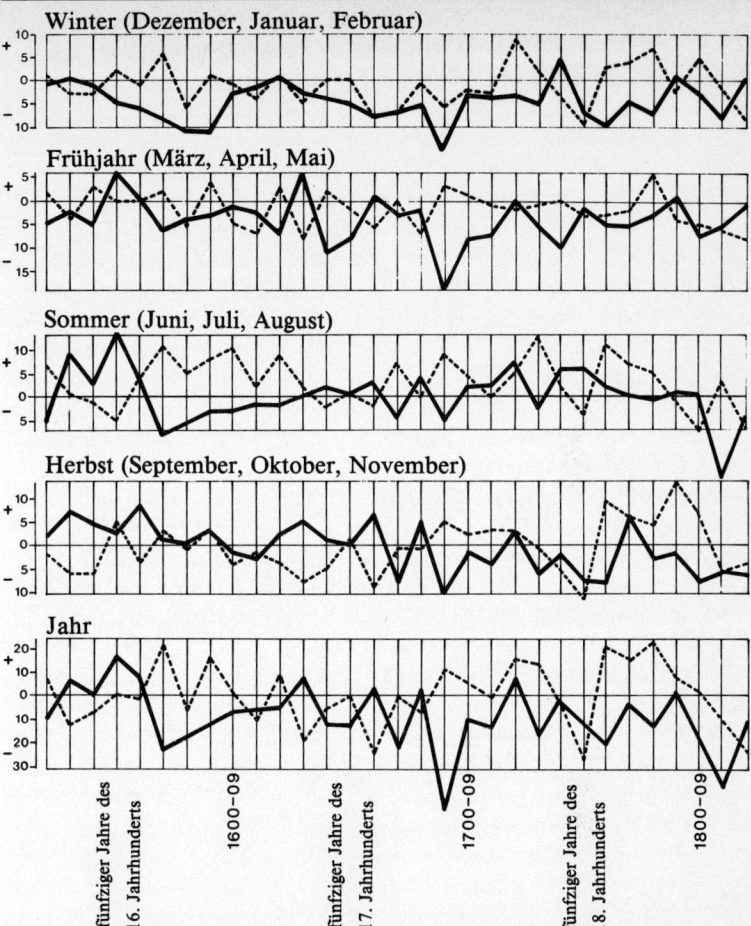

65: Wärmeindex (fett) und Feuchtigkeitsindex (gestrichelt) für jede Jahreszeit in der Nähe von Bern und Zürich in der Schweiz, als Durchschnitt pro Jahrzehnt von 1525–1529 und 1530–1539 bis 1820–1829. Diese Indizes sind aufgrund der Anzahl der unverkennbar warmen (oder feuchten) Monate *abzüglich* der Anzahl der unverkennbar kalten (oder trockenen) Monate definiert bzw. durch verfügbares zeitgenössisches Quellenmaterial ermittelt.

Schweizer Belege zitieren zu dürfen. Die Graphen zeigen eine fortschreitende Abkühlung der Winter von den vierziger Jahren bis zum Ende des 16. Jahrhunderts. Diese Entwicklung wiederholte sich nach einer bis in die zwanziger Jahre des 17. Jahrhunderts reichenden Erholung und kulminierte im sehr kalten letzten Jahrzehnt des 17. Jahrhunderts. Es folgte eine weitere Klimaerholung, doch die Winter zwischen 1750 und 1780 blieben im Durchschnitt wiederum kalt. Die Frühjahre und Sommer entwickelten sich größtenteils ähnlich, jedoch sind einige Veränderungen von einer Dekade zur nächsten offenbar deutlicher als die Wechsel, die in den Wintern auftraten. Die Frühjahre der neunziger Jahre des 17. Jahrhunderts und die Sommer der siebziger Jahre des 16. Jahrhunderts sowie der Zeit zwischen 1810 und 1819 gelten als ausgesprochene Kaltphasen. Die warmen Sommer zwischen 1550 und 1560 waren in der Schweiz trocken. Auf sie folgten jedoch mehr als ein halbes Jahrhundert lang vornehmlich feuchte Sommer, und zwar vor allem von den siebziger Jahren des 16. Jahrhunderts bis in die zwanziger Jahre des 17. Jahrhunderts. Durch Feuchtigkeit gekennzeichnete Sommer wiederholten sich in der Schweiz zwischen 1690 und 1700, 1720 und 1740 und zwischen ca. 1760 und ca. 1790. Keine andere Jahreszeit wies während der Kleinen Eiszeit so lange feuchte Perioden auf, mit Ausnahme der Herbste zwischen ca. 1760 und 1810, 1550 und 1560, 1570 und 1580, 1590 und 1600 sowie der Phase von 1690 bis in die zwanziger Jahre des 18. Jahrhunderts. Besondere Beachtung verdient die Tatsache, daß die Wärme bis in die Herbstzeiten anhielt, d. h., die Monate August, September und Oktober blieben bis in die sechziger Jahre des 16. Jahrhunderts warm, in denen ein Wärmehöhepunkt zu verzeichnen war. In den dreißiger, sechziger und achtziger Jahren des 17. sowie in den siebziger Jahren des 18. Jahrhunderts kam es zu weiteren Wärmegipfeln, auf die in allen Fällen ein Umschwung zu einem wesentlich kälteren Klima folgte. Dieses Klima bedeutete in der Regel einen deutlichen Wechsel zu gleichfalls kälteren Herbsten. Besonders kalt verliefen die neunziger Jahre des 17. Jahrhunderts.

Es überrascht nicht, daß die allgemein kalten und feuchten Jahre von ca. 1570 bis 1600 und von 1690 bis 1740 in den Alpen zu großen Gletschervorstößen führten (Abb. 66). Dem Bericht des Reisenden Sebastian Münster aus dem Jahre 1546 zufolge war der Rhônegletscher in der Schweiz fast schon so weit vorgerückt wie um 1900 und hatte den breiten Talboden am Fuß des steilen Anstiegs zum Furkapaß erreicht, obwohl er bei weitem nicht das Ausmaß wie im 18. Jahrhundert aufwies. Pfister hat das erneute Auftreten der kalten, feuchten Jahre im späteren 18. Jahrhundert noch eingehender untersucht und dabei auf die Instrumentenablesungen des Klimabeobachtungsverbundes zurückgegriffen, der 1759

66a+b: Der Rhônegletscher, zweimal vom gleichen Punkt betrachtet:
a) im Jahre 1750; b) im Jahre 1950.

von der Wirtschaftsakademie Bern[3] ins Leben gerufen wurde. Es traten starke kurzperiodische Schwankungen auf: Die Jahre 1759 bis 1763 und 1778 bis 1784 zeigten eine warme Tendenz, aber die Periode von 1764 bis 1777 war bemerkenswert kalt. Die Sommer im Schweizer Tiefland waren regnerisch, in den Alpen schneite es, die Winter um 1770 waren lang und schneereich. Die Sommer hingegen waren zu kurz, um den Schnee auf den Almwiesen zum Abschmelzen zu bringen. Die Gletscher rückten verstärkt vor; in den Jahren 1769 bis 1771 führte der Weizen-, Kartoffel- und Milchmangel zu einer Hungersnot. Ähnliche Bedingungen herrschten für kurze Zeit von 1812 bis 1817 und hatten 1816 und 1817 ebenfalls Hungersnöte zur Folge.

Pfister hatte auch Zugang zu den Witterungstagebüchern ab 1683 aus den Gebieten um Bern und Zürich. Er stellte fest, daß die durchschnittliche Anzahl der Tage pro Jahr, an denen der Boden Schneebedeckung aufwies, in den ersten zwanzig Jahren bei ungefähr 70 Tagen lag und in den neunziger Jahren des 17. Jahrhunderts bei 75. Dagegen war die Anzahl der Tage mit einer Schneedecke in den zehn Jahren von 1705 bis 1714 ebenso niedrig (42 Tage) wie in dem Jahrzehnt mit den mildesten Wintern dieses Jahrhunderts (1920 bis 1930). Noch bemerkenswerter ist die Tatsache, daß in der Gegend um Zürich in den Wintern der Jahre 1684/1685, 1730/1731, 1769/1770 und 1788/1789 insgesamt an ca. 110 bis 112 Tagen Schnee lag und im Winter 1784/1785 in Bern an mehr als 150 Tagen. Im Winter 1613/1614 lag wohl ebenfalls an ca. 150 Tagen Schnee. Diese Zahlen sind der Gesamtzahl von 86 Schneetagen für das Winterhalbjahr 1962/1963, dem längsten Schweizer Winter seit hundert Jahren, gegenüberzustellen. Mit Hilfe statistischer Methoden konnte Pfister Temperaturen ableiten und kam dabei zu dem Ergebnis, daß das winterliche Temperaturmittel in Zürich von 1683 bis 1700 1,5 °C unter dem Durchschnitt für die Zeit von 1900 bis 1960 lag (vgl. Abb. 27). Die größte Abweichung zur Gegenwart bestand jedoch für den Monat März, der durchschnittlich 2,2 bis 2,7 °C kälter war als in diesem Jahrhundert. Der März war ein Wintermonat; in allen in diesem Abschnitt erwähnten extremen Wintern lag im März durchgehend eine Schneedecke. In Einsiedeln (882 m über NN) gilt dies auch für den April des Jahres 1687; in den drei Jahren von 1699 bis 1701 hielt die Schneebedeckung sogar bis zum 15. Mai an. Die sich daraus ergebenden Temperaturmittel lagen um 4 bis 5 °C unter dem heutigen Durchschnitt. Das Klima dieser Jahre hatte drastische Auswirkungen auf die Landwirtschaft in der Schweiz. Anscheinend litten die Getreidearten unter Parasitenbefall (*Fusariumpilz*). Dieser Schädling tritt noch heute im Frühling unter der Schneedecke in Skandinavien und in Norddeutschland auf, ist in der Schweiz jedoch nicht mehr zu finden. Wenn die Schneedecke bis in den März oder April anhielt, wurde das Heu für die Tiere knapp, so daß das Vieh mit Stroh und Kiefernzweigen gefüttert werden mußte. Viele Kühe mußten geschlachtet werden.

Island und die polaren Randgebiete

Wie bereits dargelegt (vgl. auch Abb. 21), war Grönland bereits durch das sich ausbreitende polare Meereis abgeschnitten. Die breite Dänemarkstraße war in den Sommern der achtziger Jahre des 16. Jahrhunderts zwischen Island und Grönland durch Packeis mehrfach völlig blockiert. In Island waren die Auswirkungen in allen nördlichen Gebieten und im Osten und Südosten der Insel am stärksten spürbar. Aus späterer Zeit, d. h. gegen Ende des 17. Jahrhunderts, liegen Aufzeichnungen vor, denen zufolge die vorrückenden Gletscher Bauernhöfe unter sich begruben. Ab ungefähr 1480 kam es aufgrund von plötzlichen Gletscherbewegungen, die mit Vulkantätigkeiten unter dem Eis in Zusammenhang standen, zu Katastrophen, die den Verlust landwirtschaftlicher Nutzfläche zur Folge hatten. Anschließend traten die Flüsse, die Sand- und Geröllmassen mit sich führten, über die Ufer. Diese *jökulhlaupar* dauerten in der Regel ungefähr eine Woche und erreichten eine geschätzte maximale Fließgeschwindigkeit, die die der Themse um das Tausendfache überstieg.[4] Aus diesem Grund wanderte die Bevölkerung an die Küsten; im geschützteren Südwestteil des Landes wurde verstärkt Fischfang betrieben. Die Gesamtabnahme der Bevölkerungszahl, die wir im letzten Kapitel dargestellt haben, läßt vermuten, daß zumindest Teile der Bevölkerung ganz ausgewandert sind. Das Ausmaß des Meereises nahm (trotz zahlreicher, eher kurzperiodischer Schwankungen) weiter zu. 1695 war das Land völlig von Eis umgeben, so daß viele Monate lang kein Schiff zur Insel gelangen konnte. In Kapitel 4 haben wir auf die noch größere Ausdehnung der kalten, polaren Wassermassen hingewiesen. Unter diesen Umständen kam auch der Kabeljaufang, der für die Insel einen Ausweg aus der Notlage bot, von 1685 bis 1704 letztlich sogar im Südwesten des Landes zum Erliegen. Die primitive Ausrüstung, die die Isländer in jener Zeit beim Fischfang verwendeten, spielte dabei auch eine Rolle, denn fremde Schiffe konnten den Kabeljaufang 20 km vor der Südküste weiterhin betreiben. In den Gewässern der Färöer war 30 Jahre lang kein Fischfang möglich, und es scheint, daß das kalte Wasser dort massiv auftrat. Noch 1756 war an den isländischen Küsten 30 Wochen lang polares Meereis zu finden.

Während dieser Zeit, in der die starke Abkühlung der Arktis sich auswirkte und in die mittleren Breiten ausdehnte, belegen Baumringe für Alaska und Lappland (dem nördlichsten Zipfel Finnlands), daß das Klima eher mild war und bis 1580 oder noch etwas länger gute Wachstumsbedingungen ermöglichte. Dieser Umstand kann, meteorologisch gesehen, in jenen Bereichen (die noch heute für blockierende Hochdrucklagen besonders anfällig sind) durchaus den häufigen Hochdrucklagen mit Sonnenschein und südlichen Winden zugeschrieben werden. Hierbei handelt es sich zweifellos um dieselben Hochdruckgebiete, die zu jener Zeit für die häufigen Nord- und Ostwinde über großen Teilen Europas und Nordamerikas verantwortlich waren.

Starke Stürme und Küstenüberschwemmungen in Europa

Wie wir in Zusammenhang mit Abbildung 21 angemerkt haben, bedeutete die Ausbreitung des Polareises bis Island und der polaren Wasserschichten bis zu den Färöer, daß die oberen Wassermassen des Nordatlantiks zwischen dieser Inselgruppe und Südostisland gegenüber den heute üblichen Werten um 5 °C kälter wurden. Demzufolge verstärkte sich der Temperaturgradient zwischen dem 50. und 61. bis zum 65. nördlichen Breitengrad erheblich. Damit wurde offenbar die Grundlage für die Entstehung gelegentlicher Sturmtiefs über diesem Teil des Atlantiks geschaffen. Ihre Heftigkeit übertraf größtenteils die der schwersten Stürme in unserer Zeit. Gestützt wird diese These auf zahlreiche Katastrophen an den Küsten. Selbst zu der Zeit, als der Meeresspiegel leicht abgesunken war (wovon der erste, 1682 in Amsterdam aufgestellte Gezeitenmesser zeugt), verursachten Meeresüberflutungen, aber auch Abtragung und Flugsand diese Katastrophen. Anhand der meteorologischen Auswertung der Wetterberichte, die von der spanischen Armada aus dem Jahre 1588 (Abb. 67) zur Verfügung stehen, kommt man zu einer ungemein deutlichen Aussage. Die 60 Tage umfassende Analyse der Wetterlagen legt die Positionen der Tiefdruckzentren mit hinreichender Genauigkeit fest, um nachweisen zu können: Ihre Zuggeschwindigkeit reichte in mindestens sechs Fällen an die maximal zu erwartende Geschwindigkeit des Jetstreams bzw. übertraf sie.

In dieser Zone traten weiterhin große Stürme auf: Dazu zählen die im letzten Kapitel erwähnten Nordseeüberschwemmungen im Jahre 1570, die Landverluste an der dänischen, deutschen und niederländischen Küste (die Verwüstung der Insel Nordstrand) während des Sturms am 21. Oktober 1634, die Bildung der Culbin Sands 1694 in Nordostschottland sowie die Zerstörung einer viertausend Jahre alten Siedlung auf den

Hebriden (1697). Ebenfalls ist hier der von Defoe[6] beschriebene große Sturm zu erwähnen, der am 7./8. Dezember 1703 (Gregorianischer Kalender) über Südengland hinwegzog. Der Wind zerstörte den Leuchtturm von Eddystone bei Plymouth und Häuser in ganz England bis hin zur Ostküste. Allein in London wurde der Schaden auf zwei Millionen Pfund geschätzt. Unzählige Bäume fielen dem Wind zum Opfer, und viele Schiffe wurden flußaufwärts – teilweise über die Gezeitengrenze hinweg – getrieben oder erlitten an der Küste oder auf See Schiffbruch. Der Sturm forderte schätzungsweise 8000 Menschenleben. Trotz der schweren Meeresüberflutungen, die 1634, 1671, 1682 und 1686 und erneut Weihnachten 1717 an den europäischen Festlandküsten auftraten, ist es in einer Kaltphase von nahezu weltweitem Ausmaß, in der sich die Gletscher überall ausdehnten, unwahrscheinlich, daß der allgemeine Meeresspiegel genauso hoch war wie im Mittelalter um 1000 n. Chr. oder zwischen 1200 und 1400, obgleich der Unterschied nur etwa 50 cm betragen haben mag. Die Häufigkeit solcher Fluten zwischen 1570 und ca. 1720 muß der größeren Sturmtätigkeit zugeschrieben werden.

Schottland

Eskimos drangen mit ihren Kajaks zwischen ca. 1690 und 1728 vermutlich aufgrund der großen Ausdehnung der polaren Wassermassen und des Eises nach Süden wiederholt in das Gebiet der Orkneyinseln vor. Einmal gelangte ein Eskimo auf dem Don bis in die Nähe von Aberdeen; dies waren ungewöhnliche Ereignisse, an denen sich zeigt, wie schwierig die Lage, selbst in Schottland, für die Betroffenen war. Berichten über Meereis und Fischerei, insbesondere über den Kabeljaufang, ist zu entnehmen, daß die Wassertemperatur an der Meeresoberfläche zwischen Island und den nur wenige hundert Kilometer von Nordschottland entfernten Färöer wahrscheinlich 5 °C unter dem heute üblichen Wert lag. Diese Quellen verleihen zahlreichen Darstellungen der damaligen gebildeten Reisenden über die ganzjährig schneebedeckten Gipfel der Cairngorm Mountains und anderer schottischer Berge Glaubwürdigkeit. Der Kabeljau, der in relativ kalten Gewässern zwischen 4 und 7 °C die idealsten Lebensbedingungen hat, ist in diesem Zusammenhang ein wertvoller Indikator, da seine Nieren bei einer Temperatur von weniger als 2 °C versagen, und er sich somit nicht in kältere Meere begeben kann. Der Rückgang der Kabeljaufänge bei den Färöer setzte um etwa 1615 ein. Die Fangergebnisse gingen nach und nach so weit zurück, daß dieser Fisch, wie wir festgestellt haben, dort zwischen 1675 und 1704 dreißig Jahre lang

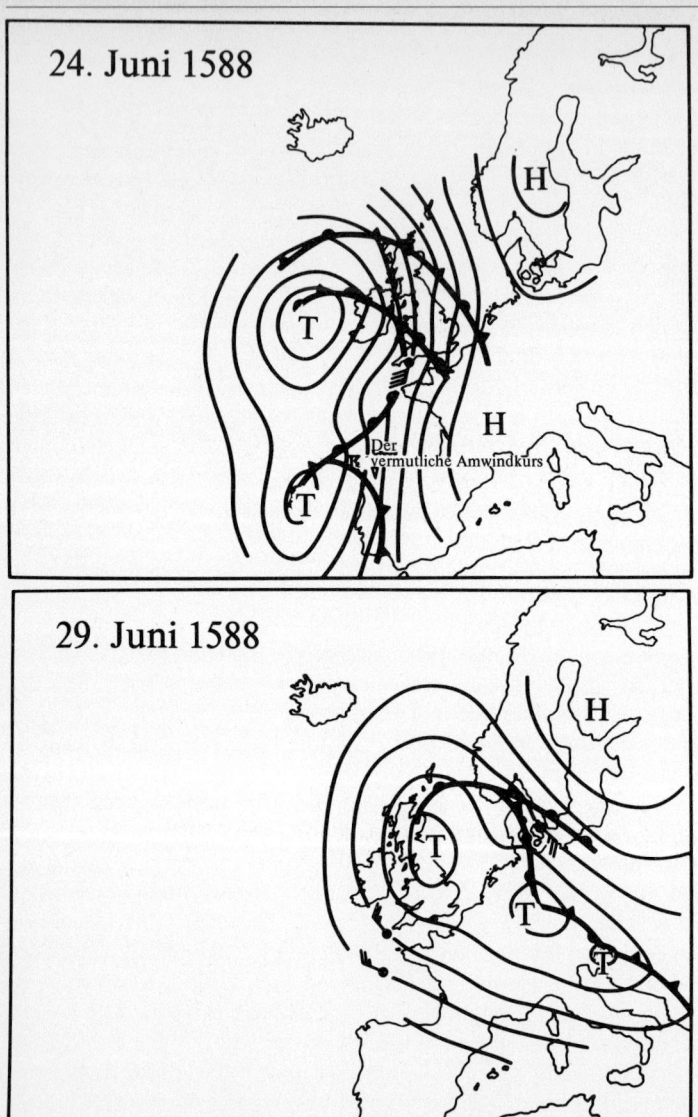

67: Abfolge von vier Tageswetterkarten aus dem Sommer 1588, sie wurden anhand von Beobachtungen auf Schiffen der spanischen Armada und des dänischen Astronomen Tycho Brahe erstellt.

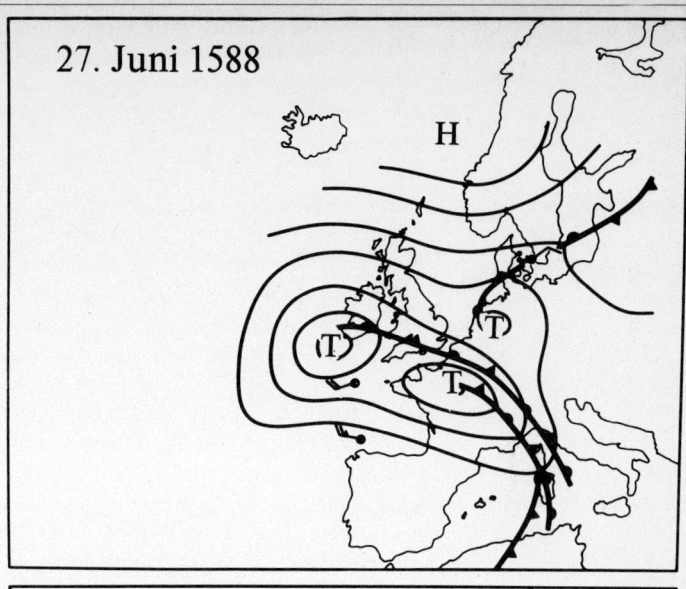

27. Juni 1588

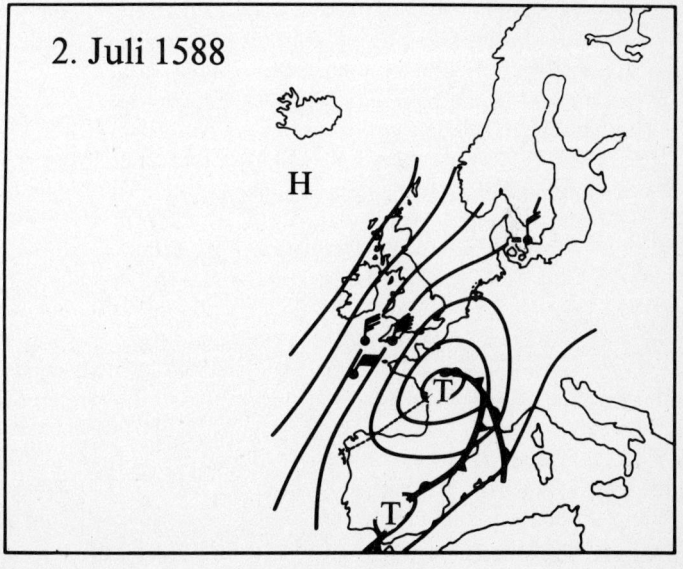

2. Juli 1588

überhaupt nicht mehr vorkam. Besonders drastisch war das Jahr 1695, in dem Island vom Eis umschlossen war: Der Kabeljau wurde auch in den Gewässern der Shetlandinseln selten und verschwand vor der gesamten norwegischen Küste (mit Ausnahme eines Schwarms, der offenbar im inneren Teil des Trondheimsfjords überlebte). Daraus kann man wohl mit Sicherheit schließen, daß das kalte, polare Wasser sich über den gesamten Oberflächenbereich des Europäischen Nordmeers ausgebreitet hatte. Obwohl gleich im darauffolgenden Jahr eine Verbesserung eintrat, scheint das Meer noch bis nach 1800 wesentlich kälter gewesen zu sein als heute.

Anhand der uns bekannten Hungersnöte (vgl. Abb. 68) ist es möglich, die Entwicklung in Schottland und die Perioden der größten klimatischen Belastung exakt zu erfassen. Die für dieses Diagramm verwendeten Informationen wurden hauptsächlich aus den von Lythe und Smout[7] untersuchten Wirtschaftsbüchern, Annalen und Chroniken zusammengestellt. Obwohl sich die meisten Daten auf Ostschottland beziehen, gibt es weitergehende Hinweise darauf, daß die Lage im Norden und in der ärmeren Hochlandregion im Westen schlimmer war. Die in der zweiten Hälfte des 16. Jahrhunderts immer wieder auftretenden Hungersnöte stehen in ursächlichem Zusammenhang mit der zu jener Zeit einsetzenden Auswanderungswelle, die im Bewußtsein der Zeitgenossen noch Jahrhunderte später eine große Rolle spielen sollte. Nach Smout waren «die Gründe für den Beginn der Abwanderung aus Schottland vielfältig (...). Am offenkundigsten waren die allgemeine Armut und die schwierigen Lebensumstände in den Herkunftsgebieten. (...) Ulster und (später) Amerika boten unbewohntes Land, Holland und England ermöglichten einen durch den Handel bedingten Wohlstand. Rußland, Schweden, Dänemark, Frankreich und all die kleinen deutschen Fürstentümer eröffneten die Möglichkeit, beim Militär weiterzukommen» (S. 90). Der in den Werken von Sir Walter Scott erwähnte schottische Söldner war in den europäischen Kriegen des 17. Jahrhunderts eine vertraute Gestalt. Während des Dreißigjährigen Krieges traten sie besonders häufig in die Dienste des schwedischen Königs: «Um 1660 war der Strom der Zuwanderer zu den Armeen abgeebbt. (...) Trotzdem gab es nördlich des Mittelmeers selbst nach 1700 kaum eine Armee ohne schottische Offiziere» (Smout, S. 92). Die «Umsiedlung» der schottischen Bauern im Jahre 1612 in die reicheren Gebiete und das geschütztere Klima von Ulster in Nordostirland und die damit einhergehende Vertreibung der dort beheimateten Iren ist jedoch das schwerwiegendste, bis in unsere Tage sichtbare Erbe aus jener Zeit. Offenbar verfolgte König Jakob VI. das Ziel, die politische und religiöse Lage in Irland mit einem Schlag zu seinen Gunsten zu festigen. Er ver-

68: Jahre mit nachweislichen Notlagen (gestrichelt) und Hungersnöten (durchgezogene Linie) in Schottland zwischen 1550 und 1700. Die Angaben stammen größtenteils aus Ostschottland.

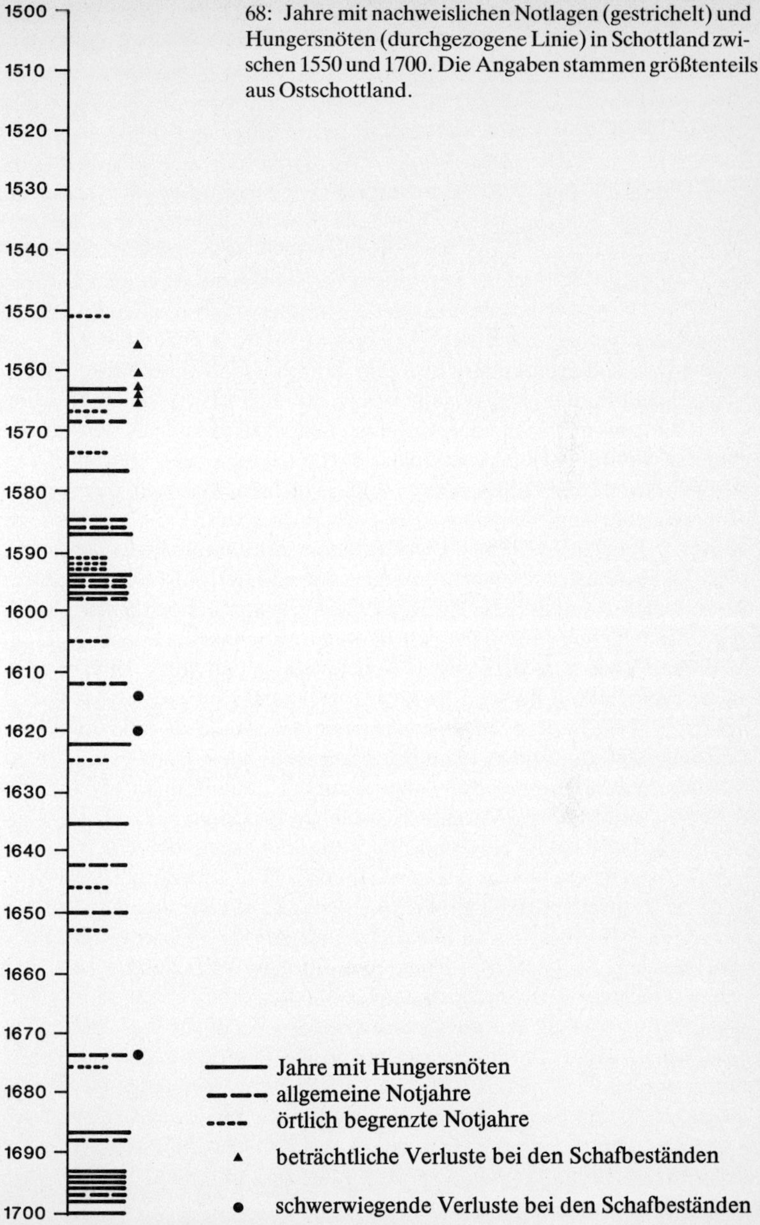

——————	Jahre mit Hungersnöten
— — —	allgemeine Notjahre
- - - -	örtlich begrenzte Notjahre
▲	beträchtliche Verluste bei den Schafbeständen
●	schwerwiegende Verluste bei den Schafbeständen

suchte, die Auswirkungen der schottischen Mißernten dadurch zu mildern, daß er seine Macht über Irland ausnutzte, das ihm durch die Besteigung des englischen Thrones zugefallen war. In der heutigen Zeit würde dies sicherlich als Modellfall dafür angesehen, wie man internationale Beziehungen nicht gestalten sollte, und als Mißbrauch nahezu absoluter Machtfülle gelten. 1691 betrug die Zahl der Schotten in Ulster bereits etwa 100000 und damit ca. ein Zehntel der Bevölkerung Schottlands. Ihre Anzahl wuchs bald darauf nachhaltig durch Auswanderer, die ihre schottische Heimat während der Katastrophen in den neunziger Jahren des 17. Jahrhunderts verließen. Letztere waren im Gegensatz zu den von der Krone mit Land bedachten Einwanderern überwiegend einfache Leute, die das Land selbst bestellten.

Wenn die Umsiedlung in Ulster von 1612 in irgendeiner Weise mit der Not in Schottland im selben Jahr zusammenhing, die zweifellos traurige Erinnerungen an die neunziger Jahre des 16. Jahrhunderts weckte, so stellte sie wohl eine Überreaktion dar. Denn seit mehr als 60 Jahren gab es weniger Armut und Hungersnöte als in den letzten 40 Jahren des vorhergehenden Jahrhunderts. Nach 1670 verschlechterte sich die Lage jedoch wieder, es kam zu erheblichen Schneefällen und starkem Frost. Das dreizehn Tage andauernde Schneetreiben Anfang März 1674 (nach dem Gregorianischen Kalender) führte zu hohen Verlusten bei den Schafbeständen. In den letzten Jahren des Jahrhunderts verschlechterte sich die Lage erheblich: Zwischen 1693 und 1700 traten in sieben von acht Jahren in allen Pfarrbezirken im schottischen Hochland Mißernten (überwiegend bei Hafer) auf. In dem *Statistical Account of Scotland*, den Sir John Sinclair hundert Jahre später erstellte, werden aus allen Pfarrbezirken Klagen über jene Jahre erwähnt. «Die ärmeren Leute kamen oft auf den Friedhof, um größere Mengen Nesseln auszureißen, und häufig kam es zum Streit darüber (...), diese Nesseln wurden heißhungrig verzehrt (...)» (Kirchenbucheintrag aus Duthil und Rothiemurchus im Norden von Zentralschottland). Kinder sollen als Sklaven verkauft worden sein. Landesweit starben in allen Pfarrbezirken ein bis zwei Drittel der Bevölkerung, vielfach war dies eine größere Katastrophe als der «Schwarze Tod». Die Furcht, in einem Massengrab beerdigt zu werden, war verbreitet. In dieser Zeit wurden ganze Dörfer und weite Landstriche entvölkert. Andrew Fletcher von Saltoun in Midlothian wandte sich 1698 mit einem Appell an das schottische Parlament in Edinburgh: Die Wohlhabenden sollten «sich nicht ihrem Luxus hingeben», sondern die Not des Landes erkennen. «Wegen der ungesunden Nahrung breiteten sich unter den armen Leuten Krankheiten aus»; etwa ein Fünftel der Bevölkerung sei gezwungen, bettelnd von Haus zu Haus zu ziehen. Für die Jakobiten waren dies die «schlechten Jahre der Regentschaft von König Wilhelm», aber für den Rest der Bevölkerung schien vielleicht der Zusammenschluß mit England im Jahre 1707 nach dieser Notzeit unumgänglich.

Vereinzelte Berichte über Bergseen, die ganzjährig mit Eis bedeckt waren, liefern einen Maßstab für den Rückgang des allgemeinen Temperaturniveaus, das zu der damaligen Zeit in den nördlichen und östlichen Schottischen Hochlanden vorherrschte. So gibt es in den *Philosophical Transactions* der Royal Society eine auf 1675 datierte Erwähnung «eines kleinen Sees in Straglash [Strathglass] bei Glencannich auf dem Besitz eines Chisholm (...) in einer Senke zwischen den Gipfeln einer sehr hohen Erhebung. (...) Dieser See hat selbst während des heißesten Sommers Eis in seiner Mitte.» Uns liegen auch die Reiseberichte über die ständig schneebedeckten Spitzen der Cairngorm Mountains vor. Diese Begebenheiten setzen Temperaturen voraus, die um 1,5 bis 2,0 °C unter den jährlichen Mittelwerten des 20. Jahrhunderts liegen, d. h. das Zwei- oder Dreifache der Temperaturen, die in Mittelengland durch Thermometerablesungen belegt sind. Dieser Temperaturabfall ist jedoch im Hinblick auf das offensichtliche Vordringen des polaren Meerwassers südöstlich von Island nicht zu hoch angesetzt (vgl. Kap. 4, S. 75 f., S. 241, 244 und Abb. 21).

Skandinavien und Finnland

Erwartungsgemäß sind die Verhältnisse in Schottland mit den Zuständen in Norwegen weitestgehend vergleichbar. Obwohl sich die klimatischen Bedingungen in diesem Land während des 16. und frühen 17. Jahrhunderts vorübergehend entspannten, war die Gesamtanzahl der Bauernhöfe 1665 noch geringer als um 1300. Im späteren 17. Jahrhundert traten sogar noch mehr Wüstungen auf. Davon war auch das im letzten Kapitel erwähnte Dorf Hoset betroffen. Während der nächsten hundert Jahre wurden Gehöfte unter vorrückenden Gletschern begraben, das dazugehörende Land wurde manchmal durch Lawinen, Überschwemmungen, Berg- und Erdrutsche zerstört. Auf der Hochebene der Hardangervidda bildeten sich erneut kleine Gletscher, von denen ein oder zwei noch heute als Toteis bestehen. Zwischen 1936 und 1951 gaben Schnee und Eis Teile einer Abzäunung durch Seile frei. Dieser Zaun ist von einem Bauern, in dessen Besitz sich das Land zwischen 1602 und 1624 befand, an einem Berghang bei Olden in Nordfjord zum Schutz vor Wölfen errichtet worden. Anscheinend erfaßte die Klimaverschlechterung Norwegen nicht so früh wie Schottland und Irland, obwohl gegen Ende des 16. Jahrhunderts

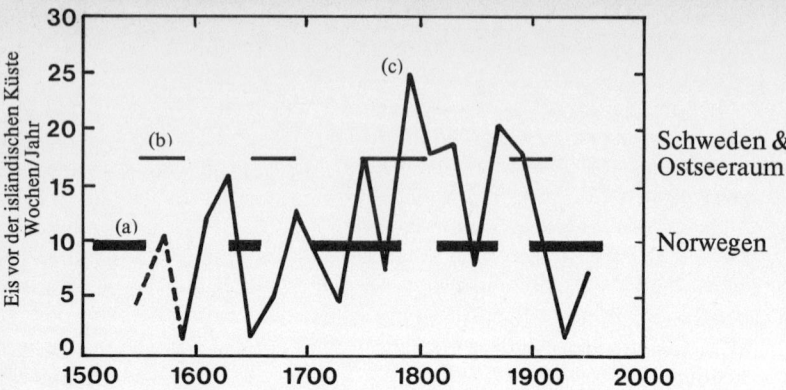

69: Zeiten der Heringsfischerei; a) norwegische Küste; b) schwedische Küste (zur Ostsee hin); c) Auftreten des polaren Meereises vor den isländischen Küsten.

einige Mißernten auftraten. Dem Land kam wahrscheinlich der Einfluß der Hochdruckgebiete und der Südwinde zugute, die, wie gesagt, auch durch die Baumringe in Lappland belegt werden. Bis ca. 1640 nahmen die Bewohner die seit langer Zeit verlassenen Bauernhöfe in den höheren Lagen Südnorwegens wieder in Besitz. 1667 führte eine Schätzung des Wertes der Gehöfte und des Landes zur Erhöhung von Steuern und Pachtsätzen, die in Naturalien beglichen wurden. Diese lagen über den im vorangegangenen Jahrhundert üblichen Sätzen. Doch bald danach verursachten Naturereignisse massive Schäden und Schwierigkeiten in der Landwirtschaft. Bergstürze, Lawinen, Erdrutsche und Überschwemmungsschäden veranlaßten die Bevölkerung dazu, Steuersenkungen zu fordern. Nach sorgfältiger Prüfung wurde diesen Gesuchen im allgemeinen stattgegeben. Bis in die späten achtziger und neunziger Jahre des 17. Jahrhunderts häuften sich diese Ereignisse. Die Gletscher rückten immer weiter über das Ackerland vor.[8] Besonders katastrophenreich waren die Jahre zwischen 1690 und 1710, leicht abgeschwächt setzten sich diese klimatischen Katastrophen bis in die Mitte des 18. Jahrhunderts fort. Dann nahmen sie kontinuierlich ab; in der Mitte des 20. Jahrhunderts normalisierte sich die Lage weitgehend.

Wie G. Schøning, ein norwegischer Historiker des 18. Jahrhunderts, in dem ersten Band der *Skrifter* (1761) der Trondheimer Gesellschaft schreibt, gab es in dem Bezirk um Trondheim häufig drei aufeinanderfolgende extrem schlechte Erntejahre. Als Beispiele nennt er die Jahre von

1600 bis 1602, 1632 bis 1634, 1685 bis 1687, 1695 bis 1697 und 1740 bis 1742. Die Heringsfänge waren dagegen in vielen dieser Jahre besser als gewöhnlich. Schøning schreibt: «Die natürlichen Ursachen dafür waren zweifellos dieselben, die bei uns zu Mißernten führten, d. h. die langanhaltenden rauhen und stürmischen West- und Nordwinde aus westlicher und östlicher Richtung (...) treiben die großen Fischschwärme des Nordpolarmeers [Barentssee] in größerer Anzahl als sonst an unsere Küsten.» Mit Ausnahme der Extremsituation in den neunziger Jahren des 17. Jahrhunderts, als die Fische anscheinend insgesamt weiter nach Süden getrieben wurden, war diese Erklärung im großen und ganzen zweifellos richtig.

Wie aus den Steuerunterlagen ersichtlich ist, schwankte die Bevölkerungsdichte in Nordnorwegen während des 16. und 17. Jahrhunderts bedingt durch die Fangergebnisse beträchtlich.[9] Auf den Lofoten und Vesterålinseln war die Bevölkerungszahl ungefähr 1618 am höchsten, in den nächsten 30 Jahren folgte dann ein 20- bis 30prozentiger Rückgang. Von den fünfziger Jahren des 17. Jahrhunderts an wurde ein noch höheres Maximum erreicht, an das sich wiederum ein fast 30prozentiger Rückgang gegen Ende des Jahrhunderts anschloß. Die Fischer, die aus dem Süden in das Gebiet kamen und es wieder verließen, trugen offenbar zu diesen Veränderungen der Bevölkerungszahl bei. Da der Umfang des Warenaustausches von Fisch (vornehmlich gedörrter Kabeljau) gegen Getreide aus dem östlichen Ostseeraum bedingt durch Kriegs- und Friedenszeiten in Mitteleuropa stark schwankte, sind die Folgen der klimatischen Veränderungen für diesen Zusammenhang nicht eindeutig zu bestimmen. Es steht jedoch fest, daß der Fischfang im späteren 17. Jahrhundert wenig ertragreich war und besonders in den späteren Jahrzehnten des 17. Jahrhunderts in Nordnorwegen erneut Bauernhöfe in beträchlichem Umfang aufgegeben wurden.[10]

Schweden verzeichnete überwiegend dieselben Belastungen wie andere Teile Nordeuropas, obwohl sie sich im Gegensatz zu Norwegen oder Rußland weniger schwerwiegend auswirkten. (Die nördlichen Stürme in den norwegischen Gewässern und die strengen Winter in Rußland waren eindeutig die Hauptmerkmale der Klimaverschlechterung.) In Nordschweden finden sich nur wenige Anzeichen für ein Zurückweichen der Siedlungen und der Landwirtschaft, das in anderen Teilen Europas großflächig auftrat. Wahrscheinlich waren von jeher nur das beste Land und die besten Siedlungsplätze in Besitz genommen worden. In Finnland gab es vor dem 17. Jahrhundert kaum Wüstungen, obwohl einige Finnen ihr Land bereits im 16. Jahrhundert[11] verließen, um weiter südlich in Schweden und Norwegen ansässig zu werden.

Fischfang und seefahrende Nationen in Nordeuropa

Die Entwicklung der Heringsfischerei in der Nord- und Ostsee und vor der
norwegischen Küste unterlag so starken, einander wechselseitig bedingen-
den Veränderungen, daß hierfür nur klimatische und auch historische Einwirkungen verantwortlich sein können. Abbildung 69 stellt diese Schwankungen dar. Inwiefern diese Entwicklung Wanderbewegungen derselben
Fischschwärme wiedergibt, ist natürlich nicht bekannt. Jedoch entsprechen alle fünf Zeitabschnitte, in denen die Norweger Heringsfang betrieben, den Perioden niedrigsten Eisvorkommens an den isländischen Küsten. So bevorzugten die Fische beispielsweise im 16. und 17. Jahrhundert
offenbar die Nordsee und nicht die norwegische Küste. Normalerweise
lebt der Hering in Gewässern, deren Temperatur zwischen 3 und 13 °C
schwankt. Über die Auswirkungen auf die englische Geschichte schreibt
Trevelyan [12]: «Das frühe Tudorzeitalter war durch eine Zunahme der Hoch-
seefischerei gekennzeichnet. Das trug dazu bei, daß die Bevölkerung sich
an den Küsten ansiedelte und somit das Land erstarkte. (...) In letzter Zeit
hat sich das Heringsvorkommen von der Ost- in die Nordsee verlagert.»
Camden, ein englischer Historiker des späten 16. Jahrhunderts, schrieb
dazu: «Diese Heringe, die zu Zeiten unserer Großväter nur in norwegischen Gewässern vorkamen, treten nun jedes Jahr in großen Schwärmen
vor unseren Küsten auf.» So profitierte England von der Kleinen Eiszeit
zumindest in dieser Hinsicht auf Kosten seiner nördlichen Nachbarn.

In die hier untersuchte Zeitspanne fallen auch der Niedergang von
Trondheim als Residenzstadt und die Verlegung des norwegischen Hofes
zunächst nach Oslo und auf die Festung Akershus und dann, nach dem
Zusammenschluß der nördlichen Königreiche, nach Kopenhagen: Von
1536 bis 1815 bestand Norwegen schließlich nicht mehr als selbständiges
Land. Auch in Schottland gipfelte eine vergleichbare, südwärts gerichtete
Bewegung 1707 in der Vereinigung mit England.

Holland verdankte auch seinen Wohlstand in der ersten Hälfte des
17. Jahrhunderts nicht zuletzt der Verlagerung der Fischbestände in die
Nordsee und den Atlantik sowie der industriellen Revolution, die durch
die Nutzung von Windmühlen einen Aufschwung erlebte. Der Aufstieg
Hollands als Seemacht hängt ferner mit den Wirren des Dreißigjährigen
Krieges in Mitteleuropa und mit der Notwendigkeit zusammen, holländi-
sche Handelsinteressen in bewegten Zeiten zu schützen. Im späteren
17. Jahrhundert war dieser Aufwärtstrend etwas rückläufig, was unter anderem den durch starke Stürme und Meeresüberflutungen verursachten
Deichschäden sowie niedrigeren Erträgen in Landwirtschaft und Fischerei zuzuschreiben ist.

Ernten und die Gesundheit der englischen Bevölkerung

England blieb nicht völlig von den unmittelbaren klimatischen Auswirkungen der Kleinen Eiszeit verschont. Die Untersuchung von Hoskins über englische Weizenernten zwischen 1480 und 1760 [13] – vornehmlich im Westen des Landes – zeigt einige Abfolgen von Katastrophenjahren. Einige Sequenzen sind besonders auffällig, und zwar in den fünfziger und sechziger Jahren des 16. Jahrhunderts, die Jahre 1594 bis 1597, 1692 bis 1698 sowie 1709, 1740 und 1756. In den neunziger Jahren des 15. Jahrhunderts, zwischen 1537 und 1548, 1685 und 1690 sowie 1700 und 1707 traten gute Ernteabfolgen auf. Von 1717 bis zum Ende des Untersuchungszeitraumes steigt die Zahl guter Ernten.

Die in den Jahren 1555 und 1556 erzielten Ernteergebnisse waren für England nach den vorausgegangenen günstigen Zeiten sicherlich ein schwerer Schlag. Bereits 1550, 1551 und 1554 waren die Ernteerträge mittelmäßig bis schlecht gewesen. Umstritten ist, ob das Ergebnis als regelrechte Hungersnot gelten kann. Fraglos aber ist anzunehmen, daß die Unterernährung die Grippeepidemie 1557/1558 verschlimmerte, der ganze Familien zum Opfer fielen. [14] Eine genaue Untersuchung der Geburts-, Heirats- und Todesverzeichnisse am Beispiel von Colyton (bei Exeter), einem Pfarrbezirk in Südwestengland, gibt einen Überblick über die dortige Bevölkerungsentwicklung seit 1550. [15] In den fünfziger Jahren des 16. Jahrhunderts kam es zu einem Bevölkerungsrückgang; die Sterbeziffer übertraf mehrere Jahre lang die Geburtenrate. Danach stieg die Bevölkerungszahl relativ stetig an, bis in den vierziger Jahren des 17. Jahrhunderts die letzte Pestepidemie in diesem Gebiet die Bevölkerung in einem einzigen Jahr um ca. 20 Prozent reduzierte. Danach jedoch blieb die Bevölkerungszahl für eine lange Zeit – abgesehen von einer kurzfristigen Zunahme der Eheschließungen in den fünfziger Jahren des 17. Jahrhunderts – fast konstant. Von den sechziger Jahren des 17. Jahrhunderts bis ungefähr 1730 überwog wiederum die jährliche Zahl der Todesfälle die der Geburten. Lediglich nach den achtziger Jahren des 18. Jahrhunderts war der Geburtenüberschuß beträchtlich. Ein höheres Heiratsalter und ein allgemeiner Rückgang der Geburtenrate scheinen in jener Zeit die Regel gewesen zu sein. Von 1560 bis 1645 betrug das durchschnittliche Heiratsalter der Frauen in diesem Pfarrbezirk 27 Jahre, nach 1700 lag es sogar bei 30 Jahren. Nach 1720 begann das Heiratsalter zu sinken: Um 1800 betrug das Langzeitmittel 25 Jahre, in den dreißiger Jahren des 19. Jahrhunderts hatte es sich bei 23 Jahren eingependelt. Die genauen Ursachen dieser Veränderungen der Bevölkerungszahl und der Lebenserwartung lassen sich für den ländlichen Pfarrbezirk, der über eine kleine

Marktstadt verfügte und sich zu einem Standort der Wollindustrie entwikkelte, nicht mit letzter Sicherheit bestimmen. Doch ist, abgesehen von der Pest (1640 bis 1650), ein direkter Bezug zu den vermuteten Schwankungen der vorherrschenden Temperatur nicht von der Hand zu weisen.

Witterungsschwankungen in der Kleinen Eiszeit

Die durch die Kleine Eiszeit bedingten Schwierigkeiten waren nicht allein auf die niedrigeren Temperaturen zurückzuführen, an die sich jede Generation zweifellos anpassen könnte. Den Umständen entsprechend würden sich der allgemeine Gesundheitszustand, die durchschnittliche Lebenserwartung und die Geburtenrate verändern. Wie die in den letzten Unterkapiteln erwähnten Ernteergebnisse jedoch andeuten, waren die überaus starken Schwankungen beim Temperaturniveau problematisch. Die Ernteerträge blieben erheblich hinter den Erwartungen zurück und erforderten eine Vorratshaltung in einem Umfang, der die damaligen Möglichkeiten überstieg. Die Schwankungen wiesen nicht nur gelegentlich von einem Jahr zum anderen sehr weit auseinanderliegende Werte auf. Die krassen Unterschiede zwischen kurzen, manchmal sechs oder acht Jahre umfassenden Zeitabschnitten waren zweifellos kaum zu bewältigen. Dieses Phänomen scheint im übrigen gegenwärtig erneut aufzutreten. Das als gesichert anzusehende sehr heiße Sommerwetter der Jahre 1665 und 1666 fällt in die Mitte des kältesten Jahrhunderts während des letzten Jahrtausends. (Zwangsläufig fühlt man sich an die Sommer 1975 und 1976 erinnert.) Ein ähnliches Phänomen trat in den beiden Wintern 1651/1652 und 1652/1653 auf: Die Eisbildung in der Ostsee scheint, einer über 400 Jahre reichenden Dokumentation für den Hafen von Riga zufolge, in diesen Jahren auffällig gering gewesen zu sein. Der Winter 1658/1659 brachte das entgegengesetzte Extrem mit sich. Diese Abfolge ähnelt den schweren, eisreichen Wintern im Ostseeraum von 1962/1963 und 1965/1966, die nur ein paar Jahre vor dem eisfreien Winter 1974/1975 auftraten. Die in den Tabellen 2 und 3 aufgeführten extremen Winter und Sommer, die anhand der seit 1659 in England gemessenen Temperaturen dargestellt werden, verdeutlichen diese Tendenz ebenfalls. Besonders auffällig ist das Auftreten von entgegengesetzten Extremen zur Zeit der Kleinen Eiszeit in einem Abstand von nur wenigen Jahren (die Winter der Jahre 1680 bis 1700, 1790 bis 1800 sowie die Sommer von 1670 bis 1680 und um 1720). Die in Tabelle 2 und 3 genannten Temperaturwerte stammen aus einer Reihe, die der verstorbene Professor Gordon Manley auf das sorgfältigste angeglichen hat.[16]

Tabelle 2   Temperaturmittel für die Monate Dezember, Januar und Februar während der sieben kältesten und sieben mildesten Winter in Mittelengland zwischen 1659 und 1979 (Langzeitmittel für die Winter 1850–1950 4,0 °C)

Winter	1683–84	1739–40	1962–63	1813–14	1794–95	1694–95	1878–79
°C	−1,2	−0,4	−0,3	+0,4	+0,5	+0,7	+0,7
Winter	1868–69	1833–34	1974–75	1685–86	1795–96	1733–34	1934–35
°C	6,8	6,5	6,3	6,3	6,2	6,1	6,1

Tabelle 3   Temperaturmittel für die Monate Juni, Juli und August in den vierzehn heißesten und fünfzehn kältesten Sommern in Mittelengland zwischen 1659 und 1979 (Langzeitmittel für die Sommer von 1850–1950 15,2 °C)

Sommer	1826	1976	1846	1781	1911	1933	1947
°C	17,6	17,5	17,1	17,0	17,0	17,0	17,0
Sommer	1868	1899	1676	1975	1666	1719	1762
°C	16,9	16,9	16,8	16,8	16,7	16,7	16,7
Sommer	1725	1695	1816	1860	1823	1674	1675
°C	13,1	13,2	13,4	13,5	13,6	13,7	13,7
Sommer	1694	1888	1922	1812	1862	1698	1890	1920
°C	13,7	13,7	13,7	13,8	13,8	14,0	14,0	14,0

Ein Teil des Landadels, der in England nach der Reformation ehemalige klösterliche Anwesen übernommen hatte, wurde durch einige wärmere Sommer vom ausgehenden 16. bis 18. Jahrhundert zu dem erneuten Versuch ermutigt, wie die Mönche im hohen Mittelalter Weinberge anzulegen. Sie wurden durch Mauern geschützt und lagen nicht wie vormals in offenem Gelände. Als Samuel Pepys im Juli / August des Jahres 1661 den größten unter ihnen, den von der Familie Cecil 50 Jahre zuvor bei Hatfield House angelegten Weinberg, aufsuchte, äußerte er sich lediglich über die Kälte an jenem Tag und über die Größe der Stachelbeeren.

Außergewöhnliche Winter und Sommer in Europa

Der geschichtliche Zeitraum, den wir in diesem Kapitel behandeln, war auch die Zeit der großen Fröste, in der die europäischen Flüsse zufroren (Abb. 70). Im 17. Jahrhundert fror die Themse in London mindestens elf- mal zu, zwischen 1564 und 1814 wiederholte sich dies insgesamt zwanzig- bis zweiundzwanzigmal. Dieses Phänomen war als solches wahrscheinlich nicht von großer wirtschaftlicher Bedeutung, zumal es zur Norm wurde und die Bevölkerung darauf eingestellt war. Aufgrund der sorgfältigen Aufzeichnungen aus der Zeit, als die niederländischen Kanäle wegen Eis für den Verkehr geschlossen waren, kann man die dort vorherrschenden Wintertemperaturen bis in das Jahr 1634 zurückverfolgen.[17] Die Reihe bestätigt die sehr niedrigen Wintertemperaturen zwischen 1670 und 1700. Die Winter in den Niederlanden waren während einiger Jahrzehnte im 17. Jahrhundert wohl genauso kalt wie um 1800. Das Langzeitmittel der mittelenglischen Wintertemperaturen zwischen 1670 und 1700 legt die Vermutung nahe, daß die normale jährliche Anzahl der Tage mit Schnee- decke 20 bis 30 Tage betragen haben muß gegenüber den zumeist 2 bis 10 Tagen im 20. Jahrhundert.

Über die extremen Fälle des 17. Jahrhunderts liegen uns einige Be- richte mit weitaus höheren Gesamtzahlen vor: 60 bis 70 Tage für Alden- ham im Winter 1662/1663, ca. 80 Tage für Buckland (ebenfalls in Hert- fordshire) im Winter 1783/1784 und 102 Tage für einen anderen Ort in Südengland im Winter 1657/1658. Diese Angaben können mit der landes- weit beobachteten Anzahl von 50 bis 65 Tagen im Winter 1962/1963 und den ca. 40 Tagen im Winter 1978/1979 verglichen werden. Der harte Win- ter von 1683/1684 ragt wegen eines nachweislich belegten Umstandes her- aus: Der Untergrund war in Südwestengland an schneefreien Stellen (So- merset) bis auf eine Tiefe von mehr als einem Meter gefroren. Im Winter 1683/1684 traten entlang der südostenglischen und französischen Kanal- küste sogar 5 km breite Packeisgürtel auf; man nimmt an, daß der Eisgür- tel an der niederländischen Nordseeküste eine Breite von 30 bis 40 km hatte. Wie in der Ostsee kam die Schiffahrt zum Erliegen. Ähnliche Ver- hältnisse herrschten wahrscheinlich auch im Winter 1607/1608.

Die gesunkenen Sommertemperaturen vor und während der neunziger Jahre des 17. Jahrhunderts sowie danach waren, wirtschaftlich gesehen, wahrscheinlich von größerer Bedeutung als die Strenge der Winter. Auf die schottischen Mißernten jener Jahre und ähnliche Schwierigkeiten in Norwegen und in der Schweiz sind wir bereits eingegangen. In England verringerte sich die Wachtumsperiode im Langzeitmittel (30 bis 50 Jahre) im Vergleich zu den wärmsten Jahrzehnten des 20. Jahrhunderts vermut-

70a+b: Die zugefrorene Themse in London: a) im Dezember 1676;
b) im Februar 1684.

lich um ungefähr fünf Wochen. Die jährlich im Sommer aufgestaute Ge-
samtwärmemenge für die Feldfrüchte ging entsprechend zurück. In den
extrem kalten Jahren, beispielsweise 1695, 1725, 1740 und 1816, als die
Frühjahrs-, Sommer- und Herbsttemperaturen niedrig waren und in den

Sommermonaten größtenteils ca. 2 °C oder mehr unter dem heutigen Normalwert lagen, verkürzte sich die Wachstumsperiode vermutlich um zwei Monate oder mehr. Die Auswirkungen auf den Getreideanbau in den Tiefebenen Europas, insbesondere in den «Kornkammern» des Kontinents im Ostteil der großen Polnischen und Russischen Ebene und in Frankreich, scheinen aber keineswegs so schwerwiegend wie in den Bergregionen gewesen zu sein. Im Jahre 1695 traten in noch weiteren Gebieten Mißernten auf; von 1695 bis 1697 herrschte in Osteuropa, z. B. in Estland, eine Hungersnot.

In scheinbarem Widerspruch zu dieser Entwicklung entstand in den Jahren zwischen 1680 und 1720 in Norwegen eine Handelsflotte von beträchtlicher Größenordnung, die sich zu einer der größten Handelsflotten der Welt entwickelte. Zahlreiche historische Dokumente künden davon, daß diese Expansion unter anderem deshalb zustande kam, weil sich die Bauern an der Küste aufgrund schlechter Ernteergebnisse darauf verlegten, ihr Holz zu verkaufen und Schiffe zu bauen, um den Transport selbst zu besorgen.

71: «Jäger im Schnee», eine Phantasielandschaft, von Pieter Bruegel, dem Älteren, im Februar 1565 während des ersten der harten Winter der nächsten 200 Jahre gemalt. Das Bild war für die Landschaftsmalerei richtungweisend und brachte besonders Szenen mit strengen Wintern in Mode.

Klima und Malerei

Der Einruck, den das Einsetzen der härtesten Klimaphasen in der Kleinen Eiszeit auf das künstlerische und kulturelle Leben der damaligen Zeit hatte, wird durch den Einfluß verdeutlicht, den der Winter 1564/1565 auf den Maler Pieter Bruegel den Älteren, hatte. Dies war der Beginn einer ganz neuen künstlerischen Tradition. Im Februar dieses Winters, der in Dauer und Härte alle Winter seit den dreißiger Jahren des 15. Jahrhunderts übertraf, malte Bruegel sein berühmtes Bild *Jäger im Schnee* (Abb. 71). Dies war wohl das erste Mal, daß die Landschaft als solche, wenn auch in diesem Fall nur eine frei erfundene, zum eigentlichen Thema eines Bildes wurde und nicht als bloßer Hintergrund der Darstellung diente. Bruegel führte seine Landschaftsmalerei mit einer Bildfolge fort, in der jede der vier Jahreszeiten dargestellt wird. Es ist interessant zu sehen, daß der bittere flämische Winter (vgl. Abb. 72) den Maler dazu veranlaßte, ein religiöses Thema aufzugreifen, das er zuvor schon einmal gemalt hatte, um die Armut bei der Geburt Jesu darzustellen.

Südeuropa, Nordafrika und Indien

Wir finden in Südeuropa Quellenmaterial, das auf vermehrte Witterungsschwankungen von einem Jahr zum anderen und von einem Jahrzehnt zum nächsten (insbesondere für den Niederschlag) hinweist. In Spanien gab es mehrere Perioden trockener Jahre, andere waren durch Überschwemmungen gekennzeichnet. Auch in Spanien und Südfrankreich kam es zu strengen Wintern, in denen die Flüsse zufroren. Für Südfrankreich hat Ladurie [18] nachgewiesen, daß einzelne kalte oder feuchte Jahre, in denen die Ernteerträge gering waren, viele kurzfristige Krisen nach sich zogen. Weiter östlich, in der Türkei, beschrieben Reisende und europäische Konsularvertreter weite Teile der Anatolischen Hochebene im späten 16. und frühen 17. Jahrhundert als ein versteppendes Gebiet mit unbewohnten Dörfern und brachliegendem Ackerland. Die künftige Erforschung der Baumringe in dieser Region kann möglicherweise die Annahme untermauern, daß Aufruhr und Unruhen in der Türkei durch derartige Belastungen ausgelöst wurden. Der Europäer Manoel de Almeida behauptet 1628, daß in Äthiopien auf den heute schneefreien Gipfeln ganzjährig Schnee gelegen habe. Berichte über Eichenwälder in Mauretanien im 17. Jahrhundert legen die Vermutung nahe, daß das Klima im Gegensatz zu heute kühler und feuchter war, obgleich der Niedergang des Königreichs von Mali 1591 auf eine zunehmende Trockenheit in dieser Region hindeutet.

72a + b: Zwei Gemälde von Pieter Bruegel, dem Älteren, zur Darstellung des Besuches der drei Könige beim Jesuskind, gemalt vor und nach dem strengen Winter von 1564/1565: a) Darstellung von 1563, bei der die landschaftliche Umgebung und das Wetter unberücksichtigt sind, b) Darstellung von 1567, bei der der flämische Winter dazu benutzt wird, die Armut und die ungeschützte Unterkunft zu betonen.

In dem Gebiet des großen Nigerbogens vermittelt die zeitliche Abfolge der Überschwemmungen und Hungersnöte, die aus noch erhaltenen Belegen nachvollzogen werden kann, ein klareres Bild über die Situation in diesem Teil Afrikas. Timbuktu (16° 37′ N, 2° 36′ W) liegt am Nordrand der Zone, die von den Überschwemmungen betroffen war. Die Überschwemmungen im 17. und frühen 18. Jahrhundert drangen regelmäßig weiter in die Stadt vor als heute und erreichten sogar die Zitadelle, den alten Palast der Könige von Mali und Songhai. Die Bevölkerung mußte vor den Wassermassen fliehen.[19] Die erste dieser bis dahin unbekannten großen Überflutungen ereignete sich am 16./17. Dezember 1592. Andere Überschwemmungen traten im Winter 1602/1603 auf sowie in den drei Wintern zwischen 1616 und 1619; vier oder fünf weitere wurden im 17. Jahrhundert zwischen 1640 und 1672 verzeichnet. Zwischen 1703 und 1738 trat der Niger noch dreimal über die Ufer, bedeckte aber nicht eine solch große Fläche; seither ist es nicht mehr zu derartigen Überschwemmungen gekommen. Diese Überschwemmungen waren die Folge ungewöhnlich heftiger Regenfälle, die im vorausgegangenen Sommer über dem weit entfernten oberen Nigerbecken im westlichsten Teil Afrikas (in Guinea bei 10–12° N) niedergingen. Weiter nördlich, in der Gegend von Timbuktu, nahe der Stelle, wo der Fluß wieder nach Südosten abbiegt, traten in demselben Zeitraum (zwischen 1617 und 1743) ungewöhnlicherweise aufgrund von Dürre Hungersnöte auf. Diese ereigneten sich gerade in den Jahren mit starken Überschwemmungen, allerdings auch 1695 und 1697. Die zeitliche Abfolge legt die Vermutung nahe, daß die kältesten Phasen der Kleinen Eiszeit mit einer Zeit zusammenfielen, in der die sommerlichen Regenfälle in Westafrika näher am Äquator niedergingen, anstatt sich – wie es in dem Jahrhundert vor 1960 der Fall war – der Jahreszeit gemäß auf 15–20° N oder darüber hinaus zu verlagern. Aufgrund dieser Umstände kam es in der Sahelzone bei Timbuktu im 17. Jahrhundert häufig zu stark ausgeprägten Dürreperioden. In den zentralafrikanischen Längengradbereichen lag der Wasserspiegel des Tschadsees (13–14° N, 14–17° O) möglicherweise 4 m über dem heutigen Stand, obwohl er letztendlich auf die heutige Marke absank. Offenbar wanderten die Völker während des 17. und frühen 18. Jahrhunderts in den feuchteren Süden. Allerdings unterschieden sich die Verhältnisse in Ostafrika in jener Zeit, anders als heute, von denen in den westafrikanischen Gebieten in demselben Breitengradbereich. Der sehr hohe Stand der jährlichen Nilüberschwemmungen in Kairo, insbesondere im späten 17. Jahrhundert, legt die Vermutung nahe, daß die sommerlichen Regenfälle über Äthiopien sehr stark waren.[20] Allerdings deuten die damals während der anderen Monate des Jahres vorherrschenden niedrigen Wasserstände des Flusses auf geringere äquatoriale Regenfälle über Ostafrika als im 20. Jahrhundert hin. Es scheint, als ob das Regime der Kleinen Eiszeit in der Nähe des Nullmeridians besonders weit nach Süden vordrang.

In Indien zeigt die Untersuchung der Aufzeichnungen aus dem 17. Jahrhundert, daß der Monsun häufiger gestört war und ausblieb als heute. Nach Bryson ist die Aufgabe der großen Stadt Fatepur Sikri (heute: Fatchpur) im Jahre 1588 nur 16 Jahre nach der Erbauung dem Versiegen ihrer Wasserquellen zuzuschreiben. Der über dem indischen Subkontinent schwach ausgeprägte sommerliche Monsun ist im Zusammenhang mit der nachweislichen Ausdehnung der Polkappe und der Westwindzone zu sehen, obgleich es wahrscheinlich ist, daß große meridionale (von Nord nach Süd verlaufende) Verzerrungen der oberen Windsysteme in diesem Bereich wie auch anderswo deutliche jährliche Schwankungen und teilweise sogar Veränderungen innerhalb eines jeden Jahres hervorriefen. So ist es nicht allzu erstaunlich, daß es – wie Reisende berichten – in Nordwestsibirien vor, während und nach den neunziger Jahren des 17. Jahrhunderts sehr warm war (vermutlich aufgrund der südlichen Winde). Dies war zeitgleich mit der kältesten Phase in Nord-, West- und Mitteleuropa, als Winde vom Europäischen Nordmeer aus nördlicher und nordwestlicher Richtung vorherrschten.

Der Ferne Osten

Ich bin Dr. J. L. Oosterhoff vom Institut für Geschichtswissenschaften an der Universität von Leiden für Vorabinformationen über seine Untersuchungen in den Archiven der niederländischen Ostindiengesellschaft zu Dank verpflichtet. Die Studien zeigen, daß der Südwestmonsun in den Sommern des 17. Jahrhunderts in Taiwan, vor der asiatischen Ostküste wie auch in Indien offenbar ebenfalls häufig durch nördliche Winde unterbrochen wurde. Zur selben Zeit herrschte in China wie auch in Europa ein deutlich kälteres Klima als im 20. Jahrhundert (Abb. 73). Zwischen 1654 und 1676 folgten mehrere Winter mit strengen Frösten aufeinander, die zur Aufgabe der Mandarinen- und Apfelsinenpflanzungen in der Provinz Kiangsi führten, wo man diese Früchte jahrhundertelang angebaut hatte. Japan wurde im 17. Jahrhundert offenbar weniger stark davon betroffen als China, obwohl es dort ebenfalls kälter war als heute. Die aufgezeichneten Daten über das Zufrieren des kleinen Suwasees in Mitteljapan deuten darauf hin, daß dort die strengsten Winter zwischen 1500 und 1520 und erneut zwischen 1700 und 1710 sowie zwischen 1850 und 1880 auftraten.

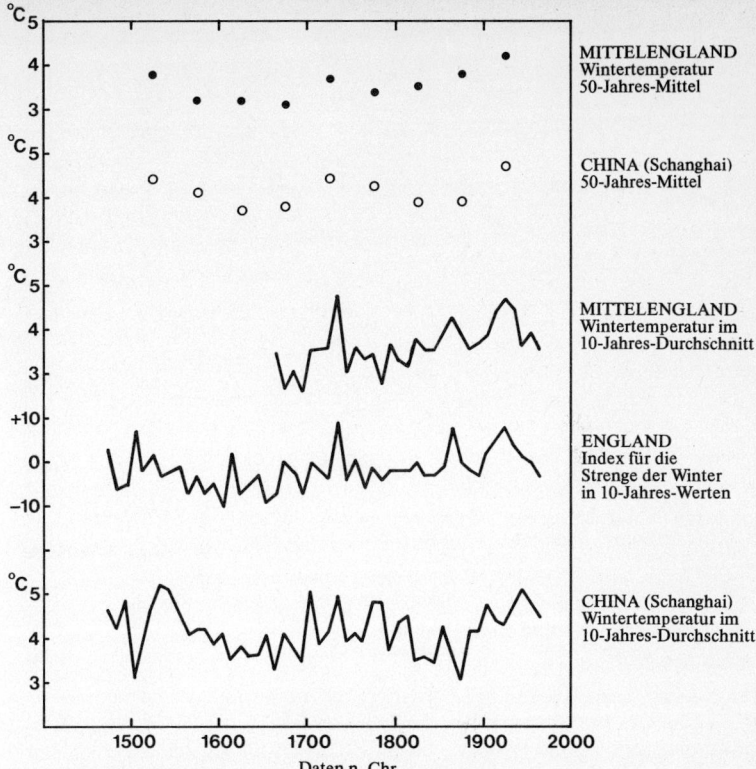

73: Vergleich der aufgezeichneten winterlichen Temperaturen, die für Mittelengland und China (Schanghai) seit 1500 abgeleitet wurden. Zur Ermittlung der Temperaturen für Schanghai vor Einführung des Thermometers wurden ähnliche Methoden angewandt wie bei der Ableitung der englischen Temperaturen.

Im Gegensatz zu der Periode um 1000 n. Chr. zeigt die chinesische Temperaturentwicklung einen den europäischen Temperaturen allgemein sehr ähnlichen Verlauf.[21] Manchmal traten Wärmemaxima und Kälteeinbrüche in Europa und China mit einer zeitlichen Verzögerung von bis zu zehn oder zwanzig Jahren auf. Diese Erscheinung hängt zweifellos damit zusammen, daß in der atmosphärischen Zirkulation ein «meridionales» oder «blockierendes» Muster vorherrschte und das Westwindband in die niederen oder höheren Breiten (vgl. Abb. 10) vordrang. Anhand eines Vergleichs der Schneeverhältnisse in der Schweiz mit den englischen

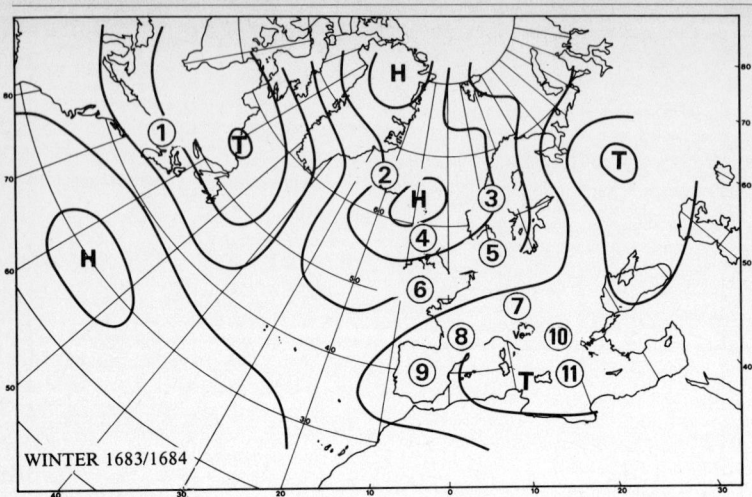

WINTER 1683/1684

1 Winter ohne Extreme, wahrscheinlich ziemlich trocken

2 «Durchschnittlicher bis guter Winter»

3 In Trondheim sehr streng

4 Strenger Frost

5 Ab Jahreswechsel Eis auf dem Großen und Kleinen Belt

6 Kutschfahrten auf der zugefrorenen Themse

7 Bodensee und Schweizer Seen zugefroren

8 Tief verschneit

9 Strenges Winterwetter

10 Lagune von Venedig zugefroren

11 Eis am Nordrand des Adriatischen Meeres

74: Versuch einer Analyse der Windströmungsmuster und der wahrscheinlichen Verteilung des Luftdrucks in Bodennähe a) im Winter 1683/1684; b) im Winter 1684/1685; mit Wetterberichten, die auf der Karte für die Gebiete eingetragen sind, für die uns Beobachtungen überliefert sind.

Temperaturen läßt sich belegen, wie häufig solche Muster zur Zeit der Kleinen Eiszeit waren. Zudem kann man auf diesem Weg den schon zuvor beobachteten Umstand erhärten, daß die südwärtigen Ausläufer kälterer Luftmassen (bzw. ihr Gegenstück, die nordwärts eindringenden warmen Luftmassen) in unterschiedlichen Jahren in verschiedenen Bereichen auftraten. Der strengste durch Thermometermessungen erfaßte Winter ist in England für 1683/1684, in der Schweiz für 1684/1685 dokumentiert; hier hielt die Schneebedeckung ungewöhnlich lange an. Wie es zu einem derartigen Geschehen kommen konnte, verdeutlicht ein Vergleich der Lage der nördlichen Windströmungen auf den Karten zweier aufeinanderfolgender Winter (Abb. 74). Ein offenbar genauso strenger Winter traf England 1607/1608 (bevor Thermometermessungen möglich waren)

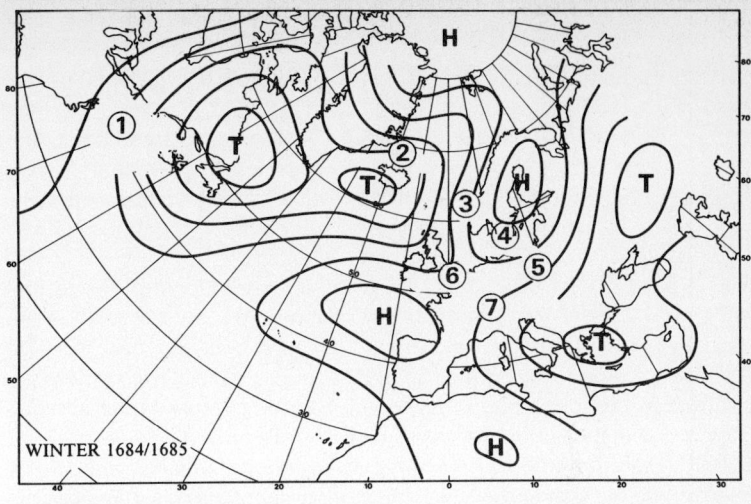

WINTER 1684/1685

1 Hunderte von Menschen auf dem Eis im Hafen von Boston

2 «Durchschnittlicher bis guter Winter»

3 Streng

4 Strenger, kalter Winter

5 Sehr streng

6 Themse in Abständen zugefroren

7 Bodensee und Schweizer Seen erneut zugefroren

und die Schweiz 1613/1614. Dort bewirkte dieser Winter eine der drei längsten Schneebedeckungen. In den achtziger Jahren des 18. Jahrhunderts war der Winter 1783/1784 eindeutig der kälteste in England, wenn auch im Winter 1784/1785 nur geringfügig höhere Temperaturen herrschten. Für die Schweiz ragt die lange Schneebedeckung 1784/1785 heraus. Die Abbildungen 18, 19 und 20 in diesem Buch stellen (allerdings für einen späteren Zeitraum) außergewöhnliche Kälte und Wärme in Nachbarregionen einer Hemisphäre bei diesem Muster der Windzirkulation in einen Zusammenhang. Dasselbe Grundmuster sehen wir hier in Abb. 74. Gerade dieses Phänomen verursacht die großen Schwankungen in aufeinanderfolgenden Jahren, die in den Tabellen 2 und 3 erwähnt werden.

Nordamerika im 16. und 17. Jahrhundert

Wenn wir die nordamerikanischen Verhältnisse im 16. und 17. Jahrhundert betrachten wollen, müssen wir uns noch weitgehend auf die verschiedenen Arten von fossilen oder Proxy-Daten verlassen, obwohl allmählich einige zeitgenössische Aufzeichnungen aus dem Osten und sogar über Bereiche im Innern des Kontinents auftauchen. Von den frühen europäischen Siedlern und Entdeckern wissen wir, daß es einige bemerkenswert kalte Winter gab. Die Strenge des Winters von 1607/1608 wird für den Osten Nordamerikas wie für den Westen Europas von einer Reihe von Berichten bestätigt. Wir erfahren, daß in Maine stete Winde aus nördlicher Richtung und überaus strenge Fröste auftraten; viele europäische Siedler und Indianer starben. In Jamestown «war der außergewöhnliche Frost in den meisten Teilen Europas (…) genauso streng (…) wie in Virginia». Samuel Champlain traf an den Rändern des Oberen Sees im Juni 1608 auf tragendes Eis. Professor H. C. Fritts und seine Mitarbeiter von der University of Arizona rekonstruierten, basierend auf Untersuchungen der Baumringe an zahlreichen Standorten in ganz Nordamerika, die atmosphärische Zirkulation. Diese Untersuchung deutet darauf hin, daß über den östlichen und mittleren Teilen des Kontinents verstärkt bodennahe Winde aus nördlicher Richtung dominierten. Offenbar nahmen die Westwinde, die sich in niedere Breiten über dem Pazifik verlagerten, im allgemeinen ab. In den meisten Teilen dieses Kontinents war es kälter als in unserem Jahrhundert, doch gibt es einige Hinweise auf Wärme, die mit einer schwachen Zirkulation der südlichen Winde über dem Südwesten der USA in Zusammenhang stehen. Luftaufnahmen und Bodenmessungen des Flechtenwachstums auf Felsen ergaben, daß ein weiter Bereich der Baffininsel im kanadischen Polargebiet zu 70 Prozent ganzjährig von Eis und Schnee bedeckt war, während heute nur 2 oder 3 Prozent des Gebietes ständig unter einer Schneedecke liegen (obwohl seit 1960 ein gewisser Anstieg stattgefunden hat). Bei den Gletschern im Nordwesten Nordamerikas sind ebenfalls Vorstöße zu verzeichnen, die weit über ihre heutige Grenze hinausgingen.

Anmerkungen

1 Über die Arbeit von A. T. Wilson und C. H. Hendry wurde berichtet in: Nature, 279, 1979, S. 315–317.

2 Man erkennt die Feuchtigkeit und Kälte daran, daß in den Sommern mit ungeraden Jahreszahlen (1529, 1531, 1533… 1541) die Weinlese durchschnittlich 16 Tage später einsetzte und die Baumringe um ein Drittel breiter sind als in den geraden Jahren (1530, 1532… 1540).

3 C. Pfister: Agrarkonjunktur und Witterungsverlauf im westlichen Schweizer Mittelland 1755–1797, Geographisches Institut der Universität Bern, 1975, S. 279 ff.

4 Sigurdur Thorarinsson: The Thousand Years' Struggle Against Ice and Fire, Miscellaneous Papers No. 14, Museum of Natural History, Department of Geology and Geography, Reykjavik 1956, S. 52 ff.

5 Diese Information verdanke ich Gisli Gunnarsson von der Economic History Institution an der Universität von Lund in Schweden.

6 Daniel Defoe: The Storm, 1704 in London veröffentlicht.

7 S. G. E. Lythe: The Economy of Scotland 1550–1625, Edinburgh 1960; T. C. Smout: Scottish Trade on the Eve of Union 1660–1707, Edinburgh 1963, S. 320 ff.

8 J. M. Grove: The Incidence of Landslides, Avalanches and Floods in Western Norway during the Little Ice Age, in: Arctic and Alpine Research, 4, 1972, S. 131–138. Ich danke Dr. Jean Grove aus Cambridge, England, für die zahlreichen unveröffentlichten Einzelheiten aus den Originalberichten, die die norwegischen Archive freundlicherweise zur Verfügung gestellt haben.

9 Vgl. z. B. Kari Lundbekk: Lofoten og Vesterålens Historie 1500–1700, Stokmarknes, Lofoten and Vesterålen Communes, 1978, S. 335 ff.

10 Die Landschaft, die gesamte Lebensweise, die größtenteils auf das Meer ausgerichtet war, der Niedergang der Fischerei, der Getreideanbau im Binnenland und die Armut in den nördlichen Grafschaften in Norwegen zwischen 1690 und 1700 sind in einem Gedichtband festgehalten worden, den der lutherische Geistliche und Lyriker Petter Dass verfaßt hat. Petter Dass: Nordlands Trompet, Oslo; neu herausgegeben von H. Aschehoug & Co. (W. Nygaard), 1974.

11 E. Österberg: Kolonisation och kriser – bebyggelse, skattetryck, odling och agrarstruktur i västra Värmland ca. 1300–1600, in: Det nordiska ödegårdsprojektet publikation, Nr. 3, 1977, S. 308 ff. Vgl. ebenfalls H. Salvesen: Jord i Jemtland, 1979, S. 187 ff.

12 G. M. Trevelyan: English Social History, London 1944, S. 628 ff.

13 W. G. Hoskins: Harvest Fluctuations and English Economic History, in: Agricultural History Review, 12, 1968, S. 28–46 und 16, 1968, S. 15–31.

14 W. G. Hoskins, in einer Radiosendung der BBC vom 24. November 1964.

15 E. A. Wrigley: Bevölkerungsstruktur im Wandel. Methoden und Ergebnisse der Demographie, München 1969.

16 G. Manley: Central England Temperatures: Monthly Means 1659 bo 1973, in: Quarterly Journal of the Royal Meteorological Society, 100, 1974, S. 389–405.

17 Vgl. H. M. van den Dool, H. J. Krijnen und C. J. E. Schuurmans: Average Winter Temperatures at De Bilt (the Netherlands) 1634–1977, in: Climatic Change, 1, S. 319–330.

18 Vgl. E. LeRoy Ladurie: Times of Feast, Times of Famine, New York 1971.

19 J. Maley hat diese Daten in seiner Dissertation zusammengestellt: Etudes palinologiques dans le bassin du Tchad et paléoclimatologie de l'Afrique nordtropicale de 30000 ans à l'époque actuelle, Académie de Montpellier, Université des Sciences et Techniques du Languedoc, 1980.

20 Auf einen bemerkenswert hohen Wasserstand der äthiopischen Seen und Flüsse, über die der portugiesische Missionar Manoel de Almeida im Jahre 1628 berichtete, gehen A. T. Grove, Alayne Street und A. S. Goudie ein: Former Lake Levels and Climatic Change in the Rift Valley of Southern Ethiopia, in: Geographical Journal, 141, Nr. 2, 1975, S. 177–202. Vgl. ebenfalls A. T. Grove: Geographical Introduction to the Sahel, in: Geographical Journal, 144, Nr. 3, 1978, S. 407–415.

21 Eine Untersuchung von J. Chang (Climatic Change and its Causes, in: Peking Scientific Publications, 1976, in Chinesisch, über die Professor M. M. Yoshino

in: Climatic Change and Food Production, 1978 berichtet) führt in China für die letzten 500 Jahre vier Hauptkälteperioden auf: 1470 bis 1520, 1620 bis 1720 (insbesondere die Dekaden zwischen 1650 und 1700), 1840 und 1890 und nach 1945 (insbesondere nach 1963). Alle diese Perioden – obwohl es sich bei der letzten erst schwach bemerkbar macht – finden eine ähnliche Entsprechung in Europa. Dies trifft besonders auf die Hauptphase im 17. Jahrhundert zu. Während der ersten Hauptwärmeperioden in China, wie sie Chang auflistet (1550 bis 1600, 1720 bis 1830 und 1916 bis 1945), fand in Europa der erste deutliche Temperaturabfall statt, als das Hauptregime der Kleinen Eiszeit einsetzte. Die Warmphase in Europa im 18. Jahrhundert unterlag zahlreichen Unterbrechungen, z. B. durch kalte Winter und eine Abfolge von kühlen, feuchten Sommern in den sechziger Jahren des 18. Jahrhunderts und die ganzjährige Kälte in der Dekade ab 1810.

13 Die Klimaerholung (1700 bis ca. 1950)

Die Kleine Eiszeit

Um 1700 lagen die vorherrschenden Temperaturen in allen Regionen, für die uns Schätzungen zur Verfügung stehen, unter den im 20. Jahrhundert gemessenen Werten. Der Temperaturunterschied zwischen den für die letzten 40 Jahre des 17. Jahrhunderts in England aufgezeichneten Werten und den Messungen in der ersten Hälfte des 20. Jahrhunderts (vgl. S. 232) kann durchaus als ein erster Näherungswert für das weltweite Temperaturmittel gelten. In den arktischen Randgebieten lag die Abkühlung sicherlich über diesem Mittel, in den subtropischen Meeren, wo die Temperatur offenbar gar nicht absank, darunter. Nur für die Antarktis gibt es Anhaltspunkte, daß das Klima zu jener Zeit etwas milder war als ein paar Jahrhunderte zuvor oder im 19. Jahrhundert.

In vielen Teilen der Welt waren kältere und feuchtere Landstriche zu finden als heute. Dies ist auf die verminderte Verdunstung und auf die Schnee- und Eismengen zurückzuführen, die sich während der vorausgegangenen kalten Jahrzehnte angesammelt hatten. Wir haben bereits die häufigen Lawinen, Überschwemmungen, Erd- und Bergrutsche in Norwegen (vgl. S. 248) erwähnt. In den Alpen überquerten die vorrückenden Gletscher an einigen Stellen die Talböden und bildeten Dämme, so daß

Wasserläufe zeitweilig zu Seen wurden. Derartige Seen durchbrachen wiederholt die Eisbarriere und führten talabwärts zu verheerenden Überflutungen. Im schweizerischen Saastal und im österreichischen Ötztal trat dieses Phänomen mehrfach auf; auch im Himalaja fand man Nachweise ähnlicher Vorkommnisse. Die Torfmoore der Britischen Inseln waren mancherorts derart mit Feuchtigkeit gesättigt, daß sie regelrecht «überliefen», wie z. B. 1697 in der Grafschaft Cork bei Charleville, 1771 und 1772 im Solway Moss (nahe der englisch-schottischen Grenze) und 1824 bei Haworth, das in den Pennines in der Grafschaft Yorkshire liegt. Diese Vorfälle ereigneten sich stets nach großen Regenfällen im Anschluß an eine Abfolge von überwiegend kalten Sommern. Bei den «Wassereinbrüchen» des Solway Moss in den Jahren 1771 und 1772 wurden mehr als 200 Hektar Anbaufläche von einer bis zu 4 m mächtigen schwarzen, torfigen Schlammschicht überdeckt.

Im süd- und mittelenglischen Tiefland, wo die Niederschlagsmenge offenbar 5 bis 10 Prozent unter dem heutigen Mittel lag, funktionierte die Verdunstung hingegen wesentlich effektiver. Dort übertraf in den vierziger Jahren des 18. Jahrhunderts das Niederschlagsdefizit mit Sicherheit diesen Wert und belief sich während der gesamten Dekade wahrscheinlich auf 15 bis 20 Prozent. Die im 16. und 17. Jahrhundert in diesen Gegenden bevorzugten Siedlungsstandorte legen den Schluß nahe, daß die Talsohlen gewöhnlich trockener waren als in der Folgezeit. Vergleichbares mag für Teile Mitteleuropas gelten. Für das 17. Jahrhundert liegt uns eine zeitgenössische Beschreibung über die Häufigkeit der Staubstürme in der Heidelandschaft von East Anglia vor.[1]

Unregelmäßige Erwärmung

Alle uns zur Verfügung stehenden Temperatur- und Proxy-Temperaturaufzeichnungen aus England, Mittel- und Nordeuropa, aus China und Nordgrönland, auch Bäume im kalifornischen Bergland und Stalaktiten einer neuseeländischen Höhle belegen eine deutliche Klimaerwärmung, die kurz nach 1700 nur ein oder zwei Jahrzehnte lang anhielt (vgl. Abb. 25, 33, 46, 73). In Nordgrönland erfolgte die Erwärmung eher schrittweise, erreichte jedoch im späten 18. Jahrhundert einen deutlichen Höhepunkt. In den dreißiger Jahren des 18. Jahrhunderts wurde es in Europa ebenso warm wie in der wärmsten Phase des 20. Jahrhunderts. Zwischen 1730 und 1740 führte die Wärme in Schweden und Island zu einer nachhaltigen, statistisch belegbaren Verbesserung der Lebensbedingungen (gesundheitliche Verhältnisse, Lebenserwartung). Aus den

Annalen von Dunfermline in Schottland geht hervor, daß zwischen 1733 und 1734 das strenge, puritanische Gesetz aufgelockert wurde, das die jährliche Tanzveranstaltung im Stadthaus lange Zeit unterband, nur ein Jahr später trat das Verbot wieder in Kraft. In der Folgezeit veränderten sich allerdings die klimatischen Bedingungen fast überall, und sogar wiederholte Male, dermaßen abrupt, daß die Klimaverhältnisse den kältesten Perioden des 16. und 17. Jahrhunderts glichen. Abgesehen von den bemerkenswert warmen europäischen Sommern in den späten vierziger und fünfziger Jahren des 18. Jahrhunderts, um 1780 sowie zwischen 1800 und 1808 setzte sich eine anhaltendere Erwärmung nicht vor dem späten 19. bzw. dem frühen 20. Jahrhundert durch.

Im 18. und 19. Jahrhundert wiederholten sich die großen, für die Kleine Eiszeit typischen Schwankungen. So gab es selbst in der Erwärmungsphase noch einige kalte Winter. In Europa war der Winter des Jahres 1708/1709 außergewöhnlch streng; allerdings waren Irland und Schottland davon so gut wie gar nicht betroffen. Die Ostsee konnte zu Fuß überquert werden, und entlang der flandrischen Küste trat abermals Eis auf. In England und Schottland fiel ungewöhnlich viel Schnee; in Frankreich hingegen war es trocken; dort fielen sehr viele Bäume dem strengen Frost zum Opfer. In den nördlichsten Bezirken Frankreichs wurde der Weinanbau für immer aufgegeben, und in der Provence gingen alle Apfelsinenbäume ein. Diese Begebenheiten beschreiben die Ausprägung eines durch kontinentale Ostwinde bestimmten Winters. Sieben Jahre später, im Jahre 1716, fror die Themse in London erneut zu. Diesmal war die Eisdecke so fest, daß die hohe Springflut im Januar das Eis um 4 m anhob, ohne den Winterjahrmarkt zu beeinträchtigen. Auf dem Eis herrschte reges Treiben, Londons Theater waren fast wie ausgestorben. Dennoch dürften der Winter 1723/1724 und die meisten Winter in den dreißiger Jahren des 18. Jahrhunderts in England mit den mildesten Wintern des 20. Jahrhunderts vergleichbar sein. Die Sommer von 1718 und 1719 brachten den meisten Regionen Europas Hitze und Dürre. Auch die englischen Sommer der späten zwanziger und dreißiger Jahre des 18. Jahrhunderts dürften ebenfalls den besten Sommern unseres Jahrhunderts ähnlich gewesen sein. Allerdings war der Sommer des Jahres 1725 mit einem Temperaturmittel von 13,1 °C für die Monate Juni, Juli und August der kälteste in der Geschichte der Thermometeraufzeichnungen überhaupt. In London wurde der Juli des Jahres 1725 «eher als Winter denn als Sommer» empfunden. Heute sieht man diesen sommerlichen Temperaturdurchschnitt aus Mittelengland als normales Mittel für Nordschottland an. Ununterbrochene Regenfälle kennzeichneten das Wetter in Paris. Trotzdem müssen die ausgeprägt warmen Jahre in jener Zeit, die eine

Verlängerung der Wachstumsperiode zum Teil um mehrere Monate zur Folge hatten und reichlich Sonnenschein und gute Ernten mit sich brachten, die Gemüter derjenigen stark beeindruckt haben, die das Ende des vorausgegangenen Jahrhunderts erlebt hatten. Möglicherweise trug das angenehme Klima jener Jahre auch zu dem Entschluß bei, die berühmtenm georgianischen Häuserzeilen der Stadt Bath in ungeschützter Hanglage anzulegen, eine für englische Städte unerhörte Neuerung.

Die Schwankungen in den jährlichen Temperatur- und Niederschlagsextremen – ein Aspekt, auf den wir bei den hier behandelten Jahrhunderten noch mehrfach eingehen müssen – waren in der ersten Hälfte des 18. Jahrhunderts besonders stark ausgeprägt. Bestätigt werden diese Veränderungen durch die aufgezeichneten Thermometer- und Niederschlagsmessungen und Baumringsequenzen.

Diese Tendenz zu einer Klimaverbesserung wurde von dem überaus strengen Winter von 1739/1740 unvermittelt unterbrochen. Auch im nächsten von Ostwinden dominierten Winter[2] war in England um die Jahreswende 1740/1741 eine ununterbrochene Abfolge kalter Monate zu verzeichnen. 1740 gilt als kältestes Kalenderjahr seit Beginn der Temperaturaufzeichnungen in England (1659). Die mittlere Gesamttemperatur lag für Mittelengland bei 6,8 °C, ein Wert, der für die Shetlandinseln mehr oder weniger normal wäre. Im Winter, Frühjahr und im Herbst herrschten in etwa die Temperaturen, wie sie für diese Jahreszeiten in Südschweden erwartet werden; im Sommer lagen die Temperaturen trotz Sonnenschein bei Werten, die wir für Zentralschottland als üblich ansehen. Manley crrechnete, daß in einem solchen Jahr genau doppel soviel Heizmaterial erforderlich sei wie in den wärmsten Jahren dieses Jahrhunderts. In mehreren nachfolgenden Wintern war es ebenfalls kalt (doch waren diese Winter in keiner Weise mit 1740 vergleichbar); in diesen Jahren wurden in Schottland und Irland die letzten Wölfe gesichtet und erlegt. Die zumeist warmen Sommer und Herbste der vierziger und fünfziger Jahre des 18. Jahrhunderts und der geringe Niederschlag jener Jahre hinterließen bei der englischen Landbevölkerung den Eindruck einer leichteren und angenehmen Zeit. Gleiches gilt für andere europäische Länder und den Osten der Vereinigten Staaten, wo zu jener Zeit ebenfalls mit Instrumentenaufzeichnungen begonnen wurde.

Entwicklungen in der Landwirtschaft

Diese Schwankungen, insbesondere die Wärme in den dreißiger Jahren des 18. Jahrhunderts und die sommerliche Wärme, die etwa bis zum Jahrhundertende vorherrschte (vgl. Abb. 25), müssen die Verbesserungen in der Landwirtschaft unterstützt haben. Einige Landeigentümer aus Norfolk führten damals Neuerungen ein, die sie in ganz Europa berühmt machten. Etwa ab 1730 erweiterte Lord Townshend («Rüben-Townshend») die Palette der Anbauprodukte – insbesondere durch die Einführung von Hackfrüchten. Die Einführung neuer Feldfrüchte durch Thomas Coke in den letzten Jahrzehnten des Jahrhunderts war ebenso richtungweisend wie der von ihm betriebene Kleeanbau zur Bodenverbesserung und die Anlage von Schutzstreifen. Vom Beginn des 18. Jahrhunderts bis 1795 erhöhte sich das durchschnittliche Gewicht der Schafe und Rinder, die in London auf dem Markt von Smithfield verkauft wurden, auf mehr als das Doppelte.

Die Kartoffel wurde in Südamerika entdeckt und in Irland (wo das Klima für gute Weizenerträge eher zu feucht war) bereits im späten 17. Jahrhundert in großem Maßstab angebaut. Ihr ist es vor allem zu verdanken, daß die Iren von der Hungersnot verschont blieben, die in Schottland während der neunziger Jahre des 17. Jahrhunderts äußerst schreckliche Auswirkungen hatte. Die Kartoffelfäule (*Phytophthora infestans*) trat erst viel später auf. Während des 18. Jahrhunderts breitete sich die Kartoffel ost- und nordwärts über Europa aus und trug erheblich dazu bei, die Gefahr einer Hungersnot in feuchten Jahren zu bannen, wenn der Weizenertrag zu gering war oder Mißernten auftraten. Nach einer Hungersnot im Jahre 1772 ordnete die Regierung Ungarns den Anbau von Kartoffeln an. Auch in Rußland setzte sich der Kartoffelanbau nicht zuletzt dank administrativer Unterstützung durch, nachdem es in den sechziger Jahren des 18. und in den dreißiger Jahren des 19. Jahrhunderts zu Getreidemißernten gekommen war. In den nördlichen Bezirken Schottlands und Norwegens verhalfen Förderungsmaßnahmen von seiten der Landeigentümer der Kartoffel zu ihrer endgültigen Bedeutung. Schottische und irische Auswanderer, die die Vorzüge der Kartoffel bereits in Europa entdeckt hatten, brachten sie übrigens 1718 mit nach Neuengland. Die Kartoffel hatte für die rasch wachsende und zunehmend städtische Bevölkerung Europas zur Zeit der industriellen Revolution einen weiteren Vorteil: Der Ernteertrag lag – unabhängig von der Größe oder Beschaffenheit der Anbaufläche – um ein Vielfaches über dem aller Getreidearten.

Das kältere Klima, das im ausgehenden 16. Jahrhundert einsetzte und das bis um 1900 anhielt, könnte die Einführung einer weiteren Feldfrucht der Neuen Welt in Europa verzögert haben: In Teilen Südeuropas wurde Mais bereits in den siebziger Jahren des 17. Jahrhunderts angebaut, doch fand man nicht viel Geschmack an ihm, da er als schwer verdaulich galt. In Südfrankreich nannte man ihn «spanisches Getreide», und John Locke berichtete, daß Mais als Brot der armen Leute diene. Doch schon in den achtziger Jahren des 18. Jahrhunderts wurde Mais vermehrt angebaut. In Spanien, Portugal und Italien war er ein Grundnahrungsmittel. Bald kultivierte man diese Feldfrucht in ganz Südosteuropa.[3]

Das sommerliche Temperaturmittel in England und Mitteleuropa (z. B. Süddeutschland und Österreich) lag im späten 18. Jahrhundert im allgemeinen geringfügig über den Werten für das 20. Jahrhundert. Dies mag der Grund dafür gewesen sein, daß ein langhörniger Stubenkäfer (*Hylotrupes bajalus*), den man nur in Gebieten findet, in denen die wärmsten Monatsmittel über 16,5 °C liegen, im späten georgianischen Zeitalter im Gebälk südenglischer Häuser, besonders in London, erheblichen Schaden anrichtete. Später starb dieser Schädling aus, trat aber in der Wärmeperiode von 1934 bis 1953 vielerorts wieder auf.

Weitere Klimastörungen im späten 18. und frühen 19. Jahrhundert

Wie wir bereits angedeutet haben, hielt die sommerliche Wärme im 18. Jahrhundert nicht ununterbrochen an. Auch in den anderen Jahreszeiten war es im allgemeinen kälter als heute. In Frankreich geht das systematische Sammeln täglicher Wetterbeobachtungen mittels Instrumentenablesungen im Jahre 1775 im Grunde auf die Beunruhigung über das zunehmend weniger berechenbare Klima und auf das vermehrte Auftreten saisonaler Extreme zurück. Beobachtungen aus der Schweiz haben Pfister[4] zu der Vermutung veranlaßt, daß die Sommer im Tiefland ab 1764 etwa vierzehn Jahre lang im allgemeinen zunehmend kalt und regnerisch und in den Alpen schneereich waren. In den Jahren 1769 bis 1771, als die Schwankungen ihren Höhepunkt erreichten, waren die Winter lang und schneereich. Die Sommer waren zu kurz und zu kalt, um den Schnee auf den oberen Almwiesen zum Schmelzen zu bringen. Die Gletscher rückten merklich vor. Die Nahrungsmittelproduktion ging zurück, Weizen, Kartoffel und Milch waren so nachhaltig davon betroffen, daß es zu einer Hungersnot kam. Von 1751 bis 1760 verzeichnete England die feuchteste Abfolge von Sommern seit 1967 (Beginn der Aufzeichnungen durch Regenmesser). Die Niederschläge in diesen zehn aufeinanderfolgenden nassen Sommern erreichten im Durchschnitt 127 Prozent des heutigen Mittels. Die Sommer von 1763 bis 1772 (117 Prozent) und die Sommer von 1775 bis 1784 (115 Prozent) blieben nicht weit hinter diesem Wert zurück. Während des letztgenannten Zeitraums war es im allgemeinen warm und feucht. Die Jahre 1763 und 1768 (181 bzw. 164 Prozent des heutigen Mittels) standen in bezug auf Feuchtigkeit im gesamten Aufzeichnungszeitraum an zweiter bzw. sechster Stelle. Das ausgehende 18. Jahrhundert kann als eine Periode mit hauptsächlich warmen Sommern und kalten Wintern beschrieben werden, obgleich es in Nordeuropa in einigen Sommern entweder so feucht und/oder so kalt war, daß es beim Getreide zu Mißernten kam, und in Gebieten, in denen die Kartoffel noch nicht angebaut wurde, Hungersnöte auftraten. Die Ernten der Jahre 1781 und 1782 erinnerten in Schottland schwach an schlimme Erfahrungen der Vergangenheit (neunziger Jahre des 17. Jahrhunderts, 1709 sowie 1740 bis 1742). Die Erinnerung reichte, um eine plötzliche Auswanderungswelle auszulösen. Der Sommer des Jahres 1781 war kalt und für das Gras- oder Getreidewachstum zu trocken; im Sommer des Jahres 1782 wurde in Stirlingshire das unausgereifte Getreide am 31. Oktober von Schnee bedeckt. 1783 war es nicht viel besser, da ein Staubschleier die Sonne drei Wochen lang verdeckte und schwefelhaltiger Nebel auftrat. Beide Erscheinungen gingen auf die großen Vulkanausbrüche auf Island im Mai und Juni desselben Jahres zurück. In diesem Sommer war es in England jedoch heiß. Ein Teil des Aschenregens schädigte die Feldfrüchte in Caithness in Nordschottland. Die schwefelhaltige Atmosphäre verbreitete einen üblen Geruch und verursachte in Holland Pflanzenschäden und bei der Bevölkerung Augenbrennen. In Südfrankreich konnte man die Sonne im Juli dieses Jahres aufgrund der undurchdringlichen oberen Dunstschicht erst sehen, wenn sie 17° über dem Horizont stand. Tatsächlich gibt es überzeugende Gründe dafür, daß viele (oder die meisten) der rückläufigen Tendenzen während der Klimaverbesserung im 18. und 19. Jahrhundert den außergewöhnlich häufigen, explosionsartigen Vulkanausbrüchen zuzuschreiben sind. Diese verursachten vor allem zwischen 1752 und den vierziger Jahren des 19. Jahrhunderts die Bildung und den andauernden Verbleib von Staubschleiern in den oberen Bereichen der Atmosphäre, wobei in der Zeit von 1783 bis ca. 1802 die Vulkantätigkeit auf der Nordhemisphäre nachließ.

Die Staubschleier hatten optische Effekte zur Folge, die von vielen zeitgenössischen Beobachtern beschrieben wurden, so auch von Luke Howard[5] aus London, einem Freund von John Constable. Man kann durchaus davon ausgehen, daß eben die optische Wirkung dieser Vulkantätigkeit J. M. W. Turner zu jener Farbgestaltung des Sonnenuntergangs inspirierte, die seine Bilder letztendlich so berühmt machte. Dieser Aspekt im Werk Turners läßt sich ab etwa 1807 nachweisen und war zwischen 1830 und 1840 besonders auffällig, gerade in diesen Jahren war das Staubaufkommen in der Stratosphäre besonders hoch. Vermutlich zeitigten die Staubschleier besonders ausgeprägte klimatische Auswirkungen im Jahre 1816, das in Europa und im Osten Nordamerikas weithin als «das Jahr ohne Sommer» bekannt war. Dieses Phänomen trat erst ein Jahr nach der großen Eruption des Tambora (April 1815) in Indonesien (8° S, 118° O) auf. Diese Verzögerung entspricht der Zeit, die der Staub offensichtlich brauchte, um sich in der Stratosphäre zu einem weltweiten Schleier auszudehnen. Der Staubschleier verminderte den Einfall der Sonnenstrahlung, bewirkte eine Abkühlung der Erde und verzerrte die Muster der globalen Windzirkulation. Bei diesem Vulkanausbruch wurden offenbar mindestens 15 km^3 Feststoffe in die Atmosphäre geschleudert. 1812 hatten sich auf St. Vincent, einer Insel der Kleinen Antillen, auf dem Awu auf Celebes sowie 1814 auf den Philippinen ebenfalls größere Vulkaneruptionen ereignet, deren Staubschleier noch nicht gänzlich aus der Stratosphäre verschwunden sein konnten. Im Juni 1816 schneite es bei Nordostwind nahezu über dem gesamten Osten Nordamerikas und, mit Ausnahme der küstennahen Bereiche, lag in einer südlich vom 42. Breitengrad begrenzten Zone Schnee. In der Stadt Quebec blieben mehrfach die Tagestemperaturen ununterbrochen um oder unter dem Gefrierpunkt. In Connecticut, wo die Temperaturen im April äußerst selten unter Null sinken, waren in jedem Monat des Jahres 1816 Fröste zu verzeichnen. Die Getreideernte und die Weinlese fanden in Europa später als gewöhnlich statt. Im Westen der Britischen Inseln führten Dauerregen und niedrige Temperaturen bei den Feldfrüchten zu ausgeprägten Mißernten. Familien aus Mittelwales unternahmen Betteltouren über sehr weite Entfernungen, um sich Nahrungsmittel zu beschaffen. In der Ukraine hingegen rief das Windmuster einen heißen Sommer hervor. In Nordschottland war das Klima angenehm, und auf den Shetlandinseln folgte «ein herrlicher Sommer auf einen rauhen Frühling».

Offensichtlich traten in jenem Sommer in der subarktischen Zone Hochdruckgebiete auf, und zwar im Anschluß an nördliche Winde, die im Frühjahr das Klima der Shetlandinseln beeinflußten und das arktische Meereis an der isländischen Küste bis Juli nicht tauen ließen. Im Sommer wehten nördliche Winde auch über den europäischen Teil Rußlands. Auch der asiatische Monsun im Jahre 1816 verlief offenbar nach einem verzerrten Muster. In Korea und im Fernen Osten gingen schwere Regenfälle nieder, die sich in Indien auf den Süden konzentrierten.[6]

Diese anormalen Muster des Jahres 1816 sind für die schwerste Typhusepidemie in der Geschichte Europas zwischen 1816 und 1819, für die Pest, die zur gleichen Zeit in Südosteuropa und im östlichen Mittelmeerraum wütete, und für die erste große Choleraepidemie, die 1816/1817 in Bengalen einsetzte und sich in der ganzen Welt ausbreitete, verantwortlich gemacht worden. Zieht man die Hungersnöte von 1816/1817 ebenfalls in

Betracht, so handelt es sich hier um eine der sehr großen, weltumspannenden Katastrophen, die mit dem Klima verbunden sind[7], fast vergleichbar mit den Ereignissen von 1315 bis 1350. Die Mißernten und Hungersnöte der achtziger bis neunziger Jahre des 16. und der neunziger Jahre des 17. Jahrhunderts blieben offenbar auf Europa beschränkt. Möglicherweise verhinderte diese lokale Begrenzung größere, sich rasch ausbreitende Krankheitsepidemien. Als einen eher heiteren Umstand können wir anmerken, daß Mary Shelley angeblich durch die Ereignisse von 1816 zur Erfindung *Frankensteins* angeregt wurde.

Es ist notwendig, kurz zum Wetter der achtziger Jahre des 18. Jahrhunderts zurückzukehren. Auch in dieser Dekade trat nach zwei heftigen Eruptionen im Jahre 1783 ein außergewöhnlich hoher Vulkanstaubanteil in der oberen Atmosphäre auf. Im Mai und Juni 1783 brach auf Island ein Vulkan aus, und im August kam es auch in Japan zu einer Eruption. Unabhängig von der Frage, ob die Vulkantätigkeit der einzige Auslöser war oder nicht, steht mit Sicherheit fest, daß die klimatischen Verhältnisse in dieser Dekade anormal waren und Abweichungen in der Windzirkulation auftraten. Tägliche Wetterkarten für die Zeit von 1781 bis 1786, die J. A. Kington von der Climatic Research Unit der University of East Anglia untersucht hat, zeigen über den Britischen Inseln eine bemerkenswert geringe Häufigkeit von Tagen mit vorherrschenden Westwinden. Der Durchschnitt für diese sechs Jahre lag bei 66 Tagen mit westlichen Winden. Im Vergleich dazu herrschte während der 118 Jahre von 1861 bis 1978 an 91,5 Tagen Wind aus westlicher Richtung.

Unter den zahlreichen extremen Klimasituationen zwischen 1780 und 1790 sind folgende Daten für Mittelengland von besonderem Interesse: Hier sind ein Temperaturmittel von 18,8 °C und der wärmste Monat (Juli 1783) in der 320jährigen Geschichte der Thermometeraufzeichnungen zu verzeichnen. Eine derartige Durchschnittstemperatur würde man 100 bis 200 km südlich von Paris erwarten. Allerdings traten auch nicht weniger als vier extrem kalte Winter auf, die Temperaturen bewegten sich mehr als 2 °C unter dem heutigen Mittelwert. Überdies wurde in dieser Dekade in England und Wales das wahrscheinlich trockenste Jahr in einem 250 Jahre umfassenden Aufzeichnungszeitraum registriert[8]: 1788 lag das Niederschlagsmittel für die Monate Januar bis Dezember bei nur 63 Prozent der heutigen Werte.

Offenbar betraf die extreme Witterung dieser Dekade Frankreich jedoch am stärksten. Der März des Jahres 1785 war der kälteste bislang registrierte Monat. Er verlängerte in weiten Teilen Europas einen bereits ungewöhnlich strengen Winter. Dann folgte ein Dürrejahr (67 Prozent der erwarteten Jahresniederschläge in Paris). Das führte auf den französischen

Bauernhöfen zu einer Viehfutterknappheit, in der Folge mußten viele Rinder notgeschlachtet werden. Die französischen Bauern jener Zeit aßen Roggen- oder Haferbrot, nur die Oberschicht konnte sich Weizenbrot leisten. Gleichwohl wurden über 55 Prozent der Einkünfte der unteren Bevölkerungsschichten allein für Brot ausgegeben, nach einem weiteren Dürrejahr (1788) und einem strengen Winter (1788/1789) wurden sogar 88 Prozent des Einkommens für Brot aufgewandt.[9] Damit sollen keinesfalls die Ursachen der Französischen Revolution einzig dem Wetter zugeschrieben werden, nichtsdestotrotz kann kaum bestritten werden, daß das Wetter den Druck verstärkte, der schließlich zur «Explosion» führte.

Der Sommer 1789 zeigte eine mehr oder weniger normale Wärme, in der Tat erfolgte der Sturm auf die Bastille in Paris bei schönem Juliwetter. Aufgrund der Niederschläge zählt dieser Sommer zu den 30 feuchtesten Sommern der letzten 250 Jahre in England und Wales. Eine außergewöhnliche Katastrophe ereignete sich im Juli 1789 im östlichen Norwegen: Nach schweren Regenfällen stieg das Wasser des Flusses Glomma in einem noch nie dagewesenen Ausmaß, weil der Untergrund nach einem langen und harten Winter noch gefroren und undurchlässig war.

Charles Dickens und bildende Künstler als Klimazeugen

Die neunziger Jahre des 18. und die ersten Jahre des neuen Jahrhunderts bescherten England und dem europäischen Festland eine Reihe angenehmer, warmer Sommer, und abgesehen von dem strengen Winter von 1794/1795 war es in dieser Zeit weniger kalt als in den achtziger Jahren des 18. Jahrhunderts. Mit dem Sommer des Jahres 1809 setzte eine lange Folge kälterer Sommer ein; von 1810 bis 1819 war es zu allen Jahreszeiten – angeblich bedingt durch den Vulkanstaub in der Atmosphäre – überwiegend kalt. Durchaus entsprechen die literarischen Beschreibungen *traditioneller Winter*, die Charles Dickens berühmt machten, den klimatischen Kindheitserfahrungen des Autors. Zwischen 1812 und 1820 war das Weihnachtsfest sechsmal von Frost oder Schnee begleitet; für London war das außergewöhnlich. Dieses Jahrzehnt (1810 bis 1819) war seit den neunziger Jahren des 17. Jahrhunderts die kälteste Dekade in England. Die im frühen 19. Jahrhundert erneut einsetzenden kälteren Jahreszeiten motivierten zur Kreation gewisser Arten von Damenunterwäsche, vor allem des sogenannten Busenfreundes. Abgelöst wurde die gewagte Mode, die nach der Revolution in Frankreich aufgekommen war und die «den Körper ziemlich unverhüllt» ließ. Äußerungen aus jener Zeit besagen, daß der Nordwind für die Rückkehr zur gesitteten weiblichen Bekleidung sorgte.

75 a + b: Landschaftsgemälde mit typischen Beispielen für die Wolkenbedeckung von Malern in Holland und England des 17. und frühen 18. Jahrhunderts: a) «Ansicht von Deventer» von Jacob van Ruysdæl (1628–1682); b) «Das Getreidefeld» von John Constable (1776–1837).

Statistischen Untersuchungen über wechselnde Tendenzen in der Landschaftsmalerei ist zu entnehmen, daß die Bilder von John Constable und anderer Zeitgenossen, und auch die Werke der niederländischen Schule des 17. Jahrhunderts, etwas über das typische Sommerwetter der betreffenden Zeit aussagen (Abb. 75 a und b). Untersuchungen der europäischen gegenständlichen Malerei haben ergeben, daß in der Zeit zwischen 1550 und 1700 etwa 80 Prozent des Himmels mit einer Wolkendecke dargestellt wurden. Im Laufe des 18. Jahrhunderts veranschlagte man die bewölkten Flächen auf 50 bis 75 Prozent, zu Zeiten von Constable und Turner (1790 bis 1840) auf 70 bis 75 und im 20. Jahrhundert auf 55 bis 70 Prozent.[10] Diese Schwankungen, die die im Freien arbeitenden Maler hauptsächlich im Sommerhalbjahr festgehalten haben, entsprechen im Prinzip den uns bekannten Veränderungen der Sommertemperatur, wenn auch künstlerische Moderichtungen an der bildnerischen Überbetonung des Wolkenhimmels wohl nicht unbeteiligt waren. In dieser Hinsicht können die Maler allerdings durchaus dem subjektiven Eindruck ihrer Zeitgenossen gefolgt sein. Die zunehmende Luftverschmutzung durch Rauch in London und in anderen europäischen Städten ist ein weiterer Aspekt der Szenerie des 19. Jahrhunderts, den wir in der Malerei offenbar authentisch dargestellt finden. Brimblecombe[11] hat dieses Phänomen in der Malerei vom 15. Jahrhundert bis in unsere Zeit verfolgt. Die vorherrschende Farbe für den Himmel wechselte allmählich von blauen zu gelblichen und dann zu rosafarbenen Grautönen. Diese Phänomene und andere geschichtliche Beweise belegen, daß die Luftverschmutzung in London im Gefolge der Verwendung von Kohle aus Newcastle und Tyneside als Brennmaterial während des Tudorzeitalters rapide anstieg. Von 1690 bis 1900 war die Luftverschmutzung fast gleichbleibend hoch.

Die Mitte des 19. Jahrhunderts und der Beginn des Gletscherrückzugs

Die zwanziger und dreißiger Jahre des 19. Jahrhunderts brachten erneut größere Wärme nach Großbritannien und Europa und zeichneten sich besonders zwischen 1820 und 1830 durch wohltuend warme Temperaturen im Frühjahr und Herbst aus. Der Sommer des Jahres 1826 war der wärmste in den 300 Jahren, in denen in England Temperatursequenzen aufgezeichnet wurden. Die damaligen Temperaturen gingen offenbar leicht über den Rekord von 1976 hinaus. Gleichwohl kam es zu starken Schwankungen von einem Jahr zum anderen.

Anfang August 1829 kühlte sich das Wetter in Schottland bei nördlichen und nordöstlichen Winden merklich ab. Am 3. und 4. August regnete es 40 Stunden lang, wodurch im gesamten Nordosten des Landes die Flüsse in bis dahin unbekanntem Ausmaß über die Ufer traten. Die Fluten schwemmten sehr viele Brücken und ufernahe Gebäude fort, Mündungen änderten ihren Verlauf. In jenem Monat regnete es im normalerweise trockenen Tiefland Nordostschottlands an 28 Tagen. Die gemessene Gesamtniederschlagsmenge für diesen Monat überschritt offenbar das Langzeitmittel um das Zweieinhalbfache. Die Winter 1821/1822 und 1833/1834 sowie 1845/1846 entsprachen fast dem mildesten Winter seit Beginn der Aufzeichnungen. Die Winter 1819/1820, 1822/1823, 1829/ 1830 und 1837/1838, wie auch mehrere Winter in den vierziger Jahren des 19. Jahrhunderts waren jedoch sehr kalt. 1829/1830 fror der Bodensee zum erstenmal seit 1740 völlig zu, erst 1963 bildete sich wieder eine geschlossene Eisdecke. Im 17. Jahrhundert dagegen trat dieses Ereignis fünfmal und zwischen 1563 und 1600 viermal ein. In Skandinavien war der Winter 1837/1838 derart extrem, daß sich im Meer von Skagen (an der Nordspitze Dänemarks) bis zum südlichsten Punkt von Norwegen und entlang der südwestnorwegischen Küste Eis bildete. (Im März 1838 trieb das Eis an diesem Teil der Atlantikküste wieder in südliche Richtung.)

In England war es vielfach während der zwanziger, dreißiger und vierziger Jahre im Frühling und Herbst feucht. Dieser Umstand sowie die Erfahrung kälterer und feuchterer Sommer nach 1810 und in den vierziger Jahren des 19. Jahrhunderts führten offenbar dazu, daß die Bewässerung landwirtschaftlich genutzter Flächen, die in den trockeneren Perioden des 18. Jahrhunderts – besonders in den vierziger Jahren – begonnen hatte, allgemein aufgegeben wurde. Später im 19. Jahrhundert traten in England vereinzelt weitere, ausgesprochen lange, feuchte Jahreszeiten auf, und zwar besonders in den Jahren 1848, 1852, 1872, 1877 und 1882.

In dieser Phase der fortgesetzt schwankenden Jahreszeiten in den vierziger Jahren des 19. Jahrhunderts gab es in England mehrere unangenehm kalte Sommer, 1846 war allerdings auch ein sehr heißer Sommer zu verzeichnen. In diesem Jahr dehnte sich die Hitze weithin über Nordeuropa und Asien aus. Ein Teil des Permafrostbodens in den Tundren Nordostsibiriens taute auf. Der Kapitän eines kleinen russischen Vermessungsschiffs, das die Lena befuhr, beschreibt seine Schwierigkeiten, in der überfluteten Landschaft das Flußbett zu finden. Der Fluß konnte nur durch «das Fließen und Tosen des Stromes» ausgemacht werden. «Auf dem Fluß kamen uns Bäume, Moos und riesige Massen Torf entgegen.» Einmal tauchte «der Kopf eines Elefanten» zeitweilig aus dem Wasser auf, das Tier wurde schließlich gegen das Schiff getrieben und konnte kurzfristig vertäut werden. Die Schiffsmannschaft konnte das Mammut untersuchen, bevor es wieder im Schlamm versank. Die englischen Winter der vierziger Jahre des 19. Jahrhunderts waren ebenfalls sehr unterschiedlich. Mindestens drei Winter dieses Jahrzehnts waren sehr kalt, 1845/1846 war es jedoch so mild, daß Sabine, das für Auslandsbeziehungen zuständige Vorstandsmitglied der Royal Society und einer der Gründer der Meteorologischen Gesellschaft, beobachtete, wie sich der Golfstrom weit über seine normalen Grenzen ausdehnte.[12]

Die irische Kartoffelhungersnot

Die Zeit zwischen 1840 und 1850 ist im Hinblick auf die Geistesgeschichte und die zunehmende Bedeutung der politischen Bewegungen für Demokratie und das allgemeine Wahlrecht beschrieben worden. Historiographisch wurden mithin die zentralen Dinge, die die europäischen Nationen beschäftigten und die im Revolutionsjahr 1848 zum Ausbruch kamen, berücksichtigt. Dennoch könnte eine Untersuchung der Rolle der klimatischen Verhältnisse und ihrer Auswirkungen auf die Landwirtschaft und die arme städtische Bevölkerung wertvoll sein. Zumindest in einem Teil Europas wirkte sich das Wetter kritisch aus, nämlich beim Wendepunkt in der irischen Geschichte, der durch die Kartoffelhungersnot hervorgerufen wurde. Der in Europa im allgemeinen warme Sommer 1846 war bei feuchten Südwinden und bei Tiefdruckgebieten in der Nähe des Atlantiks, zeitweilig auch in Nordeuropa, naß. Das waren ideale Bedingungen für den Kartoffelfäulnispilz (*Phythophthora infestans*), der erstmalig 1845 (in einer Schiffsladung aus Amerika, in der sich befallene Knollen befanden) in Europa aufgetreten war und sich schnell ausbreitete. Die Organismen vermehren sich innerhalb weniger Tage bei Temperaturen von über 10 °C und bei einer beständig über 90 Prozent liegenden relativen Luftfeuchtigkeit, die die freiliegende Oberfläche der Pflanzen ständig feucht hält. In den Aufzeichnungen eines Bauernhofes aus dem von Irland weit entfernt gelegenen Jæren in Südwestnorwegen lesen wir, daß der mit steter Wärme verbundene Wechsel zwischen Regen und Sonne das Korn im Jahre 1846 schnell reifen ließ und es bis zum 29. August sicher eingebracht wurde. Auch dieser südwestnorwegischen Quelle zufolge verfaulten die Kartoffeln jedoch wieder. In Irland, wo die Kartoffel auf der Mehrzahl der kleineren Bauernhöfe (80 Prozent waren kleiner als sechs Hektar, und viele umfaßten nur ein Fünftel dieser Fläche) als Hauptfeldfrucht angebaut wurde, zeitigte diese Witterung eine verheerende Wirkung. Trotz der Hilfsmaßnahmen – hauptsächlich hohe Maisimporte aus den Vereinigten Staaten – starben sehr viele Menschen. Über einen Zeitraum von

mehr als sechs Jahren brach der Pilzbefall wiederholt aus. Hinzu kam eine
Typhusepidemie, die sich ebenfalls nicht auf Irland beschränkte. In Irland
starben schätzungsweise eine Million Menschen, und es setzte eine Emi-
grationswelle ein. 1851 war die Bevölkerungszahl bereits um fast ein Viertel des Höchststandes gesunken, der im Jahre 1845 bei 8,5 Millionen lag,
und bis zum 20. Jahrhundert verringerte sich die Zahl der Einwohner auf
die Hälfte. Seither hat die Bevölkerungszahl nicht mehr den Stand von
1845 erreicht.

Die Mitte des 19. Jahrhunderts in den Vereinigten Staaten

Eberhard Wahl[13] und seine Kollegen an der University of Wisconsin haben das Klima in den Vereinigten Staaten für die Zeit von 1830 bis 1870
erforscht. Sie konnten auf ein Netzwerk offizieller Wettermeßstationen
zurückgreifen, darunter die frühesten Stationen dieser Art in der Mitte
des Kontinents. Die Ergebnisse belegen ein Klima, das zu jeder Jahreszeit im Landesinnern zwischen 1 und 2 °C, im Frühherbst sogar mehr als
2 °C kälter war als das Mittel von 1931 bis 1960 in den östlichen und mittleren Landesteilen. In den fünfziger und sechziger Jahren des 19. Jahrhunderts, für die auch Daten von der Pazifikküste vorlagen, zeigte sich, daß
es in den Rocky Mountains bis zu 1 °C wärmer war als zwischen 1931 und
1960. Im Frühjahr, Sommer und Frühherbst war es dort bis zu 1,5 °C wärmer. Über demselben Gebiet fielen ca. 20 Prozent mehr Niederschläge als
in jüngster Zeit, aber während des Winters lag der Nord-Süd-Gürtel mit
bis zu 40 Prozent mehr Niederschlag und Schnee über dem Mittleren Westen. Aus dieser Verteilung wird deutlich, daß die Windzirkulation ein
eher meridionales Muster (mit weniger Westwinden) als im 20. Jahrhundert aufwies. Gleiches haben wir ebenfalls für den Höhepunkt der Kleinen Eiszeit im 16. und 17. Jahrhundert gefolgert. Insbesondere müssen
über den östlichen und mittleren Bereichen Nordamerikas mehr nördliche Winde und über dem Westen mehr südliche Winde aufgetreten sein.
Die Hauptkennzeichen des Musters müssen teilweise ihre Längengrad-
ausrichtung verändert haben, denn die westwärts nach Kalifornien ziehenden Trecks fanden 1849 im Mittleren Westen praktisch eine Wüste
vor.

Europa und die polaren Randgebiete

1840 veränderte sich offenbar der Verlauf der Meeresströmungen; dadurch blieb Island fünfzehn Jahre lang fast völlig vom Eis des arktischen Ozeans verschont, und einige Jahre lang (1845 bis 1851) konnten vor der westgrönländischen Küste große Kabeljaufänge angelandet werden. Während dieser Zeit war das europäische Klima alles in allem kälter. Bei der Windzirkulation handelte es sich offenbar häufig um «blockierende» Hochdrucklagen über Nordeuropa mit östlichen Winden über den meisten Teilen des Kontinents, jedoch mit südlichen Winden im Bereich Islands. Diese warmen Winde dehnten sich gelegentlich ostwärts nach Europa aus. 1855 stärkte eine weitere Veränderung der Strömung offenbar erneut den eisbringenden Strom vor der ostgrönländischen Küste, und das Eis kehrte nach Island zurück. Bald bildeten sich über dem Nordatlantik wieder westliche und südwestliche Winde, die Europa wärmere Jahreszeiten bescherten und einen Gletscherrückgang einleiteten. Diese Entwicklung hielt während der sechziger Jahre des 19. Jahrhunderts an. Besonders im Sommer 1868 häuften sich heiße Tage, an denen in England Temperaturen von über 30 °C herrschten. Am 22. Juli desselben Jahres wurde in Tonbridge (Kent) der Rekordwert von 38,1 °C erreicht. 1868/ 1869 gilt als wärmster jemals gemessener Winter für England, die Durchschnittstemperatur lag bei 6,8 °C. Dieser Wert ist eher für die westirische Küste normal; er liegt über den Temperaturen, die in einigen Frühjahren der Vergangenheit in England gemessen wurden. Europa erlebte in den siebziger Jahren des 19. Jahrhunderts ebenfalls hauptsächlich warme Jahreszeiten und milde Winter. Lediglich im Februar 1870 und 1875 war es etwas strenger, im Dezember 1870 und Januar 1871 hielt der Frost länger an. In England und Wales war es im Jahre 1872 sehr feucht; gleiches gilt für die meisten Sommer ab 1875.

Gegen Ende des 19. Jahrhunderts

Im Jahre 1879, das man gut mit den neunziger Jahren des 17. Jahrhunderts vergleichen kann, stellte sich erneut ein merklich kälteres Klima ein. Im Dezember 1878 und im Januar 1879 blieben die Temperaturen in England überwiegend unter dem Gefrierpunkt; es fiel reichlich Schnee. Das Frühjahr war kalt, und im Mai war es kälter als häufig im April. Der Sommer war einer der sieben feuchtesten und kältesten in der gesamten Geschichte der Instrumentenaufzeichnung. Es folgte ein bemerkenswert kalter Herbst; im Dezember näherten sich die Temperaturen abermals

76: Vergnügungen auf der zugefrorenen Ostsee bei Malmö (Schweden) im Jahre 1924. Kopenhagen konnte zu Fuß erreicht werden. An anderer Stelle fuhren an der Küste vor Lund Autos auf dem Eis.

dem Gefrierpunkt. Das kalte, feuchte Wetter verzögerte das Ausreifen der Ernte, so daß auch in East Anglia das Getreide teilweise Weihnachten noch nicht eingebracht war. In England und Holland schlossen sich noch mehrere zum Schlittschuhlaufen ideale Winter an; und auch an der schwedischen Ostseeküste (Abb. 76) konnte man sich auf dem Eis vergnügen, bevor im 20. Jahrhundert eine stärkere Erwärmung einsetzte. In dieser Zeit verschlechterte sich die Lage der englischen Landwirtschaft, ab 1875 wirkten sich die schwierigen jahreszeitlichen Verhältnisse unmittelbar auf die Ernten aus. Die Konkurrenz des billigen nordamerikanischen Weizens aus den Prärien war erstmals auf dem britischen Freihandelsmarkt deutlich spürbar. Die Agrarkrise gipfelte 1879 in einem regelrechten Zusammenbruch der Landwirtschaft. Innerhalb weniger Jahre wurden die nordwestenglischen Anbauflächen fast vollständig in Weideland umgewandelt. Bald darauf, als Gefrierfleisch aus Australien, Neuseeland und Südamerika ins Land kam, warf auch dieses Land keinen Gewinn mehr ab. Immer mehr Landwirte zogen in die Städte, viele wanderten nach Übersee aus. Andere europäische Länder schützen ihre Bauern gegen die amerikanische Konkurrenz durch Einfuhrzölle. Doch beschränkten sich die Auswirkungen des Jahres 1879 und der kalten Winter und feuchten Sommer nicht auf England. In den achtziger Jahren des 19. Jahrhunderts erreichte die Auswanderungswelle aus den nord-, mittel- und westeuropäischen Ländern ihren Höhepunkt.

In China und Indien traten in den Jahren von 1876 bis 1879 Hungersnöte und Dürrezeiten auf. Der Monsun blieb aus. In diesen Jahren ähnelten die Verhältnisse im Fernen Osten den katastrophalen Zuständen im mittelalterlichen Europa: Verschiedene Fälle von Kannibalismus und auch der Sklavenhandel mit Kindern sind überliefert. Die Temperaturaufzeichnungen in China (Abb. 73) und Indikatoren wie z. B. die Termine, an denen der Suwasee in Mitteljapan (Abb. 77) zufror, zeigen, daß dies im Fernen Osten eine der schlimmsten Phasen der Kleinen Eiszeit war. Schätzungsweise 14 bis 18 Millionen Menschen fielen einer Hungersnot zum Opfer, die in den späten siebziger Jahren des 19. Jahrhunderts in Indien und China auftrat.

77: Durchschnittliches Datum für das Zufrieren des Suwasees in Mitteljapan für jedes Jahrzehnt seit 1440. Das Mittel für jede Dekade wird als die Anzahl der Tage dargestellt, die vom Datum des Gesamtdurchschnittes (– früh, + spät) am 15. Januar abweichen.

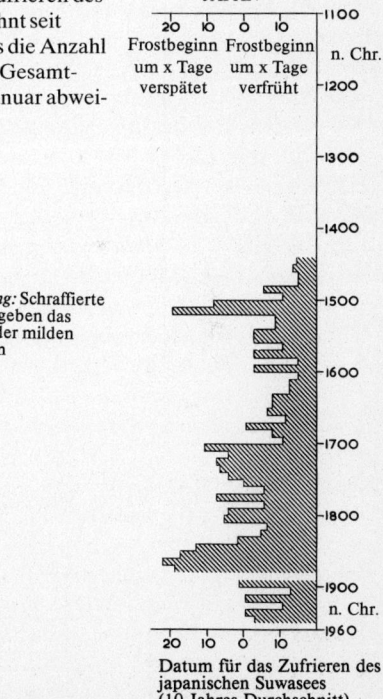

Anmerkung: Schraffierte Bereiche geben das Ausmaß der milden Monate an

Datum für das Zufrieren des japanischen Suwasees (10-Jahres-Durchschnitt) 36° N 138° O

Die geschichtlichen Belege, die für den hier und in Kapitel 12 beschriebenen Zeitraum vorliegen, bestätigen, daß sich auch in der südlichen Hemisphäre während des letzten Jahrtausends ein kälteres Klima entwickelte. In Südamerika und Neuseeland rückten Gletscher vor, und die Bewaldung auf Neuseeland veränderte sich entsprechend. Jedoch traten die schlimmsten Phasen im Vergleich zur Nordhemisphäre zeitlich verschoben, anscheinend sogar entgegengesetzt auf. In Kapitel 3 haben wir auf die Belege für dieses Phänomen hingewiesen. Die Reisen von Kapitän Cook (zwischen 1770 und 1780) und andere Expeditionen (bis um 1830 bis 1840) bestätigen die Annahme, daß das antarktische Meereis weniger ausgedehnt war und das offene Meer weiter nach Süden reichte. Die Gültigkeit dieser Annahme ist unbestritten, wenn auch das Nordpolareis temporär weiter vorrückte und Island in Mitleidenschaft zog. Später in den fünfziger Jahren des 19. Jahrhunderts und um 1900 dehnte sich das südliche Meereis weiter nach Norden aus. Zeitgenössischen Berichten zufolge wurden von Seefahrern große, tafelförmige Eisberge gesichtet, die vom antarktischen Inlandeis kalbten, in viel niedere Breiten vor den Rio de la Plata trieben und sich den anderen südlichen Kontinenten näherten.

Nach 1894/1895, als die Themse in London stark vereist war, traten strenge Winter in Europa über eine lange Zeit nicht mehr auf. Für England ist bis zum Januar 1940 kein Monat registriert, dessen mittlere Temperatur unter dem Gefrierpunkt lag. Nur die Winter 1916/1917 und 1928/1929 können während dieser 45jährigen Periode überhaupt als streng bezeichnet werden. In beiden Fällen erreichten die englischen Temperaturen im Februar den Gefrierpunkt; auf der Themse bildete sich etwas Eis. Der weitaus strengere Winter des Jahres 1962/1963 (das Temperaturmittel für drei Monate betrug in Mittelengland $-0,3\,°C$, Januar $-2,1\,°C$) ließ die Wassertemperatur des Londoner Flusses nicht unter ca. $10\,°C$ sinken. Diese Temperatur ist auf die industriellen und städtischen Abwässer zurückzuführen, die nunmehr in den Fluß eingeleitet wurden.

Die Wärme im 20. Jahrhundert

Während der zweiten und dritten Dekade des neuen Jahrhunderts wurde die Klimaverbesserung für jederman spürbar (vgl. Abb. 25, 27, 33 und 73). In England und wahrscheinlich an vielen anderen Orten war der Temperatursprung von einem Jahrzehnt zum anderen nicht so groß wie der Wechsel von den neunziger Jahren des 17. zur ersten Dekade des 18. Jahrhunderts. Abb. 78 stellt die Veränderungen der globalen Tempe-

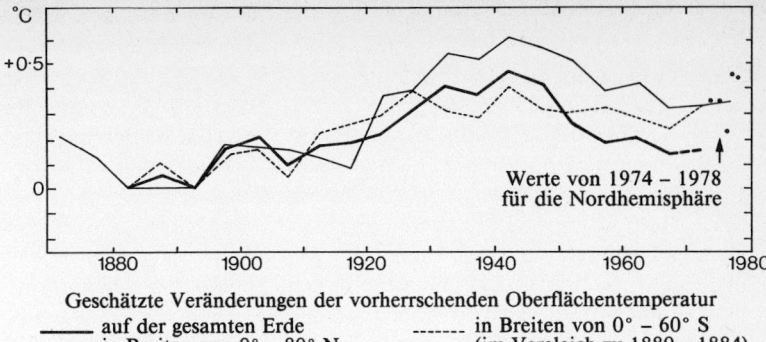

°C

+0·5

0

Werte von 1974 – 1978
für die Nordhemisphäre

1880   1900   1920   1940   1960   1980

Geschätzte Veränderungen der vorherrschenden Oberflächentemperatur
——— auf der gesamten Erde   ------- in Breiten von 0° – 60° S
——— in Breiten von 0° – 80° N   (im Vergleich zu 1880 – 1884)

78: Der offensichtliche Verlauf der weltweiten Temperatur seit 1870. Für die gesamte Welt, für 0 bis 80° N und für 0 bis 60° S geschätzte aufeinanderfolgende Fünf-
Jahres-Mittel und Schätzungen für die gesamte Nordhemisphäre für jedes Jahr von
1974 bis 1978.

ratur für ungefähr die letzten hundert Jahre dar. Zweifellos ist die Kurve
für die Nordhemisphäre von allen Graphen am verläßlichsten. (Da Schätzungen für die Teile der Welt, in denen es aufgrund ausgedehnter Meere
und Eis nur wenige und ungleichmäßig verteilte ständige Beobachtungsstationen gibt, schwierig sind, decken die Kurven nur begrenzte Gebiete auf der Erde ab.) Die Schwankungen der vorherrschenden Temperaturen während dieser Periode in England sind der durchschnittlichen
globalen Veränderung offensichtlich ähnlich. An Orten in der Nähe der
polaren Randgebiete – z. B. Island, Spitzbergen und selbst Toronto – vollzog sich eine Erwärmung, die den Weltdurchschnitt um das Zwei- bis
Fünffache übertraf. Die Schnee- und Eisgrenze verschob sich im Lauf
dieser Entwicklung wesentlich weiter nach Norden; dieser Vorgang erklärt nicht zuletzt das Ausmaß der Klimaverbesserung. Der Kohlehafen
von Spitzbergen etwa war nicht mehr nur drei Monate wie in den Jahren
vor 1920 eisfrei und für die Schiffahrt zugänglich, sondern konnte in den
späten dreißiger Jahren des 20. Jahrhunderts in über sieben Monaten des
Jahres angelaufen werden. Die durchschnittliche Gesamtfläche des polaren Meereises nahm während jener Zeit offenbar um zwischen 10 und 20
Prozent ab. Selbst die Meere am Äquator und die kleinen äquatornahen
Inseln erwärmten sich in fast demselben Ausmaß, wie es für den weltweiten Durchschnitt berechnet wurde. In den niederen Breiten kühlte es sich
jedoch dort ab, wo das aus den tieferen Wasserschichten der Meere an die
Oberfläche steigende Wasser Standort oder Ausdehnung veränderte.

Zieht man des weiteren die Veränderungen der atmosphärischen Zirkulation ebenso wie die Niederschlagsverteilung und ihre Schwankungen in Betracht, so ist es kaum übertrieben zu behaupten, daß das zwischen 1920 und 1960 herrschende Klimaregime die Welt veränderte.

Die in den mittleren Breiten vorherrschende Westwindströmung wurde noch stärker wetterbestimmend, da sich die Tiefdruckgebiete über der subpolaren Zone vergrößerten und ihr Westwindband weiter in die Arktis verlagerten. Infolge der häufigeren Westwinde verzeichneten alle Orte, die ihren Niederschlag durch den Feuchtigkeitstransport aus dem Westen erhalten, vermehrte und verläßlichere Regenfälle. Abb. 79 erläutert dieses Phänomen für die europäischen und mittelasiatischen Ebenen in der Nähe des 50. nördlichen Breitengrades. In den entsprechenden Breitenbereichen der Südhemisphäre trat dasselbe Phänomen an Orten mit Westlage auf. Es gelangte mehr Feuchtigkeit in die höheren Breiten, die als Schnee auf die Eisschilde in Nordgrönland und in der Antarktis niederging. Eine andere Situation ergab sich in den mittleren Breiten des amerikanischen Kontinents, da die vermehrten westlichen Winde durch den Regenschatteneffekt der Rocky Mountains und der Anden zu Trockenheit führten. Während der dreißiger Jahre dieses Jahrhunderts gipfelte diese Entwicklung im Mittleren Westen der Vereinigten Staaten in den verheerenden Trockenperioden der «dustbowl»-Jahre. In Abb. 79 kann man auch erkennen, daß der Niederschlag in Lissabon und an anderen Orten in den subtropischen Breiten ebenfalls abnahm. Diese Verringerung ist auf das vergrößerte Ausmaß und auf die leichte nordwärtige Verschiebung des Hochdruckgürtels zurückzuführen. Entsprechend drangen südlich der Sahara die westafrikanischen Monsunregenfälle zu dieser Zeit weiter nach Norden vor. Ebenso waren die Monsunregen in Indien äußerst regelmäßig, in den 36 Jahren zwischen 1925 und 1960 blieben sie lediglich zweimal aus.

In den gemäßigten Breiten verlängerte sich die Wachstumsperiode. In England – dies ist vielleicht ein typischer Wert – dauerte sie im Durchschnitt ca. zwei Wochen länger.[14] Im allgemeinen nahm die Häufigkeit von Frost und Schnee ab. Im Frühjahr trat der letzte Frost früher auf, und im Herbst setzte der erste Frost etwa zwei Wochen später ein. Nach 1925 zogen sich die Alpengletscher relativ rasch zurück. In Skandinavien, auf Island, Grönland, dem amerikanischen Kontinent und in Höhenlagen in Äquatornähe ereignete sich ähnliches. Die Klimaverbesserung wirkte sich auch auf die Baumgrenze in den europäischen Bergen und auf die nördliche Waldgrenze in Lappland aus. Die nördlichen und südlichen Grenzen der Lebensräume von Vögeln und verschiedenen Meeresfischarten bewegten sich während der Erwärmung im 20. Jahrhundert polwärts, allerdings ist diese Bewegung seit etwa 1960 leicht rückläufig.

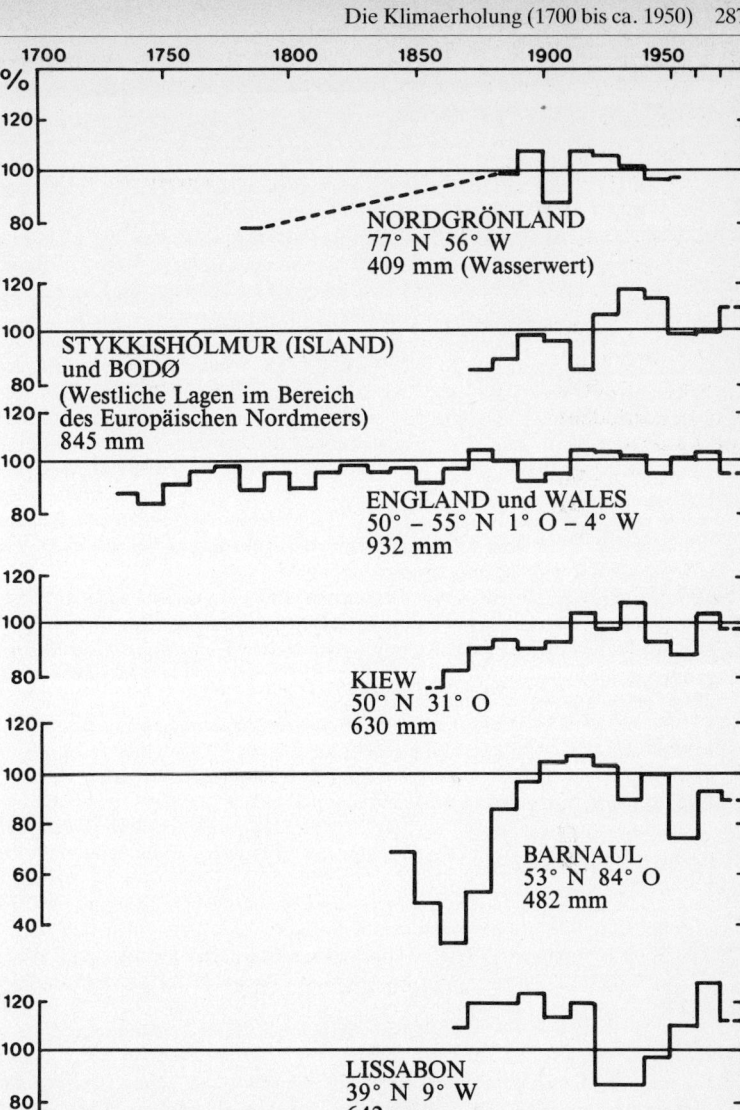

79: Zehn-Jahres-Durchschnittswerte für den jährlichen Niederschlag (oder Niederschlag in Form von Regen und Schnee) an ausgewählten Orten auf der Nordhemisphäre seit 1740.

Anmerkungen

1 Evelyn's Tagebuch, 10. September 1677 (Julianischer Kalender): «Der Treib-
   sand (...) hat – mit seiner Wanderschaft – das Land so in Mitleidenschaft gezogen (...) wie der Sand in den libyschen Wüsten und hat ganze Anwesen einiger
   Adliger völlig begraben.» Offenbar waren große Wanderdünen ein Merkmal
   dieser Binnenlandschaft bei Thetford, dem trockensten Bereich Englands, der
   50 bis 70 km vom Meer entfernt landeinwärts liegt.

2 Ähnliche Winter, in denen äußerst kalte kontinentale Ostwinde, die die Flüsse
   in Westeuropa zufrieren ließen, in ähnlicher Weise überwogen, traten 1940 und
   1947 erneut auf. Jedoch waren viele kalte Winter der Kleinen Eiszeit eher
   durch weniger lang anhaltende nördliche Winde gekennzeichnet, so daß zumindest in Westeuropa sich das Auftreten von Eis und Schnee zumeist im raschen
   Wechsel mit milderem Klima vollzog. Der lange Winter des Jahres 1963 gehörte zu einem Muster, das eine Zwischenstellung einnimmt und bei dem kalte,
   arktische Luftmassen von Norden her über Skandinavien und die Ostsee nach
   Europa eindrangen und Westeuropa häufiger als Ostwinde erreichten. Dieses
   Muster überwog in einigen kalten Wintern im 17. Jahrhundert, z. B. im Jahre
   1684. Seit 1712 wurde es kaum wieder in diesem Ausmaß spürbar. Größtenteils
   waren die kalten Winter in Europa durch schwächer ausgeprägte Muster und
   durch geringere Bewegungen der Luftmassen gekennzeichnet, als es in der
   europäischen Region normalerweise der Fall ist.

3 Weitere Einzelheiten über die Einführung und die Auswirkung der Feldfrüchte, die von Amerika nach Europa kamen, und über weitere Beispiele für
   den Austausch zwischen der Alten und der Neuen Welt sind nachzulesen in:
   A. W. Crosby: The Columbian Exchange: Biological and Cultural Consequences of 1492, Westport, Connecticut 1972, S. 268 ff.

4 C. Pfister: Agrarkonjunktur und Witterungsverlauf im westlichen Schweizer
   Mittelland, 1755–1797, Geographisches Institut der Universität Bern, 1975,
   S. 279 ff.

5 Luke Howard war Quäker und Apotheker in Plaistow (jetzt im Osten von London); seine Untersuchungen und Wolkeneinteilungen interessierten nicht nur
   John Constable, sondern bildeten später die Grundlage für den modernen *International Cloud Atlas*.

6 Zahlreiche Einzelheiten über den seltsamen sommerlichen Monsun von 1816
   und über die Unterbrechungen seines Verlaufes sind dem Buch von James
   Jameson zu entnehmen: Report on the Epidemick Cholera Morbus, As It Visit-
   ed the Territories Subject to the Presidency of Bengal in the Years 1817, 1818
   and 1819, Kalkutta 1820.

7 Vgl. J. D. Post: Meteorological Historiography, in: Journal of Interdisciplinary
   History, 3, Nr. 4, S. 721–732, MIT, 1973.

8 Diese vorsichtige Beschreibung ist notwendig, da es viel schwieriger ist, die
   Aufzeichnungen der Niederschläge über einen langen Zeitraum zu vereinheit-
   lichen, als dies bei den Temperaturaufzeichnungen der Fall ist. Ebenfalls ist es
   wegen der im Vergleich zu heute geringeren Anzahl von Meßstandorten
   schwieriger, das Land repräsentativ zu erfassen.

9 G. Lefebvre: Etudes sur la Revolution Française, Paris, S. 326 ff. Vgl. auch die
   ausführliche Zusammenfassung von J. Neumann: Great Historical Events that
   Were Significantly Affected by the Weather – 2. The Year Leading to the Revo-

lution of 1789 in France, in: Bulletin of the American Meteorological Society, 58, Nr. 2, 1977, S. 163–168.

10 Einzelheiten zu den Untersuchungen sind enthalten in: H. H. Lamb: Britain's Changing Climate, in: Geographical Journal, 133, Nr. 4, London 1967, S. 445–468, und H. Neuberger: Climate in Art, in: Weather, 25, Nr. 2, London 1970, S. 46–56.

11 P. Brimblecombe, Seminar der University of East Anglia 1978 (unveröffentlicht).

12 Lt-Col. E. Sabine: On the Cause of Remarkably Mild Winters which Occasionally Occur in England, in: Philosophical Magazine and Journal of Science, 1846.

13 E. Wahl: A Comparison of the Climate of the Eastern United States during the 1830s with Current Normals, in: Monthly Weather Review, 96, Nr. 2, 1968, S. 73–82. Vgl. ebenfalls Monthly Weather Review, 98, Nr. 4, 1970, S. 259–265.

14 Während ungefähr der letzten hundert Jahre schwankte die mittlere Dauer der Wachstumsperiode in England pro Dekade um bis zu 20 Tage (die Dekade um 1880 wies die kürzeste Wachstumsperiode auf). Die Dauer in den Einzeljahren variierte um fast 40 Tage (1879 war das kürzeste), als die Temperatur in Mittelengland weniger als 6 1/2 Monate über 6 °C lag.

Das heutige Klima und die zukünftige Entwicklung

14 Das Klima seit 1950

Ein erneuter Wendepunkt

Viele weltweite Klimatendenzen der vorangegangenen 80 Jahre stagnierten oder veränderten sich seit den vierziger Jahren dieses Jahrhunderts. Das hat zweifellos das Interesse am Klima und in den letzten Jahren auch die Forschung verstärkt angeregt. Erst nach dem Ende des Zweiten Weltkrieges wurde der günstige Klimatrend, der zu einer allgemeinen Erwärmung in den vorherigen Jahrzehnten geführt hatte, wirklich zu einem Thema in der wissenschaftlichen Diskussion und interessierte eine größere Öffentlichkeit. Die Aufmerksamkeit konzentrierte sich damals auf den Ausgang dieser weiter anhaltenden Entwicklung: Würde das arktische Meereis bis zum Ende dieses Jahrhunderts abschmelzen? Welche Folgen könnten sich daraus für die Landwirtschaft, den Anbau von Nahrungsmitteln und für die Ansiedlung einer wachsenden Bevölkerung weiter im Norden ergeben? Abgesehen von den großen Klimatrends gibt es natürlich auch in der Zeit seit 1950 die üblichen jährlichen Klimaschwankungen und Veränderungen im Verlauf von kurzen Jahressequenzen. Deshalb ist es schwierig zu erkennen, wie eine Entwicklung verlaufen wird, wenn sie nicht schon eine Zeitlang, vielleicht sogar über ein paar Jahrzehnte, anhält. Es sprechen in der Tat viele Anzeichen dafür, daß diese kurzfristigen Schwankungen seit der Mitte des Jahrhunderts häufiger auftreten.

Zunehmende Wechselhaftigkeit des Klimas

Weltweit vorgenommene Untersuchungen scheinen (vgl. Abb. 80a und b) stärker wechselhafte Temperaturen[1] und Niederschlagsmengen zu be-

Beobachtungen über extreme monatliche Temperaturmittel

Temperaturen:
Häufigkeit der Abweichungen von ± 20
(weltweit) bei Monatsmitteln unter Verwendung einer Konstante

a)

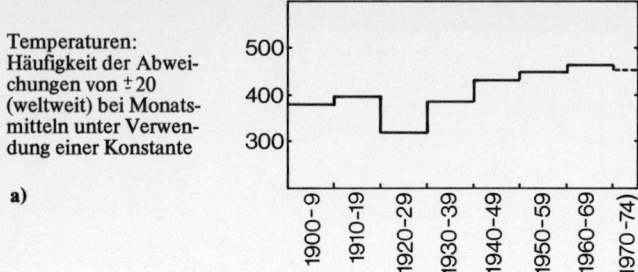

**Beobachtungen über niederschlagsextreme (hohe und
niedrige Werte) in Quintilen**

b)

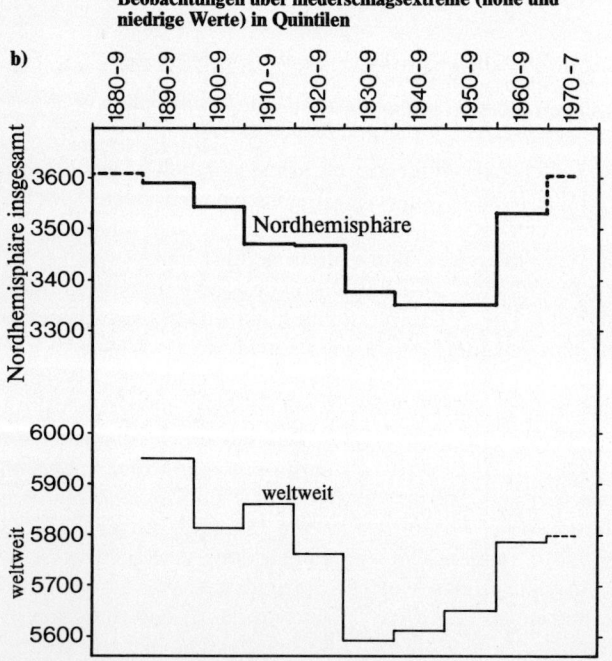

80 a + b: Veränderungen der Häufigkeit extremer Monate
a) Temperaturen – eine weltweite Erhebung in Zehnjahresschritten von 1900/1909
bis in die siebziger Jahre;
b) Niederschlagsmengen – für die Nordhemisphäre und weltweit aufgrund der
Häufigkeit von Berichten über extrem nasse oder trockene Monate von 1880/1889
bis in die siebziger Jahre des 20. Jahrhunderts.

stätigen. Mit Ausnahme einer relativen Konstanz in den fünfziger Jahren des 20. Jahrhunderts gilt das auch für die Luftdruckverteilung. Wie Professor Flohn und Dr. C. J. E. Schuurmans vom Niederländischen Wetterdienst ausführen, hat sich in Europa ein merkwürdiger Wechsel im Muster der Veränderungen vollzogen: Irgendwann zwischen 1940 und 1960 nahmen die Jahreszeiten mit extremen Witterungsverhältnissen (Temperatur und Regenfälle) merklich zu. Dagegen war die allgemeine Veränderlichkeit im Vergleich zu den vorausgegangenen Dekaden eher gering. Eine Ausnahme bildet der Sommer, der in Europa allgemein eine stärkere Wechselhaftigkeit zeigt.

Die folgende Auswahl von Jahreszeiten mit extremen Witterungsverhältnissen aus aller Welt ab 1960 ist beeindruckend. Sie umfaßt die folgenden Beispiele:

1960–1969	trockenstes Jahrzehnt in Zentralchile seit den siebziger und neunziger Jahren des 18. Jahrhunderts
1962–1963	kältester Winter in England seit 1740
1962–1965	trockenste Vierjahresperiode im Osten der USA seit Beginn der Aufzeichnungen im Jahr 1738
1963–1964	trockenster Winter in England und Wales seit 1743; kältester Winter seit 1745 im gesamten Gebiet vom unteren Wolgabecken über das Kaspische Meer bis zum Persischen Golf
1965–1966	Ostsee vollständig zugefroren
1968	Island zum erstenmal seit 1888 wieder zur Hälfte von polarem Meereis umgeben
1968–1973	schlimmste Phase anhaltender Trockenheit in der Sahelzone, die alle nachgewiesenen Dürreperioden des 20. Jahrhunderts übertraf
1971–1972	kältester aufgezeichneter Winter seit mehr als 200 Jahren in Teilen des osteuropäischen Rußland und in der Türkei; Tigris zugefroren
1972	größte Hitzewelle (im Juli) seit Beginn der Aufzeichnungen über Nordfinnland und Nordrußland
1973–1974	Überschwemmungen von bisher nicht registriertem Ausmaß in der zentralaustralischen Wüste
1974–1975	mildester Winter in England seit 1834; fast keine Eisvorkommen auf der Ostsee
1975–1976	Die große europäische Dürre führte zum schlimmsten Feuchtigkeitsmangel im Boden, der seit 1698 in den Londoner Aufzeichnungen (Kew) registriert wurde. Größte Hit-

	zewelle in den Aufzeichnungen für Dänemark, die Nieder-lande und – teilweise – auch für England
1976–1977	strengster Winter seit Beginn der Temperaturaufzeichnungen 1738 für den Osten der Vereinigten Staaten
1978–1979	strengster Winter und tiefste Temperaturen, die in den letzten 200 Jahren in Teilen Nordeuropas aufgezeichnet wurden. Das gilt wohl auch für die Gegend um Moskau; extreme Schneefälle auch in einigen Teilen Nordeuropas

Diese Liste läßt eine Reihe klimatischer Ereignisse dieses Zeitraums unerwähnt. Nicht berücksichtigt wurden unter anderem die südliche Hemisphäre betreffende Daten und solche aus Regionen, in denen Instrumentenaufzeichnungen erst seit jüngster Zeit vorgenommen werden. Vorkommnisse, die sich auf die Übergangszeiten, Frühling und Herbst, auswirkten, blieben ebenfalls ausgespart.

Vielleicht führen diese vergleichsweise kurzfristigen Schwankungen mehr als zugrundeliegende kältere oder wärmere Klimatrends zu Schwierigkeiten im heutigen Zeitalter, in dem Planbarkeit[2] eine so große Rolle spielt. Solche Schwankungen können mit der verstärkten *meridionalen Zirkulation*, mit der vermehrten Häufigkeit von *Blockierungslagen* und von stationären Hoch- und Tiefdrucksystemen, in Zusammenhang gebracht werden. Diese Phänomene verursachen in den mittleren Breiten anhaltende Nordwinde in einem Längenbereich, in einem anderen andauernde Südwinde. Auf den damit seit etwa 1950 einhergehenden Rückgang der Westwinde wurde hier bereits hingewiesen. Andere vermutlich wichtige Faktoren sind Untersuchungen zu entnehmen, in denen der globale Verlauf der Windzirkulation und des atmosphärischen Drucks festgehalten wurde. So können die Trockenperiode in Chile in den sechziger Jahren und die starke Erwärmung in Neuseeland (um durchschnittlich ca. 1 °C) seit ca. 1950 ebenso mit der Südverlagerung der Jetstream-Zone, der subantarktischen Stürme und dem subantarktischen Tiefdruckgürtel auf der Südhalbkugel in Beziehung gesetzt werden.[3] Über beiden Hemisphären gibt es seitdem mehr Blockierungslagen. In allen Breitenlagen von 67 ° Nord bis 22 ° bzw. 25 ° Nord war der durchschnittliche Luftdruck höher als in der ersten Jahrhunderthälfte. Mit Ausnahme der Gebiete, über denen sich in der Regel blockierende Hochs befinden (über und in der Nähe von Nordostkanada und Grönland, über Nordeuropa und Nordostsibirien), manifestierte sich weiter zum Äquator hin und auch in der Arktis ein niedrigerer Luftdruck als zuvor. Besonders auffällig ist die Zunahme der Tiefdrucktätigkeit über den hohen Breiten bei ungefähr 70 bis 90 ° Nord, d. h. in der gesamten nördlichen Polarregion. Dies

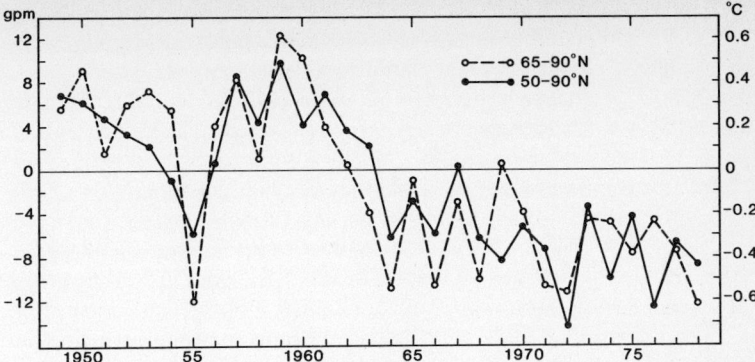

81: Jährliche Veränderungen der vorherrschenden Temperturen über den höheren Breiten der Nordhemisphäre von 50° N bis zum Pol und in den arktischen und
subarktischen Gebieten nördlich von 65° N von 1949 bis 1978.

hängt vermutlich mit der gleichermaßen erstaunlichen Abkühlung der
Arktis seit den fünfziger Jahren zusammen (Abb. 81), die eine Zunahme
des Temperaturgradienten zwischen hohen und niederen Breiten zur
Folge hatte.

Die komplexeren Strömungsmuster der Windzirkulation, die in Verbindung mit den stationären Hochdruckgebieten in den mittleren Breiten
und der subpolaren Zone auftreten, haben trotz eines gewissen Anstiegs
der durchschnittlichen Luftdruckwerte in mittleren und subtropischen
Breiten das Entstehen von Tiefdrucksystemen begünstigt und zu vermehrten Niederschlägen im Mittelmeerraum (vgl. die Angaben für Lissabon in Abb. 79) und im Süden der USA geführt. Die lange Datenreihe über Wind- und Wetterabläufe auf den Britischen Inseln (50 bis
60° n. Br.) weist für den 20jährigen Zeitraum von 1960 bis 1979 die
größte Häufigkeit von Tief- und Hochdruckzentren seit dem 19. Jahrhundert auf. Eine Folge des vermehrten Auftretens von Tiefdruckgebieten über diesen Breiten ist vermutlich darin zu sehen, daß Zählungen
(aus den langen Reihen der für dieses Gebiet verfügbaren täglichen Wetterkarten) der Sturm- und Orkanlagen[4] zwischen 50 und 60° Nord über
den Britischen Inseln, dem Nordostatlantik und über der Nordsee eine
Veränderung gezeigt haben, die den Kurven in Abb. 80 über weltweite
Abweichungen in den Niederschlagsmengen ähnelt. In den sechziger
und siebziger Jahren des 20. Jahrhunderts taxiert man die Häufigkeit
von Sturmlagen auf durchschnittlich 30 Tage im Jahr über der Nordsee

und auf 50 bis 55 Tage über dem östlichsten Teil des Atlantiks. Diese Ballung bedeutet eine Rückkehr zum Stand in den achtziger und neunziger Jahren des 19. und zu den ersten Jahren dieses Jahrhunderts, nachdem Sturmwetterlagen während der dazwischenliegenden Jahrzehnte seltener (um 20 bis 25 Prozent) waren. In den sechziger und siebziger Jahren wehten in dieser Region verstärkt Stürme aus Nord und Nordwest. Diese Luftströmungen waren auf der Rückseite der hier erwähnten Tiefdruckgebiete oft sehr ausgeprägt. Dieser Umstand scheint den stärkeren Seegang auf der Nordsee zu erklären, den die deutsche Marine beobachtete. Tatsächlich zeigen Pegelmessungen in der Elbe bei Cuxhaven und in Hamburg, daß die Sturmfluthäufigkeit auf der Nordsee im Winter 1972/1973 den maximalen Stand seit 1792/1793 erreichte, wenn auch die Fluthöhen weniger stark ausgeprägt waren.[5]

Abkühlung in der Arktis

Die seit etwa den fünfziger und sechziger Jahren andauernde Abkühlung der Arktis ist gerade in den Regionen am ausgeprägtesten, in denen sich in früheren Jahrzehnten dieses Jahrhunderts die stärkste Erwärmung vollzog. Bei diesen Gebieten handelt es sich um das Kerngebiet der Arktis und die jeweils nördlichsten, nicht an den Weltmeeren gelegenen Teile der beiden großen Kontinente sowie um die in der Grönlandsee östlich von Norwegen gelegenen Inseln. (In einigen Gebieten, wie z. B. dem Franz-Josef-Archipel bei 80° Nord, 50–60° Ost, fiel das Langzeittemperaturmittel um 3 bis 4 °C. Verglichen mit den vorangegangenen Dekaden lagen die Zehnjahresmittel der Wintertemperaturen in den sechziger Jahren um 6 bis 10 °C unter den Werten früherer Jahrzehnte des 20. Jahrhunderts.) Ozeanographische Studien in Island zeigen deutlich, daß Veränderungen der Meeresströmungen zu dieser Entwicklung beitrugen. So hat der erheblich kräftigere (in einigen Fällen zehnfach stärkere) kalte Ostgrönlandstrom, der polare Wassermassen weiter nach Süden transportiert, in mehreren Jahren (insbesondere 1968 und 1969, aber auch 1965, 1975 und 1979) mehr arktisches Meereis an die isländischen Küsten gebracht als sonst in 50 Jahren (Abb. 82). In den Monaten April und Mai der Jahre 1968 und 1969 war Island zur Hälfte von Eis umgeben; das war seit 1888 nicht mehr vorgekommen.

Derartig eisreiche Jahre sind in der isländischen Geschichte wegen des Rückgangs der Sommertemperaturen und der Auswirkungen auf die Landwirtschaft stets gefürchtet worden. In den fünfziger Jahren des 20. Jahrhunderts betrugen die sommerlichen Temperaturmittel in Island

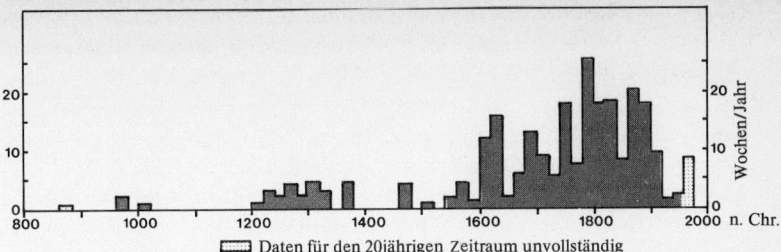

82: Schwankungen beim Auftreten von arktischem Meereis an den
isländischen Küsten.

7,7 °C, und die durchschnittliche Heuernte lag bei 4,3 t/ha (bei Einsatz von
2,8 kg Stickstoffdünger); in den späten sechziger Jahren lag die durchschnittliche Heuernte bei einem Temperaturmittel von 6,8 °C nur noch bei
3,0 t/ha (trotz des Gebrauchs von 4,8 kg Düngemittel). Die Temperaturwerte kamen dem Grenzwert, an dem Gras faktisch zu wachsen aufhört,
bedenklich nahe. In ähnlicher Weise ging die Kartoffelernte des Landes
zurück. In den wärmeren Jahrzehnten dieses Jahrhunderts hatte man nach
einer Pause von mehreren Jahrhunderten wieder begonnen, Getreide
anzubauen, in den sechziger Jahren wurden diese Versuche wieder eingestellt. Zur selben Zeit verursachten Veränderungen im Meer Verlagerungen der Laichplätze und Abweichungen bei den jahreszeitlichen Wanderrouten der Fische – im internationalen Gerangel um Fischereizonen und
bei den «Kabeljau-Kriegen» in jüngster Zeit ist hierüber nicht viel an die
Öffentlichkeit gedrungen. Parallel zum Rückgang der durchschnittlichen
Oberflächentemperaturen des Meeres vor Westgrönland um mehr als 1 °C
(das Maximum lag in den zwanziger und fünfziger Jahren) ging der Kabeljaufang in den frühen siebziger Jahren auf einen winzigen Bruchteil der
zuvor erreichten Fangwerte zurück.[6] Der grönländische Kabeljau wanderte in die isländischen Gewässer ab und sorgte dort einige Jahre lang
(1967 bis 1971) für einen Ausgleich bei den zurückgehenden Beständen.
Doch seit 1974 betragen die Laichbestände auch in isländischen Gewässern
nur noch ein Zehntel des Umfangs, der in den späten fünfziger Jahren
erreicht wurde. Die gesamten Vorkommen haben sich fast halbiert, wobei
der Rückgang wahrscheinlich dem Zusammenwirken von geänderten klimatischen Verhältnissen im Wasser und der Überfischung zugeschrieben
werden kann. Auch die Heringsschwärme zogen von den isländischen
Gewässern weiter nach Osten, Süden und Norden in die größeren Gebiete

des europäischen Nordmeers und in die Nordsee, während eine südwärtige Verschiebung der Südgrenze des Kabeljauvorkommens offenbar seit ca. 1963 zu größeren Fangraten in der Nordsee geführt hat.

Eine Unterbrechung des kälteren Regimes, das in den sechziger Jahren eingesetzt hatte, wirkte sich ab der frühen Mitte der siebziger Jahre auf Europa, Island, Teile Ostasiens und den Osten der Vereinigten Staaten aus und wurde vielleicht zu früh als klimatische Trendwende angesehen. Denn zwischen 1971 und 1977 erlebten fast ganz Europa und Teile der obengenannten Gebiete vier bis sieben aufeinanderfolgende milde Winter. Im wesentlichen resultiert dies aus dem wiederholten Auftreten von Hochdruckgebieten an Stellen, die diesen Regionen Süd- oder Südwestwinde brachten. Einzelne Winter wiesen extreme Erscheinungen auf, wie z. B. blühende Rosen in Kopenhagener Parks Ende Januar. Doch viele Gebiete auf der Nordhemisphäre, in Asien und Afrika, die Polarregion, die beiden Weltmeere und das östliche Kanada, verzeichneten in eben jenen Jahren eine ununterbrochene Folge von überdurchschnittlich kalten Wintern. Da das Muster derart massiv von der Lage der stationären («blockierenden») Druckgebilde in der Windzirkulation über den mittleren Breiten abhing, dürfte die Tatsache nicht überrascht haben, daß sich regionale Bedingungen im weiteren Verlauf der Dekade genau ins Gegenteil verkehrten. Wie auch in anderen Regionen am Rande der Arktis mußte man in Island am Ende der siebziger Jahre erkennen, daß das seit den sechziger Jahren herrschende kältere Regime offenbar weiter anhielt. Nach den bemerkenswert kalten Jahren 1979 und 1980 ist die weithin diskutierte Erwartung einer globalen Klimaerwärmung als Folge der durch den Menschen ausgelösten Kohlendioxidzunahme für diese Länder fraglich geworden.

Weltweite Temperaturentwicklung

Abb. 78 illustriert die weltweit gemessenen Temperaturveränderungen für die letzten 100 Jahre. Bei allen Vorbehalten gegenüber den Möglichkeiten, ein globales Temperaturmittel mit einem Grad an Genauigkeit zu messen, der es erlaubt, Veränderungen abzuleiten, sind die Hauptmerkmale der graphischen Darstellung in Abb. 78 hinsichtlich der Festlandsbereiche zweifellos im wesentlichen richtig. Dies trifft insbesondere auf die Fünf- bzw. Zehnjahresmittel zu, die in der Kurve für die Nordhemisphäre erfaßt sind. Andere bekannte Einzelheiten lassen erkennen, daß mit der jüngsten Abkühlung der Arktis eine Erwärmung auf der Antarktis und in einem nördlich sogar Neuseeland einschließenden Bereich der subantarktischen Meere einhergeht. Die Veränderungen in hohen nördlichen und südlichen Breiten sind wesentlich signifikanter als andernorts; deshalb sind sie für uns eindeutiger und leichter erkennbar. Fest steht, daß sich der «Rest der Welt» seit den wärmsten Dekaden dieses Jahrhunderts tatsächlich etwas abgekühlt hat. In Europa lagen die Jahre mit den höchsten Sommertemperaturen und dem meisten Sonnenschein zwischen 1933 und 1952. Die Rückentwicklung zu einem generell kühleren Klima vollzog sich etwa zwischen 1950 bis 1953 und den späten sechziger Jahren des 20. Jahrhunderts. Seitdem hat sich bis zum Ende der siebziger Jahre keine entscheidende Veränderung mehr ergeben.

Einige Untersuchungen[7] erachten die zunehmende Wärme in unseren Städten mit ihren gut entwässerten, gepflasterten Oberflächen und der aufwendigen Gebäudebeheizung als sehr gewichtigen Faktor in den Temperaturstatistiken. An städtischen Beobachtungsstationen herrschen generell (im Jahresmittel) 1 bis 2 °C höhere Temperaturen als in den umliegenden ländlichen Gebieten. Es gilt als wahrscheinlich, daß dieser Sachverhalt die Differenz zwischen den weltweiten Mitteln für die sechziger und siebziger Jahre des 20. Jahrhunderts und der Temperaturhöhe im späten 19. Jahrhundert weitgehend erklärt.[8] Selbst einige Städte mit nur 50 000 bis 100 000 Einwohnern weisen gegenwärtig diesen *Verstädterungseffekt* auf und können um 0,5 bis 0,7 °C wärmer sein als das Umland. In windstillen, kalten Winternächten und an heißen Sommernachmittagen mit wolkenfreiem Himmel ist der Temperaturunterschied zwischen den Innenstädten und ihrer ländlichen Umgebung gewöhnlich noch viel größer; er kann in diesen Fällen 5 °C übersteigen. Die Erwärmung im 20. Jahrhundert war jedoch keine bloße Fiktion, die durch die Verstädterung der Beobachtungsstationen entstand, denn die wirkte sich auch auf das am Atlantik gelegene Valentia Observatory in Südwestirland aus und zeigt sich in eindrucksvoller Weise weltweit an den Gletschern.

Wenn sich auch die Temperaturveränderungen seit 1950 in den Durchschnittswerten unbedeutend ausnehmen, so haben sie sich doch auf die Länge der Wachstumsperiode ausgewirkt. In England ist vielen Landwirten und Gärtnern die Wende zu einem kälteren Frühjahr vertraut. Die 16 Jahre zwischen 1938 und 1953 wiesen mit zwei Ausnahmen einen warmen Frühling auf, dessen Temperaturmittel über dem der Jahre 1920 bis 1960 lag. Von 1962 bis 1980 gab es nur einen Frühling, der diese Durchschnittstemperatur erreichte, und in den 16 Jahren von 1965 bis 1980 war überhaupt kein derartig warmes Frühjahr zu verzeichnen. Der wärmste Frühling (1943; März bis Mai) zwischen 1938 und 1953 erreichte eine Durchschnittstemperatur von 10,5 °C in Mittelengland, der kälteste aus der dritten Gruppe im Jahre 1978 von 6,3 °C. Zur gleichen Zeit gab es mehrere Folgen von außergewöhnlich warmen Herbsten; während der zehn Jahre von 1945 bis 1954 wiesen nur zwei Werte auf, die den Durchschnitt für die Jahre 1920 bis 1960 unterschritten. Jeweils im späteren Teil der Jahrzehnte von 1950 bis 1979 folgten drei oder vier warme Herbste aufeinander; das Jahr 1969 brachte mit einem Temperaturmittel von 13 °C den wärmsten Oktober in den 320jährigen Angaben für Mittelengland. In der Vergangenheit kündigten die warmen Herbste in England und der Schweiz (vgl. Abb. 25 und 65) offenbar ein bemerkenswertes Absinken der jährlichen Temperaturkurve an. Tatsächlich zeitigten diese Veränderungen für England folgende Effekte: Die Wachstumsperiode (festgelegt als die Dauer von Temperaturen über 6 °C) ist seit Mitte der fünfziger Jahre durchschnittlich um neun bis zehn Tage kürzer als während der vorangegangenen wärmeren Dekaden. Das Datum des Frühlingsanfangs (in ähnlicher Weise festgelegt) hat sich in Oxford vom 4. März in den Jahren 1920 bis 1950 auf etwa den 20. März von 1963 bis 1980 verschoben.[9]

Andere Auswirkungen des Temperaturwandels seit 1950 betreffen die merkliche Verzögerung (und eine von Jahr zu Jahr zunehmende Verschiebung) beim Auftreten des ersten Sommertages mit einer Höchsttemperatur von mindestens 25 °C in den Niederlanden. In den Dekaden von 1910 bis 1949 fiel dieser Tag in der Regel in den Zeitraum zwischen dem 9. und dem 17. Mai, in den fünfziger und sechziger Jahren auf den 22. Mai und in den siebziger Jahren des 20. Jahrhunderts auf den 3. Juni.

Das frühe Auftreten der ersten Herbstfröste im September bereitete indes den Weizenbauern der kanadischen Ebene in den siebziger Jahren Schwierigkeiten. Ungeachtet aller Veränderungen der europäischen Herbst- und Wintertemperaturen treten im Herbst die ersten Schneefälle früher auf, und die letzten Schneefälle im Frühjahr erfolgen in den sechziger und siebziger Jahren später.

Die Temperaturveränderungen in den Tropen und angrenzenden Gebieten sind wegen der großen Ausdehnung der Ozeane schwieriger zu ermitteln als in den nördlichen Breiten. Außerdem sind die Temperaturwechsel oft geringer (wenngleich dies nicht für die Stellen zutrifft, an denen kaltes Auftriebswasser die Temperaturen beeinflußt). Zwischen dem 20. und dem 40. nördlichen Breitengrad scheinen die Temperaturen während der siebziger Jahre im weltweiten Durchschnitt um bis zu 0,3 °C kälter gewesen zu sein als während der vorausgegangenen 30 bis 50 Jahre; zwischen dem Äquator und 15° s. Br. lagen sie um bis zu 0,5 °C niedriger. Dies deutet vermutlich auf eine stärkere Bewölkung in diesen Gebieten hin. In den Bereichen um ca. 15° Nord und 30 bis 40° Süd ist offenbar ein leichter Anstieg der Temperaturen zu verzeichnen, der auf eine geringere Bewölkung schließen läßt.

Auswirkungen auf die Niederschläge

Erst in jüngster Zeit wurden Versuche unternommen, die weltweite Verteilung der Regenfälle – genau gesagt, die gesamte Regen- und/oder
Schneemenge als Niederschläge gemessen – aus verschiedenen Perioden
zu Vergleichszwecken zu erfassen. Abb. 83 zeigt die Ergebnisse, die sich
durch einen Breitenvergleich bei der Verteilung in verschiedenen Jahres-
abfolgen seit 1950 (aus vorläufigen Aufstellungen von ein paar hundert
Beobachtungsstationen) im Hinblick auf die Veränderung des Mittels von
1931 bis 1960 ergeben. Hier sticht besonders die Tatsache ins Auge, daß
sich die äquatorialen Regenfälle mehr auf das Gebiet direkt am Äquator
konzentrieren als in früheren Dekaden dieses Jahrhunderts. Diesem Umstand entspricht der Niederschlagsmangel bei 15° Nord, der sich in lang
anhaltenden Dürren in der Zone vom Sahel bis nach Äthiopien und zwi-

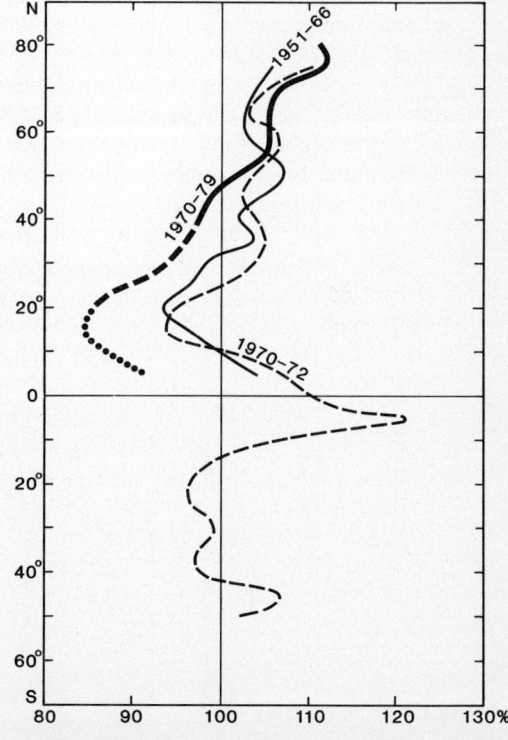

83: Veränderungen der
weltweiten Nieder-
schlagsverteilung (gleich-
bedeutend mit der Nie-
derschlagssumme aus Re-
gen und Schnee) je nach
Breitenlage. Die in ver-
schiedenen Zeiträumen
zwischen 1950 und 1979
gemessenen Mengen sind
als Prozentsätze des zwi-
schen 1931 und 1960 ver-
zeichneten Durchschnitts
angegeben (man beachte
den Anstieg in den hohen
Breiten und in Äquator-
nähe sowie die Defizite in
der Nähe des 20. Breiten-
grades.)

schen 20 und 30° Süd gezeigt hat. In der letztgenannten Zone wurden Rhodesien (das heutige Simbabwe) und Teile Südafrikas ernsthaft in Mitleidenschaft gezogen. Bryson zeigte, wie sich in Afrika die nördlichste Grenze der Monsunregenfälle am Südrand der Sahara immer stärker von etwa 22° Nord (1952 bis 1958) bis auf ca. 19° Nord (1972) zurückgezogen hat. Abb. 84 veranschaulicht die Entwicklung der Regenfälle seit 1900 für fünf westafrikanische Orte, die zwischen 12 und 14° Nord am Rand der Sahelzone liegen. Dabei wird der kontinuierliche Rückgang von Jahren mit einem Niederschlagsmaximum in der Zeit zwischen 1915 und 1960 deutlich. In der dargestellten, optimal geglätteten (Sinus-)Kurve gibt es einen Anhaltspunkt, demzufolge die Schwankung Element einer 200jährigen Oszillation sein könnte. In den späten siebziger Jahren des 20. Jahrhunderts wurde die Schrumpfung der äquatorialen Regengürtel über Afrika offenkundig, sogar unmittelbar am Äquator ging die Regenmenge zurück. Doch gehört dieses Phänomen möglicherweise zu einem anderen (weitaus kurzfristigeren) Prozeß, da gerade in diesen Jahren die äquatornahen Regenfälle auf der entgegengesetzten Seite des Globus (in Indonesien, auf den Inselgruppen im westlichen und im zentralen Pazifik) eher noch gestiegen sind.

Eine geringere saisonale Verlagerung des äquatorialen Regensystems und eine verstärkte Wechselhaftigkeit infolge der meridionalen Zirkulation über den mittleren Breiten begleiteten den Rückgang des Niederschlagsmittels über Nordindien in den letzten Jahren (vgl. Abb. 85). Als

84: Jährliche Regenfälle am Rand der Sahelzone in Afrika von 1905 bis 1974 und Fünf-Jahres-Mittel für 1974 bis 1978. Gemittelte Niederschläge an fünf Stationen zwischen ca. 12° und 14° N: Zinder, Niamey, Sokoto, Kano und Maiduguri.

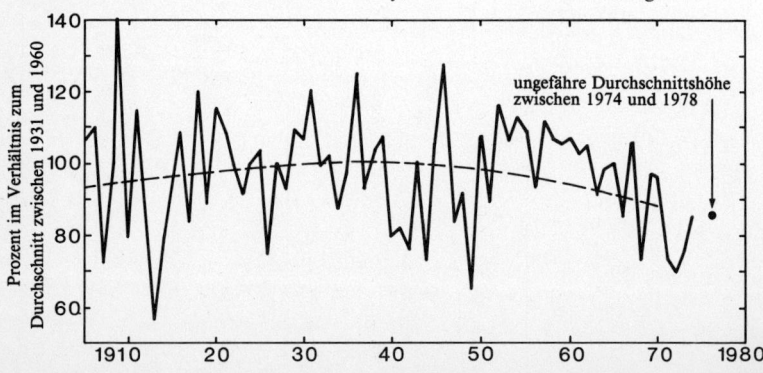

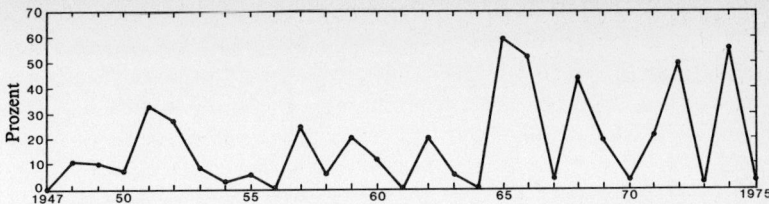

85: Jährliche Schwankungen im Verhalten des indischen Südwestmonsuns von 1947 bis 1975. Prozentangaben des Gebiets in Indien mit spärlichen Regenfällen in den Sommermonaten. (Man beachte die verstärkte Wechselhaftigkeit ab der Mitte der sechziger Jahre.)

weitere Nebenerscheinung setzte der Südwestmonsun unzuverlässiger ein. In gewisser Hinsicht trifft dies auch auf den Monsun über Ostasien zu: M. Tanaka[10] fand heraus, daß die großräumigen Niederschlagsmuster über der ganzen Region mit der Lage und der westlichen Ausdehnung des nordpazifischen Hochs zusammenhängen. Mithin werden die Reiserträge im gesamten asiatischen Monsungebiet in einem gewissen Rahmen von gleichzeitigen Schwankungen beeinträchtigt werden. In Bangladesch, Indien, Burma und Korea entstehen die größten, durch Klimaveränderungen ausgelösten Schwankungen bei den Reisernten. Die jährliche Niederschlagssumme des Sommermonsuns soll in Indien 1965 und erneut 1972 geringer als seit 1918 gewesen sein. Daher sind die erstgenannten Jahre mit 1918 sowie den Katastrophenjahren im 19. Jahrhundert (1848, 1855, 1877 und 1899) auf eine Stufe zu stellen. In jüngster Zeit, z. B. 1975, verursachten extrem hohe Niederschlagsmengen verhängnisvolle Überschwemmungen in den Flußniederungen Nordindiens.

In ebendiesen Regionen führte die Anfälligkeit der mittleren Breiten für klimatische Schwankungen zu einigen großen Dürreperioden. So wurde etwa die Getreideproduktion im sowjetischen Zentralasien erheblich beeinträchtigt. Das allgemeine Niederschlagsmittel scheint dort rückläufig zu sein, obwohl es nicht bis auf die Tiefstwerte gesunken ist, die in der Mitte des letzten Jahrhunderts einige Jahrzehnte lang vorherrschten (Abb. 86). Im Jahre 1972 ging von Mai bis September auf das riesige Gebiet in der Sowjetunion, das sich über das europäische Rußland bis nach Zentralasien erstreckt, weniger als die Hälfte der üblichen Regenmenge nieder. Im größten Teil der Region betrugen die Niederschlagssummen weniger als ein Viertel der erwarteten Menge. Bedingt durch durchschnittliche Sommertemperaturen, die bis zu 3,7 °C über den Langzeitmitteln dieses Jahrhunderts lagen, machte die große Dürre die Ernte zu-

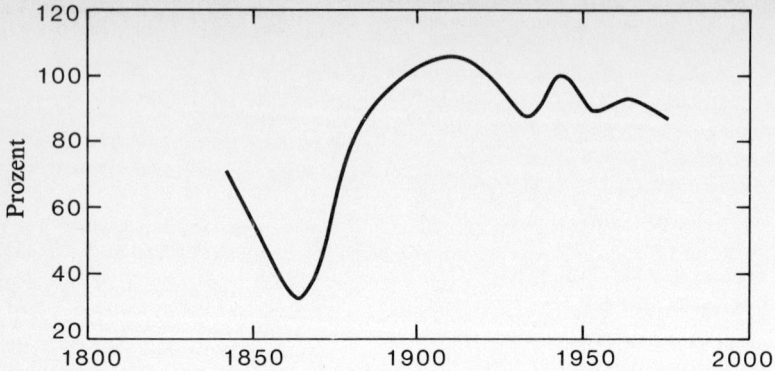

86: Regenfälle in Barnaul (53° N, 84° O) im sowjetischen Getreideanbaugebiet in Zentralasien. Schwankungen der Jahressummen, geglättet und als Prozentsatz im Verhältnis zum Durchschnitt (482 mm) von 1900 bis 1939 ausgedrückt.

nichte, löste ausgedehnte Waldbrände aus und führte sogar zur Selbstzündung der ausgetrockneten Torfmoore. In jenem Jahr war die Sowjetunion offensichtlich gezwungen, im Westen riesige Mengen an Weizen zu kaufen. Da diese Schwierigkeiten in der Sowjetunion jedoch mit dem Ausbleiben des Monsuns über Indien und Westafrika zeitlich zusammentrafen, waren noch wesentlich größere Gebiete von der Nahrungsmittelknappheit betroffen, was sich im Welthandel drastisch bemerkbar machte.

Im Sommer 1972 lagen die Temperaturen in der Mittel- und Westeuropa umschließenden Region um mehr als 1 °C unter dem normalen Niveau. Obwohl der Sommer auf den Britischen Inseln trocken war, ging über Teilen Italiens und über den Balkanländern doppelt soviel Regen nieder als sonst. Die gesamte Osthälfte Nordamerikas verzeichnete ebenfalls kühlere Temperaturen und war allgemein feuchter als normal. Westeuropa und Nordamerika östlich und westlich der Rocky Mountains erlebten wiederum in anderen Jahren desselben Jahrzehnts große Dürreperioden und Überschwemmungen. Im Jahre 1973 hatten die großen Seen in Nordamerika und der Mississippi ihre höchsten Wasserstände seit 1844.

Auswirkungen auf Gletscher, Eisschilde
und den Meeresspiegel

Über die hier betonten jährlichen Schwankungen hinaus zeitigt die Abkühlung im allgemeinen Verlauf der Sommer seit 1953 eine noch weitergehende Auswirkung, die die Veränderung in der Klimatendenz seit der
Mitte dieses Jahrhunderts bestimmt. In den Alpen verlangsamte sich zunächst der langanhaltende Gletscherrückzug; 1965 begannen dann
einige, meist kleine Gletscher vorzustoßen, bei denen bis dahin augen-
scheinlich keine Bewegungen zu verzeichnen waren. Der überwiegende
Teil der Gletscher, einschließlich der großen, hat sich in einigen Gebieten
in Italien, Österreich und der Schweiz seit 1972 ausgedehnt. Dieser Vorstoß vollzieht sich seit 1975 auch in anderen Gegenden. Auch in West-
und Nordnorwegen traten in diesen Jahren die ersten allgemeinen Gletschervorstöße seit vielen Jahrzehnten auf. In Nordamerika folgte auf den
Gletscherrückgang zu Beginn des 20. Jahrhunderts in manchen Gebieten
ebenfalls eine Zunahme der Gletscheraktivität. Im Kaskadengebirge
(Cascades Range) im Nordwesten der Vereinigten Staaten setzte diese
Entwicklung bereits in den fünfziger Jahren dieses Jahrhunderts ein. Auf
der (großen) Baffininsel im Nordosten Kanadas, in deren Kernbereich
vor 200 bis 400 Jahren 70 Prozent der Hochlandregion offenbar mit «ewi-
gem» Eis und Schnee bedeckt waren, ging die Schneebedeckung bis 1960
auf 2 Prozent zurück. Dort haben sich seitdem die «ewigen» Schneefelder
wieder vergrößert, und man hat Gletscherneubildungen gefunden, die
durch das Absinken der sommerlichen Frostgrenze um fast 300 m hervorgerufen wurden.

Das weltweite Abschmelzen der Gletscher von ihren Höchstständen
während der Kleinen Eiszeit – wobei sich der Rückzug größtenteils zu
Beginn des 20. Jahrhunderts vollzog – läßt erwarten, daß der allgemeine
Spiegel der Weltmeere kontinuierlich ansteigen würde (obwohl der wichtigste Faktor zur Klärung dieser Frage das Verhältnis zwischen Akkumu-
lation und Abschmelzen der großen antarktischen Inlandeismasse ist).
Das Meeresniveau scheint tatsächlich ständig gestiegen zu sein, obschon
unsere am weitesten zurückgehenden Aufzeichnungen über Tidenmes-
sungen leider nur für das Nordseebecken vorliegen, wo die gemessenen
Veränderungen wahrscheinlich überwiegend den dortigen Verwerfungen
der Erdkruste zugeschrieben werden müssen. Die frühesten Angaben
dieser Art (Amsterdam, 1682) lassen darauf schließen, daß der Meeresspiegel in diesem Gebiet bis 1930 um ca. 18 cm anstieg. Die Erhöhung des
Pegelstandes in der Elbmündung belief sich zwischen 1825 und den siebziger Jahren des 20. Jahrhunderts vermutlich sogar auf 37 cm. Zweifels-

ohne fand der Hauptanstieg, der für den Bereich der Britischen Inseln 15 bis 20 cm betrug, zwischen 1895 und 1960 statt. (Einige Stationen, z. B. an der Nordseeküste, meldeten eine Verlangsamung des Anstiegs in den Jahren unmittelbar vor 1960). Diese Beobachtungen stimmen zeitlich derart exakt mit der allgemeinen Erwärmung und dem äußerst raschen Gletscherrückzug in den gemäßigten und höheren nördlichen Breiten überein, daß sich für diese Phänomene die Veränderung des Meeresspiegels als Hauptursache aufdrängt. Seit ca. 1960 ist offenbar auch dieser Trend zum Stillstand gekommen, zumindest bis heute zeichnet sich ein Einpendeln des Meeresspiegels ab, obwohl es immer noch einige (vermutlich stets auftretende) Abweichungen in der südlichen Nordsee gibt. Man geht davon aus, daß die Anfänge einer gegenläufigen Entwicklung wahrscheinlich erstmals für die siebziger Jahre des 20. Jahrhunderts festgestellt werden können. Gegenwärtig (1981) kann man sichere Aussagen weder über einen so günstigen Trend noch gar über seine Fortdauer treffen. Eine solche Vorhersage würde eine präzise Klimaprognose erfordern. Solange der Meeresspiegel allgemein 20 bis 40 cm höher bleibt als im vorherigen Jahrhundert, erhöht sich die Gefahr von Sturmfluten und Flutkatastrophen.

Beobachtung der weltweiten Klimaentwicklung

Da uns die Frage der Vorhersagbarkeit des zukünftigen Klimas immer dringlicher beschäftigt, ist es wichtig zu überlegen, wie wir die klimatische Grundtendenz möglichst wirksam und effizient beobachten können. Wir haben hier die Veränderungen im weltweiten Temperaturmittel als wesentlichsten Index für die globalen Klimaverhältnisse behandelt. Jegliche dadurch bedingte Veränderung des Temperaturgradienten zwischen hohen und niederen Breiten und der Lage seines Hauptteils wirkt sich auf Stärke und Muster der Windzirkulation aus. Somit werden auch der polwärtige Wärmetransport und die kleinräumige Verteilung von vorherrschend warmem und kaltem, nassem und trockenem, windstillem und stürmischem Wetter beeinflußt. Wir haben gesehen, daß Veränderungen in den hohen Breiten grundsätzlich viel größere Temperaturunterschiede hervorrufen als anderswo, auch wenn dies nicht ganz gleichmäßig auf Arktis und Antarktis zutrifft. Dennoch haben die Veränderungen zwischen der Hauptphase des Eiszeitalters und dem Interglazial in beiden Bereichen wohl nahezu gleichzeitig stattgefunden. Zumindest in historischer Zeit scheinen die arktischen Schwankungen, die sich bei Beobachtungen im angrenzenden Atlantik und in den europäischen Randgebieten abzeichneten, dem für andere Regionen dokumentierten Variationsverlauf entsprochen zu haben. Auch in anderen Breiten, z. B. in den Tropen, traten signifikante Temperaturschwankungen auf. Allerdings vollzogen sich diese in komplizierteren regionalen oder örtlich begrenzten Mustern, die mit der Wind- und der Meereszirkulation in Zusammenhang stehen.

Die Neigung zu regnerischem Wetter kann sich, lokal begrenzt, als sehr veränderlich darstellen, wo die Winde mit unterschiedlicher Häufigkeit auf Luv- oder Leeseiten von Gebirgsketten (oder sogar kleineren Bergen) treffen. So gingen die westeuropäischen Niederschläge aufgrund nachlassender Westwinde vom Nordatlantik zwischen 45 und 60° Nord in den sechziger und siebziger Jahren des 20. Jahrhunderts um einige Prozent zurück. Auf der Westseite der Britischen Inseln verringerte sich die Regenmenge stärker als an der Ostseite. Im nordöstlichen Teil Nordamerikas, von Neuengland bis nach Labrador, gab es dagegen einen realen Anstieg. In dem entsprechenden Gebiet in Nordostasien, im östlichsten Teil der Sowjetunion, d. h. am Rand des Ochotskischen Meeres und in der Kamtschatka, lagen die Zunahmen regional bei über 20 Prozent. Wahrscheinlich deutet dies auf häufigere, Schnee und Regen heranführende pazifische Ostwinde und abnehmende Westwinde hin. An den Küsten des Polarmeeres stieg die Gesamtniederschlagsmenge bei auflandigen Winden durch Regen- und Schneefälle, die mit der vermehrten Tiefdrucktätigkeit in den höchsten nördlichen Breiten zusammenhängen, in den sechziger und siebziger Jahren gegenüber den drei vorherigen Dekaden um 20 bis 50 Prozent an. Wir haben ebenfalls bedeutende Veränderungen bei den Regenfällen in den Wüstenrandzonen in den niederen Breiten festgestellt.

Folglich sind *die einfachsten Indikatoren der weltweiten Klimaverhältnisse:*

1. Temperaturen, die in hohen Breiten, besonders in der Arktis vorherrschen (die starken Schwankungen im Laufe der Zeit stellen ein deutliches «Signal» dar, doch die großen Schwankungen von einem Jahr zum nächsten in jedem beliebigen Bereich der Arktis können Verwirrung stiften. Die Veränderungen hängen mit Verschiebungen der Zonen mit den kältesten Klimabedingungen zusammen, die überall dort entstehen, wo sich zufällig eine kleine Störung aus anderen Breiten bemerkbar macht);

2. Indikatoren für die allgemeine Ausprägung der Windzirkulation in den mittleren Breiten, wie beispielsweise die Westwindhäufigkeit über den Britischen Inseln und die Häufigkeit von Blockierungslagen;

3. Temperaturen in niederen Breiten (falls wir die ziemlich geringen realen Schwankungen mit ausreichender Genauigkeit erfassen können).

Möglicherweise können die Gesamtniederschlagssumme der inneren Tropen oder die Regenmenge der Monsune (und der afrikanische Breitenbereich, in dem sie niedergehen) sowie der Niederschlag in Form von Schnee und Regen in den höchsten Breiten als Indikatoren für die Energie des globalen Windsystems dienen.

Tabelle 4   Korrelationskoeffizienten für die Zusammenhänge im weltweiten Wettergeschehen

Miteinander verbundene Phänomene und Erfassungszeitraum	Zeiteinheiten (d. h. Vergleich aufeinanderfolgender, sich nicht überlappender Blöcke)	Korre-lations-koeffi-zient	Grad der statistischen Bedeutung in %
Polares Meereis an den isländischen Küsten und globale Temperatur 1880–1974	5 Jahre	− 0,64	99,0
Polares Meereis bei Island und Temperaturen in Mittelengland 1870–1974	5 Jahre	− 0,53	fast 99,0
Polares Meereis bei Island und jährliche Anzahl der Tage mit Westwindlagen über den Britischen Inseln 1870–1974	5 Jahre	− 0,54	99,0
Temperaturen in Mittelengland und auf der Nordhemisphäre 1870–1974	5 Jahre	+ 0,71	99,9
Anzahl der Tage mit Westwindlagen auf den Britischen Inseln und Regenmenge in der Sahelzone (10–20° N) in Afrika 1900–1973	1 Jahr	+ 0,56	99,0
Anzahl der Tage mit Bodenwinden aus Südwest in London und am Südpol abgelagerte Schneemenge 1760–1957	10 Jahre	+ 0,75	99,9

Wir haben in diesem Kapitel festgestellt, daß das polare Meereis ziemlich rasch auf den Abfall des Temperaturniveaus im Jahre 1950 reagiert hat, genauso wie sich das Eis während der Erwärmung zu Beginn des 20. Jahrhunderts (vgl. Abb. 81 und 82) schnell zurückgezogen hatte. Forscher nehmen in der Tat seit langem an, daß die Schwankungen des Polareises als Index für das weltweite Klima benutzt werden könnten (obschon zu berücksichtigen ist, daß die einzigen langen Datenreihen für Island und Grönland vorliegen, die nicht unbedingt für die gesamte Arktis repräsentativ sind). Augenfällig ist ebenfalls die allgemein parallele Entwicklung beim Auftreten von Westwinden in den mittleren Breiten, wie sie sich bei den Westwindlagen auf den Britischen Inseln manifestiert. Eine ebensolche Parallelität weist die globale Temperaturentwicklung seit 1870/1880 auf (Abb. 78). Wenn wir die Daten aus dem begrenzten geschichtlichen Zeitraum, für den Instrumentenbeobachtungen und numerische Schätzungen des Eisvorkommens vorliegen, vorbehaltlos verwenden können, dann sind wir hinreichend legitimiert, um aus diesen Anhaltspunkten einen Weltindex abzuleiten (vgl. Tab. 4).

Bei der Erörterung möglicher einfacher Indikatoren für die weltweiten Klimaverhältnisse und ihrer Zusammenhänge berühren wir Aspekte, für die Vorhersagen auch wirtschaftlich und sozial höchst wünschenswert wären.

Anmerkungen

1 R. K. Tavakol und P. D. Jones von der Climatic Research Unit an der University of East Anglia entwickelten einen einfachen Index für die weltweite Wechselhaftigkeit des Klimas. Dieser Index setzt sich aus den homogenisierten Luftdruck- und Temperaturabweichungen zusammen, die nach Breiten- und Längengradabschnitten von jeweils 10° gemittelt wurden. Für die Nordhemisphäre wies die Variabilitätsindex für diese beiden Klimaelemente zwischen ca. 1920 und 1960 allgemein niedrige Werte aus (außer für den Luftdruck in den vierziger Jahren, als verstärkt Blockierungslagen auftraten). Er stieg dann in der Mitte der sechziger Jahre und danach steil auf hohe Werte an. Der Variabilitätsindex kann ausgedrückt werden als

$$\frac{1}{n} \sum_{1}^{n} \frac{|x-\bar{x}|}{\delta_x}$$

für die Abweichungen der beobachteten Werte x eines Elements von seinem Durchschnittswert $\bar{x}$ an jedem von n Punkten auf der Karte, wobei δ_x die Standardabweichung von x an jedem Punkt ist.

2 Die Versicherungsbranche, die bereits in der Mitte der fünfziger Jahre bei Schadensforderungen in der Schiffahrt große Verluste erlitt, weil die Prämien

für Unglücke bei tropischen Hurrikanen auf dem Satz von 1900 bis 1930 geblieben waren und sich die Häufigkeit solcher Stürme erheblich vergrößert hatte, hielt es für notwendig, ab 1980 eine 10 prozentige Erhöhung der Gebäudeversicherung für Erdrutsche, Absenkungen und Frostschäden zu verlangen.

3 K. E. Trenberth vom New Zealand Meteorological Service berichtet davon beispielsweise in: Quarterly Journal of the Royal Meteorological Society, 102, 1976, S. 65–75.

4 I. Weiss und H. H. Lamb: Die Zunahme der Wellenhöhen in jüngster Zeit in den Operationsgebieten der Bundesmarine, ihre vermutlichen Ursachen und ihre voraussichtliche weitere Entwicklung, in: Fachliche Mitteilungen, 160, 1970, Geophysikalischer Beratungsdienst der Bundeswehr. Siehe ebenfalls: Fachliche Mitteilungen, 194, 1979.

5 M. Petersen und H. Rohde: Sturmflut, Neumünster 1977, S. 52.

6 Dr. Svend-Aage Malmberg hat erst kürzlich eine Reihe von nützlichen Zusammenfassungen über die Veränderungen der Meerestemperaturen und des Salzgehalts sowie über die Fischbestände in den Gewässern um Grönland und Island veröffentlicht (siehe ders., in: Ægis, 1979/1980).

7 H. Dronia: Der Stadteinfluß auf den weltweiten Temperaturtrend, in: Meteorologische Abhandlungen, 74, Nr. 4, 1967.

8 Jedoch bemerkte Luke Howard bereits um 1810–1820, daß die Temperaturen in London tendenziell um mehr als 1,1 °C über denen im Umland liegen. Wir haben bereits bei den Käferarten (S. 200), die bei archäologischen Arbeiten in York untersucht wurden, darauf hingewiesen, daß die dicht bebaute, wenngleich nach modernen Maßstäben sehr kleine mittelalterliche Stadt wahrscheinlich erheblich wärmer war als die Umgebung.

9 Vgl. N. E. Davis' Untersuchung: The Variability of the Onset of Spring in Britain, in: Quarterly Journal of the Royal Meteorological Society, 98, 1972, S. 763–777.

10 M. Tanaka: Synoptic Study on the Recent Change in Monsoon Asia and its Influence on Agricultural Production, in: K. Takahashi und M. M. Yoshino (Hg.): Climatic Change and Food Production, Tokio 1978, S. 81–100.

15 Auswirkungen von Klimaentwicklungen auf die Menschheitsgeschichte

Allgemeines

Unsere Betrachtung der Epochen der Menschheitsgeschichte orientierte sich an den bekannten Daten, die mittlerweile über vergangene Klimate zur Verfügung stehen. Dabei sind wir lediglich auf wenige, besonders augenfällige Indizien einer engen Beziehung zwischen Klima und Geschichte eingegangen. Um die Bedeutung von Klimaveränderungen und -verschiebungen für die Menschheitsgeschichte und die aktuellen Belange der Gegenwart wirklich einschätzen zu können, müssen wir zunächst die diversen Erscheinungsformen dieser Beziehung untersuchen. Sodann müssen wir zwischen direkt von einem Klimaereignis betroffenen Völkern und dem methodisch schwierigeren Problem nur indirekter oder geringfügigerer Auswirkungen auf Lebensgemeinschaften unterscheiden. Dabei muß man anerkennen, daß die klimatische Entwicklung manchmal gewohnte menschliche Handlungen vollkommen blockieren kann. Solche massiven Zwangslagen entstehen allerdings eher selten; gewöhnlich wirken sich klimatische Ereignisse oder Trends nur graduell aus. Dann kommt es zu einer allmählichen Belastung oder zur Erschwernis bestimmter Tätigkeiten. Jedenfalls bleiben den betroffenen menschlichen Gemeinschaften eine Vielzahl von Handlungsmöglichkeiten offen, in diesen Fällen bestimmen größtenteils andere Zwänge oder Ausweichmöglichkeiten ihre Reaktionen. Je geringer und entfernter die Ursache der Klimabelastung ist, desto schwieriger wird es zwangsläufig sein, die Auswirkungen auf Gesellschaft und Wirtschaft aufzudecken. Es mag hilfreich sein, im Fall einer *direkten* Auswirkung der Klimaschwankung oder -veränderung von *Auswirkungen erster Ordnung* zu sprechen und bei eher *indirekten* von *Auswirkungen zweiter, dritter oder vierter Ordnung* – je nach Anzahl der Zwischenglieder, über die die Klimaeinwirkungen vermittelt werden. Überdies müssen wir zwischen kurzfristigen oder witterungsbedingten Belastungen und langfristigen Veränderungen unterscheiden, und zwar unabhängig davon, ob sich letztere allmählich oder abrupt vollziehen.

Zwischen den klimatischen (oder meteorologischen) Ereignissen, die für die heutigen, uns vertrauten Lebensformen bedrohend sind, und denjenigen, die in der Vergangenheit eine Belastung darstellten, besteht kein grundlegender Unterschied. Deshalb ist es sinnvoll, die geschichtliche Entwicklung, Gegenwart und Zukunft in einem Kapitel zu behandeln. Denn der im Vergleich zur Vergangenheit bestehende Unterschied hängt von dem Schutz ab, den eine moderne Technologie, wachsende Anpassungsfähigkeit und die Kenntnis geeigneter Vorkehrungsmaßnahmen bieten. Wir haben allen Grund zu fragen, ob und auf welche Art unsere Anfälligkeit für Klimaereignisse derzeit vielleicht wieder zunimmt.

Wenn wir Klimabelastungen analysieren, handelt es sich ursprünglich natürlich um physikalische Phänomene: das Verdunsten und Zufrieren von Gewässern, Belastungen durch Wind, Niederschlagsmengen und das Ausmaß von Überschwemmungen oder Kraft und Energie von Sturmfluten und Gezeiten usw. Bei der Analyse von veränderten Gesamtwärmemengen einer Vegetationsperiode oder von extremen Temperaturentwicklungen, die sich auf menschliche und tierische Organismen sowie auf Krankheitserreger auswirken, und auch bei der Untersuchung von Regenfällen, Überschwemmungen, Dürreperioden usw. sind sowohl physikalische als auch direkte biologische Folgen von Bedeutung. Vielfach sind darüber hinaus wirtschaftliche oder sogar psychologische Konsequenzen klimatischer Ereignisse für soziale Gemeinschaften bedeutsam. In einigen Fällen ist es wahrscheinlich gar nicht einmal so sehr das Klimaereignis selbst; es ist vielmehr die Art, wie es ausgelegt und zur Zeit seines Auftretens gedeutet wird, die das menschliche Handeln beeinflußt.

Wenn manche Kombinationen von physikalischen Gegebenheiten zusammentreffen, rufen sie Auswirkungen auf die Umwelt und auf die von Menschen geschaffenen Strukturen hervor, die wir zu berücksichtigen haben. Professor Flohn hat beispielsweise darauf hingewiesen, daß Niederschlagsschwankungen aufgrund der geringeren Verdunstung bei stark wolkigem, regnerischem Wetter im allgemeinen prozentual größere Schwankungen im Feuchtigkeitsgehalt des Bodens, in der Abflußmenge und der Wasserführung der Flüsse nach sich ziehen. Wenn Regen und Schnee von starkem Wind getrieben werden, durchdringen sie Dächer und Wände und wirken sich anders aus als ähnliche Niederschlagsmengen bei ruhigerem Wetter. Wenn die Temperatur des Meerwassers unter den Gefrierpunkt (ca. $-2\,°C$) absinkt, kann jede Windstärke, bei der gefrorene Gischt zu Vereisung an Aufbauten und in der Takelage führt, schlimme Folgen für Schiffe haben und sogar zum Kentern führen. Viele Katastrophen dieser Art haben sich in den arktischen Fischgründen ereignet. Wie die Bewohner der nordamerikanischen Ebenen und Prärien wissen und wie auch von Polarexpeditionen wohl bekannt ist, verstärken Starkwinde die physiologischen Auswirkungen niedriger Temperaturen. Vereinfacht ausgedrückt: In der Antarktis genauso wie auf Berggipfeln

und in anderen Gebieten, in denen es im Winter friert, wird Wind (d. h.
das Zusammenwirken von Wind und niedrigen Temperaturen) zum le-
bensbedrohenden Element. Bei einer Windgeschwindigkeit von 30 Knoten haben −5 °C ungefähr denselben Kälteeffekt wie Temperaturen von
nahezu −30 °C bei wenig Wind. Der Temperaturbereich, den der menschliche Körper als angenehm empfindet, wird auch in starkem Maße durch
die Luftfeuchtigkeit beeinflußt, da der körpereigene Abkühlungsmecha-
nismus von der Schweißabsonderung abhängt. Untersuchungen bei weißen Europäern im 20. Jahrhundert haben ergeben, daß die durchschnittliche Obergrenze für als «angenehm» empfundene Temperaturen bei
Windstille im Schatten bei einer relativen Luftfeuchtigkeit von 100 Prozent bei ca. 22 °C liegt. Sie steigt auf 27 °C an, wenn die relative Luftfeuchtigkeit 66 Prozent beträgt, und auf 38 bis 39 °C bei sehr trockener
Luft. Die Obergrenze der Temperaturen, die «gerade noch erträglich»
sind, reicht offenbar von 38 °C bei einer relativen Luftfeuchtigkeit von
100 Prozent bis zu ca. 56 °C bei sehr trockener Luft. Da ein Luftfeuchtig-
keitsgehalt von über 90 Prozent bei jeder Temperatur erwiesenermaßen
Lethargie erzeugt und zudem bewirkt, daß Temperaturen von ca. 7 °C
und darunter als «kalt» empfunden werden, verkleinert sich der Bereich
der angenehmen Temperaturen, je höher der Feuchtigkeitsgehalt der
Luft ist. Eine vollständige Betrachtung des Einflusses, den klimatische
Bedingungen auf das Wohlbefinden und die Leistungsfähigkeit ausüben,
müßte auch die Auswirkungen solarer Strahlung einbeziehen.

Ähnlich gelagerte Überlegungen widmeten sich in der Forschungsge-
schichte immer wieder Unterschieden zwischen «Völkern und Rassen».[1]
Das Wohlbefinden und die Gesundheit von Tieren werden durch Klimaelemente bestimmt, wenn auch die Belastbarkeitsgrenzen für verschiedene Arten unterschiedlich sind. Ein großer Wissensbedarf betrifft die
Klimatoleranz von Nahrungsmittelpflanzen und deren spezielle optimale Wachstumsbedingungen. Nicht weniger wichtig sind die klimatischen Bedingungen, die Seuchen, Krankheiten und Krankheitsträger
begünstigen bzw. die Umstände, die diese Krankheiten zum Aussterben
bringen.

Die wichtigsten Einwirkungsformen von Klimaschwankungen und –
-veränderungen auf menschliches Leben sind im folgenden aufgeführt:
– Wasservorrat, insbesondere im Hinblick auf den Grundwasserspiegel
  und den Feuchtigkeitsgehalt des Bodens, Wasserspiegel von Brunnen,
  Wasserstände von Binnenseen und Flüssen, Gletscherstände und natürlich die Verfügbarkeit von Wasser als Wasserkraft (von Mühlen bis
  zur Stromerzeugung);
– vorherrschende Temperaturen, ihre direkten Auswirkungen auf das

Wohlbefinden von Mensch und Tier[2] und somit auf den Brennstoffbedarf und das Wachstum der Feldfrüchte;
- Sonnenschein, Luftfeuchtigkeit und Bewölkung und ihre Auswirkungen auf Gesundheit und Wachstum sowie auf das Sonnenenergiepotential;
- Windverhältnisse, ihre zerstörerischen Folgen bzw. die potentielle Verfügbarkeit von Wind- und Wellenkraft. Die Folgen für die Verdunstung und damit für Vegetation und Ernteerträge sowie für die Brutbedingungen von Insekten und Bakterien können ebenfalls von Bedeutung sein.

Die einzelnen Bereiche, in denen sich die Auswirkungen bemerkbar machen, können wie folgt zusammengefaßt werden:
- Feld- und Gartenbau, einschließlich Obst- und Weinbau;
- Forstwirtschaft;
- Insekten (z. B. Heuschrecken) und andere Seuchen, Braunfäule, Mehltau und deren Bekämpfung;
- Gesundheit und Krankheit von Pflanzen, Tieren und Menschen;
- witterungsabhängige Industriezweige und das Baugewerbe (Textilgewerbe, Hoch- und Tiefbau);
- Handel (auf nationaler und internationaler Ebene, Planung, Kontingente und ihre Erfüllung, Festlegung von Anbaugebieten, Industriestandorten und Hilfsmaßnahmen für Notfälle) und Auswirkungen auf die Preise;
- Transport und Verkehr (Öffnung und Schließung von Bergpässen, Wüstenpisten und Routen durch Marschgebiete und von Seewegen, die durch Stürme oder Eis bedroht sind), Kosten für Räumung und Instandhaltung von Straßen, für die Erhaltung von Telegrafen-, Kabel- und Stromleitungen, Öl- und Gasfernleitungen usw. und in einigen Gebieten für Eisbrecher;
- Fremdenverkehr (Sommer- und Wintersport, Angebote für Reisen und Kreuzfahrten, Kurorte und Investitionskosten für Ausrüstung und Pflege);
- Katastrophen und Schwierigkeiten durch Lawinen, raschen Gletscheranstieg, Muren, Erdrutsche, Steinschlag, Überschwemmungen, Dürre, Bodensenkungen oder Frosthebungen, außergewöhnliche Schneefälle, heftige Stürme usw. Katastrophen für Flora und Fauna können ebenfalls von wirtschaftlicher Bedeutung sein (beispielsweise wurden die europäischen Walnußbäume im strengen Winter 1708/1709 weitgehend vernichtet, so daß die Krise in der Möbelindustrie Frankreich zwang, den Export von Walnußholz zwölf Jahre lang zu verbieten. Europa begann zunächst mit der Einfuhr von schwarzem Walnußholz

aus Amerika und später mit dem Import von Mahagoni auf den Schiffen der Englisch-Ostindischen Kompagnie.);
- Küstenüberflutungen und -abtragung, Sand- und Kiesversatz, Versandung von Flußmündungen und Häfen, die entweder mit Sturmfluten oder langfristigen Veränderungen des Meeresspiegels in Zusammenhang stehen;
- Vorkehrungen und Kosten für Versicherungen und Schutzmaßnahmen (Versicherungsgewerbe, Lagerung und Vorratshaltung für Nahrungsmittel und Wasser, Bewässerung, Errichtung von Küstenschutzbauten, Klimabeobachtung und -erforschung);
- Vorkehrungen und Kosten für Hilfsmaßnahmen für Flüchtlinge und deren Umsiedelung.

Auswirkungen erster Ordnung

Bei unserem Überblick über die Vergangenheit können wir häufig feststellen, daß das menschliche Handeln klimatischen Zwängen unterlag. Ein Beispiel dafür ist der starke Anstieg des Meeresspiegels über Jahrtausende, der auf das Ende der letzten Eiszeit folgte. Die Wassermassen überfluteten vormals bewohnte Niederungen und Küstenebenen. Das Austrocknen der nordafrikanischen, arabischen, nordwestindischen und zentralasiatischen Wüsten zu einem späteren Zeitpunkt setzte dem menschlichen Schaffen und den dortigen Kulturen ein Ende und hat wohl zunächst Hungersnöte und schließlich große Völkerwanderungen ausgelöst. Man geht sogar davon aus, daß die Flüchtlingsströme den Sklavenhandel erst ermöglichten, auf dem z. B. die hochorganisierten Kulturen in den Flußtälern basierten. Der Verlust des Zugangs zu den hochgelegenen Bergwerken in den Alpen um 800 v. Chr. und später im Mittelalter, die mehrfachen Überschwemmungen vorgeschichtlicher Seeufersiedlungen in Mitteleuropa und die Schwankungen von Feuchtigkeit und Waldwachstum im Hochtal von Mexiko und in Yucatán, in Kamputschea und anderswo in Südostasien sind ebenfalls als Beispiele klimatisch bedingter Zwangslagen zu sehen. Wir haben uns mit den Klimaentwicklungen beschäftigt, die vermutlich zur Aufgabe der alten, dem Handel zwischen China und dem Römischen Reich dienenden Karawanenstraße und der Großen Seidenstraße durch Zentralasien führte. Wir sind ebenfalls auf die Veränderungen eingegangen, die die altnordische Siedlung in Grönland abschnitten und zum Untergang verdammten und die Entvölkerung der mittel- und nordnorwegischen Hochlande im späten Mittelalter, wie auch die Aufgabe von Landwirtschaft in vielen anderen

Teilen Europas und den Rückzug der Nordgrenze des Weinbaus verursachten.

Für die letztgenannten Beispiele kann man einwenden, daß wir uns in einer «Grauzone» befinden, in der das Klima nicht allein als Grund angeführt werden kann. Es wird häufig behauptet, daß die Aufgabe des mittelalterlichen Weinbaus in England, Norddeutschland und in anderen europäischen Ländern wirtschaftliche Ursachen hatte; insbesondere wird auf Importmöglichkeiten guter Weine aus Bordeaux und Südfrankreich hingewiesen. Dies wird ständig als «offensichtliche Erklärung» wiederholt, ein Umstand, den der Laie bereitwillig einsieht. Doch scheint die Datenanalyse das Klima als wirtschaftlich ausschlaggebenden Faktor zu bestätigen. Die rein wirtschaftliche Erklärung stimmt nicht mit der Tatsache überein, daß im 12. und 13. Jahrhundert, als diese französischen Weinbaugebiete unter englischer Herrschaft standen, der König durch diplomatischen Druck zur Aufgabe der englischen Weinberge gezwungen werden sollte. Wahrscheinlicher sind eine Expansion des Weinhandels mit Bordeaux und eine Änderung der Handelsbedingungen, als die englischen Weinberge im 14. und 15. Jahrhundert immer weniger gute Ernteerträge erbrachten.

Die Interdependenz zwischen den Höhepunkten der kulturellen Errungenschaften in Nordeuropa im Bronzezeitalter (besonders in der Entwicklung des Seehandels), in der spätrömischen Zeit und im hohen Mittelalter und den Spitzenwerten der Temperaturkurve hat zwangsläufig die Vermutung geweckt, daß das Klima einen sehr nachhaltigen Einfluß auf die Geschichte gehabt haben muß. Ebenso deuten weitere Einzelheiten auf eine Gleichzeitigkeit von Klimaeinbrüchen und Phasen kulturellen Niedergangs und politischer Unruhen hin. Dies trifft in Mitteleuropa besonders auf die Zeit um 800 v. Chr. und auf das 5., 6., 14., 15. und 17. Jahrhundert zu. In der Dekade zwischen 1430 und 1440, die in Europa überwiegend durch strenge Winter (und durch bemerkenswert häufige «Blockierungslagen» in der Windzirkulation) gekennzeichnet war und in der die Sommer wegen extremer Temperaturen und Regenmengen witterungsgeschichtlich relevant waren, kam es z. B. in den Schottischen Hochlanden und in Böhmen zu Unruhen. Die Hauptstadt Schottlands wurde aus Sicherheitsgründen weiter in den Süden, nach Edinburgh, verlegt. Der Hundertjährige Krieg zwischen England und Frankreich befand sich in einer besonders grausamen Phase, und unter der Ming-Dynastie ging die Zeit der chinesischen Expansion zu Land und zu Wasser aufgrund innerer Schwierigkeiten abrupt zu Ende. Wie wir im letzten Kapitel sahen, verlagerte sich das kulturelle (und in gewissem Sinn auch politische) Zentrum Nordeuropas in der Zeit zwischen dem späten 13. und dem

15. Jahrhundert allmählich nach Süden, von Trondheim über Bergen nach Oslo und schließlich nach Kopenhagen. Ab 1536 bestand Norwegen schließlich nicht mehr als eigenständiges Land, Island wurde ebenfalls einer zunehmend absolutistischen Herrschaft aus Kopenhagen unterworfen. 1707 beendete eine ähnliche Poltik die Unabhängigkeit Schottlands, das dem Vereinigten Königreich angegliedert und nun von London aus regiert wurde. Für jede Phase dieser Entwicklungen können auch andere, nichtklimatische Ursachen vorgebracht werden. Die Klimabelastung wurde selten als Grund für Entscheidungen in Betracht gezogen, die Menschen in der Vergangenheit trafen. Ausnahmen bilden die Ereignisse auf Island und Grönland, in europäischen Gletscherregionen und in die Geschichte eingegangene Mißernten.

Bei einem Blick auf die fernöstliche Geschichte sehen wir, daß die Dürreperiode in Zentralasien um 300 n. Chr. zeitlich mit dem Konflikt zusammenfiel, der zur Zerstörung der nordchinesischen Tsin-Dynastie durch eindringende Nomaden führte. Die Flüchtlinge kamen scharenweise nach Südchina und trugen dort zur kulturellen Entwicklung bei; andere, die nach Korea und Westjapan flohen, traten im Bevölkerungszuwachs dieser Länder deutlich in Erscheinung. Ähnliches wiederholte sich bei der Invasion Chinas durch die Mandschuren, die 1662, mitten in einer der schlimmsten Phasen der Kleinen Eiszeit, zum Untergang der Ming-Dynastie führte.

Falls diese Verknüpfungen von klimatischen Faktoren, die anscheinend die Geschichte steuern, in irgendeiner Weise den Tatsachen entsprechen, so handelt es sich sicher nicht um eine simple Kausalität.

Weitergehende Folgen

Es ist nicht sehr schwer, Beispiele für gegenläufige Wirkungen und Entwicklungen zu finden. Zweifellos profitierten Dänemark und England vom Niedergang ihrer nördlichen Nachbarstaaten, denen klimatische Schwierigkeiten und Katastrophen zu Beginn der Kleinen Eiszeit zwischen 1300 und 1700 zu schaffen machten. Diese Länder und fast ganz Europa verzeichneten während der Hungersnöte und Epidemien in der zweiten Dekade des 14. Jahrhunderts durch den «Schwarzen Tod» und die nachfolgenden Seuchen extrem hohe Sterberaten, so daß es um die Ernährung der überlebenden Bevölkerung im späteren 14. Jahrhundert möglicherweise sogar besser als im 17. und 18. Jahrhundert bestellt war. So verweist Slicher van Bath[3] auf die Fleisch-, Fett-, Brotmengen usw. und die geschätzte Gesamtproteinmenge, die in einem Nürnberger Krankenhaus im

14. Jahrhundert verabreicht wurden und etwa 3400 Kalorien pro Tag ausmachten. Im Vergleich dazu gab es 400 Jahre später in einem Münchner
Krankenhaus insgesamt nur ca. 1900 Kalorien pro Tag. Man vermutet,
daß Wanderungen der Kabeljaubestände im Nordatlantik im 15. Jahrhundert englische, französische und portugiesische Fischer dazu brachten, neue Gebiete im Ozean zu erkunden. Von einem offenbar nicht fest-
gehaltenen Datum in der Mitte oder gegen Ende des 15. Jahrhunderts an
begannen sie, an den Neufundlandbänken zu fischen.[4] Zu Beginn des
nächsten Jahrhunderts bewirkte das Verschwinden der Heringe aus der
Ostsee einen sprunghaften Bedeutungszuwachs der Nordseefischerei.
Dadurch wiederum erlebte die englische und niederländische Seefahrt
einen großen Aufschwung. Die Niederlande wurden zu Beginn des
17. Jahrhunderts sehr wohlhabend, allerdings war in der zweiten Hälfte
des Jahrhunderts ein gewisser Rückgang zu verzeichnen. Dieser ging auf
Probleme durch heftige Stürme und Überflutungen zurück, bei denen
Deiche brachen und Fischerei und Landwirtschaft in Mitleidenschaft gezogen wurden. Bereits viel früher, zur Zeit des Untergangs der altnordischen Kolonie auf Grönland, führte die allmähliche Aufgabe der Jagd in
den nördlichen Gebieten an der Westküste nahe der Diskobucht erneut
zu vermehrten Expeditionen in entlegenere Gebiete, im Jahre 1267 zunächst nach Norden und Westen in die Baffin Bay und sogar noch im
Jahre 1347 nach Markland (Labrador). Vermutlich wurden die weitesten
Expeditionen in der Geschichte der Kolonie zu diesem späten Zeitpunkt
unternommen.

Andere Beispiele für eigenartige und komplex verlaufende Völkerwanderungen sind während der Kleinen Eiszeit in Skandinavien selbst zu
finden. Als im 15. und 16. Jahrhundert in Nordnorwegen Bauernhöfe aufgegeben wurden, erlebte die Küstenfischerei einen immer stärkeren Aufschwung, und die Bevölkerung nahm an der Küste ständig zu. Man geht
davon aus, daß dies teilweise auf die Zuwanderung von Nichteinheimi-
schen zurückgeht, die von den weiter im Süden gelegenen, küstennahen
Fischerdörfern nach Norden wanderten. Zur gleichen Zeit, als sogar in
England und Mitteleuropa (und in Teilen Südeuropas) Gehöfte und Dörfer in höhergelegenen Gebieten verlassen wurden, dehnte sich die Besiedlung an einigen Stellen in Nordschweden und in Finnland noch weiter
aus. Teilweise mag dies an der in diesen Regionen auffällig geringen Bevölkerungsdichte bzw. an der entsprechenden Verfügbarkeit günstiger
Siedlungsstellen gelegen haben. Tatsächlich aber beweisen die Baumringe in Lappland, daß dort bis 1580 bzw. bis fast 1600 durchgehend gute
Wachstumsjahre vorgeherrscht haben. Aus Alaska und vom Yukon liegen ähnliche Belege vor. Insgesamt deutet dies in bezug auf die Witte-

rung auf blockierende Hochdruckgebiete hin, die jenen Bereichen im allgemeinen warmen Sonnenschein brachten. An ihren Ost- und Südflanken hingegen führten nördliche und östliche Winde arktische Luftmassen nach Rußland und Mitteleuropa und ebenso in die Mitte und den Osten Nordamerikas.

Im späten 16. Jahrhundert ist eine von Finnland ausgehende Wanderungsbewegung nach Mittelschweden, Norwegen und weiter nördlich in Richtung Atlantikküste dokumentiert. Während des ausgedehnteren kalten Regimes im 17. Jahrhundert war die Siedlungswelle in ganz Nordskandinavien und Finnland rückläufig.

Wenn wir demnach bei den Völkern am Rande der Polarregion oder der Wüstenzone nach den unmittelbarsten Auswirkungen des Klimas auf alle Bereiche der menschlichen Geschichte suchen, fehlt es bei den Gebieten, aus denen unsere Beispiele stammen, nicht an vielschichtigen, gegenläufigen Bewegungen und Aktivitäten. Eine der ungewöhnlichsten Antworten auf die Klimabelastung während des Höhepunktes der Kleinen Eiszeit war in der gesamten südnorwegischen Küstenregion zwischen Trondheim und dem Oslofjord festzustellen. Als im späten 17. Jahrhundert die Ernten schlecht ausfielen und das Korn sogar auf den Höfen in den klimatisch besonders begünstigten Gebieten entlang der Südostküste nicht mehr ausreifte (vgl. Kapitel 12), begannen die Bauern, das auf ihrem Land wachsende Holz ins Ausland, vornehmlich nach England, zu verkaufen. Die nahe genug an der Küste wohnten, bauten Schiffe eigens für den Holztransport, wobei vor allem die Bewohner des Südens, denen Eichenholz zur Verfügung stand, den größten Vorteil hatten. Hier liegen offenbar die Anfänge der beiden größten Industriezweige Norwegens, des Holzhandels und der Handelsflotte, die bis zum Beginn dieses Jahrhunderts zu den größten der Welt zählte. Die eindeutig in die schlimmste Klimaperiode in Nordeuropa fallenden Jahre von 1680 bis 1709 können so als «die erste große Zeit der norwegischen Schiffahrt» beschrieben werden.[5] Auch setzten sich in ebendiesem Zeitraum die Großmächte weiter südlich in Europa militärisch auseinander, der Krieg förderte den norwegischen Holzhandel, überdies veranlaßten Piratenüberfälle die nicht am Krieg beteiligten Norweger, bewaffnete Neutralität zu praktizieren. Ein Bericht über Stavanger beschreibt kurz die Lage zu Beginn dieser Entwicklung: «Trotz der schlechten Lage der Stadt im Jahr 1685 gelang es ihr, ein Kriegsschiff mit 25 Geschützen zu unterhalten.» In den neunziger Jahren des 17. Jahrhunderts lag die Sterbeziffer jahrelang weit über der Geburtenrate, und die Bevölkerungsziffer der Stadt ging von 1685 bis 1701 real zurück. Doch nahmen Anzahl und Größe der Schiffe, die in fast jedem Hafen entlang der Küste zu finden waren, während der folgenden

25 Jahre gewaltig zu. Diese Zahlen kamen durch Niederländer zustande, die die dänisch-norwegische Staatsangehörigkeit annahmen und sich in Norwegen als große Reeder niederließen, um unter der «Billigflagge» eines neutralen Landes zu fahren.[6] (Die Niederländer kamen insbesondere nach Bergen, von wo aus einige Walfangfahrten bis hinauf nach Spitzbergen unternommen wurden, allerdings seltener als von deutschen oder niederländischen Häfen.) Quellen zufolge erhielten niederländische Schiffsbauer in Schweden im 17. Jahrhundert eine führende Rolle im Schiffsbau und trugen erheblich zur Verstärkung der schwedischen Marine bei.

Im 17. Jahrhundert, als sich in Skandinavien diese Entwicklungen vollzogen, reagierte Island völlig anders auf die Klimabelastungen. Der isländische Historiker Gisli Gunnarsson berichtet, daß die Macht der Gutsherren in der feudalistisch organisierten Gesellschaft verschiedene Möglichkeiten bot, um die Flucht der Arbeitskräfte aus den landwirtschaftlichen Gebieten wirksam zu verhindern, als viele angesichts der Schwierigkeiten im Agrarsektor ihr Auskommen im Fischfang an der Küste suchten. Die Gegenmaßnahmen der Gutsherren sind in den Gerichtsakten dokumentiert. Alle Schichten der damaligen, von verkrusteten Strukturen geprägten isländischen Gesellschaft stellten sich offenbar gegen technische Neuerungen. Es wurden nur offene Boote benutzt, ein Umstand, der durch lähmende Einschränkungen verschlimmert wurde, wonach nur ein Haken an der Angelleine erlaubt und der Gebrauch von Würmern als Köder verboten war. Selbstverständlich waren die Schwierigkeiten im Norden und Osten Islands stets am einschneidensten, wo die polaren Wassermassen des Ostgrönlandstroms auch heutzutage noch gelegentlich an der Küste entlangziehen. Aber in der schlimmsten Phase zwischen 1685 und 1704 brachten selbst im Südwesten der Insel die Heuernte und der Kabeljaufang nur geringe bzw. gar keine Erträge. Als die Kopenhagener Regierung im späten 18. Jahrhundert den Versuch unternahm, durch Einführung von Segelschiffen mit Decksaufbauten und durch mehrere Angelhaken pro Leine Fischerei und Seefahrt zu fördern und die wirtschaftliche Gesundung Islands einzuleiten, mußte sie lange mit dem weitverbreiteten Widerstand gegen jegliche Veränderung kämpfen.[7]

In der gesamten Kleinen Eiszeit nahm die Bevölkerungszahl in Island ab. Ihr Höchststand zwischen dem 11. und dem 13. Jahrhundert kann aufgrund von Steuerunterlagen auf 70000 bis 80000 geschätzt werden. Bei der ersten Volkszählung im Jahre 1703 betrug die Einwohnerzahl noch 50358, aber nur vier Jahre später ging sie durch die Pockenepidemie um ca. ein Drittel zurück. In den warmen dreißiger Jahren des 18. Jahrhunderts stieg sie bis 1755 auf ca. 48000 an, und nach einem abermaligen Rückgang in den nachfolgenden schlimmen Jahren erhöhte sie sich in den siebziger Jahren des 18. Jahrhunderts auf 49863. Aber die anschließenden schwierigen Jahreszeiten und die Vulkanausbrüche, die Weiden und Vieh vergifteten, trugen dazu bei, daß die Bevölkerung zwischen 1784 und 1786 erneut auf einen Tiefstand von ca. 38000 zurückging. Wieder sehen wir, daß sich eine geschichtliche Entwicklung weitgehend parallel zum Verlauf der Temperaturkurve verhält, auch wenn diese Verbindung auf unterschiedliche Arten funktioniert, z. B. durch Unterernährung und Hungertod, Krankheit und Auswanderung.

Widerstand gegenüber Veränderungen ist natürlich auch in anderen Teilen der Welt durchaus bekannt. Gleichsam als Parallele und wie zur Erklärung jener historischen Situation Islands mit Hilfe von aktuellen Sorgen der modernen Welt betont der *Bericht der Nord-Süd-Kommission*[8] (1980), daß die menschliche Energie und die Fähigkeit zur Erneuerung von ausreichender Nahrung und guter Gesundheit abhängen. Die meisten Menschen in den heutigen Armutszonen leiden jedoch an langanhaltender Mangelernährung und an Krankheiten, die durch Parasiten ausgelöst werden. Deshalb sind sie ohne Hilfe nicht fähig, eine neue Wirtschaft aufzubauen, die in der Lage wäre, die Probleme der Überbevölkerung und der schwierigen klimatischen Bedingungen in Afrika und Südasien besser zu bewältigen. Wir haben (auf S. 270) die mühselige Einführung der Kartoffel in Europa dargelegt. Im feuchten Klima Irlands garantierte die Kartoffel viel zuverlässigere Erträge als Weizen oder sogar Hafer, so daß sich diese Pflanze bereits im 17. Jahrhundert als *Bollwerk gegen den Hunger* durchsetzte und den Getreideanbau in weiten Gebieten des Landes allmählich verdrängte. In Frankreich wurde die Kartoffel wegen ihrer botanischen Zugehörigkeit zur Familie der einheimischen Tollkirsche (dem tödlichen Nachtschattengewächs) mit Mißtrauen betrachtet.[9] Andere Feldfrüchte aus der Neuen Welt, z. B. grüne Bohnen, wurden ohne weiteres in Südeuropa eingeführt. Nach seiner Frankreichreise in den siebziger Jahren des 17. Jahrhunderts empfahl John Locke, die Blätter der Kidney-Bohnen unter das Kopfkissen oder an andere passende Stellen im Bett zu legen, um die Bettwanzen anzulocken und sich selbst vor deren Stichen zu schützen. An Mais fand man jedoch keinen Geschmack, und seine Ausbreitung hat sich offenbar sowohl aus diesem Grund als auch wegen der kühlen Sommer während der Kleinen Eiszeit verzögert.[10]

Wir haben unsere Beispiele für die vielschichtige Einwirkung des Klimas auf menschliche Entscheidungen in der Vergangenheit überwiegend aus den Teilen Europas gewählt, die für Klimaveränderungen besonders anfällig waren und für die wir über gute Informationen verfügen. Wenn wir ein vertieftes Verständnis der Konsequenzen für Gegenwart und Zukunft erlangen wollen, müssen wir noch genauer erläutern, wie das Klima Nahrungsmittelproduktion und Gesundheit beeinflußt. Bei den eher indirekten und weniger offenkundigen Einflüssen sind viele natürlich kaum meßbar, wie z. B. die Auswirkungen auf Kunst und Architektur (S. 257). War es beispielsweise nur ein Zufall, daß die Einführung von Glasfenstern bei europäischen Häusern mit den Entbehrungen während der Kleinen Eiszeit im späten 16. und 17. Jahrhundert zusammenfiel? Es ist ebenfalls nicht schwer, Beispiele für den Einfluß des Klimas, insbesondere von Wärme, auf die Kleidermode zu finden. Hierbei handelt es sich häufig um Anpassungen an ein Klimaereignis, das schon einmal stattgefunden hat und sich deshalb möglicherweise wiederholen kann. Bei den eher unterschwelligen Einflüssen kann man vielleicht den Optimismus nennen, den die herrlichen Sommer der Jahre 1718 und 1719, die Wärme der dreißiger Jahre des 18. Jahrhunderts und weitere schöne Sommer im Jahre 1759 und um 1780 in der zeitgenössischen europäischen Literatur und vielleicht in der Musik hervorriefen. Der psychologische Effekt war wohl für diejenigen, die die neunziger Jahre des 17. Jahrhunderts durchlebt hatten, besonders stark.

Auswirkungen auf die Getreideernten

Wir haben gesehen, wie im späten Mittelalter in Norwegen und in großen Teilen Schottlands der Weizenanbau aufgegeben wurde. Auf Island und in zahlreichen anderen Gebieten Europas mit schwierigen Bodenbedingungen wurde der Getreideanbau für lange Zeit gänzlich eingestellt. Andernorts wurden weiterhin Hafer und Gerste kultiviert (vereinzelt auf Island bis ins 16. Jahrhundert und in Schottland und Norwegen durchgängig). Roggen wurde erstmalig bzw. verstärkt angebaut. Im Verlauf der weiteren Klimaverbesserung nach 1700 verkehrten sich diese Veränderungen nach und nach in ihr Gegenteil, nur der Roggenanbau wurde in vielen Gebieten fortgeführt. Welche Einzelheiten sind uns über die Wachstumsbedingungen dieser Feldfrüchte bekannt, die Aufschluß über die von uns vermuteten Verbindungen von Geschichte und Klima geben könnten?

M. L. Parry[11] hat gezeigt, wie man dieses Phänomen untersuchen kann. Wie jede andere Pflanze stellt das Getreide, um während der Vegetationsperiode ausreifen zu können, bestimmte Anforderungen an die allgemeine Wärme, Feuchtigkeit und an Sonnenschein. Es darf nicht zu starkem Wind ausgesetzt werden. Parry untersuchte eingehend den Hafer, der in der Vergangenheit über viele Jahrhunderte das wichtigste Getreide an der oberen Anbaugrenze in Schottland darstellte und auch in Island und Nordnorwegen von Bedeutung war. Die angebauten Arten wechselten im 19. Jahrhundert. Die älteren Sorten hatten einen kürzeren Halm und wurden weniger leicht vom Wind bewegt, aber es gibt keinen Grund anzunehmen, daß sie weniger Wärme benötigten oder mehr Feuchtigkeit vertrugen als die modernen Arten. Alte und moderne Hafersorten unterscheiden sich vermutlich nur gering. Doch wurden die neuen Hafersorten auf den hochgelegenen Höfen widerstandsfähiger, allerdings nicht gegen Windeinwirkung. Ein Vergleich mit den Daten aus einem Klimaatlas ergab für die südostschottischen Lammermuir Hills, daß die Obergrenze für den Haferanbau 1860 in einer Höhe von ca. 320 m über NN nahezu der Isohypse der mittleren Windgeschwindigkeit von 4,4 m/s entsprach. Die durchschnittliche Windgeschwindigkeit nahm oberhalb der 200-Meter-Marke nach jeweils 80 m um ca. 1 m/s zu. Die Veränderungen in der solaren Strahlung mit zunehmender Höhe waren offenbar zu gering, um sich hemmend auszuwirken: Die geringere Strahlungsdauer aufgrund von Nebel in den Bergen wirkte sich etwas stärker aus als die höhenbedingte intensivere Einstrahlung, wobei die tatsächliche Abnahme in den oberen Bereichen dieser Berge lediglich eine Größenordnung von 5 Prozent ausmacht. Der Wassergehalt des Bodens steigt mit zunehmender Höhe rasch an, und deshalb liegt die absolute Obergrenze für Haferarten, die keine Staunässe vertragen können, auf den Bergen im Südosten Schottlands im derzeitigen Klima bei 425 m über NN. Die Mindesttemperaturen schränken die Möglichkeiten des Haferanbaus im allgemeinen auch in niedrigeren Lagen deutlich ein; Feuchtigkeit kann jedoch dazu führen, daß in manchen Jahren auch beträchtlich unterhalb dieser Grenze Mißernten auftreten.

Parry setzte seine Arbeit mit einer noch genaueren Überprüfung des Einflusses von Temperatur und Feuchtigkeit fort. Im Frühsommer ist sogar in den Höhenlagen und in der Nähe der nördlichen Anbaugrenze eine Phase möglich, in der die (potentielle) Transpiration der Stämme und Pflanzenblätter höher ist als der Niederschlag; das führt zu einem Austrocknen der Böden. Wenn das Korn reift und die Regenmenge das Transpirationspotential (bekannt als «potentielle Evapotranspiration») überschreitet, kann der Wasserüberschuß im Spätsommer den Feldfrüchten in Höhenlagen möglicherweise Schaden zufügen. Nach Parry kann die Feuchtigkeit eines Sommers in Höhenlagen einigermaßen zuverlässig gemessen werden, indem man den Unterschied zwischen dem Wasserüberschuß Ende August und dem größtmöglichen Wassermangel ermittelt, der zu einem früheren Zeitpunkt im Sommer aufgetreten ist. Untersuchungen über den heutigen Haferanbau im südschottischen Bergland ergaben, daß die Grenzbedingungen für diesen Unterschied einem Durchschnittswert von 60 mm Wasser und einer mittleren Windgeschwindigkeit von 6,2 m/s entsprachen, während der minimale angesammelte Wärmebedarf für die Wachstumsperiode ca. 1050 Tagesstundensummen in C über der Wachstumsschwelle von 4,4 °C betrug. (Tagesstundensummen: Tagesmittelwerte der Lufttemperaturen von zwei aufeinanderfolgenden Tagen werden addiert, wobei der Schwellenwert [hier: Hafer 4,4 °C] für eine bestimmte Kulturart abgezogen wird. A. d. Ü.) Für wirtschaftlich rentable Erträge liegen die kritischen Zahlen etwa bei 20 mm gesammeltem Wasserüberschuß, einer durchschnittlichen Windgeschwindigkeit von 5 m/s und 1200 Tagesstundensummen in C. Die Zone mit den Bedingungen, die sich normalerweise zwischen diesen zwei Extremwerten bewegen, kann zutreffend als Grenzertragsgebiet bezeichnet werden.

Die Aufzeichnungen über Windgeschwindigkeit und Luftfeuchtigkeit sind zu kurz, um einschlägige Zahlen über das größtmögliche Wasserdefizit und den späteren Wasserüberschuß in den Sommern der vergangenen Jahrhunderte zu liefern, als daß man sie mit den Angaben über Ernteerträge vergleichen könnte. Aber die angesammelte sommerliche Wärme kann für die schottischen Sommer im späten 18. und 19. Jahrhundert berechnet und für frühere Zeiten geschätzt werden. Diese Einschränkung ist nicht so erheblich, wie es den Anschein haben könnte, da zwischen sommerlicher Wärme und Trockenheit eine enge Beziehung besteht. Parry untersuchte daraufhin unter Hinzuziehung der bekannten oder abgeleiteten Temperaturveränderungen für Mittelengland die mögliche Häufigkeit von Hafermißernten in früheren Jahrhunderten (vgl. Abb. 27 in diesem Buch).

Wenn das Getreide nur für den Eigenbedarf angebaut wurde, waren völlige Hafermißernten wohl selten. Berichten zufolge wurde das Korn vereinzelt trotz seines schlechten Zustands noch im Dezember oder sogar Januar geschnitten: Es war wahrscheinlich von Mehltau befallen oder ausgewachsen; auch der Kornausfall durch Windeinwirkung war beachtlich. Dies waren die Kennzeichen der gefürchteten *grünen Jahre*, in denen das Getreide nicht ausreifte. In solchen Zeiten mußte man zur Ernährung auf die Saatkornvorräte aus dem Vorjahr zurückgreifen. Eine Sequenz solcher Ernten, wie die mehrfach verzeichneten Abfolgen von zwei oder drei schlechten Jahren in Schottland (z. B. 1740 bis 1742 und 1781/1782, ganz zu schweigen von den sieben von acht Jahren in der Zeit von 1693 bis 1700, als in den Hochlandregionen insgesamt ca. ein Drittel der Bevölkerung starb), führte schnell zu einer Hungersnot und trieb zahlreiche Bauern in den Ruin.

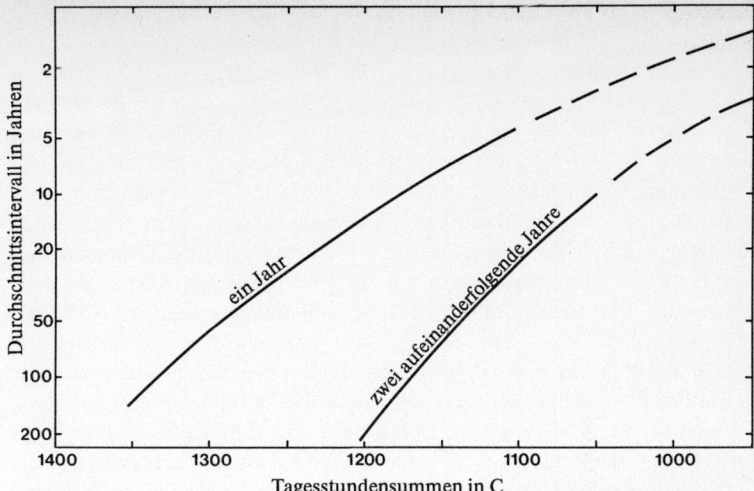

87: Häufigkeit von Hafermißernten im südostschottischen Bergland im Vergleich zur durchschnittlichen Wärmemenge während der Wachstumsperiode.

Nachdem Parry die Zahlen über die gesammelte Wärme für einige Sommer ermittelt hatte, z. B. für 1782, 1799, 1816, Jahre, in denen die Ernte auf den Bauernhöfen in den südostschottischen Bergen erst Ende November oder noch später eingebracht wurde, konnte er auch die wahrscheinliche Häufigkeit solcher Sommer zu unterschiedlichen Zeiten in der Vergangenheit berechnen. Dabei ging er davon aus, daß die Veränderungen in der Durchschnittstemperatur die gleichen waren wie in Mittelengland, und er setzte die unterschiedlichen Werte (Standardabweichung) als Konstante. Die Ergebnisse der Berechnungen sind in den Kurven in Abb. 87 dargestellt, die die wahrscheinlichsten Zeitabstände zwischen Mißernten in einem einzelnen Jahr oder in zwei aufeinanderfolgenden Jahren angeben. Ausgehend von den obengenannten Annahmen wurden sie für Orte und Zeiträume ermittelt, an denen der längerfristige sommerliche Wärmedurchschnitt Ansammlungen von Tagesstundensummen über dem festgelegten Wert von 4,4 °C zur Folge hatte. Bei den in jüngster Zeit vorherrschenden Temperaturen kann man in dem untersuchten Gebiet, für das die Kurve im Durchschnitt alle sieben Jahre eine Mißernte ausweist, in einer Höhe von 300 m über NN von einer durchschnittlichen Temperatursumme von 1150 Tagesstundensummen in C ausgehen. Bei den Temperaturen, die für das 13. Jahrhundert abgeleitet wurden und die im Durchschnitt 1200 oder mehr Tagesstundensummen in C für die gleiche Höhe ergeben, könnte sich die Verteilung des Mißerntenrisikos auf einen Ausfall pro 20 Jahre verringern. Aber bei dem Klima, wie es in der zweiten Hälfte des 17. Jahrhunderts vorherrschte, läge der Durchschnitt bei ca. 975 Tagesstundensummen in C. Dabei ist es rein theoretisch alle vier Jahre zu Mißernten in zwei aufeinanderfolgenden Jahren gekommen. Unter diesen Umständen konnte die Landwirtschaft in einer Höhe von 300 m über NN seinerzeit nicht aufrechterhalten werden. Trotz der ungenauen Annahmen, auf denen diese Berechnungen basieren, geben die Ergebnisse doch einen ausreichend fundierten Einblick in die Umstände, die die Bewohner zur Aufgabe höher gelegener Anbaugebiete zwangen.

Der Versuch, die verfügbaren Schätzungen der Niederschlagsmengen in ähnlicher Weise zu nutzen, ergab keine bedeutenden Veränderungen im historischen Verlauf der Obergrenze für möglichen Haferanbau. Eine Temperaturkurve wie in Abb. 27, jedoch mit Werten, die um die Differenz zwischen Mittelengland und dem südschottischen Hochland bereinigt sind und in durchschnittliche Jahressummen aus Tagesstundensummen über dem Richtwert von 4,4 °C (dem Grenzwert für das Pflanzenwachstum) umgerechnet wurden, müßten allerdings verläßliche Aussagen über die Häufigkeit von Mißernten zulassen. Das ist der Aussagewert von Abb. 88, deren Nachdruck aus seinem Buch Dr. Parry freundlicherweise gestattete. In dieser Graphik sind die Jahre angeführt, in denen Bauernhöfe, die sich jetzt an der Anbaugrenze von

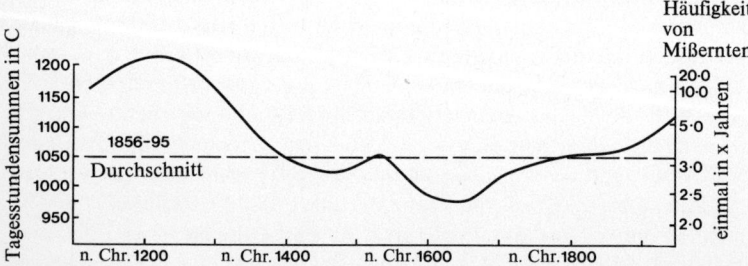

88: Geschätzte durchschnittliche Wärmesumme, die an Meßstationen nahe der Obergrenze für Getreideanbau im südostschottischen Bergland in der Zeit von 1856 bis 1895 (waagerechte Linie) vorherrschte, und Schwankungen während der letzten 1000 Jahre. Die wahrscheinliche Häufigkeit von Hafermißernten in diesem Gebiet zu unterschiedlichen Zeiten kann mit Hilfe der Skala an der rechten Seite des Diagramms abgelesen werden.

ca. 320 m befinden, (a) um 1200 n. Chr. nicht mehr zum Grenzertragsgebiet gehörten, als die Grenze oberhalb von ca. 400 m über NN verlief,
und die Jahre, in denen (b) der Anbau für diese landwirtschaftlichen Betriebe zunehmend schwieriger wurde und vermutlich von ca. 1400 bis zum
19. Jahrhundert nicht mehr rentabel war. Auf dieser Grundlage war Parry
in der Lage, die wahrscheinliche Anbaugrenze zu unterschiedlichen Zeitabschnitten während der Klimaverschlechterung zwischen 1300 und ca.
1700 n. Chr. und während der nachfolgenden Erwärmung, hauptsächlich
seit 1900, darzustellen. Die These über die Anbaugrenzen kann aus zwei
Gründen als empirisch belegt gelten: es wurde zum einen möglich, die
früheren Siedlungen zu kartieren, die im Forschungsgebiet der Lammermuir Hills zu unterschiedlichen Zeiten – fünfzehn Dörfer vor 1600 und
zwölf weitere zwischen 1600 und 1750 – aufgegeben wurden. Zum anderen konnte man diese Karten mit den von Parry theoretisch gesetzten
Grenzen vergleichen.[12]
    Gerste ist in Nordeuropa ebenfalls eine äußerst wichtige Getreideart.
Untersuchungen aus den siebziger Jahren des 20. Jahrhunderts über die
Witterungsempfindlichkeit dieser Getreidesorte haben gezeigt, daß sie
in Ostengland in kühlen Jahren am besten gedeiht. Man fand heraus,
daß überdurchschnittlich kühle Temperaturen und Trockenheit im Frühjahr – Merkmale, die in dieser Phase eher ein langsames Wachstum
begünstigen – zu hohen Ernteerträgen führten. Für die nächste Wachstumsphase waren große Regenmengen förderlich; doch die engsten Zusammenhänge bestanden zwischen hohen Erträgen und überdurchschnittlich kühlen, sonnenscheinarmen und feuchten Julimonaten. In
Schottland, wo Gerste derzeit hauptsächlich im weiten östlichen Tiefland
angebaut wird, ergaben Untersuchungen über etwa denselben Zeitraum,
daß der Durchschnittsertrag in t/ha um etwa 20 Prozent höher lag als in
England und geringere jährliche Schwankungen aufwies. Offenbar eignet
sich das schottische Klima besser für diese Getreideart. Eine signifikante
Anfälligkeit für jährliche Witterungsunterschiede machte sich in Schottland nur in der positiven Reaktion auf die Jahre bemerkbar, die in der
Wachstumsperiode – besonders im Juni und Juli – besonders sonnenreich
waren.[13]
    In den Getreideanbaugebieten der ausgedehnten ostenglischen Niederungen löst eine Dürre während der Wachstumsperiode heutzutage oft
Angst vor Mißernten aus, obwohl Staunässe in feuchten Herbsten die
Aussaat des Wintergetreides erschweren oder sogar verhindern kann.
Gleiches gilt für die Ernte von Hackfrüchten, besonders mit Hilfe von
schweren modernen Maschinen. Der historische Verlauf des Mangels an
Bodenfeuchtigkeit, die während der viermonatigen Vegetationsperiode,

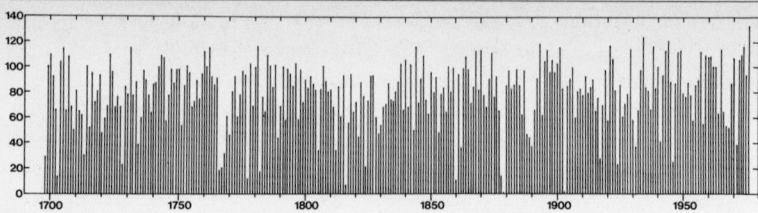

89: Wassermangel im Boden während der Monate Mai bis August in der Zeit von
1698 bis 1976 in Kew (London).

von Mai bis August, in Südostengland auftritt, wurde mit Hilfe der langen
Temperatur- und Niederschlagsreihen für London (Kew) nachvollzogen.[14] Das in Abb. 89 dargestellte Ergebnis zeigt, daß in den sechziger
sowie in den frühen siebziger Jahren des 18. Jahrhunderts, vor 1740 sowie
in der Zeit von ca. 1810 bis in die dreißiger Jahre, in den siebziger und
achtziger Jahren des 19. Jahrhunderts Phasen vermehrter Feuchtigkeit
auftraten, die ausreichten, um in Teilen des Gebietes zu Schwierigkeiten
bei der Getreideernte zu führen. Das ungewöhnlichste Merkmal ist die
zunehmende Dürrehäufigkeit in den wärmeren Jahren unseres Jahrhunderts, die in gewisser Weise eine Parallelerscheinung zu den vierziger Jahren des 18. Jahrhunderts darstellt. Es erscheint angebracht zu überlegen,
ob die manifeste Differenz zwischen dem Auftreten von Dürreperioden
in jüngster Zeit und ihrem Vorkommen im 18. Jahrhundert im wesentlichen durch das Wachsen der Stadt London und den derzeit ausgeprägten
Verstädterungseffekt zu erklären ist (die Temperaturen liegen in Kew
durchschnittlich um 2 °C über denen der ländlichen Umgebung).

Die Schweiz im 18. Jahrhundert

Der Schweizer Historiker Christian Pfister[15] hat die Entwicklung der erneuten Klimaverschlechterung in der Schweiz und die Auswirkungen
auf die Landwirtschaft während der zweiten Hälfte des 18. Jahrhunderts
eingehend untersucht. Dabei stützte er sich auf tägliche Wetterbeobachtungen und Berichte über Wirtschaft und Landwirtschaft der damals
neugegründeten Ökonomischen und Gemeinnützigen Gesellschaft des
Kantons Bern. Zwischen 1759 und 1763 und von 1778 bis 1784 traten
kurze Abfolgen von warmen Jahren auf, aber während der kälteren Abschnitte außerhalb dieser Zeitspannen waren mit die extremsten Phasen

der Kleinen Eiszeit zu verzeichnen. Nach 1764 waren die Sommer im Schweizer Mittelland im allgemeinen kalt und regnerisch, und von Mitte Mai bis Mitte September fiel in Höhenlagen zwischen 1500 und 2300 m an bis zu 24 Tagen Neuschnee. Diese Sommer waren zu kurz, um die Schneeablagerungen auf den oberen Hochweiden restlos abzuschmelzen. Nach einer langen Unterbrechung wiederholte sich dieses Phänomen 1978. 1770 blieb die Stockhornkette auf einer Höhe von 2000 m den ganzen Sommer über schneebedeckt; das Jahr 1771 war kaum besser. Die Jahre um 1713, 1740, 1792 bis 1795 und insbesondere von 1812 bis 1817 verliefen ähnlich. Mehrfach dauerten die Winter länger an und verzögerten den Frühlingsbeginn sogar im Mittelland weitaus stärker als in diesem Jahrhundert. In den schlimmsten Jahren wurde die Ernte erst nach den langen schneereichen Wintern eingebracht, und die Saat war vermutlich von *Fusariumpilzen* (vgl. S. 238) befallen. Die Brotgetreideernte und die Zehnterträge gingen in den Kantonen Bern, Waadtland und im Emmental 1769/ 1770 um ein Viertel bis ein Drittel zurück, und 1771 stieg der Preis für Brotgetreide um mehr als das Doppelte. Die Preise für Heu und tierische Produkte, d. h. Rindfleisch, Butter und Käse, schnellten in ähnlicher Weise in die Höhe. Ein Rückgang bei den Zehnterträgen um 40 bis 60 Prozent im Jahre 1785 zeugt von einem weiteren sehr schlechten Jahr nach dem außergewöhnlich langen Winter 1784/1785 und von einer (mit Ausnahme der westlichen Landesteile) nassen Frühjahrs- und Sommersaison. Nachdem auf einen weiteren Strengwinter eine Phase starker Feuchtigkeit folgte, erreichten die Getreidepreise 1789 einen weiteren deutlichen Höhepunkt und verdoppelten sich 1795 erneut; von dieser Preissteigerung waren auch die tierischen Produkte betroffen. Die Lage entspannte sich jedoch etwas durch die Kartoffelernte. Im Jahre 1796 verharrten die Preise weiterhin auf ungewöhnlich hohem Niveau.

Dies waren die schlimmsten Jahre in der 40jährigen Datenreihe, die Pfister tabellarisch für die Schweiz erstellt hat. Obwohl die langfristigen Durchschnittsmengen der Zehnten und der Ernteerträge um die siebziger Jahre des 18. Jahrhunderts ein Minimum aufwiesen und auch die Gletscher vorrückten, verliefen die anderen Jahre keineswegs so schlecht. So lagen die Zehnterträge in den stichprobenartig erfaßten Gebieten um ca. 10 Prozent über dem geglätteten Durchschnitt der Jahre 1786 und 1787, bevor 1788 und 1789 erneut ein starker Einbruch (eine 10- bis 30prozentige Einbuße) auftrat.

Daß von der Analyse isländischer, norwegischer oder schottischer Klimaverhältnisse ein Rückschluß auf die gesamteuropäischen Auswirkungen von «Klimalaunen» möglich ist, kann zu Recht bestritten werden. Doch die Folgen der Strengwinter 1784/1785 und 1788/1789 waren z. B.

in Frankreich offenbar noch härter als in der Schweiz, vielleicht wegen der sommerlichen Dürreperioden der Jahre 1785 und 1788. Wir haben in Kapitel 13 gesehen, wie der daraus resultierende Anstieg des Brotpreises für die Französische Revolution schon von Bedeutung war.

Die Zeit um 1816

Das anomale Wetter zwischen 1812 und 1817, das mit außergewöhnlich reger Vulkantätigkeit und gewaltigem Materialauswurf in die Stratosphäre einherging, erreichte 1816 seinen Höhepunkt (vgl. Kap. 13). Im Sommer dieses Jahres konzentrierte sich die übliche subpolare Tiefdrucktätigkeit mit ihren Stürmen und Niederschlägen auf einen Gürtel, der sich ausgehend von Neufundland über England hinweg bis in die südliche Ostsee erstreckte. 1816 betrug die Durchschnittstemperatur in Mittelengland während der drei Sommermonate (Juni bis August) 13,4 °C und lag damit fast so niedrig wie in den kältesten Jahren während der Kleinen Eiszeit (1695: 13,2 °C; 1725: 13,1 °C). Dieser Wert wurde in Septembermonaten und gelegentlich auch im Mai übertroffen. Das allgemeine Klima, besonders im Sommer, war in England in dieser Dekade und erneut von ca. 1835 bis in die späten vierziger Jahre des 19. Jahrhunderts (ebenfalls in Zusammenhang mit der Vulkanstaubanreicherung der Stratosphäre) durchschnittlich um 1 °C kälter als in den vorangegangenen und den folgenden Dekaden. Aus zahlreichen anderen Gebieten, besonders in Europa und 1816 im Norden der Vereinigten Staaten sowie 1836 in Japan, wurden ebenfalls strenge Kälte und Schwierigkeiten bei der Ernte gemeldet. In Indien wurde die Monsunentwicklung gestört (vgl. S. 273). Können wir die Tatsache, daß «die Jahre 1812 bis 1817 drei Dekaden wirtschaftlichen Stillstands einleiteten, die von wiederholten Krisen, Not, sozialem Aufruhr, internationalen Völkerwanderungen, politischen Rebellionen und sich ausbreitenden Seuchen überschattet wurden», völlig losgelöst von anderen Faktoren betrachten? J. D. Post, der Verfasser des nachfolgenden Zitats [16], teilt diese Meinung nicht. Er fährt fort:

«Die diesen Zeitabschnitt erklären wollen, indem sie auf die entbehrungsreichen Jahrzehnte der frühen Industrialisierung verweisen, sollten sich daran erinnern, daß diese Erscheinungen nicht auf Westeuropa beschränkt waren. Obwohl die zahlreichen Krisen, öffentlichen Unruhen und Aufstände zwischen 1812 und 1848 weitgehend erforscht sind, weiß man über die Epidemiologie dieser Dekaden sehr wenig. (...) Die meteorologischen Gegebenheiten im Jahr 1816 lösten die erste große Cholera-Epidemie der Neuzeit aus, die sich 1816/1817 von Bengalen her ausbreitete. Die ausgedehnteste Typhus-Epidemie der europäischen Geschichte traf die Bevölkerung in zwei Wellen: Eine frühe trat von 1813 bis 1815 auf und eine schlimmere Form zwischen 1816 und 1819 (...). In der zweiten Hälfte dieses Jahrzehnts wütete auf dem Balkan entlang der adriatischen Küste und in den südlichen Mittelmeerländern eine Pestepidemie.»

Nach Post ist der Zusammenhang zwischen Typhus oder Cholera und den kalten, nassen Vegetationsperioden inzwischen gründlich erforscht. Die die Pest begünstigenden ökologischen Voraussetzungen seien hingegen noch nicht völlig gklärt. Der Ausbruch der Pest sei durchaus nicht unmittelbar den Witterungsverhältnissen zuzuschreiben. Eine direkte Verbindung mit den Napoleonischen Kriegen, die 1815 zu Ende gingen, ist zumindest ebenso unwahrscheinlich, da beispielsweise in Schweizer Quellen, die Pfister für den Pfarrbezirk Appenzell untersuchte, ein 50prozentiger Geburtenrückgang belegt ist, der 1819 seinen Tiefpunkt erreichte. Von 1818 bis 1855 war ein stetiges Vorrücken der Alpengletscher zu verzeichnen.

Infolge dieser Ereignisse erreichte nicht nur der Roggenpreis in Deutschland 1816 und 1817 (vgl. Abb. 30 b) ein Maximum, überdies kletterten auch die Weizenpreise in anderen Teilen Europas (vgl. Abb. 30 a) auf einen absoluten Höhepunkt, obwohl das gleiche 25-Jahres-Mittel viele Kriegsjahre einschließt. J. P. Post hat diese Zeit als die letzte große Subsistenzkrise der westlichen Welt beschrieben. Die Auswirkungen wurden jedoch in allen Kartoffelanbaugebieten, namentlich in Irland, gelindert.

In England wurde die Bewässerungstechnik, die man bereits im 18. Jahrhundert und verstärkt in der Trockenphase zwischen 1740 und 1760 zur Verbesserung der Erträge eingesetzt hatte, während der kühleren, feuchteren Sommer des 19. Jahrhunderts, besonders seit 1820, offenbar wieder aufgegeben. Auch das Frühjahr verlief häufiger feucht als zuvor. Eine vergleichbare Entwicklung vollzog sich im Fernen Osten: Im frühen 19. Jahrhundert verhinderte das zusehends kältere Klima die zweimalige Reisernte, mit der man im unteren Jangtsekiang-Tal im 18. Jahrhundert begonnen hatte.[17] Die zweimalige Ernte hatte im Jahre 1718, das in Europa als ein warmes Jahr bekannt ist, einen Spitzenertrag von 7,6 t/ha geliefert, während der Durchschnittswert bei 6,2 t/ha lag. In Japan stellte diese Klimaverschlechterung wahrscheinlich die kälteste Periode der Kleinen Eiszeit dar und führte wegen der Mißernten und Ertragseinbußen in den kalten Sommern zwischen 1782 und 1787, 1833 und 1839, 1866 und 1869 aufgrund kalter Nordostwinde und übermäßiger Regenfälle zu großen Hungersnöten. (Zumindest die ersten beiden Abfolgen von Jahren zeichneten sich durch eine außergewöhnliche Anreicherung der Stratosphäre mit vulkanischem Material aus, das auf große

Eruptionen zurückging.) Der angebaute Reis reifte vielfach nicht aus,
und die Armen sahen sich gezwungen, Nüsse und Wurzeln als Nahrungsmittel zu sammeln und Hunde und Katzen zu essen. Wie aus der Zeit der
mittelalterlichen Hungersnöte in Europa gibt es Belege für Kannibalismus. In Nordjapan ging die Bevölkerung in einigen Bezirken um ca. 10
Prozent zurück: Viele starben, andere wurden zu einem Vagabundenda-
sein gezwungen. Ebenso wie auf Island im 17. Jahrhundert, trugen Feuda-
lismus und die selbst auferlegte nationale Isolation zur Verschlimmerung
der Katastrophe bei und verhinderten solche Neuerungen, die die Lage
kurz- oder langfristig hätten verbessern können.[18]

1879: Der Niedergang der britischen Landwirtschaft

Im späteren 19. Jahrhundert gingen die Weizenerträge bei der verhängnisvollen Ernte 1879, einem weiteren kalten Jahr mit einem sommerlichen Temperaturmittel von 13,7 °C in Mittelengland und einer sich auf
das Doppelte der normalen Niederschläge belaufenden Regenmenge, um
die Hälfte zurück. Alle anderen Jahreszeiten waren ebenfalls kalt. Aufgrund der auch in anderen europäischen Ländern ähnlich gelagerten Klimaverhältnisse fand ein plötzlicher Wandel statt, der sich ansonsten allmählich vollzogen hätte. Große Mengen von billigem Weizen wurden aus
den nordamerikanischen Ebenen importiert; dort profitierte man bereits
von den Anfängen der Mechanisierung. Drei der vorangegangenen vier
Sommer waren naß gewesen, und diese Entwicklung hielt bis 1882 ununterbrochen an. Damit begann für die englische Landwirtschaft eine 50
Jahre andauernde Krisenphase. Andere europäische Länder schützten
ihre Kleinbauern durch Importzölle, doch Großbritannien setzte seine
Freihandelspolitik fort, die dem Aufbau gewerblicher Industriezweige
zugute gekommen war. Eine Abwanderung der Landbevölkerung in die
Industriegebiete und in die britischen Überseekolonien war die Folge.
Die Anbaufläche für Getreide ging in den letzten dreißig Jahren des
19. Jahrhunderts um ein Viertel zurück, und die Landbevölkerung verringerte sich um einige hunderttausend Menschen.

Lebensmittelknappheit im 20. Jahrhundert

Daß die Bevölkerung in Nordamerika, Europa und anderen weiter entwickelten Ländern gegenwärtig gegen Lebensmittelverknappungen fast
gefeit zu sein scheint und daß diese Versorgungssicherheit mittlerweile als
selbstverständliches Ergebnis von Wissenschaft angesehen wird, kann zu

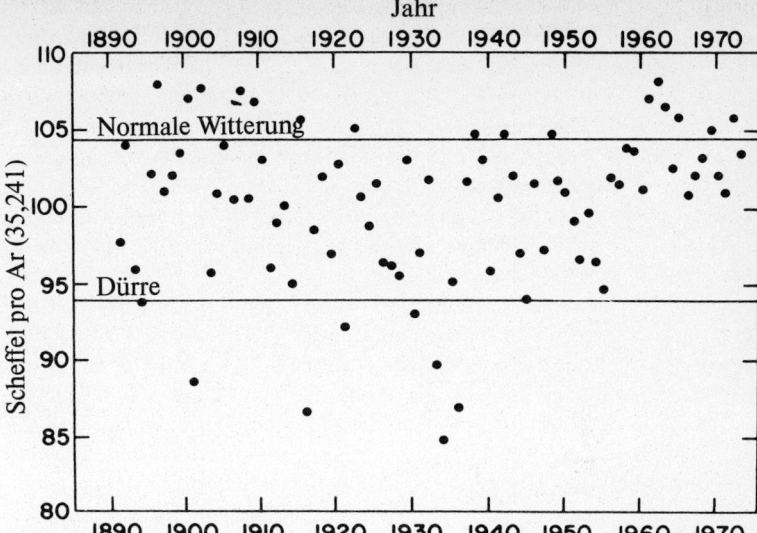

90: Berechnungen der Maiserträge für jedes Jahr seit 1890 in den fünf Haupt-
anbaustaaten der USA (Ohio, Indiana, Illinois, Iowa und Missouri) aufgrund einer
hypothetischen Anwendung der in den siebziger Jahren des 20. Jahrhunderts verfügbaren Methoden und Techniken. Auffällig sind die Dürrejahre während der
dreißiger Jahre des 20. Jahrhunderts, die sogenannte «Staubschüssel»-Katastro-
phe, sowie die Trockenperioden in zwei früheren Jahrzehnten. Man sieht ebenfalls, wie die beispiellose Abfolge dürrefreier Jahre von 1955 bis 1973 zur Verbesserung der Erträge beitrug.

Recht dem wissenschaftlichen und technologischen Fortschritt zugeschrieben werden. Wie McQuigg u. a. jedoch darlegten[19], geht die Verdoppelung der Weizen- und Getreideerträge im Mittleren Westen der
Vereinigten Staaten im Zeitraum von 1955 bis 1973 nicht nur auf techno-
logische Neuerungen zurück, sondern beruht zu einem großen Teil auf
der langen Abfolge günstiger, dürrefreier Jahre (vgl. Abb. 90). In Westeuropa profitierten Landwirtschaft und Viehzucht in ähnlicher Weise
vom Wärmemaximum der Periode von 1933 bis in die fünfziger Jahre des
20. Jahrhunderts. In Irland verlängerte sich die Wachstumsperiode, die
um 1900 durchschnittlich acht Monate bei Temperaturen von 6 °C betragen hatte, auf fast neun Monate und verkürzte damit die Winterfütterung
der Rinder um 20 Prozent. Die Vegetationsperiode ist seither in Irland
und auch in England wieder um ca. zwei Wochen zurückgegangen.[20]

Durch die Entwicklung ertragreicher Reisarten und anderer Feldfrüchte und durch die Möglichkeit, Nahrungsmittel in großen Mengen, notfalls auch rasch, um die ganze Welt zu transportieren, haben auch zahlreiche Länder der «dritten Welt» Anteil an dieser Entwicklung gehabt. Aber diese Zunahme der Ernteerträge, die wissenschaftlichen Fortschritten zu verdanken ist, kann und wird sich nicht kontinuierlich weiter steigern. Bereits jetzt wächst in manchen Ländern Afrikas und Südasiens die Bevölkerung schneller als die Steigerungsrate der Nahrungsmittelproduktion.

Tatsächlich ist die günstige Gesamtentwicklung durch das weltweite Bevölkerungswachstum bedroht. Da die besten Anbaugebiete bereits bewirtschaftet werden, ist bei jeder Ausweitung der Anbauflächen mit niedrigeren Erträgen zu rechnen. Hier zeigt sich, wie eng die Bevölkerungsexplosion mit der menschlichen Anfälligkeit für Klimaschwankungen zusammenhängt und sie sogar verstärkt. Jean Palutikof und Graham Farmer von der Climatic Research Unit der University of East Anglia haben kürzlich ausgeführt, daß sich dies in besonders drastischer Form in den dürreanfälligen Gebieten Ostafrikas dokumentiert.[21] Traditionellerweise schützten sich die Bewohner dieser Gebiete vor Katastrophen, indem sie die unterschiedlichsten Feldfrüchte anbauten und die Aussaat über mehrere Wochen verteilten. Dadurch konnten zumindest einige Früchte Dürreperioden überstehen und ausreifen. Aus demselben Grund hielten sie große Mengen an Vieh, mit dem sie zur Futtersuche weit umherzogen. Der Bevölkerungszuwachs und die moderne politische und organisatorische Entwicklung seit 1950 machen diese Art der Vorsorge weitgehend unmöglich. Die Regierungen ziehen es vor, den Anbau marktfähiger Erzeugnisse zu verordnen, und wandeln zu diesem Zweck ausgedehnte Weideflächen in Ackerland um. Die Landwirtschaft dieser Länder konzentriert sich auf einige wenige Produkte, wenn nicht gar auf ein einziges. Zudem verhindern nunmehr nationale und andere Grenzen das Umherziehen.

Am Beispiel Kenias, eines der stabilsten Länder im nachkolonialen Afrika, können wir einige Aspekte der bedrohlichen Lage besonders anschaulich beobachten. Mit einer hohen Geburten- und einer sinkenden Sterberate ist die Zuwachsrate der Bevölkerung in Kenia die höchste der Welt. Kenia ist die erste Nation in der Geschichte mit einem jährlichen Bevölkerungswachstum von 4 Prozent. 1969 betrug die Gesamtbevölkerung 10943000; 1979 lag sie schon bei 15 Millionen. In einigen ländlichen Gebieten hat sich die Bevölkerungsdichte im Verlauf von sieben Jahren in den sechziger Jahren bereits verdoppelt; wenn diese Wachstumsrate anhält, wird Kenia im Jahr 2000 vermutlich 50 bis 60 Millionen Menschen ernähren müssen. Bei einer Abfolge von drei oder vier Jahren mit ausreichenden Niederschlagsmengen bis 1981 kann man davon ausgehen, daß die ländliche Bevölkerung solche Regionen landwirtschaftlich nutzen und vielleicht besiedeln wird, bei denen man nicht sicher sein kann, daß die Regenfälle danach gleichmäßig andauern werden.

Die Versorgungssicherheit in früheren Jahrzehnten des jetzigen Jahrhunderts beruhte in den Industrieländern wesentlich auf der Verbindung von bereits verbesserten agrarwissenschaftlichen Erkenntnissen mit einer noch immer weitgefächerten Tierhaltung. Die Länder der «dritten Welt» wiesen seinerzeit eine geringere Bevölkerungsdichte auf. Die jüngste Entwicklung einer weltweiten Rationalisierung, d. h. die Tendenz, in riesigen Arealen nur eine oder zwei, den regionalen Wachstumsbedingungen optimal angepaßte Getreidearten anzubauen, bedroht jedoch diese Versorgungssicherheit. In der Vergangenheit bildeten Monokulturen den Ausgangspunkt für große Hungerkatastrophen. Man muß sich darüber im klaren sein, daß die Wahl der Gebiete, in denen eine Feldfrucht am besten gedeiht, von der Annahme ausgeht, daß sich weder ein Klimawechsel noch eine übermäßig starke Schwankung ereignet.

Diese erhöhte Anfälligkeit besteht tatsächlich und veranlaßt ebenso wie der infolge der wachsenden Weltbevölkerung gestiegene Bedarf an Getreide zu ernsthaften Sorgen schon über die nahe Zukunft. Würde man sich bewußt für eine Diversifizierung der Agrarprodukte entscheiden (statt optimale Erträge bei einer einzigen Frucht zu planen) und die Getreidemengen, die an das zur Fleischproduktion für die wohlhabenderen Länder bestimmte Vieh verfüttert werden, verringern, könnte Abhilfe geschaffen werden. Verfüttert man Getreide an Tiere, braucht man zur Herstellung derselben Proteinmenge in menschlichen Nahrungsmitteln die siebenfache Menge dessen, was benötigt würde, wenn das Getreide unmittelbar als Nahrungsmittel konsumiert wird. Ferner beschränkt sich das Risiko nicht nur auf den Fall anormaler Klimaschwankungen. Monokulturen und Spezialisierung auf bestimmte großflächig angebaute Agrarprodukte vergrößern zwangsläufig das mögliche Katastrophenausmaß: Durch Wind oder andere Witterungsbedingungen, die ihrerseits völlig innerhalb des erwarteten Rahmens liegen, können sich neue und Abarten bereits bekannter Pflanzenkrankheiten ausbreiten. Dies war ein wichtiger Faktor der großen irischen Kartoffelhungersnot: Der erfolgreiche Kartoffelanbau im feuchten Klima der atlantischen Regionen Europas und das irische Bevölkerungswachstum im 18. und 19. Jahrhundert führten dazu, daß die Kartoffel als geeignet galt, um die Ernährung ganzer Familien (auch auf sehr kleinen Höfen mit zum Teil nur einem Hektar Anbaufläche) auf den Anbau dieser einen Feldfrucht abstellen zu können. Folglich wurde die Kartoffel in weiten Teilen des Landes zum einzigen Anbauprodukt. Als die bis dahin unbekannte Braunfäule auftrat und sich 1845 durch die Herbstwinde und 1846 durch den feuchten Sommer rasch ausbreitete, wurde die gesamte Ernte vernichtet.

Tabelle 5   Weltweiter Handel mit Weizen und grobkörnigen Getreidesorten[a] **(in Mio. Tonnen)**

	Durchschnittliche Produktion von 1974/1975 bis 1979/1980	Exporte 1973[c]	Exporte 1934–1938[c]
USA	251,3		
UdSSR	184,8		
Westeuropa	138,1		
(Europäische Gemeinschaft)	(104,8)		
China	116,8[b]		
weltweit	1086,0		
Nordamerika		88	5
UdSSR und Osteuropa		−27	5
Westeuropa		−21	−24
Asien ohne UdSSR		−39	5
Afrika		− 4	1
Lateinamerika		− 4	9
Australien und Neuseeland		7	3

Quellen: US-Landwirtschaftsministerium und Rat für Entwicklung in Überseeländern

Anmerkungen:
a: ohne Reis
b: 1979 betrug die gesamte chinesische Getreideernte, einschließlich Reis, 332 Millionen Tonnen
c: Das Minuszeichen in diesen Spalten steht für die Nettoeinfuhr.

Es ist sicherlich von Nutzen, die Entwicklungen in jüngerer Zeit noch einmal vor diesem Hintergrund zu beleuchten. 1913 war das kaiserliche Rußland Hauptproduzent und -exporteur von überschüssigem Getreide, besonders von Weizen.[22] Bis in die dreißiger Jahre des 20. Jahrhunderts produzierten viele andere, auch europäische Länder Überschüsse für den Export. Trotz enormer weltweiter Produktionssteigerungen haben Bevölkerung und Verbrauch derartig rasch zugenommen, daß derzeit lediglich Nordamerika nennenswerte Getreideüberschüsse für den Export erzeugt.[23] Falls die Vereinigten Staaten jedoch wie Brasilien in großem Maßstab Feldfrüchte zur Produktion von flüssigem Brennstoff und Schmiermitteln (Öle, Alkohol oder Methanol) anbauen würden, könnte es sein, daß es bald sogar in den USA keinen Überschuß mehr gibt. Die nordamerikanischen Überschüsse werden möglicherweise auch wegen der wachsenden US-Bevölkerung innerhalb von zehn Jahren nicht mehr zur Verfügung stehen.

Trotz der Entwicklung ertragreicher Sorten im Zuge der *Grünen Revolution* hat die gesamte Getreideproduktion weltweit seit 1960 und auch seit 1970 kaum oder sicherlich nicht ständig mit dem weltweiten Bevölkerungswachstum Schritt gehalten. 1960/1961 wurden die weltweiten Getreidevorräte am Ende der Saison auf 222 Millionen Tonnen, d. h. auf 26 Prozent des Jahresbedarfs veranschlagt. Zehn Jahre später beliefen sich die Zahlen auf 166 Millionen Tonnen bzw. 15 Prozent, und 1974/1975 sowie 1975/1976 errechnete man, daß die Vorräte, die jeweils 131 und 138 Millionen Tonnen betrugen, 11 Prozent des Jahresbedarfs ausmachten. In einigen Ländern hatten sich politische Richtungsänderungen ausgewirkt; in den Jahren 1979/1980 waren die Vorräte zum Ende der Saison wieder auf 195 Millionen Tonnen bzw. auf 14 Prozent des Jahresbedarfs angestiegen. Die Sowjetunion wurde, obwohl sie weiterhin der zweitgrößte Getreideproduzent der Welt blieb, in den siebziger Jahren zum Nettoimporteur für Getreide. Tabelle 5 gibt einen Überblick über die veränderte Weltsituation. Die relativen Mengen für verschiedene wichtige Feldfrüchte sind Tabelle 6 zu entnehmen.

Tabelle 6   Die 25 wichtigsten Nahrungsmittel der Welt (in Mio. angebauter Tonnen 1976)

Weizen	417	Trauben	59
Reis	345	Zuckerrohr	52
Mais	334	Tomaten	41
Gerste	190	Bananen	39
Sojabohnen	62	Zuckerrüben	34
Sorghum	52	Orangen	34
Hirsearten	51	Kokosnüsse	33
Hafer	50	Wassermelonen	23
Roggen	28	Äpfel	22
Baumwollsamenöl	25	Kohl	21
Kartoffeln	288	Yam	20
Süßkartoffeln	136	Erdnüsse	18
Maniok	105		

Quelle: FAO Production Yearbook 1976

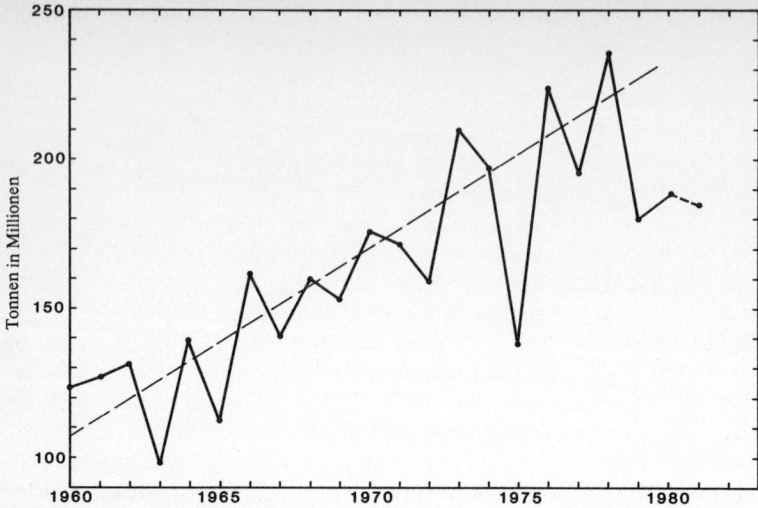

91: Die jährliche Gesamtgetreideproduktion der Sowjetunion in der Zeit von 1960 bis 1980. Die unterbrochene Linie zeigt den erwarteten Produktionsanstieg aufgrund einer größeren Anbaufläche und des zunehmenden Einsatzes von Technik. Man geht davon aus, daß die dritte aufeinanderfolgende Mißernte im Jahre 1981 nur etwa 170 Millionen Tonnen erbringen wird.

Das Wetter spielt hauptsächlich in Form jährlicher Schwankungen eine Rolle. Wie wir gesehen haben, sind diese Fluktuationen regional stärker geworden. In den siebziger Jahren des 20. Jahrhunderts wurden die kanadische Weizenernte durch wiederholte frühe Herbstfröste und die Ernten in Afrika südlich der Sahara durch das vermehrte Auftreten von Dürreperioden beeinträchtigt. Abb. 91 zeigt die Schwankungen bei den sowjetischen Getreideernten von 1960 bis 1980. In allen Jahren, in denen größere Defizite auftraten, wurden erhebliche Getreidekäufe im Westen getätigt. 1980 gab es weitere Ernteausfälle von weit über 20 Prozent, und dies bereits im zweiten Jahr. Besonders katastrophal war das Jahr 1972, als auch in anderen Regionen der Welt schwerwiegende witterungsbedingte Ertragsrückgänge in der Nahrungsmittelproduktion zu verzeichnen waren.

Die klimatischen Eigenschaften der Sowjetunion in den jährlichen Schwankungen des Gesamterntevolumens erweisen sich als besonders belastend. Die über viele Jahre hinweg beobachtete Wechselhaftigkeit scheint nahezu doppelt so groß zu sein wie in Nordamerika. Anders be-

Tabelle 7   Wahrscheinlichkeit von ungünstigen Weizenernten (mehr als ein Zehntel unter dem erwarteten Niveau) für die Jahre 1900 bzw. 1910 bis 1974 bzw. 1975 in Prozent

	Eine einzelne Mißernte	*Abfolgen von 2 Jahren nacheinander*	*3 Jahren*
USA	17	9	5
UdSSR (Frühjahrsweizen)	44	13	4
UdSSR (Winterweizen)	32	9	3
UdSSR gesamte Weizenernte	27	6	2

Quelle: Daten nach C. Sakamoto, S. Leduc, N. Strommen und L. Steyaert in einem Artikel mit dem Titel: *Climate and Global Grain Yield Variability, in: Climatic Change, 2,* Nr. 4, 1980, S. 349–361.

trachtet, erreichte die prozentuale Wahrscheinlichkeit, daß einzelne Jahre mit einer schlechten Weizenernte oder zwei und mehr aufeinander-folgende Jahre mit Ernteausfällen auftraten, während der längsten unter-suchten Abschnitte in unserem Jahrhundert die in Tabelle 7 aufgezeigten Werte. Dabei wurden mehr als 10 Prozent hinter der erwarteten Menge zurückbleibende Erträge als schlechte Ernteergebnisse definiert. Es fällt auf, daß die Abweichungen der sowjetischen Gesamterträge ein wenig geringer ausfallen als beim Frühjahr- oder Wintergetreide allein, weil sich die Schwankungen zwischen den verschiedenen Jahreszeiten ausglei-chen. Die weite west-östliche Ausdehnung der eurasischen Ebenen und die Gebirgsrücken an ihrer Südgrenze bewirken, wenn sich stationäre Hochdruckgebiete im Zusammenhang mit Blockierungslagen ausdeh-nen, Dürre (oder strenge winterliche Kälte) in weiten Gebieten. Diese Hochdruckgebiete können in einem anderen Jahr einen anderen Längen-bereich abdecken. In der Tat treten die Hochdruckgebiete im Winter, Frühjahr und Sommer eines Jahres im allgemeinen an unterschiedlichen Stellen auf. Die relativ geringe Häufigkeit von gravierenden Mißernten in zwei oder drei aufeinanderfolgenden Jahren (vgl. Tabelle 7) ist zweifellos auf Probleme des Stichprobenverfahrens, d. h. auf abweichende Ergeb-nisse in kleinen Stichproben, zurückzuführen. Es ist anzunehmen, daß das Zahlenmaterial während der historischen *Staubschüssel-Epoche* in den Vereinigten Staaten in den dreißiger Jahren des 20. Jahrhunderts erstellt wurde. Um politische Auswirkungen auf den Umfang der sowjetischen Ernten in den Revolutionsjahren auszuschalten, wurden die für jene Jahre verwendeten Zahlen aus einem meteorologischen Modell abgeleitet. Das heißt, diese Zahlen beruhen auf einer meteorologischen Fiktion, nicht aber auf den tatsächlichen Ernteerträgen.

Die Erfahrung des Jahres 1972

Die Ereignisse des Jahres 1972, die bereits kurz angedeutet wurden, lösten große Besorgnis über Klimatendenzen aus, die bis dahin keine oder wenig Beachtung gefunden hatten. In diesem Jahr, das in der Sowjetunion außergewöhnlich heiß und trocken war (vgl. S. 303), blieben die sowjetischen Getreideernten um ca. 13 Prozent hinter den Erwartungen zurück. Der Trockenheitsgürtel erstreckte sich so weit nach Osten, daß auch die Ernte in China als katastrophal bezeichnet wurde. Der Monsun brachte in Nordindien nur unzureichende Regenfälle und hatte ähnliche Folgen. Eine bereits über mehrere Jahre andauernde Trockenheit, die sich anderswo in der südlichen Wüstenrandzone auswirkte, erreichte 1972 und 1973 ebenfalls einen Höhepunkt. Sie hatte zur Folge, daß schätzungsweise 100000 bis 200000 Menschen und ca. 4 Millionen Rinder in einem Gebiet starben, das sich von der Sahelzone bis nach Äthiopien erstreckt. Es kam zu einer Massenwanderung in südlicher Richtung. Grenzen wurden überquert, die Relikte der europäischen Kolonialverwaltung sind. Bei der Kaffee-Ernte in Äthiopien, Kenia und an der Elfenbeinküste sowie bei der Erdnuß-, Sorghum- und Reisernte in Nigeria waren ebenfalls starke Einbußen zu verzeichnen. Auch in Australien fiel die Weizenernte in den Jahren 1972/1973 aufgrund der dortigen Trockenheit um mehr als 25 Prozent unter das vorherige Fünfjahresmittel. Eine unregelmäßige Schwankung der Meeresströmungen vor Peru und Ecuador (als El-Niño-Phänomen bekannt) vernichtete die normalerweise üppigen Anchovisschwärme in diesem Gebiet.[24] Im Gesamtergebnis fiel die weltweite Nahrungsmittelproduktion um fast 2 Prozent geringer aus als 1971. Gleichwohl stellte dies die zweitgrößte Menge dar, die jemals erreicht wurde. Zum erstenmal seit 1945, dem Beginn der technologischen Fortschrittsphase, war ein Rückgang zu verzeichnen. (Bis 1972 war die Produktion weltweit um ca. 3 Prozent jährlich angestiegen.) Unter den am unmittelbarsten betroffenen Ländern setzte ein regelrechtes Gerangel beim Kauf von amerikanischen Lebensmittelreserven ein. Dabei gelang es der Sowjetunion, ein Viertel der US-amerikanischen Weizenernte jenes Jahres sowie anderswo im Westen weiteres Getreide zu kaufen. Dies hatte zur Folge, daß sich der Weizenpreis auf dem Weltmarkt innerhalb weniger Monate verdoppelte und sich die Schwierigkeiten der ärmsten Länder, die unter der Lebensmittelknappheit litten, noch vergrößerten.

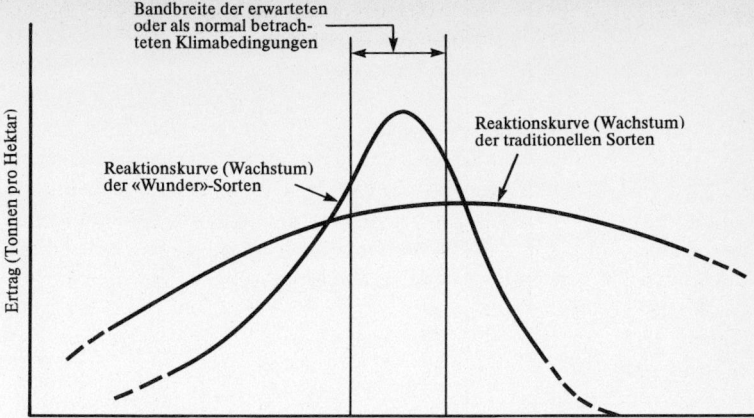

92: Typische Reaktionen traditioneller und neuer Sorten (z. B. Reis) auf Klimabedingungen innerhalb und außerhalb des Erwartungsrahmens.

Das Jahr 1972 hatte auch andere Nachwirkungen. Die politisch spürbaren Belastungen durch die Hungersnot haben offenbar den Verlauf der äthiopischen Revolution mitbestimmt, die das uralte Kaiserreich stürzte. Die Entwicklungsländer, die über Ölvorkommen verfügen, deren Klima jedoch für Landwirtschaft ungeeignet ist, gelangten zu neuen Einsichten über klimatische und andere Bedrohungen der weltweiten Nahrungsmittelversorgung. Sie erkannten, daß sie ihre schwindenden Ressourcen für die Diversifizierung und den Aufbau ihrer Wirtschaft für die Zeit nach der Erschöpfung ihrer Ölvorräte nutzen mußten. In den führenden wissenschaftlichen, technischen und administrativen Einrichtungen der weiter entwickelten Länder herrschte einige Verwirrung darüber, wie dieses Klimaereignis zu deuten sei und in welcher Form man die Haltung zum Klima überdenken müsse. Dieses Nachdenken setzte schon vor den Sorgen ein, die durch die beispiellose internationale Wirtschaftskrise infolge des ersten (vierfachen) Ölpreisanstiegs 1973/1974 ausgelöst wurden. Die durch die Grüne Revolution geweckten Hoffnungen, man könne den Lebensmittelbedarf der wachsenden Weltbevölkerung unbegrenzt decken, wurden nunmehr als Ausdruck eines unangemessenen Optimismus erkannt, insbesondere da die neuen Hochleistungssorten bei Reis und andere «Wunderfrüchte» für Abweichungen von den erwarteten Klimabedingungen oft anfälliger waren als die herkömmlichen Arten (vgl. Abb. 92). Es gab auch kein Patentrezept, um mit Sicherheit sagen zu können, welche Phänomene der weltweiten Klimaanomalie des Jahres 1972 sich als kurzfristige Schwankung herausstellen würden und welche als Elemente eines deutlich längerfristigen Trends anzusehen waren. Die Äußerungen von wissenschaftlichen «Experten» schwankten zwischen Alarmstimmung, die durch Verzerrungen der Sensationspresse übertrieben wurde, und äußerster Selbstgefälligkeit. Vieles hat sich an dieser unglücklichen Lage bis heute nicht geändert. Die Wissenschaft kann nur einmal mehr unterstreichen, wie dringend wir fundierte Kenntnisse des Klimas und seiner Funktionsweisen benötigen. Allzu lange wurden diese Dinge als selbstverständlich vorausgesetzt und weitere Forschungen vernachlässigt.

Technologie, Klima und Nahrungsmittelversorgung

Es wurde eindeutig klar, daß trotz der gewaltigen Fortschritte in der Landwirtschaft und trotz gesteigerter Durchschnittserträge pro Ar, die in vielen Gebieten mehr als das Doppelte der Menge vor 1945 betragen, nicht in jedem Jahr eine ausreichende Nahrungsmittelproduktion für die gegenwärtige Bevölkerung sichergestellt werden kann. Allein schon wegen des weiteren, zumindest noch in den nächsten Jahrzehnten unvermeidbaren Anstiegs der Weltbevölkerung wird es notwendig sein, die Verfütterung von Getreide zu drosseln, um mehr für den menschlichen Verzehr übrigzubehalten. Darüber hinaus sind selbst die größten Länder nicht gegen direkte Auswirkungen witterungsbedingter Ernteschwankungen gefeit. Aus einem übermäßigen Vertrauen auf einen vom technologischen Fortschritt und von größeren Betriebseinheiten gewährleisteten Sicherheitsstandard sind Fehlentwicklungen eingeleitet worden. So wurde die Rationalisierungstendenz in der Lebensmittelproduktion auf die Spitze getrieben. Zu nennen sind Monokulturen, die Bewirtschaftung von Grenzertragsböden und vor allem ein grenzenloses, klimatische Faktoren ignorierendes Vertrauen auf die Leistungen der Technik.

Diese Politik erinnert an Entwicklungen in der jungen Sowjetunion während der Begeisterung der ersten zwei oder drei Jahrzehnte nach der Revolution. Die Arbeit der beiden russischen Statistiker, V. M. Obukow und N. S. Tschetwerikow, die 1927/1928 anhand von Daten aus den vorrevolutionären Jahren zeigte, daß die Schwankungen in der gesamten Getreideproduktion des Landes weitgehend vom Wetter und heftigen Fluktuationen in einigen wenigen Schlüsselprovinzen im Süden der UdSSR abhingen, wurde völlig außer acht gelassen. Als 1929 der erste Fünfjahresplan eingeführt wurde, ließ man die Variante fallen, in der mögliche witterungsbedingte Schwierigkeiten berücksichtigt waren. In einer offiziellen Veröffentlichung schrieb der Herausgeber: «Die Ertragsfrage kann nur durch die marxistische Dialektik gelöst werden (...) und (...) ist eng mit der Industrialisierung unseres Landes verknüpft. (...) Der Ertrag wird Gegenstand des geplanten Einsatzes der Produktivkräfte des sozialistischen Staates werden.»[25] Ein langsamer Einstellungswandel setzte mit den Ernteergebnissen 1936 ein, die offiziell als «zufriedenstellend» beschrieben wurden, «(...) wenn man die schwierigen klimatischen Bedingungen berücksichtigt». Man zog gar Parallelen zum Hungerjahr 1891.

Auch die seit dem späten 19. Jahrhundert durch die zunehmende Mechanisierung der Anbaumethoden im Mittleren Westen der Vereinigten Staaten erzielten Erfolge ließen frühere Dürreperioden allmählich in Vergessenheit geraten, bis sich in den dreißiger Jahren des 20. Jahrhunderts eine Katastrophe ereignete. Zwar waren seit der Kolonisation im Rhythmus von 20 bis 22 Jahren[26] Trockenzeiten aufgetreten, aber diese war schlimmer als irgendeine Dürreperiode zuvor. Was auch immer diesen ungefähr 20jährigen Zyklus im Mittleren Westen auslöste, der Höhepunkt der Trockenzeit fiel in diesem Fall mit einem Gipfel jener bereits erwähnten längerfristigen Schwankung zusammen, bei der die Mittellage des subtropischen Hochdruckgürtels um durchschnittlich ca. ein oder zwei Grad weiter nach Norden wanderte und in den mittleren Breiten die Westwinde regelmäßiger als sonst auftraten. In aufeinanderfolgenden Sommern zwischen 1932 und 1937 kamen wiederholt heiße trockene Winde über die Rocky Mountains, welche im Mittleren Westen zur Austrocknung von Boden und Vegetation führten. Früher hatten sich die dortigen Grasflächen, wenn sie so ausgetrocknet waren, in eine feste Matte verwandelt, die den Boden schützte. Nun verdarb die Ernte, und der vom Pflügen aufgelockerte Boden wurde einfach weggeblasen. 1933 und 1934 ließ sich der äolische Staub ohne Schwierigkeiten bis an die Ostküste verfolgen. Am 12. Mai 1934 berichtete die *New York Times*, daß die Staubwolke aus den von «Trockenheit heimgesuchten Staaten, selbst aus einem so weit westlich gelegenen Staat wie Montana, 1500 Meilen entfernt, gestern fünf Stunden lang die Sonne verdeckte». Bei diesen Bedingungen, die einer Sonnenfinsternis glichen, lag New York im Dämmerlicht. Die Staubwolke war mehrere Kilometer hoch.[27]

Diese berüchtigten Jahre, als der Mittlere Westen zu einer Staubschüssel (Abb. 93) wurde, trieben Tausende von Landwirten in den Ruin. Zahlreiche Familien wanderten aus diesem Gebiet ab, um an der Westküste eine neue Existenz zu gründen. Anbauflächen im Binnenland, «die niemals hätten bestellt werden sollen», wurden aufgegeben. Die ameri-

93: Szene aus einem der schlimmen Dürrejahre in den dreißiger Jahren des 20. Jahrhunderts im Mittleren Westen der Vereinigten Staaten: ein herannahender Staubsturm aus äolisch herangeführtem Bodenmaterial.

kanische Bundesregierung sah sich gezwungen, Pläne zur Wiedernutz-barmachung von Böden zu erarbeiten, wobei große Gebiete in Weideflä-chen umgewandelt und Bäume als Windschutz gepflanzt wurden.

Als in den fünfziger und frühen sechziger Jahren in der Sahelzone die Regenfälle ergiebiger waren, führte dies zu vergleichbaren Fehlern bzw. Fehleinschätzungen. Die internationale Entwicklungshilfe wurde dafür verwendet, Tiefbrunnen zur Erschließung (und schließlich auch zur Er-schöpfung) der großen unterirdischen Wasserreserven zu bohren. Dieses Wasser nennt man auch *fossiles Wasser*, es hat sich durch verschiedene Klimaregime hindurch über Jahrtausende angesammelt. Bewirkt wurde ein kurzfristiger Wohlstand in dieser Region, in der nunmehr Rinderher-den und, dank der Anfänge einer zufriedenstellenden medizinischen Ver-sorgung, auch die Bevölkerung stark zunahmen. Bald aber war die spär-liche Vegetation überweidet, die Wüste konnte sich wieder ausbreiten.

Offenbar leitete dies einen der sich selbst verstärkenden meteorologi-schen Abläufe ein, so daß die Trockenheit weiter andauerte.[28] Durch die stärkere Reflexion der solaren Strahlung auf dem vegetationsfreien Bo-den verringert sich die gesamte absorbierte Energiemenge im Boden und in den unteren Luftschichten, und eine Hochdrucktendenz mit trockener, aus höheren Schichten absinkender Luft macht sich bemerkbar. Gleich-zeitig verringert sich die Feuchtigkeit, die durch Vegetation jeder Art gespeichert wird und zur erneuten Verdunstung zur Verfügung steht, noch stärker. Auf diese Weise wurde die ganze Region für den nächsten natürlich bedingten Niederschlagsrückgang wesentlich anfälliger, der dann auch ab der Mitte der sechziger Jahre eintrat. Nun erfahren wir, daß die Wiederansiedlung der abgewanderten Bevölkerung und die Aufstockung ihrer Rinderherden im Gange ist, da die späteren Jahre in der Sahelzone einen geringfügigen Anstieg der Regenfälle von ihrem Minimum zwischen 1971 und 1973 (vgl. Abb. 84) zeigen. Für diese Maßnahmen sind wohl auch recht leichtfertige meteorologische Einschätzungen mitverantwortlich, die die soeben aufgetretene extreme Belastung lediglich als eine zufällige, kurzfristige Schwankung deklarieren.

Den in diesem Kapitel dargelegten Ereignissen liegt wohl so etwas wie ein historischer Zyklus zugrunde: Die menschliche Bevölkerung wächst in klimatisch günstigen Zeiten und konzentriert sich in zunehmender Dichte auf Landstriche, die früher oder später die Ernährung der steigenden Bewohnerzahlen nicht mehr gewährleisten können. Ein ähnliches Bevölkerungswachstum ist bei der Einführung technischer Neuerungen zu beobachten. Wenn schlechte Jahre kamen, hat die Bevölkerung in der Vergangenheit durch Unterernährung, Krankheit und Tod immer abgenommen oder wurde gänzlich ausgelöscht. Zweifelsohne werden Notsituationen in der Regel durch eine starre und unflexible Haltung der Leidenden noch weiter verschärft. Konfrontiert mit der stark gestiegenen und immer noch rasch anwachsenden Weltbevölkerungszahl[29], vertreten manche Wissenschaftler die Meinung, daß die Menschheit mit allen vergangenen Klimaveränderungen zurechtgekommen ist, auch mit dem Übergang von der Eiszeit zum Postglazial. Sie leiten daraus ab, daß dies auch in Zukunft der Fall sein wird, gleichgültig, welche Umstände eintreten. Diese Haltung läßt außer acht, daß mit diesen Wechseln stets unfaßbares menschliches Leid einherging. Ich halte es statt dessen für unsere Pflicht, möglichen Problemen durch auf einem realistischeren Klimaverständnis gründende Maßnahmen entgegenzuwirken. Für die reicheren Länder ist dieses vorausschauende Handeln sicherlich eine wichtige Vorsichtsmaßnahme.

Klima und Krankheitsepidemien

Wir haben uns lange bei der grundlegenden Frage der Auswirkung von Klimaschwankungen auf die Nahrungsmittelversorgung aufgehalten. Es ist hier nicht der Raum, auch noch auf die vielen anderen Folgen für die menschliche Gesellschaft einzugehen, die zu Beginn dieses Kapitels erwähnt wurden. Besonders gravierend wirken sich Epidemien und Überschwemmungen, bei denen Flüsse oder das Meer weite, dichtbevölkerte Niederungen überfluten, auf die Sterblichkeitsziffern aus. Diese Ereignisse führen im allgemeinen zu Krankheitsepidemien. Solange das organisatorische Gefüge nicht zusammenbricht und das Ausmaß der Katastrophe überschaubar bleibt, kann man jedoch bei den neuzeitlichen Fortschritten in der Präventivmedizin davon ausgehen, daß die Lage unter Kontrolle gebracht werden kann.

Wie gesagt, waren Klimaschwankungen bis zu einem gewissen Grad am Ausbruch der verhängnisvollen Pestepidemie zur Zeit Justinians, am «Schwarzen Tod» im Mittelalter sowie an der großen, 1816/1817 von Bengalen ausgehenden Choleraepidemie beteiligt. Bereits vor Jahrhunderten wußte man auch in Europa, daß das wiederholte Auftreten der Pest durch das Wetter beeinflußt wurde. Sie brach gewöhnlich in heißen, trockenen Sommern aus und kam in langen und strengen Wintern zum Stillstand. Dieses Buch will keine Theorie über den Zusammenhang zwischen Klima und Geschichte aufstellen, noch will es diese Bezüge in unzulässiger Weise vereinfachen. Doch dort, wo eine Verbindung zwischen Klimaschwankungen und dem Ausbruch schlimmer Krankheiten besteht, kann es dem Verständnis dienen, die Umstände, die zu solchen Situationen führen, wie folgt zu klassifizieren:

1. Ereignisse, wie z. B. große Dürreperioden und Überschwemmungen, die zu einem Zusammenbruch des Abwassersystems und der Hygiene führen;
2. Witterungsbedingungen, die bestimmten Insekten sowie anderen Krankheitsorganismen und -trägern, den Wirten verschiedener Krankheitserreger und/oder den Bedingungen, die ihre geographische Verbreitung fördern, besonders günstige Entstehungsbedingungen bieten;
3. Witterungsbedingungen, insbesondere alle witterungsbedingten Ausfälle bei der Nahrungs- und Wasserversorgung, die die Abwehrkräfte der menschlichen Bevölkerung gegenüber Infektionen und Erkrankungen schwächen.

Es sei kurz angemerkt, daß die unter 2. eingeordneten Fälle ebenfalls auf Tierseuchen und auch auf die Vermehrung von Insekten (z. B. Heuschrecken und Parasiten) zutreffen, welche die Ernte und andere Teile der Vegetation schädigen, auf die die menschliche Wirtschaft angewiesen ist. Zu den unter 3. zu klassifizierenden Fällen gehören anscheinend oft nasse winterliche Bedingungen (in fast jedem Breitenbereich) und die üblichen Infektionen mitsamt ihren ganz direkten Folgen.

Für eine große Zahl der unter 2. aufgeführten Phänomene scheinen bestimmte Kombinationen von Wärme, nicht extremer Hitze, und einer hinreichend feuchten Umgebung notwendig zu sein, um örtliche wasserreiche Kleinbiotope zu garantieren. Die folgende Aufstellung mag als Beispiel für die Witterungsabhängigkeit des Insektenreichtums dienen, der a) mit menschlichen Krankheiten, b) verheerenden Krankheiten für Mensch und Tier und c) der umfassenden Zerstörung der Ernten in Zusammenhang steht:

Der Lebenszyklus des *Flohs, der die Beulenpest überträgt (Xenopsylla cheops)*, wird bei Temperaturen von 20 bis 32 °C beschleunigt. Er vermehrt sich rascher, wobei jede Insektengeneration um so eher stirbt, je höher die Temperatur ist. Bei einer relativen Luftfeuchtigkeit von weniger als 30 Prozent verkürzt sich die Lebensdauer eines Flohs auf ein Viertel des Wertes bei nahezu gesättigter Luftfeuchtigkeit.

Der Malaria auslösende Moskito (Anopheles) vermehrt sich nicht bei Temperaturen unter 16 °C oder bei einer relativen Luftfeuchtigkeit von weniger als 63 Prozent. Wie alle Stechmücken gedeiht er am besten in einer feuchten Umgebung mit stehenden Gewässern. Von Zeit zu Zeit wurde die Malaria durch zurückkehrende Reisende (z. B. Söldner) an die Stechmücken in Nordeuropa weitergegeben. Oliver Cromwell starb am sogenannten Schüttelfrost, den er sich durch eine englische Stechmücke in den Fens zugezogen hatte. Es ist bekannt, daß selbst in Schweden Malariafälle aufgetreten sind, aber die Krankheit starb immer nach wenigen Jahren aus, denn die lokalen Bedingungen waren in einem entscheidenden Lebensstadium der Stechmücke zu kalt oder zu trocken.

Ähnliche Beobachtungen zeigten, daß sich die durchschnittliche Lebensdauer der *Gelbfiebermücke (Aëdes aegypti)* von 7 Tagen bei einer fast 100prozentigen Luftfeuchtigkeit auf 4,5 Tage bei trockener Luft (weniger als 48 Prozent relative Luftfeuchtigkeit) und einer Temperatur von 20 °C und auf ca. 2 Tage bei 26 °C verkürzt. Dies verringert ebenfalls die Möglichkeit der Vermehrung. Andere Stechmückenarten können offensichtlich eine Gelbfieberinfektion in ländlichen Gebieten in Afrika und in Süderika übertragen, aber ihre klimatischen Präferenzen sind erwiesenermaßen ähnlich.

Die Tsetsefliege (Glossina), deren Biß die tödliche *Schlafkrankheit* verbreitet, benötigt ebenso genügend, aber nicht übermäßig viel Wärme und Feuchtigkeit. Auch die verschiedenen Untergattungen dieser Fliege übertragen diese Krankheit; sie alle benötigen etwas Schatten, jedoch in unterschiedlichem Maß. Die meisten gedeihen deshalb am besten in Gebieten mit einer üppigen Baum- oder Buschvegetation, oft in der Nähe von Flüssen und Seen. Sie stechen bei guten Lichtverhältnissen am Tage, stellen diese Aktivitäten jedoch bei Temperaturen unter 15,5 °C ein.

Trockenheit ist für die Fliegenpopulationen im Larven- und Puppenstadium äußerst schädlich. Deshalb ist ihre Verbreitung durch die Wüstenzonen in den niederen Breiten reduziert, und einige Gebiete sind durch Rodung bewohnbar geworden.

In der besonders gefährlichen Periode von 1860 bis 1880, die Westafrika den Namen *Grab des weißen Mannes* einbrachte, waren die äquatorialen Regenfälle über Afrika ungewöhnlich heftig und die Seen stark angestiegen; die durchschnittliche Lebenserwartung eines dort ankommenden Europäers betrug etwa sechs Monate. Dennoch hatten jesuitische und methodistische Missionsgesellschaften zur damaligen Zeit niemals weniger als zwölf Freiwillige, die in London nur darauf warteten, die Malariaopfer zu ersetzen. Nur wenig früher, zur Zeit der alten dänischen Kolonie in Ghana in den zwanziger und dreißiger Jahren des 19. Jahrhunderts, als die Wasserstände der Binnenseen in Afrika niedriger lagen und andere Belege ebenfalls darauf schließen lassen, daß das Klima in diesem Teil Äquatorialafrikas trockener war, war die Krankheitsverbreitung keinesfalls so gravierend. Obwohl in der Medizin kein nachhaltiger Fortschritt stattgefunden hatte, besserte sich die Situation nach den siebziger und achtziger Jahren des 19. Jahrhunderts, was vielleicht mit dem drastischen Rückgang der Regenfälle in den neunziger Jahren desselben Jahrhunderts zusammenhing.[30]

Die Wüstenheuschrecke (Schistocerca gregaria) benötigt zur Vermehrung nach Regenfällen in der Wüste oder in deren Randzonen ebenfalls Feuchtperioden. Sie ist bei Temperaturen zwischen 25 und 35 °C besonders rege. Bei weniger als 15 °C wird sie träge, und Temperaturen über 50 °C sind offenbar tödlich für sie.

Diese Insekten vermehren sich mithin immer dann, wenn sie die erwähnten optimalen Witterungsbedingungen vorfinden. Sie breiten sich je nach Windlage schnell aus.

Heuschrecken sind von Zeit zu Zeit in vielen Teilen Europas aufgetreten, selten aber zahlreich genug, um größere Schäden anzurichten. Aus früheren Zeiten sind häufig verhängnisvolle Ernteeinbußen und Entbehrungen infolge von Heuschreckenschwärmen in heißen Ländern dokumentiert. Das gesamte Gebiet, das in jüngster Zeit unter dem Einfall von Heuschreckenschwärmen gelitten hat, ist etwa 30 Millionen km^2 groß. Die Vermehrung der Heuschreckenschwärme wird durchschnittlich alle zwei Jahre registriert. Bei allen erwähnten Fällen nutzen die modernen Erfassungsmethoden unser Wissen über die Umwelt- und Witterungsabhängigkeit der betreffenden Arten. Im Fall der Heuschrecke beobachtet die internationale Organisation zur Heuschreckenbekämpfung durch fortlaufende Kartierung – auch unter Einbeziehung von Wetterkarten –

die Entwicklung im gesamten Vermehrungsgebiet. Der Einsatz von Insektiziden zur Begrenzung der Insektenpopulationen kann gezielt in den tatsächlichen Brutgebieten sowie dort erfolgen, wo sich fliegende Heuschreckenschwärme innerhalb einer schmalen Zone[31] konzentrieren, in der die Luftströmungen beider Hemisphären in der Intertropischen Front bzw. entlang der Innertropischen Konvergenzzone zusammentreffen. Der Erfolg dieser Bekämpfungsmaßnahmen in den sechziger Jahren des 20. Jahrhunderts und später ist demnach eindeutig erwiesen, obwohl man einräumen muß, daß der generelle Rückgang der Heuschreckenplage in diesen Jahrzehnten zu einem großen Teil dem Wetter zugeschrieben werden kann, das für die Insekten weniger günstig war.

In ähnlicher Weise lassen sich die besonderen Witterungsumstände bestimmen, die das Entstehen der Kartoffelfäule begünstigen (Zeitspannen von 48 Stunden oder mehr mit Temperaturen von über 10 °C und einer Luftfeuchtigkeit von mehr als 90 Prozent). Ebenso können die Witterungsbedingungen erfaßt werden, die in Ländern mit einem gemäßigten Klima Rinderkrankheiten, wie beispielsweise Leberegel und Magen-Darm-Katarrhe (und ihre Wirte oder Träger in einem wichtigen Stadium des Entwicklungszyklus), hervorrufen. Aufgrund der Ergebnisse können Warnungen bekanntgegeben und erste vorbeugende Maßnahmen eingeleitet werden.

Auswirkungen von Überflutungen und Strengwintern

Neben Hungersnöten und Epidemien können sich riesige Überschwemmungen als witterungsbedingte Katastrophen in kürzester Zeit verheerend für die Menschheit auswirken:

1. Flußüberschwemmungen, z. B. des Jangtsekiang und des Gelben Flusses (Hwang Ho) in Honan in China 1931, als über eine Million Menschen ertranken, oder die ähnlich schlimme Katastrophe im Tal des Gelben Flusses im September und Oktober 1887, als von 900 000 Ertrunkenen berichtet wurde. Die Flußüberschwemmungen und die nachfolgende Epidemie im Jahre 1332/1333 sollen in China 7 Millionen Menschenleben gefordert und in einzelnen Landesteilen langfristige Verwüstungen angerichtet sowie viele Siedlungen zerstört haben. Man hat die Theorie aufgestellt, daß hier der Ausgangspunkt der als «Schwarzer Tod» bekannten Seuche lag.
2. die Überflutung von Küstengebieten durch Sturmfluten, die entweder durch tropische Wirbelstürme und Taifune oder durch Sturmtiefs in mittleren Breiten ausgelöst werden. Am 12. und 13. November 1970

wurde Bangladesch von einer derartigen Flut heimgesucht, die durch einen Zyklon im Golf von Bengalen hervorgerufen wurde und einen großen Teil des Landes überschwemmte. Die Behörden bezifferten die Zahl der Opfer zunächst auf 300000, schließlich auf ca. 750000. Seit dem Mittelalter ereigneten sich ähnliche Katastrophen in den tiefliegenden Küstenregionen der Nordsee, besonders an der Festlandseite. Die Zahl der Todesopfer wurde auf insgesamt 100000 bis 400000 geschätzt. Ihr Ausbleiben in jüngster Zeit ist den wirksamen, in den letzten 300 Jahren errichteten Küstenschutzbauten zuzuschreiben.

Die Trockenperiode von 1972/1973 kostete in der Zone von Sahel bis nach Äthiopien etwa ebenso vielen Menschen das Leben, die Zahl der Todesopfer liegt in der letztgenannten Größenordnung.

Selbst die strengsten Winter in Europa und Nordamerika haben niemals eine solche Zahl von Opfern gefordert. Trotz des großen Elends und zahlreicher Entbehrungen für Arme und Alte und trotz der Zahl der Menschen, die Berichten zufolge auf den Straßen erfroren, in ländlichen Gebieten unter Schnee begraben wurden und auf städtischen Straßen starben, waren die schlimmsten Auswirkungen gewöhnlich örtlich begrenzt oder betrafen nur einzelne. Verschiedentlich stellten sich in der Geschichte weitreichendere Folgen indirekt durch Lebensmittelverknappungen und erhöhte Brotpreise usw. ein, wie wir etwa für die Französische Revolution nach dem Winter 1788/1789 dargelegt haben. In einigen weitaus früheren Fällen wird über Schwierigkeiten mit Wölfen und über Kannibalismus an kleinen Kindern berichtet.[32] Auch heutzutage können natürlich durch strenges Winterwetter bedeutende wirtschaftliche Verluste entstehen, besonders in Gebieten, in denen derartige Witterungsverhältnisse ungewöhnlich sind. Die ökonomischen und militärischen Möglichkeiten zur optimalen Bewältigung solcher Witterungsverhältnisse sind bislang keineswegs ausgeschöpft worden. Die Kosten für die Bereitstellung wirksamer Räumfahrzeuge für Straßen (Schneefräsen), für das Heizen des Straßenbelages auf bestimmten Streckenabschnitten und von Weichen zur Verhinderung von Vereisung, die Kosten der Vorhaltung von Brennstoffreserven und für Notdienste (Hubschrauber usw.) zur Nahrungsmittelversorgung aus der Luft und für Rettungsarbeiten müssen gegen die Verluste aufgewogen werden, die in derartigen Wintern auftreten. Viele Maßnahmen sind wahrscheinlich nur in einigen wenigen Wintern erforderlich. Sogar in Ländern, in denen kalte Winter die Regel sind, können schwerwiegende Verluste entstehen. Das Leben in der Stadt Buffalo im Bundesstaat New York kam im Winter 1976/1977, als 3 bis 4 m hoher Schnee die Straßen blockierte, tagelang vollständig zum Erliegen. In den Wintern der ausgehenden siebziger Jahre brachen in Südnorwegen die Flachdächer auf den modernen Gebäuden unter einer Schneelast zusammen, die es in jüngster Zeit noch nicht gegeben hatte. Als in England im Winter 1978/1979 an ca. 40 Tagen in großen Teilen des Flachlandes, für das die neueren Langzeitmittel sieben bis 14 Tage ausweisen, bis zu 50 cm Schnee lagen, kletterten die Kosten für die Straßenräumung allein in einer Grafschaft der östlichen Midlands (Nottinghamshire) auf das 3,3fache der durchschnittlichen Summe. In Großbritannien wurden die zusätzlichen Kosten auf insgesamt 500 Millionen Pfund (oder auf 10 Pfund pro Kopf) geschätzt, wobei der größte Anteil auf den 9 Prozent höheren Brennstoffverbrauch entfiel. Wiederholte sich in England ein Jahr wie 1740, das in jeder Jahreszeit kalt war und in dem bei realistischer Beurteilung ein zusätzlicher Bedarf an Brennmaterial von 50 bis 70 Prozent nötig war, würden noch erheblich höhere Kosten verursacht.

Im Zusammenhang mit den Klimaschwankungen ist viel über außergewöhnlich eis- und schneereiche Winter, das Vorrücken der Gletscher und herzzerreißende Darstellungen einzelner hart betroffener Menschen geschrieben worden. Anders jedoch als Mißernten sind diese Phänomene für die Mehrheit der Menschen nur Randerscheinungen. Dies ist wahrscheinlich der Grund, weshalb einige Historiker erklärt haben, daß sich die europäische Geschichte in den letzten 1000 Jahren nicht viel anders entwickelt hätte, wenn das Klima konstant geblieben wäre. Welche Einstellung zur Geschichte liegt dem zugrunde? Die Einstellung eines politischen oder die eines verfassungsgeschichtlichen Historikers? Sicherlich handelt es sich um eine mehr auf die beständigeren und geschützteren Teile im Westen und Süden Europas zutreffende Haltung; im Norden hingegen wurden sogar politische und verfassungsmäßige Entwicklungen in dieser Weise beeinflußt. Sicherlich läßt eine solche Sichtweise vieles außer acht, was mit der Gesundheit, den Lebensbedingungen und dem Wohlergehen der europäischen Bevölkerung zusammenhängt.

Andere Gesichtspunkte

Es ist möglich, für jede der in diesem Buch erwähnten Entwicklungen, wie für die Sozialgeschichte Europas oder für den Untergang der Kolonien auf Island und Grönland im späten Mittelalter, andere, nicht klimatisch bedingte Ursachen anzuführen. Sicherlich müssen alle anderen Belastungen ermittelt werden, die eine Rolle gespielt haben. Wir sind zwar (noch nicht) in der Lage, den Grund (oder die Ereigniskette) für den Ausbruch der Pest oder von sozialen Unruhen an einem bestimmten Ort und zu einem bestimmten Zeitpunkt anzugeben. Aber man wird wohl kaum bezweifeln, daß die spätmittelalterliche Klimaverschiebung bei der einfachsten Erklärung des gesamten Ereignisgefüges eine zentrale Rolle spielt. Bei einigen Einzelheiten, wie der seuchenartigen Ausbreitung der Mutterkorn-Vergiftung (vgl. S. 217/218) und dem eisbedingten Abbruch der Verkehrsverbindung nach Grönland, war die klimatische Entwicklung sicherlich von entscheidendem Einfluß. Auch in anderen Teilen der Welt, am Rande der Trockenzone, ist es einleuchtend zu fragen, ob an dem abrupten Rückgang der ehemaligen Populationszahlen Klimakatastrophen oder eher indirekte klimatische Zwänge ursächlich beteiligt waren. Das Massaker unter der irakischen Bevölkerung durch mongolische Invasoren kann als ein weiteres historisches Beispiel dafür angesehen werden, wie Täter und Opfer auf unterschiedliche Weise von klimatischen Faktoren beeinflußt waren. Dieses grausame Ereignis führte 1258 n. Chr. zum Ende der herausragenden Bedeutung der mittelalterlichen Stadt Bagdad, nachdem die irakische Landwirtschaft seit langem im Niedergang begriffen war. Ungefähr zur selben Zeit erlebte das Stammgebiet der Mongolen in Zentralasien eine Blütezeit, die in dem überdurchschnittlich feuchten Klimaregime zur Übervölkerung der Region führte.

Einige Versuche der Menschen, sich bewußt an veränderte klimatische Umstände oder genauer: an ihre Vorstellungen derselben anzupassen, schlugen fehl. So scheiterte die Aufnahme der Schafzucht während der kälteren Jahrhunderte des letzten Jahrtausends in Teilen Dänemarks und in East Anglia auf Böden, die bis ins hohe Mittelalter landwirtschaftlich genutzt worden waren. In dem ständig trockenen, windigen Klima in East Anglia und in Jütland hielt der Bewuchs der Beweidung nicht stand. Das Land verödete zu einer sandigen Steppe, die nur im Schutz von Baumgürteln und durch Wiederaufforstung in jüngster Zeit rekultiviert werden konnte.

Sogar heute, mit wachsenden Fähigkeiten, solche kurzfristigen Katastrophen zu erkennen und durch weltweite Hilfsgütersammlungen und Erste-Hilfe-Maßnahmen zu bewältigen, ist es fraglich, ob wir wesentlich besser in der Lage sind, langfristige Veränderungen aufzufangen, als früher. Ohne Zweifel sind wir durch zu starre Planung und z. B. durch Produktionsbeschränkungen bei lebensnotwendigen Agrarprodukten gehemmt, die ihrerseits durch Monokulturen an den Weltmarkt geliefert werden. Wenn Wanderungsbewegungen einsetzen, stellt die Unverrückbarkeit nationaler Grenzen ein weiteres Hindernis dar. Sogar die Auswirkungen eines höchst bemerkenswerten Trends, daß nachneinander zwei, drei oder vier Jahre mit ähnlich anormalem Wetter auftreten, könnte zu Belastungen führen, die (fast?) nicht mehr zu bewältigen sind. Nach der Lektüre dieses Kapitels über die Auswirkungen des Klimas auf die menschliche Gesellschaft müssen wir damit rechnen, daß klimatische Schwierigkeiten und Katastrophen, insbesondere Notstände aufgrund von Ernteeinbußen, sich auch heute überall in der Welt auswirken und zumindest für das Preisgefüge der gesamten Weltwirtschaft nicht ohne Folgen sind.

Einige Nebenaspekte können ganz interessant sein und im Laufe der Zeit einen wichtigen kumulativen Effekt darstellen. So stellte Dr. E. J. Moynahan 1979 bei der Internationalen Konferenz über Klima und Geschichte an der University of East Anglia, Norwich, die These auf, daß durch die Hungersnöte im Mittelalter und später wahrscheinlich eine natürliche Selektion zugunsten dicker Menschen stattgefunden habe. Die Korpulenteren seien eher in der Lage gewesen zu überleben als ihre mageren Zeitgenossen.[33] In der Tat mag sich dieser selektive Vorteil von Korpulenz von Anfang an auf menschliche Gemeinschaften ausgewirkt haben. Nur durch die wesentlich höhere Lebenserwartung in Europa und bei anderen Völkern ist heute eine magere, das Herz weniger belastende Statur vorteilhafter.

Einige Fachleute erheben Einwände gegen den Begriff Kleine Eiszeit zur Bezeichnung der kälteren Phasen im letzten Jahrtausend, da verschiedene Autoren Beginn und Ende dieses Zeitraums in verschiedenen Jahren ansiedeln, z. B. 1300 bis 1900, 1430 bis 1850, 1550 bis 1700 oder ca. 1800 usw. Diese Unterschiede beruhen lediglich auf der unterschiedlichen Festlegung entscheidender Grenzwerte für ein bestimmtes Thema oder eine Region, die die abrupteren Entwicklungen beim Einsetzen der Eiszeit und während der Erholungsphasen überschritten. Zuweilen ist des weiteren der Einwand geltend gemacht worden, daß das größte Bevölkerungswachstum, die spürbarste Verbesserung der allgemeinen Gesundheit und die meisten Fortschritte der Landwirtschaft und der industriellen Technologie sowie die größte Ausdehnung der Zivilisation über den gesamten Globus «genau» während der Kleinen Eiszeit, zwischen 1700 und 1900, stattfanden. Diese Sichtweise läßt allerdings außer acht, daß sich alle diese Entwicklungen während der lang andauernden und unregelmäßig verlaufenden *Klimaverbesserung* nach dem Höhepunkt der Kleinen Eiszeit vollzogen. Der «parallele Verlauf von Klima- und Kulturkurve» ist wahrlich bemerkenswert und muß berücksichtigt werden.

Mögliche zukünftige Klimaveränderungen in Randzonen können sich ebenfalls leicht auf die gesamte Weltwirtschaft auswirken. Auf einer Konferenz über die weltweite Nahrungsmittelversorgung bei Klimaveränderungen im Sterling Forest Center in New York 1974 wurde geschätzt, daß sich das Getreideanbaugebiet in den kanadischen Ebenen bei einem Temperaturabfall um 1 °C im Langzeitmittel um 1 Prozent verkleinern und die

Produktion um einen ähnlichen Wert zurückgehen würde. Die Folgen würden für die Produktion jedoch bei jeder weiteren Abkühlung weitaus gravierender sein. Ein 10prozentiger Rückgang der Niederschläge würde den Ertrag um mehrere Prozentpunkte verringern, ein 10prozentiger Anstieg der Regenmenge würde die Weizenernte um einige Prozent heraufsetzen, doch auf Hafer und Gerste nur geringe Auswirkungen haben.

Die Wirkung von Klimaschwankungen und -veränderungen auf die Geschichte, auf menschliche Belange und auf die von uns zu planende Zukunft kann am treffendsten als *destabilisierender Einfluß* und als *Auslöser für eine Veränderung* beschrieben werden. Schlimmstenfalls sehen wir Reaktionen in der menschlichen Gesellschaft, die die Last des Leidens auf die schwächsten Glieder der nationalen und internationalen Gemeinschaft verlagern.

Anmerkungen

1 Vgl. S. F. Markham: Climate and the Energy of Nations, Oxford 1942.

2 Es ist bekannt, daß eine gute Unterbringung der Tiere wesentlich zu ihrer Gesundheit beiträgt.

3 B. H. Slicher van Bath: The Agrarian History of Western Europe AD 500 – 1850, London 1963.

4 A. W. Ruddock: John Day of Bristol and the Englisch Voyages cross the Atlantic before 1497, in: Geographical Journal, 132, 1966, S. 225–233.

5 A. Buge, F. Scheel, R. Tank und J. S. Worm-Müller: Den norske sjøfarts historie, Bd. I, Kristiania 1923.

6 Diese Information verdanke ich Kommandant Ph. M. Bosscher von der Königlich-Niederländischen Marine.

7 Für zahlreiche interessante Details siehe G. Gunnarsson: A Study of Causal Relations in Climate and History, with an Emphasis on Icelandic Experience, in: Meddelande från Ekonimisk-Historiska Institutionen, 17, 1980.

8 Das Überleben sichern: Gemeinsame Interessen der Industrie- und Entwicklungsländer. Bericht der Nord-Süd-Kommission mit einer Einleitung des Vorsitzenden Dr. Willy Brandt, Köln 1980.

9 Für diese Information bin ich dem ehemaligen Präsidenten des Ausschusses für landwirtschaftliche Meteorologie der Weltmeteorologischen Organisation, Dr. P. M. A. Bourke, zu Dank verpflichtet.

10 Einige der Informationen in diesem Abschnitt und weitere Einzelheiten liefert A. W. Crosby: The Columbian Exchange: Biological and Cultural Consequences of 1492, in: R. H. Walker (Hg.): Contributions in American Studies, Nr. 2, Westport, Connecticut 1972.

11 M. L. Parry: Climatic Change, Agriculture and Settlement, Folkestone, Dawson and Hamden, Connecticut, 1978.

12 M. L. Parry: Secular Climatic Change and Marginal Agriculture, in: Publications of the Transactions of the Institute of British Geographers, 64, 1975, S. 1–13.

13 I. T. Lyall: The Growth of Barley and the Effect of Climate, in: Weather, 35, 1980, Nr. 9, S. 271–278.

14 T. M. L. Wigley und T. C. Atkinson: Dry Years in South-east England since 1698, in: Nature, 265, 1977, S. 431–434.

15 Christian Pfister: Agrarkonjunktur und Witterungsverlauf im westlichen Schweizer Mittelland 1755–1797, Geographisches Institut der Universität, Bern 1975.

16 J. D. Post: Meteorological Historiography (eine Rezension von E. LeRoy Ladurie: Times of Feast, Times of Famine, New York 1971), in: Journal of Interdisciplinary History, 3, 1973, Nr. 4, S. 721–732.

17 Äußerung dreier chinesischer Forscher, Chang Chia-cheng, Wang Shao-wu und Cheng Szu-chung, in einem Referat auf der Weltklimakonferenz 1979 bei der Weltmeteorologischen Organisation in Genf.

18 H. Arakawa: Meteorological Conditions of the Great Famines in the Last Half of the Tokugawa Period, Japan, in: Papers in Meteorology and Geophysics, 6, 1955, Nr. 2, S. 101–115. Siehe ebenfalls neuere Veröffentlichungen, z. B. von Professor Takeo Yamamoto.

19 J. D. McQuigg: Climatic Change and World Food Production, in einer Vorlesung an der University of Florida am 23. April 1975.

20 Für diese Information bin ich dem ehemaligen Leiter des Irish Meteorological Service, Dr. P. M. Bourke, zu Dank verpflichtet.

21 Financial Times vom 16. Juli 1980.

22 A. Noye: Soviet Grain – Problems and Prospects, in: Food Policy, 1, Nr. 1, S. 32–40. Siehe ebenfalls den Artikel von W. Schneider: Agricultural Exports as an Instrument of Diplomacy, ebd., S. 23–31.

23 Es ist Brasilien gelungen, seine Maisproduktion außerordentlich zu steigern und deshalb seit kurzem zum Getreideexporteur zu werden. Berichten zufolge hat die Europäische Gemeinschaft in den späten siebziger Jahren erneut Getreideüberschüsse, einschließlich Weizenüberschüsse, produziert.

24 Angeblich hatte Peru zu der Zeit die größte Flotte und jährliche Fangquoten von 12 bis 14 Millionen Tonnen und belieferte damit eine große Konservenindustrie. Seit dem El-Niño-Phänomen betragen die Fangergebnisse weniger als zwei Millionen Tonnen.

25 Zitiert nach S. G. Wheatcroft: The Significance of Climatic and Weather Change on Soviet Agriculture with Particular Reference to the 1920s and the 1930s, in: CREES Discussion Papers, Reihe SIPS, 11, 1977.

26 Es ist bekannt, daß Nebraska um ca. 1800 einige Jahre lang von Dürreperioden heimgesucht wurde. Dies geschah erneut von ca. 1822 bis in die frühen dreißiger Jahre des 19. Jahrhunderts, während einiger Jahre um 1840, ab ca. 1859 und während fast der ganzen sechziger Jahre des 19. Jahrhunderts, von den späteren achtziger Jahren bis in die frühen neunziger Jahre des 19. Jahrhunderts, um 1910, 1932 bis 1940, in der Mitte der fünfziger Jahre des 20. Jahrhunderts und kurzfristig auch in den siebziger Jahren dieses Jahrhunderts.

27 Zitiert nach W. O. Roberts und H. Lansford, in: The Climate Mandate, San Francisco 1979.

28 J. G. Charney: Dynamics of Deserts and Drought in the Sahel, in: Quarterly Journal of the Royal Meteorological Society, 101, 1975, S. 193–202.

29 Der Bericht der Brandt-Kommission schätzt für die Zeit um das Jahr 2000, daß einige Städte in der «Dritten Welt» 30 Millionen Einwohner haben werden. Die derzeit bekannten Bedingungen der Armut, Obdachlosigkeit und Überbevölkerung in Kalkutta müssen vielleicht als ein erstes Beispiel für dieses Wachstumsmuster angesehen werden. Die ländliche Bevölkerungsdichte in Grenzertragsgebieten ist vermutlich als ebenso ernst einzuschätzen.

30 Für zahlreiche Einzelheiten über die Entwicklung der Regenfälle in Afrika siehe S. E. Nicholson: Saharan Climates in Historic Times, in: M. A. J. Williams und H. Faure (Hg.): The Sahara and the Nile, Rotterdam 1980, S. 173–200; für frühere Zeitabschnitte siehe S. E. Nicholson und H. Flohn: African Environmental and Climatic Changes and the General Circulation in Late Pleistocene and Holocene, in: Climatic Change, 2, 1980, S. 313–348.

31 R. C. Rainy: Airborne Pests and the Atmospheric Environment, in: Weather, 28, 1973, Nr. 6, S. 224–239. Siehe ebenfalls R. C. Rainey, E. Betts und A. Lumley: The Decline of the Desert Locust Plague in the 1960s: Control Operations or Natural Causes?, in: Philosophical Transactions of the Royal Society of London, Serie B, 287, 1979, S. 314–344.

32 Es wird beispielsweise berichtet, daß sich 1438 derartige Dinge um Smolensk ereigneten. Zu den Berichten über ähnliche Katastrophen in früherer Zeit zählen Klosterchroniken, denen zufolge der Frost 1215 n. Chr. in dem Gebiet um Nowgorod die gesamte Ernte vernichtete. Es gab eine große Hungersnot; die Menschen aßen die Borken der Kiefern und versklavten ihre Kinder, um Brot zu bekommen. Wie in Schottland in den neunziger Jahren des 17. Jahrhunderts graute es den Menschen vor dem Massengrab, aber schließlich starb eine so große Anzahl, daß sie nicht alle begraben werden konnten. Die Hunde waren nicht in der Lage, alle Leichen in den Städten und Dörfern und auf den Feldern aufzufressen. 1230 vernichtete der Frost erneut die Ernte, und eine schwere Hungersnot suchte Nowgorod und Smolensk heim: Die Überlebenden ernährten sich nicht nur von menschlichen Kadavern, sondern «die Menschen töteten einander und aßen sich gegenseitig». Da so viele Leichen verwesten, brach eine Seuche aus. (Diese Einzelheiten stammen aus Auszügen zeitgenössischer Chroniken, die I. E. Buchinsky in: The Past Climate of the Russian Plain, Leningrad 1957, zitiert.)

33 In einem Brief an «The Lancet» vom 25. März 1961 äußerte Dr. Moynahan die Vermutung, daß die meisten Erwachsenen in den fortschrittlicheren Ländern heute Fettreserven für zwei Monate haben, wohingegen die Fettleibigen genügend Reserven haben, um mit sehr kleinen Rationen acht oder mehr Monate zu überleben.

16 Ursachen der Klimaschwankungen und -veränderungen

Allgemeines

Will man ein wissenschaftlich fundiertes und verläßliches Klimaprognoseverfahren entwickeln, so muß man zunächst Klimaschwankungen und -veränderungen ursächlich verstehen. Jede Voraussage bleibt reine Vermutung, wenn man die an der Entwicklung der Klimaschwankungen beteiligten Prozesse, ihren normalen zeitlichen Umfang und die Reichweite ihrer Wirkungen nicht kennt. Darüber hinaus muß man über Möglichkeiten verfügen, das Verhalten der Kernelemente während dieser Prozesse zu überwachen. Dieser kritische Vorbehalt ist selbst gegenüber ausgeklügelten mathematischen Modellen der Klimaentwicklung angebracht, zumindest solange diese Modelle noch nicht empirisch verifiziert sind. Es ist ebenfalls wichtig, die gegenwärtigen und möglichen zukünftigen Grenzen der Vorhersagbarkeit einzuschätzen. Wenn interessierte Laien und insbesondere Entscheidungsträger in all den Bereichen, für die die zukünftige Klimaentwicklung von Bedeutung ist, Klimaprognosen wirklich beurteilen können sollen, dann müssen diese Personen über den gegenwärtigen Wissensstand und die am Klimawechsel beteiligten Ursachen und Prozesse sowie über die mögliche zukünftige Weiterentwicklung des Klimas genauestens unterrichtet sein.

Wir haben gesehen, von wie grundsätzlicher Bedeutung die Höhe der vorherrschenden Temperaturen und ihre weltweite Verteilung sind, zumal diese Indikatoren eine Reihe weiterer Phänomene erklären, z. B. die Entwicklung der allgemeinen Windzirkulation, und dadurch wiederum die Umverteilung von Hitze und Feuchtigkeit sowie die Entwicklung und Steuerung von Wettersystemen. Selbst die Niederschlagsmengen des Sommermonsuns in Indien erhöhen und vermindern sich offenbar in Verbindung mit dem weltweiten Temperaturniveau. Diese Beziehung wird vor allem durch die Ausdehnung bzw. Verminderung des Einflußgebietes kalter arktischer Luftmassen im Norden deutlich. Die Faktoren, die die Höhe der vorherrschenden Temperaturen beeinflussen können, lassen sich wie folgt zusammenfassen:

1. Schwankungen bei der Energieabgabe der Sonne (und möglicherweise in der Lichtdurchlässigkeit des interplanetarischen bzw. interstellaren Raumes)
2. Astronomische Schwankungen, die sich je nach Jahreszeit auf die Ent-

fernung der Erde zur Sonne auswirken und auch auf den Winkel, mit dem die Sonnenstrahlung in den einzelnen Breiten und in den verschiedenen Jahreszeiten auf die Erde trifft

3. Schwankungen der atmosphärischen Lichtdurchlässigkeit sowohl in bezug auf die einfallende Sonnenstrahlung als auch auf die Erdabstrahlung

4. Veränderungen, die sich aufgrund der Zirkulation im inneren Wärmehaushalt in den Meeren und in der Atmosphäre (dreidimensional) vollziehen, und alle Einflüsse, die zu Veränderungen in der Zirkulation führen

5. Veränderungen bei der Absorption und Rückstrahlung der Energie, die auf die Erdoberfläche bzw. auf oberflächennahe Bereiche trifft, und zwar durch:

   a) unterschiedliche Bewölkung und

   b) Veränderungen an der Oberfläche selbst (Schnee- und Eismengen, unterschiedliche Vegetation und unbewachsene Böden, Wüste, Marschland, Seen und langfristige Veränderungen bei der Verteilung von Land und Wasser, von Bergen, Hochebenen und Inlandeismassen)

Diese Punkte wollen wir nun im einzelnen betrachten.

Veränderungen der Sonne

Die Vorstellung, daß die primäre Energiequelle, d. h. die von der Sonne ausgehende Strahlung selbst, Klimaschwankungen verursachen könnte, war offensichtlich einer der ersten Gedanken, die in der wissenschaftlichen Beschäftigung mit diesem Thema auftauchten. Riccioli behauptete 1651, die Temperatur würde auf der Erde sinken, je mehr Sonnenflecken auf der Sonne aufträten. Ein oder zwei Generationen nach dem «Schwarzen Tod» provozierte das wiederholte Auftreten der dunklen Sonnenflecken Angst und Weltuntergangsprognosen, zumal einige Flecken in den sechziger bis achtziger Jahren des 14. Jahrhunderts so groß waren, daß sie bei Nebelwetter mit dem bloßen Auge zu erkennen waren. In einem Bericht heißt es: «Die dunklen Flecken auf der Sonnenoberfläche sind so groß wie die Nägel in der Kirchentür.» Galilei beobachtete 1611 mit seinem Fernrohr Sonnenflecken, von dieser Zeit an können die Veränderungen auf der Sonnenoberfläche nahezu lückenlos dokumentiert werden. Wie bereits in Kapitel 4 erwähnt, traten zwischen 1645 und 1715 fast keine Sonnenflecken auf. Dieser Zeitabschnitt fällt mit einer Phase zusammen, in der die vorherrschenden Temperaturen überall auf der Welt niedrig waren. Heute wissen wir, daß die Sonnenflecken nur eine von verschiede-

nen Veränderungsformen der Sonnenoberfläche sind. Wenn Sonnenflek-
ken auftreten, wird die verminderte Energieabgabe der dunklen Stellen
auf der Sonne oftmals durch eine um so höhere Strahlung der sie umgebenden hellen Bereiche mehr als ausgeglichen. Letztere werden als Sonnenfackeln bezeichnet und sind erst seit 1874 systematisch gemessen worden. Demnach stellt unsere stattliche Nachweisreihe über Sonnenflecken
keinen sehr angemessenen Indikator für Schwankungen in der solaren
Energieabgabe dar, obwohl die Höhepunkte der ungefähr 11jährigen
Sonnenfleckenzyklen provisorisch bis in das Jahr 649 v. Chr. nachgewiesen wurden (teilweise unter Verwendung von Beobachtungen über das
Schauspiel des Polarlichts oder der «Aurora»).

Der meßbare Unterschied zwischen den Bereichen der Sonnenfackeln
und der Sonnenflecken könnte einen besseren Anhaltspunkt bieten. Tatsächlich ließen einige wenige Wetterdaten bzw. Klimareihen einen überaus signifikanten Zusammenhang mit den leicht schwankenden, ungefähr
11jährigen Sonnenfleckenzyklen erkennen. Das vergleichsweise auffällige mehr oder minder zyklische Auftreten von in ungefähr 20- bis 30jähri-
gen Intervallen wiederkehrenden Witterungsverhältnissen – Beispiele
sind etwa die Dürrezeiten im Mittleren Westen und Merkmale der langen
Temperaturaufzeichnung in England – kann mit dem doppelten Sonnenfleckenzyklus in Verbindung gebracht werden. Dieser Zusammenhang
wird jedoch durch den Umstand kompliziert, daß der Sonnenfleckenzyklus, obwohl er im Durchschnitt 11,1 Jahre beträgt, in seiner Dauer
tatsächlich schwankt. Man hat in den letzten zwei Jahrhunderten extreme
Zyklen mit einer Dauer von knapp unter neun bis zu vierzehn Jahren
beobachtet. Die Aktivität während der Zyklen schwankt ebenfalls; im
allgemeinen wächst während der kürzesten Zyklen die Sonnenflecken-
häufigkeit. Die Energieabgabe der Sonne kann bei einer mittleren Anzahl von Sonnenflecken am größten sein; das entspricht einer relativen
Zahl von 80 Sonnenflecken auf der international anerkannten Züricher
Skala. Im Vergleich dazu treten während des absoluten Höhepunktes
(wenn die Wirkung der dunklen Bereiche gegenüber der der Sonnenfak-
keln überwiegt) mehr als 200 Flecken auf. Einiges spricht dafür, daß die
längerfristigen Schwankungen der Sonnenfleckenaktivität auf einfachere
Weise mit den Veränderungen des weltweiten Temperaturniveaus in Verbindung gebracht werden können. Denn ziemlich kurze Zyklen und eine
intensive Sonnenfleckentätigkeit überwogen nicht nur während der
wärmsten Periode des gegenwärtigen Jahrhunderts (die mittlere Zyklendauer zwischen 1915 und 1964 lag bei 10,2 Jahren), sondern auch während
mehrerer anderer warmer Klimaperioden in der Vergangenheit, z. B. in
spätrömischer Zeit und im Mittelalter. Das sogenannte *Spörer-Minimum*

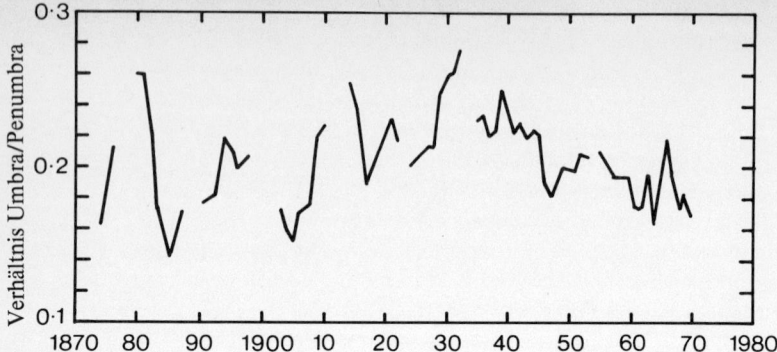

94: Ein Index für die Schwankungen der Sonnenhelligkeit (d. h. der Sonnenabstrahlung) von einem Jahr zum anderen auf der Grundlage der Helligkeitsstruktur und -abstufungen innerhalb der Sonnenflecken für die Zeit von 1880 bis 1975.

der Sonnenstörung (mit einer mittleren Zyklendauer von ca. 12 Jahren zwischen den aufeinanderfolgenden Höhepunkten geringer Sonnenflekkenaktivität) zwischen 1400 und 1510 n. Chr. wie auch das *Maunder-Minimum* im 17. Jahrhundert fielen offenbar mit einer auffallenden Kaltphase des Weltklimas zusammen.

Die Leuchtkraft der Sonne bzw. die Stärke der Sonnenstrahlung ist jetzt durch das Verhältnis von den dunkel erscheinenden Bereichen (Umbra) und dem helleren Saum (Penumbra) der Sonnenflecken anscheinend besser zu erfassen. Mit diesem Verhältnis soll der Betrag des konvektiven Energieflusses aus den tieferen Schichten der Sonne gemessen werden.[1] Die Jahreswerte dieses Sonnenleuchtkraftindex (vgl. Abb. 94) verlaufen in der Zeit von 1880 bis in die siebziger Jahre des 20. Jahrhunderts (vgl. Abb. 78) anscheinend ziemlich parallel zum weltweiten Temperaturabfall bzw. -anstieg (oder liegen leicht darüber). (Obwohl ein solcher Index für das 18. Jahrhundert nicht aufgestellt werden kann, verhält sich das ausgeprägte Wärmemaximum, das die bis dahin «entdeckte» Welt zwischen 1730 und 1740 erfaßte, zu den aufgezeichneten Sonnenflecken ähnlich wie genau 200 Jahre später im 20. Jahrhundert. Im 18. Jahrhundert folgte auf das Wärmemaximum nach ca. 20 bis 40 Jahren eine Zyklenserie mit sehr hoher Sonnenfleckentätigkeit.)

Schwankungen der Erdbahn

Auf die astronomischen Schwankungen der Erdumlaufbahn und die Achsneigung, die die Stärke der Sonnenstrahlung in der zuvor erwähnten Weise beeinflussen, sind wir in Kapitel 4 eingegangen. Die zeitliche Übereinstimmung dieser Schwankungen mit den Veränderungen des globalen Wärmehaushalts und der Festlandeismassen, die neuere Isotopenuntersuchungen von Bohrkernen aus Meeresbodensedimenten anzeigen[2], stimmen überein. Damit kann die These, daß diese Veränderungen der Umlaufbahn das zeitliche Auftreten von Glazialen und Interglazialen steuern, als zweifelsfrei bewiesen gelten. Allerdings verstärkt die schrittweise Zunahme der Erdabstrahlung (Albedo) bei Ausdehnung der von Eis und Schnee bedeckten Fläche und bei abnehmender Einstrahlung die Auswirkungen der Strahlungsschwankungen zwangsläufig. In letzter Zeit sind interessante Diskussionen darüber geführt worden, wo genau und zu welcher Jahreszeit die Reaktion auf die Veränderungen der Strahlungsintensität am deutlichsten spürbar und für die weltweite Klimaentwicklung am bedeutsamsten wäre.[3] Die ursprüngliche Vorstellung, wonach die gravierendsten Veränderungen der Schnee- und Eisansammlungen eine Antwort auf die wechselnde Intensität der Sommersonne auf fast dem gesamten (und teilweise gebirgigen) Bereich der Landmasse zwischen 60 und 70 ° N waren, bedarf somit einiger Korrekturen. Die unmittelbarste Reaktion auf die normale jahreszeitliche Veränderung der Sonnenstrahlung, die sich auf das Anwachsen der Schneedecke auswirkt, findet man im Herbst zwischen dem 40. und 70. nördlichen Breitengrad und besonders im Zentrum des eurasischen Kontinents zwischen 50 und 70° östlicher Länge. Zur Zeit der Schneeschmelze erfolgt die Reaktion auf die veränderte Strahlung am schnellsten in den Meeren der Südhemisphäre und somit etwa in den Monaten Oktober und November. Daher ist dies wohl der Zeitraum des Jahres, in dem sich Langzeitveränderungen in der verfügbaren Strahlung am massivsten auswirken. Logischerweise kann man annehmen, daß die Konsequenzen von Strahlungsveränderungen unter hochglazialen Bedingungen mit einer ständigen Schneedecke über Nordamerika nördlich des 50. Breitengrades weniger einschneidend wären und dem sommerlichen Höhepunkt dort mehr Bedeutung beizumessen wäre als den herbstlichen Vorgängen.

Diese astronomischen Schwankungen sind insofern für uns von Belang, als sie das einzige für die Zukunft vorhersagbare Element darstellen. Dies werden wir im nächsten Kapitel behandeln. Hier ist es wichtig zu bedenken, daß diese Schwankungen das plötzliche Auftreten einiger klimatischer Veränderungen, auf die die geologischen Aufzeichnungen im Ver-

lauf der über 10 000- bis 100 000jährigen Zyklen hindeuten, keineswegs
erklären. Diese abrupten Schwankungen entstehen anders, z. B. durch
mögliche Veränderungen der solaren Energieabgabemenge oder durch
die Menge des Vulkanstaubs in der Atmosphäre. Diese Umstände verstärken (oder behindern) nachhaltig den langsamen Trend in eine durch
die Veränderung der Erdumlaufbahn bestimmte Richtung.

Vulkanstaub in der Atmosphäre

Die wichtigen von der *Natur* immer wieder produzierten Veränderungen
der atmosphärischen Lichtdurchlässigkeit beruhen zumeist auf Schwankungen in der Menge des in der Atmosphäre befindlichen vulkanischen
Materials. Im weiteren Verlauf des Kapitels werden wir auch auf Folgen
eingehen, die das Einwirken des *Menschen* auf die Lichtdurchlässigkeit
der Atmosphäre hat.

Heftige Vulkanexplosionen, wie zum Beispiel die des Mount St. Helens
im Mai 1980 (Abb. 95), schleudern unzählige submikroskopisch kleine
Felspartikel und Aerosole, die sich aus Schwefeldioxiden gebildet haben,
in die Stratosphäre. In dieser Höhe kann der Regen, der derartige
Schmutzpartikel aus erdnahen Bereichen der Atmosphäre auswäscht,
nicht wirksam werden. In der Regel zieht das vulkanische Material in
einem Zeitraum von zehn Tagen bis zu einigen Wochen rund um die Erde,
wobei der Transport aufgrund unterschiedlicher Windstärken und teilweise auch veränderter Windrichtungen in den verschiedenen Höhen unterschiedlich lange dauert. Diese Unterschiede und Diffusionsvorgänge,
einschließlich Konvektion und Turbulenzen, die einen Teil des Materials
in etwas höhere und niedrigere Schichten verlagern, verteilen es allmählich in einem zunehmend einheitlichen Schleier, der die betroffene Hemisphäre (oder sogar die gesamte Erde) innerhalb ungefähr eines halben
Jahres umhüllen kann. Je höher das durch die Explosion freigewordene
Material geschleudert wird, desto länger hat der Schleier Bestand. Die
Fallgeschwindigkeit der winzigen Partikel ist so gering, daß sie zwischen
20 Tagen und einem Jahr brauchen, um einen Kilometer zurückzulegen.
Sie können für einen Zeitraum von einem bis zu über sieben Jahren in der
Stratosphäre verbleiben. Diese Partikel fangen die (überwiegend kurz-
wellige) Sonnenstrahlung teilweise ab, während die (überwiegend lang-
wellige) Abstrahlung der Erde sie fast ungehindert durchdringen kann.
So erwärmt sich der Staubschleier, während die Temperaturen auf der
Erdoberfläche und in der unteren Atmosphäre etwas unter die sonst erreichten Werte fallen. Man hat diese im ersten Jahr ihr Maximum errei-

95: Der explosionsartige Ausbruch des Vulkans Mount St. Helens
im Staat Washington am 18. Mai 1980.

chende Abkühlung nach großen Ausbrüchen auf Werte zwischen 0,1 und
ca. 1 °C (Durchschnittswert für die mittleren Breiten) veranschlagt. 1783
erfolgten – auf Island und in Japan – zwei sehr große Eruptionen in einem
Jahr. Das Zusammenwirken dieser Ausbrüche kann sich in einer Abkühlung der nördlichen Hemisphäre um 1,3 °C ausgewirkt haben, die sich
während der nächsten vier oder fünf Jahre allmählich wieder vollständig
zurückbildete.

Die Eruption des Mount St. Helens im Jahr 1980 wird im Hinblick auf
den Ascheschleier in der Stratosphäre trotz der emporgeschleuderten ein
oder zwei Kubikkilometer an Material wahrscheinlich nicht zu den größten Ausbrüchen zählen, da sich ein großer Teil der Eruption nahezu ho-
rinzontal entlud (was ungewöhnlich ist). Man kann diesen Ausbruch jedoch in die weltweite Entwicklung zu vermehrter vulkanischer Aktivität
seit ca. 1960 einreihen, die nach einer ausgesprochen ruhigen Phase von
fast 50 Jahren Dauer auf der nördlichen Hemisphäre einsetzte. Die große
Eruption des Krakatau 1883 im Malaiischen Archipel erreichte den Wert
1000 auf einer Skala[4], die den Vulkanstaubschleier nach ursprünglicher

Auswurfmenge, nach Dauer und Maximalausdehnung des Schleiers klassifiziert. Der sich aus verschiedenen Ausbrüchen in den achtziger Jahren des 19. Jahrhunderts rekrutierende Schleier hat den Wert 1500. 1902 entstand durch eine Reihe von Ausbrüchen auf den Westindischen Inseln ein neuer Schleier mit dem Wert 1000, die große Eruption des Mount Katmai in Alaska im Jahre 1912 führte diesem Schleier zumindest über den Nordpolargebieten neues Material zu. Danach wurde die Nordhemisphäre von keiner größeren Staubzunahme in Mitleidenschaft gezogen. Erst durch die Eruption des Mount Agung auf Bali im Jahre 1963 (Staubschleierindex 800), die in Verbindung mit anderen Vulkanausbrüchen in den folgenden Jahren zur erneuten Schleierbildung führte, stieg in den späten sechziger Jahren des 20. Jahrhunderts der Wert erneut über 1000. Zwei der größten Ausbrüche im frühen 19. Jahrhundert produzierten Schleier mit einem weltweiten Index von 3000 bis 4000 auf der gleichen Skala.[5] Es bestehen wenig Zweifel, daß dieses zeitlich gehäufte Auftreten derart gewaltiger Eruptionen eine erhebliche Abkühlung hervorrufen muß und die entsprechenden klimatischen Auswirkungen über Zeiträume von einigen Jahren bis zu ein oder zwei Dekaden lang angehalten haben müssen.

Einige Eruptionen in prähistorischer und frühgeschichtlicher Zeit, z. B. der Ausbruch des Santorin in der Ägäis zur Zeit des minoischen Kreta und des Vesuv im Jahre 79 n. Chr., können durch Untersuchungen an abgelagertem und noch identifizierbarem Staub (und größeren Auswurfmaterialien) geschätzt werden. Für den Staubschleier des Santorin ist offenbar ein Wert zwischen ca. 3000 und 10000 und für den des Vesuv aus dem Jahre 79 n. Chr. ein Wert zwischen 1000 und 2000 anzunehmen. Der Staubschleier des Öræfajökull-Ausbruches auf Südisland im Jahre 1362 kann bei ungefähr 500 eingeordnet werden. Der niedrigere Wert ergibt sich zum Teil aus dem Umstand, daß bei Ausbrüchen in höheren Breiten die Staubausbreitung einen kleineren Bereich der Erde erfaßt. Eruptionen des Hekla auf Island, z. B. 1104 n. Chr. und ca. 750 v. Chr., erreichten in etwa das gleiche Ausmaß.

Professor W. Dansgaard aus Kopenhagen und seine Mitarbeiter, C. U. Hammer und H. B. Clausen, haben eine Chronologie des vulkanischen Materials aufgestellt, das sie anhand der Schwefelsäure in den Jahresschichten der grönländischen Eiskappe bestimmten. Ihre Ergebnisse stimmen weitgehend mit der Chronologie des (weltweiten) vulkanischen Staubschleiers ab 1500 n. Chr. überein, auf die hier hingewiesen wurde. (Für die gesamte von der Chronologie des Vulkanstaubindex erfaßte Zeitspanne ermittelte man einen Korrelationskoeffizienten von 0,46, der bei einem Konfidenzniveau von 99,9 Prozent statistisch bedeutend ist, obwohl nicht davon ausgegangen werden konnte, daß die Staubschleier aus

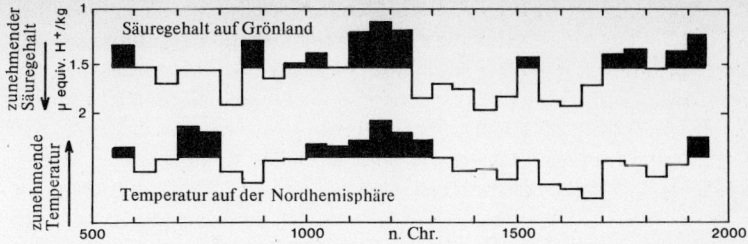

96: Messung des Säuregehalts, der von 553 bis 1950 in den Jahresschichten des Grönlandeises (auf dem Gipfel nahe 71° N, 37° W) abgelagert wurde, und Vergleich mit einem Index der Temperaturen auf der Nordhemisphäre. Die Indizes geben hier den Durchschnitt für 50 Jahre an. Man nimmt an, daß die Messungen des Säuregehalts des Eises mehr oder weniger repräsentativ für die Menge von Aerosol sind, das sich im allgemeinen in der nördlichen Hemisphäre befindet.

manchen Teilen der Welt vollständig in den Eisablagerungen bei 71° n. Br. repräsentiert sein würden. Für die Zeit von 1710 bis 1972 betrug der Korrelationskoeffizient 0,65. Die Chronologie des Staubschleiers ist für diesen Zeitraum offenbar zuverlässiger, da sie sich auf fast lückenlose Belege stützt.) Die Messungen der Säureablagerungen im grönländischen Eis sind bis zu der Eisschicht aus dem Jahre 553 n. Chr. durchgeführt worden. Der in Abb. 96 dargestellte Vergleich zwischen dem Betrag des Säuregehalts/50 Jahre (im Diagramm ist ein niedriger Säuregehalt nach oben und ein hoher Gehalt nach unten aufgetragen) und dem Temperaturindex auf der Nordhemisphäre zeigten eine beeindruckende Parallelität. Man kann mit Sicherheit annehmen, daß zwischen der veränderlichen Menge des vulkanischen Materials, das in die Atmosphäre gelangt und von ihr abgelagert wird, und den Klimaschwankungen während der erfaßten vierzehn Jahrhunderte offenbar ein Zusammenhang besteht. Möglicherweise stellt der unterschiedliche Materialanteil sogar eine weitere wichtige Ursache der Kleinen Eiszeit dar. Andere Ansätze, von denen Bryson und Goodman von der University of Wisconsin ausgehen[6], stützen diese These: Es wird darauf hingewiesen, daß die Abkühlung der Nordhemisphäre seit 1950 der Verdoppelung des Vulkanmaterials in der Atmosphäre über der nördlichen Halbkugel während des gleichen Zeitraumes zugeschrieben werden kann.

In einer anderen Chronologie über den Vulkanismus[7] wurden die Schwankungen des Eruptionsverhaltens während der 100 Jahre seit 1880 in den verschiedenen Breitenzonen und getrennt nach Nord- und Südhemisphäre untersucht, um eine einfache Differenzierung von Ausbrüchen mit großem, mittlerem und kleinem Ascheauswurf zu erhalten. Diese Untersuchung betont die zahlreichen mittleren Eruptionen, die der oben besprochene Vulkanstaubindex weitestgehend ausschloß. Diese beiden Chronologien zeigen in weiten Teilen Übereinstimmung, doch der neuere Ansatz macht ein weiteres Phänomen deutlich, das die offensichtliche Bedeutung des Vulkanstaubes für das Klima bestätigt. Die 50 Jahre andauernde Phase zwischen 1912 und ca. 1960, während der keine wesentliche Zuführung vulkanischen Materials in die Stratosphäre über der Nordhalbkugel erfolgte, hatte auf der Südhalbkugel keine Entsprechung: Der absolute Höhepunkt des mit Ascheauswürfen verbundenen Vulkanismus lag während des gesamten 100jährigen Zeitraumes auf der Südhemisphäre zwischen ca. 1925 und 1945. Während das Klima auf der Nordhemisphäre in der Phase der 50jährigen Vulkanruhe nach 1912 erheblich wärmer wurde und sich vor allem ein großer Temperaturanstieg ungefähr zwischen 1920 und 1940 in der Arktis vollzog, sanken die Temperaturen in den dreißiger Jahren des 20. Jahrhunderts auf der Südhemisphäre leicht ab (vgl. Abb. 78).

Anhand von Details wird ziemlich deutlich, daß die Klimaschwankungen in diesen Jahren nicht nur auf einer veränderten Vulkantätigkeit beruhten. Beispielsweise ging der ungefähr 1950 einsetzenden Abkühlung auf der Nordhalbkugel eine bedeutende Zunahme der Vulkantätigkeit voraus. So wurde auch der Temperaturanstieg auf beiden Hemisphären in den 40 Jahren nach 1890 nicht von einer abnehmenden Vulkantätigkeit auf der Südhalbkugel begleitet (und auch nicht durch geringeren Vulkanismus wie vor 1912 auf der Nordhalbkugel). Trotzdem spricht nachweislich vieles dafür, daß die Vulkanschleier in der jüngsten Klimageschichte eine wichtige Rolle spielten.

Es liegen einige Untersuchungen vor (beispielsweise eine Chronologie des Vulkanstaubs im antarktischen Eisschild, die einen viel längeren Zeitraum erfaßt, aber weniger genaue Datierungen enthält), die für einen erheblich angestiegenen Ausstoß vulkanischen Materials während der Hauptabschnitte der letzten großen Eiszeit sprechen. Jedoch ist für diesen Fall das Verhältnis von Ursache und Wirkung keinesfalls eindeutig. Es besteht die Möglichkeit, daß die veränderten Beanspruchungen der Erdkruste, als die enormen Wassermassen der Meere auf den Landmassen zu Eis umgewandelt wurden, mehrere aufeinanderfolgende Phasen vulkanischer Aktivität hervorriefen. Selbst wenn dies zuträfe, kann es durchaus zu einer Reaktion oder einem «Rückkopplungseffekt» der Dunstschleier in der Atmosphäre und in der Folge zu einer deutlicheren Abkühlung des Klimas auf der Erdoberfläche gekommen sein.

Veränderungen der Zirkulation und der Wärmeverteilung in der Atmosphäre und in den Meeren

Weitaus weniger läßt sich über die inneren Schwankungen des Wärmehaushalts und über die Entwicklung der Zirkulation in der Atmosphäre und den Meeren in Zeitmaßstäben von Wochen oder Jahren sagen. Die meisten Meteorologen halten es gegenwärtig für erforderlich, das Auftreten dieser Phänomene in Beziehung zur längerfristigen Vorhersage als Zufallsereignisse zu behandeln. Trotzdem können einige Perioden mit natürlichen Oszillationen auftreten, wie z. B. eine 30tägige (oder fast einen Monat dauernde) Periode, die bei den Witterungsschwankungen während des Winterhalbjahres in den mittleren Breiten auf der Nordhalbkugel auffällt. Man fand Hinweise auf Zusammenhänge mit a) verschiedenen kurzfristigen Zyklen der Sonnenaktivität, b) Schwankungen in der gezeitenbedingten Anziehungskraft der Planeten auf die Sonne in dem Maße, wie sich ihre jeweilige Ausrichtung verändert. Sie können auch Sonnenstörungen beeinflussen und sich auf c) zyklische Schwankungen der gemeinsamen Gezeitenkräfte von Sonne und Mond, die die Erde, die Atmosphäre und die Meere betreffen, auswirken. Die schwankende Aktivität der Sonnenstörung kann selbst zum Teil mit der (vorhersagbaren) gezeitenbedingten Anziehungskraft der Planeten auf die Sonne in Zusammenhang stehen, wenn ihre Positionen sich verändern. In vielen Fällen ist die wahrscheinliche Periodenlänge bekannt, aber die direkten Beziehungen sind anscheinend wenig ausgeprägt und dürften kaum eine geeignete Grundlage für Prognosen abgeben. Eine Ausnahme hiervon kann bei jenen geringfügigen Verlagerungen der Erdachse (und demzufolge der Pole) gemacht werden, die unter dem Begriff *Polschwankungen der Erde* zusammengefaßt werden. Diese wiederum hängen vermutlich mit der gegenseitigen Anpassung von Winkelmomenten (Drehmomenten) und Trägheiten der festen Erdkruste und der flüssigen Elemente im Erdinnern, der Atmosphäre und der Meere zumindest unter partieller Einwirkung der Gezeitenkräfte, zusammen. Zu den Teilkräften der Polwanderung gehören der jährliche Zyklus der Polverschiebung um einige Meter und Schwankungen anderer Periodenlängen, die zwischen dreizehn und fünfzehn Monate andauern. Mehrere Wissenschaftler aus den Vereinigten Staaten und aus der Sowjetunion, insbesondere I. V. Maksimov von der Zentralen Geophysikalischen Beobachtungsstation in Leningrad, interessieren sich für das Nutzungspotential von Polschwankungen für die Wettervorhersage, da selbst geringfügige Polverlagerungen größere Verschiebungen in der atmosphärischen Zirkulation hervorrufen können. Dieses Phänomen ergibt sich aus der Wirkung aller zwischen der starren Erde und ihrer dünnen atmosphärischen «Hülle» ausgetauschten Impulse. In den Vereinigten Staaten gelang es Bryson und Starr[8] kürzlich, die Polschwankungen in isolierte Teilkräfte zu zerlegen, wodurch die Vorhersage der Polschwankung vereinfacht wird und sich eine nützliche Verbindung zur weltweiten Wetterentwicklung in den kommenden Jahren abzeichnet. Es besteht die Hoffnung, so einen zumindest partiellen Erfolg bei der jahreszeitlichen Wettervorhersage für einen zukünftigen Zeitraum von einem bis zu zehn Jahren zu ermöglichen. Die bisher für unmöglich gehaltene Vorhersage für einen derartigen Zeitraum ist von hohem praktischem Wert.

Die natürlichen Veränderungen an der Erdoberfläche wirken sich auf die Strahlungsabsorption, auf die Windmuster und die Zirkulation der Meere aus und ändern somit die klimatische Entwicklung. Sie sind im Prinzip identisch mit den sehr langfristigen Veränderungen, die man mit dem Auseinandertreiben der Kontinente und den sich über mehrere 10000 und 100000 Millionen Jahre hinziehenden Gebirgsbildungen in Verbindung bringt. Diese Phänomene interessieren uns hier nicht weiter. Einige Veränderungen jedoch, die unmittelbar wetterabhängig waren oder die durch die Zirkulation der Meere oder durch Störungen, wie z. B. die Abschirmung der Sonnenstrahlung durch dichte Vulkanschleier oder die Blockierung gewisser Rinnen durch arktisches Treibeis, zustande gekommen sind, können sich monate- oder auch jahrelang auf das Klima ausgewirkt haben.

Die größten Abweichungen der Oberflächentemperatur der Meere, die über Bereiche von 1000 km Breite manchmal 3 °C betragen, beeinflussen den Erwärmungsgrad der Atmosphäre über den Meeren. Diese hin und wieder auftretenden Abweichungen beruhen a) in den Tropen auf Veränderungen der kalten Auftriebsströmungen, die an die Meeresoberfläche gelangen (an kontinentalen Küsten unterliegen sie dem Einfluß der Winde), und b) in hohen Breiten auf Grenzverlagerungen von Meeresströmungen. In beiden Fällen entspricht die Schwankung einem signifikanten Anteil der verfügbaren Sonnenwärme. Vergleichbare Schwankungen, die sich in noch höherem Maße direkt auf die vorherrschenden Temperaturen auswirken, treten auf, wenn die von Schnee oder Eis bedeckte Fläche zu- oder abnimmt. Dies trifft besonders dann zu, wenn die Ausdehnung solcher Flächen bis in mittlere Breiten reicht: Fehlen in diesen Breiten Eis und Schnee, so erreicht die Aufnahme der Sonnenstrahlung ein erhebliches Ausmaß. Die Umwandlung einer Wüste oder einer Halbwüste in ein Gebiet mit einer feuchten Oberfläche mit Grasbewuchs oder der umgekehrte Vorgang der Umwandlung von einer Savanne in eine Wüste führt zu geringen, dennoch nennenswerten Veränderungen bei der Wärmeabsorption. Im erstgenannten Fall steigt die Absorption, bei der Umwandlung zur Wüste nimmt sie ab. Diese Veränderungen führen zu sich selbst verstärkenden Entwicklungen (oder zu einer «positiven Rückkopplung»), und zwar insofern, als die Konvektion zunimmt und die Niederschlagsneigung über der bewachsenen Oberfläche größer ist als über der Wüste. Die Auswirkung der Wolkenbedeckung ist in niederen Breiten so hoch, daß über dem indischen Monsungebiet im Juli tatsächlich ein Nettoverlust an Strahlung – d. h. an reiner Abstrahlung – von der Erde in den Raum auftritt.

Sowohl theoretische Modelle wie auch beobachtete Zusammenhänge stellen die Wirksamkeit ausgedehnter Temperaturanomalien an den Meeresflächen in der genannten Größenordnung überzeugend dar. Nach J. Namias hingen die vorherrschend kalte Witterung in den sechziger und erneut die kalten Winter der späten siebziger Jahre dieses Jahrhunderts im östlichen Nordamerika und in Europa mit einer Verzerrung des oberen, zirkumpolaren Windbandes zusammen, das Ausbrüche kalter, arktischer Bodenwinde hervorrief. Offenbar verursachten Temperaturanomalien an der Meeresoberfläche im zentralen Bereich des Nordpazifiks diese Winde. A. Gilchrist und P. R. Rowntree vom United Kingdom Meteorological Office haben nachgewiesen, daß ungewöhnlich hohe Temperaturen an der Wasseroberfläche des Atlantiks in den Tropen nahe der Kapverdischen Inseln (17° n. Br.) die Entstehung von Mustern in der atmosphärischen Zirkulation begünstigen, die in Europa im Winter zu Kälte führen. Schon vor Namias hat Rowntree, aufbauend auf den empirischen Untersuchungen des inzwischen verstorbenen Jakob Bjerknes, anhand eines theoretischen Modells gezeigt, daß zwischen der anormalen Wärme im äquatorialen Pazifik und dem kalten Winterwetter über weiten Teilen der Vereinigten Staaten ähnliche Beziehungen bestehen.

Auswirkungen menschlicher Aktivitäten auf das Klima

Wir müssen uns nun dem Bereich der bisher bekannten und möglichen Auswirkungen zuwenden, die menschliches Handeln auf das Klima hat. Der bislang folgenreichste Eingriff des Menschen in die Umwelt ist die Rodung der Wälder in der gemäßigten Zone auf der Nordhalbkugel. Diese Entwicklung setzte in kleinem Maßstab vor 5000 Jahren oder noch früher ein und ging mit der Umwandlung großer Flächen in Nutzland einher. Die Vernichtung der Waldbestände muß zwangsläufig die vorherrschenden Winde verstärkt haben, hat aber vermutlich keine große Auswirkung auf die Wärmeabsorption in den betroffenen Breiten gehabt. Doch kann die Zerstörung der Waldgebiete in niederen Breiten, wie sie zur Zeit beispielsweise im Amazonasbecken und in anderen Gebieten entweder erfolgt oder geplant ist, bedenklicher sein: Modelluntersuchungen legen die Vermutung nahe, daß der Anstieg der Oberflächenalbedo (die Reflexion an der Erdoberfläche) in diesem Falle wahrscheinlich zu einer Abnahme der Wärmeabsorption führen würde und damit Konvektion und Niederschläge erheblich zurückgingen. Zwischen 5° n. Br. und 5° s. Br. bedecken tropische Regenwälder gegenwärtig ca. 34 Prozent der äquatorialen Zone. Eine völlige Abholzung der Wälder könnte die Erde schätzungsweise um 0,2 bis 0,3 °C abkühlen und in der betroffenen Zone die Temperaturen um einen höheren Bruchteil eines Grades senken. Man müßte ebenso damit rechnen, daß Verdunstung und Niederschläge in der tropischen Zone selbst bei einer global geringeren Realabnahme (in der erwähnten Untersuchung ca. 1 Prozent) um mehrere Prozent (in einigen Bereichen dieser Zone möglicherweise um 10 Prozent) niedriger wären.[9]

Es ist unwahrscheinlich, daß nur kleinräumig durchgeführte Aufforstungen und Abholzungen, wenn sie beispielsweise auf das Niederschlagsgebiet eines einzigen Flusses beschränkt sind, eine bedeutende Wirkung auf das Klima ausüben. Dies gilt nicht für die Waldgebiete im engeren Sinne, wo die Feuchtigkeit durch das Dach der Baumkronen zurückgehalten wird. An schwachwindigen Tagen mit Schauer- und Gewitterneigung kann es gelegentlich dadurch zu Ausnahmen kommen, daß die Feuchtigkeit zurückgeführt wird und über mehr oder weniger derselben Region wieder als Regen niedergeht: Die allgemeine, etwa zehn Tage betragende Verweilzeit der Feuchtigkeit in der Atmosphäre bedeutet jedoch, daß ein Großteil des Regens in einer vom Verdunstungsort weit – sogar Tausende von Kilometern – entfernten Region niedergeht.

Mittel zur Veränderung von Klima und Umwelt

Im Rahmen der landwirtschaftlichen Verbesserungen, die im 18. Jahrhundert in Norfolk erstmalig eingeleitet wurden, versuchte man ganz bewußt, durch das Anpflanzen von Schutzstreifen aus Bäumen die Windgeschwindigkeit zu vermindern und so leichte Böden vor dem Ausblasen zu schützen. Dieser Versuch ist ein erstes Beispiel für eine kleinräumige Klimabeeinflussung. Vergleichbare Maßnahmen waren an vielen anderen Orten erfolgreich, vornehmlich an den dänischen und norwegischen Küsten sowie in den Ebenen Rußlands.

Dort, wo man mit modernen Bewässerungsprojekten versucht hat, die Bedingungen für die Landwirtschaft, wenn nicht das Klima selbst, in einem weiten Gebiet zu verändern, verband man damit häufig die Hoffnung auf eine allgemeine Zunahme der Feuchtigkeit in der Atmosphäre über dem künstlich bewässerten Boden, besonders durch die Verdunstung aus Staubecken. Allerdings verteilt sich in von Natur aus ariden Gebieten, besonders im Fall des Assuanstaudammes, der mehr oder weniger an der Achse der Wüstenzone der Sahara liegt, die verdunstete Feuchtigkeit in der Atmosphäre und wird durch die Winde weit wegtransportiert, so daß sich für die betreffende Gegend ein Wasserverlust ergibt. Selbst im unteren Wolgabecken bei ca. 50° n. Br. hat die massive Anzapfung des Flusses zu Bewässerungszwecken offenbar den Verdunstungsverlust derart erhöht, daß sich die Abflußmenge ins Kaspische Meer verringert hat, was wiederum zur Senkung des Wasserspiegels in den letzten Jahrzehnten beigetragen hat.

Das Wachstum von Bevölkerung und Industrie im zentralasiastischen Teil der Sowjetunion und die Notwendigkeit, die Ebenen dieser Region so weit wie möglich für den Anbau von Getreide, Baumwolle usw. urbar zu machen, haben die dortigen Wasserressourcen bereits mehrere Jahrzehnte lang außerordentlich beansprucht. Die Wasserstände der Seen und Flüsse und der Grundwasserspiegel des Bodens sind gefallen. Es ist durchaus möglich, daß der Aralsee bis zum Ende des Jahrhunderts völlig austrocknet und verschwindet. Der Salzgehalt des Kaspischen Meeres nimmt bei fallendem Wasserstand derart zu, daß der Stör – und somit der Kaviar – bedroht ist. Daher sieht sich die Sowjetunion zu Überlegungen gezwungen, die natürliche Wasserversorgung zu ergänzen. Diese Lage in Zentralasien und die Tatsache, daß die großen sibirischen Ströme und einige Flüsse im nördlichen Teil des europäischen Rußland nach Norden ins Polarmeer entwässern, gaben den Anstoß zu einem gigantischen Projekt, das die sowjetischen Behörden oft als *Umkehrung der Fließrichtung* beschrieben haben. Abb. 97 zeigt das Konzept der «Flußumkehrung». Das gesamte Projekt würde nicht allein der Bewässerung der Gebiete dienen, die in den fünfziger Jahren dieses Jahrhunderts und danach unter Chruschtschow im Rahmen des Plans «Neuland» urbar gemacht wurden, sondern könnte auch die Entwässerung der nordwestsibirischen Marschen beinhalten. Dieser Plan wird seit ungefähr 40 Jahren diskutiert. Seine Realisation wäre zweifellos ein Triumph moderner Technologie im 20. Jahrhundert (z. B. war an die Verwendung von Atomkraft zur Sprengung von Felsbarrieren gedacht) – vorausgesetzt, es ergäben sich keine ernsthaften Nebenwirkungen für das Klima. Dieser Gesichtspunkt stand im Mittelpunkt zahlreicher Forschungsarbeiten und hat zu einer zögernden Haltung geführt. Neuere Berichte über den Projektbeginn geben Grund zu der Annahme, daß man ein hohes Maß an Vorsicht walten las-

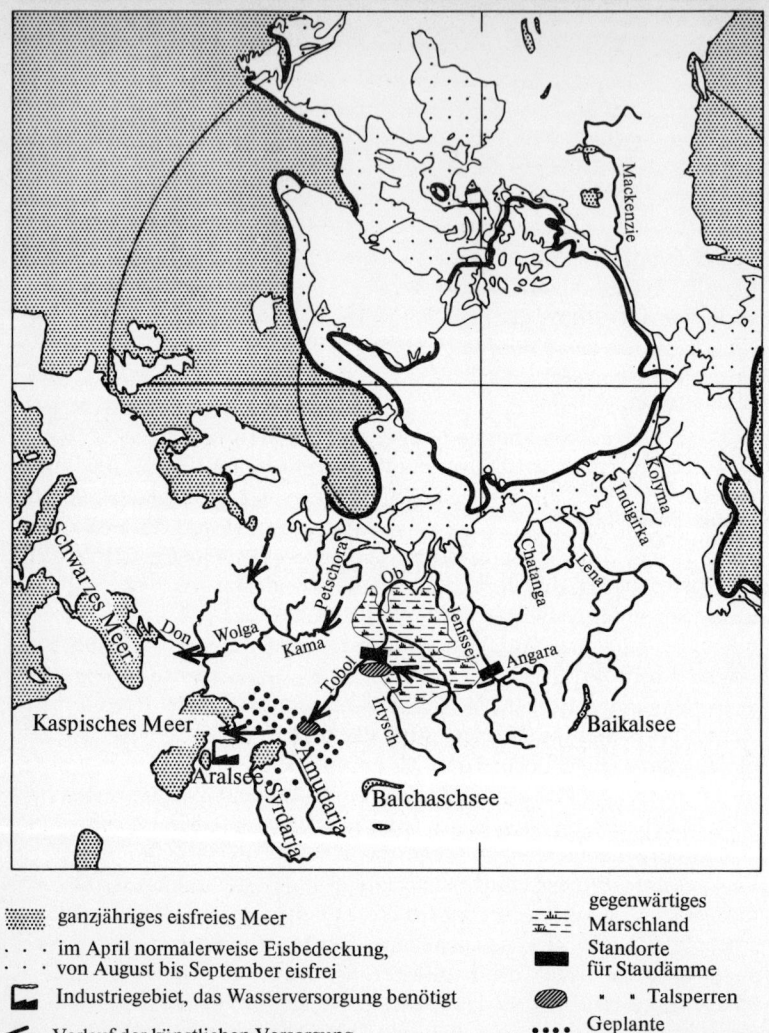

▦ ganzjähriges eisfreies Meer		
· · · im April normalerweise Eisbedeckung,		gegenwärtiges Marschland
· · · von August bis September eisfrei		Standorte für Staudämme
◣ Industriegebiet, das Wasserversorgung benötigt		◆ · · Talsperren
← Verlauf der künstlichen Versorgung		⠿ Geplante Bewässerungsgebiete
◄– · · · · · später		·· · · · · später

97: Projekt zur Umkehr der Fließrichtung russischer und sibirischer Flüsse (Petschora, Ob, Jenissei) zur Bewässerung der ariden Landstriche im zentralasiatischen Teil der Sowjetunion.

sen wird: Zumindest anfänglich wird nur eine sehr begrenzte Wassermenge abgezapft, um Wasser nach Süden in die trockenen Gebiete in die Nähe des Kaspischen Meeres und des Aralsees zu pumpen.

Die für das beschriebene Projekt erwarteten Schwierigkeiten ergeben sich aus der Tatsache, daß das Süßwasser der betroffenen Flüsse, das einen großen Teil der dünnen Wasserschicht mit niedrigem Salzgehalt ausmacht, die Oberfläche des Polarmeeres bildet. Allein der Fluß Jenissei führt dem Polarmeer durchschnittlich mehr als 10 Prozent der gesamten Abflußmenge der nördlichen Kontinente zu. In dieser Wasserschicht bildet sich das polare Meereis. Wenn diese Schicht verschwände oder wesentlich verringert würde, so daß ein großer Teil des Polarmeeres von der Oberfläche ab zu einem Meer mit Salzwasser würde, dann könnte sich kein Eis mehr bilden. Aus demselben Grund sind das europäische Nordmeer und die Barentssee das ganze Jahr über eisfrei. Wenn sich das Wasser mit dem für die Weltmeere normalen Salzgehalt abkühlt, verdichtet es sich und erreicht seine höchste Dichte erst in der Nähe des Gefrierpunktes bei ca. −2 °C. Demgegenüber erlangt Süßwasser bei ca. +4 °C seine größte Dichte, so daß bei einem Temperaturrückgang an der Wasseroberfläche das kälteste Wasser oben bleibt und sich bei 0 °C Eis bildet. Wenn sich das Wasser der Tiefsee an der Oberfläche abkühlt, ergibt sich eine Konvektion, d. h., die kältesten und dichtesten Partien sinken allmählich in die Tiefe. Dementsprechend müßte sich ein ganzer Ozean – oder ein Ausschnitt bis in große Tiefen – bis in den Bereich seines Gefrierpunktes abkühlen, bevor es zur Bildung und zum Verbleib von Eis an der Meeresoberfläche käme. In der Praxis könnte es durch Ungleichartigkeiten und Unterschiede im Salzgehalt (und in der unterschiedlichen Dichte) zu einer gewissen Eisbildung kommen. Dieses Phänomen tritt je nach Jahreszeit im Südpolarmeer um die Antarktis auf. Eine vertikale Vermengung bei rauhem Wetter würde die Wassermassen dieses Meeres leicht aufwirbeln, die Eisbildung zunichte machen und zweifellos die Eisausdehnung auf die kälteren und flacheren Regionen nahe der Küste beschränken. Selbst in jenen Gegenden, in denen diese Eisschicht noch erhalten wäre, würde sie vermutlich stets dünner sein als heute. Daher wäre es wahrscheinlich, daß sie im Sommer verschwindet und in den Übergangsjahreszeiten nicht mehr geschlossen auftritt. Insgesamt wäre das Klima der arktischen Gebiete, die nördlich des 70. bis 75. nördlichen Breitengrades in ein offenes Meer umgewandelt werden, im Jahresmittel etwa um 20 bis 25 °C wärmer als heute. Dieser erhebliche Wechsel würde wohl dazu führen, daß der Haupttemperaturgradient der Hemisphäre sich verlagert und sich die Muster der großräumigen Windzirkulation insofern ändern, als die regen- und schneebringende zyklonale Aktivität neuen Zugbahnen folgen würde, und zwar vornehmlich in die arktischen und subarktischen Gebiete. Diese Verlagerung wiederum könnte durchaus dazu führen, daß die Niederschläge in Zentralasien – also in jenem Gebiet, für das das sowjetische Projekt konzipiert wurde – und in einem geringeren Maße fast über ganz Europa abnähmen.

Das hier beschriebene Projekt ist ein Beispiel, wie das Klima, ob beabsichtigt oder nicht, durch menschliches Eingreifen verändert werden kann – als besonders weitreichend sind Störungen des allgemeinen Regimes in einem Gebiet anzusehen, wo es sich in einem labilen Gleichgewicht befindet. Bei den meisten eine gezielte Klimaveränderung beabsichtigenden Projekten wurde nachgewiesen, daß das weltweite Klimaregime äußerst gut gegen Störungen geschützt ist, die durch die relativ geringfügigen Energiemengen hervorgerufen werden können, über die der Mensch verfügt. Die durch eine Atomexplosion freigesetzte Energie liegt in der Größenordnung von einem Hundertstel dessen, was durch ein einziges zyklonales Tiefdruckgebiet ungefähr in einer Stunde oder durch eine Vulkanexplosion mittlerer Größe frei wird. (Die indirekten Auswirkungen der Atomexplosionen am Boden, die zu einer Abschirmung der Sonnenstrahlung durch vulkanischen Staub in der Stratosphäre führen, sind wohl die einzige bedeutsame Konsequenz auf das weit vom Ort des Geschehens entfernte Wetter.)

In den fünfziger und in den frühen sechziger Jahren wurden Möglichkeiten diskutiert – u. a. auf einer Konferenz in Moskau –, das Weltklima mit dem Ziel zu verändern, die gesamte nutzbare Fläche der Erde so weit wie möglich auszudehnen. Seither hat sich der Schwerpunkt der Diskussion verlagert. Wahrscheinlich erkennt man jetzt besser, daß das Wachstum der Weltbevölkerung die gesamte Erde bereits weitaus anfälliger für Störungen gemacht hat, die sich zwangsläufig aus jeder Klimaveränderung und aus den weitgespannten jährlichen Schwankungen ergeben. Diese Oszillationen würden ohne Zweifel jeden Versuch der Klimabeeinflussung begleiten. Größte Sorgen bereitet heute der Umstand, daß sich eine großräumige Veränderung des globalen Klimas der Erde als unbeabsichtigter Nebeneffekt des immer intensiver werdenden menschlichen Wirkens einstellen könnte.

Kohlendioxidanstieg

Als besonders bedenklich gelten die Auswirkungen menschlichen Handelns auf den Anstieg des anscheinend unschädlichen Kohlendioxidgases. Kohlendioxid (CO_2) entsteht nicht nur bei der Verbrennung von

Holz, sondern auch bei der Verbrennung aller fossilen Brennstoffe – Kohle, Gas, Öl usw. In der Atmosphäre kommt Kohlendioxid nur in sehr geringen Mengen von ca. 300 ppm vor. Die Bedeutung von Kohlendioxid liegt in seiner Wirkung auf die Strahlung, die durch die Lufthülle dringt. Dies gilt insbesondere für die Energieabstrahlung der Erde, da CO_2 in einigen Bereichen langwelliger Strahlung strahlungsundurchlässig ist. Diese Strahlung ist besonders häufig bei der Abstrahlung von Körpern bei den an der Erdoberfläche und in der Atmosphäre vorherrschenden Temperaturen zu verzeichnen. So absorbiert CO_2 in der Atmosphäre diese von der Erde ausgehende Strahlung und strahlt sie diffus in alle Richtungen zurück – teilweise auch zurück zur Erde. Das Ergebnis dieses Vorganges und ähnlicher Wirkungen des Wasserdampfes in der Atmosphäre auf die Strahlung im Bereich der Wellenlänge, die sich partiell mit den vom CO_2 absorbierten Wellenlängen deckt, liegt darin, daß das Klima an der Erdoberfläche ungefähr 35° bis 40°C wärmer ist, als es bei einem Planeten mit dieser Entfernung zur Sonne zu erwarten wäre. Dieser Prozeß erinnert an ein Treibhaus, und die Erwärmung wird manchmal als *Treibhauseffekt* des Kohlendioxids bezeichnet. Die Temperaturverhältnisse solcher anderen Planeten, deren Atmosphären Kohlendioxid enthalten (vor allem die Venus, deren Atmosphäre zum größten Teil aus Kohlendioxid besteht, und der Mars), scheinen der Größenordnung des prognostizierten Erwärmungseffekts durch Kohlendioxid zu entsprechen.

Man würde erwarten, daß eine Zunahme des CO_2-Gehaltes in der Erdatmosphäre den Treibhauseffekt vergrößert. Der Kohlendioxidgehalt der Atmosphäre ist auch zweifellos gestiegen, wie Messungen belegen, und mit vermehrter Verbrennung fossiler Brennstoffe[10] hat sich dieser Zuwachs beschleunigt. Von 1880 bis 1890 lag der CO_2-Gehalt der Atmosphäre offenbar bei ungefähr 290 ppm. Einige mit dieser Frage beschäftigte Forscher gehen davon aus, daß der Wert (aufgrund der Kohlenstoffassimilation des atmosphärischen CO_2 durch die Vegetation) vor der ausgedehnten Abholzung der Wälder zur Gewinnung landwirtschaftlicher Flächen mit 270 ppm ziemlich niedrig lag. Im Jahre 1950 war dieser Wert auf ca. 310 bis 315 ppm angestiegen und lag 1980 bei 335 bis 340 ppm. Diesen Zahlen zufolge hat sich der Kohlendioxidanteil in der Atmosphäre gegenüber dem Wert des Jahres 1890 bis ins Jahr 1950 um 9 Prozent und bis ins Jahr 1980 um 15 bis 17 Prozent erhöht. Für die letzten 150 Jahre beläuft sich die Zunahme vielleicht sogar auf 26 Prozent. Man hat errechnet, daß die mit Kohlenstoff angereicherte Atmosphäre zur Erhöhung der Ernteerträge um einige Prozentpunkte beigetragen haben kann. Es sind sorgfältig berechnete Schätzungen über den zusätzlichen CO_2-

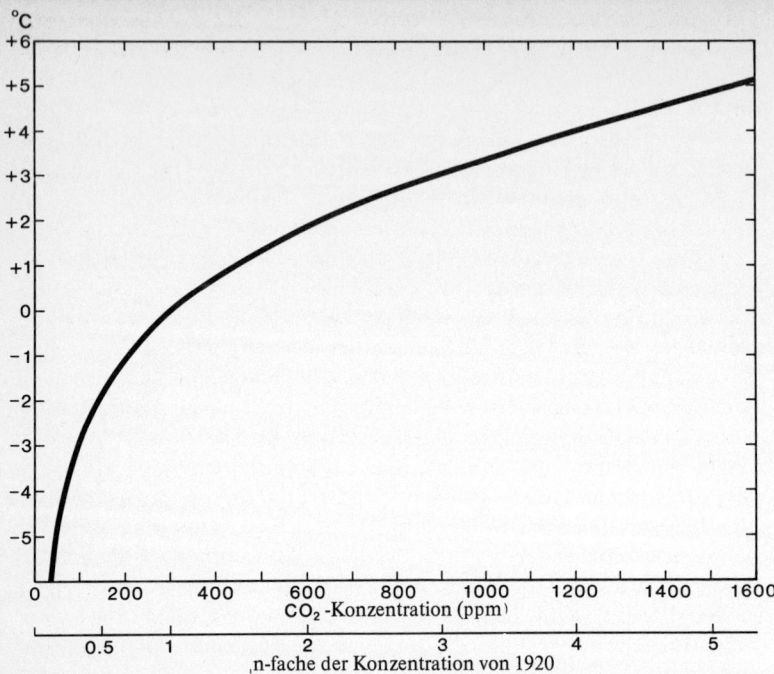

98: Erwartete Veränderungen der (gesamtdurchschnittlichen) Globaltemperatur, die durch unterschiedliche Anteile von Kohlendioxid in der Atmosphäre hervorgerufen werden.

Anteil, den der Mensch durch die Verbrennung fossiler Brennstoffe erzeugt, angestellt worden. Des weiteren sind Schätzungen darüber erfolgt, wieviel von diesem zusätzlichen CO_2 von den Pflanzen (oder sonstwo in der Biosphäre) absorbiert wird und wieviel in den Meeren gelöst ist. Dort sammelt sich das Kohlendioxid letztendlich in fester Form als eine erhöhte Kalziumkarbonatablagerung auf dem Meeresgrund. Aus diesen Untersuchungen kann man ablesen, daß ungefähr die Hälfte des CO_2-Ausstoßes in der Atmosphäre bleibt, obgleich dieser Anteil leicht schwankt, da die Meere CO_2 an die Atmosphäre abgeben, wenn sie sich jahreszeitlich bedingt oder über einen längeren Zeitraum erwärmen. Bei einer Abkühlung nehmen die Meere dagegen mehr CO_2 auf. Die von einer Mehrheit von Wissenschaftlern anerkannten Berechnungen des Erwärmungseffekts durch den Zuwachs des Kohlendioxids (bedingt durch die erhöhte Wirksamkeit der «Langwellenstrahlungsfalle») besagen, daß die durchschnittliche Gesamttemperatur an der Erdoberfläche bei Verdoppelung der Kohlendioxidkonzentration um ca. 1,9 °C[11] ansteigt. Abb. 98 gibt ein umfassendes Bild des erwarteten Ausmaßes der Temperaturveränderung auf der Basis des Jahresdurchschnitts von 1920 (als der CO_2-Anteil 300 ppm betrug) für einen großen Bereich von CO_2-Konzentrationswerten.

In den fünfziger Jahren des 20. Jahrhunderts hat G. N. Plass[12] erstmals die Frage der Erwärmung des Erdklimas aus physikalischer Sicht gründlich erörtert. Seither hat man verschiedene weitere Schätzungen über die von der Kohlendioxidverdoppelung in der Atmosphäre zu erwartende Erwärmung des Erdklimas angestellt. Plass etwa ging bei einer Verdoppelung des CO_2-Anteils von einem Temperaturanstieg von 3,6 °C und von einem Temperaturrückgang von 3,8 °C bei einer Halbierung des CO_2-Gehaltes aus. Auf dieser Grundlage scheint es möglich, die gesamte Erwärmung des Erdklimas seit der industriellen Revolution im 18. und 19. Jahrhundert (um ca. 1 °C) zu erklären. Die These von der CO_2-abhängigen Erwärmung war für die Meteorologen, die das Phänomen aus physikalischer Sicht betrachten, stets besonders reizvoll, da es das einzige Element in dem Fragenkomplex der wissenschaftlichen Forschung zur Atmosphäre war, das völlig vorhersagbar schien. Die Wirkung des CO_2 auf die Strahlung kann nämlich in der Theorie klar und plausibel dargestellt werden. Trotzdem ist es in den sechziger Jahren des 20. Jahrhunderts still um diese These geworden, als man entdeckte, daß die Temperatur der Erde trotz eines schneller als je zuvor zunehmenden CO_2-Gehaltes in der Atmosphäre abfiel. Gegen Plass kam die These auf, daß der Erwärmungseffekt kaum höher als auf ein Zehntel bis ein Fünfzehntel des von Plass angesetzten Wertes zu veranschlagen sei. In neueren Untersuchungen mit komplexen Modellen, die nicht nur den Transport von CO_2 und Wärme in die Atmosphäre um die Erde, sondern auch den Austausch mit der oberen Wasserschicht der Meere und mögliche Auswirkungen auf die Bewölkung zumindest strukturell berücksichtigten, wird jedoch erneut auf eine größere Erwärmung geschlossen. Sie soll bei einer Kohlendioxidverdoppelung in der Atmosphäre auf 600 ppm bei 2 bis 3,5 °C liegen.[13] Auf der Grundlage dieser Zahlen würde die Kurve in Abb. 98 wesentlich steiler verlaufen. Einige Klimatologen und Vertreter dreidimensionaler Zirkulationsmodelle betrachten diese Werte jedoch weiterhin mit Skepsis, da es bislang noch nicht möglich war, dynamische Faktoren wie den Austausch mit dem Meer (und mit tieferen Wasserschichten der Meere), die Wirkungen der Feuchtigkeit in den Wolken und in der Luft etc.) adäquat in die theoretischen Modelle zu integrieren. Es wird darauf hingewiesen, daß, falls denn ein solcher Anstieg überhaupt erfolgen würde, eine 1prozentige Zunahme der mittleren Bewölkung über der Erde womöglich den angenommenen Erwärmungseffekt vollständig bzw. zumindest seine globale Wirkung ausgleichen würde. Eine derartige Wolkenzunahme könnte durch eine tatsächliche Erwärmung der Meeresoberfläche in niedrigen Breiten zustande kommen, eine erhöhte Verdunstung und eine vermehrte Feuchtigkeitsabgabe an die Atmosphäre auslösen – und somit zu stärkerer Bewölkung über den mittleren Breiten führen. Hier wären die Temperaturen dann niedriger als zuvor.

Andere, vom Menschen verursachte Verunreinigungen

Neben dem Kohlendioxid gibt es weitere Substanzen, die – in meist zunehmenden Mengen – aufgrund menschlicher Aktivitäten in die Atmosphäre gelangen und von denen ebenfalls anzunehmen ist, daß sie den Strahlungshaushalt beeinflussen. In diesem Zusammenhang hat man besonders intensiv über Feststoffe in Form von *Staub* und *Rauch* diskutiert. Beim Rauch geht es um Emissionsprodukte aus industriellen und privaten Feuerungsanlagen und, im Bereich der Landwirtschaft, besonders um die primitive Brandrodungswirtschaft in den Tropen. Die erhebliche Ausdehnung der Anbaugebiete auf der Erde – auf großen Anbauflächen in offenen Ebenen kommen oft Schlepperpflüge oder andere Geräte zum Einsatz – hat offenkundig zu einer Erhöhung des Staubanteils in den unteren Luftschichten geführt. Messungen der atmosphärischen Trübung in den Vereinigten Staaten in Washington, D. C., und auf den Alpengipfeln bei Davos zeigen übereinstimmend einen beträchtlichen Anstieg (um 50 bis 80 Prozent) seit Beginn dieses Jahrhunderts. Die Staubablagerungen, die in den Eisschichten der Gletscher auf den Höhen des Kaukasus gemessen wurden, weisen einen noch größeren Anstieg auf, lassen aber den Schluß zu, daß vom 18. Jahrhundert an bis ca. 1930 nur geringe Veränderungen auftraten. Einige Wissenschaftler behaupten, die Zunahme des Staubschleiers würde die Erdoberfläche abkühlen (durch diesen Schleier würde der Einfall der Sonnenstrahlung stärker beeinträchtigt als die Abstrahlung der Erde). In der Folge würde der Wärmeeffekt durch Kohlendioxid gänzlich aufgehoben werden. Professor R. A. Bryson hat dieses Phänomen mit der Wirkung des Vulkanstaubs verglichen und spricht in seinen Veröffentlichungen vom «menschlichen Vulkan», obwohl der Vulkanstaub immer dann in der Stratosphäre zu finden ist, wenn seine Wirkung mehr als ein paar Wochen anhält, wohingegen der von Menschen produzierte Staub in den unteren Luftschichten verbleibt. Einer

Berechnung zufolge würde die mittlere Temperatur an der Erdoberfläche um 3,5 °C fallen, wenn die schwebenden Feststoffe um den Faktor 4 zunähmen. Spätere Modelluntersuchungen zeigen jedoch, daß die Wirkung je nach vorherrschender Größe und Absorptionseigenschaften der Teilchen stark schwanken muß und in einigen Fällen auf eine Erwärmung hinauslaufen kann.[14]

Rauchschwaden oder «Rauchfahnen», wie sie öfter genannt werden, in Industrieregionen oder dichtbesiedelten Gebieten bleiben in der Regel erkennbar und führen im Abwind von ihrem Entstehungsort zu einer großräumigen Sichtverminderung, und zwar besonders in der Luft, die in Bodennähe kalt und darüber wärmer ist, so daß die Konvektion gehemmt wird. Der industrielle Dunstschleier an der Ruhr und über Belgien hat in England bei leichten östlichen Winden im Winter lange Zeit für trübe Wetterverhältnisse gesorgt (dies ist in den letzten Jahrzehnten durch die besseren privaten und industriellen Verbrennungsanlagen zurückgegangen; dasselbe gilt auch für den Dunst, der in den britischen Ballungsgebieten entsteht). Während der großen Londoner Feuersbrunst im Jahre 1666 beobachtete John Locke ca. 80 km entfernt in Oxford, daß die ungewöhnliche Farbe der Luft «den Sonnenstrahlen ein seltsam rotes und mattes Licht verlieh». Einer späteren Anmerkung zufolge hatte er zu dem Zeitpunkt noch nichts von dem Feuer gehört, obgleich die beobachtete Erscheinung im nachhinein auf die Rauchentwicklung zurückzuführen ist. Der Rauch, der im späten 16. Jahrhundert bei großflächigen englischen Moorbränden entstand, wurde für den Schaden bei knospenden Weinstöcken[15] in Frankreich verantwortlich gemacht. Dies läßt übrigens auf nördliche Winde im Frühjahr schließen.

Ferner sind unter den in die Atmosphäre gelangenden Substanzen zu nennen: a) das *Stickstoffoxid*, das durch den Zerfall von Stickstoffdünger im Boden entsteht, und b) *Methan* und *Chlorfluormethanverbindungen* (besser bekannt als «Freone») – eine Gruppe chemischer Substanzen, bei denen ein oder mehrere Chlor- oder Fluoratome einige der Wasserstoffatome im Methan ersetzen. Sie werden als Treibgas in Sprays und in Kühlschränken verwendet. Wenn diese Stoffe in die Stratosphäre gelangen, so zerstören sie – abgesehen von der selektiven Absorption langwelliger Strahlung ähnlich wie beim Kohlendioxid – einen Teil der Ozonschicht. Das Ozon in der Stratosphäre ist elementar wichtig, weil es die kurzwellige Sonnenstrahlung absorbiert, auch solche Wellenlängen, die sich auf lebende Organismen tödlich auswirken würden: Das Ozon erwärmt die Stratosphäre anstatt die Erdoberfläche und die unteren Luftschichten, d. h., es trägt zu Abkühlung des Oberflächenklimas bei. Ebenfalls geht die beträchtliche Störung des Strahlenhaushaltes durch *Schwefeldioxid* auf menschliche Einwirkungen zurück; Schwefeldioxid schädigt bekanntermaßen die menschliche Gesundheit, Vegetation und Gebäude usw. *Schwefelwasserstoff, Kohlenmonoxid* und *Ammoniak* spielen ebenfalls wichtige Rollen, obwohl die allgemeine Verweilzeit dieser Stoffe in der Atmosphäre vor ihrem Abbau durch chemische Prozesse viel kürzer ist. Die Mengen an Wasserdampf, die durch den Menschen (außer in lokal sehr begrenzten Fällen) zugeführt werden, sind im Vergleich zu dem natürlichen Vorkommen geringfügig.

Die Auswirkungen der faktischen CO_2-Konzentration

Insgesamt läuft die Zunahme all dieser Substanzen in der Atmosphäre auf eine Erwärmung hinaus, und sie kann den CO_2-Effekt um ungefähr 50 Prozent steigern. Flohn [16] zufolge kann man all diesen Emissionen in die Atmosphäre am einfachsten dadurch Rechnung tragen, daß man von einer *faktischen CO_2-Konzentration* ausgeht, die seiner Meinung nach auf die Temperatur theoretisch denselben Einfluß haben dürfte wie der Treibhauseffekt aller unmittelbar beteiligten Substanzen zusammengenommen.

Gegenwärtig ist die Erwärmung durch Kohlendioxid oder der gesamte Treibhauseffekt nicht erkennbar. Diese Tatsache wird zumeist damit begründet, daß die Erwärmung noch nicht ausgeprägt genug ist, um das bei «natürlich» verursachten Klimaschwankungen übliche Niveau zu überschreiten. Die Spanne der natürlichen Klimaschwankungen wird manchmal als *Störpegel* beschrieben, der natürlich jegliche Identifizierung eines neuen Trends – unabhängig von der Frage, ob der Trend auf menschliches Handeln zurückgeht – erschwert, bevor er ein beträchtliches Ausmaß erreicht hat. Daher hat man sich bemüht herauszufinden, innerhalb welcher Zeit der (angenommene) weitere Kohlendioxidanstieg zu einer Erwärmung in einer Größenordnung führen wird, die nicht mehr durch natürliche Klimaschwankungen ausgeglichen oder verdeckt werden kann. Wenn man von dieser Grundlage ausgeht, werden die natürlichen Schwankungen als unvorhersagbar ausgeklammert und deshalb als zufällig angesehen. Die Vertreter dieser Theorie setzen die ungefähre Schwankungsbreite des Temperaturlangzeitmittels, die durch natürliche Ursachen im Postglazial auftrat, mit ±1 °C an. Folglich erwarten sie, daß eine Erwärmung durch Kohlendioxid in Verbindung mit anderen zu einer Intensivierung des Treibhauseffekts beitragenden Substanzen überwiegen wird, so daß alle anderen Faktoren der Klimaschwankung vom Ende, möglicherweise sogar schon von den achtziger Jahren des 20. Jahrhun-

derts an «übertönt» werden. In einer Erklärung des Vorstands der Weltmeteorologischen Organisation im Jahre 1976 kam diese Haltung deutlich zum Ausdruck (die Londoner *Times* berichtete darüber am 22. Juni
1976).[17]

An dieser Stelle der Argumentation liegt jedoch ein Trugschluß vor, da
es unmöglich ist, die Spanne natürlicher Klimaschwankungen zu quantifi-
zieren, die in diesem Zusammenhang hinreichend aussagekräftig ist. Die
Aufzeichnungen über die vorherrschenden Temperaturen, ob sie nun
einige Jahrhunderte oder viel längerfristige Glazialzeiten und Interglaziale erfassen, belegen, daß die Spanne der Veränderungen selbst
Schwankungen unterliegt. Wir wissen aus frühen Thermometermessungen und durch die indirekten Daten europäischer Baumringsequenzen,
daß die Klimaschwankungen zwischen den Jahren (an der Standardabweichung gemessen) während der Kleinen Eiszeit, besonders in den
späteren Phasen, um 1700 n. Chr. und erneut zwischen ca. 1760 und 1850
um 30 bis 60 Prozent stärker ausgeprägt waren als zu Beginn des 20. Jahrhunderts. Untersuchungen an Baumringen in Europa zeigen ähnliches
für die letzten warmen Jahrzehnte im Hochmittelalter zwischen 1280 und
1350 n. Chr. Isotopenuntersuchungen vom grönländischen Eis und andere Nachweise belegen weitaus einschneidendere Veränderungen für
den späteren Abschnitt des letzten warmen Interglazials.

Eine weitere, sicherlich völlig abwegige These wurde auf der Grundlage ernsthafter wissenschaftlicher Argumente vorgetragen. Sie besagt,
daß die zweifellos starke Erwärmung, die in den hohen südlichen Breiten
ungefähr südlich von 45° S zwischen den fünfziger und siebziger Jahren
des 20. Jahrhunderts (sie belief sich im Gesamtdurchschnitt auf eher mehr
als 1 °C für die Antarktis südlich von 60° S) stattfand, das erste direkte
Anzeichen einer primär durch Kohlendioxid hervorgerufenen Erwärmung sein könnte. Diesen Effekt könne man dort, so die weitere Argumentation, fernab von den künstlichen Kohlendioxidquellen, sowohl aufgrund der Wärmespeicherung und des Wärmetransports der Meere als
auch wegen der Unberührtheit der hohen südlichen Breiten von der (zunehmenden) Staubverunreinigung der unteren Luftschichten zuerst beobachten. Die Vertreter dieser These nehmen jedoch nicht zur Kenntnis,
daß sich für die hohen südlichen Breiten teilweise gegenphasige Verhältnisse zu den Temperaturschwankungen in der übrigen Welt nachweisen
lassen. Ferner wird außer acht gelassen, daß während der strengsten Phasen der Kleinen Eiszeit in den hohen südlichen Breiten etwas mildere
Klimaverhältnisse herrschten.

Weitere ernsthafte Fragen und Schwierigkeiten müssen geklärt werden, um sicher zu wissen, wie sich der Wärmeeffekt der Kohlendioxid-

zunahme auf die Strahlungsdurchlässigkeit der Atmosphäre bei unterschiedlichen Wellenlängen auf das komplexe, globale Ökosystem auswirken wird. Diese Probleme scheinen theoretisch einfacher zu sein, als sie in der Praxis sind. Die Wirkungen der Meere, des Feuchtigkeitsgehalts in der Atmosphäre und der Bewölkung müssen weiter beobachtet und untersucht werden. Die Reaktionen der Biosphäre müssen ausreichend berücksichtigt werden, zumal die Vegetation (Unterwasserpflanzen eingeschlossen), die in einer kohlenstoffreichen Atmosphäre üppiger gedeihen, in ausreichendem Maße die Farbe wechseln kann, um sich auf die Reflexion und Absorption der Sonnenstrahlung auszuwirken. Daraus kann man schließen, daß in der weit zurückliegenden geologischen Vergangenheit durch die Entstehung der ersten Pflanzendecke[18] eine weitaus größere Veränderung des CO_2-Gehaltes in der Atmosphäre stattfand. Jedoch trat die erwartete Verbindung mit der Entwicklung der Klimaänderungen weder in diesem Fall noch bei den späteren Veränderungen der Vegetation auf. Theoretisch hätten die angenommenen CO_2-Veränderungen zu einer Stabilisierung der betreffenden Klimaregime beitragen müssen. Während der langen Warmphasen der Erdgeschichte, als wenig oder kein Polareis vorhanden war, müssen die Meere jedoch eine geringere Fähigkeit zur Aufnahme von gelöstem Kohlendioxid gehabt haben, und folglich hätte mehr CO_2 in der Atmosphäre enthalten sein müssen. Während der Glazialzeiten hätten die kälteren Meere soviel mehr CO_2 lösen können, daß sich der Anteil in der Atmosphäre beträchtlich vermindert haben könnte, für den Höhepunkt der Eiszeit ist ein Wert von 200 ppm genannt worden. Veränderungen in der Vegetationsausbreitung zwischen Warm- und Kaltzeiten würden jedoch gegenteilige Wirkungen auslösen.

Die erfolgreichste mathematische Simulation der schwankenden Welttemperatur seit 1600 n. Chr., und speziell während der letzten hundert Jahre (wie in Abb. 78), wurde durch eine Gleichung mit nur drei Variablen erreicht:[19]

1. ein Index für die Menge des vulkanischen Materials in der Atmosphäre,
2. der zunehmenden Erwärmung aufgrund einer fortlaufenden Anreicherung der Atmosphäre mit Kohlendioxid als Folge der Verbrennung fossiler Rohstoffe,
3. einem Index für das Auftreten der Sonnenstörung.

Durch die Anpassung der Gleichung konnte die Genauigkeit erhöht werden, wie beispielsweise durch eine Verdoppelung der Wirkung des Vulkanstaubs. Die Autoren dieser Gleichung, Schneider und Mass, haben eine Einschränkung formuliert, die auch auf weitaus umfassendere Modelluntersuchungen zutreffen könnte: «Wir zögern bei dem Versuch, durch ‹Feinabstimmung› des Modells unsere Berechnungen weiter an unsere Beobachtungen (...) anzupassen. Bei so vielen freien, veränderbaren Parametern könnte man fast alles an alles anpassen (...).» Zudem hätten sie die Bedeutung einer genauen Berechnung nicht hinreichend gewürdigt, die bei einem Korrelationskoeffizienten zwischen ihren Ergebnissen und dem 400jährigen Nachweis der verwendeten weltweiten Oberflächentemperaturen durchgeführt worden war, weil über die Verläßlichkeit der Aufzeichnung Ungewißheit bestand.

Die Ergebnisse von Dansgaard und Hammer sowie die von Bryson und seinen Mitarbeitern, von denen in diesem Kapitel bereits die Rede war, bestätigen tendenziell die Beobachtungen von Schneider und Mass. Der Schluß liegt nahe, daß die Auswirkung des vulkanischen Materials in der Stratosphäre *im Vergleich mit* der Erwärmungswirkung des Kohlendioxids eine wichtigere Rolle für die Abkühlung des Oberflächenklimas spielte, als heutzutage vielfach angenommen wird.

Folgen zunehmender Industrialisierung und Urbanisierung

Dieses Kapitel wäre nicht vollständig ohne weitere Hinweise auf die Aktivitäten des Menschen, die ursächlich zu unbeabsichtigten, kleinräumigen Klimaveränderungen führen. Insbesondere muß es hier um Städte und Industriegebiete und um Gegenden in deren Abwind sowie um abgeschlossene Täler und Gewässer gehen, bei denen Zirkulation und Abfluß eingeschränkt sind. Bereits zuvor haben wir den künstlichen Temperaturanstieg in Städten und in stehenden Gewässern erwähnt. Zuweilen werden diese Auswirkungen als *Verstädterung* oder *Abwärmebelastung* bezeichnet. Die künstliche Wärme in Mündungsgewässern an der Küste und in stehenden Gewässern in der Nähe von Elektrizitätswerken und Erdölraffinerien oder anderen Industriekomplexen kann sogar eine exotische Fauna und Flora stützen. Vor einigen Jahren wurde berichtet, daß sich eine Warmwassergattung des Flußkrebses in den Gewässern von Southampton nahe der Raffinerie von Fawley angesiedelt hatte. Dieser Krebs gelangte offenbar mit dem Bilgenwasser, das Ozeandampfer bei der Hafenzufahrt abgelassen hatten, dorthin.

Trotz einiger Kontroversen scheint festzustehen, daß *städtische Wärmeinseln*, d. h. künstlich erwärmte Innenstadtbereiche, die Aktivität von Konvektionswolken, von Schauern und Gewittern über diesen Gebieten und noch in einiger Entfernung in ihrem Abwind erhöhen. Dadurch entsteht in den am stärksten betroffenen Teilen großer Städte eine bis zu 10 Prozent über dem Durchschnitt liegende jährliche Gesamtniederschlagsmenge. Darüber hinaus können die relative Frostfreiheit und der Schutz vor starken Winden die Kultivierung exotischer Pflanzen in städtischer Umgebung begünstigen.

Örtlich begrenzt machen sich in Städten und Industriegebieten sowie an anderen Orten (z. B. an Autobahnen, Eisenbahnlinien) vor allem Folgen von Rauch, Dampf und chemischen Verunreinigungen bemerkbar. *Schwefelhaltige Gase* und *Schwefelsäure* in der Atmosphäre verursachen wahrscheinlich die folgenreichsten Schäden (für die menschliche Gesundheit und an Gebäuden und anderen Objekten). Auch Kohlendioxid, Ozon, andere Gase und, in ländlichen Gebieten, Substanzen in *Schädlingsbekämpfungsmitteln* und *Stickstoffdüngern* können ernsthafte Folgen haben. Durch die Chemikalien in der Luft korrodieren Gebäude und Maschinen; nicht zuletzt wird die menschliche Lunge in Mitleidenschaft gezogen. Da Flechten besonders empfindlich sind, kann ihr Vorkommen oder ihr Fehlen als ein Indikator der Luftreinheit dienen.

In einer Reihe von Veröffentlichungen[20] hat P. Brimblecombe von der School of Environmental Sciences an der University of East Anglia die Geschichte der Luftverschmutzung in London und anderen europäischen Städten seit dem 13. Jahrhundert nachgezeichnet. Wahrscheinlich führte die Verunreinigung durch Rauch und Gerüche von Industrien (z. B. Ledergerbereien, Töpfereien, Kalkbrennereien) historisch schon recht früh zu örtlichen Beschwerden. Vorwiegend war dies wohl dort der Fall, wo diese gewerblichen Tätigkeiten bei leichtem Wind und in geschützten innerstädtischen Lagen oder am Stadtrand ausgeübt wurden. Das traf besonders auf Inversionswetterlagen bei kaltem Winterwetter zu, die den Abzug und die Verteilung der Verunreinigung nach oben in die Atmosphäre verhinderten. Derartige Umstände haben sich wohl schon recht früh auf die Wahl von Industriestandorten und auf das Wachstum benachbarter städtischer Siedlungen ausgewirkt. Brimblecombe berichtet, daß kurz nach 1200 n. Chr. in London erstmalig Kohle zum Kalkbrennen und zur Verhüttung verwendet wurde. Die Folgen dieser Umstellung und das Abwasserproblem, das mit dem Bau von Toiletten über Gräben und Rinnsteinen verbunden war, führten bald zu einem unerträglichen Gestank und zahlreichen Klagen. 1257 war die Gattin König Heinrichs III. unter den Beschwerdeführern, und von jenem Zeitpunkt an wurden Kommissionen zur Lösung des Problems gebildet. Unter Königin Elisabeth I. verschlimmerten sich die Verhältnisse durch die fortschreitende Verwendung von Kohle. Als es immer schwieriger wurde, Holz zu beschaffen, brachte man für den Hausbrand anfangs rußende Kohle aus Tyneside auf dem Wasserweg von Newcastle heran. In der ersten Zeit weigerten sich Leute aus besseren Kreisen, Räume zu betreten, in denen

Kohle verbrannt worden war. Im Verlauf des 17. Jahrhunderts stieg die Zahl der Rachitisfälle, einer Kinderkrankheit, die mit einem Mangel an Sonnenlicht in Zusammenhang steht, deutlich. Schließlich war diese Krankheit außerordentlich weit verbreitet. Eine Untersuchung aus Leeds ergab im Jahre 1902, daß die Hälfte der Kinder in den ärmsten Bezirken an dieser Krankheit litten. Eine ähnliche Häufigkeit war auch für andere Städte in Europas Industriegebieten charakteristisch. Die Substitution des Brennstoffes Holz durch Kohle war jedoch unvermeidbar.

Die Situation verbesserte sich nicht; zwar wurde bereits vor Ende des 17. Jahrhunderts ein rauchfreier Ofen entwickelt, doch geriet diese Erfindung rasch in Vergessenheit. Die nach dem Feuer in London im Jahre 1666 von Sir Christopher Wren entworfene neue St. Paul's Cathedral, die gegen Ende des Jahrhunderts gebaut wurde, soll bereits vor ihrer Fertigstellung stark verschmutzt gewesen sein. Sir Kenelme Digby, ein frühes Mitglied der Royal Society, berichtete 1658, daß man auf Wandteppiche verzichtete, da sie rasch schmutzig und fleckig wurden. Von größerem Interesse für unsere Belange ist eine Beobachtung von Brimblecombe: Der lang anhaltende Anstieg der Verschmutzung in London und in anderen dichtbesiedelten und zunehmend industrialisierten Teilen Europas zeigt sich an der sich zusehends verändernden Farbgebung in der Landschaftsmalerei. Bei den Hintergrundfarben wurde das zunächst vorherrschende Blau mehr und mehr durch Rosatöne und erdige gelbbraune Töne ersetzt. Der Londoner Nebel erlangte weithin wegen dieser Farbe als «Waschküche» Berühmtheit. Manchmal muß die Sicht so gering gewesen sein, daß eine Person Schwierigkeiten hatte, beim Gehen die eigenen Füße zu erkennen, die Dunkelheit machte den Einsatz von Lampen während des ganzen Tages erforderlich.

Dickens nannte diese Nebel «Londons besondere Attraktion». Solange nichts getan wurde, um den Wirkungsgrad von Herden und Industrieöfen zu verbessern, nahm die Luftverschmutzung bis in unser Jahrhundert genau parallel mit dem Anstieg des Kohleverbrauchs zu und konnte somit genau gemessen werden. Welche Kriterien wir auch immer zugrunde legen, seien es Zeugnisse der Kunst oder Berichte über Nebelhäufigkeit[21] oder Schäden an Gebäuden und Messungen von Rußablagerungen, die Verschmutzung der Londoner Luft nahm von 1600 bis zum Beginn des jetzigen Jahrhunderts zu. Besonders stark war der Anstieg im 17. Jahrhundert und erneut nach 1800.

Schon seit Benjamin Franklins Lebzeiten weisen Wissenschaftler darauf hin, daß es sich bei dem Rauch aus den Kaminen um unverbrannte Brennstoffe handelt, die ungenutzt in die Luft entweichen. 1843 schlug ein Komitee erstmals gesetzliche Maßnahmen zur Rauchminderung vor.

Dieses Gremium erstellte für die britische Regierung den allerdings folgenlos gebliebenen *Mackinnon Bericht*. In London und anderswo besserten sich die Verhältnisse erst mit der Einführung wirksamer industrieller Verbrennungsanlagen im frühen 20. Jahrhundert. Die Verunreinigung durch Hausbrand ging jedoch weiter. Edinburgh erhielt im Volksmund den Namen «Auld Reekie» (was soviel wie «die alte verräucherte Stadt» bedeutet). Unter dem dunklen Himmel und umgeben von rußverschmutztem Gras, Bäumen und Gebäuden in den meisten Industriegebieten Englands (Abb. 99), des europäischen Festlandes und Nordamerikas, mutierten einige Mottenarten, deren Überleben tagsüber von der Tarnung abhängt, zu völlig schwarzen Exemplaren. (Dieser erstmals in England erforschte Melanismus ist ein bemerkenswertes Beispiel für schnelle biologische Anpassung durch Mutation und Selektion). Seit Inkrafttreten des Gesetzes zur Reinerhaltung der Luft im Jahre 1956 erzielte man in britischen Ballungsgebieten beträchtliche Verbesserungen, in britischen Städten scheint seitdem die Sonne häufiger. Rachitis tritt heute viel seltener auf, hierfür sind teilweise Fortschritte der Medizin, größtenteils aber wohl bessere Umweltbedingungen, vor allem gesündere Luft in den Städten verantwortlich. Das Gesetz richtet sich jedoch nur gegen sichtbaren Rauch, während die schädlichen Schwefeldioxidemissionen (SO_2), die sowohl die Lungen wie auch das Mauerwerk der Gebäude angreifen, weiterhin anhalten. Diese Stoffe waren die Hauptursache für mehrere «Smog»-Katastrophen in Belgien, den Vereinigten Staaten und in London, als sich bei winterlicher Temperaturinversion und Windstille Nebel mit einer Schwefeldioxidkonzentration bildete, die auf lebensbedrohende Werte anstieg.[22] Bei dem großen Smogalarm im Dezember 1952 stieg die Zahl der Toten im Großraum London von 2062 in der Woche bis zum 6. Dezember auf 4703 Tote in der darauffolgenden Woche, Todesfälle durch Bronchitis und Lungenentzündung stiegen um das Siebenfache. Schon für 1873, 1880, 1892 und 1948 sind ähnliche Vorkommnisse verbürgt. Das abermalige Auftreten von Smog im Dezember 1962 war etwas weniger bedrohlich, was möglicherweise bereits dem neuen Luftreinhaltungsgesetz zuzuschreiben ist. In den *Annals of Philosophy* wird von einem ähnlich dichten Nebel «mit einer deutlich spürbaren Wirkung auf die Augen» und einem beißenden Geruch berichtet, der sich vom 27. Dezember 1813 bis zum 2. Januar 1814 über ganz London ausbreitete.

Wenn sich auch die Situation in London und in den Industriegebieten Großbritanniens dank gesetzgeberischer Maßnahmen und eigenständiger Bemühungen von Industrie und Privathaushalten, endlich eine wirksamere Verbrennung durchzuführen, gebessert hat – gleiches gilt für andere Industrieländer der gemäßigten Zone –, so bleiben doch andere

99: Quelle der atmosphärischen Luftverschmutzung: Rauch in seiner konzentriertesten Form, wie er von einer Ziegelbrennerei mit Kohlefeuerung im «Black Country», England, vor dem Luftreinhaltungsgesetz von 1956 ausgestoßen wurde.

Verschmutzungsprobleme bestehen. Unser Leben ist weiterhin vom weiter angestiegenen Schwefeldioxidanteil bedroht. Messungen der SO_2-Konzentration in der Luft im Wald von Epping (ca. 30 km nordöstlich von London) zeigen eine Zunahme von durchschnittlich 30 Mikrogramm pro Kubikmeter in der Zeit von 1784 bis 1796, auf ca. 60 Mikrogramm pro Kubikmeter ein Jahrhundert später, auf 60 bis 70 Mikrogramm pro Kubikmeter in der Zeit von 1909 bis 1919 und auf zwischen 70 und 120 um 1970. Dieses Gas schädigt nicht nur die Lungen vor allem der alten Menschen, sondern wirkt sich auch auf die Tier- und Pflanzenwelt aus. Seit vielen Jahren schon herrscht in Skandinavien Besorgnis über den zunehmenden Säuregehalt der Gewässer und über den Rückgang der wertvollen Fischbestände aufgrund von Schwefeldioxid, das – so die vorherrschende Meinung – aus den Industriegebieten und Elektrizitätswerken Großbritanniens, der Beneluxländer und Deutschlands stammt.

Trotz des in Kalifornien allgemein sonnigen Wetters hat Los Angeles ein spezifisches Smogproblem. Die kühle, vom Meer einströmende Luft schiebt sich unter die wärmere Luftschicht. Die Temperaturinversion

100: Smog über dem Tal von Mexiko. Früher war die Gegend berühmt für ihren Ausblick auf die Bergspitzen 50 bis 100 km östlich und besonders für die Schönheit des untergehenden Sonnenlichts auf den Vulkanen. Heute sind solche Ausblicke wegen Industrie- und Verkehrsabgasen und wegen des aus den trockengelegten Seengebieten emporgewehten Staubes selten.

stoppt die Konvektion, die die Schadstoffe in der Luft über der Stadt verteilen könnte. Diese Inversionswetterlage tritt besonders in den warmen Jahreszeiten, im Sommer und Herbst, auf und hat verheerende Auswirkungen. Die Autoabgase machen anscheinend den größten Teil der Verschmutzung aus, auch die Industrie ist nicht unbeteiligt. Häufig sind Abgase in einer Konzentration vorhanden, die Augenbrennen hervorruft. Die Vegetation weist noch in beträchtlicher Entfernung landeinwärts Schäden auf. Man hat inzwischen ein Warnsystem und besondere Kontrollen für Tage mit extrem hoher Verschmutzung eingerichtet.

In industrialisierten Gebieten der «Dritten Welt» werden neue Erfahrungen mit lokalen Formen der Umweltverschmutzung gemacht, die manchmal besorgniserregende Größenordnungen erreichen. Dies ist besonders in abgeschlossenen Tälern (Abb. 100) und bei stationären Wetterlagen der Fall. Selbst in den Lagern und Außenstationen, an den Expeditionsstandorten und auf den Flugplätzen in der Arktis und der Antarktis kann die Rauchkonzentration an kalten Tagen mit starken

Temperaturinversionen das tägliche Leben mitunter zum Stillstand bringen. Hier produziert die Feuchtigkeit, die durch die Abgase von Flugzeugen und Bodenfahrzeugen in die sehr kalte Luft gelangt, manchmal dichten Nebel – ein Beispiel für Verschmutzung durch überschüssiges Wasser in der Luft, die durch sehr geringe Wasserdampfkonzentrationen gesättigt wird. In gemäßigten Breiten werden ähnliche Nebel gelegentlich im Winter durch die Feuchtigkeit der Autoabgase entlang der Autobahnen und durch Dampflokomotiven gebildet oder verstärkt. Es ist nicht ungewöhnlich, wenn eine Schicht niedriger Stratuswolken bei ruhigem, freundlichem Winterwetter durch den Dampf industrieller Kühltürme entsteht.

Anmerkungen

1 D. V. Hoyt: Variations in Sunspot Structure and Climate, in: Climatic Change, 2, Nr. 1, S. 79–92.

2 J. D. Hays, J. Imbrie und N. J. Shackleton: Variations in the Earth's Orbit: Pacemaker of the Ice Ages, in: Science, 194, 1976, S. 1121–1132.

3 A. Berger: The Milankovitch Astronomical Theory of paleoclimates: a Modern Review, in: A. Beer, K. Pounds und P. Beer (Hg.): Vistas in Astronomy, 24, 1980, S. 103–122, N. Calder: Arithmetic of Ice Ages, in: Nature, 252, 1974, S. 216–218, G. J. Kukla: Missing Link between Milankovitch and Climate, in: Nature, 253, 1975, S. 600–602.

4 H. H. Lamb: Volcanic Dust in the Atmosphere; with a Chronology and Assessment of its Meteorological Significance, in: Philosophical Transactions of the Royal Society, Serie A, 266, Nr. 1178, 1970, S. 425–533. Auf den Stand von 1976/1977 gebracht in: Climate Monitor, 6, Nr. 2, 1977, S. 54–67.

5 Die größte Anreicherung der Atmosphäre mit Vulkanstaub in neuerer Zeit fand offenbar 1815/1816 und 1835/1836 statt. Für die Jahre 1783/1784 und möglicherweise für die neunziger Jahre des 17. Jahrhunderts werden, zumindest für die Nordhemisphäre, ebenfalls hohe Werte angezeigt.

6 R. A. Bryson und B. M. Goodman: Volcanic Activity and Climatic Changes, in: Science, 207, 1980, S. 1041–1044.

7 K. K. Hirschbroeck: A New World-wide Chronology of Volcanic Eruptions, in: Palaeogeography, Palaeoclimatology, Palaeoecology, 29, 1979–1980, S. 223–241.

8 R. A. Bryson und T. B. Starr: Indications of Chandler Compensation in the Atmosphere, in: K. Takahashi und M. M. Joshino (Hg.): Climatic Change and Food Production, Tokio 1978.

9 Diese Ergebnisse stammen aus einer Untersuchung von G. L. Potter, H. W. Ellsaesser, M. C. MacCracken und F. M. Luther: Possible Climatic Impact of Tropical Deforestation, in: Nature, 258, 1975, S. 697–698.

10 Die Zementproduktion trägt mit einem kleinen Anteil, der etwas unter 2 Prozent liegt, zur Wachstumsgeschwindigkeit bei.

11 S. Manabe und R. T. Wetherald: The Effects of Doubling the CO_2 Concentra-

tion on the Climate of a General Circulation Model, in: Journal of Atmospheric Science, 32, 1975, S. 3–15. In: A Review of Modeled Surface Temperature Changes Due to Increased Atmospheric CO_2, (Report No. 17, Climatic Research Institute, Oregon State University, Corvallis 1980), faßt W. L. Gates diese Haltung wie folgt zusammen: «Unter denen, die entsprechende Modelle entwickelt haben, besteht Einvernehmen darüber, daß die zunehmende Konzentration von CO_2 in der Atmosphäre zu einer allgemeinen Erwärmung führen wird. Die stärker vereinfachten Modelle (...) weisen im allgemeinen einen Temperaturanstieg an der Oberfläche von mehreren Grad Celsius bei einer CO_2-Verdoppelung in der Atmosphäre (...) aus. Dreidimensionale Zirkulationsmodelle (...) bestätigen in der Regel nach den einfacheren Modellen die Erwärmung und (...) betonen die Klimasensibilität als Folge der Erwärmung der Meere. Ausgehend von (...) einem bewegungslosen Meer (...) (und ohne Angabe der Wärmekapazität des Meeres) gehen dreidimensionale Zirkulationsmodelle (GCM) von (...) einer durchschnittlichen Erwärmung von ca. 3 °C in den Tropen bis zu ca. 6 °C in den hohen Breiten bei doppeltem CO_2-Gehalt aus (...). Ausgehend von einer wirklichkeitsnahen Geographie (...) ergeben Berechnungen (...) über das Meer (...) bei CO_2-Verdoppelung im Ablauf der normalen jahreszeitlichen Schwankungen (...) lediglich eine Globalerwärmung von ca. 0,2 °C (...). Wenn man (...) ein seichtes Meer mit Mischschichten zugrunde legt (...) kann ein wirklichkeitsgetreueres Erwärmungsmittel von ca. 2 °C bei doppelter CO_2-Menge abgeleitet werden.» Trotz der unbestrittenen Autorität des Verfassers ist es schwierig einzusehen, daß das Wort «wirklichkeitsgetreu» hier etwas anderes als «wie erwartet» bedeutet.

12 G. N. Plass: The Carbon Dioxide Theory of Climatic Change, in: Tellus, 8, 1956, S. 140–154.

13 National Academy of Science, Washington, D. C., Climate Research Board, Ad Hoc Study Group on Carbon Dioxide and Climate (Vorsitzender: J. G. Charney). Report – A Scientific Assessment, 1979.

14 Eine neuere Untersuchung von G. Ohring von der Universität Tel Aviv, Israel (in: Pageoph., 117, 1979, S. 851–864) stützt die frühere Schlußfolgerung von S. I. Rasool und S. H. Schneider (in: Science, 173, 1971, S. 138–141), daß die allgemeine Wirkung des Staubes in der Atmosphäre in einer Abkühlung an der Erdoberfläche besteht.

15 Ich danke Dr. P. Brimblecombe von der University of East Anglia, Norwich, für diese Informationen aus seiner Arbeit über die Entwicklung der Luftverschmutzung.

16 H. Flohn: Estimates of a Combined Greenhouse Effect as Background for a Climate Scenario During Global Warming, in: J. Williams (Hg.): Carbon Dioxide, Climate and Society, Proceedings of the International Institute for Applied Systems Analysis (IIASA), Oxford 1978, S. 227–237.

17 Zufällig erlebte Europa zur selben Zeit – im zweiten der beiden sehr warmen Sommer in den siebziger Jahren des 20. Jahrhunderts – eine Hitzewelle; sowohl Europa als auch die meisten Teile Nordamerikas hatten eine ununterbrochene Abfolge von drei bis sechs milden Wintern zu verzeichnen.

18 Wahrscheinlich zur Zeit des Devons vor ungefähr 350 bis 400 Millionen Jahren.

19 S. H. Schneider und C. Mass: Volcanic Dust, Sunspots and Temperature Trends, in: Science, 190, 1975, S. 741–746.

20 P. Brimblecombe: Attitudes and Responses to Air Pollution in Medieval England, in: Journal of the Air Pollution Control Association, 26, Nr. 10, 1976,
S. 941–945, P. Brimblecombe und C. Ogden: Air Pollution in Art and Litera-
ture, in: Weather, 32, 1977, S. 285, P. Brimblecombe: London Air Pollution
1500–1900, in: Atmospheric Environment, 11, 1977, S. 1157–1162.

21 Die für jedes Jahrzehnt des 19. Jahrhunderts bei Greenwich im Südosten von
London aufgezeichnete Häufigkeit und Dichte des Nebels, der den Verkehr
behinderte, umfaßte die nachfolgenden Werte:

	Anzahl der Tage mit Nebel im Jahresdurchschnitt	Anzahl der Tage mit dichtem Nebel im Jahresdurchschnitt
1811–1820	19	2,4
1821–1830	19	2,5
1831–1840	26	5,2
1841–1850	22	3,9
1851–1860	33	7,6
1861–1870	39	8,1
1871–1880	49	9,0
1881–1890	55	9,3

Diese Zahlen, die R. C. Mossman ursprünglich in seiner Arbeit: The Non-
instrumental Meteorology of London 1713–1896, in: Quarterly Journal of the
Royal Meteorological Society, 23, 1897, S. 287, aufführt, werden mit vielen weiteren Einzelheiten von J. H. Brazell in: London Weather, London 1968,
S. 270ff. wiederholt.

Nach dem Inkrafttreten des Luftreinhaltungsgesetzes sank die durchschnittliche Stundenzahl mit Nebeln pro hundert Stunden bei leichtem Wind am Flug-
hafen von Glasgow nach 1961 in den Jahren von 1964 bis 1969 von ungefähr 44
auf knapp über 20 Stunden.

22 Das Wort «smog» (Zusammensetzung aus: smoke + fog [Rauch und Nebel,
d. Ü.]) wurde erstmals in den Vereinigten Staaten benutzt, um eine Smogkata-
strophe zu beschreiben, bei der im Jahre 1948 in Donora/Pennsylvania viele
Menschen starben.

17 Vorhersagen

Die Entwicklung der täglichen Wettervorhersagen

Wenn wir aus Wetter- und Klimavorhersagen Anhaltspunkte für die Zukunftsplanung gewinnen wollen, so müssen wir zahlreiche unterschiedliche Zeitskalen berücksichtigen. Die an den lang- und kurzfristigen Entwicklungen beteiligten Prozesse und die dabei zum Tragen kommenden Haupteinflüsse, die Menge an Einzelheiten, die wir vielleicht vorhersehen können, und der erreichbare Zuverlässigkeitsgrad, alle diese Faktoren stellen sich für jeden zeitlichen Bezugsrahmen derart verschieden dar, daß unsere Arbeitsmethoden und Darstellungsformen notwendig differenzieren müssen.

Die ersten täglichen Wetterkarten wurden 1820 von H. W. Brandes aufgrund von Beobachtungsdaten aus dem Jahre 1783 gezeichnet, die somit erst 37 Jahre später verfügbar waren. Die Erfindung des elektrischen Telegraphen ermöglichte es 1850 zum erstenmal, die Zugrichtung der Stürme zu verfolgen, bevor sie im Vorhersagegebiet eintrafen. Dadurch konnten Sturmwarnungen gegeben und tägliche Vorhersagen erstellt werden. Im ausgehenden 19. Jahrhundert hatten diese einen Genauigkeitsgrad erreicht, der dem heutigen Stand recht nahe kommt, allerdings war man erst zwischen 1920 und 1940 in der Lage, Wetterfronten und Eigenschaften verschiedener Luftmassen zu erkennen. Seit der Zeit, da zunehmend die Möglichkeit bestand, die oberen Luftschichten vom Ballon und vom Flugzeug aus zu beobachten, konnte man Einzelheiten über die in einigen Stunden zu erwartenden Höhenwinde und die Bewölkung in die Flugvorhersagen einbeziehen. Erst die Entwicklung eines mit einer automatischen Radiosonde ausgestatteten Ballons, der mit einem Radargerät verfolgt werden kann und der bei jeder Witterung Angaben über Winde und Temperaturen im oberen Luftraum jenseits der Wolken weiterleitet, erlaubte es ab 1940, die Westwinddrift ständig zu beobachten.

Bis zu diesem Zeitpunkt hatte man sich bei der Vorhersage mehr oder weniger darauf beschränkt, die Zugbahnen und die Entwicklung einzelner Wettersysteme von ihrem ersten Auftauchen an täglich auf der Bodenwetterkarte einzutragen. Es wurde festgehalten, wie die Systeme durch darüberliegende Winde gesteuert werden (wie z. B. die Bodenwinde in den Warmsektorzyklonen), bis sie sich schließlich auflösen oder in ein anderes System übergehen. Nur wenn ein sich langsam verlagerndes Hochdruckgebiet über einer Region ortsfest wurde, konnten «Vorhersagen» für zwei oder drei schöne Tage, z. B. zum Heumachen und zum Ernten, mit zufriedenstellender Genauigkeit getroffen werden. Nachdem dann das Westwindband und – wenig später – die Jetstream-Zone einmal entdeckt waren, konnten die grundsätzlichen Entstehungsprinzipien und Zentren der neuen Wettersysteme, d. h. der einzelnen dynamischen Tiefs und Hochs auf der Bodenwetterkarte, genauer beschrieben werden. Sie konnten computergerecht aufgezeichnet und den numerisch errechneten Vorhersagen für einen, zwei, drei oder mehrere Tage angepaßt werden. In diesem Bereich, bei der Fähigkeit, die Wetterentwicklung für mehrere Tage im voraus anzugeben, erzielte man seit den dreißiger bis fünfziger Jahren des 20. Jahrhunderts die größten Fortschritte.

Längerfristige Vorhersagen

Bei allen Einzelheiten, die die Analyse der verschiedenen Wettersysteme liefern kann, stößt die längerfristige Vorhersage an Grenzen, wenn sich die Fehler bei der Vorausberechnung zukünftiger Wetterlagen für unterschiedliche Zeiträume addieren. Fehler kommen durch theoretische Schwächen und Ungenauigkeiten bei den Angaben für die Wetterlage am Stichtag und durch Beobachtungen an einer notwendigerweise begrenzten Zahl von Meßwarten zustande. Außerdem verbraucht die atmosphärische Zirkulation innerhalb von ca. fünf Tagen die ihr zur Verfügung stehende Energie, und der Wärmetransport, der diesen Energievorrat ständig erneuert, hängt seinerseits vom Wetter ab, das die Zirkulation selbst hervorbringt. Man hat allgemein festgestellt, daß die Spanne, in der sich Vorhersagefehler verdoppeln, zwischen drei und acht Tage beträgt. Die Vorhersagekarte wird für eine bestimmte Zahl von Tagen, gegenwärtig für durchschnittlich fünf bis zehn Tage, im voraus erstellt. Folglich weist sie kaum noch eine nennenswerte Ähnlichkeit mit dem tatsächlich eintretenden Wettergeschehen auf.

Vorhersagen für noch längere Zeitabschnitte, z. B. für eine Jahreszeit, basieren primär auf der Erfassung ihrer allgemeinen Merkmale mit dieser oder jener Meßmethode. Diese Kennzeichen werden durch die vorherrschende Steuerung der warmen und kalten Bodenwinde und der Wettersysteme im Strömungsmuster der Westwindzone bestimmt. Dadurch gelangt man zu Aussagen über mögliche Abweichungen der vorherrschenden Temperaturen vom Langzeitmittel und über Niederschlagssummen sowie über die erwartete Häufigkeit von Regen, Schnee und Sturm. Wegen der starken örtlichen Unterschiede bei den Regen- und Schneefällen, die meistens durch topographische Gegebenheiten bedingt sind, werden die entsprechenden Vorhersagen am besten in Prozent (oder als Spannbreite von Prozentsätzen) ausgedrückt. In der Regel werden nur die auffälligsten Merkmale jeder zeitlichen Abfolge von Ereignissen innerhalb einer Jahreszeit genau angegeben, entweder in Form eines allmählichen Höhepunktes und seiner folgenden Abschwächung in dem Regime, das diese Jahreszeit kennzeichnet, oder durch Feststellung einer (häufig wiederkehrenden) Oszillation innerhalb dieser Jahreszeit. Besonders produktiv waren statistische Methoden auf der Grundlage von Kenntnissen physikalischer Steuerungsprozesse, die vielleicht auch nur erfolgreiche Hypothesen darstellen. Diese Mechanismen legen die jahreszeitliche Entwicklung der atmosphärischen Zirkulation in einem bestimmten Jahr ebenso wie den durchschnittlichen Ablauf von Jahren fest. Dabei hat man mit den lang anhaltenden Abfolgen von Temperaturanomalien verknüpfte Gesetzmäßigkeiten erkannt. Die Temperaturanomalien selbst folgen auf verschiedenartige Entwicklungen bei der Verteilung von Meereis und Schnee, bei der Bildung von Vulkanstaubschleiern und bei Veränderungen in der Sonnenaktivität usw. Das willkürliche Erstellen von statistischen Korrelationen, die den erkannten physikalischen Prozessen nicht richtig zugeordnet wurden, und die Unfähigkeit zu erkennen, wann sich solche Regelprozesse wiederholen (und deshalb die Beweiskette für eine bestimmte Vorhersage nicht stützten), haben sicherlich zu Fehlern geführt. Es gibt offenbar noch Möglichkeiten, statistische Verfahren im Rückgriff auf Ergebnisse der theoretischen Modellbildung weiterzuentwickeln, allerdings nur unter der im Grunde selbstverständlichen Voraussetzung, daß diese Modelle auf Beobachtungen der tatsächlichen Verhältnisse basieren.

Die Erkenntnis, daß sich das Jahr vorzugsweise in natürliche Jahreszeiten mit Phasen aufteilt, in denen oft über längere Zeit ein bestimmter Witterungstyp vorherrscht, war durchaus hilfreich: Am Ende einer jeden natürlichen Jahreszeit zerfällt in der Regel das vorherrschende Muster der Höhen-Westwinde, das den besonderen globalen Wärmeschemata angepaßt ist. Damit endet auch die länger andauernde Witterungsphase. In hohen Breiten liegen die Zeitpunkte im Jahr, welche die Jahreszeiten voneinander trennen, relativ genau fest. (Mit sinkendem Sonnenstand am Polarkreis gibt es im Herbst nichts, was den allgemeinen Frost aufhalten könnte, außer einem Südwind, der selbstverständlich nicht überall auftreten kann.) In mittleren Breiten schwanken die entscheidenden Zeitpunkte jährlich stärker, doch in der Sowjetunion und an der europäischen Randzone des Atlantiks hat man gleichermaßen erkannt, daß es von Anfang Juli bis fast Ende August eine Jahreszeit mit beständigen Witterungseigenschaften gibt. Ganz vergleichbar entwickeln sich im Winter nach Weihnachten oder Neujahr oft lange Perioden mit bestimmten Witterungseigenschaften, die bis Mitte Februar oder März anhalten. Der vorangehende Spätherbst oder die «Vorwinter»-Zeit ist anders und zeichnet sich im allgemeinen durch eine völlig andere Witterungslage aus. In niederen Breiten innerhalb der Wanderzone der äquatorialen Regenfälle sind die längerfristigen Wetterlagen von einem Jahr zum anderen ziemlich ähnlich. Dies erkennt man an den Monsunzeiten, den Regen- und Trokkenzeiten, die in der Regel während bestimmter Monate im Jahr auftreten. Aber Anfang und Ende dieser Jahreszeiten sowie das Auftreten oder Ausbleiben von Unterbrechungen können von einem Jahr zum anderen stark abweichen.

Bis zu einem gewissen Grad erscheint auch der mehr oder weniger zweijährige Zyklus nützlich, der in vielen (wenngleich keinesfalls in allen) Wetterbeobachtungsreihen auf der Welt als relativ ausgeprägte Tendenz vorhanden ist. Seine Auswirkung zeigt sich an manchen Orten am deutlichsten bei den Sommer- und Wintertemperaturen, an anderen bei den Regenfällen. Dieser Zyklus wird von entsprechenden Verschiebungen im großräumigen Verlauf der Windzirkulation begleitet. Tatsächlich scheint es, daß die mehr oder weniger regelmäßig auftretenden Veränderungen der Winde in der Stratosphäre – sowohl über niederen als auch über hohen Breiten – als Signale für die weitere Entwicklung des Zyklus und somit auch des bodennahen, in der nachfolgenden Jahreszeit vorherrschenden Wettergeschehens dienen. Einer Hypothese zufolge gibt es zudem einen Zyklus von ca. 5,5 Jahren, der ebenfalls für jahreszeitliche Vorhersagen geeignet ist. Entdeckt wurde dieser Zyklus von Professor Franz Baur, dem deutschen Wegbereiter in der Wettervorhersage. Baur konnte durch Anwendung dieses Zyklus bei den jahreszeitlichen Vorhersagen in den fünfziger Jahren des 20. Jahrhunderts nennenswerte Erfolge erzielen. In mittleren Breiten bringt das globale Windsystem offenbar in den Zwischenphasen des (ziemlich unregelmäßigen) elfjährigen Sonnenfleckenzyklus – d. h. des Zeitraums, in dem die Sonnenflecken nach einem Maximum zurückgehen und bis zum nächsten Maximum zunehmen – eine maximale Häufigkeit von Westwinden hervor. In diesen Zwischenzeiten erlebt insbesondere Europa häufig sehr milde Winter und ziemlich trockene (durch Hochdruckzonen und Westwinde geprägte) Sommer. Für die Vorhersage ist es wiederum wichtig, den Verlauf eines Zyklus zu beachten.

Inwieweit es einmal möglich sein wird, diese Trends für Vorhersagezeiträume von mehr als einer Jahreszeit oder einem Jahr zu nutzen – auch wenn man alle anderen möglichen Einflüsse auf den zeitlichen Bezugsrahmen ausreichend berücksichtigt –, kann man beim gegenwärtigen

Kenntnisstand nicht angemessen einschätzen. Manchen Hypothesen zufolge spielen hier die Gezeitenkräfte eine Rolle. Denn sie wirken sich auf die Atmosphäre, die Erdkruste, die Meere und auf andere Kräfte aus, welche wiederum mit der Ausrichtung und der gelegentlichen Konjunktion der Planeten sowie mit den Schwankungen in der Ekliptikschiefe zusammenhängen. Hier und da wird die Auffassung vertreten, daß die beiden letztgenannten Faktoren auf stark abweichende Jahre vor und während der achtziger Jahre dieses Jahrhunderts hinweisen, in denen eine extrem hohe Zahl von Blockierungslagen zu verzeichnen war. Bei jedem Versuch, die vorherrschende Wetterentwicklung für mehrere Jahre zu prognostizieren, nimmt die Detailzuverlässigkeit proportional zur Größe des Vorhersagezeitraums ab. Es kann beispielsweise möglich sein oder werden, eine Neigung zu schlimmer Dürre oder die Wahrscheinlichkeit eines besonders strengen Winters in einem bestimmten Jahrzehnt oder sogar in mehreren Jahren vorherzusehen, aber dabei ist es notwendig, eine Fehlerquote von ± einem Jahr (oder – in einigen Fällen – von mehreren Jahren) einzukalkulieren.

Abfolgen ähnlicher Jahre

An dieser Stelle müssen wir auf ein bis heute ungeklärtes Phänomen eingehen, das sich auf die Zeitskala von mehreren zusammenhängenden Jahren auswirkt und zeitweilig ziemlich ausgeprägt ist. Dieses Phänomen kann dann die zweijährigen, fünfeinhalbjährigen (und andere kurzfristige) Schwankungen überlagern. Gemeint ist die Häufung mehrerer Jahre, die nicht immer unmittelbar aufeinander folgen, aber ähnliche Eigenschaften aufweisen. Ein frühes Beispiel ist in Form der Legende über den Fimbulwinter (vgl. S. 164) festgehalten worden. Andere Abfolgen von drei Strengwintern nacheinander mit sehr ähnlichen Windzirkulationsmustern traten in Europa zwischen 1878 und 1881 und von 1939 bis 1942 auf. Manchmal zeigt sich die Ähnlichkeit in erstaunlichen Einzelheiten. Ein Beispiel dafür ist die Folge von drei «Schlittschuh-Weihnachten» in England mit strengem Frost, der in den Jahren 1961, 1962 und 1963 wenige Tage vor dem oder genau am 25. Dezember einsetzte und der mit einer starken europäischen Hochdruckzone und östlichen Winden über den europäischen Ebenen einherging. Abgeschwächt setzte sich diese Sequenz 1964 und 1965 mit schneereichem Wetter bzw. einer trockenen Frostwitterung, die in Südengland zwischen dem 25. und dem 28. Dezember das Schlittschuhlaufen ermöglichte, noch zwei Jahre lang weiter fort. (Diese Abfolge muß vor dem Hintergrund gesehen werden, daß in Süd-

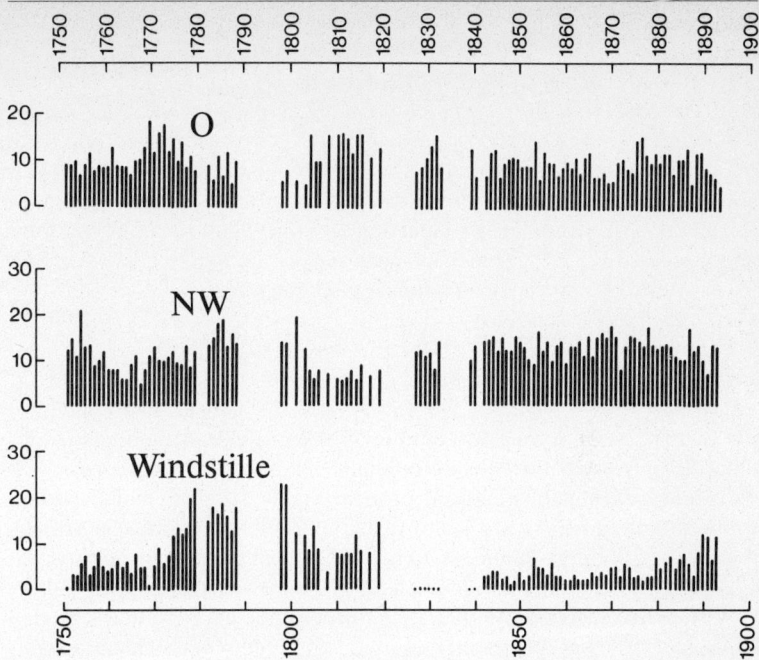

101: Beobachtete Häufigkeit der Winde aus Ost und Nordwest und der windstillen Tage pro Jahr in Kopenhagen von 1752 bis 1893. Die Schwankungen zeigen Gruppen oder Bündelungen von Jahren mit einer ähnlichen Grundtendenz.

england in der ersten Jahrhunderthälfte nur sieben bis zehn Weihnachtsfeste in irgendeiner Weise – sei es aufgrund von Reif oder Schnee – die Bezeichnung «weiße Weihnachten» für sich beanspruchen konnten.) Eine ähnlich eindeutige Gruppierung stellen die Jahre 1965 bis 1971 wegen der wiederholt und häufig auftretenden Nordwinde über den Britischen Inseln während der ersten fünf Januartage dar: Zu 30 Prozent kamen die Winde aus nördlichen, nur zu 10 Prozent aus westlichen Richtungen. Keine andere Abfolge von Jahren, für die wir über tägliche Wetterkarten verfügen (d. h. von 1781 bis 1786 und von 1861 bis heute) weist dieses Merkmal auf. Das generelle Mittel lag für westliche Winde an den ersten fünf Januartagen während dieses langen Zeitraums bei 32 und für Nordwinde bei 7 Prozent; von 1921 bis 1932 (eine weitere Ballung) betrug die Westwindhäufigkeit 73 Prozent, und die Häufigkeit der Nordwinde

lag bei 8 Prozent. Andere Gruppierungen lassen sich in der langen Aufzeichnung der jährlichen Frequenz der Ost- und Nordostwinde und der
windstillen Tage in Kopenhagen von 1752 bis 1893 (vgl. Abb. 101) erkennen. Die Erklärung hierfür bildet wohl ein dominantes Merkmal im bodennahen Wärmemuster, das in den betreffenden Jahren vorherrschte
und wahrscheinlich durch den anormalen Grenzverlauf eines der großen
Meeresströme bedingt wurde. In Frage kommen z. B. der von Namias
entdeckte Strom im Nordpazifik in den sechziger Jahren des 20. Jahrhunderts[1] sowie andere Meeresströmungen, die wir für den Nordost-Atlantik
in den neunziger Jahren des 17. Jahrhunderts herausgestellt haben.

Die Entwicklung des Klimas

Unabhängig vom Vorhersagezeitraum muß jegliche Information über das
zukünftige Wetter mit einem Vorbehalt versehen werden. Sollten sich
Vulkanausbrüche ereignen und größere (und vielleicht länger andauernde) Staubschleier in der Stratosphäre produzieren, so muß die Vorhersage auf ein kälteres Regime mit unterschiedlichen Strömungsmustern in
der Windzirkulation und einer anderen Niederschlagsverteilung abge-
stellt werden. Derselbe Vorbehalt gilt im Grunde auch für den Fall, daß
den zum Vorhersagezeitpunkt bereits existierenden Staubschleiern in der
Stratosphäre durch eine weitere Vulkantätigkeit mehr Material zugeführt
wird. Bei Vorhersagen über einen Zeitraum von einem bis zu zehn Jahren
ist diese Einschränkung besonders einleuchtend, da der gesamte Vorhersagezeitraum durch den Staubschleier aus einer einzigen Eruption beeinflußt werden kann. Tatsächlich ist jedoch bei allen längeren Zeitspannen
Vorsicht geboten, da eine veränderte Häufigkeit der Vulkanausbrüche,
wie aus der Vergangenheit bekannt, die gesamten Aussichten verändern
kann. Wenn Vulkanstaubschleier auftreten, hat das in der Regel eine Abkühlung zur Folge.

Zyklische Entwicklungen

Zunächst sind einige vermeintlich zyklisch verlaufende Schwankungen zu
erwähnen, die sich über längere als bereits genannte Zeiträume vollziehen. Hier konnten bisher weder Ursprünge noch die groben Wirkungs-
mechanismen auf die atmosphärische Windzirkulation eindeutig erkannt
werden. Erst in Kenntnis dieser Umstände wäre es möglich, die Entwicklung der gegenwärtigen Phase der Oszillation beständig zu verfolgen.

Man muß jedoch davon ausgehen, daß Schwankungen, wie die wiederholten Dürreperioden im Mittleren Westen der Vereinigten Staaten, in Abständen von ungefähr 20 bis 23 Jahren die Aufmerksamkeit der unmittelbar betroffenen Bevölkerung (hier der Landwirte) geweckt und zu vorbeugenden Maßnahmen geführt haben. Die Temperaturangaben für Mittelengland (Abb. 25) zeigen für die meisten Jahreszeiten, daß die Schwankungen, die tendenziell oft innerhalb desselben zeitlichen Bezugsrahmens auftreten, (auch) in anderen Datenreihen der Welt vorkommen und durch jeden zweiten Sonnenfleckenzyklus ausgelöst werden können. Diese Zyklen beeinflussen den natürlichen Reaktionszeitraum in der Atmosphäre. Diese Periodizität hielt man verschiedentlich für einen Faktor, der zu unterschiedlichen Zeiten Blockierungen, und zwar besonders von Hochdrucksystemen in hohen Breiten über dem Gebiet Grönland – Island – Skandinavien, auszulösen vermag. Aber auch diese Phänomene weisen längerfristige Oszillationen auf, die vielleicht auf eine Periodizität von ungefähr 50 Jahren hindeuten. Anhaltspunkte dafür fanden sich bei der Analyse der zahlreichen Verweise auf die jahreszeitliche Witterung in historischen Manuskripten aus den letzten 900 Jahren. Über Nord- und Mitteleuropa traten um die dreißiger und achtziger Jahre der meisten Jahrhunderte offenbar häufiger Hochdrucklagen auf als in anderen Dekaden. Die damit einhergehenden häufigen Ostwinde, Flauten oder schwachen Winde im Bereich von 50° n. Br. wirken sich dann in Mittel- und Westeuropa als «kontinentale» Klimatendenz mit warmen Sommern und kalten Wintern aus. Diese Tendenz steht vermutlich im Widerspruch zur Auswirkung jeder anderen Oszillation von annähernd 20jähriger Dauer.

Dies bringt uns zu der Erkenntnis, daß es eine zyklische Tendenz mit einer Länge von fast 100 Jahren gibt.[2] Wie im Fall der Bündelungsphänomene, ist ein Teil des Beweismaterials erstaunlich genau (vgl. hierzu Tab. 8, 9 und 10). Wir stellen fest, daß Strengwinter in den vierziger und von den sechziger Jahren bis in die neunziger Jahre jedes Jahrhunderts offensichtlich häufiger auftraten als in anderen Dekaden.[3] Dabei ist es gleichgültig, ob wir von den Informationen ausgehen, die – wenngleich in grober Form – ab dem 3. nachchristlichen Jahrhundert vorliegen, oder ob wir nur die letzten 320 Jahre betrachten, für die wir über Thermometerablesungen verfügen. Interessant ist das gehäufte Auftreten von kalten Wintern während der und um die sechziger und neunziger Jahre sowie die außergewöhnliche Folge von Jahren mit der Endziffer 95 bzw. der angrenzenden Jahre.[4] Obwohl diese Stichprobe von milden Wintern auf die extremsten Fälle beschränkt ist, bei denen die Wintertemperaturen den normalerweise im März erwarteten Werten glichen, deckt die Sequenz

Tabelle 8   Kälteste Winter[a] pro Jahrhundert in Westeuropa in der Zusammenstellung von C. Easton (*Les hivers dans l'Europe occidentale*, Leyden, 1928)[b]

Jahrhundert 3.	4.	5.	6.	7.	8.	9.	10.	11.
		401 (21)						
		411 (10)						
							913 (10)	
						822 (10)		
							928 (21)	
		432 (21)						1033 (21)
							940 (21)	
			545 (21)			845 (21)		1044 (21)
			554 (10)			856 (21)		
	359 (10)				760 (21)	860 (10)		
		462 (10)						
			566 (21)		764 (10)			
								1068 (21)
						874 (21)	975 (21)	1074 (10)
								1077 (10)
						881 (21)		
296 (10)			593 (21)	695 (10)				

Anmerkungen zu Tabelle 8

a: Die Winter sind nach dem Jahr numeriert, in das der Januar fällt. Man muß davon ausgehen, daß die spärlichen Einträge aus früheren Jahrhunderten auf Informationslücken zurückzuführen sind.

| Jahrhundert | | | | | | | | |
12.	13.	14.	15.	16.	17.	18.	19.	20.
		1303 (21)						
	1205 (10)							
		1306 (10)	1408 (4)		1608 (4)	1709 (4)		
	1210 (10)			1511 (21)				
	1217 (21)	1316 (17)		1514 (10)		1716 (21)		1917 (1,5)
	1219 (17)				1621 (10)			
1125 (10)	1225 (10)		1423 (10)					
							1830 (4)	1929 (1,7)
			1432 (17)					
	1236 (10)							
			1435 (5)				1838 (20)	
						1740 (8)		1940 (1,5)
1143 (21)			1443 (17)	1544 (21)			1845 (20)	
				1546 (21)				1947 (1,1)
1150 (10)								
					1656 (17)			
			1458 (17)		1658 (10)			
		1363 (21)						1963 (−0,3)
		1364 (10)	1465 (21)	1565 (4)				
					1667 (21)			
	1270 (10)			1569 (17)				
				1571 (10)	1672 (21)		1871 (19)	
				1573 (17)	1677 (21)			
								1979 (14)
1179 (21)			1481 (17)				1880 (12)	
					1684 (17)	1784 (11)		
				1587 (21)				
						1789 (10)		
				1591 (21)			1891 (8)	
		1394 (21)		1595 (10)	1695 (21)	1795 (11)	1895 (16)	
		1399 (21)				1799 (21)		

b: Eastons Temperatureinschätzungen, die aus den Manuskriptbeschreibungen hergeleitet wurden, sind (in Klammern) in Übereinstimmung mit seinem Index angegeben, der mit dem Temperaturniveau ansteigt, so daß die mildesten Winter auf der Skala bei über 80 eingetragen sind. Da für das 20. Jahrhundert kein Easton-Index vorliegt, sind statt dessen die Temperaturen für Mittelengland aufgeführt, die für die Monate Dezember, Januar und Februar gemittelt wurden.

Tabelle 9 Anzahl der kältesten Winter in Westeuropa in einzelnen Dekaden pro Jahrhundert (gemittelt)

Jahrzehnt	00–09	10–19	20–29	30–39	40–49	50–59	60–69	70–79	80–89	90–99
Prozentsatz der Winter mit einem Easton-Index von weniger als 22, wie in Tabelle 8 aufgelistet	7,6	10,9	7,6	7,6	13,0	7,6	14,1	12,0	7,6	12,0
Durchschnittliche Anzahl der Kältemonate (Durchschnittstemperatur unter 0 °C) in Mittelengland seit 1659	0,3	0,7	0,7	0,7	1,3	0,7	1,2	1,5	1,5	2,7

der Jahre 1734, 1834, 1935 fast die Hälfte der Jahre mit diesen Erscheinungen ab (und es ließe sich rechtfertigen, auch die Jahre 1634 sowie 1648 in die Tabelle aufzunehmen). Diese Bündelung ist bei den Sommern weniger ausgeprägt, doch die große Anzahl der Jahre mit den Endziffern 15 bis 17, 27 bis 31 sowie 56 bis 63 umfassen über 58 Prozent der sehr nassen Sommer in England. Trotzdem traten einige entgegengesetzte Erscheinungen in unmittelbarer Nähe zu diesen Jahreszahlen auf (der Sommer des Jahres 1718 wies nur 56 Prozent des Niederschlagsmittels im 20. Jahrhundert auf; 1818 waren es 37 und 1921 57 Prozent). Wie bereits oben dargestellt, kann die Neigung zu Blockierungslagen, die in mittleren Breiten zu kalten Wintern führen, durch eine geringfügige Verlagerung des steuernden Hochdruckgebiets von einem Jahr zum anderen extrem milde Winter in direktem Anschluß an einige sehr kalte Winter hervorrufen; folglich ist es gefährlich, diese Angabe für Vorhersagen zu benutzen.

Die hier betrachteten zyklischen Tendenzen – besonders die mit einer Periodenlänge von 2 oder 2,2 Jahren, von ungefähr 5,5 Jahren, 20 bis 23 Jahren sowie die 50- bis 100jährigen Perioden und einige andere Tendenzen von längerer Dauer – erscheinen in den meisten Teilen der Welt in verschiedenen Reihen von Beobachtungsdaten. Sie sind vermutlich Aus-

Tabelle 10   Mildeste Winter[a] **in Mittelengland (Durchschnittstemperatur im Dezember, Januar und im Februar über 6 °C) und nasseste Sommer in England und Wales (die Niederschlagssummen im Juni, Juli und August betragen 140 Prozent des Durchschnitts für den Zeitraum 1916 bis 1950)**

Winter mit Temperaturen von über 6 °C seit 1659				*Sommer mit einer durchschnittlichen Niederschlagsmenge von mehr als 140 % seit 1697 (1697–1726 nur Angaben für Kew, London)*		
Jahrhundert						
17.	*18.*	*19.*	*20.*	*18.*	*19.*	*20.*
						1912 (186)
				1715 (194)	1817 (149)	1917 (138)
				1729 (169)	1828 (148)	1927 (155)
					1829 (168)	1931 (147)
	1734	1834	1935			
					1839 (148)	
					1848 (157)	1946 (138)
					1852 (166)	
				1758 (143)		1956 (145)
					1860 (169)	1958 (147)
				1763 (181)		
		1869		1768 (164)		
			1975	1775 (144)		
					1872 (140)	
					1879 (186)	
1686					1882 (141)	
	1796					
				1797 (140)		

Anmerkung:
a: Jahreszahlen gemäß dem Jahr, in das der Januar fällt.

druck bestimmter weltweiter Entwicklungen in der Wind- und Meereszirkulation (unabhängig von etwaigen externen Einflüssen, die sie eventuell auslösen). Jedoch nehmen sie meistens in den Beobachtungsreihen nur einen bescheidenen Platz ein (falls sie überhaupt als solche erkannt werden) und erklären die Wechselhaftigkeit nur zu einem geringen Teil. Darüber hinaus veranlaßte die Tatsache, daß diese zyklischen Tendenzen nicht als Schlüssel für ein bestimmtes Jahr benutzt werden können (insbesondere, da die entgegengesetzten Extreme auftreten *können*), die meisten Meteorologen, ihren möglichen Vorhersagewert als gering einzuschätzen. In dieser Haltung kommt eine eindeutige Warnung vor dem «Jonglieren mit Zahlen» zum Ausdruck, wenn diese jeder physikalischen

Grundlage entbehren. Für einen sorgfältigen Umgang mit diesen Phänomenen ist es unerläßlich, ihre physikalischen Ursachen zu ergründen und die Phasenentwicklung im gegenwärtigen Evolutionszyklus zu beobachten (und richtig zu deuten). Es ist nicht zu leugnen, daß einige dieser zyklischen Elemente im Verlauf der Klimaentwicklung zu manchen Zeiten und an manchen Orten erhebliche Bedeutung (z. B. für Landwirte) erlangen können. Weitergehende Bemühungen zur Verbesserung der Vorhersagen sind daher sicherlich unverzichtbar.

Vorhersagen des natürlichen Klimas

Die von der Fachwelt weithin anerkannte Vorhersage über den groben Trend des natürlichen Klimas beruht partiell auf einer solchen Grundlage. 1974 nahm ein eigens dazu ernanntes Gremium der National Science Foundation in den Vereinigten Staaten eine Analyse der in Tabelle 11 zusammengefaßten Daten vor. Das Ergebnis gipfelt in der These, daß sich das natürliche Klima derzeit um durchschnittlich ca. 0,15 °C pro Jahr-

Tabelle 11   Geschätzte Eigenschaften der Hauptfluktuationen des natürlichen Klimas[a]

Charakteristische Periodenlänge der Fluktuation (Jahre)	Geschätzter Temperaturbereich (°C)	Zeitpunkt des letzten Wärmehöhepunktes (vor x Jahren)	Derzeitiges Stadium im laufenden Zyklus	Temperaturänderung in °C pro Dekade	
				schnellste Phase	um die siebziger Jahre des 20. Jahrhunderts
100000	8,0	10000	sehr hoch	0,0025	−0,0015
20000	3,0	800	hoch	0,0045	−0,003
2000	2,0	1750	mittel	0,025	+0,024
200	0,5	75[b]	hoch	0,075	−0,053
100	0,5	35[c]	mittel	0,13	−0,121

Anmerkungen:
a: Nach Zahlen aus dem *Report of the Ad Hoc Panel on the Present Interglacial,* National Science Foundation, Washington, D.C., 1974. Die Zahlen beziehen sich auf die mittleren Breiten der Nordhemisphäre.
b: um 1900
c: um 1940
Vorhergesagtes Endresultat um die siebziger Jahre des 20. Jahrhunderts; Abkühlung um ca. 0,15 °C pro Jahrzehnt.

zehnt abkühlt. Auf dieser Basis wäre bis ungefähr 2015 eine Temperaturabnahme bis auf 0 °C zu erwarten. Darauf würden zwei oder drei Jahrzehnte mit einer leichten Erwärmung folgen, deren Höchstwert um 2030 mit 0,08 °C pro Dekade anzusiedeln wäre. Danach würde sich wenig ändern, bis die Temperatur ein Jahrhundert später erneut zurückgeht. Bei den hier berücksichtigten Schwankungen über Zeiträume von 100, 200 und 2000 Jahren (oder wie manche sagen würden, über 250 und 2500 Jahre) geht man im allgemeinen davon aus, daß sie solaren Ursprungs sind, obgleich vielleicht einige Pendelungen der Gezeitenkräfte daran beteiligt sind. In Berichten über die (gesamte globale) Vulkantätigkeit werden ebenfalls periodische Schwankungen mit einer Periodenlänge von ca. 200 Jahren erwähnt. Falls diese tatsächlich bestehen, könnten sie zu den Klimawechseln beitragen und vielleicht für Vorhersagen hilfreich sein.

Bei den längsten der hier in Betracht gezogenen Schwankungsperioden ist es nicht mehr notwendig, die Vorhersage ausschließlich auf eine statistische Aussage zu beschränken. Die Amplituden der Temperaturveränderungen sind größer und beruhen auf gut erforschten Veränderungen der Erdbahnparameter, die – so wie andere astronomische Abweichungen – mit einiger Genauigkeit vorhersagbar sind. Die damit zusammenhängenden Veränderungen in der Strahlung, die zur Erwärmung der Erde in den verschiedenen Jahreszeiten verfügbar ist, können auf ähnliche Weise berechnet werden. Trotzdem vergrößern sich wahrscheinlich die Auswirkungen auf die Temperaturen (und die dadurch bedingten Veränderungen in der Windzirkulation sowie der Regen- und Schneeverteilung) durch das Reflexionsvermögen einer zunehmend von Eis und Schnee bedeckten Fläche. Diese Veränderungen werden manchmal – vielleicht durch Vulkantätigkeit und die dadurch erzeugten Staubschleier – intensiviert. Professor A. T. Wilson von der University of Waikato, Neuseeland, vertritt die These, daß am Ende eines jeden Interglazials die Überreste der großen antarktischen Inlandeismasse zur Instabilität neigen. Nach Wilson soll die gesamte westantarktische Eiskappe durch den Abschmelzprozeß im Kern in das umliegende Meer rutschen. Dies wiederum wird darauf zurückgeführt, daß die Westantarktis an den Pazifik grenzt, wo sich das Muttergestein weit unterhalb des Meeresspiegels befindet. (Dasselbe könnte Teilen des größeren ostantarktischen Eisschildes widerfahren.) In der Folge würde sich der Packeisgürtel so stark verbreitern, daß sich das Klima auf der gesamten Südhemisphäre und schließlich auch die Ozeane weltweit abkühlen würden. So unterliegen Umfang und Zeitpunkt der Sprünge bei der klimatischen Weiterentwicklung eher zufälligen Einflüssen wie etwa dem Auftreten von Vulkanstaub in der Atmosphäre und den Bewegungen der antarktischen Eiskappe. Dies bedeutet, daß genaue Angaben über den Entstehungszeitpunkt einer weiteren Eiszeit wahrscheinlich nur im statistischen Vergleich mit den Endphasen früherer Interglaziale gemacht werden können.

Professor A. Berger vom Institut für Astronomie und Geophysik an der Katholischen Universität von Louvain-la-Neuve in Belgien hat die bislang genaueste Berechnung von Schwankungen in der Erdumlaufbahn durchgeführt. Sie gilt für jeden Monat eines Jahres in 1000jährigen Intervallen und umfaßt die letzte Million sowie die kommenden 60000 Jahre. Berger konnte gleichfalls einen überzeugenden (statistisch signifikanten) Zusammenhang zwischen diesen Schwankungen und den vergangenen klimatischen Auswirkungen auf die Ausprägung von Eis- und Interglazialzeiten aufzeigen. Diese Ergebnisse beruhen auf einer Zusammenarbeit mit Dr. G. Kukla vom Lamont-Doherty Geological Observatory in New York, bei der die Forscher die Klimawirksamkeit von Strahlungsveränderungen in unterschiedlichen Monaten des Jahres für verschiedene Breitenzonen untersuchten.[5] Zur Überprüfung des Zusammenhanges zwischen Schwankungen in der Strahlungsbilanz und den Auswirkungen auf das Klima wurden zwei verschiedene Modelle benutzt: Mit dem einen wurde das Auftreten sowohl warmer als auch kalter Klimaperioden untersucht; das andere umfaßte eine geschlossene integrierte Darstellung des Regimes, wobei die Dauerwirkung der Klimaverhältnisse von vor 3000 Jahren mitberücksichtigt wurde. Die Ergebnisse beider Modelle stimmten so gut überein und erklärten einen derart großen Teil (in einem Fall 87 Prozent) der vergangenen Klimaschwankungen (die man aus Fluktuationen der Sauerstoff-Isotopen in Tiefseebohrkernen kennt), daß sie – nach Bergers Worten – «eine Vorhersage des zukünftigen Klimas erlauben». Der rechte obere Teil von Abb. 102 stellt das Ergebnis dar; die wichtigsten Punkte sind:

1. Der Rückgang der vorherrschenden Temperaturen zum nächsten Eiszeitalter wird sich in den nächsten Jahrtausenden verstärken, es sei denn, daß gegenläufige anthropogene Auswirkungen auf das Klima hinzukommen.

2. Der erste (bescheidene) Höhepunkt des kälteren, mehr oder weniger glazialen Klimas wird schon nach ca. 3000 bis 7000 Jahren eintreten.

3. Trotz einer Erholung mit einem Höhepunkt nach ca. 15000 Jahren wird die Rückkehr zu ähnlich warmen Klimaverhältnissen wie heute erst nach einem vollständigen glazialen Höhepunkt nach ca. 60000 Jahren erwartet. Bei einem der verwendeten Modelle liegen 114000 Jahre mit eiszeitlichem Klima vor uns.

Die hier für die klimatische Entwicklung der vor uns liegenden Jahrtausende vorgestellte Skizze kann als am besten gesicherter Teil unserer Pro-

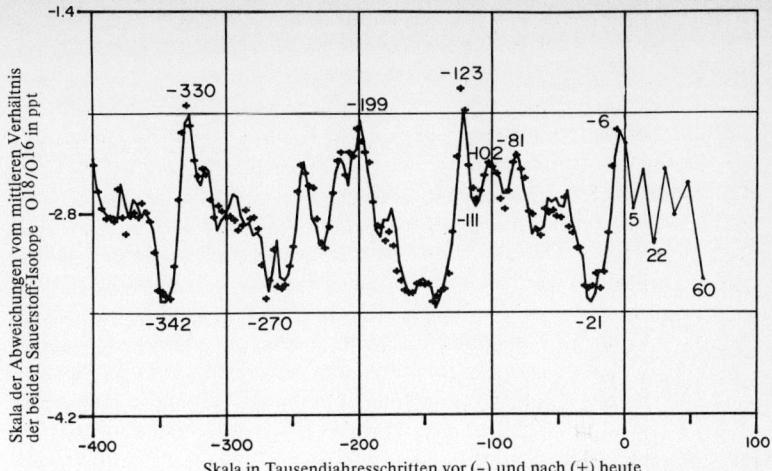

102: Langfristige Klimaschwankungen (d. h. globale Temperaturschwankungen) während der letzten 400 000 Jahre und Berechnungen für die nächsten 60 000 Jahre, ausgehend von den Erdbahnparametern. Die Kreuze zeigen, inwieweit der Teil der Kurve, der sich auf die Vergangenheit bezieht, mit Sauerstoff-Isotopenmessungen in Tiefseebohrkernen übereinstimmt. Die Zahlen geben die Daten von Schlüsselstellen in der Kurve in Jahrtausenden vor und nach heute an.

gnosemöglichkeiten gelten, denn ihre Basis ähnelt den natürlichen Abfolgen, z. B. von Tag und Nacht oder dem Wechsel der Jahreszeiten.

Diese Ergebnisse erklären die Wichtigkeit, die Untersuchungen über die Endphasen des letzten Interglazials nach dem Höhepunkt vor ca. 120 000 bis 125 000 Jahren beigemessen wird. Die ausführliche Kurve aus Nordwestgrönland in Abb. 32 nimmt sich für den Zeitraum von vor 120 000 bis 90 000 Jahren weniger drastisch aus als die geschichtlichen Aufzeichnungen in Abb. 102. Trotzdem gibt es 5000 bis 8000 Jahre nach der Klimax des letzten Interglazials Merkmale, die auf heute alarmierende Auswirkungen hindeuten könnten. Dies zwingt uns, zudem Belege aus anderen Teilen der Welt zu untersuchen, denn eine solche vergleichende Gegenüberstellung führt in der Regel zu einem genaueren Bild, das eher dem in Abb. 102 entspricht.

Die umfangreichsten Angaben, die wir über die uns interessierende Periode haben, bieten Pollenaufzeichnungen aus einem Torfmoor bei Grand Pile in den Vogesen, die Dr. Geneviève Woillard aus Louvain-la-Neuve überprüft hat.[6] Es handelt sich dabei um die bisher längste fortlaufende Pollenreihe. Sie umfaßt das gesamte letzte Eiszeitalter und das vorherige Interglazial bis zu dem Zeitpunkt vor 140000 Jahren (zu der Zeit herrschte ein früher postglazialer Vegetationstyp vor). Für die Zeit vor ca. 125000 Jahren zeigen die Pollen lediglich für 11000 Jahre ein vergleichbar warmes Klima wie im derzeitigen Postglazial. Mit dem Ende der andernorts überprüften gemäßigten Phasen der Interglaziale setzte dann eine Serie plötzlicher Änderungen in der Art der Vegetation ein. Anhand dieser Wechsel am Ende des wärmsten Interglazials, die man bei Grand Pile genauestens beobachten konnte[7], läßt sich feststellen: Der Wandel von einem Tannen- und Fichtenwald mit Erlen, Buchsbäumen, Weißbuchen und Eichen zu einem borealen, von Kiefern, Birken und Fichten geprägten Wald, wie er heute in Skandinavien vorkommt, vollzog sich innerhalb von ca. 150 Jahren. (Die Fehlerspanne beträgt bei dieser Schätzung aller Wahrscheinlichkeit nach nicht mehr als 75 Jahre in jede Richtung.) Es gab offenbar drei ganz abrupte Übergangsphasen, wobei die erste durch den Rückgang aller breitblättrigen Bäume, am auffälligsten durch eine starke Dezimierung der Fichte (*Abies*), gekennzeichnet war. Die einschneidendste Veränderung fand 150 Jahre später statt, als die übrigen Fichten und breitblättrigen Bäume in nur 20 Jahren praktisch verschwanden. Experten behaupten, daß der letzte starke Fichtenrückgang auf einem sehr heißen und trockenen Sommer beruhte (der jüngste Fall, 1976, wirkte sich ähnlich aus), die meisten Anzeichen aber auf eine Klimaverschlechterung hindeuten. (Vielleicht geht die gegenwärtige Ulmenkrankheit in Europa und Nordamerika auf eine ähnliche Entwicklung zurück.) Obwohl es bisher nicht möglich war, die genauen Zeitpunkte aufzuschlüsseln, wird behauptet, daß diese Veränderungen für die entsprechenden Stadien aller untersuchten Interglazialzeiten typisch sind. Dr. Woillard verweist warnend darauf, daß wir möglicherweise bereits die Anfänge der entsprechenden Vegetationsveränderungen erleben und diese Tatsache vermutlich wegen der extensiven Waldbewirtschaftung von uns nicht wahrgenommen wird.

Meteorologen halten statistische Mittel für die beste Möglichkeit, die nächste Eiszeitentwicklung zu prognostizieren. Unabhängig davon, ob die Wissenschaftler sich auf Schwankungen in der Erdumlaufbahn oder auf zufällige Fluktuationen in der Vulkantätigkeit als vermutliche Ursachen beziehen, schätzen sie die Wahrscheinlichkeit, daß innerhalb der nächsten 100 Jahre eine Eiszeit einsetzen wird, mit 1 oder 2 Prozent und somit als ein zu vernachlässigendes Risiko ein. Jedoch wird sich der Wechsel von einem Eichen- zu einem Birken- und Kiefernwald bedeutend eher vollziehen. Erfahrungen aus früheren Interglazialen lassen vermuten, daß die zu erwartenden Veränderungen in mehreren abrupten Phasen verlaufen und ihr Beginn durchaus unmittelbar bevorstehen kann. Bei einer besonderen Vorhersage, die den nicht hinreichend geklärten zyklischen Tendenzen mit einer Periodenlänge von 200 und 2000 bis 2500 Jahren zuviel Bedeutung beimißt, würde ein Wechsel von einem Birken- und Kiefernwaldregime wahrscheinlich auf die Zeit zwischen ca. 3300 und 4300 datiert. Eine solche Hypothese ist tatsächlich von einem international anerkannten Wissenschaftler vorgetragen worden. Gesetzt den Fall, die Klimaverbesserung während der letzten ca. 100 Jahre seit dem Regime der Kleinen Eiszeit ist dem anthropogenen Kohlendioxidausstoß in die Atmosphäre zuzuschreiben, so kann es durchaus sein, daß das unveränderte natürliche Klima bereits kurz vor einem solchen Übergang steht. Damit würde, basierte diese statistische Schätzung auf einer physikalischen Grundlage, die Wahrscheinlichkeit der sodann fälligen weiteren (drastischen) Abkühlung des natürlichen Klimas, das innerhalb der nächsten 20 bis 200 Jahre zu einem Kiefernwaldregime führen würde, bei ca. 10 Prozent liegen.

Mögliche Auswirkungen menschlicher Tätigkeiten und politischer Entscheidungen

Nachdem wir uns einen Überblick über die Möglichkeiten, beim derzeitigen Wissensstand Aussagen über gegenwärtige und zukünftige natürliche Klimatrends zu treffen, verschafft haben, ist nunmehr der Frage nachzugehen, inwieweit menschliche Handlungen diese Aussichten verändern können. Dieses Problem ist ungleich schwieriger, als Prognosen des natürlichen Klimas anzustellen, weil auch die zu erwartenden menschlichen Verhaltensweisen abgewogen werden müssen. Wir wollen hoffen, daß die Menschheit es unterlassen wird, sich selbst in die Luft zu sprengen und den Planeten durch eine nukleare Verseuchung unbewohnbar zu machen. Wie schon in der Vergangenheit wird man kaum einzelne Gruppen oder Nationen für klimabedingte Schwierigkeiten oder veränderte Formen der Bodennutzung (insbesondere wenn sie die Nahrungsmittelreserven betreffen) verantwortlich machen können. Wahrscheinlich werden sich die Auseinandersetzungen um die schwindenden Rohstoffreserven in Zukunft verschärfen, möglicherweise wird es sogar nicht bei Streitigkeiten auf politischer Ebene bleiben. Die Menschheit wäre zweifellos in der Lage, weiterhin die Erde zu bewohnen und das nächste Eiszeitalter zu überleben, und zwar wesentlich besser, als es unseren primitiven Vorfahren im letzten Glazial möglich war. Doch sollten wir uns gleichermaßen auf eine zukünftige Situation einstellen, in der die Menschheit gezwungen ist, sich an eine wesentlich wärmere Erde mit ertragreichen Anbaugürteln und polwärts verlagerten Wüsten anzupassen. Keinerlei Garantie allerdings gibt es für den erstaunlich weitverbreiteten Optimismus, mit dem ein konstanter oder sogar ständig ansteigender Lebensstandard prognostiziert wird.

Nur selten wird die folgende, allgemein übliche Annahme ausdrücklich formuliert, die wir im weiteren ebenfalls unterstellen: Die Auswirkung des Kohlendioxidanstiegs läßt sich bisher nicht eindeutig nachweisen, da die erwartete Erwärmung durch gegenläufige Klimatrends ausgeglichen wurde.[8] Weitgehende Einigkeit herrscht unter den Klimatheoretikern darüber, daß die größte Bedrohung der Stabilität des natürlichen Klimaregimes, dem unsere heutige internationale Ordnung angepaßt ist, von der zu erwartenden – womöglich unangenehm starken – Erwärmung durch eine ständige Kohlendioxidzunahme ausgeht. Wie wir im letzten Kapitel gesehen haben, kann dies um bis zu 50 Prozent durch andere, sich in der Strahlungsbilanz ähnlich manifestierende Schadstoffe verstärkt werden.

Später, im 21. Jahrhundert, kann der Ausstoß künstlich erzeugter Wärme von einem gewissen Zeitpunkt an unmittelbare globale Konsequenzen zeitigen. Wann dies eintritt, hängt davon ab, wieviel Wärme aus nuklearen und anderen Brennstoffen erzeugt wird; bei einem großräumigen Einsatz von Kernenergie muß ein derartiger Effekt sicherlich einkalkuliert werden. Dieses Problem weist einige Parallelen zur ungelösten Frage der nuklearen Entsorgung auf (für die es auf der Erde wohl keine Lösung gibt, zumal kein Teil der Kruste während der immensen radioaktiven Halbwertszeiten garantiert erdbebenfrei ist). Auch durch die Emission großer Wärmemengen aus Kraftwerken können sich – unabhängig von ihren Standorten – klimatische Schwierigkeiten ergeben. Einige Untersuchungen[9] fragen bereits, wie sich die Entsorgung von überschüssiger Wärme aus Atomkraftwerken in den Weltmeeren auf das globale Klimaverhalten auswirken wird.

Verschiedene alternative Energiequellen werden zur Zeit diskutiert: die Absorption von Sonnenenergie, die entweder direkt als Wärme in Wassersystemen gespeichert wird oder in sehr viel größerem Umfang in den Wüsten zur Stromerzeugung disponibel ist. Man kann die Wärmeenergie der Ozeane anzapfen, die Wasserkraft der Gezeiten nutzen, Brennstoffe in Form von Holz oder ölproduzierenden Pflanzen anbauen, die Kraft des Windes verwenden usw. Nicht alle diese Möglichkeiten sind frei von unangenehmen Nebenwirkungen. Bei einer ausschließlichen Nutzung von Solarenergie würde die Fläche für Sonnenkollektoren, die zur Umwandlung von Sonnenenergie für den voraussichtlichen Bedarf der erwarteten Erdbevölkerung notwendig wäre, vor Mitte des nächsten Jahrhunderts 9 Millionen km^2 oder ca. 6 Prozent der gesamten Landfläche auf dem Globus betragen. Diese Schätzung ist allerdings unrealistisch, da alternative Energiequellen nur in additiver Nutzung zu konventionellen Verfahren der Energieerzeugung diskutiert werden. Das Anzapfen der potentiellen Energie der Ozeane würde deren Temperaturverteilung verändern sowie die Wind- und Meereszirkulation und damit auch das Klima beeinflussen, zudem würde dadurch Kohlendioxid an die Atmosphäre abgegeben. Keinerlei Einwände gibt es gegen eine großräumige Nutzung der Wind- und Gezeitenkräfte, doch sind diese Technologien noch nicht ausgereift. Dennoch sind diese alternativen Energiequellen fossilen Brennstoffen oder der Kernenergie vorzuziehen. Die Entwicklung von Strategien für ihren effektiven Einsatz müßte sicherlich vorangetrieben werden, und diese Verfahren müßten zu einer sinnvollen Anwendung kommen. Bei der Mehrzahl dieser Energiequellen wird der Gesamtanteil des weltweit tatsächlich nutzbaren Energiepotentials wahrscheinlich ziemlich gering sein; in anderen Fällen ist der weltweite Gesamtanteil jedoch sehr hoch. Bei jeder Energieform bestimmen topographische Gegebenheiten in starkem Maß die erzielbaren Nutzungsquoten. Bei der Stromerzeugung durch Wasser-, Wind- oder Gezeitenkraft liegt dies auf der Hand; insgesamt sollte man ihren Beitrag zu unserem Energiebedarf keineswegs als gering veranschlagen.[10] Welchen Stellenwert wir auch immer den Auswirkungen der Nutzung fossiler Brennstoffe und anderer Energiequellen auf das Weltklima beimessen, so hängt das zu erwartende Ergebnis entscheidend von der Weiterentwicklung dieser Energieformen ab.

Abb. 103 zeigt die Spannbreite der Kurven, die derzeit über die wahrscheinliche Entwicklung des Kohlendioxidanteils in der Atmosphäre während der nächsten Jahrhunderte aufgestellt werden.[11] Kurve A geht von der Annahme aus, daß alle leicht abbaubaren fossilen Brennstoffe innerhalb der nächsten 200 Jahre verbraucht werden. Folglich würde der CO_2-Anteil in der Atmosphäre auf mehr als das Elffache der normalen Menge ansteigen, die vor der beschleunigten Zunahme aufgrund der industriellen Revolution im 19. Jahrhundert vorherrschte. Kurve B stellt als anderes Extrem die geringste nur irgend vorstellbare Veränderung der vorher bestehenden natürlichen Bedingungen dar. Diese zweite Kurve setzt voraus, daß es Verfahren der zukünftigen Energieerzeugung gelingt, die Kohlendioxidmenge um nicht mehr als das Eineinhalbfache der Menge im 19. Jahrhundert zu übersteigen. Kurven C und D stammen – wie bereits oben erwähnt – aus der Arbeit von Jill Williams und ihren Kollegen am Internationalen Institut für Angewandte Systemanalyse auf

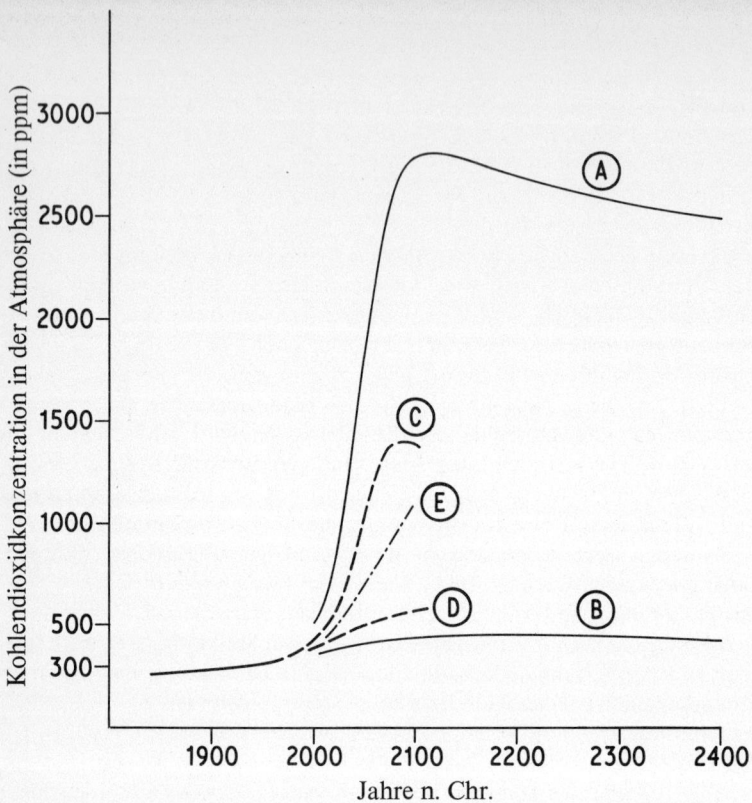

103: Kurven über unterschiedliche Erwartungen bezüglich des zukünftigen Kohlendioxidanteils (CO_2) in der Atmosphäre.

Schloß Laxenburg bei Wien. Kurve C stellt die Aussichten für den Fall dar, daß die künstliche Energieerzeugung weiterhin zunimmt, jedoch in geringerem Ausmaß als in Kurve A, und Kernenergie nicht genutzt wird; Kurve D veranschaulicht eine «optimistische» Energiestrategie, die den Öl- und Kohleverbrauch auf einem niedrigen Niveau hält. Kurve E stellt die Ergebnisse eines anderen Verfahrens der Entscheidungsfindung dar, das F. Niehaus von der Internationalen Atomenergie-Agentur erforscht hat und das einen größeren Kohleverbrauch als Kurven B und D berücksichtigt. Diese Kurven lassen erkennen, daß der Kohlendioxidanstieg in der Atmosphäre eine der alarmierendsten vom Menschen verursachten

Veränderungen der natürlichen Umwelt ist. Die mögliche Klimawirksamkeit muß äußerst ernst genommen werden.

Die Diskussion darüber, welche der Kurven aus Abb. 103 der Wirklichkeit am nächsten kommt, wird von einer leider zu optimistischen Vorstellung gelenkt: Man gibt sich der Hoffnung hin, daß die Weltenergieproduktion irgendwann auf das Ziel hin ausgerichtet sein wird, die mit derart drastischen Eingriffen in die Natur einhergehenden Gefahren zu verringern. Im anderen Extremfall taucht die Frage auf, wie rasch die weltweiten Öl- und Kohlevorräte tatsächlich abgebaut werden können [12], wenn die am leichtesten zugänglichen Vorkommen bereits erschöpft sind. Außerdem ist unklar, wie schnell sich ein Wechsel von einem Energieträger zum anderen sowie ein allgemeiner energiepolitischer Wandel realisieren lassen. In dem Zusammenhang stellt sich die Frage, ob sich die Weltbevölkerung wirklich verdoppeln wird.[13] Die Geburtenraten sind derzeit in fast jedem Land der Welt rückläufig (z. B. fielen sie in China zwischen 1970 und 1975 um 41 Prozent). Obwohl die Verbesserung der medizinischen Versorgung in der «dritten Welt» erwarten läßt, daß die krankheitsbedingte Sterberate zurückgeht, wurden in den siebziger Jahren aus einer Reihe von ärmeren Ländern, besonders auf dem indischen Subkontinent, steigende Sterbeziffern gemeldet. Diese sind auf Hungertod durch Ernteausfälle und andere Naturkatastrophen zurückzuführen.

Die sich allmählich durchsetzende Erkenntnis, daß die fossilen Ressourcen vergeudet werden, wirkt sich bereits auf den Energiebedarf aus: Allmählich wird über Strategien zur Reduzierung des Energiebedarfs nachgedacht. Für den notwendigen radikalen Umstellungsprozeß, der sogar bis in die Architektur und die Kleidungsgewohnheiten reichen muß, benötigen wir zweifelsohne noch einige Jahrzehnte. Bei den gegenwärtigen Verbrauchsraten gibt es ab ca. 2200 keine fossilen Brennstoffe mehr; die erhöhte CO_2-Menge in der Atmosphäre bleibt unseren Nachfahren allerdings noch lange erhalten. Man kann selbstverständlich lange vor der totalen Erschöpfung der endlichen Brennstoffe politische Entscheidungen über eine Senkung des Verbrauchs und somit ein Hinauszögern des Prozesses erwarten. So ist zumindest der erste Teil der in Abb. 103 dargestellten Vorausplanung für die Zukunft einigermaßen abgesichert, zumal geringere Veränderungen der momentanen Steigerungsraten veranschlagt werden, als später unter Umständen erreichbar sind.

Fest steht, daß die mögliche Erwärmung des Weltklimas aufgrund von Kohlendioxidemissionen hauptsächlich die nächsten Jahrhunderte betrifft. In diesem Zeitraum nimmt die CO_2-Konzentration zu, und beim derzeitigen Verhalten der Menschheit erreicht die Abgaskonzentration

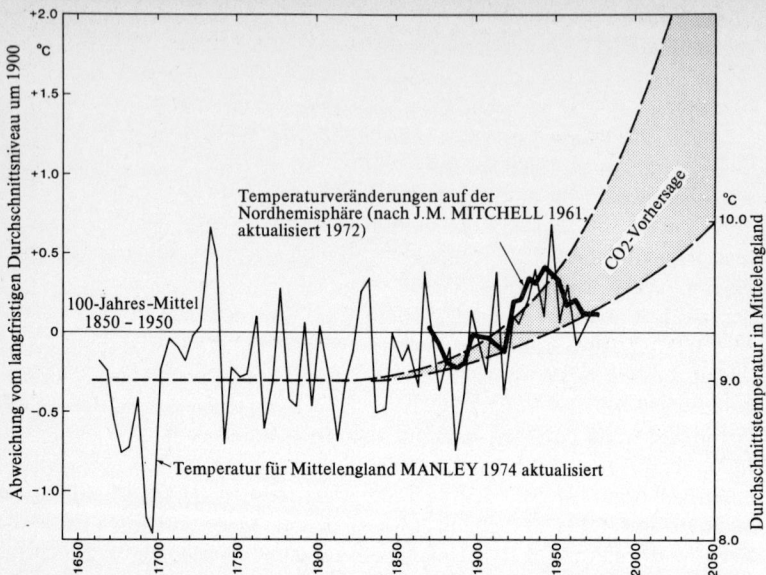

104: Globale Temperatur: Aufzeichnungen aus der Vergangenheit und Vorhersagen über den zukünftigen Verlauf als Folge der Kohlendioxidmenge in der Atmosphäre. Die fette Linie zeigt das schwankende Temperaturniveau, das für die
Nordhemisphäre in aufeinanderfolgenden Fünf-Jahres-Zeiträumen seit 1870 gemittelt wurde. Zur Ergänzung der Nachweise bis 1660, als die CO_2-Veränderungen
noch unbedeutend waren, werden Manleys aufeinanderfolgende Fünf-Jahres-Mittel der Temperaturen in Mittelengland, die in Abb. 25 vollständiger wiedergegeben sind, durch die dünne Linie veranschaulicht.

durch die Verbrennung fossiler Brennstoffe irgendwann zwischen 2100
und 2600 einen Höhepunkt. Man geht davon aus, daß danach der CO_2-
Anteil in der Atmosphäre über viele Jahrhunderte hinweg langsam zurückgehen wird. Theoretischen Studien zufolge wird die Menge auch im
Jahre 3500 noch 70 Prozent über dem vorindustriellen Niveau liegen.[14]

Abb. 104 zeigt die Bandbreite der unterschiedlichen, bisher veröf-
fentlichen Vorhersagen über globale Temperaturveränderungen durch
den CO_2-Erwärmungseffekt, an dessen Entstehung energiepolitische
Entscheidungen nicht unbeteiligt sind. Wenn man die Prognose unter
Einbeziehung natürlicher Klimaschwankungen in Relation zum Gesamtergebnis betrachtet, so geben die allgemein anerkannten Temperaturschwankungen bei den Fünfjahresmitteln in Mittelengland und auf der

Nordhemisphäre (hier stehen erst für die Zeit ab 1870 Daten zur Verfügung) den groben Verlauf der globalen Temperaturentwicklung vom 17. Jahrhundert bis heute an. Somit wird deutlich, daß die CO_2-Klimahypothese als alleinige Erklärung der Veränderungen nicht ausreicht und andere Ursachen für Klimaschwankungen ebenfalls wichtig sind. Die generelle Entscheidung, natürliche Klimaoszillationen als unvorhersehbares «Rauschen» (d. h. zufällige Ereignisse) zu behandeln, reicht schlechterdings nicht aus. Dennoch vertreten Fachleute aus den führenden klimatheoretischen Forschungslabors die Meinung, daß sich die globale Temperatur durch den Kohlendioxidanstieg bis 2050 bzw. 2100 vermutlich um 1 bis 2 °C erhöhen wird, wenn restriktivste Strategien für den Verbrauch fossiler Brennstoffe zur Anwendung kommen. Wenn man von den als wahrscheinlicher geltenden Entwicklungen ausgeht, wird die Temperatur vermutlich um 4 bis 9 °C ansteigen (vgl. Abb. 98 und S. 377). Diese Werte können wegen der Anreicherung der Luft mit anderen Schadstoffen sogar noch höher liegen.

D. h., die globale Temperatur erreicht ein Niveau, das seit dem Tertiär, während der letzten 2 Millionen Jahre, nicht mehr aufgetreten ist. Das polare Meereis würde vermutlich abschmelzen und verschwinden, die großen Inlandeismassen auf Grönland und auf der Antarktis würden sich erst nach langer Zeit auflösen. Dies ist auch gut so, denn allein das Schmelzen der grönländischen Eiskappe würde den Meeresspiegel weltweit um 6 oder 7 m anheben. Das überdies aus dem antarktischen Inlandeis freiwerdende Wasser würde diesen Wert schließlich, nach einem mehrere Jahrhunderte andauernden Abschmelzprozeß, auf 50 bis 100 m ansteigen lassen. Danach würden die Tiefebenen auf jedem Kontinent überflutet, und fast alle großen Städte der Welt würden untergehen. Die angenommene Veränderung des weltweiten Temperaturniveaus würde alle Vegetations- und Anbauzonen um etliche Breitengrade polwärts verlagern. Da sich diese Dinge mehr oder minder plötzlich vollzögen, müßte überdies mit einer tiefgreifenden Erschütterung des wirtschaftlichen Gefüges vieler Länder gerechnet werden.

Es ist deshalb dringend erforderlich, die geographische Verteilung der erwarteten klimatischen Auswirkungen, an deren Endpunkt eine künstliche Welt des 21. Jahrhunderts stehen wird, Schritt für Schritt zu erforschen. Zahlreiche Voruntersuchungen sind bereits durchgeführt worden. Einige Studien benutzen theoretische Klimamodelle, andere untersuchen die Klimamuster in verschiedenen Warmphasen der Vergangenheit.[15] Diese *Szenarien* setzen mit dem warmen Regime im ersten Teil dieses Jahrhunderts und/oder mit den Mustern einzelner warmer Jahre ein, d. h. einem Temperaturniveau, das im allgemeinen innerhalb von einer oder zwei Dekaden wieder erwartet wird. Die nächste Phase ähnelt der mittelalterlichen Warmphase und weist Durchschnittstemperaturen auf, die für weite Teile der Nordhemisphäre um 1 °C höher liegen als heute. Darauf folgen vermutlich über einen Zeitraum von längstens 600 Jahren nacheinander die Zeiträume, die mit den wärmsten postglazialen Perioden, den wärmsten Abschnitten der letzten Interglaziale und dem späten Tertiär vergleichbar sind: Die Erforschung der klimatischen Verhältnisse in diesen Zeitabschnitten mag daher sinnvoll sein. Der Tenor der Schlußfolgerungen kann wie folgt zusammengefaßt werden:

1. Es wird erwartet, daß der Temperaturanstieg über den arktischen Gebieten im allgemeinen siebenmal so groß sein wird wie im Weltdurchschnitt. Man geht davon aus, daß die erste Verdoppelung des CO_2-Anteils bei 80° Nord eine Erwärmung um 8 bis 10 °C auslöst.

2. Durch eine so große Veränderung der Temperaturgradienten und ihrer Lage sowie der Grenzen der noch vorhandenen Eisflächen würden sich die Strömungsmuster (und die Stärke) der weltweiten Wind- und Meereszirkulationen verlagern und verändern.

3. Die Verlagerung der Wind- und Meereszirkulationen würde eine Veränderung der Regen- und Schneemengen sowie von deren Verteilung nach sich ziehen.

Die erwarteten Temperaturveränderungen sind der Öffentlichkeit in der ständig zunehmenden meteorologischen Literatur angekündigt worden, namentlich auf der Weltklimakonferenz, die im Februar 1979 von der Weltmeteorologischen Organisation veranstaltet wurde, sowie auf weiteren wissenschaftlichen Kongressen. Die durch eine potentiell so nachhaltige Störung ausgelöste Besorgnis ist völlig berechtigt, wenn auch der tatsächliche Endeffekt (und sogar unsere Einschätzung des Kohlendioxideffekts selbst bei einer verbesserten Klimamodellierung), unter Berücksichtigung der möglichen Auswirkungen der natürlichen Klimaschwankungen, als letztlich nicht gesichert angesehen werden kann. Uns bleibt nicht viel Zeit, um das zur Lösung dieses drängenden Problems erforderliche Wissen zu erwerben. Vielleicht ist es heute sogar schon zu spät, um durch die Umstellung von Energienutzungsverfahren und der nationalen und internationalen Energiepolitik zukünftigen Bedrohungen noch vorbeugen zu können. Wir stecken in einem großen Dilemma. Trotz der Unzuverlässigkeit selbst kurzfristiger Wettervorhersagen und trotz der Unsicherheit, die mit den gänzlich anders gearteten energiepolitischen Problemen zusammenhängt, sind das Destabilisierungspotential und Katastrophenrisiko so gravierend, daß die Warnungen der Meteorologen sehr ernst genommen werden müssen.

Nicht nur die Temperaturveränderungen geben Anlaß zu ernsthafter Sorge. Die Veränderungen in der Niederschlagsmenge und im Verhältnis von Niederschlag und Verdunstung sind ebenfalls von Bedeutung.[16] Obwohl man damit rechnen kann, daß die Niederschläge in den meisten Breiten wegen der zusätzlichen Wasserdampfaufnahme aus den wärmeren Meeren zunehmen werden, ist ein allgemeiner Anstieg lediglich für die hohen Breiten und die asiatischen Monsungebiete zu erwarten. Hier wird der Niederschlag größer sein als die erhöhte Verdunstungsrate. Über dem Großteil der Landmassen auf der Nordhemisphäre könnte das Klima wesentlich trockener werden als heute. Da sich die Tiefdruckgürtel wegen der Erwärmung polwärts verschieben, werden die winterlichen Regenfälle im mediterranen Raum gänzlich ausbleiben. Die Niederschlagsmenge wird in diesem Bereich (35 bis 40° Nord) vermutlich zurückgehen. Da die Verdunstung dort stärker zunimmt als andernorts, muß man wohl annehmen, daß sich die Wüste bis in diese Region ausbreitet.

Wenn sich die atomare Energieerzeugung, die dadurch bedingte Abwärme und die Wärmeabstrahlung der zukünftigen Städte auf das globale Klima auswirken, haben wir es mit anderen Problemen zu tun als mit denen, die sich durch Kohlendioxid ergeben. Die künstliche Wärmeerzeugung beschränkt sich derzeit – und das wird vermutlich auch in Zukunft der Fall sein – auf bestimmte Gebiete. Weltweit gesehen beträgt die künstliche Energie derzeit nur ca. ein Zehntausendstel der Energiemenge, die die Erdoberfläche von der Sonne aufnimmt. Es ist nicht wahrscheinlich, daß sich diese Menge innerhalb der nächsten ein oder zwei Jahrhunderte um mehr als 0,5 Prozent vergrößern wird, was einen Anstieg der globalen Temperatur um ca. 1 °C bedeutet. Doch bereits heute liegt in städtischen und industriellen Ballungsgebieten die künstliche Energieerzeugung um das Eintausendfache über dem globalen Durchschnitt und übersteigt, örtlich begrenzt, die mittlere Wärmemenge, die direkt von der Sonne absorbiert wird. Im Hinblick auf die mögliche Erzeugung weitaus größerer Wärmemengen durch Atomenergie wurde die Auswirkung einer verstärkten Wärmeaufnahme in verschiedenen *Energieparkzonen* im Meer untersucht. Dies ist in theoretischen Arbeiten mit Hilfe eines «allgemeinen Zirkulationsmodells», in Zusammenarbeit mit dem britischen Wetteramt und dem Internationalen Institut für Angewandte Systemanalyse (IIASA), geschehen.

Die geplanten Standorte dieser «Energieparks» liegen (a) genau südwestlich der Britischen Inseln, (b) im Gebiet der Kapverdischen Inseln bei 17° Nord im östlichen Teil des Atlantischen Ozeans und (c) östlich von Japan. Angesichts des Umstands, daß die heutigen Klimamodelle die Wechselbeziehung zwischen Atmosphäre und Ozean nur unzulänglich erfassen, wurden bei Experimenten mit theoretischen Modellen gewaltige Wärmeabgaben von wahrscheinlich unrealistischer Größenordnung berücksichtigt. Man legte dabei zugrunde, daß die Weltbevölkerung um das Fünffache anwächst, während der Energieverbrauch pro Kopf um das Zehnfache des heutigen Durchschnittsverbrauchs ansteigt. Damit wollte man eindeutige Werte gewährleisten, die deutlich über zufälligen Schwankungen liegen. In der großräumigen atmosphärischen Zirkulation manifestierten sich Folgeerscheinungen, die durchaus schwankten, und zwar abhängig davon, wo und in welcher Menge Wärme zugeführt und welcher Anteil davon vom Meer aufgenommen wurde und wieviel in die Atmosphäre entweichen konnte. Für die kleineren, tatsächlich meßbaren Wärmemengen, die abgegeben werden, setzt man voraus, daß sie vermutlich keine nennenswerten Konsequenzen für das Klimasystem zeitigen werden.[17] In dieser Hinsicht birgt Kernenergie offenbar weniger Schwierigkeiten bzw. Gefahren als das Kohlendioxid, das bei der Verbrennung traditioneller Energieträger freigesetzt wird; das wohl unlösbare Problem der Radioaktivität von nuklearen Abfällen bleibt davon allerdings unberührt.

Zusammenfassung

Zum Schluß ein nochmaliger Blick auf das Gesamtproblem: Die Möglichkeit einer globalen, selbst einer drastischen Erwärmung, die als Folgewirkung andere Elemente des Klimamusters aus dem Gefüge bringt, muß gegen eine potentielle, ebenfalls massive Abkühlung abgewogen werden, da sich das natürliche Klima über denselben Zeitraum weiterentwickelt. Weder die eine noch die andere Möglichkeit wurde bislang ausreichend erforscht. Die im Labor und in der Theorie eindeutig nachweisbaren Wirkungen des CO_2-Anstiegs ließen sich bislang noch nicht auf das globale Umfeld anwenden, da die schon mehrfach erwähnten Rückkopplungseffekte durch die Ozeane und durch den atmosphärischen Wasserdampf die theoretischen Resultate erheblich verzerren. Die tatsächliche Auswirkung der weltweit zunehmenden Trübung der Atmosphäre (durch Feststoffe) ist noch nicht eindeutig geklärt, da a) Größe und Verteilung der Schwebepartikel in der weltweiten Lufthülle gegebenenfalls den entscheidenden Unterschied zwischen einem tatsächlichen Wärme- und einem realen Abkühlungseffekt ausmachen würden. Ferner können sich auch b) durch Substanzen (Kondensationskerne), die die Kondensation von Wasserdampf zur Wolkenbildung ermöglichen, weitere Schwierigkeiten ergeben.[18] Alle Vorhersagen geschehen unter dem Vorbehalt, daß die durch Vulkantätigkeit in die Atmosphäre gelangende Menge an Aerosol nicht zwangsläufig eine Abkühlung herbeiführt. Möglicherweise aber vollzieht sich dieser Prozeß schon seit 1950. Es gibt mithin hinreichend Grund zur Skepsis gegenüber den sicheren Vorhersagen auf der Grundlage gegenwärtiger Modelle, obschon die Warnungen vor den *potentiellen* Gefahren wahrlich ernst zu nehmen sind und als Leitlinie für politische Entscheidungen dienen müssen. Wenn Gefahren wirklich abgewendet werden sollen, müssen entsprechende energiepolitische Entscheidungen sehr bald getroffen werden.

Dr. J. Murray Mitchell vom Wetterdienst der Vereinigten Staaten, ein in seinen Prognosen überaus vorsichtiger und sehr renommierter Meteorologe, hat in den letzten Jahren vielfach dargelegt, daß das uns vertraute globale Klimaregime, das wir als gegeben hinnehmen, zur Zeit in einem grundlegenden Wandel begriffen ist.[19] Einerseits erscheint die Kleine Eiszeit, die ein letztes Glied einer Kette von «neoglazialen Ereignissen» darstellt, deutlich kürzer als frühere Phänomene dieser Serie. Sie wird in diesem Jahrhundert wahrscheinlich nicht zu Ende gehen, sondern allenfalls unterbrochen oder von anthropogenen Effekten überlagert. Andererseits werden sich die durch den Menschen verursachten Einflüsse vermutlich sehr viel stärker als jemals zuvor auswirken, aber sie gehen vielleicht nicht alle in dieselbe Richtung.

An dieser Stelle wäre auf Modelle zu verweisen, wonach der Mensch in Zukunft gezwungen sein wird, den Beginn eines neuen Eiszeitalters durch eine bewußte CO_2-Steigerung in der Atmosphäre zu verhindern oder abzuwenden. Wieder andere Positionen gehen davon aus, daß die Menschheit die Auswirkungen der übermäßigen Wärmeproduktion durch den Einsatz von Flugzeugen zur Verteilung von Staub in der Stratosphäre ausgleichen muß, um so die solare Strahlung abzuschirmen. Eine entsprechende These wurde bereits 1960 von Professor M. I. Budyko in der Sowjetunion aufgestellt.

Die Analyse unseres gegenwärtigen Klimazustands enthüllt sicherlich wesentliche Gründe für die Instabilität des bestehenden Klimaregimes. In einer dichtbevölkerten Welt, in der die Produktion von ausreichenden Mengen an Nahrungsmitteln Schwierigkeiten bereitet, bergen klimatische Instabilität, Klimaschwankungen und -veränderungen jeder Art vielfache Gefahren, nicht zuletzt drohende Massenhungersnöte, in sich. Es ist deshalb unerläßlich, allen Forschungsansätzen nachzugehen, die ein tiefergehendes Verständnis und verläßlichere Vorhersagen über die Entwicklung des natürlichen Klimas und die menschlichen Einflußmöglichkeiten versprechen.

Die Diskussion über die Klimainstabilität, die bereits in den letzten

20 Jahren offensichtlich wurde, löste in der politischen Öffentlichkeit
starke Irritationen aus, vor allem weil sich führende Meteorologen und
Klimaforscher widersprüchlich über zukünftige Entwicklungen geäußert
haben. Zu einem gewissen Grad geht diese Verwirrung auf das Unvermögen zurück, zwischen Trends zu unterscheiden, die sich auf verschiedene
Zeitskalen beziehen. Über die Diagnose folgender Phänomene herrscht
jedoch im großen und ganzen Einigkeit:

1. Seit 1950 gibt es, insbesondere auf der Nordhemisphäre, eine wahrscheinlich noch einige Jahrzehnte andauernde, von kurzfristigen
   Schwankungen überlagerte Abkühlung;

2. Manifest ist eine Erwärmung, die dem CO_2-Anstieg in der Atmosphäre sowie anderen ähnlich wirkenden Schadstoffen anthropogenen
   Ursprungs zuzuschreiben ist. Man geht davon aus, daß sich diese Auswirkungen in den nächsten ein bis zwei Jahrhunderten verstärken und
   um ca. 2100 einen Höhepunkt erreichen;

3. Deutlich zeichnet sich eine Weiterentwicklung auf die nächste Eiszeit
   ab; für Europa und die gemäßigten Zonen Nordamerikas kann man
   innerhalb von 1000 oder 2000 Jahren mit einigen abrupten Abküh-
   lungsphasen und dadurch bedingten Veränderungen in der Pflanzenwelt rechnen. Da sich diese beiden Trends überlappen, ist eine eindeutige Vorhersage heute nicht möglich. Es ist daher unbedingt erforderlich, daß wir erste Signale einer Veränderung sogleich erkennen.

Anmerkungen

1 J. Namias: Seasonal Interactions between the North Pacific Ocean and the
  Atmosphere during the 1960s, in: Monthly Weather Review, 97, Nr. 3, 1969,
  S. 173–192.

2 Diese Periodizität von annähernd 100 Jahren ergibt sich aufgrund von Nie-
  derschlagsanalysen und Studien über Dürrezeiten in China während der
  letzten 500 Jahre sowie durch Untersuchungen, die an japanischen Baumringen, mit den Temperaturen für Mittelengland und versuchsweise auch mit
  Hilfe der kürzeren Aufzeichnungen für den Osten Nordamerikas und über
  die Häufigkeit von Tiefdruckgebieten an der Atlantikküste durchgeführt wurden.
  Ein landwirtschaftliches Tagebuch aus Jæren in Südwestnorwegen, das über
  den strengen Frost (der sogar in Küstennähe bis in 1,3 m Tiefe in den Boden
  reichte) und über das küstennahe Eis zu Beginn des Jahres 1838 berichtet, lenkte die Aufmerksamkeit auf die Tatsache, daß die letzte vergleichbare Begebenheit fast 100 Jahre zuvor, im Jahre 1740, aufgetreten war (obwohl 1709 bekanntermaßen auch ein ähnlich strenger Winter geherrscht
  hatte).
  Trotzdem sind in allen diesen Fällen die Aufzeichnungen viel zu kurz, um als

Beweis für eine längerfristige Dauer oder das tatsächliche Vorkommen einer derartigen Periodenlänge zu dienen.

3 Die Einbeziehung anderer europäischer Angaben, vor allem der ausführlichen Schweizer Aufzeichnungen (insbesondere über den Schneefall), die Pfister analysierte, und die englische Temperaturreihe sowie Berichte über schneereiche Winter in Schottland und über Eisvorkommen auf dänischen Gewässern legen die Vermutung nahe, daß die achtziger Jahre – zumindest vom 16. Jahrhundert an – bei Eastons Klassifizierung der Strengwinter (die wir in Tabelle 8 aufgelistet haben) etwas unterrepräsentiert sind (vgl. die oberen und die unteren Linien von Tabelle 9). Wenn diese anderen Aufzeichnungen benutzt werden, müßte man zumindest die Jahre 1684 und 1685 einschließen. Die Jahre 1584, 1586 und 1587 müssen eigentlich ebenfalls berücksichtigt werden.

4 Aufgrund zuverlässigerer Berichte gibt es einige Gründe dafür, das Jahr 1496 dieser Sequenz, wie sie in Tabelle 8 angegeben ist, ebenfalls zuzuordnen. Die Angaben der Jahre mit 84 oder ähnlichen Endziffern sind fast ebenso erwähnenswert, wenn man den in Anmerkung 3 angeführten Fällen volles Gewicht beimißt. Selbst die unvollständigen Daten sind Hinweis genug, um das Jahr 1486 ebenfalls in die Reihe aufzunehmen.

5 A. Berger: The Milankovitch Astronomical Theory of Paleoclimates – a Modern Review, in: Vistas in Astronomy, 24, 1980, S. 103–122. Vgl. ebenfalls a. Berger, J. Guiot und G. Kukla: Milankovitch Theory of Climatic Changes – the Monthly Insolation Approach, und G. Kukla und A. Berger: The Astronomic Climate Index. Beide Arbeiten wurden auf dem internationalen wissenschaftlichen Kongreß «Leben und Werk von Milutin Milankowitsch» vorgestellt, der von der Serbischen Akademie der Künste und Wissenschaften vom 9. bis zum 11. Oktober 1979 in Belgrad veranstaltet wurde.

6 G. Woillard: Abrupt End of the Last Interglacial in North-east France, in: Nature, 281, Nr. 5732, 1979, S. 558–562.

7 1000 Pollenkörner wurden identifiziert und die vertretenen Arten in ¼ mm dikken Abschnitten in Abständen von 1 mm gezählt. Dieser Abstand entspricht offenbar einem Zeitraum von sechs Jahren. Diese Zeitskala hängt von der Datierung der Hauptmerkmale in der Länge des Kerns ab, so wie er dem Moor entnommen wurde, und setzt eine konstante Sedimentationsrate voraus. Die Annahme, daß die Ablagerungen im Durchschnitt tatsächlich konstant waren, ist sicherlich unrealistisch, aber sie liefert eine brauchbare erste Schätzung der Schnelligkeit der hier untersuchten Veränderungen. Weitere Gewißheit kann durch eine Untersuchung der Schichtungen, die vermutlich aus den jährlichen Ablagerungen eines ehemaligen Binnensees bestehen, an dieser und anderer Stelle desselben Moores gewonnen werden: Die Ablagerungen fanden offenbar fortlaufend statt und blieben seitdem unverändert.

8 Die Arbeit von Schneider und Mass (s. S. 390) läßt in der Tat darauf schließen, daß diese Annahme gerechtfertigt sein könnte.

9 J. Williams: Global Climatic Disturbance due to large-scale Energy Conversion Systems, in: M. H. Glantz, H. Van Loon und E. Armstrong (Hg.): Multidisciplinary Research Related to the Atmospheric Sciences, Boulder, Colorado, 1978.

10 Mein Kollege an der University of East Anglia, Professor F. J. Vine, hat fol-

gende Zahlen für die Kapazität unterschiedlicher alternativer (regenerativer) Energiequellen angegeben, die im Verhältnis zum derzeitigen Weltenergieverbrauch betrachtet werden sollten. Dieser liegt im Bereich von 8 bis 10 Millionen Megawatt (d. h. $8-10 \times 10^{12}$ Watt) oder bei einem allgemeinen Durchschnitt von ca. 2000 Watt pro Kopf der 4 Milliarden zählenden Weltbevölkerung:

Energiequelle	Theoretische Gesamtkapazität (in Watt)	Wahrscheinlich realisierbare Gesamtkapazität (in Watt)	Bisher erzeugt (in Watt)
Gezeitenkraft	10^{12}	3×10^{10}	3×10^8
Hydroelektrizität	3×10^{12}	3×10^{12}	3×10^{11}
Erdwärme (Wärmeströme im Erdinnern)	3×10^{13}	10^{11}	10^9
Temperaturgradienten der Ozeane	10^{13}	10^{11}	0
Photosynthese	10^{13}	10^{11}	0
Wind	3×10^{14}	10^{12}	unbedeutend
Sonne	10^{16}	mehr als 10^{13}	unbedeutend

Diese Zahlen nannte Professor Vine in seiner Antrittsvorlesung «Ist die Brennstoffversorgung für die gesamte Menschheit auf Dauer gesichert?» am 17. Februar 1976.

11 Vgl. insbesondere U. Siegenthaler und H. Oeschger: Predictions of Future CO_2 Concentrations in the Atmosphere, in: W. Bach u.a. (Hg.): The Carbon Dioxide Problem – an Interdisciplinary Survey, in: Experientia, 36, Heft 7, 1980, S. 783–786. Vgl. ebenso Energy and Climate, eine Monographie in der Reihe: Studies in Geophysics, 1977 herausgegeben von der National Academy of Sciences, Washington, D.C.

12 Dies gehört zu den wichtigsten Punkten, die Irene Smith in ihrer Arbeit: Carbon Dioxide and the «Greenhouse Effect», Bericht Nummer ICTIS/ER 01 bei der International Energy Agency's Coal Research, London, 1978, behandelt.

13 Vgl. zum Beispiel C. Norman: Will World Population Double?, in: Nature, 264, 4. November 1976, S. 7–8.

14 C. D. Keeling und R. B. Bacastow: Impact of Industrial Gases on Climate, in: Energy and Climate, 1977 herausgegeben von der National Academy of Sciences, Washington, D.C, in der Reihe: Studies in Geophysics.

15 Vgl. z. B. H. Flohn: A Scenario of Possible Future Climates – Natural and Manmade, in: World Climate Conference, Genf, Februar 1979, S. 243–266, 1979 herausgegeben von der Weltmeteorologischen Organisation; ders.: Die Zukunft unseres Klimas: Fakten und Probleme, in: Promet, 2. März 1978, S. 1–21.

16 Zu den nützlichsten Untersuchungen über diesen Aspekt des CO_2-Problems gehören W. Bach: Impact of Increasing Atmospheric CO_2 Concentrations on Global Climate – Potential Consequences and Corrective Measures, in: Environment International, 2, 1979, S. 215–228, T. M. L. Wigley, P. D. Jones und P. M. Kelly: Scenario for a Warm, High-CO_2 World, in: Nature, 283, 3. Januar 1980, S. 17–21.

17 Vgl. z. B. J. Williams, W. Häfele und W. Sassin: Energy and Climate – a Review with Emphasis on Global Interactions, in: World Climate Conference, Genf, Februar 1979, S. 267–289.

18 Vgl. G. D. Robinson: The Effluents of Energy Production – Particulates, in: Energy and Climate, 1977, S. 61–71, herausgegeben von der National Academy of Sciences, Washington, D.C, in der Reihe: Studies in Geophysics.

19 Vgl. z. B. J. M. Mitchell: The Natural Breakdown of the Present Interglacial and its Possible Intervention by Human Activities, in: Quatenary Research, 2, Nr. 3, 1972, S. 436–445; ders.: The Changing Climate, in: Energy and Climate, 1977, S. 51–58, herausgegeben von der National Academy of Sciences, Washington, D.C, in der Reihe: Studies in Geophysics.

18 Was können wir tun?

Wahrnehmung und Reaktion

Was können wir also tun, wenn wir sehen, daß das Klima Schwankungen unterliegt und sich verändert? Was können wir aus der Vergangenheit lernen? Eine kurze Antwort auf diese Fragen: Die wichtigste Voraussetzung ist eine realistische Einschätzung unserer Situation. Wir müssen versuchen, genügend über das Klimaverhalten und seine Auswirkungen auf unsere Umwelt und die Rohstoffreserven zu erfahren, um Illusionen und falsche Hoffnungen über Bord zu werfen. Eine realistische Haltung bedeutet auch Bescheidung im Hinblick auf den Handlungsspielraum des Menschen; selbst heute kann er nichts Anderes tun, als seine Lebensformen anzupassen. Die Menschheit hat bzw. hat schon immer eine überzogene Vorstellung von ihrer Macht gehabt, das Klima bewußt zum Besseren oder Schlechteren zu verändern. Zahlreiche technische Berechnungen, die viele Aspekte des atmosphärischen Systems abdeckten, steckten sich in den letzten Jahren das Ziel, möglichst realistische Schätzwerte über die globale Gesamtwirkung menschlichen Handelns zu liefern. Jedoch ist unsere Fähigkeit zur theoretischen Modellbildung noch immer unzureichend (und wahrscheinlich gilt dies auch in Zukunft), um die volle Kraft und alle Mittel aufzuzeigen, die der Natur zur Verfügung stehen, um das Klima gegen massive menschliche Eingriffe abzuschirmen. Wir können keineswegs sicher sein, daß die natürlichen Ursachen der Klimaveränderung die Nebenwirkungen unserer rasant zunehmenden Energieerzeugung überwinden.

Zu den «Geheimnissen» des Planeten Erde gehört immer noch die Tatsache, daß die uns umgebende Landschaft sich stets verändert. Dies ist insofern ein Geheimnis, als es für uns schwierig ist, dieses Phänomen vollständig zu ergründen und uns ihm anzupassen. Manchmal vollziehen sich die Veränderungen langsam und fast unmerklich, manchmal gehen sie rasch vonstatten. Manche Veränderungen hat der Mensch verursacht, andere wurden vom Klima sowie von langsam verlaufenden Entwicklungen der Vegetations- und Bodenstruktur ausgelöst. Abrupte Veränderungen schockieren und konfrontieren uns mit Problemen, denen wir uns noch immer hilflos ausgeliefert fühlen, obwohl wir dank der modernen Technologie in unmittelbaren Katastrophengebieten rascher und gezielter Abhilfe schaffen können als jemals zuvor. Oft kann durch kurzfristig vor dem Ereignis veröffentlichte Warnungen die Zahl der Opfer gesenkt werden. Zweifelhaft ist jedoch, ob wir wirklich besser in der Lage sind, mit langfristigen Veränderungen fertig zu werden als unsere Vorfahren, besonders wenn sich diese Umschwünge rasch vollziehen und Gebiete betreffen, in denen Millionen von Menschen leben. Vielleicht sind die Schwierigkeiten am größten, wenn Katastrophenereignisse nur gelegentlich und unregelmäßig auftreten, wie beispielsweise Dürreperioden, Überschwemmungen und Sturmfluten. Dann nämlich läßt sich die Bevölkerung erneut in den bedrohten Gebieten nieder, und auch die wirtschaftlichen Verhältnisse werden wiederhergestellt. Dieselben psychologischen Mechanismen, die es zulassen, auf aktiven geologischen Verwerfungen Wohngebiete anzulegen, sobald in dem Gebiet nach dem letzten Erdbeben zwei Generationen gelebt haben, gestatten auch, daß klimatische Bedrohungen bei planerischen Entscheidungen immer wieder verdrängt werden.

Eine Antwort auf die Frage, wie man reagieren soll, ist wegen der Unsicherheit wissenschaftlicher Vorhersagen noch schwieriger. Wir müssen uns darüber im klaren sein, daß sich die Größenordnung der Probleme durch eine falsche Entwicklungsplanung in Zukunft noch potenzieren kann. Wenn wir uns auf das bisher Erreichte und Machbare konzentrieren wollen, dann müssen wir den Rückgang der Todesopfer durch Küstenschutzeinrichtungen, durch Wirbelsturm- und Sturmwarnungen, durch Räumung der Straßen von Schnee und Eis sowie unterschiedliche Schutzmaßnahmen für den Flug- und Schiffsverkehr bei Eisbildung als Triumphe unserer Zeit hervorheben. Dazu zählen auch medizinische Fortschritte, die zum Tragen kommen, wenn z. B. Trockenheit oder Überschwemmungen Wasserversorgung und Hygiene beeinträchtigen. Erste Erfolge gesetzgeberischer Maßnahmen zur Reinhaltung der Luft in Industrieregionen verdienen darüber hinaus einen Platz in dieser Aufzählung. Die Wirksamkeit von Schutzgürteln und der Bewässerung in der Landwirtschaft ist ebenfalls erwiesen. Doch bei der Bewässerung wie auch bei den Küstenschutzeinrichtungen setzt die Natur unseren Möglichkeiten Grenzen. Besonders deutlich treten diese Restriktionen zutage, wenn menschliche Eingriffe in die Natur unerwünschte und verhängnisvolle Nebenwirkungen zeitigen, wie z. B. im Fall des bereits erwähnten Projektes zur Umleitung der sibirischen Flüsse. Derartige Probleme verlangen ein Höchstmaß an Wissen, Einblick in die Umstände und Vorsicht.

Besonders grandiosen Plänen zur Veränderung der Natur, wie z. B. Projekten zur Umleitung des Golfstroms und der sibirischen Flüsse oder dem Vorhaben, das arktische Eis abzuschmelzen, sollte man nicht nur mit Vorsicht, sondern auch mit Mißtrauen begegnen. Solange unsere Fähigkeit zur Wettervorhersage begrenzt und manchmal für weite Gebiete grob fehlerhaft ist, können wir auch die Folgen einer bewußten Manipulation des Klimasystems nur sehr unzuverlässig abschätzen. Die Weltwirtschaft ist auf das bestehende Klima ausgerichtet, und jede größere Veränderung, sogar dann, wenn sie eine Vergrößerung der Gesamtanbaufläche zum Ziel hat, würde zu schwerwiegenden strukturellen Verzerrungen führen. Bei dieser Diagnose sind denkbare kurzfristige Wetterlaunen und mit Sicherheit auftretende Prognosefehler noch nicht einmal berücksichtigt. Natürlich können sich auch langfristige Abweichungen vom Planziel einstellen, die ganze Regionen und Länder in Mitleidenschaft ziehen können. Man darf wohl davon ausgehen, daß auf internationaler Ebene niemals die mit menschlichen Eingriffen in das natürliche Klimaregime verbundenen Risiken übereinstimmend eingeschätzt werden.

Es gibt bereits einen Bedarf, internationale Abkommen in einem bescheidenen und realistischen Rahmen zu schließen, um negative Folgen für Klima und Umwelt kontrollieren und vermeiden zu können. Solche Beispiele reichen von Kohlendioxidemissionen aus Schornsteinen bis zum unbegrenzten Gebrauch von aerosolhaltigen Sprays und Stickstoffdüngemitteln. Fest steht, daß die nationale und internationale Politik für die zukünftige Brennstoffversorgung, die eine Menge ungelöster Probleme birgt, angefangen von der Auswirkung des zunehmenden Kohlendioxidausstoßes und überschüssiger Wärme bis hin zur Entsorgung nuklearer Abfälle, eine fortlaufende Forschungstätigkeit und – in der Zwischenzeit – Vorsicht und Flexibilität erfordert.

Wenden wir uns erneut Dingen zu, die im Bereich unserer derzeitigen Möglichkeiten liegen. W. O. Roberts und H. Lansford[1] haben zu Recht darauf hingewiesen, daß «die Landwirte, da keine Vorhersagen oder Prognosen vorliegen, die den Genauigkeitsansprüchen eines Meteorologen genügen, wahrscheinlich auf der Grundlage von intelligenten Vermutungen einige grundlegende und wichtige Entscheidungen (...) über das zukünftige Wetter und Klima treffen. Ihre Schlußfolgerungen sind weit von den strikten Akzeptanznormen entfernt, die die Erforscher der Atmosphäre anlegen würden. So weiß beispielsweise inzwischen jeder Landwirt im Trockengebiet in den Hochebenen (der USA, d. V.), daß das Gebiet in den letzten 160 Jahren etwa alle 20 bis 22 Jahre von einer schlimmen Dürre heimgesucht wurde. (...) Sogar Vermutungen können bei klimarelevanten Entscheidungen in der Praxis von Nutzen sein, vorausgesetzt, sie sind nicht völlig an den Haaren herbeigezogen.»

Modelle zur Klimavorhersage und ihre Anwendbarkeit

Ein anderer Gesichtspunkt, der bereits heute die Entscheidungen beeinflussen dürfte, stammt aus den Untersuchungen, die M. Glantz[2] nach den weltweiten Klimabelastungen zu Beginn der siebziger Jahre durchführte. Regierungsbeamte und andere Betroffene in der Sahelzone wurden befragt, was sie getan hätten, wenn vor der schlimmsten Phase der Dürrekatastrophe um 1972/1973 eine verläßliche Klimaprognose vorgelegen hätte. Eine häufige Antwort lautete, daß der für Weidegebiete tragbare Viehbestand hätte ermittelt und die Herdenbesitzer hätten angehalten werden sollen, ihren Viehbestand zu begrenzen, um eine Überweidung zu vermeiden. Gleichzeitig hätte man es den Eignern zur Auflage machen können, ihre Viehherden durch Tötung der schwachen und kranken Tiere gezielt zu verringern.

Bereits jetzt hat sich das verstärkte Bemühen der vergangenen zehn bis 20 Jahre in der Klimaforschung bezahlt gemacht. Es ist ins Bewußtsein gedrungen – obwohl sich dies bisher kaum in Handlungen niedergeschlagen hat –, daß das Klima nicht so konstant ist, wie es in den günstigsten Jahrzehnten unseres Jahrhunderts schien. Sogar die extremsten und weit auseinandergehenden Klimaprognosen, die von leider einseitig spezialisierten Wissenschaftlern etwas verfrüht vorgelegt wurden, bewirkten vielleicht etwas Gutes; denn sie haben die allgemeine Selbstgefälligkeit untergraben und die Weltöffentlichkeit vor möglichen Folgen gewarnt. Gleichwohl ist diese Situation veränderungsbedürftig. Die politische Öffentlichkeit und die entmutigten Entscheidungsträger sind – so ist anzunehmen – vom Wert der «Expertenaussagen» verwirrt und desillusioniert. Doch zeugen diese Irritationen von einer wissenschaftlichen Umorientierung, nachdem die Geschichts- und Klimaforschung diese Problematik so lange vernachlässigt hatten. Es muß das Anliegen der Forschung sein, unser Wissen in diesem Bereich zu vertiefen und insbesondere die Grenzen eines jeden Vorhersagemodells zu ermitteln. Für die Planung ergibt sich daraus die Notwendigkeit, etwas mehr Spielraum für mögliche Klimaveränderungen einzukalkulieren.

Es gibt zwei Hauptproblemfelder: Wir müssen unser Wissen a) über das Verhalten des natürlichen Klimas und b) über die Auswirkungen der menschlichen Aktivitäten und der anthropogenen Schadstoffe erweitern. Dabei gilt es, sowohl die gegenwärtig auftretenden Phänomene als auch die absehbaren und nicht absehbaren zukünftigen Entwicklungen zu berücksichtigen.

Zwei Strategien sind mithin erforderlich:

1. Es müssen noch vollständigere und umfangreichere Aufzeichnungen über das globale Klima in der Vergangenheit erstellt werden. Dies ist die wesentliche Beobachtungsgrundlage der Klimatologie, ohne die einige für jede Vorhersage relevante Prozesse und Phänomene wahrscheinlich unentdeckt bleiben. Anderenfalls bleiben unsere theoretischen Konzepte und Modelle unvollständig und ungeprüft.
2. Wir müssen mit Hilfe von physikalischen und mathematischen Klimamodellen genauere Einsichten in die Wirkungsweisen und Mechanismen des Klimaverhaltens sowie seine Schwankungsbreite erreichen.

Die theoretischen Modelle können verschieden sein. Sie schließen physikalische Modelle ein, wie beispielsweise Experimente mit Flüssigkeiten in rotierenden Schüsseln, mit deren Hilfe in vereinfachter Form die Strömung der Atmosphäre bei unterschiedlichen Temperaturen simuliert wird. Ferner umfassen sie auch die gesamte Bandbreite mathematischer Modelle, angefangen von den einfachen, die nur den Grundzustand der Atmosphäre und der Ozeane ausdrücken und die Energiebilanz und den Wärmetransport durch Wind und Meeresströmungen untersuchen, bis hin zu den kompliziertesten Modellen der allgemeinen atmosphärischen Zirkulation (wie sie bei der täglichen numerischen Wettervorhersage benutzt werden). Beide Modelltypen können ebenfalls zur Betrachtung des Wärmehaushalts, des Drehimpulses und des Wasserkreislaufs benutzt werden. Auch die einfachsten Modelle können dazu dienen, die weltweit gemittelten Werte für jeden Breitenbereich zu bestimmen. Die sehr komplizierten Modelle gewähren einen Einblick in regionale Muster und erlauben Erkenntnisse darüber, wie sich Gebirgs- oder Hügelbarrieren und andere lokale Störungen auf die Windströmungen auswirken. Simuliert werden all diese Phänomene in notwendigerweise vereinfachter Form.

Alle Modelle müssen durch Vergleiche mit den in Wirklichkeit beobachteten Ergebnissen kontrolliert und überprüft werden. Unter der Voraussetzung, daß sorgfältig gearbeitet wurde, werden in die Klimamodellbildung auch Rekonstruktionen historischer Klimazustände integriert. Dreidimensionale Zirkulationsmodelle werden normalerweise (aus Kostengründen) einem 80 Tage, höchstens ein oder zwei Jahre dauernden Probelauf unterworfen, d. h., die Integration von Gleichungen wird – wie bei der Vorhersage – ständig fortgesetzt. Die in diesem Zeitraum erstellten Karten, z. B. über die Häufigkeit von Hoch- und Tiefdruckgebieten, von Niederschlägen sowie unterschiedlichen Windrichtungen, liefern ein statistisches Bild vom Klima für diesen Zeitraum. Diese theoretischen Klimadaten können dann mit dem beobachteten Klima aus jeder Epoche, die sie simulieren sollten, verglichen werden. Die Auswirkungen geänderter Bodenbedingungen und Wärmemuster oder einer geringeren oder vermehrten Anreicherung der Luft etwa mit Wasserdampf sowie andere Veränderungen können auf ähnliche Weise erforscht werden. Durch wiederholte Probeläufe der Modelle mit geringfügig modifizierten Ausgangsbedingungen (mit genauen Angaben für den Tag x) kann man eine Vorstellung über die Stabilität in den ermittelten Statistiken ableiten, die ein gegebenes Klimaregime darstellen. Anders ausgedrückt, man kann erkennen, wie groß sich das Zufallselement im Ergebnis ausnimmt.

Da, wie schon mehrfach festgestellt, die Modelle bislang den Austausch und die Auswirkungen im Meer und die Rückwirkung auf die Atmosphäre nicht adäquat berücksichtigen, beeinträchtigt die theoretischen Ergebnisse ein schwerwiegender Unsicherheitsfaktor. Dies hängt mit der Komplexität des Klimasystems zusammen: Je vollständiger und eleganter es dargestellt wird, um so mehr Möglichkeiten entstehen, diesen oder jenen Bestandteil anzupassen und zumindestens eine gewisse Übereinstimmung mit dem zu erklärenden Klimaregime zu erreichen. Dies ist eine Frage der stärkeren Gewichtung oder ausgleichender Anpassungen einzelner Aspekte. Wie Schneider für den in Kapitel 16 angeführten Fall darlegte, kann man auf diesem Weg alles mit jedem in Beziehung setzen; offen bleibt, ob unter diesen Umständen die durch Gleichungen ausgedrückte Konstellation den Funktionsweisen des wirklichen Klimaregimes entspricht. (Vermutlich gibt es eine Vielzahl von hypothetischen Konstellationen, mit denen man die Merkmale des tatsächlichen Regimes rekonstruieren könnte.)

In einem so vielschichtigen Bereich mit derart umfangreichen, sich gegenseitig beeinflussenden Variablen wie beim Klimasystem ist die Modellbildung in der Hauptsache ein gedankliches Hilfsmittel und dient dazu, Muster aus der wirklichen Welt wahrnehmen zu können. Automatisch verschafft die Modellbildung wohl kaum zuverlässige und genaue Antworten. Ein Modell kann Hypothesen über wahrscheinliche Verbindungen von Ursachen und Wirkungen im Klimasystem sowie über das vermutliche Ausmaß einiger Effekte liefern. Trotz dieser Einschränkungen stellt die Arbeit an theoretischen Modellen den wichtigsten Weg für die Erforschung möglicher Folgen anthropogener Aktivitäten dar, die neue Elemente oder geänderte Bedingungen in das Klimasystem einführen. Dabei kann es sich um Schadstoffe in der Luft oder um zusätzliche Wärme und um Veränderungen an der Erdoberfläche, z. B. die Schaffung künstlicher Seen oder die Rodung des tropischen Regenwaldes, handeln.

Man kann zwei völlig verschiedene Typen der Vorhersage – nämlich für eine Jahreszeit im voraus oder für das längerfristige Klima – unterscheiden. Die eine ist genau und gibt an, daß die vorherrschende Witterung wärmer oder kälter sein *wird* und weist vielleicht sogar den Temperaturbereich (oder entsprechend die Niederschlagsmenge) aus. In diese Kategorie fallen die Vorhersagen über die Kohlendioxiderwärmung und über die nächste Eiszeit in ein paar tausend Jahren. (Diese Art wird von Laien und Scharlatanen bei allen Gelegenheiten bevorzugt.) Die andere Art der Vorhersagen hat die Form einer statistischen Wahrscheinlichkeitsaussage für eine bestimmte Klimakonstellation. Der theoretische Ansatz kann für beide Arten der Vorhersage benutzt werden. Vorhersagen, die sich auf eine Analyse von Aufzeichnungen über vergangene Klimate stützen, können logischerweise aufgrund der bekannten Ausgangsbedingungen nur in Form einer statistischen Aussage über die Wahrscheinlichkeit bestimmter Ergebnisse erstellt werden.

Man kann darüber streiten, ob die statistische Aussageform für den Benutzer besonders hilfreich ist, vor allem wenn von den Entscheidungen große soziale und materielle Risiken abhängen. Die Angabe von Wahrscheinlichkeiten ist bei Vorhersagen nur für die Perspektive, die als relevant bekannten Punkte und das überprüfte Bezugsmaterial aussagekräftig. Dem Benutzer müssen die Aspekte, welche die Grundlage für die Wahrscheinlichkeitsaussage bilden, einsichtig gemacht werden. Denn ansonsten ist die angebliche Wahrscheinlichkeit nicht mehr als eine Vermutung, die der Benutzer nicht bewerten kann und die für die tatsächlichen Gegebenheiten unter Umständen völlig belanglos ist. Die auf Erkenntnissen aus Modellversuchen basierenden Vorhersagen sollten ebenfalls zweckmäßigerweise als statistische Wahrscheinlichkeitsaussagen erstellt werden, die für den Anwender auf ähnliche Weise verständlich, d. h. einschätzbar, gemacht werden.

Beim derzeitigen Wissensstand empfiehlt sich für die meisten Leser ein im Prinzip empirischer Ansatz, der von Aufzeichnungen über vergangene Klimate ausgeht. Auf dieser Grundlage kann unter Berücksichtigung von vergleichbaren Klimazuständen der Vergangenheit nebst ihren Konsequenzen die Wahrscheinlichkeit zukünftiger natürlicher Klimaentwicklungen eindeutig eingeschätzt werden. Der Beitrag der theoretischen Modellbildung kommt dort am stärksten zum Tragen, wo sie veranschaulicht, ob und auf welche Art die vorangegangenen Ereignisse wirklich der momentanen Situation ähneln. Abgesehen von zusätzlichen Informationen, wie der Erstellung von offenbar wichtigen «Szenarien» aus historischen Klimaten, kann die Bildung theoretischer Modelle beim Eintreten eines neuen Klimatrends oder einer neuen klimatischen Entwicklung aufgrund menschlicher Eingriffe die einzige Methode sein, um das Ergebnis und das wahrscheinliche Ausmaß dieses Klimatrends vorherzusagen. Im Zusammenhang mit einer möglichen drastischen Erwärmung als Folge eines weiteren Kohlendioxidanstiegs wurden vergleichende Untersuchungen der weltweiten Klimamuster der wärmsten vergangenen Interglaziale und der noch wärmeren Klimaverhältnisse im Tertiär (vor über 2 Millionen Jahren) angestellt. Die Ergebnisse dieser Studien sollen als Hinweis auf die Niederschlags- und Wärmemuster dienen, die sich möglicherweise entwickeln und die existente Weltwirtschaft aus dem Gefüge bringen könnten.

Die Notwendigkeit internationaler Bemühungen zur Erweiterung unseres Wissens

Solange unser die Prozesse der Klimaentwicklung betreffender Wissensstand noch unzulänglich ist, sind eine Weiterführung der Forschung und eine fortlaufende Beobachtung des Weltklimazustandes dringend notwendig. Beobachtungen z. B. der arktischen Temperaturen, der Ausdehnung des Meereises oder auftretender Westwinde in der Nähe der Britischen Inseln (vgl. Kapitel 14) könnten bei der Erstellung eines für wirtschaftliche Belange interpretierbaren Index des Weltklimas wertvoll sein. Aber angesichts der Anfälligkeit für Klimaveränderungen ist die bloße Behauptung, die in einem Bericht der britischen Regierung[3] vorgebracht wurde und derzufolge in Kürze überhaupt keine großen natürlichen Veränderungen zu erwarten seien, ohne jeden Wert. Ebenso entbehrt die entsprechende These eines führenden Wissenschaftlers, daß die Unterstützung von Projekten zur Erforschung des nicht auf anthropogenen Ursachen beruhenden Klimawandels derzeit Geldverschwendung sei, jeglicher Grundlage und birgt die Gefahr, daß ein Kernstück des Problems übersehen wird.

Tatsächlich hat die in den letzten Jahren zunehmende Besorgnis über Klimaveränderungen 1979 zur Einführung eines internationalen Klimaforschungsprogramms durch die Weltmeteorologische Organisation (WMO) geführt, das unter dem Namen *Weltklimaprogramm* bekannt ist.[4] Untersuchungen über Möglichkeiten, die Anfälligkeit unseres Systems der Nahrungsmittelversorgung für Klimaschwankungen zu reduzieren, stellen eine das Überleben der Menschheit entscheidende Frage dar, an deren praktischer Klärung die gesamte Wirtschaft beteiligt sein muß. Man hat ebenfalls herausgestellt[5], daß sich einige Projekte zur Umgestaltung von Klima oder Umwelt in bestimmten Gebieten auf das Klima und die wirtschaftlichen Interessen anderer Länder jenseits der Grenzen der unmittelbar betroffenen Regionen nachteilig auswirken können. Mit Sicherheit werden die Folgen z. B. des sowjetischen Projektes, die sibirischen Flüsse zur Bewässerung Zentralasiens umzuleiten, politische Grenzen überschreiten.

«Da die Weltbevölkerung und der Rohstoffbedarf ständig weiter steigen, werden die Regierungen einem zunehmenden Druck ausgesetzt sein, den nationalen Erfordernissen zuerst Rechnung zu tragen. (...) Wenn die Welt nicht in den Zustand der Anarchie zurückfallen soll, in dem sich die Staaten über Verwendung und Mißbrauch natürlicher Rohstoffquellen bekriegen, sind Formen der internationalen Übereinkunft, (...) eine Verordnung zur Selbstbeschränkung und die Verpflichtung zu Absprachen unabdingbar.»

Der Verfasser dieser Sätze, C. Tickell, ein früherer Mitarbeiter des Präsidenten der Europäischen Gemeinschaft, schlägt im weiteren vor, eine internationale Organisation – vielleicht unter dem Namen «Weltklimaorganisation» – zu gründen, um derartige Dinge zu überwachen und gegebenenfalls angemessene Maßnahmen zu ergreifen.

Bei den Vorbereitungen für die Weltklimakonferenz 1979 stieß Professor B. Bolin von der Stockholmer Universität mit der folgenden Zustandsbeschreibung auf allgemeine Anerkennung:

1. Die Wechselhaftigkeit des Klimas, wie sie sich während der letzten Jahrhunderte zeigte, hatte eine nachhaltige Auswirkung auf das menschliche Handeln und Wohlbefinden.

2. Die Wechselhaftigkeit des Klimas wird in den nächsten 100 Jahren andauern (...), und es besteht durchaus die Möglichkeit, daß das Klima extremer und wahrscheinlich kühler sein wird als in der Periode vom 17. bis zum 19. Jahrhundert.

3. Der Mensch beeinflußt das Klima bereits auf lokaler Ebene in einem

Umfang, der im Vergleich zur natürlichen Wechselhaftigkeit des Klimas erheblich ist.

4. Möglicherweise wird menschliches Handeln in den nächsten 100 Jahren globale Klimaveränderungen hervorrufen, die ebenso groß oder sogar noch wesentlich gravierender sein werden als diejenigen der letzten Jahrhunderte.

5. Die Auswirkungen menschlicher Eingriffe werden wahrscheinlich zu einem wärmeren Klima und zu nachhaltigen Veränderungen in der weltweiten Niederschlagsverteilung führen.

6. Zur besseren Anpassung der Menschheit an die zukünftige Wechselhaftigkeit des Klimas, selbst an größere Veränderungen als die in der jüngsten Vergangenheit, ist es erforderlich, Klimadaten effektiver zu nutzen und Forschungsanstrengungen beständig fortzusetzen mit dem Ziel, die Vorhersagefähigkeit zu verbessern.

Zweifelsohne wird manch einer diese Sorgen als äußerst geringfügig in einer Welt ansehen, die durch drastisch steigende Energiekosten und eine Konzentration des Wohlstands in den Erdölförderländern, durch überall zunehmende Gewalt und die Gefahr eines Atomkriegs bedrängt wird. Schließlich hat sich das Klima anscheinend gar nicht geändert, werden viele sagen. Auf jeden Fall mußte die Menschheit von Zeit zu Zeit immer wieder mit klimatischen Extremen fertig werden. Dabei wird jedoch ein im Kern des Klimaproblems angelegtes Dilemma ignoriert: Die Bandbreite der Schwankungen zwischen den Jahren erschwert das Erkennen eines jeden neuen Trends so lange, bis er sich deutlich herausgebildet hat. Es trifft zu, daß Indien in den letzten Jahren Nahrungsmittel für den Export übrig hatte. Zugleich aber erhöht eine wachsende Bevölkerung die Anfälligkeit für Lebensmittelverknappungen schon bei nur einem schlechten Erntejahr. Hinzu kommt, daß die Getreideerträge pro Ar bereits in den siebziger Jahren des 20. Jahrhunderts, sogar in den USA, trotz der größeren Anbaufläche, deutlich zurückgingen. Wenn man auf die in Indien erwirtschafteten Exportüberschüsse verweist, darf nicht außer acht gelassen werden, daß das Ausbleiben des Monsuns in Indien und in Bangladesch sowohl zu Beginn als auch in der Mitte der siebziger Jahre jeweils über 1 Million Todesopfer gefordert hat.[6]

Die Notwendigkeit von Flexibilität, Diversifizierung und Sicherheitsmargen in Landwirtschaft und Energiepolitik

Wir leben in einer unsicheren Welt, die durch drohende Lebensmittel- und Energieverknappungen sowie durch die Gefahr eines nuklearen Holocaust überschattet wird. Auf den Bauernhöfen in den ertragreichsten Ländern der Welt braucht man derzeit zwei Kalorien Brennstoff, um eine Kalorie Lebensmittel zu erzeugen. Rechnet man Transport- und Lagerkosten hinzu, so kann sich das Verhältnis auf zehn oder zwölf Kalorien Brennstoff pro Lebensmittelkalorie erhöhen. Die destabilisierenden Auswirkungen kurzfristiger Klimafluktuationen und jeder langfristigen Veränderung sind kaum von den bereits genannten politischen Bedrohungen zu trennen. Wir müssen bereit sein, unsere Technik so weiterzuentwickeln, daß die Risiken verringert und nicht vergrößert werden. Dies würde bedeuten, alle Rationalisierungsanstrengungen in der Landwirtschaft, die auf eine größtmögliche Produktion zielen, aufzugeben. Denn dadurch werden zu große Mengen einer Feldfrucht in wenigen Gebieten produziert, bzw. in einem Gebiet werden zu große Mengen von einem Produkt erzeugt. Somit vergrößern gerade die Techniken, die heute zur Optimierung der Lebensmittelproduktion genutzt werden, das Katastrophenrisiko. Abgesehen von der unmittelbaren Auswirkung einer ungünstigen Witterung, die in ein, zwei oder mehreren aufeinanderfolgenden Jahren den angenommenen Extremwert überschreitet[7], erhöht sich in Monokulturen die Katastrophenwahrscheinlichkeit durch Pflanzenparasiten, zumal diese durch einen bestimmten Witterungstyp begünstigt werden. Eine Weizensorte, die in den fünfziger Jahren des 20. Jahrhunderts in den Niederlanden neu entwickelt wurde, ist dafür ein Paradebeispiel. Diese Sorte war das Ergebnis wissenschaftlicher Züchtung, die sorgfältig getestet und gegen alle damals bekannten Formen des Rosts resistent war. 1955, drei Jahre nach Einführung dieser Sorte, waren über 80 Prozent aller niederländischen Weizenfelder mit dieser neuen Sorte, Heines VII, bestellt. Eine neue Art von Rostpilz trat auf, und infolge des Befalls wurden zwei Drittel des Winterweizens der Ernte des Jahres 1956 vernichtet.[8] Die Risiken ähnlich umfassender Ernteausfälle in weitaus größeren Regionen, die mit einer globalen Erwärmung in dem Ausmaß einhergehen, wie sie in einigen wissenschaftlichen Arbeiten als Folge einer Erwärmung durch den auf den vermehrten Verbrauch traditioneller Energieträger zurückgehenden Kohlendioxidanstieg prognostiziert wurde, sind nicht weniger gravierend als die Gefahren durch Atommüll. Möglicherweise können die Konsequenzen eines derartigen Kohlendioxidanstiegs mit den Risiken verglichen werden, die entstehen, wenn das weltweite Abschmelzen der Gletscher den Meeresspiegel ansteigen läßt und die Atomkraftwerke an den häufig bevorzugten Küstenstandorten überflutet werden.

Dieses Kapitel begann mit der Feststellung, daß angesichts unserer Situation Realismus und Bescheidenheit notwendig sind. Wir müssen ebenfalls hervorheben, daß Diversifizierung Flexibilität und Sicherheitsmargen für unsere Energie-, Landwirtschafts-, Nahrungsmittel- und Bevölkerungspolitik erforderlich sind. Wie Schneider schrieb[9],

«ist Kohle umweltschädigend, trägt zur Luftverschmutzung bei und kann (...) das globale Klima verändern. Befürworter der Kernenergie haben das Problem der Beseitigung nuklearer Abfälle noch nicht völlig gelöst (...). Eine zuverlässige Einschätzung des Problems ernsthafter Unfälle, durch die tödliche Mengen an Radioaktivität in besiedelte Gebiete gelangen (...), steht noch aus. Wind, Wasserkraft und Sonnenenergie stellen demgegenüber zwar vielversprechende regenerative Energiealternativen dar, sind aber keineswegs problemlos (...). Die einzige sichere Vorhersage für die Planung von Energiesystemen ist die, (...) daß sicherlich Überraschungen eintreten werden. Dies erfordert Flexibilität. Ein Schritt in diese Richtung ist die gleichzeitige Entwicklung vieler alternativer Energieformen. (...) Eine unverhältnismäßig intensive Investition in eine einzige Energieform (...) führt vermutlich zu Untätigkeit in anderen Bereichen, so daß unsere Bereitschaft, auf neue Informationen über Risiken und Nutzen zu reagieren, eingeschränkt wird. Als Folgerung aus dem Vorangehenden könnte sich ergeben, daß wir zu Bauweisen und Kleidungsstilen zurückfinden, die unseren Bedarf an Brennstoff jeder Art verringern.»

Im Bereich der Landwirtschaft müssen wir uns über die möglichen Folgen im klaren sein, die zu erwarten sind, wenn man es zuläßt, daß ein Land weltweit zum einzigen Erzeuger von exportierbaren Überschüssen an Grundnahrungsmitteln wird. Denn hier sehen wir ein mögliches Auftauchen einer neuen «Realpolitik» (deutsch im Original, d. Ü.), bei der Produzenten und Eigentümer der verfügbaren Lebensmittelüberschüsse in einer hungernden Welt eine überwältigende Macht ausüben könnten.

Ebenso wie wir Sicherheitsmargen wie die gezielte Produktion von Getreideüberschüssen[10] und deren sichere Lagerung für magere Jahre oder als Nothilfe für andere Teile der Welt brauchen, sollten auch Weideflächen nicht total ausgenutzt werden. Der Viehbestand darf nicht auf ein Maximum anwachsen, das der Boden nur in den besten Jahren ernähren kann. Bei einer derart intensiven Viehhaltung muß eine Politik der gezielten Dezimierung des Bestandes betrieben werden. Wenn wir stabile Verhältnisse wünschen, müssen wir einen in der Geschichte immer wieder beobachtbaren Zyklus von Trockenheit und Hungersnot durchbrechen:

In Erholungsphasen stockte man bei gleichzeitigem Bevölkerungswachstum die Viehbestände in einem solchen Maße auf, daß in der nächsten Trockenperiode eine erneute Hungersnot unausweichlich wurde. Bryson [11] stellt dazu fest:

«Natürlich sind die Bemühungen, die landwirtschaftliche Produktion zu steigern, Lebensmittel dort zu verteilen, wo sie am meisten gebraucht werden, und das menschliche Leben über Gewinn und Macht zu stellen, lohnenswerte Ziele. Aber solche Maßnahmen werden wahrscheinlich nur die Zahl derer vergrößern, die Hungers sterben (...), falls die Bevölkerung nicht unter dem Stand bleibt, der noch bei den geringsten, in Mangeljahren zur Verfügung stehenden Nahrungsmittelmengen überleben kann.»

Ein sehr hoffnungsvolles Phänomen ist das in diesem Jahrhundert wachsende Verständnis dafür, wie Menschen handeln und menschliche Gesellschaften funktionieren. Dennoch läßt die Entwicklung einer internationalen Moral noch immer zu wünschen übrig. Tickell schreibt dazu: «Keine verantwortliche und – noch weniger eine gewählte – Regierung könnte leichtfertig einen kurzfristigen und direkten Vorteil für (...) Wohlstand und Beschäftigung ihrer Bevölkerung opfern, um langfristige (...) und unsichere Nachteile für die gesamte Menschheit zu verhindern.» [12] Für die meisten Länder gibt es bereits starke Anreize, ihren Verbrauch an fossilen Brennstoffen einzuschränken. Energieeinsparungen und die Erschließung von Sonnen- und Windenergie sowie von Gezeitenkraft sollten gegenüber der Kernenergie Vorrang haben. Trotz der Tatsache, daß das freiwerdende CO_2 pro erzeugter Energieeinheit bei Kohle um 50 Prozent größer ist als bei Öl, muß zwangsläufig die Entscheidung fallen, von Öl auf Kohle umzustellen, da die Ölvorräte schwinden. [13]

Es ist derzeit wichtig, daß wir auch die reale Welt und das Klima sowie die Auswirkungen, die dieses auf die Lebensbedingungen auf unserem Planeten hat oder haben sollte, besser verstehen. Wir sollten die Worte Lord Zuckermans, Mitglied der Royal Society, zu diesem Thema beachten: [14] Im Verlauf der langen Erdgeschichte sehen wir, «daß sich die Form der Kontinente und der Ozeane (...) ständig verändert; Gebirgsketten falten sich auf und verschwinden anschließend wieder; Eis bedeckt das Land. Wir haben eine Vorstellung von den physikalischen Kräften, die am Werk sind, aber wir haben sicherlich keinen Einfluß auf den Zeitablauf, der diese wichtigen Veränderungen in der Gestaltung von Erde und Klima auslöst, (...) diese Kräfte sind noch immer vorhanden; (...) unsere Erde verändert sich immer noch; (...) die Achse, um die sich der Globus alle 24 Stunden dreht, ist nicht unveränderbar konstant; die Umlaufbahn, auf der wir uns jährlich um die Sonne bewegen, ist nicht gleichbleibend; (...) selbst die Sonne (...) unterliegt Schwankungen; das Klima, das wir kennen – die Winde, Regenfälle, die Jahreszeiten – verändern sich ebenfalls von Jahr zu Jahr (...). Die Natur selbst ist für weitaus bedeutsamere Veränderungen in der physikalischen Welt verantwortlich (...) als jeder Wandel, für den wir, die Menschheit, verantwortlich waren oder sein können. Wir sollten damit anfangen, uns auf internationaler Ebene zu organisieren, um das, was geschieht, zu beobachten. Es ist zu spät, irgend etwas zu tun, wenn – im Extremfall – ein Teil des Eises auf Grönland (...) abbrechen sollte. Zweifellos würden wir die ersten Anzeichen dafür, daß sich etwas verändert, nur langsam und sogar widerstrebend zur Kenntnis nehmen.»

Die Herausforderungen heute und in Zukunft: Wachsamkeit, Einsicht, Realismus

Die Schwierigkeit, einen neuen Trend oder eine dauerhafte Veränderung im allgemeinen Klimaverhalten zu erkennen, ist durchaus real. Sie stellt die politisch Verantwortlichen vor große Probleme. Solche Entwicklungen werden immer durch die Spannbreite und die Plötzlichkeit kurzfristiger Schwankungen überlagert. Es kann sein, daß das Wetter besonders in Zeiten langfristiger Veränderungen von einem zum anderen Jahr von einem Extrem ins andere umschlägt. Diese Lage gleicht dem vertrauten Ablauf bei den jahreszeitlichen Veränderungen in den mittleren und höheren Breiten. Sobald es Herbst wird, können plötzlich einsetzende Winde aus niederen Breiten eine Zeitlang warmes sommerliches Wetter heranführen. Die Jahreszeit verändert sich trotzdem und setzt sich früher oder später durch.

Vielleicht sollte man gleichwohl dafür dankbar sein, daß die Macht des Menschen im Vergleich zu den Kräften der Natur selbst heute noch sehr gering ist. Doch können auch diese vergleichsweise geringfügigen Umwelteingriffe beängstigende, geradezu verheerende Folgen haben, wie z. B. der militärische Einsatz von Agent Orange im Vietnamkrieg zeigt. Eine konstruktivere Spielart der Umweltveränderung stellt die lange Zeit als möglich erachtete Süßwasserversorgung küstennaher arider Gebiete durch das Abschleppen antarktischer Eisberge dar. Kleine Eisberge wurden in den neunziger Jahren des 19. Jahrhunderts gelegentlich von Südchile nach Norden in die trockenen Landesteile und sogar bis nach Callao in Peru (12° s. Br.) geschleppt. In letzter Zeit hat man ähnliche Vorhaben in größerem Rahmen vorgeschlagen. Riesige Tafeleisberge, die beim Kalben der antarktischen Eiskappe entstehen, sollten bis zu den Wüstenländern des Nahen Ostens transportiert werden. Die Länge dieser mächtigen Eisberge kann im Einzelfall 10 bis 100 km betragen, und ihre Ausdehnung unter Wasser ist so groß, daß sie bei 40 bis 60 m Wassertiefe stranden. Es ist jedoch zu erwarten, daß 50 Prozent eines solchen Eisberges schon beim Transport zu den am leichtesten erreichbaren Zielen abschmelzen würden. Risse und Spalten würden den Eisberg unterwegs brechen oder gänzlich verlorengehen lassen. Wenn er sich umdreht (was bei derartigen Unternehmungen häufig vorkommt), würde dies die Schleppfahrzeuge gefährden.[15] Umstritten ist immer noch die künstliche Erzeugung von Niederschlägen («Wolkenmelken»). Mit diesem Verfahren will man Hagelschlag abwenden oder Wolken beseitigen; bislang waren entsprechende Bemühungen lediglich in begrenzten Gebieten von Erfolg gekrönt.

Die menschliche Geschichte hat sich in einer sich ständig verändernden Welt abgespielt; diese Veränderungen vollzogen sich zuweilen langsam und manchmal schnell, wobei langfristige Umwälzungen immer durch die auffälligeren Umschwünge einzelner Jahre überdeckt wurden. Die Umwelt wird sich auch weiterhin verändern, teils aufgrund menschlicher Eingriffe mit beabsichtigten oder unbeabsichtigten Auswirkungen und teils durch natürliche Ursachen. Es gibt keine Gewähr für die Erwartung, daß langfristig ein gleichbleibender oder gar ein ständig steigender Lebensstandard möglich sein wird. Aber wir sollten uns weiterhin um eine gerechtere Welt bemühen, in der die Armen und Gefährdeten nicht mehr benachteiligt werden. Es ist schon ermutigend, daß die Menschen in jeder Generation, selbst inmitten von Beschwerlichkeit und Not in frühgeschichtlicher Zeit, auch Freude und Glück erlebten. Die Bewohner der mittleren Breiten dankten ihren Göttern für die grüne Erde, die Lilien auf den Feldern und das goldene Korn, diejenigen in anderen Breiten für die Schönheit des polaren Schnees, für den Schutz der nördlichen Wälder, den großen Bogen des Wüstenhimmels oder die Bäume und Blumen des äquatorialen Regenwaldes.

Dieses Buch hat die menschliche Geschichte aus der Sicht eines Klimatologen dargestellt. Wir haben gesehen, in welch vielfältigen Formen sich das Klima auf die Geschichte auswirken kann. Wenngleich es selten für den Gang der menschlichen Geschichte ausschlaggebend war, ist sein Einfluß auf das Gesamtbild der Gesellschaft möglicherweise beträchtlich. Immer wieder hat sich die klimatische Entwicklung als destabilisierender Faktor oder als auslösendes Moment für Veränderungen erwiesen.

Anpassungsfähigkeit und Flexibilität unserer Planung können angesichts der Veränderungen des Klimas und der Umwelt überlebensnotwendig sein. Es ist wichtig, sich im Blick auf die Geschichte bewußtzumachen, daß in Situationen gravierender Klimabelastungen die gefährdeten Menschen die Fähigkeit oder die Bereitschaft zur Anpassung verloren und damit ihre Widerstandsfähigkeit einbüßten. So wurde z. B. die Anschauung vertreten, daß das Ende der alten europäischen Kolonie auf Grönland im späten Mittelalter nicht so sehr mit den zunehmenden klimatischen Schwierigkeiten als vielmehr mit dem Unvermögen der Siedler zusammenhing, den Lebensstil der Eskimos anzunehmen.

Menschlicher Idealismus, christliche und andere religiöse Überzeugungen und das Mitgefühl des Humanisten sind angesichts der tiefgreifenden Veränderungen unserer natürlichen Umwelt besonders gefordert. Es gilt, sich den ständig neuen Herausforderungen zu stellen. Um in dieser Lage angemessen reagieren zu können, sind wir darauf angewiesen, von der Wissenschaft bei unseren Bemühungen optimal angeleitet zu werden. Zur Abschätzung der Folgen unserer Handlungen bedarf es insbesondere einer sorgfältigen wissenschaftlichen Analyse der zukünftigen Entwicklungen.

Anmerkungen

1 W. O. Roberts und H. Lansford: The Climate Mandate, San Francisco 1979, S. 106.

2 M. H. Glantz: Value of a Reliable Long-Range Climate Forecast for the Sahel – a Preliminary Assessment, Boulder, Colorado, 1976; ders.: The Politics of Natural Disaster – the Case of the Sahelian Drought, New York 1976.

3 Climatic Change: its Potential Effects on the United Kingdom and the Implications for Research, London 1980.

4 WCP Newsletter, 1, 15. August 1980, World Climate Programme Office, Genf.

5 C. Tickell: Climatic Change and World Affairs, ursprünglich veröffentlicht in: Harvard Studies of International Affairs, 37, 1977, und Pergamon Press, 1978.

6 Informationen aus Statistiken des US-Landwirtschaftsministeriums von Dr. S. H. Schneider.

7 Derartige Abfolgen von Extremen treten in einigen Teilen der Welt seit den fünfziger Jahren des 20. Jahrhunderts auf und verursachen schwere Verluste für die Versicherungsbranche.

8 Ich bin dem ehemaligen Präsidenten des Ausschusses für landwirtschaftliche Meteorologie bei der Weltmeteorologischen Organisation, Dr. A. Bourke, aus Dublin für zahlreiche Informationen in diesem Abschnitt zu Dank verpflichtet.

9 Leitartikel (hier verkürzt und teilweise paraphrasiert wiedergegeben) in: Climatic Change, 2, 1980, S. 203–205.

10 Eine Politik der Überschußproduktion wäre wahrscheinlich massiver Kritik und der Lächerlichkeit ausgesetzt, und die «Weizenberge» würden als skandalöse Verschwendung und als verpaßte Gelegenheit zur Preissenkung gebrandmarkt.

11 R. A. Bryson und T. J. Murray: Climates of Hunger, Madison 1977.

12 Tickcll, siehe Anmerkung 5, ebd. S. 37.
13 In einem kürzlich erschienenen Artikel behauptet der Vorsitzende der britischen Esso-Mineralölgesellschaft, Dr. A. W. Pearce (anläßlich der 47. Melchett-Vorlesung am Energie-Institut am 11. Dezember 1979), daß das Öl derzeit zum Heizen zu kostbar sei, da die bekannten weltweiten Ölvorräte bei der derzeitigen Verbrauchsrate und der zurückgehenden Zahl von Entdeckungen neuer Quellen für weniger als dreißig Jahre ausreichen werden. Das Öl sollte in zunehmendem Maß als Kraftstoff für den Verkehr, für die Erzeugung von Schmiermitteln, Düngemitteln und anderen chemischen Produkten eingesetzt werden.
14 Vgl. Tickell, siehe Anmerkung 5 und 12, ebd.
15 Vgl. J. M. Walkers Referat in: Weather, 35, Nr. 11, 1980, S. 332–335.

Danksagungen

Mein Dank gilt zunächst meiner Frau und meiner Familie, die meinem langen Arbeitstag und der Vernachlässigung des Familienlebens Toleranz und Verständnis entgegengebracht haben.

Mein Dank gilt ferner der Shell International, der Nuffield- und der Wolfson-Stiftung, der University of East Anglia sowie den einzelnen Mitgliedern dieser Einrichtungen. Sie ermöglichten es mir, im Jahre 1972 an der Universität von Norwich die Sektion für Klimaforschung einzurichten und ihren Bestand während der ersten, sehr schwierigen Jahre zu gewährleisten. Ebenfalls möchte ich meine Dankbarkeit gegenüber der Rockefeller-Stiftung für den Weitblick zum Ausdruck bringen, mit dem sie über viele Jahre hinweg das Projekt zur Erstellung historischer Wetterkarten an der Abteilung für Klimaforschung förderte. Ebenfalls der Rockefeller-Stiftung und auch der Ford-Stiftung danke ich für die finanzielle Unterstützung der ersten Internationalen Konferenz über Klima und Geschichte, die 1979 in Norwich stattfand. Diese vielfache Hilfestellung hat mir die Abfassung dieses Buches erst ermöglicht.

An dieser Stelle möchte ich Margaret Gibson meinen aufrichtigen Dank aussprechen, die abermals in bemerkenswert kurzer Zeit und mit großer Sorgfalt ein Typoskript für mich erstellt hat.

Mein Dank, verbunden mit angenehmen Erinnerungen, geht an: meine langjährigen Kollegen und Freunde, meinen inzwischen verstorbenen Vorgesetzten, Sir Graham Sutton, Fellow of the Royal Society, der bis 1965 Vorsitzender des United Kingdom Meteorological Office war, und an Professor Gordon Manley, Gründer der School of Environmental Sciences an der University of Lancaster für ihre Anregungen und beständigen Ermutigungen. Ebenso danke ich allen Kollegen, deren Zahl zu groß ist, um sie einzeln zu nennen, sowohl hier an der Universität als auch in vielen, weit entfernten Ländern für wertvolle Diskussionen und die Erlaubnis, aus ihren Arbeiten zitieren zu dürfen. Insbesondere danke ich Professor A. Berger und Dr. G. Woillard von der katholischen Universität von Löwen, Professor T. O'Riordan von der University of East Anglia und Dr. C. J. E. Schuurmans vom Koninklijk Nederlands Meteorologisch Instituut in De Bilt, die zahlreiche Kapitel durchgesehen haben und viele Anregungen beisteuerten. Gleichwohl gehen sachliche und interpretatorische Fehler zu meinen Lasten. Für anregende Gespräche und grundlegende Informationen geht mein Dank ebenfalls an die Leiter des Nordic Abandoned Farms Projektes in allen skandinavischen Ländern, insbesondere an Professor A. Holmsen aus Oslo, Professor J. Sandnes und Dr. H. Salvesen aus Trondheim, Professor Sv. Gissel aus Kopenhagen, Eva Österberg aus Lund und Björn Treitsson aus Reykjavik sowie an die wissenschaftlichen Mitarbeiter des Archäologischen Museums in Stavanger. Für grundlegende Informationen danke ich besonders Dr. A. Bourke, ehemaliger Direktor des Irish Meteorological Service und Präsident der Commission for Agricultural Meteorology der World Meteorological Organization, Dr. P. Brimblecombe von der University of East Anglia, Professor R. A. Bryson von der University of Wisconsin, Professor H. Flohn von der Universität Bonn, Dr. K. Frydendahl vom Danish Meteorological Institute, Dr. J. Maley aus Montpellier, V. Morgan von der School of English and Amerian Studies an der University of East Anglia, Dr. E. J. Moynahan vom Guys Hospital in London, Dr. M. L. Parry von der University of Birmingham und ganz besonders dem jungen Historiker Dr. Chr. Pfister von der Universität Bern, Schweiz. Ich danke Dr. Øystein Bottolfsen aus Stokmarkes auf den Lofoten, Dr. H. Rohde aus Hamburg, Professor R. S. Scorer vom Imperial College, South Kensington, und Dr. P. A. Tallantire für ihre freundliche Hilfe bei der Beschaffung des Materials für Abb. 59, 99, 100 und 76. Ferner möchte ich besonders Dr. J. Murray Mitchell vom United States Environmental Data Service in Washington, DC, für seine Auskünfte und Unterstützung danken.

Zahlreiche Einzelpersonen und Organisationen waren freundlicherweise bereit, ihre eigenen Diagramme, Karten und Bilder zur Wiedergabe in diesem Buch zur Verfügung zu stellen. Für die Überlassung des Urheberrechtes danke ich. Mein Dank geht insbesondere an das Archäologische Museum in Stavanger für Abb. 44, Dr. Keith Barber für Abb. 63, Professor A. Berger für Abb. 202, Dr. Humberto Bravo vom Centre for Atmospheric Sciences an der University of Mexico für Abb. 100, die Treuhänder des Britischen Museum für Abb. 49, Bruce Dale (Fotograf) und das National Geographic Magazine für Abb. 50, Professor W. Daansgaard aus Kopenhagen für Abb. 32, 33 und 96, General Fea von Servizio Aeronautica Militare Italiano, Rom für Abb. 58a und 6, Professor H. Flohn für Abb. 30b und 81, Dr. C. U. Hammer aus Kopenhagen für Abb. 96, den Controller of Her Majesty's Stationary Office für Abb. 4 und 6, Dr. D. V. Hoyt vom National Center for Atmospheric Research in Boulder/Colorado für Abb. 94, das isländische Wetteramt in Reykjavik für Abb. 82, J. A. Kington von der Climatic Research Unit für Abb. 24, das Kunsthistorische Museum in Wien für Abb. 71, Professor V. C. La Marche vom Laboratory of Tree Ring Research in Tucson/Arizona für Abb. 46 und 47, Professor Leona M. Libby für Abb. 30a, die Library of Congress in Washington, DC, für Abb. 93, das Museum of London für Abb. 70a, Macdonald Dettwiler & Associates Ltd. in Richmond/British Columbia, Kanada, für Abb. 2, Dr. J. D. McQuigg aus Columbia/Missouri für Abb. 90, Dr. V. Markgraf aus Tucson für Abb. 40 und 47, den Verlag Methuen, London, für die Genehmigung zum Abdruck von Abb. 8, 9, 14, 55 und 56, das National Climatic Center, Washington, DC, für Abb. 3a und b, die Treuhänder der National Gallery in London für Abb. 72a, 75a und b, an die Oskar Reinhart-Sammlung in Winterthur, Schweiz für Abb. 72b, Dr. M. L. Parry für Abb. 87 und 88, Janet Paton aus Abernethy für die Erlaubnis, das von ihrem verstorbenen Vater, James Paton, aufgenommene Foto für das Deckblatt verwenden zu dürfen, Professor R. E. Peterson von der Texas Tech University und Carl Holland (Fotograf) aus Plainsview/Texas für Abb. 11, Dr. Chr. Pfister für Abb. 65, das Public Records Office in London für Abb. 29, Dr. F. Röthlisberger aus Zürich für die Abb. 53, die Royal Society in London für Abb. 42 (die ursprünglich in den Philosophical Transactions erschienen war), Dr. K. R. Saha und Dr. D. A. Mooley vom Indian Institute of Tropical Meteorology in Pune für Abb. 85, die Scandia Photopress AB für Abb. 76, L. Schensky aus Schleswig für die freundliche Überlassung des von ihrem verstorbenen Vater F. A. Schensky aufgenommenen Fotos, das in Abb. 59 verwendet wurde, Dr. G. Singh von der Australian National University in Canberra für Abb. 48, den verstorbenen Professor A. Thom aus Dunlop in Ayrshire für Abb. 42, Professor Sigurdur Thorarinsson aus Reykjavik für Abb. 54, den

United States Geological Survey in Reston/Virginia für Abb. 95, den Verlag Gebr. Rosenbaum in Wien für die Abb. 35a und b, Dr. T. M. L. Wigley und Dr. T. Atkinson für die Daten zur Erstellung der Abb. 89, Dr. T. Williamson vom Science Museum in South Kensington für Abb. 26.

Das vorliegende Buch enthält zahlreiche Karten und Diagramme, die von David Mew erstellt und von Peter Scott von der School of Environmental Sciences an der University of East Anglia fotokopiert wurden. Ihnen sei für ihren Beitrag und ihre Anregungen herzlich gedankt.

Schließlich möchte ich Peter Wait und Janice Price von Methuen & Co. meinen Dank für die vor vielen Jahren erfolgte Anregung sowie für ihre ununterbrochene Unterstützung bis zur Veröffentlichung dieses Buches aussprechen.

Quellennachweis der Abbildungen

Für einen Teil der Abbildungen finden sich Hinweise auf die Quellenlage unter «Danksagungen».

Dieser Quellennachweis wurde um Informationen zur Datengrundlage von Diagrammen etc. ergänzt.

Abb. 2:   Mit freundlicher Genehmigung von MacDonald, Dettwiler and Associates Ltd., Richmond, BC, Kanada – Environmental Data Systems.

Abb. 3:   Mit freundlicher Genehmigung des National Climate Center, Washington, DC.

Abb. 4, Abb. 6:   Wiedergabe mit freundlicher Genehmigung des Leiters von Her Majesty's Stationery Office.

Abb. 11:   Ursprünglich veröffentlicht in der August-Ausgabe von *Weather* 1979, Wiedergabe mit freundlicher Genehmigung des Herausgebers und von Professor R. E. Peterson von der Texas Tech University und des Fotografen, Carl Holland aus Plainsview, Texas.

Abb. 16:   Der frühere Teil dieser Kurve wurde mit Hilfe indirekter Belege erstellt, darunter verschiedene Witterungstagebücher, z. B. aus Lincolnshire (1340 bis 1344) und aus Dänemark (1582 bis 1597).

Abb. 25:   Nach Professor G. Manley, aktualisiert und mit freundlicher Genehmigung wiedergegeben.

Abb. 26:   Wiedergabe des Bildes mit freundlicher Genehmigung von Dr. T. Williamson vom Science Museum in London und dem *Geographical Magazine*.

Abb. 29:   Wiedergabe mit freundlicher Genehmigung des Public Record Office, London.

Abb. 30a: Die Preise sind hier in holländischen Gulden pro 100 kg ausgedrückt, wie sie in *De Landbouw in Brabants Westhoek in het midden van de achtiende eeuw* angegeben werden. Graphische Darstellung von L. M. Libby, Wiedergabe mit freundlicher Genehmigung.

Abb. 30b: Wiedergabe mit freundlicher Genehmigung von H. Flohn.

Abb. 31:   Nach W. B. Schostakowitsch, mit einer Regentabelle des verstorbenen Dr. C. E. P. Brooks.

Abb. 32, Abb. 33:   Nach W. Dansgaard, wiedergegeben mit freundlicher Genehmigung.

Abb. 35a + b: Beide Bilder, die hier mit freundlicher Genehmigung des Verlages wiedergegeben sind, wurden zuerst in einem Buch mit dem Titel *Höhlenmalerei* im Verlag Gebrüder Rosenbaum, Wien, veröffentlicht.

Abb. 36:   Bei den Daten handelt es sich um korrigierte Radiokarbondaten.

Abb. 37:   Diese Karte wurde erstmals von Clement Reid im Jahre 1902 vorgelegt und bislang durch keine andere Darstellung ersetzt, obwohl man heute erkannt hat, daß die Verhältnisse sich mit der Entwicklung von Wasserläufen von der Nordsee in südliche Richtung während der folgenden Jahrhunderte schnell veränderten.

Abb. 39 a + b: Aus H. Lhote: *Zu den Ahnen der Tuareg*, Würzburg 1976; ursprünglich veröffentlicht als *A la découverte des fresques du Tassili*, Paris und Grenoble.

Abb. 40:   Aus Untersuchungen von V. Markgraf. Wiedergabe mit freundlicher Genehmigung.

Abb. 42:   Wiedergabe aus *The Place of Astronomy in the Ancient World*, in: *Philosophical Transactions of the Royal Society* 276, Nr. 1257, S. 152; mit freundlicher Genehmigung der Royal Society und von Professor A. Thom.

Abb. 44:   Freundlicherweise vom Archäologischen Museum in Stavanger zur Verfügung gestellt.

Abb. 45 a + b: Aus G. Berg: *The Origin and Development of Skis throughout the Ages*, in: *Finds of Skis from Prehistoric Time in Swedish Bogs and Marshes*, Stockholm 1950.

Abb. 46:   Erstellt auf der Grundlage von Daten, die Professor V. C. La Marche vom Laboratory of Tree Research an der University of Arizona in Tucson freundlicherweise zur Verfügung gestellt hat.

Abb. 47:   Aus Untersuchungen von V. C. La Marche und V. Markgraf.

Abb. 48:   Aus Untersuchungen von G. Singh und Vishnu-Mittre.

Abb. 49:   Wiedergabe mit freundlicher Genehmigung der Treuhänder des Britischen Museums.

Abb. 50:   Foto: Bruce Dale, Copyright: National Geographic Society, Washington, DC; freundlicherweise für dieses Buch zur Verfügung gestellt.

Abb. 53:   Aus Messungen an der Eidgenössischen Anstalt für das Forstliche Versuchswesen, über die F. Röthlisberger berichtet hat.

Abb. 54:   Freundlicherweise von Dr. Sigurdur Thorarinsson aus Reykjavik zur Verfügung gestellt und mit Genehmigung wiedergegeben.

Abb. 58:   Fotografien freundlicherweise von General Fea vom Servizio Meteorologico, Aeronautica Militare Italiano in Rom zur Verfügung gestellt.

Abb. 59:   Foto von F. A. Schensky, Wiedergabe mit freundlicher Genehmigung seiner Tochter, L. Schensky aus Schleswig.

Abb. 60:   Die Daten und Datenquellen, auf denen dieses Diagramm basiert, sind in dem Buch des Autors *Climate: Present, Past and Future*, Bd. 2, London 1977, S. 120–126 vollständig in Tabellenform aufgeführt. Alle offenkundigen Fehler von früheren Sammlern dieser Daten und die wiederholten Berichte über identische Vorkommnisse sind bei der Zählung der Anzahl der Stürme in diesem Diagramm unberücksichtigt geblieben.

Abb. 63:   Erstellt von Dr. Keith Barber von der Universität Southampton, auf Grund von Pollen- und Makrofossilanalysen, von chemischen Bodenuntersuchungen und Aufzeichnungen über die Geschichte der Landnutzung. Die Daten wurden freundlicherweise von Dr. Barber zur Verfügung gestellt.

Abb. 65:   Freundlicherweise von Dr. Christian Pfister vom Geographischen Institut der Universität Bern zur Verfügung gestellt und mit seiner Erlaubnis wiedergegeben.

Abb. 69:   Übernommen aus R. J. H. Beverton und A. J. Lee: *Hydrographic Fluctuations in the North Atlantic Ocean (...)*, in: C. G. Johnson und L. P. Smith (Hg.): *The Biological Significance of Climatic Changes in Britain* 1965, S. 79–107.

Abb. 70 a: Wiedergabe des Bildes von Abraham Hondius dank freundlicher Genehmigung des Museum of London.

Abb. 71:   Original im Kunsthistorischen Museum von Wien.

Abb. 73:   Die Temperaturen in Mittelengland stammen aus der Reihe, die der verstorbene Professor Gordon Manley sorgfältig vereinheitlicht hat; der Index für die Strenge der englischen Winter wird in Kapitel 5 (S. 96) beschrieben: Beide Zahlenreihen wurden für die Erstellung von Abb. 27 verwendet. Die Temperaturen für Schanghai sind einem Vortrag entnommen, den Chang Chia-cheng, Wang Shao-wu und Cheng Szu-chung bei der Weltklimakonferenz 1979 in Genf gehalten haben.

Abb. 76:   Wiedergabe des Fotos mit Genehmigung der Scania Photopress AB, Malmö.

Abb. 78:   Die 5-Jahreswerte werden als verläßlicher angesehen als die Schätzungen für Einzeljahre.

Abb. 81: Nach einem Diagramm von Professor H. Flohn.

Abb. 82: 20-Jahresmittel aus L. Koch: *The East Greenland Ice*, Kopenhagen 1945; bis 1975 aktualisiert mit Hilfe von Informationen, die freundlicherweise vom isländischen Wetteramt zur Verfügung gestellt wurden.

Abb. 84: Die geglättete Kurve ist eine am besten angepaßte Sinuskurve, die für die Zahlen von 1905 bis 1974 angewendet wurde (nach einem Diagramm von A. H. Bunting, M. D. Dennet, J. Elston und J. R. Milford in: *Quarterly Journal of the Royal Meteorological Society* 1976.

Abb. 85: Nach dem Diagramm von K. R. Saha und D. A. Mooley, in: K. Takahashi und M. M. Yoshino (Hg.), *Climatic Change and Food Production*, Tokio 1978. Ergänzende Einzelheiten von K. R. Saha an anderer Stelle in derselben Veröffentlichung zeigen, daß die Niederschläge des Sommermonsuns in Indien von 1965 bis 1976 geringer waren als zu irgendeinem anderen Zeitpunkt seit Beginn des Jahrhunderts und vermutlich auch seit dem Zeitraum von 1840 bis 1860, der eine vergleichbare jährliche Wechselhaftigkeit aufwies.

Abb. 87, Abb. 88: Nach einem Diagramm von M. L. Parry.

Abb. 89: Berechnet von T. M. Wigley und Dr. T. C. Atkinson (1977), Wiedergabe mit freundlicher Genehmigung.

Abb. 90: Für die Berechnung wurde ein Modell von Professor L. M. Thompson von der Iowa State University, Ames, Iowa, benutzt. Das Diagramm wurde zuerst von Dr. J. D. McQuigg aus Columbia, Missouri, und anderen in: *The Influence of Weather and Climate on United States Grain Yields: Bumper Crops or Droughts*, Washington 1973, veröffentlicht und wird hier mit freundlicher Genehmigung wiedergegeben.

Abb. 91: Die Daten wurden freundlicherweise vom US-Landwirtschaftsministerium zur Verfügung gestellt.

Abb. 94: Nach D. V. Hoyt mit freundlicher Genehmigung.

Abb. 95: Wiedergabe mit Genehmigung des United States Geological Survey, der freundlicherweise das Foto zur Verfügung gestellt hat.

Abb. 96: Der Temperaturindex für die Nordhemisphäre ist von den Temperaturen in Mittelengland (wie in Abb. 27), von den Baumringen an der oberen Baumgrenze in den kalifornischen White Mountains und von den Sauerstoffisotopenmessungen im grönländischen Eis abgeleitet. Aus einem Diagramm, das Professor Dansgaard freundlicherweise zur Verfügung gestellt hat.

Abb. 98: Abgeleitet von einer theoretischen Modellstudie von T. Augustsson und V. Ramanathan: *A Radiative-convective Model Study of the CO_2 Climate Problem*, in: *Journal of Atmospheric Sciences*, 34, 1977, S. 448–451.

Abb. 99: Wiedergabe mit freundlicher Genehmigung der National Society for Clean Air in Brighton.

Abb. 100: Foto freundlicherweise zur Verfügung gestellt von Dr. Humberto Bravo von der University of Mexico.

Abb. 102: Wiedergabe aus Professor Bergers Artikel in: *Vistas in Astronomy* (1980, siehe Anmerkung 5, Kapitel 17), mit freundlicher Genehmigung.

Abb. 103: Die Kurven A und B stammen aus dem Artikel von Siegenthaler und Oeschger in: *Experientia* (1980; siehe Anmerkung 11, Kapitel 17). Kurven C und D sind dem Artikel von J. Williams in: *Multidisciplinary Research Related to the Atmospheric Sciences* entnommen (siehe Anmerkung 9, Kapitel 17). Kurve E ist Teil des Forschungsberichts von F. Niehaus: *A Non-linear Eight-level Tandem Model to Calculate the Future CO_2 Burden to the Atmosphere*, Laxenburg, Internationales Institut für Angewandte Systemanaylse (IIASA), 1976.

Abb. 104: Ursprünglich veröffentlicht in J. M. Mitchell: *On the World-wide Pattern of Secular Temperature Change*, in: *Changes of Climate* – Proceedings of the Rome Symposium 1961, Paris, UNESCO, 1963 und vom Verfasser 1978 aktualisiert.

Sachwortregister